Das Eigentumsrecht an Baukunstwerken und die Urheberrechte an deren Abbildung

SAARBRÜCKER STUDIEN
ZUM PRIVAT- UND WIRTSCHAFTSRECHT

Herausgegeben von Hannes Ludyga,
Michael Martinek (geschäftsführender Herausgeber),
Helmut Rüßmann und Markus Würdinger

BAND 110

PETER LANG

Berlin - Bruxelles - Chennai - Lausanne - New York - Oxford

Stefanie Matthes

Das Eigentumsrecht an Baukunstwerken und die Urheberrechte an deren Abbildung

Zur Notwendigkeit einer gesetzgeberischen Intervention

PETER LANG

Berlin - Bruxelles - Chennai - Lausanne - New York - Oxford

Bibliografische Information der Deutschen Nationalbibliothek
Die Deutsche Nationalbibliothek verzeichnet diese Publikation in der Deutschen Nationalbibliografie; detaillierte bibliografische Daten sind im Internet über http://dnb.d-nb.de abrufbar.

ISSN 1433-8866
ISBN 978-3-631-92412-9 (Print)
E-ISBN 978-3-631-92415-0 (E-PDF)
E-ISBN 978-3-631-92416-7 (E-PUB)
DOI 10.3726/b22171

Verlegt durch:

Peter Lang GmbH, Berlin, Deutschland

info@peterlang.com www.peterlang.com

Diese Publikation wurde begutachtet.

Inhaltsverzeichnis

Vorwort

Die vorliegende Doktorarbeit entstand an der rechtswissenschaftlichen Fakultät der Universität des Saarlandes und wurde im Sommersemester 2023 zur Dissertation angenommen. Sie enthält die aktuelle Rechtsprechung und Literatur bis zum Monat April 2023.

Die Ausgangsidee für das Thema der Doktorarbeit entsprang vornehmlich meiner persönlichen Vorliebe für insbesondere fotografische Kunst, die ich im Rahmen von Ausstellungen mit viel Freude konsumiere und gleichermaßen gerne selbst praktiziere. Die sich daraus ergebenden rechtlichen Fragestellungen und Herausforderungen leiteten mich nahezu organisch zu meinem Dissertationsthema.

Der größte Dank gilt zuvörderst meinem Doktorvater, Herrn Prof. Dr. Dr. Dr. h.c. mult. Michael Martinek, der mich durch die vielen Jahre der Dissertation beharrlich bis zum Ziel und darüber hinaus begleitete, mir stets mit motivierenden Worten aufmunternd zur Seite stand und schließlich das Erstgutachten erstellte.

Herrn Prof. Dr. Dimitrios Linardatos danke ich für seine wertvolle Unterstützung sowie für die rasche Erstellung des Zweitgutachtens.

Zudem gilt mein Dank Herrn Prof. Dr. Peter Mankowski, der mich während meines Studiums an der Fakultät für Rechtswissenschaften der Universität Hamburg in meiner wissenschaftlichen Tätigkeit gefördert hatte und mir den wesentlichen Impuls zur Anfertigung einer Doktorarbeit gab.

Ganz herzlich danke ich auch der Dr. Friedrich Feldbausch-Stiftung für die besondere Auszeichnung und Überreichung des Förderpreises.

Zu tiefer Dankbarkeit bin ich zudem allen meinen Freundinnen und Freunden insbesondere in Hamburg, Berlin und in Frankfurt a.M. verpflichtet, die mir von Beginn der Doktorarbeit an bis zu ihrer Finalisierung stets ermutigend, tröstend und bestärkend zur Seite standen und einen ganz erheblichen Beitrag zum Gelingen dieser Arbeit geleistet haben. Namentlich erwähnen möchte ich an dieser Stelle meine lieben Menschen Fredi, Dana und Ines, die ich in meinem Leben nicht mehr missen möchte.

Abschließend und von tiefstem Herzen danke ich meiner Familie und in erster Linie meinen Eltern: für ihre umfassende Unterstützung, ihre unerschütterliche Zuversicht, ihre Geduld und ihre Liebe.

Stefanie Matthes
Frankfurt a.M. / Berlin, 14. April 2024

Abkürzungsverzeichnis

Abkürzungen entsprechen:

Kirchner, Hildebert Abkürzungsverzeichnis der Rechtssprache 10. Auflage, Berlin 2021

Einleitung

A. Einführung in die Problemstellung

Gegenstand dieser Arbeit ist das Konkurrenzverhältnis zwischen dem sachenrechtlichen Eigentumsrecht gem. § 903 S. 1 BGB an Baukunstwerken und den immaterialgüterrechtlichen Urheberrechten des Abbildungskünstlers an Abbildungen der Baukunstwerke. Die in diesem Zusammenhang entstehenden Konkurrenzverhältnisse können grundsätzlich vielfältig sein. Sofern das Baukunstwerk weiterhin urheberrechtlichen Schutz genießt, stehen sich neben dem Eigentumsrecht an dem Baukunstwerk und den Urheberrechten des Abbildungskünstlers ferner die Urheberrechte des Baukunstwerkurhebers gegenüber. Diese Konkurrenzverhältnisse realisieren sich, sobald der Baukunstwerkeigentümer, der Abbildungskünstler als auch der Baukunstwerkurheber jeweils personenverschieden sind. Da eine freie Nutzbarkeit im Sinne des Urheberrechtsgesetzes durch den Abbildungskünstler nur bei einem gemeinfrei gewordenen Baukunstwerk denkbar wird und der urheberrechtliche Schutz an einem Baukunstwerk häufig bereits abgelaufen ist, konzentriert sich diese Arbeit auf das Konkurrenzverhältnis zwischen den Urheberrechten des Abbildungskünstlers an der Abbildung eines gemeinfreien Baukunstwerkes und den Eigentumsrechten an dem abgebildeten Baukunstwerk. Dieses Konkurrenzverhältnis wirft die Frage auf, ob der Abbildungskünstler ohne die Zustimmung des Baukunstwerkeigentümers Abbildungen des Baukunstwerkes wie bspw. durch Fotografie, Film, Malerei oder skulpturale Nachbildung abbilden und anschließend verwerten darf. Seit den BGH-Entscheidungen Preußische Gärten und Parkanlagen I bis III[1] hat dieser Interessenkonflikt an Popularität gewonnen und bedarf einer näheren Betrachtung. Von dem Forschungsgegenstand ausgenommen werden das Konkurrenzverhältnis zu dem Baukunstwerkurheber sowie das Verhältnis zu reinen Abbildenden ohne einen urheberrechtlichen Schutz als sog. „Kopierer" eines Werkes. Weiterhin konzentriert sich diese Arbeit auf Abbildungen von Baukunstwerken und schließt zugleich eine nähere Betrachtung beweglicher Kunstwerke etwa innerhalb eines Baukunstwerkes aus. Anhand einer einführenden Darstellung der

1 BGH, Urt. v. 17.12.2010, V ZR 45/10, GRUR 2011, 323 (323 ff.); BGH, Urt. v. 17.12.2010, V ZR 44/10, ZUM 2011, 333 (333 ff.); BGH, Urt. v. 01.03.2013, V ZR 14/12, GRUR 2013, 623 (623 ff.).

Entscheidung Preußische Gärten und Parkanlagen I[2] soll die Problemstellung im Folgenden veranschaulicht werden.

Die öffentlich-rechtliche Stiftung Preußischer Schlösser und Gärten Berlin-Brandenburg ist Eigentümerin diverser Kulturgüter, u.a. historischer Schlösser sowie der dazugehörigen Parkanlagen und Skulpturen auf dem Gelände. Aufnahmen dieser Kulturgüter vertreibt die Stiftung u.a. in Form von Postkarten. Urheberrechte bestehen an den Kulturgütern nicht mehr. Ein Fotograf fertigte im Auftrag einer Fotoagentur ohne das Vorliegen einer Genehmigung seitens der Eigentümerin beim Betreten der Parkanlage Aufnahmen der Kulturgüter an.[3] Diese Aufnahmen bot die Agentur schließlich in einem von ihr betriebenen Internetportal zum Verkauf an. Die Eigentümerin verklagte die Agentur daraufhin auf Unterlassung der Vervielfältigung, Verbreitung und öffentlichen Wiedergabe der Aufnahmen durch die Agentur, soweit diese nicht von öffentlichen Plätzen, sondern vom Grundstück der Eigentümerin aus angefertigt wurden. Zudem begehrte sie Auskunft über die getätigten Verwertungen sowie Schadensersatzfeststellung.

Der BGH sah grundsätzlich eine Beeinträchtigung des Eigentums an dem Grundstück i.S.d. § 1004 Abs. 1 S. 2 BGB durch die Anfertigung und Verwertung der Aufnahmen als gegeben an, sofern das Grundstück für die Anfertigung der Aufnahmen betreten wurde und die Aufnahmen nicht von einer allgemein zugänglichen Stelle aus angefertigt wurden.[4] Der BGH setzte sich dabei mit dem Eigentum an dem Grundstück auseinander, ohne eine Eigentumsbeeinträchtigung der einzelnen Kulturgüter zu prüfen. Eine Duldungspflicht gem. § 1004 Abs. 2 BGB sah der BGH auch trotz der Stellung der Eigentümerin als juristische Person des öffentlichen Rechts nicht gegeben.[5] Allgemeine Interessen am Kennenlernen künstlerischer oder sonstiger bedeutsamer Bauten seien durch den eigenen Postkartenvertrieb der Eigentümerin hinreichend bedient.[6] Eine Handlungsstörereigenschaft gem. § 1004 Abs. 1 S. 2 BGB bestätigte der BGH dabei ohne eine nähere Konkretisierung der störenden Handlung.[7] Zudem bejahte er eine indizierte Wiederholungsgefahr aufgrund des bereits einmal stattgefundenen Ereignisses, wobei er hierfür auf das Fotografieren und

2 BGH, Urt. v. 17.12.2010, V ZR 45/10.
3 BGH, Urt. v. 17.12.2010, V ZR 45/10, GRUR 2011, 323 (323).
4 BGH, Urt. v. 17.12.2010, V ZR 45/10, GRUR 2011, 323 (324).
5 BGH, Urt. v. 17.12.2010, V ZR 45/10, GRUR 2011, 323 (325 f.).
6 BGH, Urt. v. 17.12.2010, V ZR 45/10, GRUR 2011, 323 (325 f.).
7 Vgl. BGH, Urt. v. 17.12.2010, V ZR 45/10, GRUR 2011, 323 (326).

das Einstellen in das Online-Portal zum Verkauf der Aufnahmen abstellte, hingegen nicht auf das Betreten des Grundstücks.[8]

Diese Entscheidung, die hinsichtlich ihrer Argumentation mit den parallel ergangenen BGH-Entscheidungen zu Preußische Gärten und Parkanlagen II und III überwiegend identisch ist, lässt eine Vielzahl an Fragen unbeantwortet und bringt weitere Unklarheiten und Unsicherheiten mit sich.

So lässt der BGH offen, welche konkrete Handlung zu einer Eigentumsbeeinträchtigung an dem Grundstückseigentum führt. Laut der BGH-Entscheidung Preußische Gärten und Parkanlagen I beeinträchtige die Anfertigung der Aufnahme sowie deren Verwertung das Grundstückseigentum, sofern das Grundstück für die Anfertigung der Aufnahme betreten wird. Demnach kommen als Verletzungshandlung sowohl die Anfertigung der Aufnahme, deren Verwertung, aber auch das bloße Betreten des Grundstücks in Betracht. Gänzlich unbeantwortet lässt der BGH die Frage, ob infolge der oben benannten drei Handlungen eine Eigentumsbeeinträchtigung an den Kulturgütern unabhängig von einer Beeinträchtigung am Grundstückseigentum vorliegt bzw. vorliegen kann. Die fehlende Präzisierung der eigentumsbeeinträchtigenden Handlung führt dazu, dass sie im Rahmen der Störereigenschaft nicht konkret benannt wird und demnach ebenfalls sowohl das Betreten, das Anfertigen der Aufnahme als auch die Verwertung der Aufnahme in Betracht gezogen werden können. Weiterhin überrascht, dass der BGH innerhalb der Wiederholungsgefahr nicht auf das Betreten des Grundstücks, sondern auf das Anfertigen sowie das Einstellen der Aufnahmen in das Online-Portal zum Verkauf abstellt. Die Entscheidung dürfte sowohl Abbildungskünstler als auch Eigentümer eines Kunstwerkes verunsichern, da das Recht zur Anfertigung und Verwertung von Aufnahmen von dem Ort der Aufnahme abhängig gemacht wird und die Begründung für diese differenzierte Betrachtung nicht nachvollziehbar erscheint. Folglich können aus dieser Entscheidung keine Schlussfolgerungen zum rechtlichen Umgang mit Aufnahmen gezogen werden, die mithilfe einer Drohne und somit ohne Betreten des Grundstücks, aber schwebend über dem betroffenen Grundstück angefertigt wurden. Ferner bleibt die Bewertung von Aufnahmen beweglicher Kunstwerke offen, die sich bspw. innerhalb der Räumlichkeiten eines Baukunstwerkes befinden können. Schließlich knüpft der BGH in seiner Entscheidung nicht an das Baukunstwerk an, sondern an das Grundstück, auf dem sich das Werk befindet. Unsicherheiten bleiben zuletzt auch

8 BGH, Urt. v. 17.12.2010, V ZR 45/10, GRUR 2011, 323 (326); Soergel/*Münch*, BGB, § 1004 Rn. 200 ff; MüKo/*Raff*, *BGB* Bd. 8, § 1004 Rn. 121 ff.

für den Fall bestehen, in dem der Aufnehmende zwar das Grundstück betritt, aber ein Baukunstwerk im Eigentum eines Dritten außerhalb des betretenen Grundstücks aufnimmt. Dies wirft die Frage auf, welche Rechte zukünftig an Abbildungen von Baukunstwerken und deren Verwertung bestehen und welcher Umgang zulässig ist.

Diese Entscheidung verdeutlicht die beiden Schwerpunkte, die im Rahmen dieser Arbeit behandelt werden sollen: Einerseits stehen sich zwei sich widersprechende Interessen gegenüber, die in einen gerechten Ausgleich miteinander zu bringen sind. So befindet sich auf der einen Seite der Baukunstwerkeigentümer, der einen hinreichenden Schutz seines Eigentums fordert. Auf der anderen Seite stehen die Interessen des Abbildungskünstlers, der infolge der Anfertigung einer Abbildung des Baukunstwerkes ggf. ebenfalls ein eigenes Kunstwerk erschaffen hat und durch die Verbreitung zugleich der Allgemeinheit den Zugang zur Kunst ermöglichen möchte. Dies betrifft sowohl den Zugang zu seinem eigenen geschaffenen Werk als auch zu dem Baukunstwerk des Baukunstwerkeigentümers. Einen weiteren Schwerpunkt bildet die Untersuchung des Eigentumsrechts i.S.d. § 903 S. 1 BGB dahingehend, ob die Anfertigung und Verwertung von Abbildungen eines Baukunstwerkes von den Eigentumsrechten als sachenrechtliches Recht mit umfasst werden können, obwohl die Anfertigung und Verwertung von Abbildungen grundsätzlich als immaterialgüterrechtliche Rechte dem Urheberrecht zugeordnet werden. Dies umfasst die weitergehende Fragestellung, ob das Eigentumsrecht ausschließlich die Sachherrschaft über körperliche Sachen oder auch das äußere Erscheinungsbild einer Sache zu schützen vermag.

Daher soll in dieser Arbeit herausgearbeitet werden, ob das Eigentum an einem Baukunstwerk durch die Anfertigung und Verwertung einer Abbildung dieses Baukunstwerkes beeinträchtigt werden kann. Im Unterschied zu der zuvor dargestellten BGH-Entscheidung wird dabei nicht das Eigentum an dem betretenen Grundstück als Anknüpfungspunkt für eine Eigentumsbeeinträchtigung herangezogen. Stattdessen soll das Eigentum an dem Baukunstwerk unabhängig vom Grundstückseigentum untersucht werden, um den zuvor beschriebenen Unklarheiten und daraus resultierenden Unsicherheiten entgegenzuwirken.

Sodann ist zu hinterfragen, wie die entgegenstehenden Interessen des Baukunstwerkeigentümers mit den Interessen des Abbildungskünstlers hinsichtlich der Anfertigung und Verwertung von Abbildungen des Werkes miteinander in einen Einklang gebracht werden können.

Primär sollen Baukunstwerke eines Museums betrachtet werden, die grundsätzlich der Öffentlichkeit zur Verfügung gestellt werden. Aus der Stellung eines Museums als juristische Person des öffentlichen Rechts oder des Privatrechts können sich Besonderheiten bspw. innerhalb der Duldungspflichten des Eigentümers ergeben. Die öffentliche Präsenz eines Museums und ein gesteigertes Interesse der Öffentlichkeit am Zugang zu Museen und ihrer Kunst können zudem Rechteeinschränkungen erfordern. Museen bzw. das Museumsgelände mit den dazugehörigen Parkanlagen und Grünflächen erhalten teilweise aufgrund ihrer besonderen Ästhetik oder aufwendigen Gestaltung eine architektonisch besondere Bedeutung und sind daher aufgrund ihrer Optik als Kunstwerke für die Öffentlichkeit von gesteigertem Interesse. Aus dieser besonderen Stellung eines Museums könnten sich Pflichten zur Zugänglichmachung und zur Gestattung der Anfertigung von Abbildungen und deren Verbreitung herleiten lassen. Zu unterscheiden ist dabei zwischen den verschiedenen Trägerformen eines Museums und ob es sich um ein staatliches oder nicht-staatliches, bzw. ein öffentlich-rechtliches oder ein nicht-öffentliches Museum handelt. Aus den unterschiedlichen Formen können sich abweichende Verpflichtungen des Museumseigentümers ableiten lassen.

Weiterhin sollen Abbildungen untersucht werden, die ebenfalls ein eigenes Kunstwerk verkörpern und daraus resultierend ggf. besonders schutzwürdig sind, sodass deren Anfertigung und Verwertung privilegiert zu behandeln wäre. Hierdurch entsteht ein Spannungsverhältnis, bei dem das Eigentumsrecht an einem Baukunstwerk mit den Rechten des Abbildungskünstlers an der künstlerisch gestalteten, urheberrechtlichen Abbildung, aber auch den Interessen der Allgemeinheit am Zugang zur Kunst in eine Interessenkollision gerät. Diese Interessen sind in einen Ausgleich miteinander zu bringen, um dem verfassungsrechtlich gesicherten Grundsatz der Sozialpflichtigkeit des Eigentums gerecht werden zu können. Da es dahingehend bislang an einer gesetzlichen Regelung mangelt und das Eigentum aufgrund des Art. 14 Abs. 1 S. 2 GG ausschließlich durch ein Gesetz beschränkt werden kann, ist eine legislative Intervention eingehend zu prüfen.

B. Forschungsgegenstand

Die vorliegende Arbeit befasst sich mit der Fragestellung, ob de lege lata bereits ein hinreichender Interessenausgleich zwischen den Interessen des Baukunstwerkeigentümers und den Interessen eines von dem Eigentümer personenverschiedenen Abbildungskünstlers aufgrund bestehender gesetzlicher Beschränkungsmöglichkeiten geschaffen wurde, oder ob dieser Ausgleich de lege ferenda in Form gesetzlicher Regelungen zukünftig zu schaffen ist. In diesem Konflikt begehrt der Baukunstwerkeigentümer den Schutz vor

Einwirkungen i.S.d. § 903 S. 1 BGB auf seine Baukunstwerke, wohingegen der Abbildungskünstler die Abbildungen dieser Werke entgegen der Zustimmung und den Interessen des Baukunstwerkeigentümers verbreiten und der Allgemeinheit zur Verfügung stellen möchte.

Gegenstand dieser Arbeit sind schwerpunktmäßig Baukunstwerke, deren urheberrechtlicher Schutz bereits abgelaufen ist und die mithin gemeinfrei geworden sind. Der zugrunde liegende Begriff des Baukunstwerkes umfasst neben dem Bauwerk als Gebäude bspw. u.a. auch dazugehörige künstlerisch gestaltete Denkmäler, Plätze sowie Park- und Gartenanlagen. Die Bezeichnung „Baukunstwerk“ ist dahingehend einzugrenzen, dass sie sich in dieser Arbeit ausschließlich auf architektonische Werke der Baukunst als eigene Kunstgattung der Architektur bezieht. Dementsprechend wird der Begriff nicht im Sinne einer abstrakten, künstlerischen oder wissenschaftlichen „Auseinandersetzung mit dem vom Menschen geschaffenen Raum und insbesondere der Wechselbeziehung zwischen Mensch, Raum und Zeit“[9] aufgefasst, die ebenfalls als eigene Kunstgattung der Architektur verstanden werden könnte.

Zur Begründung des benannten Konkurrenzverhältnisses soll zunächst herausgearbeitet werden, unter welchen Voraussetzungen die angefertigte Abbildung sowie deren Verwertung aufgrund ihrer Eigenschaft als Kunstwerk bereits rechtlichen, bspw. urheberrechtlichen Schutz erfahren, um anschließend den dahingehend bestehenden rechtlichen Schutz des Baukunstwerkeigentümers an dem Baukunstwerk zu prüfen und gegenüberzustellen. Die hiesige Forschung wird u.a. anhand einer Untersuchung der bisher ergangenen Rechtsprechung durchgeführt, die sich mit dem Eigentumsschutz bei einer nicht genehmigten Anfertigung und Verwertung von Abbildungen durch von dem Baukunstwerkeigentümer personenverschiedene Dritte befasst hat. Anhand einer kritischen Auseinandersetzung mit der Rechtsprechung soll aufgezeigt werden, dass die Eigentumsrechte in Bezug auf die Anfertigung und Verwertung von Abbildungen eines Baukunstwerkes bislang weder durch die Rechtsprechung noch durch gesetzliche Regelungen vollständig geklärt bzw. geregelt wurden.

Anschließend wird anhand der bestehenden legislativen Regelungen der Inhalt des Eigentums aus § 903 S. 1 BGB in Bezug auf sein grundsätzlich umfassendes Herrschaftsrecht dahingehend dogmatisch untersucht, ob eine

---

9 Vgl. Wikipedia, Architektur, Baukunst, online abrufbar unter: https://de.wikipedia.org/wiki/Architektur#Eingrenzung_des_Begriffs, (Stand: 18.06.2023, zuletzt besucht am: 21.07.2023).

Subsumtion der Anfertigung und Verwertung von Abbildungen eines Baukunstwerkes unter § 903 S. 1 BGB möglich ist.

Eine genaue dogmatische Betrachtung soll dabei dem Begriff der Einwirkung aus § 903 S. 1 BGB gewidmet werden, der ausschließlich innerhalb der negativen Befugnisse des Eigentümers heranzuziehen ist und daher insbesondere in den Konstellationen bedeutsam wird, in denen der Eigentümer sich u.a. gegen die Anfertigung von Abbildungen seines Baukunstwerkes und deren Verwertung zu wehren beabsichtigt. Auf der Basis bereits bestehender Einwirkungsarten wie der positiven, negativen und ideellen Einwirkung, verschiedener Ansichten in der Literatur zur Einwirkung bzw. zur Eigentumsbeeinträchtigung sowie anhand bestehender, allgemeiner Rechtsgrundsätze werden die Voraussetzungen für eine Definition der Einwirkung entwickelt. Gleichzeitig werden die bestehenden Ansichten in der Literatur eingehend beleuchtet und diskutiert.

Mithilfe der herausgearbeiteten Voraussetzungen einer Eigentumseinwirkung sollen im Anschluss die Begriffe der Anfertigung bzw. Verwertung von Abbildungen des Baukunstwerkes unter den Begriff der Eigentumseinwirkung subsumiert werden. Zugleich wird aufgezeigt, welche Auswirkungen die entwickelte Definition einer Einwirkung für die bereits ergangenen und vergleichbaren Entscheidungen hätte, namentlich für die oben zitierten Entscheidungen Preußische Gärten und Parkanlagen I bis III,[10] die Hundertwasser-Entscheidung[11] sowie die Google-Streetview-Entscheidungen.[12]

Aufgrund eines tendenziell weiten Verständnisses des Eigentumsrechts i.S.d. § 903 S. 1 BGB sind im weiteren Verlauf deren Beschränkungsmöglichkeiten durch Gesetze und Rechte Dritter zu untersuchen. Der Fokus liegt darauf, die gesetzlichen Beschränkungen aufgrund der besonderen Stellung eines Museums herauszuarbeiten und hervorzuheben. In der Eigenschaft als Museum ist dieses der Öffentlichkeit frei zugänglich und soll Kunstinteressen der Allgemeinheit fördern und befriedigen. Dies kann besondere Pflichten des Eigentümers im Hinblick auf die Interessen der Allgemeinheit zur Konsequenz haben. Zugleich sind im Rahmen der Beschränkungen eingehend die Rechte des Abbildungskünstlers zu untersuchen.

---

10 BGH, Urt. v. 17.12.2010, V ZR 45/10, GRUR 2011, 323 (323 ff.); BGH, Urt. v. 17.12.2010, V ZR 46/10, ZUM 2011, 333 (333 ff.); BGH, Urt. v. 17.12.2010, V ZR 44/10, ZUM 2011, 325 (325 ff.); BGH, Urt. v. 01.03.2013, V ZR 14/12, GRUR 2013, 623 (623 ff.).

11 BGH, Urt. v. 05.06.2003, I ZR 192/00, NJW 2004, 594 (594 ff.).

12 LG Waldshut-Tiengen, Urt. v. 28.10.1999, 1 O 200/99, NZM 1999, 1166 (1166 ff.); VG Karlsruhe, Beschl. v. 01.12.1999, 2 K 2911/99, MMR 2000, 181 (181 ff.); KG Berlin, Beschl. v. 25.10.2010, 10 W 127/10, MMR 2011, 414 (414 ff.)

Diese Arbeit verdeutlicht die bestehenden Lücken in der Rechtsprechung sowie in den legislativen Regelungen in Bezug auf die Rechte und Pflichten des Baukunstwerkeigentümers und des Abbildungskünstlers. Eine legislative Intervention ist daher begründet und dringend angezeigt. Es ist Aufgabe des Gesetzgebers, den Interesenskonflikt, insbesondere angesichts der grundrechtlich sichergestellten Sozialpflichtigkeit des Eigentums, rechtssicher zu lösen.

Ausgenommen von dem Forschungsgegenstand sind Abbildungen beweglicher Kunstwerke wie Gemälde, Fotografien oder Skulpturen, die in der Regel innerhalb der Räumlichkeiten eines Museumsgebäudes ausgestellt werden. Ebenfalls ausgenommen sind Abbildungen von im Privateigentum befindlichen Baukunstwerken wie bspw. Gebäude, die ausschließlich Wohnzwecken dienen. Die oben beschriebenen Besonderheiten öffentlicher Baukunstwerke von Museen stellen sich bei diesen Werken nicht. Da der Fokus auf der de lege lata bestehenden bzw. einer de lege ferenda noch zu schaffenden gesetzlichen Regelungen liegt, soll auf die denkbaren Möglichkeiten des Baukunstwerkeigentümers zur Schaffung und Gestaltung vertraglicher Regelungen wie Zugangsbeschränkungen zum Baukunstwerk oder das Aufstellen von Verhaltensgeboten bzw. -verboten bspw. in Form von Fotografieverboten nicht näher eingegangen werden. Diese Arbeit widmet sich zudem ausschließlich der deutschen Rechtslage, obwohl sich beim Vertrieb inländischer Abbildungen im Ausland oder ausländischer Abbildungen im Inland ebenfalls zu klärende grenzüberschreitende Konstellationen ergeben können.

C. Gang der Untersuchung

1. **Grundbegriffe:** Das erste Kapitel dieser Arbeit führt die relevanten Grundbegriffe der gegenständlichen Forschung detailliert auf und findet geeignete Definitionen. Dies soll die Darstellung der Untersuchung nachvollziehbarer gestalten und sie gleichzeitig eingrenzen. Zu Beginn wird eine bislang fehlende Definition der Kunst im sachenrechtlichen Eigentumsrecht herausgearbeitet, um schließlich die Bezeichnung „Baukunstwerke" einzugrenzen und die Besonderheiten von Baukunstwerken eines Museums aufzuzeigen (dazu unten 1. Kapitel § 1). Aufgrund der erheblichen Auswirkungen u.a. auf die Eigentumsfähigkeit eines Museums sowie die Beschränkungsmöglichkeiten der Eigentumsrechte ist eine differenzierte und erläuternde Darstellung von Museen in öffentlich-rechtlicher Trägerschaft und solchen in nicht-öffentlicher Trägerschaft für das Forschungsvorhaben unerlässlich (dazu unten 1. Kapitel § 2). Abschließend wird der Begriff der Verwertung

definiert und zwischen der kommerziellen sowie der nicht-kommerziellen Verwertung differenziert (dazu unten 1. Kapitel § 3).

2. **Rechtlicher Schutz des Abbildungskünstlers:** Nachdem im vorherigen Kapitel u.a. der Begriff der Kunst im sachenrechtlichen Eigentumsrecht herausgearbeitet wurde, werden in dem zweiten Kapitel die Rechte des Abbildungskünstlers an einer von ihm gefertigten Abbildung untersucht. Beleuchtet wird dabei, inwiefern dem Abbildungskünstler im Hinblick auf die Anfertigung sowie der Verwertung einer von ihm gefertigten Abbildung sowohl verfassungsrechtlicher (dazu unten 2. Kapitel § 1) als auch einfachgesetzlicher Schutz (dazu unten 2. Kapitel § 2) aufgrund ihm zustehender Rechte gebührt, wenn er durch die Abbildung ein eigenes Kunstwerk geschaffen hat. Diese Untersuchung ist erforderlich, um ein Konkurrenzverhältnis zwischen dem Abbildungskünstler und dem von ihm personenverschiedenen Baukunstwerkeigentümer zunächst dem Grunde nach aufzeigen zu können. Dabei wird zwischen den verschiedenen Formen einer Abbildung differenziert und detailliert auf fotografische und technische Reproduktionen eingegangen, um u.a. die rechtliche Schutzfähigkeit von Scan-Aufnahmen genauer zu überprüfen.
3. **Rechtlicher Schutz des Baukunstwerkeigentümers:** Dieses Kapitel widmet sich der Untersuchung, ob die positiven und negativen Befugnisse des Baukunstwerkeigentümers i.S.d. § 903 S. 1 BGB auch die Anfertigung und Verwertung von Abbildungen eines Baukunstwerkes umfassen. Aufgrund der hervorzuhebenden Sonderstellung eines Museums soll zu Beginn der Eigentumserwerb an Baukunstwerken eines Museums aufgezeigt werden (dazu unten 3. Kapitel § 1). Um zu verdeutlichen, dass der Inhalt des Eigentums i.S.d. § 903 S. 1 BGB einer dogmatisch ausführlichen Betrachtung bedarf, ist vorab die bereits ergangene Rechtsprechung kritisch zu untersuchen (dazu unten 3. Kapitel § 2). Auch das Verhältnis zwischen dem Eigentumsrecht des Baukunstwerkeigentümers und den Urheberrechten des Baukunstwerkurhebers an einem identischen Baukunstwerk gilt zuvor geklärt zu werden. Eine tiefergehende dogmatische Prüfung des Eigentumsinhaltes wäre entbehrlich, sofern das Konkurrenzverhältnis im Hinblick auf urheberrechtliche Nutzungshandlungen durch den Abbildungskünstler – z.B. die Anfertigung und Verwertung von Abbildungen des Baukunstwerkes – bereits durch das Urheberrecht abschließend geregelt würde, auch wenn das Urheberrecht des Baukunstwerkurhebers an dem Werk zwischenzeitlich erloschen ist (dazu unten 3. Kapitel § 3). Anschließend wird der Eigentumsinhalt anhand der positiven und negativen Befugnisse des Eigentümers konkretisiert (dazu unten 3. Kapitel §§ 4, 5, 6), um schließlich den

Versuch zu unternehmen, die Anfertigung einer Abbildung sowie deren Verwertung unter die im Rahmen dieser Arbeit herausgearbeiteten Voraussetzungen einer Eigentumseinwirkung als Hauptmerkmal der negativen Befugnisse des Baukunstwerkeigentümers zu subsumieren (dazu unten 3. Kapitel § 6 II., III.).

4. **Beschränkungen der Eigentumsrechte de lege lata:** Das vorhergehende Kapitel zeigt auf, dass die (mittelbar) kommerzielle und im Einzelfall auch die nicht-kommerzielle Verwertung von Abbildungen eines Baukunstwerkes unter die Voraussetzungen der negativen Eigentümerbefugnisse subsumiert werden können (dazu unten 3. Kapitel § 7). Dadurch tritt der Konflikt zwischen dem Abbildungskünstler und dem Baukunstwerkeigentümer zum Vorschein: Der Abbildungskünstler begehrt die Verwertung der von ihm angefertigten Abbildungen des Baukunstwerkes, wohingegen der Baukunstwerkeigentümer ob seiner negativen Eigentümerbefugnisse entsprechende Ansprüche des Abbildungskünstlers abwehren kann. Das vierte Kapitel soll daher aufzeigen, ob die Befugnisse des Baukunstwerkeigentümers aufgrund bestehender Gesetze (dazu unten 4. Kapitel § 1) oder Rechte Dritter i.S.d. § 903 S. 1 BGB (dazu unten 4. Kapitel § 3) zu beschränken sind. In diesem Zusammenhang erfolgt eine Auseinandersetzung mit der Stellung des Baukunstwerkeigentümers eines Museums, aus der sich das besondere Bedürfnis und weitergehende Möglichkeiten zur Beschränkung der Eigentumsrechte ableiten lassen. Besondere Bedeutung erlangen gleichfalls die schützenswerten Interessen des Abbildungskünstlers hinsichtlich der Verwertung von Abbildungen des Baukunstwerkes als auch die schützenswerten Interessen der Allgemeinheit am Zugang zur Kunst (dazu insbesondere unten 4. Kapitel § 2). Dieses Kapitel soll die unklare Rechtslage und die damit einhergehenden Unsicherheiten aufzeigen, die sich aus den verschiedenen Fallkonstellationen und den daraus resultierenden unterschiedlichen Beschränkungsmöglichkeiten ergeben (dazu unten 4. Kapitel § 4). Dieser Überblick über eigene Rechte und Pflichten verdeutlicht das Erfordernis einer gesetzgeberischen Intervention.
5. **Begründung einer legislativen Intervention de lege ferenda:** Das fünfte Kapitel soll schließlich die Notwendigkeit einer legislativen Intervention begründen. Art. 14 Abs. 1 S. 2 GG verdeutlicht, dass für Beschränkungen des Eigentums eine gesetzliche Grundlage erforderlich ist (dazu unten 4. Kapitel § 1 I.). In diesem Kapitel werden daher zunächst eingehend die grundrechtlich geschützten Interessen des Baukunstwerkeigentümers (dazu unten 5. Kapitel § 1 I.) und die Interessen des Abbildungskünstlers (dazu unten 5. Kapitel § 1 II.) hinsichtlich einer das Eigentum beschränkenden

Reglung dargestellt und anschließend in einer Interessenabwägung miteinander abgewogen (dazu unten 5. Kapitel § 1 III.). Verdeutlicht werden soll, dass gerade bei dem für die Allgemeinheit bedeutsamen Eigentum, wie einem Museum oder besonderem Kulturgut, der Zugang zur Kunst zu fördern ist und Eigentumsbeschränkungen in Form gesetzlicher Regelungen angezeigt sein können. Anschließend wird ein gesetzlicher Regelungsentwurf ausgearbeitet, der auf den erforderlichen Regelungsumfang reduziert werden soll, sodass die Rechtsprechung schützenswerte Interessen innerhalb der Eigentumsbeschränkungen auf zukünftig verfassungskonforme Weise berücksichtigen kann (dazu unten 5. Kapitel § 2). Das Kapitel schließt mit einer Ausführung zu den Rechtsfolgen der gesetzlichen Eigentumsbeschränkung (dazu unten 5. Kapitel § 3).

6. **Resumé und Ausblick:** Die Arbeit findet ihren Abschluss in einer Zusammenfassung der herausgearbeiteten Ergebnisse und einem Ausblick darauf, welche Vorteile sich aus einer legislativen Intervention zukünftig ergeben.

Kapitel 1: Grundbegriffe

Dieses Kapitel verschafft einen Überblick über die in dieser Arbeit hauptsächlich verwendeten und relevanten Grundbegriffe und erläutert sowie definiert diese inhaltlich, sodass deren Inhalt und Umfang geklärt werden und der Gang der Untersuchung dieser Arbeit nachvollzogen werden kann.

§ 1 Kunstwerke in der Architektur der Baukunst

Gegenstand dieser Arbeit sind Kunstwerke in der Architektur in Form eines Baukunstwerkes, auf die sich das sachenrechtliche Eigentum aus § 903 S. 1 BGB erstreckt. Zur Eingrenzung ist daher vorab der in dem Baukunstwerk enthaltene Begriff der Kunst herauszuarbeiten und sodann ein Verständnis für den Kunstbegriff im sachenrechtlichen Eigentumsrecht zu schaffen, da hierzu bislang keine gesetzlichen Regelungen existieren. Anhand des ermittelten Kunstbegriffes im sachenrechtlichen Eigentumsrecht wird anschließend dargestellt, unter welchen Voraussetzungen auch ein Bauwerk ein Kunstwerk darstellen kann und wie der Begriff des Baukunstwerkes inhaltlich zu begrenzen ist. Zugleich werden die Besonderheiten von Baukunstwerken eines Museums aufgezeigt.

I. Definition Kunst

Der Spruch „ist das Kunst oder kann das weg?"[13] verdeutlicht anschaulich die Schwierigkeiten einer begrifflich klaren Erfassung von Kunst. Was als Kunst angesehen wird, scheint primär geprägt von subjektiven Empfindungen und nicht von starren Definitionsmerkmalen. Zudem bereitet die ständige Fortentwicklung der Kunst Herausforderungen hinsichtlich ihrer klaren Einordnung. Was als künstlerisch wahrgenommen wird, hängt überwiegend von zeitgenössischen Bedingungen sowie dem jeweiligen Zeitabschnitt und der entsprechenden Gesellschaft ab.[14] Kunst zu definieren widerspräche daher nahezu dem eigentlichen Wesen der Kunst.[15] Dennoch ist eine Definition entgegen einiger

13 Verfasser dieses Spruchs unbekannt.

14 Ebling/Schulze/*Ebling*, Kunstrecht S. 362.

15 *Engl*, Der Urheberrechtsschutz für Architektenleistungen S. 212; *Binder/Messer*, Urheberrecht für Architekten und Ingenieure S. 33 f.

kritischer Stimmen in der Literatur[16] unerlässlich, um den Schutzumfang der Kunst bestimmen und eingrenzen zu können und auf diese Weise für Rechtssicherheit zu sorgen.[17] Dabei ist ein Kunstbegriff heranzuziehen, der neuen Kunstformen gegenüber offen, aber dennoch trotz seiner Offenheit nicht völlig konturenlos ist.[18] Im sachenrechtlichen Eigentumsrecht existiert bislang keine Definition der Kunst im Hinblick auf das Eigentum an Kunstwerken. Hingegen wird der Begriff der Kunst bereits in den Gesetzen verschiedener Rechtsgebiete verwendet. So wird er sowohl im Verfassungsrecht als auch in einigen einfachgesetzlichen Regelungen wie bspw. dem Steuerrecht, dem Strafrecht und dem Urheberrecht aufgeführt. Das Verständnis der Kunstbegriffe weicht dabei jeweils im Hinblick auf die inhaltliche Reichweite voneinander ab. Dennoch könnten die bereits vorhandenen Definitionen als Grundlage und Orientierung für eine Definition der Kunst im sachenrechtlichen Eigentumsrecht dienen. Daher werden im Folgenden zunächst die Definitionen der Kunst in den verschiedenen Rechtsgebieten dargestellt, um schließlich eine Übertragbarkeit der Definitionen auf das sachenrechtliche Eigentumsrecht des § 903 S. 1 BGB zu prüfen und den Kunstbegriff im sachenrechtlichen Eigentumsrecht definieren zu können.

1. Kunst im Verfassungsrecht

Die Kunstfreiheit wird verfassungsrechtlich in Art. 5 Abs. 3 S. 1 GG garantiert, aus der sich drei verschiedene Kunstbegriffe herausgebildet haben: der formale, der materielle und der offene Kunstbegriff; diese werden im Folgenden dargestellt.

Nach dem im Mephisto-Beschluss des BVerfG entwickelten materiellen Kunstbegriff sind für Kunst die ihr „Wesen prägende[n] Strukturmerkmale" ganz entscheidend.[19] Kunst zeichne sich demnach durch „die freie schöpferische Gestaltung aus, in der Eindrücke, Erfahrungen und Erlebnisse des Künstlers durch das Medium einer bestimmten Formensprache zu unmittelbarer Anschauung gebracht werden".[20] Eine künstlerische Tätigkeit sei ein

16 So bspw.: *Knies*, Schranken der Kunstfreiheit als verfassungsrechtliches Problem, 1967, 214 ff.; *Raue*, Literarischer Jugendschutz 1970, S. 85 ff.; *Hoffmann*, NJW 1985, 237 (237 f.).

17 *Engl*, Der Urheberrechtsschutz für Architektenleistungen, S. 21 f.

18 *Schack*, Kunst und Recht, S. 4 Rn. 2.

19 BVerfG, Beschl. v. 24.02.1971, 1 BvR 435/68, NJW 1971, 1645 (1645).

20 BVerfG, Beschl. v. 24.02.1971, 1 BvR 435/68, NJW 1971, 1645 (1645).

Konglomerat aus nicht rational zu bestimmenden, bewussten sowie unbewussten Vorgängen, bei der die individuelle Persönlichkeit des Künstlers zum Ausdruck gebracht werde und sich Fantasie, Intuition und Kunstverstand vermengen.[21]

Nach dem formalen Kunstbegriff sei auf einen bestimmten Werktypen unter Berücksichtigung bestimmter Anforderungen einer Kunstgattung abzustellen.[22] Zu nennen seien demnach klassische Werktypen wie etwa der Malerei, Dichtung, Bildhauerei oder des Theaters als anerkannte klassische Kunstformen.[23]

Der offene Kunstbegriff stellt hingegen auf vielfältige Interpretationsmöglichkeiten ob ihrer diversen Bedeutungen ab.[24] Erschaffenes stelle demnach Kunst dar, sofern dem Erschaffenen aufgrund von verschieden, möglichen Aussagen aufgrund vielfältiger Interpretationsmöglichkeiten eine immer weitreichendere Bedeutung zu entnehmen sei.[25] Das Erschaffene muss somit einer Interpretation zugänglich sein und auf diese Weise weiterentwickelt werden können.

Die Rechtsprechung kombiniert alle drei Begriffe miteinander und bestimmt Kunst anhand rein objektiver Merkmale, ohne den subjektiven Willen des Künstlers zu berücksichtigen.[26] Der Kunstbegriff ist im verfassungsrechtlichen Sinn daher weit auszulegen, um dem Künstler größtmöglichen grundrechtlichen Schutz gewähren zu können.

2. *Kunst in einfachgesetzlichen Regelungen*

Die folgenden einfachgesetzlichen Regelungen beinhalten ebenfalls einen Kunstbegriff, der entsprechend der jeweiligen Schutzrichtung der Normen unterschiedlich eng bzw. weit aufzufassen ist.

---

21 BVerfG, Beschl. v. 24.02.1971, 1 BvR 435/68, NJW 1971, 1645 (1645).

22 BVerfG, Beschl. v. 17.07.1984, 1 BvR 816/82, NJW 1985, 261 (262 f.); *Müller*, Freiheit der Kunst als Problem der Kunstrechtsdogmatik, S. 41 ff.

23 BVerfG, Beschl. v. 17.07.1984, 1 BvR 816/82, NJW 1985, 261 (262 f.); *Müller*, Freiheit der Kunst als Problem der Kunstrechtsdogmatik, S. 41 ff.

24 BVerfG, Beschl. v. 17.07.1984, 1 BvR 816/82, NJW 1985, 261 (262 f.).

25 BVerfG, Beschl. v. 17.07.1984, 1 BvR 816/82, NJW 1985, 261 (262 f.); *von Noorden*, Die Freiheit der Kunst nach dem Grundgesetz und die Strafbarkeit der Verbreitung unzüchtiger Darstellungen, S. 82 ff.

26 BVerfG, Beschl. v. 17.07.1984, 1 BvR 816/82, NJW 1985, 261 (262); Maunz/Dürig/*Scholz*, GG, 81. EL. 2017, Art. 5 Rn. 26.

So enthält das Steuerrecht in §§ 18 Abs. 1 Nr. 1 S. 2, 49 Abs. 1 Nr. 2 d) EstG einen eigenen Kunstbegriff. Geregelt wird dort eine beschränkte Steuerpflicht für Einkünfte künstlerisch tätig werdender Selbstständiger. Auf der Grundlage des vom Bundesverfassungsgericht entwickelten Kunstbegriffs soll dieser im Steuerrecht konkreter, enger und nachvollziehbarer gestaltet werden als der eher offene Kunstbegriff des Art. 5 Abs. 3 GG, da es sich um eine restriktiv zu handhabende Privilegierung des Kunstschaffenden handele.[27]

Auch das Strafrecht enthält in den §§ 243 Abs. 1 Nr. 5, 304 StGB einen eigenen Kunstbegriff, der den besonders schweren Fall des Diebstahls bzw. die gemeinschädliche Sachbeschädigung von Gegenständen öffentlich ausgestellter Kunst normiert. Der Kunstbegriff sei unter Berücksichtigung eines hohen strafrechtlichen Schutzes tendenziell weit auszulegen.[28] Anders als im Steuerrecht liegt dem Strafrecht gerade keine Privilegierung zu Grunde, sondern die Bekämpfung strafrechtlichen Verhaltens zum Schutz einzelner Rechtsgüter, nämlich den Schutz öffentlich ausgestellter Kunstwerke. Dies rechtfertigt eine weite Auslegung des Kunstbegriffs.

Im Urheberrecht wird der Begriff der Kunst an verschiedenen Stellen des UrhG verwendet und findet bspw. in § 1 UrhG beim „Urheber von Werken der Kunst" oder in § 2 Abs. 1 Nr. 4 UrhG im Zusammenhang mit „Werken der bildenden Künste", „Werken der Baukunst" oder „Werken der angewandten Kunst" Erwähnung. Ein Kunstwerk im Sinne des UrhG ist daher anzunehmen, wenn die Voraussetzungen eines urheberrechtlichen Werkes i.S.d. § 2 UrhG erfüllt sind. Dies erfordert eine persönliche, geistige Schöpfung, eine gewisse Gestaltungshöhe, eine wahrnehmbare Form sowie Individualität.[29] Da eine Reihe an Voraussetzungen erfüllt sein muss, spricht dies für eine tendenziell enge Auslegung des Kunstbegriffs. Diese restriktive Auslegung wird wiederum relativiert, indem das Urheberrecht auch den Schutz der kleinen Münze anerkennt und somit ein tendenziell weiter Schutz des urheberrechtlichen Werkes gilt.[30]

---

27 Vgl. *Ebling/Schulze/Ebling*, Kunstrecht S. 362; *Schack*, Kunst und Recht, S. 4.

28 Vgl. Ebling/Schulze/*Ebling*, Kunstrecht S. 362; *Schack*, Kunst und Recht, S. 4 Rn. 2.

29 So jedenfalls die herrschende Meinung in Literatur und Rechtsprechung, vgl. *Schack*, Kunst und Recht, S. 4 ff.; Fromm/Nordemann/*Nordemann*, UrhG, § 2 Rn. 20, wobei auf die Ansichten im Einzelnen sowie die jeweiligen Definitionen aufgrund des begrenzten Umfangs der Arbeit nicht näher eingegangen werden kann.

30 Vgl. Wandtke/Bullinger/*Bullinger*, UrhR, § 2 Rn. 19; Fromm/Nordemann/*Nordemann*, UrhG, § 2 Rn. 30.

3. Kunst im sachenrechtlichen Eigentumsrecht des § 903 S. 1 BGB

Im Folgen ist herauszuarbeiten, ob zur Bestimmung der Kunst im sachenrechtlichen Eigentumsrecht ein einfachgesetzlicher oder verfassungsrechtlicher Kunstbegriff unter Berücksichtigung der sachenrechtlichen Schutzrichtung und Interessenlage heranzuziehen ist.

Der Kunstbegriff im Steuerrecht bietet öffentliche Subventionierungs- bzw. Privilegierungsmöglichkeiten bezüglich der Gewerbesteuer. Somit verschafft diese Regelung dem Kunstschaffenden zunächst ausschließlich Vorteile und verdeutlicht ihren Zweck, den Kunstschaffenden zu schützen und seine Interessen zu fördern. Um die Steuerprivilegien nicht ausufern zu lassen, ist eine tendenziell restriktive Auslegung zur Erfassung einer geringen Zahl von Kunstschaffenden angezeigt und nachvollziehbar. Anders als das Steuerrecht, welches den Kunstschaffenden vorwiegend zu privilegieren beabsichtigt, bezweckt das sachenrechtliche Eigentumsrecht hingegen nicht ausschließlich eine Privilegierung des Eigentümers infolge einer Gewährung von Rechten. Stattdessen wird das Eigentum im Einzelfall durch das Gesetz oder durch Rechte Dritter gem. § 903 S. 1 BGB beschränkt und dem Eigentümer Pflichten auferlegt. Schließlich verpflichtet das Eigentum auch zu bestimmten Handlungen, vgl. Art. 14 Abs. 2 S. 1 GG. So kann der Eigentümer unter Umständen verpflichtet werden, sein Eigentum nicht oder nur eingeschränkt zu verändern – wie u.a. bei Denkmälern – oder es der Öffentlichkeit zugänglich zu machen. Diese Pflichten sind insbesondere beim Eigentum an Kunstgegenständen denkbar. Da der Gesetzgeber folglich sowohl Privilegierungen als auch Einschränkungen des Eigentums vorsieht, ist eine rein restriktive Auslegung des Kunstbegriffs wie im Steuerrecht mangels Vergleichbarkeit der Interessenlage und der Schutzrichtung nicht vertretbar.

Stattdessen könnte der weit auszulegende strafrechtliche Kunstbegriff herangezogen werden. Die strafrechtliche Regelung zielt auf einen größtmöglichen Schutz der Rechtsordnung und -güter ab und sieht zur Durchsetzung des Rechtes eine Reihe von Sanktionen vor. Straftäter sollen primär sanktioniert werden und die Einhaltung von Pflichten und Regelungen zum Schutz der Rechtsordnung präventiv gefördert werden. Privilegierungsmöglichkeiten wie im steuerrechtlichen Kunstbegriff sind dabei nicht vorgesehen. Die Interessenlage ist daher ebenfalls mit derjenigen des Eigentümers eines Kunstwerkes nicht vergleichbar. Die Eigentumsrechte haben nicht primär den Zweck, den Eigentümer eines Kunstwerkes mittels etwaiger Pflichten zu „bestrafen“, sondern ihn gleichzeitig auch zu privilegieren und zu schützen. Damit das Eigentum nicht in einer überproportional großen Vielzahl an Fällen als Kunstwerk qualifiziert wird und dem Eigentümer damit möglicherweise neben Rechten auch unverhältnismäßige Beschränkungen und Verpflichtungen auferlegt werden, ist ein weites Kunstverständnis aus dem Strafrecht abzulehnen.

Vielmehr könnte das Vorliegen eines Kunstwerkes mithilfe des urheberrechtlichen Kunstbegriffs definiert werden. Das Urheberrecht sieht neben Rechten des Urhebers gleichzeitig Pflichten im Hinblick auf die Zugänglichmachung des Werkes aufgrund urheberrechtlicher Schrankenregelungen vor. Dieses Verständnis ist mit den zu schützenden Rechtsgütern und der Interessenlage eines Eigentümers vergleichbar, da auch den Eigentümer neben Rechten auch Pflichten und Einschränkungen auf sein Eigentum treffen können. Wie gezeigt ist der Begriff der Kunst im Urheberrecht anhand der jeweiligen Voraussetzungen eines urheberrechtlichen Werkes i.S.d. § 2 UrhG tendenziell eng auszulegen, wobei durch den Schutz der kleinen Münze ein grundsätzlich weites Werkverständnis angenommen wird. Ein enges Kunstverständnis, das wiederum in seinen einzelnen Voraussetzungen nicht zu restriktiv gehandhabt wird, wird auch dem sachenrechtlichen Eigentumsrecht mit seinen Rechten und Einschränkungen gerecht. Somit sind die Schutzrichtung und die Interessenlage des sachenrechtlichen Eigentums mit der des geistigen Eigentums vergleichbar, sodass der sachenrechtliche Kunstbegriff anhand der Voraussetzungen des urheberrechtlichen Werkes zu bestimmen ist. Hierdurch wird zugleich ein Gleichlauf der Begriffe eines Kunstwerkes erzielt, sofern es um die Kollision von Eigentumsrechten mit den Urheberrechten an Baukunstwerken sowie um die Möglichkeit der Berücksichtigung urheberrechtlicher Vorschriften bei gemeinfreien Werken geht.

Folglich ist abschließend zu prüfen, ob neben dem einfachgesetzlichen Kunstbegriff der verfassungsrechtliche Kunstbegriff heranzuziehen ist, welcher den Kunstbegriff aus dem Urheberrecht verdrängt. Vorab ist anzumerken, dass bei einer möglichen Anwendung des verfassungsrechtlichen Kunstbegriffs lediglich die Definition der Kunst übertragen und nicht die Grundrechte unmittelbar angewendet werden. Insofern steht auch bei öffentlich-rechtlich organisierten Eigentümern bzw. juristischen Personen des öffentlichen Rechts das Konfusionsargument einer Übertragung der verfassungsrechtlichen Definition nicht entgegen.

Im Unterschied zu dem urheberrechtlichen Kunstwerkbegriff wird der verfassungsrechtliche Kunstbegriff des Art. 5 Abs. 3 GG hinsichtlich seines Schutzumfanges tendenziell weit aufgefasst, um einen größtmöglichen Schutz der Kunstfreiheit gewährleisten zu können.[31] Infolge dieses weiten Verständnisses

---

31 Vgl. OLG Stuttgart, Urt. v. 05.10.1988, 4 U 111/88, ZUM 1989, 255 (256); OVG Rheinland-Pfalz, Urt. v. 24.07.1997, 8 A 12820/96.OVG, ZUM-RD 1998, 254 (255);

wird wiederum ein größtmöglicher und umfassender Schutz des Künstlers erzielt. Dieses weite Verständnis der Kunst bezweckt mithin eine Privilegierung und den Schutz des Künstlers. Wie bereits vorstehend ausgeführt, bezwecken die eigentumsrechtlichen Regelungen nicht lediglich eine Privilegierung des Eigentümers durch die ihm zugewiesenen Rechte. Stattdessen sind ihm im Einzelfall auch Pflichten im Umgang mit dem Eigentum aufzuerlegen. Eine Übertragung des weiten verfassungsrechtlichen Verständnisses von Kunstwerken[32] auf das sachenrechtliche Eigentumsrecht könnte zudem dazu führen, dass in einer unangemessenen Vielzahl von Fällen eine Sache als Kunstwerk bewertet wird und sich dadurch Einschränkungen der Eigentumsrechte des Eigentümers an dem Kunstwerk ergeben, z.B. ein Zerstörverbot zur Bewahrung der Kunst. Die Schutzrichtung und Interessenlage des verfassungsrechtlichen Kunstbegriffs sind daher nicht mit derjenigen des sachenrechtlichen Eigentums vergleichbar.

Insofern ist der Begriff der Kunst im Hinblick auf das Eigentumsrecht des § 903 S. 1 BGB mangels einer vergleichbaren Interessenlage bzw. Schutzrichtung nicht nach dem verfassungsrechtlichen Kunstbegriff, sondern anhand der einfachgesetzlichen, urheberrechtlichen Voraussetzungen eines (Kunst-)Werkes zu bestimmen. Demnach erfordert Kunst eine persönliche geistige Schöpfung, wahrnehmbare Form, Individualität und Gestaltungshöhe.[33] Anhand dieser Voraussetzungen kann schließlich bestimmt werden, ob ein Bauwerk als Kunstwerk im Sinne des sachenrechtlichen Eigentumsrechts qualifiziert werden kann.

II. Baukunstwerke

Da sich der Umfang dieser Arbeit auf Bauwerke begrenzt, die als Kunstwerke in der Architektur der Baukunst in Form eines Baukunstwerkes und mithin eines Kunstwerkes zu qualifizieren sind, soll der Begriff „Baukunstwerke" im Folgenden näher bestimmt werden. Die Bezeichnung „Architektur der Baukunst" ist in dieser Arbeit dahingehend einzugrenzen, dass sie sich ausschließlich auf Baukunstwerke als eigene Kunstgattung der Architektur bezieht. Dementsprechend wird der Begriff nicht im Sinne einer abstrakten, künstlerischen oder

---

Schricker/Loewenheim/*Loewenheim/Leistner*, UrhG, § 2 Rn. 157; Dreier/Schulze/*Schulze*, UrhG, § 2 Rn. 149.

32 Vgl. *Schack*, Kunst und Recht, S. 4 Rn. 2.

33 Vgl. Fromm/Nordemann/*Nordemann*, UrhG, § 2 Rn. 20; *Schack*, Kunst und Recht, S. 8 Rn. 8.

wissenschaftlichen „Auseinandersetzung mit dem vom Menschen geschaffenen Raum und insbesondere der Wechselbeziehung zwischen Mensch, Raum und Zeit“[34] aufgefasst, die ebenfalls als eigene Kunstgattung der Architektur verstanden werden kann. Im Folgenden ist daher anhand des entwickelten Kunstbegriffes des sachenrechtlichen Eigentumsrechts herauszuarbeiten, unter welchen Voraussetzungen Bauwerke als Kunstwerke im sachenrechtlichen Eigentumsrecht qualifiziert werden können und mithin Baukunstwerke verkörpern. Das Vorliegen eines Kunstwerkes ist unter Zugrundelegung der urheberrechtlichen Voraussetzungen eines urheberrechtlichen Werkes i.S.d. § 2 UrhG zu bestimmen. Somit muss eine wahrnehmbare persönliche Schöpfung vorliegen und eine gewisse Individualität und Gestaltungshöhe bei der Erschaffung des Bauwerkes erreicht werden.

1. *Persönliche Schöpfung und Wahrnehmbarkeit*

Die bauliche Leistung muss zunächst auf einer persönlichen Schöpfung des Bauwerkes beruhen und somit von einem Menschen erschaffen worden sein. Der Einsatz von Hilfsmitteln steht dabei einer persönlichen Schöpfung nicht zwingend entgegen, sofern die Anwendung der Hilfsmittel lediglich eine untergeordnete Rolle spielt und das Bauwerk nicht ausschließlich durch diese Hilfsmittel oder Apparate hergestellt wird.[35] So liegt eine vom Menschen geschaffene Leistung bspw. beim Einsatz spezieller und erforderlicher Graphik- und Computerprogramme durch einen Architekten genauso vor wie bei der Verwendung spezieller Bauwerkzeuge durch den Bauherren. Spätestens mit der Fertigstellung eines Bauwerkes wird dieses auch wahrnehmbar.[36]

2. *Individualität*

Das Bauwerk hat zudem eine gewisse Individualität bzw. schöpferische Eigentümlichkeit[37] oder Originalität aufzuweisen.[38] Um es von rein routinemäßig handwerklichen „Allerweltserzeugnissen“ abzugrenzen, muss das Bauwerk

---

34 Vgl. Wikipedia, Architektur, Baukunst, online abrufbar unter: https://de.wikipedia.org/wiki/Architektur#Eingrenzung_des_Begriffs, (Stand: 18.06.2023, zuletzt besucht am: 21.07.2023).

35 Vgl. Wandtke/Bullinger/*Bullinger*, UrhR, § 2 Rn. 16 f.; *Binder/Messer*, Urheberrecht für Architekten und Ingenieure S. 22.

36 Vgl. Wandtke/Bullinger/*Bullinger*, UrhR, § 2 Rn. 19.

37 BGH, Urt. v. 08.07.2004, I ZR 25/02, GRUR 2004, 855 (857).

38 Dreier/Schulze/*Schulze*, UrhG, § 2 Rn. 18.

eigenschöpferisch geprägt sein[39] und insofern aus der Masse alltäglicher Bauarten hervorstechen sowie über die rein technische Lösung der Bauaufgabe hinausgehen.[40] Neben einem geistigen Gehalt des Bauwerkes, welches Zufallswerke ausschließt, ist zusätzlich eine zumindest subjektive Neuheit des Werkes gefordert.[41] Sofern ein Bauwerk durch die technische Konstruktion, das Umfeld und durch seine Funktion vorgegeben ist, hat es sich stärker gestalterisch von Durchschnittslösungen abzugrenzen.[42] Die Individualität kann zudem durch eine klare Linienführung und schlichte Gestaltung des Bauwerks, wie es häufig bei minimalistischen Stilarten der Fall ist, und nicht ausschließlich durch eine aufwendige Gestaltungen wie bspw. durch Ornamente zum Ausdruck kommen.[43]

3. *Gestaltungshöhe*

Urheberrechtliche Werke erfordern zudem ein Mindestmaß an Individualität in Form einer gewissen Gestaltungshöhe, die zum Zwecke eines größtmöglichen Schutzes in der Regel tendenziell niedrig angesetzt wird und somit auch „die kleine Münze des Urheberrechts" schützt.[44] Ein deutliches Überragen der Durchschnittsleistungen ist für den urheberrechtlichen Schutz daher

---

39 BGH, Urt. v. 19.03.2008, I ZR 166/05, GRUR 2008, 984 (985); LG Köln, Urt. v. 25.04.2007, 28 O 72/05, ZUM-RD 2008, 88 (89); Schricker/Loewenheim/*Loewenheim/Leistner*, UrhR, § 2 Rn. 177; Dreier/Schulze/*Schulze*, UrhG, § 2 Rn. 18, 159, 182 f.

40 BGH, Urt. v. 19.03.2008, I ZR 166/05, GRUR 2008, 984 (985); BGH, Urt. v. 13.11.2013, I ZR 143/12, GRUR 2014, 175 (179); LG Köln, Urt. v. 25.04.2007, 28 O 72/05, ZUM-RD 2008, 88 (89); *Bisges*, Die kleine Münze im Urheberrecht, S. 32; Wandtke/Bullinger/*Bullinger*, UrhR, § 2 Rn. 21; Fromm/Nordemann/*Nordemann*, UrhG, § 2 Rn. 151; Dreier/Schulze/*Schulze*, UrhG, § 2 Rn. 159, 183 f.; Schricker/Loewenheim/*Loewenheim/Leistner*, UrhR, § 2 Rn. 177.

41 Fromm/Nordemann/*Nordemann*, UrhG, § 2 Rn. 26 f.; auch schon nach der Gesetzesbegründung zum Entwurf des Urheberrechtsgesetzes setzt der Begriff der „Schöpfung" die Erschaffung von etwas Neuem und Eigentümlichen voraus – durch ihren Inhalt oder ihre Form oder durch die Verbindung von Inhalt und Form, vgl. BT-Drucks. IV/270, S. 38.

42 LG Köln, Urt. v. 25.04.2007, 28 O 72/05, ZUM-RD 2008, 88 (89); Dreier/Schulze/*Schulze*, UrhG, § 2 Rn. 183.

43 *Engl*, Der Urheberrechtsschutz für Architektenleistungen, S. 25.

44 Wandtke/Bullinger/*Bullinger*, UrhR, § 2 Rn. 19; Fromm/Nordemann/*Nordemann*, UrhG, § 2 Rn. 30.

grundsätzlich nicht erforderlich.[45] Zu prüfen ist indes, ob bei Bauwerken aufgrund ihres in der Regel gegebenen Gebrauchszwecks weiterhin besonders hohe Anforderungen an die Gestaltungshöhe zu stellen sind.[46]

A. Hohe Schutzuntergrenze

Insbesondere in der Literatur wie bspw. von *Schack*[47] und *Erdmann*,[48] aber auch von Teilen der Rechtsprechung[49] wird bei Bauwerken eine höhere Schutzuntergrenze als bei anderen Werken gefordert, sodass dem Schutz der kleinen Münze kein Anwendungsbereich bliebe.[50] So sei ein deutliches Überragen des durchschnittlichen Schaffens bei denjenigen Werken zu fordern, die einem Gebrauchszweck dienen – somit auch bei Bauwerken.[51] Da Bauwerke einen Unterfall der Werke der bildenden Kunst darstellen,[52] sei der Gebrauchszweck auch bei ihnen zu beachten.[53] Funktionsbestimmte Bauwerke seien weitgehend durch technische Zwänge vorgegeben, sodass eine künstlerisch individuelle Entfaltung sowie eigenschöpferische Gestaltungskraft nicht oder nur kaum möglich sei.[54] Der Gestaltungsspielraum des Werkschaffenden müsse daher künstlerisch genutzt und nicht bloß durch den Gebrauchszweck vorgegeben werden.[55] Auch ein Bauwerk müsse eine Ausstrahlung haben, die beim

---

45 BGH, Urt. v. 22.06.1995, I ZR 119/93, GRUR 1995, 581 (582).

46 Vgl. *Binder/Messer*, Urheberrecht für Architekten und Ingenieure S. 26 ff.

47 *Schack*, Urheber- und Urhebervertragsrecht, S. 109 f. Rn. 193, S. 126 ff. Rn. 229 f.; *Schack*, Kunst und Recht, S. 401 ff., 403 Rn. 778.

48 *Erdmann*, FS Loschelder, 2010, 61 (71 ff.).

49 BGH, Urt. v. 10.12.1987, I ZR 198/85 GRUR 1988, 533 (535); BGH, Urt. v. 22.06.1995, I ZR 119/93, GRUR 1995, 581 (582); OLG Schleswig, Urt. v. 11.07.1980, 3 U 118/78, GRUR 1980, 1072 (1073); OLG Oldenburg, Urt. v. 17.04.2008, 1 U 50/07, GRUR-RR 2009, 6 (7).

50 *Erdmann*, FS Loschelder, 2010, 61 (71 ff.).

51 BGH, Urt. v. 22.06.1995, I ZR 119/93, GRUR 1995, 581 (582); *Erdmann*, FS Loschelder, 2010, 61, (71 ff.).

52 Fromm/Nordemann/*Nordemann*, UrhG, § 2 Rn. 151.

53 Dreier/Schulze/*Schulze*, UrhG, § 2 Rn. 183.

54 BGH, Urt. v. 10.12.1987, I ZR 198/85 GRUR 1988, 533 (535); OLG Schleswig, Urt. v. 11.07.1980, 3 U 118/78, GRUR 1980, 1072 (1073); OLG Oldenburg, Urt. v. 17.04.2008, 1 U 50/07, GRUR-RR 2009, 6 (7); Fromm/Nordemann/*Nordemann*, UrhG, § 2 Rn. 151; Dreier/Schulze/*Schulze*, UrhG, § 2 Rn. 32; *Binder/Messer*, Urheberrecht für Architekten und Ingenieure S. 27 f.; OLG Schleswig, Urt. v. 11.07.1980, 3 U 118/78, GRUR 1980, 1072 (1973).

55 *Schack*, Urheber- und Urhebervertragsrecht, S. 109 f. Rn. 193, S. 126 ff. Rn. 229 f.; *Schack*, Kunst und Recht, S. 403 Rn. 777.

Betrachter die Sinne anregt und Empfindungen auslöst, die auf den Erschaffer des Bauwerkes neugierig machen.[56] Der Großteil der Zweckbauten, wie bspw. Büro-, Wohn-, Fabrikgebäude oder Brücken und Bahnhöfe,[57] seien demzufolge in der Regel nicht als Baukunst bzw. als Kunstwerk anzuerkennen, anders als hingegen Repräsentationsbauten.[58] Zu letzteren zählen bspw. Museen, Paläste, Rathäuser und Kirchen.[59] Nach dieser Ansicht stellen Wohnhäuser aufgrund ihrer Eigenschaft als „Zweckbauten" generell keine Werke der Baukunst dar, wohingegen Repräsentationsbauten wie Museen als Kunstwerk definiert werden können.

B. Niedrige Schutzuntergrenze

Ein Großteil der Literatur[60] sowie die obergerichtliche Rechtsprechung[61] sehen von einer besonders hohen Schutzuntergrenze bei Bauwerken ab, sodass die allgemeinen Grundsätze zum Schutz der kleinen Münze auch bei Bauwerken mit einem Gebrauchszweck Anwendung fänden. Ein eindeutiges Abheben der Leistung von Durchschnittsarbeiten wird somit nicht gefordert. Es genüge, wenn der persönliche Stil des Künstlers aus dem Werk hervorgehe oder das Werk nur in kleinen Teilen von den technischen oder statischen Vorgaben abweiche, die „es nach Auffassung der für Kunst empfänglichen und mit der Kunstanschauung einigermaßen vertrauten Kreise rechtfertige, von einer ‚künstlerischen' Leistung auszugehen."[62] Anhand dessen seien Bauwerke insbesondere von Gegenständen abzugrenzen, die lediglich auf einem Gebrauchszweck anstatt

---

56 *Schack*, Kunst und Recht, S. 117, 403 f. Rn. 777, 778.

57 *Schack*, Kunst und Recht, S. 402 Rn. 775.

58 *Schack*, Kunst und Recht, S. 403 f. Rn. 778.

59 *Schack*, Kunst und Recht, S. 402 Rn. 775.

60 Fromm/Nordemann/*Nordemann*, UrhG, § 2 Rn. 151; Dreier/Schulze/Schulze, UrhG § 2 Rn. 186; Wandtke/Bullinger/*Bullinger*, UrhG § 2 Rn. 108 ff.; *Zentner*, Das Urheberrecht des Architekten bei der Werkverwirklichung, S. 35; *Binder/Messer*, Urheberrecht für Architekten und Ingenieure S. 28.

61 BGH, Urt. v. 18.05.1973, I ZR 119/71, GRUR 1973, 663 (664); BGH, Urt. v. 02.10.1981, I ZR 137/79, GRUR 1982, 107 (109); ähnlich auch BGH, Urt. v. 13.11.1981, I ZR 168/79, GRUR 1982, 369 (370); BGH, Urt. v. 19.03.2008, I ZR 166/05, GRUR 2008, 984 (985), wonach eine „gewisse" Gestaltungshöhe gefordert wird, sodass die architektonische Leistung aus dem alltäglichen Bauschaffen herausrage, was dem gewissen Mindestmaß an Individualität und mithin der allgemein gültigen Definition der Gestaltungshöhe zu entsprechen scheint; BGH, Urt. v. 13.11.2013, I ZR 143/12, GRUR 2014, 175 (179).

62 BGH, Urt. v. 13.11.2013, I ZR 143/12, GRUR 2014, 175 (177).

auf einer künstlerischen Leistung beruhen.[63] Die urheberrechtliche Leistung dürfe zugleich nicht bloß „Lösung einer fachgebundenen technischen Aufgabe durch Anwendung der einschlägigen technischen Lösungsmittel" oder durch den Gebrauchszweck vorgegeben sein, da in diesen Fällen keine eigene individuelle und eigenschöpferische Gestaltung und Wirkung vorliege.[64] So sei lediglich bei Allerweltserzeugnissen, denen jegliche Individualität fehle und die jedermann mit durchschnittlichen Fähigkeiten ebenfalls herstellen könne, die Annahme eines Werkes der Baukunst zu versagen.[65] Die Schutzuntergrenze sei daher tendenziell niedrig anzusetzen, sodass eine größere Anzahl an Bauwerken als Kunstwerk im Sinne eines Baukunstwerkes erfasst werden könne. Auch Wohnhäuser sowie Hotel- oder Geschäftsbauten seien demnach trotz ihres Gebrauchszwecks als Baukunstwerk zu qualifizieren, sofern im Rahmen der künstlerischen Individualität der künstlerische Gedanke zum Ausdruck komme.[66] Museen wären als Repräsentativbauten auch nach dieser Ansicht als Baukunstwerke von dem Begriff Kunstwerk erfasst.

Diese Ansicht wird zum Teil in der Literatur dahingehend eingeschränkt, dass eine niedrige Schutzuntergrenze ausschließlich bei den nicht vom Geschmacksmuster- bzw. Designrecht erfassten Kunstwerken angewendet werden könne, wohingegen bei den vom Designrecht erfassten Werken eine hohe Schutzuntergrenze gelten müsse.[67] Bei Bauwerken käme ein Designschutz dann allenfalls z.B. bei vorgefertigten Bauteilen oder Fassadenelementen von Fertighäusern, Telefonhäuschen, Wartehäuschen oder Wohncontainern in Betracht.[68] Da die Mehrheit der Bauwerke mangels serienmäßiger Herstellung, Verkehrsfähigkeit und Erzeugnis-Charakter i.S.d. § 1 Nr. 2 DesignG nicht vom Geschmacksmuster- bzw. Designgesetz erfasst wird, dürfte überwiegend auch nach dieser vermittelnden Ansicht keine hohe Schutzuntergrenze angezeigt sein.[69]

63 BGH, Urt. v. 13.11.2013, I ZR 143/12, GRUR 2014, 175 (179).
64 Schricker/Loewenheim/*Loewenheim/Leistner*, UrhR, § 2 Rn. 177.
65 *Zentner*, Das Urheberrecht des Architekten bei der Werkverwirklichung, S. 35.
66 *Binder/Messer*, Urheberrecht für Architekten und Ingenieure S. 34, 40.
67 *Zentner*, Das Urheberrecht des Architekten bei der Werkverwirklichung, S. 35; *Binder/Messer*, Urheberrecht für Architekten und Ingenieure S. 28.
68 Loewenheim/*Schulze*, Handbuch des Urheberrechts, § 77 Rn. 9.
69 *Zentner*, Das Urheberrecht des Architekten bei der Werkverwirklichung, S. 34.

C. Stellungnahme

Für eine hohe Schutzuntergrenze spricht zunächst, dass ein urheberrechtliches Schutzbedürfnis nicht mehr besteht, sofern das Werk – wie insbesondere bei Werken der angewandten Kunst – bereits Designschutz erhält.[70] In der Folge wären die Voraussetzungen für ein Baukunstwerk zu erhöhen. Weiterhin ist für eine hohe Schutzuntergrenze anzuführen, dass bereits das Geschmacksmusterrecht ein Abheben von Durchschnittsgestaltungen verlangt, sodass auch das Urheberrecht ein deutliches Überragen der Durchschnittsleistung erfordern könnte, um Überschneidungen zum Geschmacksmusterrecht bzw. zum Designschutz zu vermeiden.[71]

Gegen eine hohe Schutzuntergrenze bei parallel bestehendem Designschutz ist indes anzuführen, dass dieser bei Bauwerken in der Regel mangels serienmäßiger Produktion abzulehnen ist.[72] Zudem werden auch an Lichtbildwerke keine höheren Anforderungen hinsichtlich der Gestaltungshöhe gestellt, obwohl zugleich ein „schwächerer" Lichtbildschutz vorgesehen wird.[73] Zudem kann zwischen dem Urheberrecht und dem Geschmacksmuster- bzw. Designrecht kein Konkurrenzverhältnis festgestellt werden, sodass höhere Anforderungen aufgrund der Befürchtung von Überschneidungen zum Geschmacksmusterrecht nicht nachvollziehbar sind.[74] Baukunstwerke sind entgegen einem Geschmacksmuster oder Design nur in seltenen Fällen anmeldefähig.[75] Gegen eine hohe Schutzuntergrenze ist weiterhin anzuführen, dass der BGH seit der Neuerung des Geschmacksmustergesetzes aus dem Jahre 2004 (zwischenzeitlich Designgesetz) im Hinblick auf die Schutzfähigkeit bzw. die Anforderungen an die Gestaltungshöhe nicht mehr zwischen Werken der angewandten Kunst und Werken der zweckfreien Kunst und anderen Werkarten differenziert.[76] Das Hauptargument für die Schaffung hoher Schutzvoraussetzungen bei Werken der angewandten Kunst lag ursprünglich im Bestehen ihres Gebrauchszwecks, sodass parallel eine künstlerische Leistung eingehend zu untersuchen

70 So etwa zu verstehen OLG Schleswig, Urt. v. 11.07.1980, 3 U 118/78, GRUR 1980, 1072 (1073).

71 Vgl. BGH, Urt. v. 22.06.1995, I ZR 119/93, GRUR 1995, 581 (582); vgl. OLG Schleswig, Urt. v. 11.07.1980, 3 U 118/78, GRUR 1980, 1072 (1073).

72 Vgl. Wandtke/Bullinger/*Bullinger*, 6. Aufl. 2022, UrhG, § 2 Rn. 108.

73 Vgl. Dreier/Schulze/*Schulze*, UrhG, § 2 Rn. 182.

74 Vgl. *Binder/Messer*, Urheberrecht für Architekten und Ingenieure, S. 27.

75 Vgl. *Binder/Messer*, Urheberrecht für Architekten und Ingenieure, S. 27.

76 BGH, Urt. v. 13.11.2013, I ZR 143/12, GRUR 2014, 175 (177); Dreier/Schulze/*Schulze*, UrhG, § 2 Rn. 153.

war. Sofern diese Prüfung nun bei Werken der angewandten Kunst entfällt, ist dies konsequent auch bei Bauwerken zu fordern, die schließlich auch einen Gebrauchszweck verfolgen. Sowohl Werke der angewandten Kunst als auch Werke der Baukunst gehören derselben Oberkategorie von Werken an, die einen Gebrauchszweck anstelle bloß zweckfreier Kunst verfolgen. Daraus ist zu schlussfolgern, dass aufgrund des ähnlichen Charakters von Baukunstwerken und Werken der angewandten Kunst[77] eine differenzierte Betrachtung hinsichtlich ihrer Schutzhöhe nicht mehr gerechtfertigt ist. Aufgrund dessen ist die Forderung verschiedener Voraussetzungen inkonsequent. Diese BGH-Rechtsprechung in Bezug auf Werke der angewandten Kunst[78] ist daher auch auf Bauwerke anzuwenden. Zudem lässt sich eine Einschränkung in Form einer hohen Schutzuntergrenze weder im Gesetzestext noch in den Gesetzesmaterialien finden.[79] Stattdessen führt eine hohe Schutzuntergrenze im Zweifel zu einem weitgehenden Leerlauf des Schutzes von Bauwerken, wenn sämtliche funktionsbedingten Bauten keine Werke der Baukunst und mithin keine Kunstwerke mehr darstellten.[80] Für eine niedrige Schutzuntergrenze spricht zudem das Schaffen einheitlicher Voraussetzungen bei urheberrechtlichen Werken und die damit einhergehende Rechtssicherheit.[81]

Eine hohe Schutzuntergrenze ist mithin abzulehnen. Daher überwiegen die nachvollziehbareren Argumente auch bei Bauwerken hinsichtlich einer Anwendung der allgemeinen Grundsätze zum Schutz der kleinen Münze, sodass keine besonders herausragende Gestaltungshöhe erforderlich ist, sondern eine niedrige Schutzuntergrenze zu gelten hat. Es genügt somit zur Annahme eines Baukunstwerkes, dass das Bauwerk nicht ausschließlich von Vorgaben und technischen Bauzwängen geprägt ist und eine künstlerische individuelle Note aufweist. Dies kann bei Zweckbauten wie bspw. einem Bahnhof oder Flughafen ebenfalls anzunehmen sein. Neben Bauwerken eines Museums können

---

77 Zu den Werken der angewandten Kunst zählen solche Gegenstände, die einem bestimmten Zweck dienen oder eine bestimmte Aufgabe erfüllen sollen, gleichzeitig aber auch künstlerisch gestaltet sind, sodass u.a. Einrichtungsgegenstände wie bspw. Vasen, Möbel, Lampen und sonstige formschöne Gebrauchsgegenstände, die in der Regel serienmäßig und industriell hergestellt werden, sowie auch funktionale und formschöne Gegenstände des Kunstgewerbes erfasst werden, vgl. Wandtke/Bullinger/*Bullinger*, UrhR, § 2 Rn. 96; Dreier/Schulze/*Schulze*, UrhG, § 2 Rn. 158.

78 BGH, Urt. v. 13.11.2013, I ZR 143/12, GRUR 2014, 175 (175 ff.).

79 *Binder/Messer*, Urheberrecht für Architekten und Ingenieure S. 29.

80 *Binder/Messer*, Urheberrecht für Architekten und Ingenieure S. 28.

81 Vgl. Dreier/Schulze/*Schulze*, UrhG § 2 Rn. 182 f.

somit auch einfache Ein- bzw. Mehrfamilienhäuser urheberrechtlichen Schutz genießen, da es sich bei dem Bauwerk nicht zwingend um einen Repräsentativbau handeln muss, wie bspw. ein Museum. So verkörpert in der Regel bereits ein origineller, von gängigen Schemen abhebender Erdgeschossgrundriss, der durch die Raumfolge der Außenräume einen großzügigen Raumeindruck mit einer großen Tiefenwirkung erzeugt, genauso wie die besondere Gestaltung der Eingangshalle eines Wohnhauses[82] oder des Daches und der Fassade eines Reihenhauses[83] ein Baukunstwerk und mithin ein Kunstwerk.

4. *Zwischenergebnis*

Bauwerke sind als urheberrechtliche Baukunstwerke und mithin als Kunstwerke anzusehen, sofern sie durch ihre Individualität und eine gewisse Gestaltungshöhe aus der Masse hervorstechen und nicht lediglich durch technische Vorgaben oder ihren Gebrauchszweck vorgegeben werden. Eine hohe Schutzuntergrenze ist bei Bauwerken nicht zu fordern, sodass der Schutz der kleinen Münze ebenfalls anzuwenden ist. Es genügt daher, dass der persönliche Stil des Künstlers aus dem Werk zum Vorschein gelangt und das Bauwerk mindestens in kleinen Teilen von technischen oder statischen Vorgaben abweicht. Ein Gebrauchszweck steht der Einordnung eines Bauwerks als Baukunstwerk und somit als Kunstwerk daher nicht grundsätzlich entgegen.

III. Baukunstwerke eines Museums

Unter Berücksichtigung der zuvor herausgearbeiteten Voraussetzungen eines Baukunstwerkes soll nun dargestellt werden, unter welchen Voraussetzungen ein Museum ein Baukunstwerk darstellen und als Kunstwerk bewertet werden kann. Vorausgesetzt wird jeweils, dass das Bauwerk des Museums eine gewisse Gestaltungshöhe und Individualität im künstlerischen Sinn, mithin eine künstlerische individuelle Leistung aufweist.[84] Ob eine künstlerische Leistung im Einzelfall gegeben ist, bedarf der folgenden Betrachtung. Dabei ist das Vorliegen einer künstlerischen Leistung grundsätzlich auf verschiedene Weise bestimmbar.

So könnte zunächst der Künstler eigenständig über das Vorliegen einer künstlerischen Leistung entscheiden, andererseits könnte die Meinung der

---

82 Dreier/Schulze/*Schulze*, UrhG, § 2 Rn. 184.

83 OLG München, Urt. v. 17.12.1987, 29 U 5865/86, ZUM 1989, 89 (91).

84 Vgl. BGH, Urt. v. 13.11.2013, I ZR 143/12, GRUR 2014, 175 (177).

Kunstfachwelt ausschlaggebend sein oder aber die breite Gesellschaft befragt werden. Vorzugswürdig ist eine künstlerische Leistung anhand der herrschenden Auffassung der mit der Kunstanschauung vertrauten, sowie den für Kunst empfänglichen, maßgeblichen Kreisen, also den künstlerisch verständigen Laien, zu bestimmen.[85] Auf diese Weise wird eine objektive Beurteilung gewahrt, die gleichzeitig für neue Kunstformen offen ist und somit Spielraum für eine sich fortentwickelnde künstlerische Leistung lässt.[86] Der Ansicht des Künstlers kann im Einzelfall bei der Bestimmung eine indizielle Bedeutung zukommen, da er seiner Schöpfung am nächsten steht und daher auch im gerichtlichen Verfahren im Rahmen des Parteivortrages vernommen werden kann.[87]

Die „herrschende Anschauung" ist als Durchschnittsbegriff aufzufassen,[88] wobei aufgrund des erheblichen Aufwandes tatsächlich durchzuführender Untersuchungen auf die Ansicht eines fiktiven Durchschnittsbetrachters abzustellen ist, da andernfalls sämtliche Personen aus dem maßgeblichen Personenkreis berücksichtigt werden müssten und daraus eine durchschnittliche Betrachtung zu ermitteln wäre.[89] Die fiktive Anschauung eines Durchschnittsbetrachters genauso wie der „maßgebliche Verkehrskreis" ist durch das Gericht zu ermitteln, wobei es bei Zweifeln auf Sachverständige zurückgreifen

---

85 BGH, Urt. v. 12.05.2011, I ZR 53/10, GRUR 2012, 58 (60); Schricker/Loewenheim/*Loewenheim/Leistner*, UrhR, § 2 Rn. 177; *Engl*, Der Urheberrechtsschutz für Architektenleistungen, S. 23; *Hesse*, BauR 1971, 209, 214.

86 Die Vorstellung der breiten Gesellschaft von einer künstlerischen Leistung kann hingegen nicht ausschlaggebend sein, da, bedingt durch eine tendenziell verbreitete doch eher konservative Einstellung der Gesellschaft in Bezug auf Kunst, neue und revolutionäre Kunstarten schwerlich als künstlerische Leistung einzustufen wären, vgl. hierzu *Engl*, Der Urheberrechtsschutz für Architektenleistungen, S. 22 und *Hesse*, BauR 1971, 209 (214) – auch können nicht die Kreise der Kunstfachwelt ausschlaggebend sein, da aufgrund der in der Vergangenheit oft uneinheitlichen Beurteilung der Kunst hinsichtlich der Methode, der Sache oder der Definition keine Rechtssicherheit gewährleistet werden könnte; vgl. dafür aber *Gerstenberg* in GRUR 1963, 245 (249); dagegen aber *Hesse*, BauR 1971, 209 (214).

87 *Fallert*, GRUR 2014, 719 (720 f.), der weiter ausführt, dass die Ansicht des Künstlers nicht allein ausschlaggebend sein könne, da dies ansonsten zu einem zu weitgehenden Schutz führe, da in der Regel jeder Künstler seine geschaffenen Werke als Kunst ansehe.

88 Schricker/Loewenheim/*Loewenheim/Leistner*, UrhR, § 2 Rn. 162.

89 *Fallert*, GRUR 2014, 719 (721).

kann.[90] Trotz der hiergegen vorgebrachten Kritik ist bei dem vorliegenden Zusammenspiel von Rechtskunde, Sachverständigengutachten sowie Vortrag des Kunstschaffenden davon auszugehen, dass die Gerichte bei ihrer Entscheidungskompetenz auch die Interessen der Künstler ausreichend berücksichtigen werden. Dabei ist das Vorliegen einer künstlerischen Leistung ex ante zu bestimmen, sodass es auf den Zeitpunkt der Erschaffung des Bauwerkes ankommt.[91] Da die Kunstanschauung auch einem Wandel der Zeit unterliegt, besteht bei einer ex post Betrachtung die Gefahr, dass ein Bauwerk zum Zeitpunkt seines Erschaffens von einem Durchschnittsbetrachter zwar noch als Kunstwerk beurteilt worden wäre, zum Zeitpunkt der Beurteilung durch den Richter hingegen nicht mehr. Dies kann entgegen der Absicht des § 68 UrhG zu einem verkürzten Urheberrechtsschutz führen.[92] Insbesondere solche Bauwerke, die zu ihrer Zeit etwas völlig Neues und Innovatives darstellten und dadurch einen großen Einfluss auf die Bauwelt hatten und deren Stil daher häufig kopiert wurde, könnten aufgrund der durch die Kopie entstandenen „Banalität des Stils“ zu einem späteren Zeitpunkt nicht mehr als individuelles Kunstwerk definiert werden.[93] Mittels einer ex ante Betrachtung wird der Baukunst sowie der Kunst im Allgemeinen hinreichend Rechnung getragen, sodass sie zu bevorzugen ist.

Bei der Bewertung einer künstlerischen Leistung können auch einzelne Teile des Bauwerkes eines Museums ein Werk der Baukunst darstellen. Insofern verkörpern im Einzelfall auch die Fassaden eines Museums, seine Treppenhäuser oder Decken ein Kunstwerk, wenn sie eine individuelle Prägung aufweisen.[94] Das Gebäude eines Museums wird dabei als Repräsentativbau in der Regel stets als Kunstwerk bezeichnet werden können, da es sich bei dem Bauwerk in den

---

90 *Fallert*, GRUR 2014, 719 (721), der dabei kritisiert, dass sich das Gericht auf diese Art und Weise als „alleiniger Definitionskompetenzträger“ generiere und eine bloß „vordergründige Objektivität“ schaffe; *Oettinger*, JZ 1974, 285 (286), der bereits den Begriff des „Kunstsachverständigen“ und seine mitzubringenden Kompetenzen anzweifelt und den Begriff „Kunst“ schlicht für nicht justiziabel hält, sodass Art. 5 Abs. 3 S. 1 GG eine entsprechende Schranke erhalte – entsprechend der Meinungsäußerungsfreiheit des Art. 5 Abs. 2 GG.

91 BGH, Urt. v. 10.12.1986, I ZR 15/85, GRUR 1987, 903 (905).

92 *Engl*, Der Urheberrechtsschutz für Architektenleistungen, S. 23; *Hesse*, BauR 1971, 209, 214.

93 *Hesse*, BauR 1971, 209 (214).

94 *Binder/Messer*, Urheberrecht für Architekten und Ingenieure S. 36.

meisten Fällen vom durchschnittlichen Architektenschaffen abhebt.[95] Dasselbe gilt für Schlösser, Denkmäler und Paläste.[96] Als Beispiele für ein Baukunstwerk eines Museums sind sowohl das Guggenheim-Museum in New York[97] als auch das Guggenheim-Museum in Bilbao[98] zu nennen.[99] Sofern sich auf dem Museumsgrundstück weiterhin Brücken, Türme, Denkmäler oder Plätze befinden, können diese ebenfalls als Baukunstwerke und mithin als Kunstwerke qualifiziert werden.[100] Dasselbe gilt auch für die zu einem Museum gehörende Parkanlage bzw. die Gartengestaltung.[101] Der Begriff der Baukunstwerke eines Museums ist daher tendenziell weit aufzufassen.

§ 2 Museen in öffentlich-rechtlicher und nicht-öffentlicher Trägerschaft

Bevor die Rechte des Eigentümers denjenigen des Künstlers gegenübergestellt werden, soll ein Überblick über die verschiedenen musealen Eigentumstypen gegeben werden. Relevanz hat diese Differenzierung im Laufe der Arbeit insbesondere im Hinblick auf die Eigentumsrechte und ihre Beschränkungsmöglichkeiten sowie die Eigentümer- bzw. generelle Rechtsfähigkeit eines Museums und die daraus resultierende unterschiedliche rechtliche Behandlung der Eigentümer. Dabei sind primär Museen in öffentlich-rechtlicher Trägerschaft von solchen in freier bzw. in privater Trägerschaft zu differenzieren, da sich hierdurch u.a. Abweichungen im Hinblick auf ihre Grundrechtsbindung ergeben können.

---

95 Siehe hierzu oben unter 1. Kapitel § 1 II. 3. A.; *Schack*, Kunst und Recht, S. 402 Rn. 775.

96 Vgl. *Schack*, Kunst und Recht, S. 402 Rn. 775.

97 Im Jahre 1959 von Frank Lloyd Wright erbaut.

98 Im Jahre 1997 von Frank Gehry errichtet.

99 Vgl. *Schack*, Kunst und Recht, S. 402 Rn. 775.

100 *Binder/Messer*, Urheberrecht für Architekten und Ingenieure S. 36.

101 Dreier/Schulze/*Schulze*, UrhG, § 2 Rn. 185; als Beispiele für Gartenarchitektur seien genannt der Schlosspark von Versailles, der von André Le Nôtre in der Mitte des siebzehnten Jahrhunderts gestaltet wurde und für die als Baukunstwerk bekannten Plätze und Stadtteile sind die Gestaltung des Petersplatzes einschließlich der Kolonaden durch Gian Lorenzo Bernini oder die konzentrische Anlage der Salinen von Arc et Senans durch Claude-Nicolas Ledoux berühmt geworden, vgl. Schack, Kunst und Recht, S. 402 f. Rn. 776.

I. Öffentlich-rechtliche Trägerschaft: Öffentlich-rechtliche Museen

Museen in öffentlich-rechtlicher Trägerschaft werden in dieser Arbeit im Weiteren als öffentlich-rechtliche Museen bezeichnet. Dieser Oberbegriff ist zu untergliedern in staatliche sowie in nicht-staatliche Museen.

1. Staatliche Museen

Staatliche Museen können im Vergleich zu den nicht-staatlichen Museen nur solche des Bundes oder der Länder sein, nicht aber solche der Kommunen, von Privatpersonen oder privaten Unternehmen. Dabei ist wiederum zu differenzieren, ob der Staat das Museum unmittelbar selbst oder mittelbar durch eine juristische Person verwaltet und wie das Museum organisatorisch ausgestaltet ist.[102]

A. Unmittelbare Staatsverwaltung: Staat als Eigentümer

Bei einer unmittelbaren Staatsverwaltung kann jeweils nur der Staat bzw. das Land die Eigentumsrechte an dem Museum innehaben, welches in der Regel dann durch eine nicht rechtsfähige und unselbstständige Anstalt betrieben wird.[103] Als Beispiel für eine nicht rechtsfähige Anstalt seien das Bayerische Nationalmuseum und die Alte Pinakothek in München zu benennen. Der Staat bzw. das Land ist dabei jeweils Gläubiger bzw. Schuldner der von der Anstalt getätigten Rechtsgeschäfte und muss sich ihr Handeln und die daraus resultierenden Rechte und Pflichten daher zurechnen lassen.[104]

B. Mittelbare Staatsverwaltung: Juristische Person als Eigentümer

Etwas anderes gilt hingegen für die Museen in mittelbarer Staatsverwaltung, die durch eine mit eigener Rechtsfähigkeit ausgestatteten juristischen Person des öffentlichen- oder des Privatrechts betrieben werden.[105] Der Staat bzw. das Land

---

102 *Mößle*, Handbuch des Museumsrechts 7: Öffentliches Recht, S. 95.

103 *Mößle*, Handbuch des Museumsrechts 7: Öffentliches Recht, S. 90.

104 *Mößle*, Handbuch des Museumsrechts 7: Öffentliches Recht, S. 81, 90.

105 Dies kann bspw. wie bei dem Deutschen Museum in München in Form einer rechtsfähigen Anstalt des öffentlichen Rechts, als Stiftung des öffentlichen Rechts wie das Haus der Geschichte in Bonn oder die Stiftung Preußischer Kulturbesitz in Berlin, zu der sämtliche staatliche Museen in Berlin gehören, so wie das Germanische Nationalmuseum in Nürnberg, oder als Körperschaft des öffentlichen Rechts, bei der ihr Wesensmerkmal in der mitgliedschaftlichen Organisation besteht, vgl. hierzu im Detail *Mößle*, Handbuch des Museumsrechts 7: Öffentliches Recht, S. 90 ff.

tritt dann nicht unmittelbar selbst auf, sondern durch einen von ihm errichteten, selbstständigen Verwaltungsträger.[106] Dieser ist aufgrund seiner eigenen Rechtsfähigkeit juristische Person und eigenständiger Träger von Rechten und Pflichten. Er kann daher eigenständig Verträge eingehen und Eigentum erwerben, nicht aber unmittelbar der Staat oder das Land.[107] Grundsätzlich ist der Staat frei in der jeweiligen Ausgestaltung seiner Museen als mittelbare oder unmittelbare Verwaltung. Durch die Wahl der mittelbaren Staatsverwaltung aber besteht die Möglichkeit finanzieller sowie personeller Entlastungen.[108] Auch werden bei der Wahl historische, personelle sowie zweckmäßige Gründe, aber auch gesetzliche Vorgaben oder steuerrechtliche sowie haftungsrechtliche Gründe berücksichtigt.[109] Die in der Praxis meistpräferierte Rechtsform ist dabei die der rechtsfähigen Stiftung des öffentlichen Rechts. Sie ist die geeignete Rechtsform, um dem Museum eine unabhängige und zweckentsprechende Arbeit und Entfaltung zu gewährleisten und kann darüber hinaus den Bestand des Kunstvermögens der Stiftung auf Dauer sichern.[110]

2. *Nichtstaatliche Museen*

Nichtstaatliche Museen können grundsätzlich sowohl als Museen in öffentlich-rechtlicher Trägerschaft als auch als Museen in privater oder freier Trägerschaft ausgestaltet sein. Da insbesondere die Trägerschaft für den Umfang der Eigentumsrechte entscheidend ist, sollen alle nichtstaatlichen Museen, die zugleich keinem öffentlichen Träger unterliegen, als nicht-öffentliche Museen im Anschluss separat betrachtet werden. Als nichtstaatliche Museen in öffentlich-rechtlicher Trägerschaft werden in dieser Arbeit ausschließlich Museen in kommunaler Trägerschaft aufgefasst. Diese können wiederum in unmittelbarer oder mittelbarer Trägerschaft von den Gemeinden oder den Gemeindeverbänden geführt werden.[111]

106 *Mößle*, Handbuch des Museumsrechts 7: Öffentliches Recht, S. 93.
107 *Mößle*, Handbuch des Museumsrechts 7: Öffentliches Recht, S. 90.
108 *Mößle*, Handbuch des Museumsrechts 7: Öffentliches Recht, S. 95.
109 *Mößle*, Handbuch des Museumsrechts 7: Öffentliches Recht, S. 95.
110 *Mößle*, Handbuch des Museumsrechts 7: Öffentliches Recht, S. 105 f.
111 Diese sind meist Museen der Landschaftsverbände, Bezirke, Landkreise, Bezirksverbände, Städte oder Gemeinden, vgl. *Mößle*, Handbuch des Museumsrechts 7: Öffentliches Recht, S. 97.

A. Unmittelbare Kommunalverwaltung: Kommune als Eigentümer

Genauso wie innerhalb der unmittelbaren Staatsverwaltung bei staatlichen Museen kann auch innerhalb der unmittelbaren Kommunalverwaltung jeweils nur die Kommune Eigentum erwerben und Verträge abschließen, nicht hingegen die juristische Person als Verwaltungsträger. Dabei ist die am häufigsten vorkommende Rechtsform die der nicht-rechtsfähigen Anstalt,[112] möglich ist aber auch die Wahl einer nicht-rechtsfähigen Stiftung.[113] Das Stiftungsvermögen bleibt vom Gemeindevermögen unabhängig und dient ausschließlich dem Stiftungszweck.[114] Darüber hinaus besteht die Möglichkeit zur Gründung eines (unselbstständigen) Regiebetriebes oder des Eigenbetriebes. Beide sind aufgrund ihrer Unselbstständigkeit bzw. fehlender Rechtsfähigkeit charakteristisch dem Bereich der unmittelbaren Kommunalverwaltung zuzuordnen und können ebenfalls kein Eigentum erwerben. Der dem Eigenbetrieb in der Regel vorgezogene Regiebetrieb[115] wird dabei in unmittelbarer Regie der Gemeinden betrieben, wohingegen der Eigenbetrieb jedenfalls sowohl organisatorisch als auch finanziell eigenständig und in dieser Hinsicht unabhängig ist.[116]

B. Mittelbare Kommunalverwaltung: Juristische Person als Eigentümer

Bei der mittelbaren Kommunalverwaltung bedient sich die Kommune einer rechtlich selbstständigen Rechtsform, die eigenständig handeln, entsprechende Verträge abschließen sowie Eigentum erwerben kann. Dabei besteht die Wahl zwischen juristischen Personen des öffentlichen als auch des Privatrechts.

Im Hinblick auf juristische Personen des öffentlichen Rechts besteht die Möglichkeit der Einrichtung einer rechtlich selbstständigen Anstalt, einer tendenziell selten vorkommenden[117] rechtsfähigen Stiftung sowie einem

---

112 *Mößle*, Handbuch des Museumsrechts 7: Öffentliches Recht, S. 167, 175, 177.

113 *Schulte*, Staat und Stiftung, S. 19.; als Beispiel sei hier die Villa Stuck in München zu benennen, vgl. *Mößle*, Handbuch des Museumsrechts 7: Öffentliches Recht, S. 181.

114 *Schulte*, Staat und Stiftung, S. 14; *Mößle*, Handbuch des Museumsrechts 7: Öffentliches Recht, S. 182.

115 Die Bevorzugung resultiert aus der fehlenden Gewinnerzielungsabsicht und mithin der fehlenden wirtschaftlichen Struktur von Museen, was aber ein prägendes Wesensmerkmal des Eigenbetriebs darstellt, vgl. *Mößle*, Handbuch des Museumsrechts 7: Öffentliches Recht, S. 180 f.; Korintenberg/*Schwarz*, Gerichts- und Notarkostengesetz, § 91 Rn. 16; *Cronauge*, Kommunale Unternehmen, S. 74 ff. Rn. 106 ff.

116 *Mößle*, Handbuch des Museumsrechts 7: Öffentliches Recht, S. 178.

117 *Mößle*, Handbuch des Museumsrechts 7: Öffentliches Recht, S. 185.

Zweckverband.[118] Letzterer setzt sich zusammen aus mehreren Gebietskörperschaften, sodass sie als zusammengehörende Museen gemeinschaftlich gegründet werden können.[119] Der Zweckverband besteht aus einzelnen Mitgliedern und kann bspw. einen Museumsverein oder eine natürliche Person mitaufnehmen, sodass kleineren Vereinen und natürlichen Personen die Einbindung erleichtert wird.[120]

Die Kommunen haben zudem die Möglichkeit zur Gründung einer juristischen Person des Privatrechts, die mit dem Betrieb der jeweiligen Einrichtung betraut wird.[121] Auf diese Weise können die Museen überwiegend selbstständig agieren, wobei sich die Kommunen weiterhin gewisse Einflussmöglichkeiten vorbehalten.[122] Aufgrund der eigenen Rechtspersönlichkeit können die juristischen Personen des Privatrechts eigenständig Eigentum erwerben.[123]

In der Regel wird ein Museum mangels Gewinnerzielungsabsicht in Form einer juristischen Person des Privatrechts und mithin mit beschränkter Haftung betrieben.[124] Zu nennen sind die Aktiengesellschaft, die GmbH oder der eingetragene Verein, wobei am häufigsten die Form des eingetragenen Vereins für den Museumsbetrieb gewählt wird.[125]

---

118 Näher zu den einzelnen Rechtsformen: *Mößle*, Handbuch des Museumsrechts 7: Öffentliches Recht, S. 185 ff.; *Schulte*, Staat und Stiftung, S. 19.

119 *Mößle*, Handbuch des Museumsrechts 7: Öffentliches Recht, S. 189; Der Zweckverband setzt sich aus einzelnen Mitgliedern zusammen und kann bspw. einen Museumsverein oder aber auch eine natürliche Person mitaufnehmen, sodass auch kleineren Vereinen und natürlichen Personen die Einbindung erleichtert wird, vgl. *Mößle*, Handbuch des Museumsrechts 7: Öffentliches Recht, S. 189.

120 *Mößle*, Handbuch des Museumsrechts 7: Öffentliches Recht, S. 189.

121 BVerwG, Beschl. v. 21.07.1989, 7 B 184/88, NJW 1990, 134 (134).

122 *Frotscher*, Die öffentlichen Einrichtungen, HKWP Bd. 3, § 52 S. 142, insbesondere zur Wahlfreiheit öffentlicher Einrichtungen als juristische Person des öffentlichen Rechts oder des Privatrechts; *Mößle*, Handbuch des Museumsrechts 7: Öffentliches Recht, S. 196.

123 Vgl. zum Beispiel für den Verein: *Mößle*, Handbuch des Museumsrechts 7: Öffentliches Recht, S. 201.

124 Vgl. *Mößle*, Handbuch des Museumsrechts 7: Öffentliches Recht, S. 197.

125 *Mößle*, Handbuch des Museumsrechts 7: Öffentliches Recht, S. 200; daneben ist zudem die Gründung einer GmbH aufgrund des beschränkten Haftungsumfangs sowie dem verhältnismäßig geringen Stammkapital von EUR 25.000,– attraktiv für Museen, wohingegen die Aktiengesellschaft eher selten im Zusammenhang mit der Verfolgung kultureller Zwecke vorkommt, da die AG einen hohen Nennbetrag des Grundkapitals aufweist, die Voraussetzungen ihrer Gründung sehr

II. Nicht-öffentliche Trägerschaft: Nicht-öffentliche Museen

Als nicht-öffentliche Museen werden in dieser Arbeit Museen bezeichnet, die einem nicht-öffentlichen Träger unterliegen, mithin sämtliche Museen in freier sowie in privater Trägerschaft als auch Museen in kirchlicher Trägerschaft. Ihnen ist insgesamt gemeinsam, dass der Träger eigenständig Eigentum erwerben kann. Dabei befinden sich die Museen in privater Trägerschaft im Vergleich zur öffentlichen Trägerschaft in Deutschland in der Unterzahl.[126] Zu den Privatmuseen zählen u.a. die von Unternehmen betriebenen Museen, die zugleich Bestand der jeweiligen AG sind.[127] Die Museen können in sämtlichen gesellschaftsrechtlichen Formen des Privatrechts organisiert werden, wobei sich insbesondere die Formen der GmbH, des eingetragenen Vereins sowie der privatrechtlichen Stiftung anbieten.[128] Aus Berlin zu nennen ist u.a. das Max Liebermann Museum, welches als eingetragener Verein privatrechtlich betrieben wird, sowie das Humboldt-Museum im Schloss Tegel, das ebenfalls ausschließlich privat betrieben wird.

§ 3 Kommerzielle und nicht-kommerzielle Verwertung

Des Weiteren sind vorab die Begriffe der kommerziellen sowie der nicht-kommerziellen Verwertung einzugrenzen. Eine nähere Definition dieser Begriffe wurde durch die Rechtsprechung bislang versäumt. Ein tieferes Verständnis für diese Begriffe ist dennoch unerlässlich, um diese u.a. an späterer Stelle unter den Begriff der Eigentumseinwirkung subsumieren zu können.

---

hoch sind und die Gesellschaft gegenüber der Gemeinde stark verselbstständigt ist, vgl. *Mößle*, Handbuch des Museumsrechts 7: Öffentliches Recht, S. 198.

126 *Schack*, Kunst und Recht, S. 48 Rn. 86, wobei dies möglicherweise damit zusammenhängt, dass privatorganisierte Museen lediglich in Höhe von 8 % der im Jahre 2011 ausgegebenen Gelder in Höhe von EUR 1,8 Mrd. an der deutschen Kulturförderung teilhatten, wobei der Rest an staatlich organisierte Museen entfiel, anders ist dies hingegen in den USA, wo die Museen überwiegend privat organisiert sind, wobei auch 90 % der Kulturförderung auf Private entfällt.

127 *Mößle*, Handbuch des Museumsrechts 7: Öffentliches Recht, S. 195, wobei als Beispiel BMW, Siemens sowie Mercedes zu benennen sind.

128 *Holzmann*, Sammler und Museen, S. 82; Personengesellschaften wie die GbR, oHG oder KG sind für einen Museumsbetrieb eher nachteilig, da bei diesen keine Steuerbegünstigung durch den Status der Gemeinnützigkeit i.S.d. §§ 51 ff. AO möglich ist und die Gesellschafter nach diesen Organisationsformen persönlich haften, hingegen bei den anderen Gesellschaften ausschließlich beschränkt auf das Gesellschaftervermögen gehaftet wird, vgl. *Holzmann*, Sammler und Museen, S. 83.

Da eine Differenzierung zwischen kommerzieller und nicht-kommerzieller Nutzung innerhalb der Creative-Commons-Lizenzen eine herausragende Rolle spielt, soll im Folgenden anhand der in diesem Zusammenhang entwickelten Auslegung eine geeignete Definition für die kommerzielle und nicht-kommerzielle Verwertung herausgearbeitet werden.

In den Lizenzverträgen der unterschiedlichen CC-Bedingungen lässt sich keine Definition für kommerzielle Nutzungen finden. Indes enthält der Definitionskatalog der CC-Lizenzen aus der Kategorie der nicht-kommerziellen Nutzung eine eigene Definition für nicht-kommerzielle Nutzungen. So legt sowohl die Kategorie CC BY-NC, die Kategorie CC BY-NC-SA, als auch die Kategorie CC BY-NC-ND im jeweiligen Definitionskatalog unter Abschnitt 1 i. (CC BY-NC), unter Abschnitt 1 k. (CC BY-NC-SA) sowie unter Abschnitt 1 h. (CC BY-NC-ND) die folgende Definition für nicht-kommerzielle Nutzungen in der englischen Originalfassung wie folgt fest:

> "NonCommercial means not primarily intended for or directed towards commercial advantage or monetary compensation. For purposes of this Public License, the exchange of the Licensed Material for other material subject to Copyright and Similar Rights by digital file-sharing or similar means is NonCommercial provided there is no payment of monetary compensation in connection with the exchange."

Entscheidend ist nach dieser Definition für die Annahme einer nicht-kommerziellen Nutzung, dass die Nutzung keine wirtschaftlichen Vorteile bezweckt oder keine finanzielle Entschädigung bzw. Vergütung im Zusammenhang mit der Nutzung geleistet wird. Auf Basis dessen kann auch die kommerzielle bzw. die nicht-kommerzielle Verwertung definiert werden.

Demnach liegt eine kommerzielle Verwertung von Abbildungen eines Baukunstwerkes vor, sofern mithilfe der Verwertung unmittelbar oder mittelbar wirtschaftliche Vorteile erzielt werden sollen oder eine finanzielle Vergütung im Zusammenhang mit der Verwertung geleistet wird. Mithin ist eine kommerzielle Verwertung u.a. beim Verkauf gegen Entgelt einer Abbildung anzunehmen, wenn die Abbildung unmittelbar wirtschaftliche Vorteile erzielt bzw. zu erzielen beabsichtigt wird. Auch mittelbar durch die Abbildung erwirtschaftete finanzielle Vorteile werden von der Definition umfasst, sofern bspw. Abbildungen auf einer Internetplattform zum unentgeltlichen Download zur Verfügung gestellt werden und die auf der Internetplattform geschalteten Werbeanzeigen wirtschaftliche Vorteile generieren. Dasselbe hat zu gelten, wenn die Abbildungen mittelbar für Werbezwecke bspw. für von den Abbildungen unabhängige Produkte oder Dienstleistungen verwendet werden und infolgedessen wirtschaftliche Vorteile aufgrund steigender Umsätze erwartet bzw. tatsächlich erzielt werden.

Im Umkehrschluss setzt eine nicht-kommerzielle Verwertung voraus, dass mit der Verwertung keine wirtschaftlichen Vorteile bezweckt werden oder keine finanzielle Entschädigung bzw. Vergütung im Zusammenhang mit der Verwertung geleistet wird. Dies ist eindeutig gegeben bei einer Nutzung von Abbildungen rein zu privaten Zwecken. Dasselbe hat zu gelten, wenn Abbildungen öffentlich verbreitet werden, mittels dieser Verbreitung aber weder wirtschaftliche Vorteile beabsichtigt werden noch eine finanzielle Geldleistung gewährt wird.

§ 4 Ergebnis

Die für den weiteren Fortgang der Untersuchung relevanten Begriffe konnten bestimmt und eingegrenzt werden. So wurde der Gegenstand dieser Arbeit auf das Eigentum insbesondere eines Museums an Bauwerken begrenzt, die Kunstwerke in der Architektur der Baukunst in Form eines Baukunstwerkes verkörpern. Die Bezeichnung „Architektur der Baukunst" bezieht sich ausschließlich auf architektonische Werke der Baukunst als eigene Kunstgattung der Architektur und soll nicht die Kunst der Architektur im Sinne einer abstrakten, künstlerischen oder wissenschaftlichen Auseinandersetzung mit dem vom Menschen geschaffenen Raum und der Wechselbeziehung zwischen Raum, Zeit und Mensch umfassen. Bislang existiert keine Definition der Kunst im sachenrechtlichen Eigentumsrecht. Daher wurde ein Kunstbegriff des sachenrechtlichen Eigentumsrechts aus § 903 S. 1 BGB herausgearbeitet, anhand dessen Baukunstwerke zu bestimmen sind. Dieser sachenrechtliche Kunstbegriff ist tendenziell eng aufzufassen und ist mit dem immaterialgüterrechtlichen Begriff eines urheberrechtlichen Werkes identisch. Demnach sind Bauwerke als Baukunstwerke und mithin als Kunstwerke zu qualifizieren, sofern sie eine eigene, persönliche geistige Schöpfung aufweisen, wahrnehmbar sind und eine gewisse Individualität und Gestaltungshöhe aufweisen. Eine hohe Schutzuntergrenze ist bei Bauwerken innerhalb der Gestaltungshöhe nicht zu fordern. Es genügt daher eine künstlerische, individuelle Note, sofern es sich nicht bloß um eine rein routinemäßige, handwerkliche Leistung handelt. Als Baukunstwerk insbesondere eines Museums werden somit sowohl das Eigentum am Museumsgebäude als auch an den zu dem Museumsgrundstück gehörenden Parkanlagen, die Gartengestaltung, Plätze und darauf befindliche Denkmäler, genauso wie besonders gestaltete Fassaden, Treppenhäuser oder Decken eines Museums aufgefasst. Diese Gegenstände sind als Baukunstwerke zu qualifizieren, sofern eine künstlerische Leistung vorliegt, die sich nach der herrschenden Auffassung der mit der Kunstanschauung vertrauten, sowie den für Kunst empfänglichen, maßgeblichen Kreisen, also des künstlerisch verständigen Laien, bestimmt.

Weiterhin konnte herausgearbeitet werden, unter welchen Bedingungen ein Museum eigenständig als Eigentümer eines Baukunstwerkes anzusehen ist, abhängig von der jeweiligen Trägerschaft und der Verwaltung eines Museums durch den Staat bzw. die Kommune. Sofern öffentlich-rechtliche Museen in öffentlich-rechtlicher Trägerschaft mittelbar durch den Staat oder eine Kommune verwaltet werden, können Museen aufgrund ihrer Rechtsform und Rechtsfähigkeit eigenständig Eigentum erwerben. In dieser Konstellation ist das Museum als juristische Person als Eigentümer anzusehen. Sofern das Museum indes unmittelbar durch den Staat oder die Kommune verwaltet wird, erhält es eine unselbstständige und nicht-rechtsfähige Rechtsform, sodass der dahinterstehende Staat, das Land bzw. die jeweilige Kommune das Eigentum erwirbt. Hinsichtlich staatlicher Museen wird dabei überwiegend die Form der rechtsfähigen Stiftung des öffentlichen Rechts gewählt. Bei nichtstaatlichen kommunalen Museen wird die Rechtsform der nicht-rechtsfähigen Anstalt des öffentlichen Rechts bevorzugt. Sofern ein nicht öffentliches Museum in nicht-öffentlich-rechtlicher Trägerschaft betrieben wird – entweder durch eine Privatperson oder ein privates Unternehmen – kann stets der Träger das Eigentum an den Bauwerken des Museums erwerben, mithin die Privatperson oder das Unternehmen.

Neben der Rechtsfähigkeit eines Museums kann sich die Form der Trägerschaft zudem auf die Grundrechtsbindung eines Museums auswirken, worauf insbesondere innerhalb der Beschränkungsmöglichkeiten des Eigentums eingegangen wird.

Zuletzt konnte eine Definition sowohl für eine kommerzielle als auch die nicht-kommerzielle Verwertung von Abbildungen eines Baukunstwerkes herausgearbeitet werden. Eine kommerzielle Verwertung von Abbildungen eines Baukunstwerkes liegt demnach vor, wenn mithilfe der Verwertung unmittelbar oder mittelbar wirtschaftliche Vorteile erzielt werden sollen oder eine finanzielle Vergütung im Zusammenhang mit der Verwertung geleistet wird. Eine nicht-kommerzielle Verwertung setzt hingegen voraus, dass mit der Verwertung keine wirtschaftlichen Vorteile bezweckt werden oder keine finanzielle Entschädigung bzw. Vergütung im Zusammenhang mit der Verwertung geleistet wird. Ein näheres Verständnis für diese Begriffe ist insbesondere unerlässlich, um sie später ggf. unter den Begriff der Eigentumseinwirkung subsumieren zu können. Bevor im Folgenden auf die Eigentumsrechte des Eigentümers an einem Baukunstwerk eingegangen wird, sollen zunächst die Rechte des Abbildungskünstlers untersucht und dargestellt werden, unter welchen Voraussetzungen seine Abbildungen Kunstwerke darstellen und besonderen Schutz genießen. Diese Prüfung ist unerlässlich, um einen Interessenkonflikt zwischen dem Baukunstwerkeigentümer und dem Abbildungskünstler zunächst dem Grunde nach zu begründen.

Kapitel 2: Rechtlicher Schutz des Abbildungskünstlers hinsichtlich der Abbildung und Verwertung von Abbildungen

Um den Abbildungskünstler von dem schlichten Abbildenden bzw. Kopierer eines Baukunstwerkes abzugrenzen, werden im Folgenden der verfassungsrechtliche sowie der urheberrechtliche Schutz der Abbildung in Form eines Kunstwerkes sowie deren Verwertung dargestellt. Sofern die Abbildung eines Baukunstwerkes durch den Abbildungskünstler ein eigenes Kunstwerk verkörpert, könnte ihm hinsichtlich der Anfertigung und der Verwertung der Abbildung ein besonderer Schutz gewährt werden. Dieser könnte zu einer Beschränkung der Eigentumsrechte des Baukunstwerkeigentümers führen und mithin innerhalb der Beschränkungsmöglichkeiten relevant werden und ist daher im Folgenden näher zu betrachten.

§ 1 Verfassungsrechtlicher Schutz

I. Kunstfreiheit – Art. 5 Abs. 3 GG

Im Rahmen der Kunstfreit gem. Art. 5 Abs. 3 GG kommt ein Schutz des Abbildungskünstlers hinsichtlich der Anfertigung der Abbildung sowohl im Rahmen des Werkbereichs als auch hinsichtlich der Verwertung der Abbildung innerhalb des Wirkbereichs der Kunstfreiheit in Betracht.

1. Werkbereich: Anfertigung künstlerischer Abbildungen

Der Werkbereich der Kunstfreiheit umfasst den Schutz der Anfertigung einer künstlerischen Abbildung, sodass u.a. die Erschaffung eines Kunstwerkes grundsätzlich frei ist und insoweit auch die Abbildung anderer Kunstwerke geschützt wird.[129] In welchen Konstellationen eine Abbildung bspw. in Form der Fotografie, des Films, der Malerei oder der Zeichnung ein Kunstwerk darstellt und den Schutz der Kunstfreiheit durch den Werkbereich genießt, ist für jeden Einzelfall anhand des verfassungsrechtlichen Kunstbegriffs zu bestimmen.[130]

---

129 Vgl. Dreier/*Wittreck*, GG, Art. 5 Abs. 3 Rn. 46.

130 Zum verfassungsrechtlichen Kunstbegriff siehe oben unter 1. Kapitel § 1 I. 1.

Bei Abbildungen in Form der Malerei, Zeichnung, Skulptur oder Plastik handelt es sich nach dem formalen verfassungsrechtlichen Kunstbegriff um etablierte klassische Kunstgattungen,[131] die nach dem offenen Kunstbegriff einen eigenen Raum für Interpretationen und Hinterfragungen bieten und zudem nach dem materiellen Kunstbegriff eine eigene schöpferische Gestaltung darstellen, sodass sie sowohl nach dem materiellen, formalen und offenen verfassungsrechtlichen Kunstbegriff als Kunstwerk zu qualifizieren sind.[132] Die Erschaffung dieser Kunstwerke wird somit von dem Werkbereich der verfassungsrechtlichen Kunstfreiheit geschützt. Hinsichtlich der Abbildung im Wege der Fotografie und der Videoaufnahme ist hingegen zu differenzieren:

So erfordert eine Fotografie als Kunstwerk im verfassungsrechtlichen Sinn, dass der Fotograf mittels der Fotografie seine individuelle Persönlichkeit zum Ausdruck bringt und im Wege einer freien schöpferischen Gestaltung seine Eindrücke, Erfahrungen sowie Erlebnisse durch eine bestimmte Formensprache vermittelt, wobei Intuition, Kunstverstand und Phantasie zusammen wirken müssen, um dadurch etwas Künstlerisches erschaffen zu können.[133] Sofern somit die Fotografie eines Baukunstwerkes durch die besondere Auswahl des Motivs, der Perspektive, der Wahl des Ausschnitts etc. eine persönliche Note der Persönlichkeit des Fotografen miteinbringt, liegt grundsätzlich auch ein Kunstwerk nach dem verfassungsrechtlichen Kunstbegriff vor und wird folglich vom Wirkbereich der verfassungsrechtlichen Kunstfreiheit geschützt.

Einen Sonderfall der Fotografie stellt dabei die Reproduktionsfotografie dar. Im Urheberrecht wird die Reproduktionsfotografie als urheberrechtliches Werk kontrovers diskutiert.[134] Die in diesem Zusammenhang bestehenden Ansichten und Gedanken der Literatur und der Rechtsprechung sind an dieser Stelle allerdings nicht zu berücksichtigen, da der verfassungsrechtliche Kunstbegriff andere Anforderungen an das Vorliegen eines Kunstwerkes stellt als der urheberrechtliche Kunstbegriff.[135] Der verfassungsrechtliche Schutzbereich des Art. 5 Abs. 3 GG ist aufgrund seiner Abwehrfunktion vor staatlichen Eingriffen tendenziell weit und insofern dynamisch auszulegen, wohingegen

131 V. Mangoldt/Klein/Starck/*Starck/Paulus*, GG, Art. 5 Rn. 423 ff.; Dreier/*Wittreck*, GG, Art. 5 Abs. 3 Rn. 46.

132 Vgl. Dreier/*Wittreck*, GG, Art. 5 Abs. 3 Rn. 46.

133 BVerfG Beschl. v. 24.02.1971, 1 BvR 435/68, NJW 1971, 1645 (1645); BVerfG, Beschl. v. 17.07.1984, 1 BvR 816/82, NJW 1985, 261 (262); Epping/Hillgruber/*Kempen*, BeckOK GG Art. 5 Rn. 158.

134 Siehe hierzu im Einzelnen unten unter 2. Kapitel § 2 I. 2.

135 Vgl. *Dahm*, Der Schutz des Urhebers durch die Kunstfreiheit, S. 203.

der urheberrechtliche Werkbegriff enger gefasst ist.[136] Somit könnte auch eine Reproduktionsfotografie verfassungsrechtlich als Kunstwerk bewertet werden. Hierfür muss nach dem formalen Kunstbegriff eine klassische Kunstgattung vorliegen, ein eigener Raum für Interpretation und Hinterfragung nach dem offenen Kunstbegriff geschaffen werden und zudem nach dem materiellen Kunstbegriff eine eigene schöpferische Gestaltung vorliegen. Die Reproduktionsfotografie unterliegt dem Oberbegriff der Fotografie und ist somit der Fotografie als klassische Kunstgattung zuzuordnen. Gegen eine schöpferische Gestaltung spricht indes schon die Eigenart einer Reproduktionsfotografie, die primär in einer originalgetreuen Nachbildung bzw. Wiederholung des reproduzierten Werkes besteht und tendenziell wenig Raum für eine eigene schöpferische Gestaltung und Interpretation gewährt. Eine Reproduktionsfotografie zeichnet sich grundsätzlich primär durch ihre handwerklich-technischen Fähigkeiten aus,[137] als dass die Persönlichkeit des Reproduzenten durch die Vermittlung seiner Eindrücke, Erlebnisse und Erfahrung zum Ausdruck kommt. Allerdings ist der verfassungsrechtliche Kunstbegriff tendenziell weit zu verstehen, um einen größtmöglichen verfassungsrechtlichen Schutz zu gewährleisten. Daher ist bei den Reproduktionsfotografien, bei denen die handwerklich-technische Leistung nicht im Vordergrund steht, im Zweifel auch eine schöpferische Gestaltung mit einem Interpretationsspielraum denkbar. Somit kann im Einzelfall eine fotografische Reproduktion eines Baukunstwerkes ein Kunstwerk nach dem verfassungsrechtlichen Kunstbegriff darstellen und somit vom Werkbereich der verfassungsrechtlichen Kunstfreiheit geschützt sein. Tendenziell ausgeschlossen scheint dies hingegen bei technischen Reproduktionen aufgrund der primären handwerklich-technischen Leistung.

Im Hinblick auf filmische Aufnahmen[138] von Baukunstwerken ist grundsätzlich vorab zu differenzieren zwischen der berichterstattenden Filmfreiheit des Art. 5 Abs. 1 GG sowie der Filmkunst nach Art. 5 Abs. 3 GG. Da sich diese Arbeit in ihren Ausführungen auf künstlerische Abbildungen beschränkt, wird der verfassungsrechtliche Schutz ausschließlich im Hinblick auf die Filmkunst nach Art. 5 Abs. 3 GG betrachtet. Die filmischen Aufnahmen von Werken der

---

136 *Dahm,* Der Schutz des Urhebers durch die Kunstfreiheit, S. 203.

137 Vgl. etwa BGH, Urt. v. 20.12.2018, I ZR 104/17, NJW 2019, 757 (759) Rz. 26.

138 Dabei ist der Begriff Film im verfassungsrechtlichen Sinn als ein Massenmedium zu verstehen, bei dem in der Öffentlichkeit ein chemisch-optischer Bildträger oder ein digitaler Bild- und evtl. auch Tonträger vorgeführt werden, vgl. Jarass/Pieroth/*Jarass,* GG, Art. 5 Rn. 61; Epping/Hillgruber/*Schemmer,* BeckOK GG Art. 5 Rn. 90.

Baukunst müssten daher zunächst unter den verfassungsrechtlichen Kunstbegriff subsumiert werden können. Dies ist wiederum bei einer interpretationsfähigen filmischen Darstellung einschlägig, wenn bspw. individuelle Eindrücke vermittelt werden oder sie dazu geeignet sind, solche beim Betrachter hervorzurufen.[139] Zudem muss sich der subjektive Gestaltungswille des Filmschaffenden im Film manifestieren.[140] Insbesondere die Art der Kameraführung sowie der Bildausschnitt sind bei der entsprechenden Bewertung ausschlaggebend. Sofern diese Voraussetzungen vorliegen, werden auch filmische Aufnahmen über aktuelle, reale oder historische Begebenheiten von der Kunstfreiheit erfasst.[141] Daher werden auch Dokumentarfilme sowie Filme ohne einen spezifischeren Handlungszusammenhang unter den Kunstbegriff subsumiert, sofern durch die Aufnahme eine gewisse Phantasie des Filmenden zum Ausdruck kommt oder durch das Aneinanderreihen von Bildern über eine bloße Mitteilung von Tatsachen hinausgegangen wird.[142] Sofern Filme lediglich rein objektiv über einen tatsächlichen Zustand informieren, ist ihnen ein Schutz über den Werkbereich der verfassungsrechtlichen Kunstfreiheit mangels einem subjektiven Gestaltungswillen des Filmenden hingegen zu versagen, wie bspw. bei Filmreportagen.[143] Daher werden Filmaufnahmen aus dem Filmgenre der Dokumentation von der Kunstfreiheit erfasst, solange sie nicht rein objektiv über einen Zustand berichten, über eine bloße Tatsachenmitteilung hinausgehen und Interpretationsspielräume bieten. Sofern also bei der filmischen Aufnahme von Werken der Baukunst bspw. aufgrund der Art der Kameraführung sowie der gewählten Bildausschnitte der subjektive Gestaltungswille des Filmenden zum Ausdruck kommt und dem Betrachter Interpretationsspielräume geboten werden, bei der individuelle Eindrücke hervorgerufen werden, liegt in der filmischen Aufnahme ein vom Werkbereich der Kunstfreiheit zu schützendes Kunstwerk vor.

2. *Wirkbereich*

Neben dem Werkbereich schützt die Kunstfreiheit auch den Wirkbereich, der grundsätzlich die öffentliche Verbreitung, Darbietung und die Vermittlung des

---

139 BVerfG, Beschl. v. 17.07.1984, 1 BvR 816/82, NJW 1985, 261 (262); *Reupert*, NVwZ 1994, 1155 (1158).

140 *Reupert*, NVwZ 1994, 1155 (1159).

141 *Reupert*, NVwZ 1994, 1155 (1159).

142 *Reupert*, NVwZ 1994, 1155 (1159).

143 *Reupert*, NVwZ 1994, 1155 (1159).

Kunstwerks an Dritte erfasst.[144] Demnach werden das Ausstellen, der Verkauf und die Veröffentlichung eines Kunstwerkes verfassungsrechtlich durch die Kunstfreiheit geschützt.[145] Die Kunst benötigt Formen der Kommunikation, der Rezeption und den Kontakt nach außen, um nicht nur auf den reinen Kreationsvorgang des Werkbereichs reduziert zu werden, da Kunst schließlich in der Regel niemals nur nach innen gerichtet ist.[146] Zu differenzieren ist dabei einerseits zwischen der öffentlichen Verbreitung und Darbietung durch den Abbildungskünstler selbst, der Vermittlung durch einen Dritten und andererseits der kommerziellen Verwertung eines Kunstwerkes, die auf die Einnahmeerzielung gerichtet ist.[147]

A. *Öffentliche Verbreitung, Darbietung und Vermittlung künstlerischer Abbildungen*

Die öffentliche Verbreitung und Darbietung von Kunstwerken umfasst u.a. das Ausstellen, das Präsentieren, den Verkauf und die Veröffentlichung des Kunstwerkes sowie die Werbung hierfür und auch den Verkauf von Merchandising-Produkten als Teil von Werbemaßnahmen.[148] Sofern also Abbildungen von Baukunstwerken bspw. in Form der Fotografie, einer Filmaufnahme, eines Gemäldes oder einer Plastik angefertigt werden, so wird der Abbildungskünstler verfassungsrechtlich über den Wirkbereich der Kunstfreiheit in diesen Verbreitungs- und Darbietungshandlungen persönlich geschützt.

Der Abbildungskünstler kann sich dabei auch der Unterstützung eines Dritten bedienen, der die öffentliche Verbreitung und Darbietung des Werkes für den Abbildungskünstler ausführt. Diese Tätigkeiten eines Dritten sind als Vermittlung des Kunstwerkes zu bewerten und ebenfalls vom verfassungsrechtlichen Wirkbereich erfasst, sodass grundsätzlich auch die Tätigkeiten eines Galleristen, Verlegers oder eines Filmproduzenten sowie eines Herstellers von Druckwerken mit künstlerischem Inhalt durch die Kunstfreiheit geschützt ist.[149]

---

144 Epping/Hillgruber/*Kempen*, BeckOK GG Art. 5 Rn. 170.

145 Jarass/Pieroth/*Jarass*, GG, Art. 5 Rn. 120.

146 Sachs/*Bethge*, GG, Art. 5 Rn. 188.

147 Jarass/Pieroth/*Jarass*, GG, Art. 5 Rn. 120.

148 Dreier/*Wittreck*, GG, Art. 5 III Rn. 47; Sachs/*Bethge*, GG, Art. 5 Rn. 188; Jarass/Pieroth/*Jarass*, Art. 5 Rn. 120 f.

149 Dreier/*Wittreck*, GG, Art. 5 III Rn. 47; anders sieht dies *Scholz*, der für sämtliche vermittelnden Tätigkeiten statt der Kunstrechtsfreiheit den Grundrechtsschutz aus Art. 5 Abs. 1 GG für einschlägig hält, da der Schutz des Mediums im Vordergrund stehe und nicht der publikationsmäßige, kommunikationsrechtliche Schutz des Künstlers selbst, vgl. Maunz/Dürig/*Scholz*, GG, 81. EL. 2017, Art. 5 Abs. 3

Erforderlich ist allerdings, dass der Dritte bei der öffentlichen Verbreitung und Darbietung eine unentbehrliche Mittlerfunktion zwischen dem Abbildungskünstler und dem Publikum einnimmt, wenn er das Kunstwerk geschäftsmäßig vertreiben möchte.[150] Die Tätigkeit des Dritten muss demnach notwendig sein, um dem Kunstwerk zu einer Wirkung in der Öffentlichkeit zu verhelfen.[151] Sofern der Abbildungskünstler seine Abbildungen durch einen Dritten verlegen, ausstellen oder weitere Druckwerke von seinem Kunstwerk herstellen lässt, so ist primär die öffentliche Zugänglichmachung des Kunstwerkes betroffen, sodass auch diese Tätigkeiten durch die Kunstfreiheit geschützt werden. Aber auch ein Filmproduzent oder der Veranstalter von Filmfestspielen, bei denen die filmischen Abbildungen von Baukunstwerken präsentiert werden, können somit verfassungsrechtlichen Schutz genießen.

Einen Sonderfall stellt dabei das Hochladen von Abbildungen über diverse Internetplattformen wie bspw. Europeana Collections oder Wikimedia Commons dar, bei denen in der Regel Freiwillige der Wikimedia-Projekte die jeweiligen Abbildungen in die Datenbank hochladen können. Bei Wikimedia Commons wird das Hochladen von Abbildungen zum Teil von Wikimedia-Verbänden gefördert und angeregt, bspw. durch „Wiki Loves Monuments". Hierbei ist – anders als bei den zuvor dargestellten Konstellationen – zunächst nicht eindeutig erkennbar, ob infolge des Hochladens der Abbildungen primär ein Verhelfen der Wirkung der künstlerischen Abbildung in der Öffentlichkeit beabsichtigt wird, oder ob vielmehr das abgebildete Baukunstwerk im Fokus der öffentlichen Zugänglichmachung steht. Ein entscheidendes Kriterium für den Schutz des Vermittlers im Hinblick auf die Abbildung ist dabei seine unentbehrliche Mittlerfunktion zur Herstellung einer Beziehung zwischen dem Abbildungskünstler und dem Publikum, wie vorgehend bereits ausgeführt.[152] Wikimedia Commons verfolgt das Ziel, die dort hochgeladenen

---

Rn. 13, u.a. kritisiert von: v. Mangoldt/Klein/Starck/*Starck/Paulus*, GG, Art. 5 Rn. 432.

150 BVerfG, Beschl. v. 24.02.1971, 1 BvR 435/68, GRUR 1971, 461 (464); BVerfG, Beschl. v. 07.03.1990, 1 BvR 266/86, 1 BvR 913/87, NJW 1990, 1982 (1983); BVerfG, Beschl. v. 29.06.2000, 1 BvR 825/98, NJW 2001, 598 (598); BVerfG, Beschl. v. 27.07.2005, 1 BvR 2501/04, NJW 2006, 596 (597); Dreier/*Wittreck*, GG, Art. 5 III Rn. 47; v. Mangoldt/Klein/Starck/*Starck/Paulus*, GG, Art. 5 Abs. 3 Rn. 413, 432, 437; Jarass/Pieroth/*Jarass*, GG, Art. 5 Rn. 121 f.; von Münch/Kunig/*Wendt*, GG, Art. 5 Rn. 146.

151 BVerfG, Beschl. v. 24.02.1971, 1 BvR 435/68, GRUR 1971, 461 (464).

152 Von einer solchen herzustellenden Beziehung wird im „Mephisto"-Urteil des BVerfG, Beschl. v. 24.02.1971, 1 BvR 435/68, GRUR 1971, 461 (464) gesprochen,

Abbildungen mit Wikipedia Einträgen zu verbinden, um dort die vorhandenen edukativen Texte mit dazu inhaltlich passenden Abbildungen zu verknüpfen oder für andere Wikimedia-Projekte verwendbar zu machen,[153] bzw. wie bei Europeana den Zugang zum kulturellen Erbe Europas zu ermöglichen.[154] Den Schwerpunkt stellt dabei vordergründlich das abgebildete Objekt anstelle der Abbildung dar, da sich in der Regel der Artikel auf das abgebildete Objekt und nicht auf die Abbildung bezieht. Schließlich werden somit zusätzliche Hintergrundinformationen zu dem Bauwerk und mithin auch zu dem jeweiligen Baukunstwerkurheber des Werkes bereitgestellt. Der Abbildungskünstler als Abbilder des Baukunstwerkes tritt in diesen Konstellationen in den Hintergrund. Daraus ist abzuleiten, dass eine Beziehung zwischen dem Publikum bzw. der Allgemeinheit und dem Baukunstwerkurheber hergestellt wird, nicht hingegen zwischen dem Publikum und dem Abbildungskünstler. Das Hochladen der Abbildungen stellt daher lediglich einen notwendigen Zwischenschritt zur Zugänglichmachung des abgebildeten Baukunstwerkes dar. Folglich ist das Hochladen nicht als notwendige Mittlerfunktion zwischen dem Abbildungskünstler und dem Publikum zu bewerten. Eine vermittelnde Tätigkeit eines Dritten liegt somit nicht vor, sodass die Abbildung des Werkes nicht vom Wirkbereich der Kunstfreiheit erfasst wird.

Beim Hochladen von Abbildungen für Wikimedia Loves Monuments, einem jährlich stattfindenden Fotowettbewerb als Teil von Wikimedia bzw. Wikimedia Commons, könnte dies anders zu beurteilen sein. Hier steht sowohl die Zugänglichmachung des kulturellen Erbes an die Gemeinheit im Mittelpunkt als auch der Abbildungskünstler aufgrund des Wettbewerbs und dem Hervorheben seiner besonders herausragenden Darstellungsart, sodass auch eine Verbindung zwischen dem Abbildungskünstler und dem Publikum hergestellt werden könnte. Indes werden die Abbildungen im Rahmen des Wettbewerbs bei Wikimedia Commons hochgeladen, um die Texte von Wikipedia mit themenbezogenen Abbildungen zu unterfüttern. Der Abbildungskünstler ist hierbei zum Teil nicht erkennbar, da er im Einzelfall nur mit einem Pseudonym hinterlegt ist oder keine weitergehenden Informationen über ihn verfügbar sind und er somit anonym bleibt. Der Schwerpunkt liegt mithin auch

---

ebenso in BVerfG, Beschl. v. 07.03.1990, 1 BvR 266/86, 1 BvR 913/87, NJW 1990, 1982 (1983) und BVerfG, Beschl. v. 27.07.2005, 1 BvR 2501/04, NJW 2006, 596 (597).

153 Vgl. https://de.wikipedia.org/wiki/Wikimedia_Commons (Stand: 08.06.2023, zuletzt besucht am: 21.07.2023).

154 Vgl. https://de.wikipedia.org/wiki/Europeana (Stand: 18.12.2021, zuletzt besucht am: 21.07.2023).

hier auf dem abgebildeten Baukunstwerk sowie seiner Historie und nicht auf der Abbildung selbst, sodass mangels vermittelnder Tätigkeit kein verfassungsrechtlicher Schutz hinsichtlich der Vermittlung der Abbildung des Baukunstwerkes gegeben ist.

Weiterhin wird keine Verbindung zwischen dem Abbildungskünstler und der Öffentlichkeit durch den Vermittler geschaffen, wenn Druckerzeugnisse wie Merchandising-Artikel produziert werden, da es ebenfalls an einem erkennbaren Zusammenhang fehlt.[155] Auch ist eine vermittelnde Tätigkeit eines Museums in der Regel bei Merchandising-Produkten abzulehnen, da die Museen mithilfe von Merchandising-Artikeln grundsätzlich für sich selbst bzw. ihre Ausstellungen werben, indes nicht für den Abbildungskünstler. Sofern die Abbildung eines Baukunstwerkes auf Tassen, T-Shirts, Stoffbeuteln, Kissen und dergleichen gedruckt wird, handelt es sich primär um Werbemaßnahmen für das abgebildete Baukunstwerk, jedoch nicht für den Abbildungskünstler bzw. seine Abbildung. Dies ist nur dann anders zu beurteilen, wenn die Merchandising-Produkte für den Abbildungskünstler oder einen von ihm erstellten Bildband mit weiteren von ihm gefertigten Abbildungen ausdrücklich werben, indem bspw. auf seinen Namen bzw. auf den Bildband verwiesen wird. In diesem Einzelfall ist der Schutzbereich der Kunstfreiheit im Hinblick auf die vermittelnde Tätigkeit eröffnet.

Anders ist dies im Einzelfall für den Filmproduzenten oder den Veranstalter von Filmfestspielen zu beurteilen, der die filmischen Abbildungen von Baukunstwerken publiziert.[156] Maßgeblich ist dabei die inhaltliche Darstellung des Films. Es kommt also darauf an, ob der Film primär über das Baukunstwerk bzw. den Baukunstwerkurheber berichtet, oder ob der Bericht vordergründig als eigene Interpretation des Abbildungskünstlers hinsichtlich des Baukunstwerkes aufzufassen ist. Ausschließlich in der zweiten Variante wird eine publizistische Vermittlung zwischen dem Publikum der filmischen Darstellung sowie dem Abbildungskünstler der Filmaufnahmen hergestellt. Hier steht der Abbildungskünstler im Mittelpunkt der Aufmerksamkeit, wohingegen bei einem Bericht über das Baukunstwerk das entsprechende Werk bzw. der Baukunstwerkurheber den Mittelpunkt bildet.

155 Vgl. BGH, Urt. v. 01.12.1999, I ZR 49/97, NJW 2000, 2195 (2200), wobei Werbemaßnahmen grundsätzlich vom Wirkbereich der Kunstfreiheit erfasst werden; v. Mangoldt/Klein/Starck/*Starck/Paulus*, GG, Art. 5 Rn. 413, 432, 437.

156 Zu dem Schutz filmischer Aufnahmen von zwei- bzw. dreidimensionalen Vorlagen gem. Art. 5 Abs. 3 GG siehe genauer oben unter 2. Kapitel § 1 I. 1.

Somit ist insgesamt festzuhalten, dass die öffentliche Verbreitung und Darstellung von Abbildungen eines Baukunstwerkes sowohl durch den Abbildungskünstler als auch durch seinen Vermittler vom verfassungsrechtlichen Wirkbereich der Kunstfreiheit geschützt sein können. Im Hinblick auf den Schutz der Vermittlung der künstlerischen Abbildung durch einen Dritten kommt es insbesondere darauf an, dass er eine Verbindung zwischen der Öffentlichkeit und dem Abbildungskünstler herzustellen beabsichtigt und dadurch eine unverzichtbare Mittlerfunktion einnimmt. Daran fehlt es bei der Vermittlung von Abbildungen eines Baukunstwerkes mittels einer Verbreitung der Abbildungen in öffentlich zugänglichen Datenbanken wie Wikimedia Commons, Europeana oder Wikimedia Loves Monuments sowie bei der Verbreitung von Merchandising-Artikeln. Dies ist indes anders zu bewerten, sofern durch die vorstehenden Handlungen unmittelbar der Abbildungskünstler beworben wird, indem auf ihn aufmerksam gemacht wird oder bspw. eine Ausstellung oder ein veröffentlichter Bildband von ihm explizit beworben wird. Darüber hinaus wird auch der Filmproduzent oder Veranstalter von Filmfestspielen dann vom Schutzbereich der Kunstfreiheit erfasst, sofern es sich bei der filmischen Abbildung um die eigene Interpretation des Abbildungskünstlers bezüglich der aufgenommenen Baukunstwerke handelt. Ausschließlich dann dient die Darstellung der filmischen Aufnahmen einer publizistischen Vermittlung zwischen der Öffentlichkeit und dem Abbildungskünstler, sodass die Vermittlungstätigkeit von der Kunstfreiheit erfasst wird. Sofern es sich indes bei der Vermittlung primär um einen Bericht über die Ausstellung oder den Baukunstwerkurheber handelt, entfällt ein verfassungsrechtlicher Schutz über die Kunstfreiheit. Denkbar bleibt dann ein Schutz über die Presse-,[157] Rundfunk-[158] sowie

157 In personeller Hinsicht werden vom Schutzbereich der Pressefreiheit u.a. Verlage, Herausgeber, Redakteure, Produzenten und Drucker erfasst, vgl. Sachs/*Bethge*, GG, Art. 5 Rn. 75; Jarass/Pieroth/*Jarass*, Art. 5 Rn. 38.

158 Über die Rundfunkfreiheit bliebe ein Schutz im Hinblick auf das Hochladen und die öffentliche Zugänglichmachung von Aufnahmen in Datenbanken wie Wikimedia Commons oder Europeana möglich, da in der Regel auch das Internet von der Rundfunkfreiheit erfasst wird, da die elektronische Übermittlung eines medialen Internetdienstes vorliegt und das Internet ein funktionierendes, außenplurales Medium darstellt, vgl. Jarass/Pieroth/*Jarass*, GG, Art. 5 Rn. 47 f., 111a; vgl. von Münch/Kunig/*Wendt*, GG, Art. 5 Rn. 99 f.; nur wenn die Verbreitung von Online-Zeitschriften oder pressetypische Stellungnahmen im Internet betroffen sind, sei das Grundrecht der Pressefreiheit einschlägig, vgl. Jarass/Pieroth/*Jarass*, GG, Art. 5 Rn. 111a.

Filmfreiheit[159] gem. Art. 5 Abs. 1 GG.[160]

B. Kommerzielle Verwertung künstlerischer Abbildungen

Im Hinblick auf den verfassungsrechtlichen Schutzumfang des Wirkbereichs der Kunstfreiheit ist weiterhin ein besonderes Augenmerk auf die Verbreitung von Kunstwerken in Form der wirtschaftlichen Verwertung zu legen. Dabei ist genauer zu betrachten, ob die rein kommerzielle bzw. wirtschaftliche Verwertung des Kunstwerkes und mithin die Generierung finanzieller Einnahmen von dem verfassungsrechtlichen Wirkbereich der Kunstfreiheit mit umfasst wird, oder ob in diesen Fällen die künstlerische Leistung zu stark aus dem Fokus gerät und daher die Kunstfreiheit nicht mehr einschlägig ist. Bei urheberrechtlich geschützten Werken ist eine kommerzielle Verwertung insbesondere bei der Vergabe von Nutzungsrechten durch Lizenzen anzunehmen, mithin bei einer wirtschaftlichen Zuordnung und Sicherung des wirtschaftlichen Wertes eines Kunstwerkes.[161] Genauso liegt eine kommerzielle Verwertung bei dem Verkauf eines Kunstwerkes vor. In Abgrenzung zur kommerziellen Verwertung ist eine nicht-kommerzielle Verwertung einer künstlerischen Abbildung in der Regel anzunehmen, wenn die Verwertung weder mittelbar noch unmittelbar wirtschaftliche Vorteile bewirkt.[162]

In der obergerichtlichen Rechtsprechung wird der Schutz der kommerziellen Verwertung von Kunstwerken mit dem Argument versagt,[163] dass der

---

159 Hier kann die Verbreitung von Filmaufnahmen durch einen Produzenten oder einen Veranstalter von Filmfestspielen geschützt werden, wenn es sich um einen Bericht über den Künstler des Baukunstwerkes oder ggf. eine in diesem Zusammenhang stattfindende Ausstellung handelt, vgl. Jarass/Pieroth/*Jarass*, GG, Art. 5 Rn. 61 ff.

160 Auf die genauen Einzelheiten dieser Grundrechte soll im Rahmen dieser Arbeit allerdings nicht weiter eingegangen werden.

161 Maunz/Dürig/*Scholz*, GG, 81. EL. 2017, Art. 5 Abs. 3 Rn. 18.

162 Vgl. Götting/Lauber-Rönsberg/Rauer/*Götting*, BeckOK UrhR, § 11 Rn. 1.

163 Stattdessen erkennt das BVerfG einen Schutz über Art. 14 GG an, sodass die vermögensrechtlichen Befugnisse eines Urhebers an seinem Werk als Eigentum anzusehen und demnach dem Schutzbereich des Art. 14 Abs. 1 S. 1 GG zuzuordnen seien und dem Künstler somit ein alleiniges Verfügungs- und kommerzielles Verwertungsrecht verliehen werde, vgl. BVerfG, Beschl. v. 07.07.1971, 1 BvR 765/66, NJW 1971, 2163 (2163); BVerfG, Beschl. v. 25.10.1978, 1 BvR 352/71, NJW 1979, 2029 (2029); v. Mangoldt/Klein/Starck/*Starck/Paulus*, GG, Art. 5 Rn. 435; von Münch/Kunig/*Bryde/Wallrabenstein*, GG, Art. 14 Rn. 23; allerdings wird auf diese Weise lediglich die finanzielle Seite betrachtet und weitere Umstände wie bspw. die Existenzsicherung außer Acht gelassen und der verfassungsrechtliche

Hauptzweck der Verbreitung eines Kunstwerkes gerade nicht mehr in der öffentlichen Zugänglichmachung des Kunstwerkes bestünde, sondern in der wirtschaftlichen Verwertung des Kunstwerkes.[164] Daher könne die Verbreitung des Kunstwerkes nicht mehr von der Kunstfreiheitsgarantie erfasst werden.[165] Die Kunstfreiheit verfolge primär den Zweck, Einwirkungen auf die Verfügbarmachung bzw. öffentliche Bekanntgabe eines Kunstwerkes zu verhindern.[166] Sofern der primäre Zweck indes auf die kommerzielle Verwertung der Kunst gerichtet sei, bestünde schon keine Gefahr einer Einwirkung auf die benannten Bereiche.[167] Die Kunstfreiheit sei bei einer kommerziellen Verwertung allenfalls dann betroffen, sofern die künstlerische Darbietung und die Verwertung desselbigen unauflöslich miteinander verbunden sind, sodass eine staatliche Einwirkung auf die Verwertungsfreiheit zugleich eine Einwirkung auf den Kunstinhalt zur Folge habe, oder die freie künstlerische Betätigung durch die staatliche Einwirkung praktisch unmöglich werde.[168] Diese Ansicht kann aus

---

Schutz über Art. 14 GG ist mithin in Bezug auf die kommerzielle Verwertung eines Kunstwerkes nicht weitreichend genug, um den Künstler hinreichend zu schützen, vgl. *Dahm,* Der Schutz des Urhebers durch die Kunstfreiheit, S. 162.

164 BVerfG, Beschl. v. 07.07.1971, 1 BvR 765/66, NJW 1971, 2163 (2163); BVerfG, Beschl. v. 25.10.1978, 1 BvR 352/71, NJW 1979, 2029 (2029).

165 BVerfG, Beschl. v. 07.07.1971, 1 BvR 765/66, NJW 1971, 2163 (2163); BVerfG, Beschl. v. 25.10.1978, 1 BvR 352/71, NJW 1979, 2029 (2029); Jarass/Pieroth/*Jarass,* GG, Art. 5 Rn. 120; von Münch/Kunig/*Wendt,* GG, Art. 5 Rn. 146; in eine ähnliche Richtung argumentiert auch *Heß,* der im Verhältnis der Kunstfreiheit zu anderen Grundrechten bei der kommerziellen Verwertung eines Kunstwerkes die Kunstfreiheit aufgrund der Spezialität im Wege der Gesetzeskonkurrenz zurücktreten lässt, da es um Handlungen gehe, die nicht die unmittelbare Beziehung zwischen dem Kunstwerk bzw. dem Künstler sowie dem Konsumenten betreffen. Die Frage, ob die Verwertung von Kunstwerken generell vom Schutzbereich des Art. 5 Abs. 3 GG erfasst wird, lässt er hingegen offen und verweist in Fn. 103 lediglich auf den vorherrschenden Streit, vgl. *Heß,* Grundrechtskonkurrenzen, S. 194.

166 Vgl. BVerfG, Beschl. v. 07.07.1971, 1 BvR 765/66, NJW 1971, 2163 (2163); BVerfG, Beschl. v. 17.07.1984, 1 BvR 816/82, NJW 1985, 261 (262); von Münch/Kunig/*Wendt, GG,* Art. 5 Rn. 146.

167 Vgl. BVerfG, Beschl. v. 07.07.1971, 1 BvR 765/66, NJW 1971, 2163 (2163); BVerfG, Beschl. v. 17.07.1984, 1 BvR 816/82, NJW 1985, 261 (262); von Münch/Kunig/*Wendt,* GG, Art. 5 Rn. 146.

168 So in der vom BVerwG gefällten *Scherenschnitt-Entscheidung,* wonach auch der Verkauf des Kunstwerkes aufgrund der unauflöslichen Verknüpfung zwischen Herstellung des Werkes und wirtschaftlicher Verwertung zum geschützten Wirkbereichs der Kunst gehöre, vgl. BVerwG, Urt. v. 09.11.1989, 7 C 81/88, NJW 1990, 2011 (2012 f.); als Möglichkeit in Betracht gezogen, aber im Ergebnis offen gelassen

den nachfolgenden Gründen indes nicht überzeugen, sodass auch die kommerzielle Verwertung künstlerischer Abbildungen umfassend vom verfassungsrechtlichen Wirkbereich der Kunstfreiheit geschützt wird.

Da die Abbildung infolge einer kommerziellen Verwertung auch der Öffentlichkeit zugänglich gemacht bzw. verbreitet werden kann, spricht dies zunächst für einen Schutz über den verfassungsrechtlichen Wirkbereich der Kunstfreiheit. Eine Trennung zwischen der Veröffentlichung und der Verwertung des Kunstwerkes und somit zwischen persönlichkeitsrechtlichen und vermögensrechtlichen Befugnissen ist weder möglich noch nötig.[169] Eine wirtschaftliche Vermittlung schließt in der Regel eine Vermittlung zugleich auf kommunikative Weise nicht aus. Stattdessen sind Fälle kaum denkbar, in denen eine strikte Trennung vorgenommen werden kann. Sowohl bei der Vergabe von Lizenzen als auch beim Verkauf eines Kunstwerkes soll in der Regel die Öffentlichkeit das Kunstwerk rezipieren können.[170] Darüber hinaus basiert die Existenzsicherung des Künstlers auf einer kommerziellen Verwertung seiner Kunst, die wiederum in einem kausalen Zusammenhang zur öffentlichen Zugänglichmachung des Werkes steht und daher vom Schutzbereich der Kunstfreiheit zu erfassen ist.[171] Der Inhalt der Verbreitungsfreiheit des Künstlers umfasst als Oberbegriff nicht nur das Selbstbestimmungsrecht über die Verbreitung selbst, sondern auch die Selbstbestimmung über die Vereinbarung einer entgeltlichen Verbreitung.[172] Andernfalls wird der Schutz durch die Kunstfreiheit nahezu unvollkommen, schließlich können die freien Tätigkeiten des Künstlers bei fehlenden finanziellen Mitteln eingeengt werden, bzw. wäre es dem Staat ggf. sogar möglich, wirtschaftliche Verwertungen zu lenken, einzuengen oder zu

---

in der Entscheidung des BVerfG, Beschl. v. 16.08.2002, 1 BvR 1241/97, NJW 2002, 3458 (3460); von Münch/König/*Wendt*, Art. 5 Rn. 146; Jarass/Pieroth/*Jarass*, GG, Art. 5 Rn. 120; Münz/Dürig/*Scholz*, GG, Art. 5 Abs. 3 Rn. 18; *Fechner*, Geistiges Eigentum und Verfassung, 1999, 195 ff.

169 *Dahm*, Der Schutz des Urhebers durch die Kunstfreiheit, S. 154; eine solche Trennung befürwortet allerdings *Scholz* in Maunz/Dürig, GG, 81. EL. 2017, Art. 5 Abs. 3 Rn. 18, der den Schutzbereich des Art. 5 Abs. 3 GG lediglich auf die kommunikative Vermittlung, nicht hingegen auf die wirtschaftliche Vermittlung ausdehnt, von welcher die wirtschaftliche Verwertung eines Kunstwerkes erfasst wäre.

170 *Dahm*, Der Schutz des Urhebers durch die Kunstfreiheit, S. 158 f.

171 Vgl. *Dahm*, Der Schutz des Urhebers durch die Kunstfreiheit, S. 159 ff.; *Hubmann*, Das Recht des schöpferischen Geistes, S. 93.

172 *Kirchhof*, Der Gesetzgebungsauftrag zum Schutz des geistigen Eigentums gegenüber modernen Vervielfältigungstechniken, S. 61.

manipulieren.[173] Über den Schutz der Kunstfreiheit gilt es insbesondere zu verhindern, dass der Staat die Kommerzialisierung durch den Künstler insofern manipulieren und einschränken kann, dass ein „Kunstdirigismus" provoziert und der Schutz des Künstlers so zu einer bloßen Illusion degradiert wird.[174] Selbst die Begründung zum Urheberrechtsgesetz – welches einen Großteil der künstlerischen Verwertungsmöglichkeiten regelt und daher auch zu berücksichtigen ist – beinhaltet,[175] dass die Veröffentlichung eines Werkes auch die Verwertung des Kunstwerkes mitumfasst und daher für den Künstler eine naheliegende Verwertungsmöglichkeit darstellt.[176] Das Urheberrecht und die dort verankerten wirtschaftlichen Verwertungsrechte sind als Konkretisierung der Kunstfreiheit aufzufassen, die zu einer Existenzsicherung des Künstlers und der freien Entfaltung seiner schöpferischen Persönlichkeit führen sollen.[177] Dies verdeutlicht, dass sich auch die mit der Verbreitung durch eine moderne Kulturindustrie zusammenhängenden Verwertungsprozesse unmittelbar auf die Rechte des Künstlers auswirken können.[178] Das Inaussichtstellen von Vermögensvorteilen infolge kommerzieller Verwertungen der Kunst kann Anreize zum Tätigwerden des Künstlers schaffen, seine Produktivität steigern und ihn in seiner äußerlichen Unabhängigkeit und seiner Existenz absichern, sodass er seine künstlerische Persönlichkeit noch freier entfalten kann.[179] Dem steht nicht entgegen, dass ggf. die Motivation eines Großteils der Künstler vorwiegend intrinsischer Natur ist und somit hauptsächlich auf einem inneren Mitteilungsbedürfnis durch eine bestimmte Art und Weise beruhen möge.[180] Dies

---

173 *Kirchhof*, Der Gesetzgebungsauftrag zum Schutz des geistigen Eigentums gegenüber modernen Vervielfältigungstechniken, S. 61; *Hubmann*, Das Recht des schöpferischen Geistes, S. 93.

174 *Leisner*, UFITA 1966/III, 46 (49).

175 BT-Drucks. IV/270, S. 44.

176 *Dahm*, Der Schutz des Urhebers durch die Kunstfreiheit, S. 154.

177 *Wandtke*, ZUM 1991, 484 (485).

178 *Wandte*, GRUR 1995, 385 (388 f.); *Dahm*, Der Schutz des Urhebers durch die Kunstfreiheit, S. 152.

179 *Dahm*, Der Schutz des Urhebers durch die Kunstfreiheit, S. 159; *Hubmann*, Das Recht des schöpferischen Geistes, S. 93.

180 In diesem Zusammenhang wird zum Teil vorgebracht, dass auf diese Weise ein pauschalisiertes und überwiegend unzutreffendes Bild eines Künstlers geschaffen werde, der lediglich von kommerziellen Gedanken getrieben zum Kunstschaffen motiviert werde, vgl. *Dahm*, Der Schutz des Urhebers durch die Kunstfreiheit, S. 161; vgl. auch *Leistner/Hansen*, GRUR 2008, 479 (484, 488), wonach der ökonomische Anreizgedanke sowohl empirisch als auch verhaltenspsychologisch vielmehr widerlegt anstatt bestätigt sei und daher nicht als Argument für einen

darf schließlich nicht zur Folge haben, dass der Verwertungsschutz aus der Kunstfreiheit für die Kunstschaffenden insgesamt ausgeschlossen wird.[181]

Die Kunstfreiheit ist daher im Ergebnis weit aufzufassen, sodass der Künstler über jede Form der öffentlichen Zugänglichmachung frei bestimmen kann – unabhängig davon, ob auf eine kommerzielle oder nicht-kommerzielle Weise. Andernfalls würde der Künstler für seine kommerzielle Verwertung mit einem Entzug des verfassungsrechtlichen Schutzes der Kunstfreiheit nahezu bestraft werden. Auch die kommerzielle Verwertung künstlerischer Abbildungen ist somit umfassend vom Wirkbereich der verfassungsrechtlichen Kunstfreiheit umfasst. Daher wird auch die kommerzielle Verwertung von Kunstwerken durch einen Vermittler vom verfassungsrechtlichen Wirkbereich erfasst, selbst wenn der Vermittler überwiegend kommerzielle Interessen gegenüber dem Künstler durchzusetzen beabsichtigt.[182]

II. Eigentumsfreiheit – Art. 14 GG

Neben der Kunstfreiheit wird der Abbildungskünstler durch die verfassungsrechtliche Eigentumsfreiheit aus Art. 14 GG geschützt, insbesondere im Hinblick auf die kommerzielle Verwertung seiner künstlerischen Abbildungen von Baukunstwerken.[183] Der Eigentumsschutz des Abbildungskünstlers wird nach der obergerichtlichen Rechtsprechung wiederum durch den Gesetzgeber eingeschränkt, indem bspw. gem. Art. 14 Abs. 1 S. 2 GG sachgerechte Maßstäbe hinsichtlich der inhaltlichen Ausprägung des Urheberrechts festgelegt und

---

Schutz der kommerziellen Verwertung im Rahmen der Kunstfreiheit angeführt werden könne.

181 *Dahm*, Der Schutz des Urhebers durch die Kunstfreiheit, S. 161.

182 Anders wird dies u.a. gesehen von BVerfG, Beschl. v. 27.07.2005, 1 BvR 2501/04, NJW 2006, 596 (597); Münch/Kunig/*Wendt*, GG, Art. 5 Rn. 94, wonach die Vermittlung des Kunstwerkes aufgrund ihrer überwiegend dienenden Funktion keine Durchsetzung eines künstlerischen Konzeptes beabsichtige und überwiegend kommerzielle Interessen gegenüber dem Künstler durchgesetzt werden sollen.

183 BVerfG, Beschl. v. 07.07.1971, 1 BvR 765/66, NJW 1971, 2163 (2163); BVerfG, Beschl. v. 25.10.1978, 1 BvR 352/71, NJW 1979, 2029 (2029); v. Mangoldt/Klein/Starck/*Starck/Paulus*, GG, Art. 5 Rn. 435; von Münch/Kunig/*Bryde/Wallrabenstein*, GG, Art. 14 Rn. 23 ff.; Sachs/*Wendt*, GG, Art. 14 Rn. 63, der weiter ausführt, dass dem Künstler nicht seine wirtschaftliche Grundlage entzogen werden solle, indem dem Künstler die wirtschaftliche Verwertung seines Werkes und damit die vermögensrechtliche Zuordnung und Sicherung des wirtschaftlichen Wertes vorenthalten würde.

insofern über den von Art. 14 GG erfassten verfassungsrechtlichen Schutz der wirtschaftlichen Verwertung bestimmt wird.[184] Aufgrund dieser Begrenzungsregelungen des Eigentumsschutzes können Eingriffe in die wirtschaftliche Verwertung gerechtfertigt werden.[185] Der Eigentumsschutz ist daher nicht als so weitgehend zu bewerten wie der Schutz einer Abbildung durch die Kunstfreiheit. Im Wege der Spezialität verdrängt die Kunstfreiheit daher das Recht der Eigentumsfreiheit.[186]

III. Berufsfreiheit - Art. 12 GG

Neben einem Schutz des Abbildungskünstlers hinsichtlich der Anfertigung und Verwertung seiner Werke gem. Art. 5 Abs. 3 GG bzw. Art. 14 GG wird er auch durch die Berufsfreiheit nach Art. 12 GG geschützt, sofern die Verwertung der Schaffung und Aufrechterhaltung seiner Lebensgrundlage dient.[187] Eine Voraussetzung hierfür ist, dass die künstlerische Tätigkeit die Haupteinnahmequelle des Abbildungskünstlers darstellt und insofern primär die Kommerzialisierung seiner Werke im Mittelpunkt seines Schaffens steht.[188] Der verfassungsrechtliche Schutz der Berufsfreiheit gewährt dem Künstler, die Vergütung für seine jeweilige Leistung grundsätzlich frei festlegen bzw. mit Interessenten aushandeln zu dürfen und durch eine angemessene Vergütung

---

184 BVerfG, Beschl. v. 07.07.1971, 1 BvR 765/66, NJW 1971, 2163 (2164).

185 Vgl. Epping/Hillgruber/*Kempen*, BeckOK GG, Art. 5 Rn. 171.

186 Vgl. *Dahm*, Der Schutz des Urhebers durch die Kunstfreiheit, S. 162.; zum Teil wird hingegen auch Idealkonkurrenz vertreten, vgl. Maunz/Dürig/*Scholz*, GG, Art. 5 Abs. III Rn. 50; v. Mangoldt/Klein/Starck/*Starck*, GG, Art. 5 Abs. 3 Rn. 314; Sachs/*Bethge*, GG, Art. 5 Rn. 194; allerdings lehnen die vorbenannten Meinungen einen Schutz der kommerziellen Verwertung von Kunstwerken über die verfassungsrechtliche Kunstfreiheit gänzlich ab; differenzierter *Hufen*, Staatsrecht II Grundrechte, § 33 Rn. 24, wonach bei wirtschaftlicher Verwertung Art. 14 GG einschlägig sei, wohingegen Art. 5 Abs. 3 GG bei Eingriffen in das künstlerische Persönlichkeitsrecht vorrangig sei – dies ist mangels tatsächlicher Trennbarkeit der kommerziellen Verwertung vom künstlerischen Persönlichkeitsrecht des Aufnehmenden nicht überzeugend.

187 BVerfG, Beschl. v. 23.10.2013, 1 BvR 1842/11, 1 BvR 1843/11, GRUR 2014, 169 (172); Dreier/*Wittreck*, GG, Art. 5 III Rn. 76; Dreier/*Wieland*, GG, Art. 12 Rn. 172; Maunz/Dürig/*Scholz*, GG, 81. EL. 2017, Art. 5 Abs. 3 Rn. 50; von Münch/Kunig/*Kämmerer*, GG, Art. 12 Rn. 27 ff., 35 ff.

188 Vgl. hierzu auch *Uhlenhut*, Panoramafreiheit und Eigentumsrechte, S. 126.

gleichzeitig geschützt zu werden.[189] Beschränkungen der Berufsfreiheit durch den Staat infolge gewerberechtlicher Regelungen hat der Künstler dabei üblicherweise nicht zu fürchten, da er in der Regel freischaffend tätig ist und mithin kein Gewerbe[190] betreibt.[191] Die Verwertung seiner Kunstwerke wird vielmehr als Teil seiner frei ausgeübten künstlerischen Tätigkeit angesehen, was bei der Verwertung serienmäßig hergestellter Kunstwerke anders bewertet werden kann, sofern stets das identische Werk hergestellt und vertrieben wird.[192] Die kommerzielle Verwertung eines Kunstwerkes kann mithin grundsätzlich nicht mittels gewerberechtlicher Vorschriften eingeschränkt werden und die Berufsausübungsfreiheit des Künstlers insofern auch nicht beschränken. Folglich wird der Abbildungskünstler im Einzelfall hinsichtlich der Anfertigung und der Verwertung von Abbildungen eines Baukunstwerkes zugleich durch die verfassungsrechtliche Berufsfreiheit geschützt. Im Wege der Spezialität verdrängt die Kunstfreiheit die Berufsfreiheit.[193]

---

189 BVerfG, Beschl. v. 23.10.2013, 1 BvR 1842/11, 1 BvR 1843/11, GRUR 2014, 169 (172 f.); Jarass/Pieroth/*Jarass*, GG, Art. 12 Rn. 10 f.

190 Ein Gewerbe zeichnet sich durch eine nicht sozial unwertige, auf Gewinnerzielung gerichtete und auf Dauer angelegte selbstständige Tätigkeit aus, von der die Urproduktion, freie Berufe und die bloße Verwaltung eigenen Vermögens ausgenommen wird, vgl. OVG Münster, Urt. v. 27.05.1986, 4 A 2767/84, NVwZ 1988, 1147 (1148).

191 Vgl. OVG Münster, Urt. v. 27.05.1986, 4 A 2767/84, NVwZ 1988, 1147 (1148); *Dahm*, Der Schutz des Urhebers durch die Kunstfreiheit, S. 163; die Ausübung einer freien, zweckfreien Kunst und damit einer künstlerischen Tätigkeit im Sinne des freien Berufes im Gegensatz zum Gewerbebetrieb zeichnet sich gerade durch eine eigenschöpferische Leistung aus, in der sich eine besondere Gestaltungskraft sowie eine individuelle Anschauungsweise widerspiegelt, die zugleich eine gewisse künstlerische Gestaltungshöhe erreicht, vgl. Landmann/Rohmer/*Marcks*, GewO, § 14 Rn. 25a.

192 OVG Münster, Urt. v. 27.05.1986, 4 A 2767/84, NVwZ 1988, 1147 (1148).

193 Vgl. v. Mangoldt/Klein/Starck/*Starck*, GG, Art. 5 Abs. 3 Rn. 313; *Dahm*, Der Schutz des Urhebers durch die Kunstfreiheit, S. 162; überwiegend scheint Idealkonkurrenz bevorzugt zu werden, vgl. Dreier/*Wittreck*, GG, Art. 5 III Rn. 76; Sachs/*Bethge*, GG, Art. 5 Rn. 194; Maunz/Dürig/*Scholz*, GG, Art. 5 Abs. III Rn. 50, wobei *Scholz* eine Mischung aus Idealkonkurrenz und Spezialität anzunehmen scheint, indem er zwischen der Berufsausübungs- und der Berufswahlfreiheit differenziert und bei der Berufswahlfreiheit aufgrund der Sachnähe ausschließlich die Schranken des Art. 12 GG berücksichtigen möchte (was für Spezialität spricht), wohingegen hinsichtlich der Berufsausübung aufgrund der thematischeren Nähe zur Kunstfreiheit etwaige einschränkende Regelungen zusätzlich mit Art. 5 Abs. 3 GG vereinbar sein müssen (was hingegen für Idealkonkurrenz spricht).

§ 2 Urheberrechtlicher Schutz

Da im Rahmen dieser Arbeit ausschließlich künstlerische Abbildungen Berücksichtigung finden sollen, muss die jeweilige Abbildung ein Kunstwerk darstellen. Voraussetzung hierfür ist, dass der Abbildungskünstler ein urheberrechtliches Werk i.S.d. § 2 UrhG erschaffen hat. Der Abbildungskünstler könnte demnach im Hinblick auf die Abbildung und ihre Verwertung zudem durch die urheberrechtlichen Vorschriften geschützt werden.

I. Anfertigung künstlerischer Abbildungen

Zur Bestimmung der Eigenschaften eines Kunstwerkes sind zunächst die einzelnen Abbildungsformen wie bspw. Film und Fotografie und hierbei auch die Reproduktionsfotografie sowie die Malerei differenziert zu betrachten. Insbesondere bei Reproduktionsaufnahmen ist zu untersuchen, ob diesen eine künstlerische Qualität zugewiesen werden kann und sie daher im Rahmen dieser Arbeit zu berücksichtigen sind.

1. Fotografieaufnahmen

Im Hinblick auf Fotografien ist zwischen urheberrechtlich geschützten Lichtbildwerken gem. § 2 Abs. 1 Nr. 5 UrhG und vom Leistungsschutzrecht erfassten einfachen Lichtbildern gem. § 72 Abs. 1 UrhG zu differenzieren, deren Unterscheidung insbesondere Auswirkungen auf die Qualifizierung als Kunstwerk hat. Der einer älteren Bezeichnung entstammende Begriff des Lichtbildes i.S.d. § 2 Abs. 1 Nr. 5 UrhG sowie des § 72 Abs. 1 UrhG ist dabei gleichbedeutend mit dem Begriff der Fotografie aufzufassen.[194] Einem Lichtbild[195] unterfallen

194 Dreyer/Kotthoff/Meckel/Hentsch/*Meckel*, UrhR, § 72 Rn. 6; *Lehment*, Das Fotografieren von Kunstgegenständen, S. 19.

195 Ein Lichtbild entsteht mittels einer Strahlungsquelle wie bspw. Licht, Röntgenstrahlen oder Wärme auf strahlungsempfindliche Schichten, die eine chemische oder physikalische Veränderung hervorrufen, vgl. Dreyer/Kotthoff/Meckel/Hentsch/*Meckel*, UrhR, § 72 Rn. 6; *Lehment*, Das Fotografieren von Kunstgegenständen, S. 19; hiervon zu unterscheiden sind Erzeugnisse, die ähnlich wie Lichtbilder hergestellt werden, wobei diese Differenzierung überwiegend im Rahmen internationaler Sachverhalte relevant wird, da einige multilaterale Abkommen wie das WUA, WCT, RBP und TRIPs-Abkommen auf einfache Lichtbilder keine Anwendung finden, vgl. *Stang*, Das urheberrechtliche Werk nach Ablauf der Schutzfrist, S. 161; Dreyer/Kotthoff/Meckel/Hentsch/*Meckel*, UrhR, § 72 Rn. 10; *Lehment*, Das Fotografieren von Kunstgegenständen, S. 23.

demnach Aufnahmen sowohl mit analogen als auch mit digitalen Kameras, gleichviel, ob diese manuell einzustellen sind oder vollautomatisch funktionieren, genauso wie durch Lichtbildautomaten, Satelliten, Radargeräten oder Kopiergeräten.[196] Wann ein Lichtbildwerk und mithin ein Kunstwerk vorliegt, verdeutlicht die folgende Definition:

> „Lichtbildwerke zeichnen sich im Allgemeinen dadurch aus, dass sie über die gegenständliche Abbildung hinaus eine Stimmung besonders gut einfangen, in eindringlicher Aussagekraft eine Problematik darstellen, den Betrachter zum Nachdenken anregen. Das kann z.B. durch die Wahl des Motivs, des Bildausschnitts oder der Perspektive, durch die Verteilung von Licht und Schatten, durch Kontrastgebung, Bildschärfe oder durch die Wahl des richtigen Moments bei der Aufnahme geschehen.“[197]

Der urheberrechtliche Schutz von Lichtbildwerken gem. § 2 Abs. 1 Nr. 5 UrhG setzt somit eine persönliche geistige Schöpfung voraus, also ein vom Menschen geschaffenes Werk, welches im Unterschied zum verfassungsrechtlichen Kunstbegriff zusätzlich eine gewisse Originalität sowie Individualität aufweist.[198] Der urheberrechtliche Schutz wird zwar grundsätzlich enger ausgelegt als der verfassungsrechtliche Schutz, allerdings soll das Erfordernis der Gestaltungshöhe aufgrund des Schutzes der kleinen Münze auch im Rahmen der Lichtbildwerke weit ausgelegt werden, sodass an die Schutzfähigkeit im Ergebnis keine zu hohen Anforderungen zu stellen sind.[199] Fehlt der Fotografie hingegen dieser individuelle Beitrag oder das hinreichende Maß an Originalität und Gestaltungshöhe, kann ein Leistungsschutzrecht gem. § 72 UrhG in Betracht kommen. Anstelle der Individualität und Schöpfungshöhe wird dabei die rein technische Leistung des Abbildenden durch den jeweiligen Schutz honoriert.[200] Um den Schutzumfang des Leistungsschutzes nicht ausufern zu lassen, ist ein Mindestmaß an Gestaltungsspielraum sowie persönlicher geistiger Leistung des Fotografen erforderlich.[201] Auf diese Weise können

---

196 Dreyer/Kotthoff/Meckel/Hentsch/*Meckel*, UrhR, § 72 Rn. 6.

197 OLG Hamburg, Urt. v. 05.11.1998, 3 U 175/98, ZUM-RD 1999, 73 (74 f.).

198 *Wanckel*, Foto- und Bildrecht, S. 323 Rn. 371.

199 Dreier/Schulze/*Schulze*, UrhG, § 2 Rn. 195; Wandtke/Bullinger/*Bullinger*, UrhR, § 2 Rn. 113; *Wanckel*, Foto- und Bildrecht, S. 323 Rn. 371.

200 Dreier/Schulze/*Schulze*, UrhG, § 72 Rn. 3; *Castendyk*, Fotorecht, S. 66 Rn. 76.

201 BGH, Urt. v. 08.11.1989, I ZR 14/88 GRUR 1990, 669 (673); BGH, Urt. v. 03.11.1999, I ZR 55/97, ZUM 2000, 233 (234); Raue/Hegemann/*Jani*, MAH UrhR, § 4 Rn. 25; das Erfordernis eines Mindestmaßes an persönlich-geistiger Leistung ist teilweise in der Literatur auf Ablehnung gestoßen, siehe hierzu bspw. Fromm/Nordemann/*Nordemann, UrhG* § 72 Rn. 9 f.

Abgrenzungsschwierigkeiten[202] zu den Lichtbildwerken überwunden und der Schutz lichtbildwerksähnlicher Aufnahmen gerechtfertigt werden.[203] Aufnahmen eines Laien, der Urlaubsschnappschuss sowie berichterstattende aber auch wissenschaftliche oder zweckfreie Fotoaufnahmen fallen mithin nicht unter die oben benannte Definition eines Lichtbildwerkes und sind stattdessen als Lichtbilder i.S.d. § 72 UrhG zu qualifizieren.[204] Folglich fehlt ihnen mangels einer urheberrechtlichen Werkseigenschaft ferner der Charakter eines Kunstwerkes. Bloße Schnappschüsse und sonstige Aufnahmen ohne eine persönliche, geistige Leistung des Aufnehmenden sind mithin nicht Gegenstand dieser Arbeit.

2. *Reproduktionsaufnahmen*

Reproduktionsaufnahmen zeichnen sich insbesondere dadurch aus, dass sie ein bereits bestehendes Objekt bzw. ein Werk so originalgetreu wie möglich nachbilden bzw. zu wiederholen beabsichtigen. Häufiger werden Reproduktionsaufnahmen im Zusammenhang mit beweglichen Kunstwerken wie Gemälden oder Fotografien in Ausstellungsräumen eines Museums angefertigt und bspw. in Ausstellungskatalogen oder Postern eines Museums abgebildet, oder auch in Archiven eines Museums hinterlegt. Indes sind Reproduktionsaufnahmen ebenfalls bei dreidimensionalen Werken denkbar und mithin nicht als unbedeutend zu degradieren. Schließlich können auch Bauwerke, Skulpturen oder Gartenlandschaften so originalgetreu wie möglich nachgebildet werden. Da sich diese Arbeit auf die Abbildung dreidimensionaler Vorlagen in Form eines Baukunstwerkes beschränkt, wird auf die Reproduktion und den damit einhergehenden Streitstand zu zweidimensionalen Vorlagen nicht näher eingegangen werden und folglich ausschließlich die Reproduktionsaufnahmen von dreidimensionalen Werken bezüglich ihrer urheberrechtlichen Schutzfähigkeit untersucht.

Zum Teil wird Reproduktionsaufnahmen ein genereller Schutz als urheberrechtliches Werk und als Lichtbild nach dem Urheberrechtsgesetzt versagt – unabhängig davon, ob sie fotografisch oder technisch angefertigt wurden.[205]

---

202 Spindler/Schuster/*Wiebe*, Recht der elektronischen Medien, UrhG § 72 Rn. 1 f; zu der Begründung der Überwindung von Abgrenzungsschwierigkeiten siehe RegE UrhG – BT-Drucks. IV/270, [zu § 82] S. 88 f.

203 Spindler/Schuster/*Wiebe*, Recht der elektronischen Medien, UrhG, § 72 Rn. 1 f.

204 Vgl. hierzu Wandtke/Bullinger/*Bullinger*, UrhR, § 2 Rn. 118; *Wanckel*, Foto- und Bildrecht, S. 324; Spindler/Schuster/*Wiebe*, Recht der elektronischen Medien, UrhG, § 72 Rn. 2.

205 Wandtke/Bullinger/*Thum*, UrhR, § 72 Rn. 11.

Diese Ansicht bezieht sich allerdings ausschließlich auf Reproduktionsaufnahmen zweidimensionaler Vorlagen und kann daher nicht ohne Weiteres auf Reproduktionsaufnahmen dreidimensionaler Vorlagen übertragen werden. Zudem erscheint es nicht sachgerecht, den jeweiligen Einzelfall der Reproduktion gänzlich außer Acht zu lassen und pauschal sowohl fotografische als auch technische Reproduktionen äquivalent zu betrachten, obwohl sie in ihrer Art der Herstellung erhebliche Unterschiede aufweisen.

Im Hinblick auf Reproduktionsaufnahmen ist daher primär zwischen fotografischen Reproduktionsaufnahmen sowie technischen Reproduktionsaufnahmen zu differenzieren, da sich aus der jeweiligen besonderen Aufnahmeart unterschiedliche Folgen für das Vorliegen eines urheberrechtlichen Werkes und mithin eines Kunstwerks ergeben können. Auch wenn die Grenzen zwischen einer rein technischen sowie einer fotografischen Reproduktion teilweise fließend sind, ist eine differenzierte Betrachtung vorzugswürdig. Die fließenden Grenzen zeigen sich bspw. bei der manuellen Bedienung von Apparaten mit gewissen Gestaltungsmöglichkeiten sowie der Bedienung von solchen, die technisch automatisiert sind und die Aufnahme schon durch das Drücken eines Knopfes entsteht.[206] Schließlich kann keine technische Leistung und damit auch weder eine technische noch eine fotografische Reproduktion ohne das Zutun selbst der geringsten menschlichen Handlung hergestellt werden.[207] Eine nähere Untersuchung der Schutzfähigkeit der Reproduktionsaufnahme als urheberrechtliches Werk bzw. Kunstwerk im Hinblick auf dreidimensionale Urwerke ist daher angezeigt. Im Folgenden werden zunächst die fotografische und anschließend die technische Reproduktion dargestellt, um schließlich die Besonderheiten der Reproduktion gemeinfreier Werke zu betrachten und hinsichtlich ihrer Werkseigenschaft zu untersuchen.

A. *Fotografische Reproduktion dreidimensionaler Vorlagen*

Bei der Reproduktion mittels einer fotografischen Abbildung wird ein Kunstwerk manuell fotografisch bspw. durch eine Digital- oder Analogkamera abgebildet, um eine möglichst originalgetreue Wiedergabe des aufgenommenen Werkes zu erzielen.[208] Dabei ist näher zu betrachten, ob eine fotografische Reproduktion eine gewisse Individualität und Gestaltungshöhe aufweist, die u.a. für die Annahme eines urheberrechtlichen Lichtbildwerkes erforderlich ist

206 *Stang*, Das urheberrechtliche Werk nach Ablauf der Schutzfrist, S. 170.
207 Vgl. *Stang*, Das urheberrechtliche Werk nach Ablauf der Schutzfrist, S. 170.
208 Schricker/Loewenheim/*Vogel*, UrhR, § 72 Rn. 33.

oder ob sie vielmehr als Lichtbild zu qualifizieren ist. Anders als bei Reproduktionsfotografien von zweidimensionalen Werken wie Gemälden[209] oder Fotografien sind bei der Aufnahme von dreidimensionalen Baukunstwerken bei Reproduktionsaufnahmen gewisse Gestaltungsspielräume denkbar.

Eine Reproduktionsaufnahme ist als Lichtbildwerk zu qualifizieren, sofern die Aufnahme eine persönliche, geistige Schöpfung darstellt und eine gewisse Individualität aufweist. Dabei kann sich die Individualität bspw. aus einer künstlerischen Aussage des Bildes, dem Bildaufbau, der Wahl eines besonderen Bildausschnitts, dem Spiel mit Licht- und Schattenkontrasten, Schärfen und Unschärfen, der Auswahl des Aufnahmeorts bzw. des Blickwinkels oder dem Einsatz anderer fotomechanischer Mittel ergeben.[210] Ein von dem ursprünglichen Fotograf abweichender Fotograf müsste hypothetisch betrachtet zu einer anderen Gestaltung gelangen und die Aufnahme des Werkes somit unterscheidbar machen.[211] Dies wäre jedenfalls dann bei Reproduktionsfotografien anzunehmen, sofern diese eine künstlerische Aussage bzw. individuelle Betrachtungsweise des Abbildenden erzeugen, indem sie sich von rein gefälligen Abbildungen abheben und eine bestimmte Stimmung widerspiegeln, die den Betrachter zum Nachdenken anregen.[212] Dies ist bei Reproduktionsfotografien

209 Auf die Problematik, ob auch Gemälde bspw. bei einem besonders dicken Farbauftrag ebenfalls ein dreidimensionales Werk darstellen können, soll hier nicht weiter eingegangen werden, hierzu aber bspw.: Fromm/Nordemann/*A. Nordemann*, UrhG, § 2 Rn. 198, der dreidimensionale Vorlagen bei Gemälden und Fotografien nicht als Lichtbildwerk qualifiziert, anders *Lehment*, Das Fotografieren von Kunstgegenständen, S. 38, der dreidimensionale Werke jedenfalls vom Schutzbereich des § 2 Abs. 1 Nr. 5 UrhG als erfasst sieht, sofern sich entsprechende Gestaltungsmöglichkeiten hinsichtlich der Aufnahme ergeben.

210 Vgl. Dreier/Schulze/*Schulze*, UrhG, § 2 Rn. 195 f.; Fromm/Nordemann/*A. Nordemann*, UrhG, § 2 Rn. 198; Spindler/Schuster/*Wiebe*, Recht der elektronischen Medien, UrhG, § 2 Rn. 2.

211 Vgl. Dreier/Schulze/*Schulze*, UrhG, § 2 Rn. 195 f.; Fromm/Nordemann/*A. Nordemann*, UrhG, § 2 Rn. 198; Spindler/Schuster/*Wiebe*, Recht der elektronischen Medien, UrhG, § 2 Rn. 2, der ferner auf eine gewisse Individualität bzw. Qualität abstellt.

212 OLG Düsseldorf, Urt. v. 13.02.1996, 20 U 115/95, GRUR 1997, 49 (51), das eine gewisse Unterscheidbarkeit bei Reproduktionsfotografien von dreidimensionalen Vorlagen und mithin ein Lichtbildwerk angenommen hatte; OLG Stuttgart, Urt. v. 31.05.2017, 4 U 204/16, GRUR 2017, 905 (906 f.); *Schack*, Kunst und Recht, S. 453 f., Rn. 871 ff.; Schricker/Loewenheim/*Loewenheim/Leistner*, UrhR, § 2 Rn. 213; *Lehment*, der die naturgetreue Abbildung dreidimensionaler Vorlagen

von Baukunstwerken grundsätzlich denkbar.[213] Dies hängt weiterhin von den konkreten Voraussetzungen einer künstlerischen Aussage ab, die im Folgenden betrachtet werden.

Zum Teil wird im Hinblick auf Reproduktionsaufnahmen ein strengerer Maßstab hinsichtlich der Individualität bzw. des künstlerischen Gestaltungsspielraums angewendet.[214] So sei es nicht ausreichend, wenn der Aufnehmende lediglich Überlegungen zur Ausleuchtung, zum Aufnahmestandpunkt oder Filmmaterial und Fotopapier anstellt, da hierbei primär die handwerklichen Fähigkeiten angewendet würden, anstelle künstlerische Gestaltungsspielräume auszuschöpfen.[215] Allerdings bieten sich diese Überlegungen insbesondere im Hinblick auf die Ausleuchtung bei Innenaufnahmen u.a. von Vasen, Skulpturen oder auch Gemälden an.[216] Stattdessen sind originalgetreue Aufnahmen dieser Art bei Baukunstwerken bereits kraft Natur der Sache kaum denkbar. Bauwerke sind aufgrund ihres regelmäßigen Außenstandortes natürlichen Lichtverhältnissen ausgesetzt, die kaum beeinflussbar sind und deswegen nicht spielerisch und mithin künstlerisch für die Aufnahme eingesetzt werden können. Eine realitätsgetreue Darstellung des abgebildeten Werkes infolge einer handwerklich professionell ausgeleuchteten Umgebung ist im Unterschied zu Abbildungen von Vasen und Skulpturen bei Baukunstwerken kaum denkbar.[217]

Zudem spricht gegen strengere Anforderungen an die Individualität der EuGH in seiner Painer/Standard-Entscheidung, wonach bei der Prüfung eines Lichtbildwerkes i.S.d. Art. 6 der Schutzdauerrichtlinie geringere

---

insgesamt vom Anwendungsbereich nach dieser Ansicht ausschließen möchte, vgl. *Lehment,* Das Fotografieren von Kunstgegenständen, S. 39.

213 So auch *Schack,* Kunst und Recht, S. 454 Rn. 873.

214 OLG Düsseldorf, Urt. v. 13.02.1996, 20 U 115/95, GRUR 1997, 49 (51); OLG Stuttgart, Urt. v. 31.05.2017, 4 U 204/16, GRUR 2017, 905 (906 f.).

215 OLG Düsseldorf, Urt. v. 13.02.1996, 20 U 115/95, GRUR 1997, 49 (51); OLG Stuttgart, Urt. v. 31.05.2017, 4 U 204/16, GRUR 2017, 905 (906 f.).

216 Sofern Gemälde als dreidimensionale Werke zu werten sind; näher zu dieser Problematik siehe OLG Düsseldorf, Urt. v. 13.02.1996, 20 U 115/95, GRUR 1997, 49 (51); LG Berlin, Urt. v. 31.05.2016, 15 O 428/15 ZUM 2016, 766 (770); Götting/Lauber-Rönsberg/Rauer/*Lauber-Rönsberg,* BeckOK UrhR, § 72 Rn. 15 ff.

217 Anders wiederum *Lehment,* Das Fotografieren von Kunstgegenständen, S. 51, der jedenfalls die meisten Reproduktionsfotografien dreidimensionaler Vorlagen mangels künstlerischer Aussage als nicht urheberrechtlich geschützt ansieht und lediglich einen Lichtbildschutz nach § 72 UrhG annimmt.

Anforderungen für die Annahme einer künstlerischen Aussage genügen.[218] Im Hinblick auf die unionsrechtlichen Anforderungen an eine künstlerische Aussage einer Fotografie stellte der EuGH fest,[219] dass auch bei Portraitaufnahmen eine künstlerische Aussage im Einzelfall bei der Gesamtschau sämtlicher Einflussmöglichkeiten vorliegen könne.[220] Dabei berücksichtigte er, ob der Aufnehmende über die Gestaltung, den Blickwinkel, die Beleuchtung der Aufnahme sowie die Möglichkeit der Wahl der entsprechenden Entwicklungstechnik bei der Herstellung des Abzugs entscheiden könne, und nahm im Ergebnis ein Lichtbildwerk an.[221] Demnach seien auch die Kriterien der Ausleuchtung sowie des Aufnahmestandpunktes bzw. des Blickwinkels ausschlaggebend für die Annahme einer individuellen, geistigen Schöpfung, ohne dass sie per se als rein handwerkliche Fähigkeiten bewertet werden und ihnen eine künstlerische Aussage abzusprechen sei.

Diese unionsrechtliche Auslegung des Begriffs des Lichtbildwerkes aus Art. 6 der Schutzdauerrichtlinie[222] sowie ihrem Erwägungsgrund (16) ist auch bei der Prüfung eines Lichtbildwerkes nach dem nationalen Urheberrecht zu berücksichtigen,[223] um eine Harmonisierung des Unionsrechts sowie die Schaffung einer einheitlichen und autonomen Auslegung der Begriffe innerhalb der gesamten europäischen Union sicherzustellen.[224] Somit sind auch

---

218 EuGH, Urt. v. 01.12.2011, C-145/10, GRUR 2012, 166 (166 ff.) Rn. 44 ff.; *Berger*, ZUM 201200, 353 (354).

219 EuGH, Urt. v. 01.12.2011, C-145/10, GRUR 2012, 166 (166 ff.) Rn. 44 ff.; *Berger*, ZUM 201200, 353 (354).

220 EuGH, Urt. v. 01.12.2011, C-145/10, GRUR 2012, 166 (168) Rn. 88 f.; Im Ergebnis hat der EuGH hier die *Infopaq-Entscheidung* des EuGH weiterentwickelt, konkretisiert und modifiziert sie im Lichte des Erwägungsgrundes (16) der Schutzdauer-Richtlinie, vgl. *Metzger*, ZEuP 2017, 836 (851); *Metzger*, GRUR 2012, 118 (122).

221 EuGH, Urt. v. 01.12.2011, C-145/10, GRUR 2012, 166 (168) Rn. 91.

222 Richtlinie 2006/116/EG des europäischen Parlaments und des Rates vom 12.12.2006 über die Schutzdauer des Urheberrechts und bestimmter verwandter Schutzrechte, die besagt: „Fotografien werden gemäß Artikel 1 geschützt, wenn sie individuelle Werke in dem Sinne darstellen, dass sie das Ergebnis der eigenen geistigen Schöpfung ihres Urhebers sind. Zur Bestimmung ihrer Schutzfähigkeit sind keine anderen Kriterien anzuwenden. Die Mitgliedstaaten können den Schutz anderer Fotografien vorsehen".

223 Ähnlich so auch Spindler/Schuster/*Wiebe*, Recht der elektronischen Medien, UrhG, § 2 Rn. 3.

224 Vgl. EuGH, Urt. v. 07.12.2006, C-306/05, GRUR 2007, 225 (225); EuGH, Urt. v. 20.10.2011, C-396/09, EuZW 2011, 912 (914) Rn. 35 ff.

die nationalen Gerichte an die Entscheidungen des EuGH gebunden und eine gegenläufige Auslegung der Werkbegriffe im nationalen und internationalen Recht zudem aus politischer Sicht nicht gewollt.[225] Folglich sind keine zu strengen Anforderungen an eine Reproduktionsfotografie als urheberrechtliches Lichtbildwerk zu stellen.

Einer Reproduktionsaufnahme kann daher aufgrund des gewählten Blickwinkels, der Gestaltung und der Wahl der Entwicklungstechnik und auch der Wahl eines bestimmten Fotopapiers eine künstlerische Aussage verliehen werden. Mithin liegt eine künstlerische Aussage bei Reproduktionsaufnahmen von Baukunstwerken vor,[226] sofern die herausgearbeiteten Voraussetzungen einer individuellen, unterscheidbaren Aufnahme mit einer künstlerischen Aussage vorliegen,[227] und gleichzeitig die für eine Reproduktion erforderliche größtmögliche Originaltreue erhalten bleibt. Sind diese Voraussetzungen nicht erfüllt, liegt jedenfalls ein Lichtbild i.S.d. § 72 UrhG vor, insbesondere auch um Widersprüche zu den vom Leistungsschutz erfassten einfachen „Knippsbilder" vermeiden zu können.[228] Diese sind dann allerdings nicht als Kunstwerk zu qualifizieren.

B. Technische Reproduktion dreidimensionaler Vorlagen: 3D-Scan

Nachdem festgestellt wurde, dass fotografische Reproduktionen dreidimensionaler Vorlagen Lichtbildwerke i.S.d. § 2 Abs. 1 Nr. 5 UrhG und mithin ein Kunstwerk darstellen können, soll im Folgenden die Werksqualität technischer Reproduktionsaufnahmen geprüft werden. Hierfür sind vorab die konkreten Funktionsweisen technischer Reproduktionen und die unterschiedlichen Reproduktionsmöglichkeiten von Baukunstwerken darzustellen.

Bei technischen Reproduktionen erfolgt die Abbildung eines Werkes im Unterschied zu fotografischen Reproduktionen auf rein mechanische Weise.[229] Relevant wird die technische Reproduktion insbesondere bei der Reproduktion zweidimensionaler Vorlagen wie Gemälden, Fotografien oder Buchseiten durch

---

225 Vgl. EuGH, Urt. v. 20.10.2011 – C-396/09, EuZW 2011, 912 (914) Rn. 35 ff.

226 Vgl. OLG Stuttgart, Urt. v. 31.05.2017, 4 U 204/16, GRUR 2017, 905 (906 f.).

227 So im Ergebnis auch *Stang*, Das urheberrechtliche Werk nach Ablauf der Schutzfrist, S. 164.

228 Vgl. Hasselblatt/*Nordemann/Czychowski*, MAH Gewerblicher Rechtsschutz, § 40 Rn. 335 ff.; *Dreier/Schulze/Schulze*, UrhG, § 72 Rn. 9 f.; Loewenheim/*G. Schulze*, Handbuch des Urheberrechts, § 76 Rn. 57; *Stang*, ZGE 2009, 167 (177); *Lutzi*, GRUR 2017, 878 (879); *Lehment*, Das Fotografieren von Kunstgegenständen, S. 37.

229 Schricker/Loewenheim/*Vogel*, UrhR, § 72 Rn. 33.

bspw. Foto-, Mikro-, oder elektrostatische Kopien sowie durch automatisiertes und manuelles Einscannen[230].[231] Indes wird die technische Reproduktion bei Abbildungen durch 3D-Scanner auch bei dreidimensionalen Kunstwerken entgegen der Ansicht von *Stang* immer bedeutsamer, der die technische Reproduktion dreidimensionaler Vorlagen für nicht vorstellbar hält.[232] Bedeutend wird die 3D-Aufnahme von Baukunstwerken u.a. zur leichteren und schnelleren Erkennung altersbedingter oder sonstiger Schäden an einem Bauwerk sowie um diese effizienter zu beheben und weiteren Beeinträchtigungen vorzubeugen. Zudem können der Öffentlichkeit in frei zugänglichen Datenbanken neben zweidimensionalen Kunstwerken auch dreidimensionale Kunstwerke zur Nutzung zur Verfügung gestellt werden, indem diese bspw. als 3D-Animation mittels eines virtuellen Rundgangs durch ein Museumsgebäude und dem dazugehörigen Grundstück und der Garten- und Parkanlage betreten werden können. Da bei technischen Reproduktionen schon deren Schutzfähigkeit nach dem Leistungsschutzrecht bzw. die Annahme eines Lichtbildes gem. § 72 Abs. 1 UrhG nicht vorliegen könnte und daher die Voraussetzungen eines

230 Möhring/Nicolini/*Lauber-Rösberg*, UrhG, § 72 Rn. 16.1., die nur hinsichtlich technisch anspruchsvoller Scan-Roboter einen Schutz nach § 72 UrhG annimmt; auf diese Weise können mittlerweile Gemälde vollständig automatisiert eingescannt und mithin digitalisiert werden; von besonderer Bedeutung ist die Entwicklung von Großformat-Scannern, die Kunstwerke mit einer Größe von bis zu 180 × 240 cm digitalisieren können, vgl. *Lehment*, Das Fotografieren von Kunstgegenständen, S. 25; gegen eine Schutzfähigkeit, da allein der Reproduktionsvorgang an sich betrachtet werde und hierbei nicht das geforderte Mindestmaß an geistiger Leistung erbracht werde, sodass die Untergrenze des Leistungsschutzrechts überschritten sei: *Bullinger/Bretzel/Schmalfuß*, Urheberrechte in Museen und Archiven, S. 30 Rn. 57.

231 Von besonderer Bedeutung ist in diesem Zusammenhang auch der Einsatz von Scan-Robotern und die damit einhergehende umstrittene Schutzfähigkeit von Aufnahmen, auf die im Rahmen dieser Arbeit allerdings nicht weiter einzugehen ist, da Scan-Roboter bei dreidimensionalen Vorlagen keine Anwendung finden, aber nur diese Gegenstand dieser Arbeit sein sollen. Ablehnend zum Leistungsschutz, da bei Scan-Robotern keinerlei technische Parameter oder Justierungen wie Bildeinstellungen festgelegt werden müssen und mithin kein Mindestmaß persönlicher geistiger Leistung oder Einflussnahme auf das Gesamtergebnis vorliegt: BGH, Urt. v. 08.11.1989, I ZR 14/88 GRUR 1990, 669 (673); *Oldekop*, Elektronische Bildbearbeitung im Urheberrecht, S. 129 f. Rn. 455 ff.; *Talke*, Lichtbildschutz für digitale Bilder von zweidimensionalen Vorlagen, ZUM 2010, 846 (852); Götting/Lauber-Rönsberg/Rauer/*Lauber-Rönsberg*, BeckOK UrhR, § 72 Rn. 17 ff.

232 *Stang*, Das urheberrechtliche Werk nach Ablauf der Schutzfrist, S. 185.

Lichtbildwerkes nicht erfüllt sein könnten, soll zunächst die Leistungsschutzfähigkeit dargestellt und im Anschluss die Werksfähigkeit erläutert werden.

Im Hinblick auf Lichtbilder i.S.d. § 72 Abs. 1 UrhG ist ein Mindestmaß an persönlicher, geistiger Leistung erforderlich.[233] Andernfalls würde jede durch Benutzung strahlender Energie erzeugte Aufnahme rein technisch gesehen unter den Lichtbildschutz des § 72 UrhG fallen.[234] Unter welchen Voraussetzungen bei technischen Reproduktionen das Mindestmaß einer persönlichen, geistigen Leistung erfüllt ist, wird nachfolgend dargestellt.

Zum Teil wird primär auf die getätigten Investitionen abgestellt und gefordert, dass mit der Aufnahme erhebliche Aufwendungen durch die Anschaffung von Vorlagen oder Hilfsmitteln verbunden sind und somit ein selbständig verwertbares Wirtschaftsgut geschaffen werde.[235] Allerdings ist dem Urheberrecht die Schaffung eines persönlichkeitsrechtlichen Schutzes infolge getätigter Investitionen oder Aufwendungen fremd.[236] Der Schutz des § 72 UrhG erstreckt sich mangels einer schöpferischen Leistung zumindest sinngemäß auch auf urheberpersönlichkeitsrechtliche Befugnisse.[237] Insofern ist es unbillig, den Aufnehmenden lediglich aufgrund seiner getätigten Aufwendungen und Investitionen mit einem persönlichkeitsrechtlichen Urheberrecht zu „belohnen".[238]

---

233 So auch gefordert in: BGH, Urt. v. 08.11.1989, I ZR 14/88 GRUR 1990, 669 (673); BGH, Urt. v. 07.12.2000, I ZR 146/98, GRUR 2001, 755 (757); BGH, Urt. v. 20.12.2018, I ZR 104/17, ZUM 2019, 335 (337); OLG Stuttgart, Urt. v. 31.05.2017, 4 U 204/16, GRUR 2017, 905 (907); wobei die Gerichte jedenfalls bei Reproduktionen *zweidimensionaler* Vorlagen auf die von *Hertin* geschaffenen Urbild-Theorie zurückgreifen im Sinne einer Konkretisierung des Mindestmaßes einer persönlichen, geistigen Leistung, siehe zur Urbild-Theorie nach *Hertin,* in: Fromm/Nordemann, 6. Auflage 1986, UrhG, § 72 Rn. 2; kritisch hierzu und die Urbild-Theorie ablehnend: *Lehment,* Das Fotografieren von Kunstgegenständen, S. 29.

234 BGH, Beschl. v. 27.02.1962, I ZR 118/60, GRUR 1962, 470 (472); BGH, Urt. v. 08.11.1989, I ZR 14/88 GRUR 1990, 669 (673); Wandtke/Bullinger/*Thum*, UrhR, § 72 Rn. 11.

235 So aber gefordert von *Katzenberger,* GRUR Int 1989, 116, 117.

236 *Lehment,* Das Fotografieren von Kunstgegenständen, S. 34.

237 Wandtke/Bullinger/*Thum*, UrhR, § 72 Rn. 32, bspw. sei das Namensnennungsrecht als Urheberpersönlichkeitsrecht gem. § 13 UrhG zu nennen.

238 Die von *Lehment,* Das Fotografieren von Kunstgegenständen, S. 34, angeführte Kritik in Bezug auf die Anknüpfung an das Erfordernis eines verwertbaren Wirtschaftsgutes vermag hingegen nicht zu überzeugen, wonach der Leistungsschutz bei der Zerstörung des aufgenommenen Kunstgegenstandes unverhofft an wirtschaftlicher Bedeutung gewinne und daher an Umstände angeknüpft werde, die nicht in der Aufnahme oder dem Herstellungsvorgang begründet sind. Auch ein

Zudem lässt diese Ansicht offen, wer bei einer vorliegenden Personenverschiedenheit zwischen dem Investierenden und dem Aufnehmenden Leistungsschutzrechte erhält. Auf den Investitionsschutz kann dabei nicht ausschließlich abgestellt werden, sodass diese Ansicht folglich abzulehnen ist.

Auch kann es nicht als ausreichend erachtet werden, ausschließlich auf die Personenbezogenheit einer Aufnahme abzustellen.[239] Nach dieser Ansicht soll ein Lichtbild jedenfalls dann durch die Leistungsschutzrechte geschützt werden, sofern die Aufnahme von einem Menschen und nicht rein maschinell angefertigt wurde, also ein menschliches Verhalten für die Entstehung eines Lichtbildes adäquat kausal sei.[240] Demnach würden sämtliche mechanischen Reproduktionen vom Schutzbereich des § 72 UrhG erfasst werden, da schließlich stets ein Mensch auch auf noch geringste Weise an der Herstellung der Aufnahme mitwirkt. Dadurch wird ausschließlich auf das in § 7 UrhG verankerte Schöpferprinzip abgestellt, das bei der Gewährleistung von Urheberrechtsschutz ohnehin stets zu berücksichtigen ist.[241] Eine mechanische Reproduktion als Ausgleich für eine fehlerhafte Entscheidung über seine Werkseigenschaft im Ergebnis als Lichtbild zu schützen, entbehrt indes jedes Zusammenhangs.[242] Schließlich führt dies zu einer zu weitgehenden Anwendung des § 72 UrhG bzw. der Lichtbildwerke gem. § 2 Abs. 1 Nr. 5 UrhG und einer nicht nachvollziehbaren Erweiterung des Schutzbereichs auf „unerkannte Lichtbildwerke“. Dies steht indes nicht im Einklang mit der intendierten Erfassung von Lichtbildern.

Zur Bestimmung des Mindestmaßes einer persönlichen geistigen Leistung ist daher erforderlich, dass die Bedienung technisch hochkomplexer Apparate ein Mindestmaß an handwerklich-technischen Fertigkeiten voraussetzt und gleichzeitig situationsbezogene fotografisch-technische Problemstellungen zu überwinden sind, sodass notwendigerweise für die Aufnahme bestimmte Aufnahmebedingungen, das Motiv, die Entfernung und der Blickwinkel festgelegt

---

Gemälde kann zu Lebzeiten seines Erschaffers noch keinerlei (wirtschaftliche) Bedeutung erlangt haben, aber nach dem Tode des Künstlers an Wert gewinnen, wodurch ebenfalls nicht primär an das Kunstwerk angeknüpft wird.

239 *Platena,* Das Lichtbild im Urheberrecht, S. 102 f., 167; *Lehment,* Das Fotografieren von Kunstgegenständen, S. 35.

240 *Platena,* Das Lichtbild im Urheberrecht, S. 102 f., 167; *Lehment,* Das Fotografieren von Kunstgegenständen, S. 35.

241 Dreier/Schulze/*Schulze,* UrhG, § 72 Rn. 32.

242 *Lehment,* Das Fotografieren von Kunstgegenständen, S. 36.

und bestimmt werden müssen.[243] Durch die Festlegung der Aufnahmebedingungen sowie der Programmierung der angewandten Aufnahmetechnik ist es schließlich auch möglich, die Aufnahme einer bestimmten Person als ihre persönliche Leistung zuzuordnen.[244] Entgegen der Entscheidung des LG Hamburg sollten die Voraussetzungen eines Lichtbildes nicht mit denen eines Lichtbildwerkes vermischt und bei faktischer Vorlage der Voraussetzungen eines Lichtbildwerkes lediglich ein Lichtbild angenommen werden.[245] Daher ist stets die fotografisch-technische Leistung des Menschen vordergründlich zu beachten und ausschlaggebend für die Annahme eines Lichtbildes.[246] Weitere Voraussetzungen sind für ihre Annahme nicht erforderlich.[247] Somit ist eine Anwendung des § 72 UrhG nur gerechtfertigt, sofern die Lichtbildaufnahme mit einem Lichtbildwerk etwa gleichgestellt werden kann und eine ähnliche Eigenart wie die einer schöpferischen Leistung eines Werkes aufweist.[248] Bei rein automatisierten Vorgängen wie bei Scan- und Kopiervorgängen zweidimensionaler

243 Wandtke/Bullinger/*Thum*, UrhR, § 72 Rn. 11; Schricker/Loewenheim/*Vogel*, UrhR, § 72 Rn. 34; Götting/Lauber-Rönsberg/Rauer/*Lauber-Rönsberg*, BeckOK UrhR, § 72 Rn. 13 f.

244 Götting/Lauber-Rönsberg/Rauer/*Lauber-Rönsberg*, BeckOK UrhR, § 72 Rn. 20; eine bloße Vervielfältigung genügt nicht zur Annahme eines schützenswerten Lichtbildes, vgl. Schricker/Loewenheim/*Vogel*, UrhR, § 72 Rn. 34.

245 Vgl. hierzu LG Hamburg, Urt. v. 04.04.2003, 308 O 515/02, ZUM 2004, 675 (677).

246 Fromm/Nordemann/*Nordemann*, UrhG, § 72 Rn. 11.

247 Zum Teil wendet die Rechtsprechung zusätzlich zu dem Erfordernis des Mindestmaßes an persönlicher geistiger Leistung die Urbild-Theorie an, die allerdings nur bei zweidimensionalen Vorlagen anwendbar sein soll, wobei umstritten ist ob sie nur bei Aufnahmen von Lichtbildern bzw. ähnlich hergestellten Erzeugnissen anzuwenden ist, oder als „erweiterte Urbildtheorie" darüber hinaus auch auf andere zweidimensionale Vorlagen entsprechend angewendet werden könnte, vgl. hierzu: BGH, Urt. v. 08.11.1989, I ZR 14/88 GRUR 1990, 669 (673 f.); gegen eine Übertragung auf andere zweidimensionale Vorlagen: Götting/Lauber-Rönsberg/Rauer/*Lauber-Rönsberg*, BeckOK UrhR, § 72 Rn. 19; für eine Übertragung auf andere zweidimensionale Vorlagen: Wandtke/Bullinger/*Thum*, UrhR, § 72 Rn. 11; Stang ZGE S. 212 ff., 218; Stang 157 f., 174; jedenfalls kommt hier aber eine Übertragung auf dreidimensionale Vorlagen mangels der Gefahr einer faktischen Schutzrechtsverlängerung nicht in Betracht, sodass auf eine mögliche Anwendung der Urbild-Theorie nicht näher einzugehen ist.

248 *Talke*, ZUM 2010, 846 (849); *Nordemann*, GRUR 1987, 15, 17; dagegen: Fromm/Nordemann/*Hertin*, 6. Auflage 1986, UrhG, § 72 Rn. 2; *Heitland*, Der Schutz der Fotografie im Urheberrecht Deutschlands, Frankreichs und der Vereinigten Staaten von Amerika, S. 74.

Vorlagen ist daher bereits ein Leistungsschutz zu versagen,[249] da das Lichtbild in dieser Konstellation ausschließlich technisch reproduziert wird und der alleinige Reproduktionsvorgang keinen Leistungsschutz begründet.[250]

Ob auch bei technischen Reproduktionsaufnahmen mittels 3D-Scanner ein Mindestmaß einer persönlichen Leistung angenommen werden kann, entscheidet sich entsprechend der obigen Ausführungen danach, ob die Abbildung einen rein automatisierten und technischen Vorgang darstellt, oder ob hingegen hinreichend handwerklich-technische Fertigkeiten des Aufnehmenden auf das Ergebnis vorliegen und situationsbezogene fotografisch-technische Problemstellungen zu überwinden sind. Zur genauen Bestimmung ist schließlich eine detaillierte Betrachtung einzelner 3D-Scanmethoden erforderlich.[251] Da nicht jede Scanmethode zum Scannen von Baukunstwerken geeignet ist, wird im Folgenden ausschließlich auf die in diesem Zusammenhang relevanten Scanmethoden des Airborne Laserscanning und des Terrestrischen Laserscannings eingegangen.[252]

a. Airborne Laserscanning

Bei dieser Scanmethode werden Aufnahmen aus Flugzeugen oder Hubschraubern heraus aufgenommen, wodurch u.a. Gebäudestrukturen in ihrer

---

249 BGH, Urt. v. 07.12.2000, I ZR 146/98, GRUR 2001, 755 (757), wonach dann lediglich eine Vervielfältigung vorliegt, aber keine Schaffung eines eigenständigen Schutzrechts; Wandtke/Bullinger/*Thum*, UrhR, § 72 Rn. 11; *Lehment,* Das Fotografieren von Kunstgegenständen, S. 27, wonach das Auslösen des Scan- oder Kopiervorgangs durch Betätigung eines Knopfes oder die Einstellung der Auflösung und Farbtiefe nicht ausreicht für die Annahme eines Lichtbildes.

250 BGH, Urt. v. 07.12.2000, I ZR 146/98, ZUM-RD 2001, 322 (325); LG München I, Urt. v. 27.07.2015, 7 O 20941/14, GRUR-RS 2015, 20521 Rn. 17, das sich ebenfalls für eine Differenzierung zwischen rein technischen sowie fotografischen Reproduktionen ausspricht sowie weiterführt, dass bei der fotografischen Reproduktion zwei- sowie dreidimensionaler Vorlagen differenziert werden müsse; *Dreier/Schulze/Schulze, UrhG* § 72 Rn. 10; Wandtke/Bullinger/*Thum*, UrhR, § 72 Rn. 11; *Wanckel,* Foto- und Bildrecht, S. 326.

251 So auch Götting/Lauber-Rönsberg/Rauer/*Lauber-Rönsberg,* BeckOK UrhR, § 72 Rn. 20, der bei einer Einzelfallbetrachtung die handwerklich-technischen Fähigkeiten und einen schöpferischen Gestaltungsspielraum betrachten will.

252 Daher wird im Folgenden nicht näher auf handgeführte 3D-Scanner und die 3D-Scannerbox eingegangen, da diese nur bei kleineren, insbesondere beweglichen dreidimensionalen Werken Anwendung finden können, die nicht näher Thema dieser Arbeit sind.

dreidimensionalen Form erfasst werden und auf diese Weise Aufnahmen aus der Vogelperspektive hergestellt und zugleich die Geometrie der Kunstwerke rekonstruiert werden kann. Parallel besteht die Möglichkeit des Einsatzes von Flugdrohnen, wodurch sich aufgrund der erheblich geringeren Flughöhe detailgetreuere Aufnahmen anfertigen lassen, die insbesondere für Reproduktionsaufnahmen geeignet sind.

Der Scan-Vorgang verläuft beim Airborne Laserscanning überwiegend vollautomatisiert. Der auf oder am Flugobjekt angebrachte Scanner sendet während des Fluges Laserimpulse, wobei ein Anwenderlaptop sodann mit einer Kontroll- und Datenspeichereinheit kommuniziert und die ordnungsgemäße Anwendung der Auftragsparameter sowie die richtigen Systemeinstellungen während der Aufnahme verantwortet.[253] Mithilfe eines Flugmanagement-Systems findet der Pilot zudem Hilfestellungen zur richtigen Orientierung und Einhaltung der vordefinierten Flugstreifen.[254] Um Bilddaten aufnehmen zu können, wird der Scanner zusätzlich mit einer Digital- oder Videokamera ausgestattet, wobei die Auswertung der vollständigen Rohdaten des Flugscanners und des GPS ebenfalls automatisiert im Anschluss mittels einer hierfür bestimmten Software erfolgt.[255] Gewisse handwerkliche Fähigkeiten sind daraus zunächst nicht abzuleiten. Da Parallelen zu dem diskutierten Lichtbildschutz für Satellitenfotos bzw. sonstige Aufnahmen mittels Reihenmesskameras vorliegen, sind die hierzu entwickelten Ansichten zu betrachten und ggf. Rückschlüsse daraus auf das Airborne Laserscanning zu ziehen.

So wird zum Teil bei mittels Reihenmesskameras automatisiert angefertigten Lichtbildern und Satellitenfotos ein Leistungsschutz schon bei bloß vorbereitender, menschlicher Tätigkeit angenommen, da es ausreiche, über den Aufnahmeort, den Blickwinkel, die Entfernung, das Motiv sowie den Zeitpunkt der Aufnahme zu entscheiden.[256] Demnach genüge der Beitrag des Piloten zur Herstellung des Lichtbildes, indem er über die einzelnen Voraussetzungen im

---

253 Vgl. hierzu auch https://de.wikipedia.org/wiki/Airborne_Laserscanning#Analysen_von_Gebäudeoberflächen (Stand: 12.06.2023, zuletzt besucht am: 21.07.2023).

254 Siehe hierzu genauer Beschreibung des Unternehmens ArcTron3D, https://www.arctron.de/dienstleistungen/airborne-laserscanning/ (Stand: 21.07.2023, zuletzt besucht am: 21.07.2023).

255 Vgl. https://de.wikipedia.org/wiki/Airborne_Laserscanning#Analysen_von_Gebäudeoberflächen (Stand: 12.06.2023, zuletzt besucht am: 21.07.2023).

256 Schricker/Loewenheim/*Loewenheim/Leistner,* UrhR, § 2 Rn. 212; Schricker/Loewenheim/*Vogel,* UrhR, § 72 Rn. 34; so auch *Katzenberger,* GRUR Int. 1989, 116 (118); *Erdmann,* FS Bornkamm, 2014, S. 761 (766).

Vorfeld entscheide. Sofern er auf diese Weise die automatisierte Kamera konditioniere und folglich zur Herstellung des Lichtbildes beitrage, sei er zugleich als Lichtbildner der Aufnahme zu qualifizieren.[257] Aus diesem Grund genüge die Flugplanung, Navigation sowie Steuerung des Flugzeuges für das Vorliegen gewisser handwerklich-technischer Fähigkeiten.[258] Im Gegensatz zu Satellitenbildern und sonstigen Aufnahmen mit Reihenmesskameras trägt der Pilot bei Aufnahmen mittels Airborne Laserscanning allerdings nur unwesentlich zur Herstellung der Aufnahme bei, da er überwiegend den technischen Anweisungen seines Flugmanagement-Systems zu folgen hat. Diese geben ihm den erforderlichen Abstand zum Objekt vor, wobei hinsichtlich des Blickwinkels und des Bildausschnitts kein Entscheidungsspielraum besteht. Im Ergebnis bestimmt das Airborne Laserscanning-System daher über die Aufnahme, wohingegen der Pilot primär die Befehle ausführt und die Steuerung des Flugobjektes übernimmt. Somit entscheidet nicht der Pilot über die Aufnahmevoraussetzungen, sondern primär das Computersystem. Ein Lichtbildschutz ist demnach mangels vorbereitender Tätigkeiten durch den Piloten abzulehnen.

Darüber hinaus ist ein Schutz selbst dann zu versagen, wenn die für die Aufnahme vorbereitenden Handlungen unberücksichtigt blieben und stattdessen ausschließlich auf die automatisch angefertigten Satellitenbilder abgestellt würde, die in festgelegten Zeitabschnitten automatisch hergestellt werden.[259] Wie zuvor dargestellt, werden die Aufnahmen mithilfe von Laserimpulsen und deren Auswertung mittels einer Software hergestellt, welche die Rohdaten automatisch ausliest. Dieser Vorgang erfolgt vollautomatisiert ohne einen Beitrag des Piloten, der lediglich die Steuerung des Flugobjektes übernimmt. Die Steuerung des Flugobjektes als vorbereitende Handlung steht indes nicht in unmittelbarem Zusammenhang zum Aufnahmeergebnis und ist für sich genommen nicht ausreichend für die Annahme eines Leistungsschutzes.

Daher liegt nach beiden Ansichten kein Mindestmaß an persönlicher geistiger Leistung vor, sodass das Airborne Laserscanning nicht vom Schutzbereich des § 72 UrhG erfasst wird. Da bereits der Leistungsschutz zu versagen ist, ist erst recht auch ein urheberrechtlicher Schutz als Lichtbildwerk gem. § 2 Abs. 1 Nr. 5 UrhG abzulehnen. Eine Aufnahme von Baukunstwerken mithilfe des Airborne-Laserscan-Verfahrens ist mithin nicht urheberrechtlich schutzfähig und kann somit nicht als eigenständiges Kunstwerk bewertet werden. Daher

---

257 Vgl. Schricker/Loewenheim/*Vogel*, UrhR, § 72 Rn. 34.

258 Schricker/Loewenheim/*Vogel*, UrhR, § 72 Rn. 27.

259 *Schack*, Urheber- und Urhebervertragsrecht, S. 382 Rn. 723.

werden diese technisch reproduzierten Abbildungen aufgrund ihrer fehlenden Eigenschaft als Kunstwerk im Rahmen dieser Arbeit nicht weiter betrachtet.

b. Terrestrisches Laserscanning

Dies ist ein stationäres und bildgebendes 3D-Verfahren, bei dem geometrische Informationen über das aufzunehmende Objekt mithilfe laserbasierter Streckenmessungen in automatisierter Abfolge erfasst werden.[260] Aufgrund der besonderen Genauigkeit dieses Scan-Verfahrens ist diese Technik auch für Reproduktionsaufnahmen geeignet.[261] Indem der Scanner mit einer handelsüblichen Digitalkamera ausgestattet wird, werden Farbinformationen des jeweiligen Objektes mitaufgenommen, um die Aufnahme schließlich einfärben und texturieren zu können.[262] Neben Google-Streetview-Aufnahmen (sogenanntes „Mobile Mapping")[263] werden mittels dieser Technik auch Bauwerke wie Denkmäler, Gebäude sowie archäologische Befunde aufgenommen.[264] Anders als beim Airborne Laserscanning erfordert die Aufnahme beim terrestrischen Laserscanning einige Vorüberlegungen bzw. manuelle Voreinstellungen.[265] So muss der Aufnehmende vor dem Beginn des Scanvorgangs zunächst den geeigneten Laserscanner auswählen und anschließend die geeigneten Stand- bzw. Referenzpunkte bestimmen. Die technische Komplexität zeigt sich auch in dem weitreichenden Angebot an Schulungen und Seminaren sowie diversen Literaturangeboten in Bezug auf die Anwendung von terrestrischen Laserscannern.[266]

---

260 Siehe Artikel zum terrestrischen Laserscanning, https://de.wikipedia.org/wiki/Terrestrisches_Laserscanning#cite_note-Lerma-5 (Stand: 12.03.2022, zuletzt besucht am: 21.07.2023).

261 Vgl. *Kutterer/Pfaffenholz/Vennegeerts*, Zfv 2009, 79 (79), wonach sich Punktgenauigkeiten von bis zu 1mm erreichen lassen.

262 *Kern*, Terrestrisches Laserscanning kurz & bündig, S. 3, http://docplayer.org/10393891-Terrestrisches-laserscanning-kurz-buendig-prof-dr-ing-fredie-kern-maerz-2007.html (Stand: März 2007, zuletzt besucht am: 21.07.2023).

263 *Kutterer/Pfaffenholz/Vennegeerts*, Zfv 2009, 79 (85).

264 Hierdurch können z.B. archäologische Befunde dokumentiert und analysiert werden.

265 Siehe hierzu im Detail *Zogg*, Terrestrisches Laserscanning – Ein allgemeiner Überblick über Messmethoden und Einsatzmöglichkeiten in der Geomatik, https://docplayer.org/24527227-Terrestrisches-laserscanning-ein-allgemeiner-ueberblick-ueber-messmethoden-und-einsatzmoeglichkeiten-in-der-geomatik-hans-martin-zogg-eth-zuerich.html, (Stand: 25. Oktober 2017, zuletzt besucht am: 21.07.2023).

266 So bspw. von Leica Geosystems angeboten, vgl. http://www.laserscanning-europe.com/sites/default/files/Leica/ScanStation_C10_Broschuere_de.pdf (Stand: 2009, zuletzt besucht am: 17.07.2023).

Der terrestrische Laserscanner kann daher nicht lediglich frei aufgestellt und anschließend ein Auslöseknopf gedrückt werden, welcher den Scanvorgang in Gang setzt. Zudem werden die Aufnahmebedingungen nicht durch ein Computerprogramm festgelegt, sondern müssen vom Aufnehmenden händisch bestimmt werden. Insofern erfordert diese Scanmethode die Überwindung fotografisch-technischer Problemstellungen und verlangt mithin gewisse handwerkliche Fähigkeiten. Es ist daher ein Mindestmaß persönlicher geistiger Leistung anzunehmen, sodass die Aufnahmen mithilfe des terrestrischen Laserscanning im Einzelfall als Lichtbild gem. § 72 UrhG geschützt sind.

Zur darüber hinausgehenden Annahme eines urheberrechtlichen Lichtbildwerks müsste eine hinreichende Individualität und eine gewisse Schöpfungshöhe erreicht werden. Bei diesen Aufnahmen sind individuelle Einflussmöglichkeiten hinsichtlich des Bildaufbaus oder des Bildausschnitts, durch das Spiel mit Licht- und Schattenkontrasten, Schärfe und Unschärfe oder durch die Auswahl des Aufnahmeortes nicht gegeben. Insofern fehlt den Aufnahmen eine individuelle, künstlerische Aussage, sodass sie die Voraussetzungen eines urheberrechtlichen Lichtbildwerkes nicht erfüllen und mithin nicht als Kunstwerk zu qualifizieren sind. Daher wird auch die technische Reproduktion in Form des terrestrischen Laserscanning im Rahmen dieser Arbeit nicht weiter betrachtet, da die mithilfe dieses Verfahrens hergestellten Aufnahmen kein urheberrechtliches Werk und mithin kein Kunstwerk darstellen.

C. Reproduktionen gemeinfreier Werke

Ob ein Schutz von sowohl fotografischen als auch technischen Reproduktionsaufnahmen bereits gemeinfrei gewordener und mithin der Allgemeinheit grundsätzlich frei verfügbarer Baukunstwerke bestehen kann, ist näher zu betrachten.

Die in diesem Zusammenhang diskutierte teleologische Reduktion des § 72 UrhG bei einfachen Lichtbildern ist im Rahmen dieser Arbeit unberücksichtigt zu lassen,[267] da nur solche Reproduktionen untersucht werden, die ihrerseits ein urheberrechtliches Lichtbildwerk i.S.d. § 2 UrhG und somit ein

267 Hiergegen OLG Stuttgart, Urt. v. 31.05.2017, 4 U 204/16, GRUR 2017, 905 (908) im Hinblick auf eine teleologische Reduktion des § 72 UrhG; zur faktischen Schutzrechtsverlängerung da es sich bei dem Ausgangswerk und der Reproduktion um denselben Verwertungsgegenstand handle, vgl. *Stang,* Das urheberrechtliche Werk nach Ablauf der Schutzfrist, S. 166 f., 173 ff., 183 f.; *Stang,* ZGE 2009, 167 (212 ff., 218); vgl. hierzu auch *Nordemann,* GRUR 1987, 15 (15 ff.); *Lutzi,* GRUR 2017, 878 (880); BT-Drucks. IV/270, 88 f.

eigenständiges Kunstwerk verkörpern. Aber auch eine Übertragung der hierzu vorgebrachten Argumentation hinsichtlich einer Beschränkung des Schutzes auch auf urheberrechtliche Werke ist abzulehnen. Schließlich würde dies die Honorierung der schöpferischen Leistung des Künstlers in nicht vertretbarer Weise vollständig aushebeln. Zudem grenzt sich die Reproduktion – sofern sie ein Kunstwerk darstellt – bereits hinreichend durch individuelle, künstlerische Elemente von dem reproduzierten Werk ab, sodass kein identischer Verwertungsgegenstand zugrunde liegt.[268] Da bei der Reproduktionsfotografie dreidimensionaler Baukunstwerke aufgrund der unterschiedlichen Dimensionen des Urwerkes und der Reproduktion nicht der gleiche Verwertungsgegenstand zugrunde liegt, entsteht zudem keine Verwechslungsgefahr.[269] Auch sind bei Reproduktionen dreidimensionaler Baukunstwerke keine fraudulösen Verhaltensweisen denkbar, bei denen eine faktische Verhinderung der Gemeinfreiheit bewusst ausgenutzt würde und aus diesem Grund ein urheberrechtlicher Schutz zu versagen wäre.[270] Denkbar ist allenfalls eine Übertragung dieses Gedankens im Hinblick auf die eigenständig urheberrechtlich geschützten Entwürfe, Zeichnungen und Pläne des Architekten in Bezug auf den Entwurf des Baukunstwerks.[271] Im Ergebnis stellt die Reproduktionsaufnahme ein von der Vorlage differenziert zu betrachtendes, eigenes schützenswertes Gut dar, das folglich individuell zu schützen ist.

Indes ist zu klären, ob ein Urheberrechtsschutz bzw. Leistungsschutzrecht bei Abbildungen ausschließlich gemeinfreier Werke auch bei einer Berücksichtigung der mit der Urheberrechtsnovelle im Juni 2021 neu eingeführten Norm

---

268 OLG Stuttgart, Urt. v. 31.05.2017, 4 U 204/16, GRUR 2017, 905 (908); vgl. *Stang*, Das urheberrechtliche Werk nach Ablauf der Schutzfrist, S. 166 f., 173 ff., 183 f.; *Stang*, ZGE 2009, 167 (212 ff., 218); vgl. hierzu auch *Nordemann*, GRUR 1987, 15 (15 ff.); *Lutzi*, GRUR 2017, 878 (880); BT-Drucks. IV/270, 88 f.

269 Ähnlich auch die Argumentation des OLG Stuttgart, Urt. v. 31.05.2017, 4 U 204/16, GRUR 2017, 905 (908) Rn. 81 f., wonach sogar ein Leistungsschutz für die Reproduktionsfotografie eines gemeinfreien Gemäldes angenommen wurde – abgesehen davon, ob Gemälde als drei- oder zweidimensionale Werke anzusehen sind, sogar für Reproduktionsaufnahme zweidimensionaler Vorlagen.

270 Denkbar wäre dies allenfalls bei Notenexemplaren, die von Verlegern an die Veranstalter als reversgebundenes Leihmaterial herausgegeben werden und von denen keine Kopien angefertigt werden dürfen, um sie anschließend nach der Aufführung an den Verleger wieder herauszugeben, vgl. Fromm/Nordemann/*J.B. Nordemann*, UrhR, Vor §§ 31 ff. Rn. 352.

271 Da Gegenstand dieser Arbeit das Baukunstwerk selbst ist und mithin nicht die für die Erstellung vorbereitenden Pläne, ist dies hier nicht näher auszuführen.

des § 68 UrhG weiterhin angenommen werden kann. § 68 UrhG setzt Art. 14 der Richtlinie (EU) 2019/790 des Europäischen Parlaments und des Rates vom 17. April 2019 über das Urheberrecht und die verwandten Schutzrechte im digitalen Binnenmarkt und zur Änderung der Richtlinien 96/9/EG und 2001/29/EG (DSM-RiLi) um. Die Vorschrift des § 68 UrhG regelt, dass Abbildungen gemeinfreier visueller Werke nicht durch verwandte Schutzrechte nach den Teilen 2 und 3 des UrhG geschützt werden. Der Wortlaut der Vorschrift bezieht sich daher ausschließlich auf die verwandten Schutzrechte, insbesondere auf Lichtbilder des Teils 2 des UrhG sowie auf Laufbilder des Teils 3 des UrhG. Sinn und Zweck dieser Regelung besteht insbesondere darin, die Verbreitung von Reproduktionen gemeinfreier Werke auch über das Internet zu erleichtern und somit den Zugang der Allgemeinheit zum kulturellen Erbe sowie zur Kultur zu fördern, wie es sich zusätzlich aus dem Erwägungsgrund (EG) 53 der DSM-RiLi ergibt.[272] Damit wird die Schutzdauer des Leistungsschutzrechtes an einer Reproduktion an die Schutzdauer des vervielfältigten Urwerkes geknüpft, soweit das Urwerk selbst urheberrechtlichen Schutz genießt.[273] Dies gilt darüber hinaus entsprechend des Art. 26 DSM-RiLi nicht erst für nach dem 07.06.2021 angefertigte Abbildungen mit der Umsetzung der Regelung in nationales Recht, sondern ist darüber hinaus auf Bestandsfälle anzuwenden.[274] Sofern der Schutz des Urwerkes somit am 07.06.2021 bereits erloschen ist, so erlischt auch das Leistungsschutzrecht an der Abbildung des Urwerkes entweder direkt oder später mit dem Erlöschen des Schutzes am Urwerk. Grundsätzlich ausgenommen von der Regelung sind daher Reproduktionen oder sonstige Abbildungen, die eine Werkseigenschaft i.S.d. § 2 UrhG aufweisen und mithin als urheberrechtliches Werk Schutz genießen. Dies könnte indes dem von Art. 14 DSM-RiLi bezweckten Regelungsgehalt entgegenstehen. Schließlich besagt dieser, dass Abbildungen gemeinfreier Werke weder urheberrechtlich noch durch verwandte Schutzrechte geschützt sind. Somit könnte ausdrücklich auch ein urheberrechtlicher Schutz bei Abbildungen gemeinfreier Werke ausgenommen

272 *Wandtke*, NJW 2019, 1841 (1844); Gesetzentwurf der Bundesregierung: Entwurf eines Gesetzes zur Anpassung des Urheberrechts an die Erfordernisse des digitalen Binnenmarktes vom 03.02.2021, S. 120.

273 Vgl. Gesetzentwurf der Bundesregierung: Entwurf eines Gesetzes zur Anpassung des Urheberrechts an die Erfordernisse des digitalen Binnenmarktes vom 03.02.2021, S. 57, 120.

274 Vgl. Gesetzentwurf der Bundesregierung: Entwurf eines Gesetzes zur Anpassung des Urheberrechts an die Erfordernisse des digitalen Binnenmarktes vom 03.02.2021, S. 120.

sein. Andererseits führt Art. 14 letzter Halbsatz DSM-RiLi weiter aus, dass der Ausschluss nicht gelten solle, sofern die Abbildung eine eigene geistige Schöpfung darstellt. Unklar ist daher, weshalb bzw. inwieweit ein urheberrechtlicher Schutz von Art. 14 DSM-RiLi ausdrücklich ausgenommen werden könnte. In Betracht käme eine differenzierte Betrachtung zwischen reproduzierten Lichtbildwerken und sog. schöpferischen Lichtbildwerken, also solchen, die keine originalgetreue Reproduktion darstellen.[275] Schließlich ist bei Reproduktionen dreidimensionaler Vorlagen ein urheberrechtliches Werk denkbar, sodass die Differenzierung in der Praxis relevant werden kann. Dies ließe sich auch aus der FAQ-Liste des BMJV ableiten, wonach der Schutz für Abbildungen von u.a. gemeinfreien Skulpturen entfallen soll.[276] Allerdings beschränken sich die Ausführungen in den FAQ auch im Zusammenhang mit dem Schutz reproduzierter Skulpturen ausschließlich auf das Entfallen der Leistungsschutzrechte. Ein Ausschluss der Urheberrechte wird in diesem Zusammenhang nicht ausdrücklich benannt. Eine Differenzierung zwischen reproduzierten Lichtbildwerken sowie schöpferischen Lichtbildwerken ist daher abzulehnen. Stattdessen ist Art. 14 DSM-RiLi so aufzufassen, dass gleichzeitig mit dem Erlöschen von Leistungsschutzrechten auch die Anwendung der urheberrechtlichen Vorschriften auf die Leistungsschutzrechte entfallen soll, so wie es u.a. § 72 Abs. 1 UrhG für Lichtbilder vorsieht. Die Ausnahme hinsichtlich eines urheberrechtlichen Schutzes hat mithin nur eine klarstellende Funktion. Daher ist Art. 14 DSM-RiLi so aufzufassen, dass weiterhin Reproduktionen gemeinfreier Werke schützenswert bleiben, sofern die Abbildung ein urheberrechtliches Werk verkörpert. Die Vorschrift des § 68 UrhG entspricht mithin auch dem Regelungsgehalt des Art. 14 DSM-RiLi. Hierfür sprechen auch die bereits

275 *Petri,* Kunsthistorische Publikationen und Bildrechte zwischen dem BGH-Urteil zu Museumsfotos (2018) und der Umsetzung der Richtlinie (EU) 2019/790 – Alte Probleme, neue Entwicklungen, S. 77, https://books.ub.uni-heidelberg.de/arthistoricum/catalog/view/663/1422/93048 (Stand: 18.05.2021, zuletzt besucht am: 21.07.2023).

276 Vgl. FAQ zum Referentenentwurf zur Anpassung des Urheberrechts an die Erfordernisse des digitalen Binnenmarkts, S. 14, https://www.bmj.de/SharedDocs/Downloads/DE/Gesetzgebung/RefE/RefE_Urheberrecht_FAQ.pdf?__blob=publicationFile&v=3 (Stand: 13.10.2020, zuletzt besucht am: 18.05.2021); *Petri,* Kunsthistorische Publikationen und Bildrechte zwischen dem BGH-Urteil zu Museumsfotos (2018) und der Umsetzung der Richtlinie (EU) 2019/790 – Alte Probleme, neue Entwicklungen, S. 77, https://books.ub.uni-heidelberg.de/arthistoricum/reader/download/663/663-17-93071-1-10-20210326.pdf (Stand: 18.05.2021, zuletzt besucht am: 21.07.2023).

zuvor angeführten Argumente, insbesondere hinsichtlich der unterschiedlichen Verwertungsgegenstände und fehlender Verwechslungsgefahren. Sofern Abbildungen eines gemeinfreien Werkes lediglich einen Leistungsschutz erreichen, entfällt folglich gem. § 68 UrhG ebenfalls nur das Leistungsschutzrecht an der Abbildung, wohingegen der Schutz des urheberrechtlichen Werkes i.S.d. § 2 Nr. 5 bzw. Nr. 6 UrhG unberührt bleibt.[277] Auf den urheberrechtlichen Schutz des Abbildungskünstlers hat die neue Regelung des § 68 UrhG folglich keinerlei Auswirkungen.

D. Zusammenfassung

Fotografische Reproduktionsaufnahmen dreidimensionaler Baukunstwerke genießen im Einzelfall und abhängig von der Art der Reproduktion einen urheberrechtlichen Schutz und verkörpern mithin ein Kunstwerk. Erforderlich hierfür ist, dass die Abbildung eine künstlerische Aussage enthält, sich von gefälligen Abbildungen abhebt und eine gewisse Stimmung erzeugt. Dabei sind sowohl der Blickwinkel, die Gestaltung und die Wahl der Entwicklungstechnik und auch die Wahl eines bestimmten Fotopapiers zu berücksichtigen. Bei technischen Reproduktionen ist die Möglichkeit der Erschaffung eines Kunstwerkes insgesamt abzulehnen. Die Reproduktion gemeinfreier Kunstwerke wird trotz des neuen § 68 UrhG weiterhin urheberrechtlich geschützt, sofern die Reproduktion ein urheberrechtliches Werk verkörpert und nicht lediglich unter das Leistungsschutzrecht fällt, da sich § 68 UrhG ausschließlich auf die Leistungsschutzrechte bezieht und den Schutz urheberrechtlicher Werke unberührt lässt.

3. Filmaufnahmen

Ob filmische Aufnahmen urheberrechtlichen Schutz gem. § 2 Abs. 1 Nr. 6 UrhG oder lediglich leistungsschutzrechtlichen Schutz gem. § 95 UrhG als Laufbild genießen, hängt ebenfalls davon ab, ob die Filmaufnahme im Sinne einer persönlichen geistigen Schöpfung eine bestimmte Aussage oder einen gewissen künstlerischen Ausdruck vermittelt.[278] Im Gegensatz zu filmischen Aufnahmen zweidimensionaler Kunstwerke besteht bei der Aufnahme dreidimensionaler Baukunstwerke entsprechend den Reproduktionsfotografien zumindest die Möglichkeit, eine individuelle schöpferische Note im Wege der Lichtgestaltung, des Bildausschnitts oder sonstiger gestalterischer Elemente einzubauen.

---

277 Vgl. auch *Ohly*, ZUM 2021, 745 (749).

278 Vgl. *Schulze*, GRUR 1994, 855 (858).

Rein nüchterne, nahezu dokumentar-filmische Aufnahmen werden hingegen nicht als Filmwerk, sondern allenfalls als Laufbilder gem. § 95 UrhG geschützt. Allerdings besteht in dieser Konstellation die Möglichkeit, die einzelnen Lichtbilder als Lichtbildwerk zu qualifizieren und somit urheberrechtlich zu schützen, da die einzelnen Lichtbilder unabhängig von der Bewertung des gesamten Filmes zu betrachten sind.[279] Im Ergebnis können filmische Aufnahmen dreidimensionaler Baukunstwerke daher aufgrund des sich ergebenden Gestaltungsspielraums und der Möglichkeit des Ausdrucks an Individualität und Kreativität urheberrechtliche Werke verkörpern, sodass der vollständige Film als Filmwerk gem. § 2 Abs. 1 Nr. 6 UrhG und ein Einzelbild als Lichtbildwerk gem. § 2 Abs. 1 Nr. 5 UrhG geschützt werden können und somit als Kunstwerk anzusehen sind, auch wenn der vollständige Film bei einem einzelnen Lichtbildwerk lediglich als Laufbild gem. § 95 UrhG bewertet würde.

4. Weitere Abbildungen

Abschließend sollen weitere Ab- bzw. Nachbildungen sowie deren urheberrechtliche Schutzmöglichkeiten und gleichzeitige Qualifizierung als Kunstwerk betrachtet werden. Zu benennen sind Zeichnungen, Malereien oder auch der Nachbau entweder im Originalformat als sogenannte „skulpturale Architektur" oder stark verkleinert in Form bspw. einer Art Skulptur oder Plastik als sogenannte „architektonische Skulptur bzw. Plastik". Urheberrechtlicher Schutz nach § 2 Abs. 1 Nr. 4 UrhG erfordert ebenfalls das Vorliegen einer eigenen, schöpferischen Leistung, unabhängig davon, ob es sich um eine detailgetreue Reproduktion oder um ein entfremdetes bzw. abstraktes Abbild handelt. Eine detailgetreue Nachbildung eines Baukunstwerkes kommt dabei nur in Form der Schaffung einer skulpturalen Architektur in Betracht. In dieser Konstellation wird ein urheberrechtlicher Schutz im Einklang mit der Apfel-Madonna-Entscheidung mangels einer eigenen schöpferischen Leistung abzulehnen sein,

---

279 BGH, Urt. v. 06.02.2014, I ZR 86/12, GRUR 2014, 363 (365); Dreier/Schulze/*Schulze, UrhG*, § 72 Rn. 5; Dreier/Schulze/*Schulze*, UrhG, § 2 Rn. 197; *Hertin*, UFITA 118/1992, 57 (82 f.), wobei die Einordnung des Gesamtfilmes eine gewisse Tendenz auch für die Beurteilung des Filmeinzelbildes vorgebe – sofern dem Filmeinzelbild die Werksqualität fehlt, so komme wiederum ein leistungsrechtlicher Schutz gem. § 72 UrhG in Betracht; hiergegen noch die Begründung zum Regierungsentwurf BT-Drucks. IV/270, S. 101 zu § 101, wonach die Filmeinzelbilder selbst bei Filmwerken nur Lichtbilder darstellen könnten, da die Einzelbilder vielmehr ein „Zufallsprodukt" der primär fokussierten Bildfolge als Ganzes darstellten.

da kein Werk aus einer eigenen Vorstellung erschaffen wird, sondern eine bereits vorhandene Schöpfung eines Dritten wiederholt wird und daher ausschließlich handwerkliche Fähigkeiten erforderlich sind.[280] Sofern für den Nachbau eines Baukunstwerks hingegen nicht nur „gewisse" handwerkliche Fähigkeiten erforderlich sind – wie bei dem bloßen Abguss einer Plastik –, sondern zusätzlich erhebliche handwerkliche Fähigkeiten vorausgesetzt werden, so verlangt der urheberrechtliche Schutz darüber hinaus eine gewisse Andersartigkeit im Vergleich zu den bereits bestehenden Werken, die bei einem direkten Nachbau zu versagen ist.[281] Ein Leistungsschutzrecht ist ebenfalls nicht vorgesehen, sodass der Nachbau keinen urheberrechtlichen Schutz genießt.

Anders ist dies bei der Erstellung einer architektonischen Skulptur bzw. Plastik zu bewerten, da bereits durch die Wahl der Materialien wie etwa Holz oder Stein der Charakter des ursprünglichen Baukunstwerkes verändert und somit eine eigene, persönliche Schöpfung zum Ausdruck gebracht wird, die in dieser Form noch nicht existierte und mithin Andersartigkeit aufweist. Urheberrechtlicher Schutz nach § 2 Abs. 1 Nr. 4 UrhG ist daher grundsätzlich möglich. Dasselbe hat auch für Abbildungen eines Baukunstwerkes in Form der Malerei oder Zeichnung zu gelten, da der Abbildungskünstler ebenfalls ein andersartiges, neues Werk erschafft, durch welches er seine eigene, persönliche schöpferische Leistung zum Ausdruck bringt.[282] In Anlehnung an fotografische Reproduktionen dreidimensionaler Vorlagen als urheberrechtliches Werk hat dies erst recht für Abbildungen durch Malerei oder durch Zeichnungen zu gelten. Insgesamt ist ein urheberrechtlicher Schutz daher ausschließlich bei einer identischen Nachbildung in Form einer skulpturalen Architektur abzulehnen.

280 Vgl. BGH, Urt. v. 13.10.1965, Ib ZR 111/63, GRUR 1966, 503 (505), wobei die Reproduktion einer Nachbildung der „Apfel-Madonna" als Plastik in Form eines Abgusses erfolgte, bei der erst recht kein Ausdruck eigenpersönlicher Schöpferkraft angenommen werden kann, auch nicht, wenn gewisse handwerkliche Fertigkeiten für den Abguss oder auch für das Nachschnitzen einer Skulptur erforderlich sind.

281 Vgl. Dreier/Schulze/*Schulze,* UrhG, § 2 Rn. 17.

282 Anders wäre dies wohl bei der Reproduktion zweidimensionaler Werke wie der eines Gemäldes durch Malerei oder der Reproduktion einer Skulptur zu beurteilen, da es hier – anlehnend an die Apfel-Madonna-Entscheidung – wiederum an einer eigenen schöpferischen Leistung fehlt und kein Werk aus eigener Vorstellung erschaffen wird, vgl. BGH, Urt. v. 13.10.1965, Ib ZR 111/63, GRUR 1966, 503 (505). Da der Fokus dieser Arbeit auf dreidimensionalen (Baukunst-)Werken liegt, ist hierauf an dieser Stelle nicht näher einzugehen.

Im Übrigen genießen die weiteren Abbildungen urheberrechtlichen Schutz und sind ebenfalls als Kunstwerk zu qualifizieren.

II. Verwertung künstlerischer Abbildungen

Vorstehend konnte herausgearbeitet werden, dass Abbildungen von Baukunstwerken urheberrechtlich bzw. auch leistungsschutzrechtlich geschützt werden können. Abbildungen in Form der Fotografie, Reproduktionsfotografie, Film, Malerei und Skulptur können eine Werksqualität i.S.d. § 2 Abs. 1 UrhG aufweisen, sodass eine Verwertung dieser Kunstwerke nach den §§ 15 ff. UrhG grundsätzlich möglich ist. So stellt bspw. die Digitalisierung oder das Hochladen von Abbildungen in öffentliche Datenbanken des Internets, wie u.a. in Europeana oder Wikimedia Commons, eine grundsätzlich zulässige und rechtlich geschützte Verwertung in Form der Vervielfältigung i.S.d. § 16 UrhG bzw. des spezielleren § 19a UrhG dar.[283] Hingegen fehlt es andererseits beim Hochladen der Abbildung in ausschließlich interne – bspw. museumsinterne – Datenbanken zum Zwecke der Archivierung an einer öffentlichen Zugänglichmachung i.S.d. § 19a UrhG, sofern die Datenbanken nur einem ausgewählten, kleinen, internen und abgrenzbaren Kreis der Museumsmitarbeiter zugänglich gemacht werden.[284] Werden die Abbildungen hingegen veräußert, verkauft, verschenkt, verteilt, versendet oder auf andere Weise weggegeben und ändern sich hierdurch die Eigentumsverhältnisse an der Abbildung, so liegt eine Verbreitung

283 Vgl. BGH, Urt. v. 18.05.1955, I ZR 8/54, GRUR 1955, 492 (494); Fromm/Nordemann/*Dustmann*, UrhG, § 16 Rn. 12 ff., Rn. 26, wobei schon das bloße Speichern auf einem Datenträger wie dem Server oder der Festplatte eine Vervielfältigung darstellt, genauso wie das bloße Ausdrucken; Fromm/Nordemann/*Dustmann/Engels*, § 19a Rn. 38; Wandtke/Bullinger/*Heerma*, UrhR, § 17 Rn. 12, 13.

284 Vgl. Wandtke/Bullinger/*Bullinger*, UrhR, § 19a Rn. 6; Fromm/Nordemann/*Dustmann*, UrhG, § 19a Rn. 12, 16, wobei das in § 15 Abs. 3 S. 2 UrhG festgelegte Kriterium der persönlichen Verbundenheit aufgrund seiner weitgehenden unionsrechtlichen Harmonisierung und Prägung durch den EuGH nicht mehr per se gegen die Annahme einer öffentlichen Zugänglichmachung als Voraussetzung der öffentlichen Zugänglichmachung anzuführen ist und stattdessen die aus der Rechtsprechung des EuGH entwickelten Voraussetzungen wegweisend sind, wie bspw. ein neues Publikum sowie ein zahlenmäßig recht großer und unbestimmter Personenkreis – inwiefern dann die Bereitstellung in unternehmens- oder verbandsinternen Netzwerken (Intranet) zu bewerten ist, müsste daher neu ausgelegt werden anhand der EuGH-Rechtsprechung.

i.S.d. § 17 UrhG vor.[285] Das Anbieten der Abbildungen in Ausstellungen, Katalogen oder Prospekten ist ebenfalls als Verbreitung urheberrechtlich geschützt.[286] Bei filmischen Aufnahmen wird sowohl die Verwertung der Einzelbilder durch Fotos sowie die Verwertung der Einzelbilder durch den Film geschützt, da jede urheberrechtliche Nutzung der Bildfolge immer auch eine urheberrechtliche Nutzung der einzelnen Bilder umfasst.[287] Dies zeigt, dass der Abbildungskünstler die angefertigten, künstlerischen Abbildungen grundsätzlich auch urheberrechtlich kommerziell oder nicht-kommerziell verwerten kann.

§ 3 Ergebnis

Der Abbildungskünstler genießt im Einzelfall bezüglich der Anfertigung einer Abbildung von Baukunstwerken sowie ihrer Verwertung rechtlichen Schutz. Dies gilt unabhängig davon, ob die Baukunstwerke im Eigentum eines Dritten wie bspw. eines Museums stehen. Die Abbildungen können ein eigenes Kunstwerk darstellen und somit urheberrechtlich als auch verfassungsrechtlich geschützt werden.

In verfassungsrechtlicher Hinsicht werden die Abbildungen als Kunstwerke sowohl von der Kunstfreiheit, der Eigentumsfreiheit sowie im Einzelfall durch die Berufsfreiheit geschützt. Die Kunstfreiheit verdrängt im Wege der Spezialität die Grundrechte der Eigentums- und Berufsfreiheit. Über den Werkbereich schützt die Kunstfreiheit die Anfertigung eines Kunstwerkes und über den Wirkbereich die öffentliche Verbreitung, Darbietung und sowohl die nicht-kommerzielle Verwertung als auch die kommerzielle Verwertung des Kunstwerkes als essenziellen Teil der Kunstfreiheit.

Abbildungen genießen zudem als Kunstwerke urheberrechtlichen Schutz, sofern sie ein urheberrechtliches Werk gem. § 2 UrhG darstellen. Bei Fotografien kommt es dabei primär auf die Wahl des Motivs, des Bildausschnitts oder die Perspektive, die Verteilung von Licht und Schatten, Kontrastgebung, Bildschärfe oder die Wahl des richtigen Moments bei der Aufnahme an. Bei

---

285 BGH, Urt. v. 22.01.2009, I ZR 247/03, GRUR 2009, 840 (841); Wandtke/Bullinger/*Heerma,* UrhR, § 17 Rn. 1, wobei der Verbreitung immer eine solche an die Öffentlichkeit immanent sein muss, sodass eine bloße private Verbreitung des Werkes nicht ausreicht; Fromm/Nordemann/*Dustmann,* UrhG, § 17 Rn. 14 ff.

286 BGH, Urt. v. 22.01.2009, I ZR 247/03, GRUR 2009, 840 (841); Fromm/Nordemann/*Dustmann,* UrhG, § 17 Rn. 14, 16.

287 BGH, Urt. v. 06.02.2014, I ZR 86/12, GRUR 2014, 363 (365); Hasselblatt/*Nordemann/Czychowski,* MAH Gewerblicher Rechtsschutz, § 40 Rn. 335 ff.

bloßen Schnappschüssen ist die Werksqualität daher zu versagen. Zudem verkörpern fotografische Reproduktionsaufnahmen dreidimensionaler Vorlagen ein Kunstwerk, da bei ihnen ein größerer Gestaltungsspielraum besteht als bei der Reproduktion zweidimensionaler Vorlagen. Bei technischen Reproduktionen fehlt es hingegen an einer urheberrechtlichen Werkseigenschaft, sodass im Einzelfall allenfalls als Lichtbild ein Leistungsschutz gem. § 72 UrhG in Betracht kommt. Auch filmische Aufnahmen dreidimensionaler Kunstwerke sind aufgrund des bestehenden Gestaltungsspielraums und der Möglichkeit des Ausdrucks an Individualität und Kreativität als urheberrechtliches Werk zu bewerten, genauso wie das filmische Einzelbild. Auch Abbildungen in Form der Malerei, der Zeichnung oder des Nachbaus in Form von Plastiken und Skulpturen können ein urheberrechtliches Werk und mithin ein Kunstwerk darstellen, wohingegen der originalgetreue Nachbau eines Baukunstwerkes mangels einer eigenen schöpferischen Leistung weder urheberrechtlichen noch leistungsschutzrechtlichen Schutz genießt. Sofern ein urheberrechtlicher Schutz der Abbildungen anzunehmen ist, so stehen dem Abbildungskünstler grundsätzlich auch entsprechende kommerzielle und nicht-kommerzielle Verwertungsrechte nach dem Urheberrechtsgesetz zu. Der seit dem 06.07.2021 im Urheberrechtsgesetzt normierte § 68 UrhG steht den Rechten des Abbildungskünstlers an den Abbildungen gemeinfreier Werke nicht entgegen, sofern durch die Abbildungen ein urheberrechtliches Lichtbildwerk geschaffen wurde und nicht bloß ein Lichtbild. Die Vorschrift des § 68 UrhG hindert lediglich die Entstehung von Leistungsschutzrechten an Abbildungen gemeinfreier Werke, lässt aber die Entstehung von Urheberrechten an einer Abbildung unberührt.

Der Abbildungskünstler wird folglich im Unterschied zu einem bloßen Abbildenden insbesondere rechtlich umfassend geschützt, sofern er mit der Abbildung ein eigenes Kunstwerk erschaffen hat. Diese ihm grundsätzlich zustehenden Rechte könnten nun mit den Eigentumsrechten des Baukunstwerkeigentümers des abgebildeten Baukunstwerkes kollidieren.

Kapitel 3: Eigentumsrechte des Baukunstwerkeigentümers hinsichtlich der Anfertigung und Verwertung von Abbildungen

In diesem Abschnitt ist herauszuarbeiten, ob zwischen den Rechten des Abbildungskünstlers und den Rechten des Eigentümers des abgebildeten Baukunstwerkes ein Konkurrenzverhältnis besteht. Um diesen Konflikt herauszuarbeiten und begründen zu können, ist eine tiefergehende dogmatische Prüfung des Eigentumsinhaltes i.S.d. § 903 S. 1 BGB erforderlich. Dabei ist zwischen den positiven und den negativen Befugnissen des Eigentümers zu differenzieren und insbesondere das Erfordernis der Eigentumseinwirkung näher zu betrachten. Dafür soll die bereits ergangene Rechtsprechung kritisch beleuchtet und das Verhältnis zwischen dem Eigentumsrecht und dem Urheberrecht an einem Werk betrachtet werden. Schließlich wird eine tiefergehende dogmatische Prüfung des Eigentumsinhaltes entbehrlich, sofern das Konkurrenzverhältnis im Hinblick auf die urheberrechtlichen Nutzungshandlungen – z.B. die Abbildung und Verwertung von Werken – bereits durch das Urheberrecht abschließend geregelt wird. Zunächst ist darzustellen, auf welche weiteren Kunstwerke sich das Eigentum an einem Baukunstwerk im Wege des gesetzlichen Eigentumserwerbs erstrecken kann, sodass sich der Baukunstwerkeigentümer aus seinen Eigentumsrechten auch gegen die Abbildung und Verwertung dieser Werke zur Wehr setzen könnte.

§ 1 Gesetzlicher Eigentumserwerb eines Museums an beweglichen Kunstwerken

Im Folgenden wird der gesetzliche[288] Eigentumserwerb des Eigentümers eines Baukunstwerkes an beweglichen Kunstwerken dargestellt, die in das Museum eingebracht wurden.[289] Besondere Bedeutung verdient dabei der gesetzliche Eigentumserwerb im Wege der Verbindung einer unbeweglichen Sache mit

288 Zum hingegen rechtsgeschäftlichen Erwerb von unrechtmäßig entzogenen Kulturgütern siehe insb. *Anton*, Zivilrecht – Guter Glaube im Internationalen Kunsthandel, S. 37 ff. Rn. 2 ff., der sich dort thematisch insbesondere mit beweglichen Kulturgütern auseinandersetzt.

289 Zu der Problematik, dass das Eigentum de lege lata insbesondere im Hinblick auf den Sachenrechts- und Eigentumserwerb keine speziellen Rechtsregeln für Kulturgüter vorsieht, obwohl tatsächlich rechtliche Gründe für eine Ungleichbehandlung

einer beweglichen Sache gem. §§ 946, 93, 94 BGB. Diese Prüfung ist relevant, um den gesetzlichen Eigentumserwerb eines Museums bspw. auch im Hinblick auf Skulpturen, Wandgemälde, Stuckarbeiten oder sonstige bewegliche Kunstwerke festzustellen, die in das Bauwerk des Museums eingebracht wurden. Schließlich könnten sich ggf. bestehende Eigentumsrechte an dem Grundstück des Museums bzw. dem darauf befindlichen Museumsgebäude konsequent auch auf die in das Museum eingebrachten beweglichen Kunstwerke erstrecken, sodass sich der Eigentümer des Museums ggf. aus seinen Eigentumsrechten an dem Museumsgebäude bzw. -grundstück auch gegen die Anfertigung und Verwertung von Abbildungen der eingebrachten beweglichen Kunstwerke zur Wehr setzen könnte.

Zunächst wird ein Grundstückseigentümer gem. § 946 i.V.m. §§ 93, 94 Abs. 1 S. 1, Abs. 2 BGB grundsätzlich zugleich Eigentümer des darauf errichteten Bauwerkes als wesentlicher und untrennbarer Bestandteil des Grundstücks. In der Regel sind somit der Grundstückseigentümer und der Eigentümer des auf dem Grundstück errichteten Bauwerkes identisch. Dies ist i.S.d. § 95 Abs. 1 S. 2 BGB anders zu beurteilen, sofern das auf dem Grundstück errichtete Bauwerk in Folge eines Nießbrauchrechtes, Erbbaurechtes oder einer Grunddienstbarkeit an dem Grundstück errichtet wurde. In diesen Fällen erstreckt sich das Eigentum an dem Grundstück nicht automatisch auch auf das auf dem Grundstück errichtete Bauwerk. Dies verdeutlicht, dass der Eigentümer des Grundstücks im Einzelfall von dem Eigentümer des darauf errichteten Bauwerkes personenverschieden sein kann.

Auch können bewegliche Sachen im Wege der untrennbaren und nicht nur vorübergehenden Verbindung zu einem wesentlichen Bestandteil gem. § 946 BGB i.V.m §§ 93, 94 Abs. 1 S. 1 BGB mit dem Bauwerk bzw. dem Grundstück eines Museums verbunden werden. Erforderlich hierfür ist, dass die bewegliche Sache entweder so untrennbar fest mit dem Museumsgebäude verbunden wird, dass sie sich weder gem. § 93 BGB ohne Zerstörung oder Beschädigung des Ausstellungsobjektes noch des Museumsgebäudes von dem Gebäude trennen ließe, oder dass die Sache gem. § 94 Abs. 2 BGB zur Herstellung des Gebäudes eingefügt wird.[290] Dies ist bei in das Museum eingebrachten Ausstellungsobjekten wie bspw. Gemälden, Zeichnungen oder Fotoaufnahmen abzulehnen. Sie lassen sich in der Regel leicht von der Wand des Museumsgebäudes entfernen

---

alltäglicher, *beweglicher* Gegenstände und kultureller Güter bestehen, siehe *Anton*, Zivilrecht – Guter Glaube im Internationalen Kunsthandel, S. 29 f. Rn. 35 f.

290 Vgl. OLG Stuttgart, Urt. v. 31.05.2017, 4 U 204/16, GRUR 2017, 905 (908).

und sind daher weder untrennbar fest mit dem Gebäude verbunden, sodass sie sich nicht ohne Zerstörung oder Beschädigung des Ausstellungsobjektes oder des Gebäudes vom Gebäude trennen ließen, noch werden sie zur Herstellung des Gebäudes eingefügt.[291] Sie behalten daher ihre Sonderrechtsfähigkeit auch dann, wenn sie als Zubehör des Museums i.S.d. § 97 BGB angesehen werden und dem wirtschaftlichen Zweck des Museums und mithin des Grundstücks dienen.[292]

Entsprechendes gilt auch für Skulpturen, Plastiken und sonstige Ausstellungsobjekte selbst dann, wenn diese fest in das Grundstück oder den Boden des Museumsgebäudes einbetoniert werden, da sie sich in der Regel wieder von dem Grundstück ohne das Hervorrufen von Beschädigungen lösen lassen.[293] Sowohl die Plastik bzw. Skulptur als auch der Grund und Boden des Museumsgebäudes- oder Grundstücks werden bei der Entfernung weder physisch vernichtet oder zerstört und somit nicht in ihrem Wesen verändert, da beide Teile vor und nach der Trennung weiterhin zweckentsprechend verwendet werden können, selbst wenn der Boden des Museumsgebäudes an der Stelle der Betonierung erneuert werden müsste.[294] Diese Kunstwerke sind mithin nicht zugleich wesentlicher Bestandteil des Grundstücks bzw. des Museumsgebäudes.[295]

Anders ist dies in Bezug auf museale Stuckarbeiten sowie Wandgemälde oder Fresken zu bewerten, sofern sie direkt auf die Wand oder Decke des Gebäudes aufgetragen werden und nicht nur zu einem vorübergehenden Zweck i.S.d. § 95 Abs. 1 BGB mit dem Gebäude verbunden werden.[296] Die Kunstwerke sind hierbei so eng mit dem Bauwerk verbunden, dass sie sich nicht ohne Zerstörung von Teilen der Wand bzw. der Decke des Bauwerkes oder des Kunstwerkes voneinander trennen ließen. Dem steht auch kein gesetzlicher Eigentumserwerb des Kunstschaffenden nach § 950 Abs. 1 S. 1 BGB im Wege der Verarbeitung entgegen, da der Künstler keine neue bewegliche Sache erschaffen hat.[297] Mithin erstreckt sich das Eigentum eines Museums hinsichtlich des Museumsgebäudes im Wege des gesetzlichen Eigentumserwerbs infolge einer untrennbaren

291 So auch in OLG Stuttgart, Urt. v. 31.05.2017, 4 U 204/16, GRUR 2017, 905 (908).
292 OLG Stuttgart, Urt. v. 31.05.2017, 4 U 204/16, GRUR 2017, 905 (908 f.).
293 *Schack*, Kunst und Recht, S. 91 Rn. 163.
294 Vgl. Staudingers/*Stieper*, BGB, § 93 Rn. 16 ff.; Soergel/*Marly*, BGB, § 93 Rn. 8 f.
295 *Schack*, Kunst und Recht, S. 91 Rn. 163.
296 Ebling/Schulze/*Siehr*, Kunstrecht, S. 91 Rn. 5; *Schack*, Kunst und Recht, S. 91 Rn. 163.
297 *Schack*, Kunst und Recht, S. 89 Rn. 159.

Verbindung gem. § 946 BGB i.V.m. § 93 BGB auch auf die Stuckarbeiten und die auf die Wände oder Decken des Museumsgebäudes aufgetragenen Gemälde.

Dies ist indes anders zu beurteilen, wenn ein Künstler im Rahmen einer temporären Sonderausstellung eines Museums ein Gemälde auf den Wänden des Museumsgebäudes aufträgt. Das künstlerische Werk wird dabei entsprechend dem Willen des Kunstschaffenden gem. § 95 Abs. 2 BGB zu einem vorübergehenden Zweck in das Museumsgebäude eingefügt. Dieser vorübergehende Zweck steht der untrennbaren Verbindung mit dem Gebäude entgegen, sodass das Kunstwerk zu keinem wesentlichen Bestandteil des Museumsgebäudes wird.[298]

Dies verdeutlicht, dass sich das Eigentum eines Museums an dem Museumsgebäude als Baukunstwerk auch auf die in das Gebäude eingebrachten Kunstwerke im Wege der Verbindung gem. § 946 BGB i.V.m §§ 93, 94 Abs. 1 S. 1 BGB erstreckt, sofern sie untrennbar und nicht nur für einen vorübergehenden Zweck miteinander verbunden werden. Gleichzeitig konnte aufgezeigt werden, dass der Grundstückseigentümer nicht stets identisch ist mit dem Eigentümer der sich auf dem Grundstück befindlichen Bauwerke, sondern Abweichungen denkbar sind.

§ 2 Darstellung der Rechtsprechung

Nachdem festgestellt wurde, in welchen Konstellationen sich das Eigentum eines Museums an dem Museumsgebäude auch auf die in das Museum eingebrachten beweglichen Kunstwerke im Wege des gesetzlichen Eigentumserwerbs erstreckt, ist im Folgenden die bereits ergangene Rechtsprechung zum Vorliegen einer Eigentumsbeeinträchtigung durch die Anfertigung und Verwertung von Abbildungen von Bauwerken darzustellen und kritisch zu beleuchten. Insbesondere soll herausgearbeitet werden, ob die Rechtsprechung nähere Erkenntnisse über den Inhalt des Eigentums an dem abgebildeten Baukunstwerk im Hinblick auf die Anfertigung und Verwertung von Abbildungen liefert.

I. Anfertigung von Abbildungen: Friesenhaus

Bisher bezog sich der BGH lediglich im Jahre 1989 auf eine Beeinträchtigung des „Hauseigentums" infolge der Anfertigung von Aufnahmen durch Dritte hinsichtlich eines im Privateigentum stehenden Familienhauses auf Sylt.[299] In der

298 Vgl. Staudingers/*Stieper*, BGB, § 95 Rn. 6.
299 BGH, Urt. v. 09.03.1989, I ZR 54/87, NJW 1989, 2251 (2251 ff.).

streitgegenständlichen Entscheidung wurde eine fotografische Aufnahme des im Eigentum des Klägers stehenden, im Jahre 1740 im friesischen Stil erbauten Reetdach-Hauses durch den Beklagten auf der Titelseite seines Prospektmaterials zum Vertrieb von Textilprodukten für Wohn- und Innendekorationen abgebildet und somit zu Werbezwecken verwendet.[300] Der BGH bezog sich auf das Erfordernis einer Eigentumseinwirkung i.S.d. § 903 S. 1 BGB und lehnte diese durch die Anfertigung einer Fotografie ab, da die Aufnahme von einer allgemein zugänglichen Stelle außerhalb des Grundstücks des Klägers angefertigt wurde.[301] Der Fotografiervorgang habe keinerlei Auswirkungen auf die Nutzung des Eigentums oder die Verfügungsbefugnis des Eigentümers, sodass der Kläger weder in seinem Besitz gestört noch daran gehindert werde, mit seinem Eigentum nach Belieben zu verfahren.[302] Die Zubilligung eines Ausschließlichkeitsrechts des Sacheigentümers hinsichtlich der Anfertigung von Aufnahmen und zugleich ihrer Vervielfältigung laufe dem Wesen des Urheberrechts und gleichzeitig der Abgrenzung zum sachenrechtlichen Eigentumsrecht zuwider, da es sich bei der Abbildung um eine Vervielfältigung des immateriellen, geistigen Werkes handele.[303] Es sei daher weder die rechtliche noch die tatsächliche Herrschaftsmacht des Eigentümers betroffen.[304] Auch eine wirtschaftliche Verwertung der Aufnahmen könne das „Hauseigentum“ nicht beeinträchtigen, wenn schon die Fotografie keine Beeinträchtigung des Eigentums darstelle.[305] Sowohl bzgl. der Anfertigung als auch der Verwertung von Aufnahmen bezieht sich der BGH in seiner Argumentation zugleich auf eine Parallelwertung der urheberrechtlichen Schrankenregelung des § 59 UrhG.[306] Eine Eigentumseinwirkung lehnte der BGH somit insgesamt ab, da die Aufnahme von einem anderen Ort als von dem betroffenen Grundstück aus erfolgte.

In dieser Entscheidung scheint der BGH keine Beeinträchtigung des Eigentums am Grundstück zu prüfen, sondern des darauf befindlichen und abgebildeten Gebäudes. Zwar verwendet der BGH in seiner Prüfung der Eigentumsbeeinträchtigung überwiegend die allgemeine Formulierung der Beeinträchtigung „einer in fremdem Eigentum stehenden (beweglichen oder

300 BGH, Urt. v. 09.03.1989, I ZR 54/87, NJW 1989, 2251 (2251).
301 BGH, Urt. v. 09.03.1989, I ZR 54/87, NJW 1989, 2251 (2252).
302 BGH, Urt. v. 09.03.1989, I ZR 54/87, NJW 1989, 2251 (2252).
303 BGH, Urt. v. 09.03.1989, I ZR 54/87, NJW 1989, 2251 (2252).
304 BGH, Urt. v. 09.03.1989, I ZR 54/87, NJW 1989, 2251 (2252).
305 BGH, Urt. v. 09.03.1989, I ZR 54/87, NJW 1989, 2251 (2252).
306 BGH, Urt. v. 09.03.1989, I ZR 54/87, NJW 1989, 2251 (2252).

unbeweglichen) Sache“,[307] hingegen bezieht er sich in seinen Ausführungen stets auf das aufgenommene Gebäude anstatt auf das Grundstück.[308] Zudem verwendet er in einem Prüfungspunkt die Bezeichnung „Hauseigentum“,[309] was als Eigentum am Gebäude bzw. dem Haus und nicht am Grundstück generell aufgefasst werden kann.

II. Kommerzielle Verwertung von Abbildungen

Der BGH setzte sich in der Vergangenheit ferner neben der Anfertigung von Abbildungen auch mit einer Beeinträchtigung des Eigentums infolge der kommerziellen Verwertung von Abbildungen von Bauwerken auseinander. Entscheidungen hinsichtlich nicht-kommerzieller Verwertungen von Aufnahmen existieren indes bislang nicht. Bezüglich einer Eigentumsbeeinträchtigung durch die kommerzielle Verwertung von Aufnahmen von im Privateigentum stehender Bauwerke nahm der BGH bislang allein in der „Schloss-Tegel-Entscheidung“ Stellung. In der überwiegenden Zahl der Entscheidungen wurde eine Beeinträchtigung des Eigentums hinsichtlich der kommerziellen Verwertung von Aufnahmen von Bauwerken in öffentlich-rechtlicher Trägerschaft geprüft.

1. Bauwerke in nicht-öffentlichem Eigentum: Schloss-Tegel

In der Schloss-Tegel-Entscheidung bezüglich eines im Privateigentum befindlichen Schlosses, das sich in unmittelbarer Nähe zum Tegeler-See in Berlin befindet, hatte sich der BGH mit der Frage einer Eigentumsbeeinträchtigung infolge der ungenehmigten gewerblichen Verwertung von u.a. Ansichts- und Bildkarten durch Dritte befasst, die Aufnahmen des Tegeler Schlosses sowie die dazugehörige Parkanlage zeigten.[310] Mangels eines entsprechend weitgehenden Klageantrages setzte sich der BGH hier – genauso wie in der Apfel-Madonna-Entscheidung –[311] nicht mit der Frage einer Eigentumsbeeinträchtigung infolge der Anfertigung einer Fotografie auseinander.[312] Der BGH deutete in dieser Entscheidung allerdings an, dass die Anfertigung einer Aufnahme bereits

307 Vgl. BGH, Urt. v. 09.03.1989, I ZR 54/87, NJW 1989, 2251 (2252).
308 Vgl. BGH, Urt. v. 09.03.1989, I ZR 54/87, NJW 1989, 2251 (2252 f.).
309 Vgl. BGH, Urt. v. 09.03.1989, I ZR 54/87, NJW 1989, 2251 (2252).
310 BGH, Urt. v. 20.09.1974, I ZR 99/73, GRUR 1975, 500 (501).
311 BGH, Urt. v. 13.10.1965, b ZR 111/63, GRUR 1966, 503 (503 ff.).
312 BGH, Urt. v. 20.09.1974, I ZR 99/73, GRUR 1975, 500 (501).

keine Eigentumsbeeinträchtigung des Bauwerkes darstellen könne.[313] Die wirtschaftliche Verwertung der Aufnahmen sei hingegen als ein Eingriff in das Eigentumsrecht zu bewerten, da die gewerbliche Nutzung des Eigentums im Grundsatz ausschließlich dem Eigentümer zustehe.[314] Es sei das „natürliche Vorrecht des Eigentümers", den gewerblichen Nutzen aus seinem Eigentum zu ziehen.[315] Dies gelte jedenfalls dann, wenn das Grundstück für die Anfertigung der Aufnahme betreten werde.[316] Etwas anderes ergebe sich auch nicht aus dem allgemeinen Interesse am Kennenlernen künstlerischer oder sonstiger bedeutsamer Bauten, da die Eigentümerin durch den Vertrieb von Ansichtspostkarten ihres Eigentums dieses allgemeine Interesse bediene.[317] Die kommerzielle Verwertung stelle damit eine Eigentumsbeeinträchtigung dar, sofern jedenfalls die Aufnahme von dem betroffenen Grundstück aus erfolge.[318] Ob dies allgemein und insbesondere auch dann zu gelten habe, wenn die Aufnahme außerhalb des Grundstücks angefertigt wurde, ließ der BGH hingegen offen.[319] Allerdings bezweifele er dies unter Verweis auf § 59 UrhG.[320]

Nicht eindeutig geht aus der Entscheidung hervor, ob der BGH eine Beeinträchtigung des Eigentums am Grundstück oder an dem abgebildeten Gebäude prüft. So erwähnt er vielmehr beiläufig im Zusammenhang mit einer nicht näher geprüften Beeinträchtigung des Eigentums infolge der Anfertigung einer Aufnahme eine Beeinträchtigung an dem Gebäude und nicht an dem Grundstück.[321] Indes stellt er in den Ausführungen seiner Prüfung immer wieder

313 BGH, Urt. v. 20.09.1974, I ZR 99/73, GRUR 1975, 500 (501), in dem der BGH ausführte, dass selbst wenn das Fotografieren keine beeinträchtigende Einwirkung auf das Bauwerk im Sinne der §§ 903, 1004 BGB darstelle, es *selbst wenn dies richtig wäre*, es darauf in der Entscheidung nicht ankomme, da es ausschließlich um die wirtschaftliche Verwertung ging. Der BGH hält es somit für möglich, dass das Fotografieren und mithin das Anfertigen von Abbildungen im Allgemeinen keine Eigentumsbeeinträchtigung an dem Gebäude darstellen.

314 BGH, Urt. v. 20.09.1974, I ZR 99/73, GRUR 1975, 500 (501).

315 BGH, Urt. v. 20.09.1974, I ZR 99/73, GRUR 1975, 500 (502).

316 BGH, Urt. v. 20.09.1974, I ZR 99/73, GRUR 1975, 500 (501).

317 BGH, Urt. v. 20.09.1974, I ZR 99/73, GRUR 1975, 500 (502).

318 BGH, Urt. v. 20.09.1974, I ZR 99/73, GRUR 1975, 500 (501).

319 Vgl. BGH, Urt. v. 20.09.1974, I ZR 99/73, GRUR 1975, 500 (501) – Schloss Tegel, wonach keine Stellung zur Berücksichtigung des § 59 UrhG genommen wurde, sondern nur in Erwägung gezogen wurde, dass eine Beeinträchtigung aufgrund des § 59 UrhG wohl nur bei Aufnahmen von dem Grundstück aus anzunehmen sei.

320 Vgl. BGH, Urt. v. 20.09.1974, I ZR 99/73, GRUR 1975, 500 (501).

321 BGH, Urt. v. 20.09.1974, I ZR 99/73, GRUR 1975, 500 (501).

Bezüge zu dem Gebäude und nicht zu dem Grundstück her.[322] Daraus ist ebenfalls entsprechend der Friesenhaus-Entscheidung zu schlussfolgern, dass der BGH eine Beeinträchtigung des Eigentums an dem Schloss und nicht an dem Grundstück prüfte, auf dem sich das Schloss befindet.

2. Bauwerke in öffentlich-rechtlichem Eigentum: Preußische Gärten und Parkanlagen

Hinsichtlich einer Eigentumsbeeinträchtigung infolge einer kommerziellen Verwertung von Aufnahmen von in öffentlich-rechtlichem Eigentum befindlichen Bauwerken nahm der BGH in einer Entscheidungs-Trilogie zu Preußische Gärten und Parkanlagen Stellung. Diese wird im Nachfolgenden dargestellt und aufgezeigt, ob die Argumentation von derjenigen an Bauwerken in nichtöffentlichem Eigentum abweicht.

A. Preußische Gärten und Parkanlagen I

Gegenstand dieser BGH-Entscheidung waren das ungenehmigte Anfertigen und Verwerten von Fotoaufnahmen zu kommerziellen Zwecken durch eine Fotoagentur.[323] Die Agentur fertigte ungenehmigte Aufnahmen von der im noch nachzuweisenden Eigentum der öffentlich-rechtlichen Stiftung Preußische Schlösser und Gärten Berlin-Brandenburg stehenden Kulturgütern wie Parkanlagen, Außenansichten historischer Gebäude und Skulpturen an.[324] Diese Aufnahmen bot die Agentur anschließend im Internet auf einem von der Agentur betriebenen Portal zum Verkauf an.[325] Der BGH nahm in Anlehnung an die Argumentation in der Schloss-Tegel-Entscheidung eine Verletzung des Grundstückseigentums aufgrund der nicht genehmigten Anfertigung sowie der kommerziellen Verwertung der Fotografien an, soweit das Grundstück für die Aufnahme betreten wurde.[326] Eine Verletzung des Grundstückseigentums leitet der BGH weiterhin argumentativ entsprechend der Friesenhaus-Entscheidung aus einer „Parallelwertung" zu § 59 UrhG ab.[327] Das Grundstückseigentum gebe dem Eigentümer das Recht zur Früchteziehung aus seinem Grundstück gem. § 99 Abs. 3 BGB, wozu auch die Verwertung von

---

322 Vgl. BGH, Urt. v. 20.09.1974, I ZR 99/73, GRUR 1975, 500 (501 f.).
323 Vgl. BGH, Urt. v. 17.12.2010, V ZR 45/10, GRUR 2011, 323 (324).
324 BGH, Urt. v. 17.12.2010, V ZR 45/10, GRUR 2011, 323 (323).
325 BGH, Urt. v. 17.12.2010, V ZR 45/10, GRUR 2011, 323 (323).
326 BGH, Urt. v. 17.12.2010, V ZR 45/10, GRUR 2011, 323 (324).
327 BGH, Urt. v. 17.12.2010, V ZR 45/10, GRUR 2011, 323 (324).

Aufnahmen des Gebäudes oder der Gärten auf dem Grundstück zähle.[328] Eine physische Beeinträchtigung des Eigentums sei nicht notwendig, sondern es genüge eine dem Willen des Eigentümers widersprechende Nutzungsart seines Grundstücks, um eine Eigentumsbeeinträchtigung am Grundstück annehmen zu können.[329] Somit sei schon das Anfertigen einer Fotografie in einer dem Willen des Eigentümers widersprechenden Weise eine Eigentumsbeeinträchtigung, die durch die kommerzielle Verwertung der Aufnahme vertieft werde.[330] Zwar könne ein öffentlich-rechtlicher Eigentümer im Vergleich zu einem Privateigentümer aus Vorschriften des öffentlichen Rechts verpflichtet sein, die Aufnahmen und ihre Verwertung zu gestatten, allerdings ergäbe sich hierzu im konkreten Fall keine Verpflichtung.[331] Anders als in den zuvor dargestellten Entscheidungen prüft der BGH ganz ausdrücklich eine Beeinträchtigung des Grundstückseigentums anstelle einer Beeinträchtigung der sich darauf befindlichen Bauwerke bzw. Kulturgüter.

B. Preußische Gärten und Parkanlagen I: Wiedervorlage

In der Entscheidung Preußische Gärten und Parkanlagen aus dem Jahre 2013 wurde dem BGH das zuvor dargestellte, zu Preußische Gärten und Parkanlagen I ergangene Urteil des OLG im Wege der Revision bei gleichbleibendem Streitgegenstand nochmals vorgelegt.[332] In Bezug auf eine Beeinträchtigung des Grundstückseigentums durch die kommerzielle Verwertung einer ohne Genehmigung des Eigentümers vorgenommenen Aufnahme der Bauwerke und der dazugehörigen Garten- und Parkanlage bestätigte der BGH die Entscheidung und führte weitere Argumente zur Begründung der ergangenen Entscheidung an.[333] Der BGH stellte ausdrücklich auf das Grundstückseigentum anstelle des Hausrechts ab und bestätigte, dass auch bei einer Erlaubnis zum Betreten des Grundstücks eine Beeinträchtigung des Eigentums durch die kommerzielle Verwertung von Aufnahmen der abgebildeten Bauwerke und Garten- und Parkanlagen vorliegen könne, sofern der Zugang zum Grundstück nur zu privaten Zwecken gestattet sei.[334] Er begründet dies damit, dass die Klägerin den Zugang zu ihren Grundstücken gestatte, nicht hingegen die ungenehmigte

328 BGH, Urt. v. 17.12.2010, V ZR 45/10, GRUR 2011, 323 (324).
329 BGH, Urt. v. 17.12.2010, V ZR 45/10, GRUR 2011, 323 (324).
330 BGH, Urt. v. 17.12.2010, V ZR 45/10, GRUR 2011, 323 (325).
331 BGH, Urt. v. 17.12.2010, V ZR 45/10, GRUR 2011, 323 (325 f.).
332 BGH, Urt. v. 01.03.2013, V ZR 14/12, GRUR 2013, 623 (623 ff.).
333 BGH, Urt. v. 01.03.2013, V ZR 14/12, GRUR 2013, 623 (624).
334 BGH, Urt. v. 01.03.2013, V ZR 14/12, GRUR 2013, 623 (626).

Verwertung von Aufnahmen ihrer Grundstücke, die von den Grundstücken aus angefertigt wurden.[335] Ausführungen zu einer Eigentumsbeeinträchtigung des Grundstücks infolge der Anfertigung einer Aufnahme der Bauwerke und ihrer Anlagen werden in dieser Entscheidung nicht vorgenommen.

C. Preußische Gärten und Parkanlagen II

In dieser Parallelentscheidung im Hinblick auf die kommerzielle Verwertung ungenehmigter Videoaufnahmen der Preußischen Schlösser und Gärten urteilte der BGH mit einer nahezu identischen Begründung wie in der Entscheidung Preußische Gärten und Parkanlagen I.[336] Der Entscheidung lag der kommerzielle und von der Eigentümerin nicht genehmigte Vertrieb einer DVD durch einen von dem Beklagten betriebenen Verlag zugrunde, die u.a. Filmaufnahmen der Preußischen Schlösser und Parkanlagen der Stadt Potsdam zeigt.[337] Der BGH entschied ebenfalls, dass die ungenehmigte Verwertung und bereits die Anfertigung von Aufnahmen zu kommerziellen Zwecken eine Verletzung des Grundstückseigentums darstelle, sofern das Grundstück für die Aufnahmen betreten werde.[338] Sofern die Aufnahmen von einem anderen Standort als von dem Grundstück aus angefertigt werden, soll es an einer Eigentumsbeeinträchtigung des Grundstücks entsprechend einer „Parallelwertung" zu § 59 UrhG fehlen.[339] Für eine Eigentumsbeeinträchtigung sei keine physische Beeinträchtigung erforderlich, sondern es genüge eine Nutzung des Eigentums in einer dem Eigentümerwillen widersprechenden Art und Weise.[340] Diese Beeinträchtigung liege bei ungenehmigten Aufnahmen vor und werde durch die ungenehmigte Verwertung der Aufnahmen weiter vertieft.[341] Eine Differenzierung zwischen den Aufnahmearten bspw. in Form einer Fotografie oder eines Filmes ist demnach nicht erforderlich. Zudem nahm der BGH ebenfalls keine Beschränkungen der Eigentümerbefugnisse der öffentlich-rechtlichen Eigentümerin an.[342] Ebenfalls prüfte der BGH eine Beeinträchtigung des Eigentums am Grundstück und nicht an den aufgenommenen Bauwerken.

---

335 Vgl. BGH, Urt. v. 01.03.2013, V ZR 14/12, GRUR 2013, 623 (624 ff.).
336 Vgl. BGH, Urt. v. 17.12.2010, V ZR 46/10, ZUM 2011, 333 (333 ff.).
337 BGH, Urt. v. 17.12.2010, V ZR 46/10, ZUM 2011, 333 (334).
338 BGH, Urt. v. 17.12.2010, V ZR 46/10, ZUM 2011, 333 (334).
339 BGH, Urt. v. 17.12.2010, V ZR 46/10, ZUM 2011, 333 (334).
340 BGH, Urt. v. 17.12.2010, V ZR 46/10, ZUM 2011, 333 (335).
341 BGH, Urt. v. 17.12.2010, V ZR 46/10, ZUM 2011, 333 (335).
342 BGH, Urt. v. 17.12.2010, V ZR 46/10, ZUM 2011, 333 (335 f.).

D. Preußische Gärten und Parkanlagen III

Eine weitere BGH-Entscheidung zu Preußische Gärten und Parkanlagen betraf nochmals die Frage einer Eigentumsbeeinträchtigung aufgrund der kommerziellen Verwertung von Aufnahmen historischer Bauwerke und Garten- sowie Parkanlagen der Klägerin.[343] In dieser Konstellation betrieb die Beklagte als Diensteanbieterin eine Internetplattform, auf der sowohl freiberuflich als auch gewerblich tätige Fotografen die von ihnen angefertigten Aufnahmen zum entgeltlichen Herunterladen einstellen konnten.[344] Unter den dort angebotenen, etwa vier Millionen Aufnahmen fanden sich auch Aufnahmen der von der Klägerin verwalteten Kulturgüter wie bspw. Parkanlagen, Skulpturen sowie Außen- und Innenaufnahmen historischer Gebäude, ohne dass die Klägerin einer entsprechenden Vermarktung zugestimmt hatte.[345] Da der BGH bereits eine Störerhaftung der Plattformbetreiberin gem. § 1004 Abs. 1 S. 2 BGB als Handlungs- oder Zustandsstörerin mangels ihr obliegenden Prüfpflichten mit einer ausführlichen Begründung ablehnte, erübrigte sich eine eingehendere Prüfung der Eigentumsbeeinträchtigung infolge der Verwertung der Aufnahmen.[346] Der BGH stellte knapp fest, dass eine Beeinträchtigung des Grundstückseigentums im Wege der Anfertigung von Aufnahmen von Gebäuden und Gartenanlagen jedenfalls dann angenommen werden könne, sofern die Aufnahmen von dem Grundstück aus angefertigt wurden, auf dem sich die Gebäude und Gartenanlagen befinden.[347] Das Recht zur Verwertung des äußeren Erscheinungsbildes einer Sache gehöre zu den Befugnissen des Eigentümers.[348] Im Übrigen verwies er auf die parallel ergangenen BGH-Entscheidungen zu Preußische Schlösser und Gärten I und II.[349] In der Entscheidung wird angedeutet, dass der BGH bei einer ausführlicheren Prüfung der Eigentumsbeeinträchtigung auf das Eigentum an dem Grundstück und nicht an den abgebildeten Kulturgütern abgestellt hätte.

---

343 BGH, Urt. v. 17.12.2010, V ZR 44/10, ZUM 2011, 325 (325 ff.).
344 BGH, Urt. v. 17.12.2010, V ZR 44/10, ZUM 2011, 325 (325).
345 BGH, Urt. v. 17.12.2010, V ZR 44/10, ZUM 2011, 325 (325).
346 BGH, Urt. v. 17.12.2010, V ZR 44/10, ZUM 2011, 325 (327).
347 BGH, Urt. v. 17.12.2010, V ZR 44/10, ZUM 2011, 325 (326).
348 BGH, Urt. v. 17.12.2010, V ZR 44/10, ZUM 2011, 325 (326).
349 BGH, Urt. v. 17.12.2010, V ZR 44/10, ZUM 2011, 325 (326).

III. Kritische Betrachtung der Rechtsprechung

Die soeben dargestellte Rechtsprechung soll im Folgenden kritisch betrachtet und insbesondere herausgearbeitet werden, welche wesentlichen Aspekte trotz der bisher ergangenen Entscheidungen hinsichtlich der Anfertigung und Verwertung von Abbildungen von Baukunstwerken weiterhin offen bleiben und welche Unsicherheiten die Rechtsprechung ferner provoziert.

1. Fehlende Differenzierung zwischen Anfertigung und Verwertung von Abbildungen

Zunächst scheint der BGH das Vorliegen einer Eigentumsbeeinträchtigung im Wege der Verwertung einer Abbildung von Bauwerken bzw. Kulturgütern davon abhängig zu machen, ob die vorhergehende Anfertigung der Abbildung das Eigentum hinsichtlich des abgebildeten Bauwerkes bzw. des Grundstücks beeinträchtigt. Ausdrücklich zeigt sich dies in der Friesenhaus-Entscheidung, wonach eine Eigentumseinwirkung durch die kommerzielle Verwertung einer Abbildung nur dann vorliegen könne, wenn die Aufnahme auf das Eigentum einwirke.[350] Dies kann dogmatisch nicht überzeugen, da auf diese Weise eine Eigentumsbeeinträchtigung durch die Anfertigung von Abbildungen zur Bedingung der Eigentumsbeeinträchtigung durch die Verwertung der Abbildungen wird, obwohl die Anfertigung einer Abbildung und ihre Verwertung unterschiedliche Handlungen darstellen und somit voneinander unabhängig rechtlich zu beurteilen sind. Das Schicksal der einen Handlung darf daher nicht von dem Schicksal der anderen Handlung abhängig gemacht werden, sodass beide Handlungen zwingend rechtlich getrennt voneinander zu bewerten sind.[351] Gegen eine Abhängigkeit beider Handlungen voneinander spricht auch, dass in der Regel ein großer zeitlicher Abstand zwischen der Anfertigung

350 BGH, Urt. v. 09.03.1989, I ZR 54/87, NJW 1989, 2251 (2251 ff.).

351 Das Erfordernis einer Trennung zwischen beiden Handlungen lässt selbst der BGH in einer Entscheidung zur Störerhaftung in BGH, NJW 2011, 753 (753 f.) Tz. 12 erkennen, in welcher der Aufnehmende eines Kunstwerkes sowie der anschließend wirtschaftlich Verwertende personenverschieden waren, dennoch eine Eigentumsverletzung aufgrund der wirtschaftlichen Verwertung als möglich erachtet wurde, wobei der BGH im Ergebnis eine Eigentumsverletzung mangels Prüfpflichten in Bezug auf das Vorliegen einer rechtmäßig angefertigten Aufnahme ablehnte, und somit doch wieder eine Art Abhängigkeitsverhältnis zwischen der Anfertigung und Verwertung der Aufnahme schaffte, hierzu vgl. auch *Schabenberger/Nemeczek*, GRUR-Prax 2011, 139 (141).

einer Abbildung und ihrer Verwertung besteht, sodass beide Handlungen bereits aufgrund dieser zeitlichen Distanz nicht als eine Einheit betrachtet bzw. voneinander abhängig gemacht werden können.

Nicht überzeugend ist diese fehlende Differenzierung insbesondere bei einer Personenverschiedenheit zwischen dem Abbildungskünstler und dem Verwerter der Abbildung. Schließlich wird bei einer einheitlichen Betrachtung beider Handlungen dem Verwerter die Handlung des Abbildungskünstlers ohne Weiteres zugerechnet, da die rechtliche Bewertung der Handlung des Verwerters von der rechtlichen Bewertung der Handlung des Abbildungskünstlers abhängt. Dies kann allenfalls im Einzelfall überzeugen, sofern der Abbildungskünstler im Auftrag des Verwerters wie bspw. einer Fotoagentur handelte. Sobald keine Verbindung zwischen beiden Personen angenommen werden kann, erscheint dieses Abhängigkeitsverhältnis beider Handlungen zueinander nicht überzeugend. Eine Eigentumseinwirkung durch die Verwertung von Abbildungen darf daher nicht davon abhängig gemacht werden, dass bereits die Anfertigung der Abbildung eine Eigentumseinwirkung darstellt. Folglich ist die Argumentation der Rechtsprechung dahingehend schon nicht überzeugend.

2. *Beeinträchtigung des Grundstückseigentums anstatt des Baukunstwerkeigentums*

Im Verlauf der BGH-Entscheidungen ab dem Jahre 1974 zu Schloss-Tegel, über das Jahr 1989 zum Friesenhaus bis hin zu den Jahren 2010 und 2013 zu Preußische Gärten und Parkanlagen zeigt sich, dass der BGH noch in den Jahren 1974 und 1989 bei der Prüfung einer Eigentumsbeeinträchtigung auf das Eigentum an dem aufgenommenen Gebäude abgestellt hatte,[352] wohingegen er in den Jahren 2010 und 2013 ausschließlich eine Beeinträchtigung des Grundstückseigentums prüfte.[353] Diese Entwicklung wirft die Frage nach einer Begründung für diese differenzierte Betrachtung auf.

Eine mögliche Begründung könnte darin bestehen, dass sich der Klageantrag in der Schloss-Tegel-Entscheidung sowie in der Friesenhaus-Entscheidung

---

352 Vgl. BGH, Urt. v. 20.09.1974, I ZR 99/73, GRUR 1975, 500 (501); BGH, Urt. v. 09.03.1989, I ZR 54/87, NJW 1989, 2251 (2252).

353 Vgl. BGH, Urt. v. 17.12.2010, V ZR 44/10, ZUM 2011, 325 (326); BGH, Urt. v. 17.12.2010, V ZR 45/10, GRUR 2011, 323 (324); BGH, Urt. v. 17.12.2010, V ZR 46/10, ZUM 2011, 333 (334); BGH, Urt. v. 01.03.2013, V ZR 14/12, GRUR 2013, 623 (626); hierzu u.a. *Yang*, ZUM 2017, 951 (954) auch im Hinblick auf die Übertragbarkeit der Rechtsprechung auf bewegliche Kunstwerke.

ausdrücklich auf die kommerzielle Verwertung der Abbildungen der Gebäude bezog. Hingegen bezogen sich die Klageanträge in den Entscheidungen zu Preußische Gärten und Parkanlagen sowohl auf die kommerzielle Verwertung von Abbildungen verschiedener Bauwerke bzw. Kulturgüter als auch der Garten- und Parkanlagen. Daraus könnte geschlussfolgert werden, dass der BGH das Eigentum an den Gärten und Parkanlagen sowie an den sich darauf errichteten Kulturgütern insgesamt unter den Oberbegriff des Grundstückseigentums subsumierte. Gleichzeitig könnte daraus abgeleitet werden, dass nach der Ansicht des BGH eine Eigentumsbeeinträchtigung an dem Grundstück zugleich eine Beeinträchtigung des Eigentums an den sich darauf befindlichen Kulturgütern zur Folge hätte, ohne eine Eigentumsbeeinträchtigung an den Kulturgütern im Einzelnen geprüft zu haben.

Der BGH bezieht sich in seiner Begründung für eine Eigentumsbeeinträchtigung primär auf die Ansicht von *Prengel*, der eine Eigentumsbeeinträchtigung im Hinblick auf die Grundstücksansichten annimmt, sofern Aufnahmen des Grundstücks von dem Grundstück aus angefertigt werden.[354] So sollen die Ansichten von einem Grundstück aus gem. § 100 Hs. 2 BGB zu den Gebrauchsvorteilen des Grundstückseigentums gehören und daher ausschließlich dem Sacheigentümer bzw. dem Nutzungsberechtigten des Grundstücks zustehen.[355] Der Gebrauchsvorteil eines Grundstücks habe hierbei einen eigenen Vermögenswert, bemessen nach dem Verkehrswert des Grundstücks, der sich am Beschaffungspreis orientiere.[356] Zu den Grundstücksansichten würde dann nicht nur das Grundstück selbst zählen, sondern auch die sich darauf befindlichen Kulturgüter. Aus diesem Grund wäre es dem Eigentümer des Grundstücks dann möglich, sowohl Beeinträchtigungen am Grundstückseigentum als auch an den auf dem Grundstück befindlichen Kulturgütern geltend zu machen. Diese Betrachtung kann aus den folgenden Gründen nicht überzeugen.

---

354 Vgl. BGH, Urt. v. 17.12.2010, V ZR 45/10, GRUR 2011, 323 (323 ff.); BGH, Urt. v. 17.12.2010, V ZR 46/10, ZUM 2011, 333 (333 ff.); hierzu konkret *Prengel*, Bildzitate von Kunstwerken, S. 217 f., wonach der Eigentümer das alleinige Entscheidungsrecht darüber habe, ob er selbst Aufnahmen von seiner Grundstücksansicht herstellen (und verwerten) möchte und schlussfolgert daraus zugleich ein Entscheidungsrecht darüber, ob und zu welchem Zweck Dritte sein Grundstück betreten dürfen, wobei er hierfür im Ergebnis wiederum auf das Hausrecht des Eigentümers abstellt.

355 *Prengel*, Bildzitate von Kunstwerken, S. 216.

356 *Würthwein*, Schadensersatz für Verlust der Nutzungsmöglichkeit einer Sache oder für entgangene Gebrauchsvorteile?, S. 84.

So ist bereits zweifelhaft, inwiefern das Eigentum an den auf dem Grundstück befindlichen Bauwerken bzw. Kulturgütern beeinträchtigt werden kann, sofern ausschließlich dem Betreten des Grundstücks und den daraus resultierenden Grundstücksansichten als Eigentumsbeeinträchtigung an dem Grundstück Relevanz zukommen soll.[357] Im Ergebnis kann dies allenfalls als Beeinträchtigung des Hausrechts bewertet werden, aus dem sich auch das Recht des Eigentümers ableiten lässt, Regelungen über die Anfertigung und Verwertung von Abbildungen des Grundstücks aufzustellen und Zugangsbeschränkungen bzw. Verhaltensregelungen festzulegen. Bei dem Vorliegen etwaiger Bedingungen durch den Grundstückseigentümer bestünde im Hinblick auf die Anfertigung und Verwertung von Abbildungen eine Eigentumsbeeinträchtigung schließlich nicht mehr in der Nutzung der Gebrauchsvorteile, also in der Ansicht des Gebäudes vom Grundstück aus, sondern in dem jeweiligen verbotswidrigen Tun.[358]

Zudem ist die Bewertung des BGH im Detail dogmatisch nicht nachvollziehbar und führt insbesondere zu nicht sachgerechten Ergebnissen, sofern der Grundstückseigentümer und der Eigentümer der auf dem Grundstück befindlichen Kulturgüter personenverschieden sind.[359] Wie bereits ausgeführt, können neben Gebäuden und Skulpturen auch eine Parkanlage oder Gartenlandschaften als eigenständige Baukunstwerke bewertet werden. Der Eigentümer eines Grundstückes ist dabei nicht stets identisch mit dem Eigentümer des darauf befindlichen Bauwerkes. Das Eigentum an einem Grundstück erstreckt sich nicht stets auch auf das darauf befindliche Gebäude, sofern bspw. ein Nießbrauchrecht, ein Erbbaurecht oder eine Grunddienstbarkeit an dem Grundstück besteht. Ebenfalls erstreckt sich das Eigentum an dem Grundstück

357 Hierzu konkret *Prengel*, Bildzitate von Kunstwerken, S. 217 f., wonach der Eigentümer das alleinige Entscheidungsrecht darüber habe, ob er selbst Aufnahmen von seiner Grundstücksansicht herstellen und verwerten möchte und schlussfolgert daraus zugleich ein Entscheidungsrecht darüber, ob und zu welchem Zweck Dritte sein Grundstück betreten dürfen, wobei er hierfür im Ergebnis wiederum auf das Hausrecht des Eigentümers abstellt.

358 Vgl. Soergel/*Münch*, BGB, § 1004 Rn. 61.

359 Zum Problem der Personenverschiedenheit *Jayme*, Kunst & Recht Bulletin 2011, 11 (16), der sich mit seiner Argumentation zwar nicht direkt gegen die Ansicht von *Prengel* in Bezug auf eine Eigentumsbeeinträchtigung der Grundstücksansichten wendet, sondern die BGH-Entscheidung des BGH, Urt. v. 17.12.2010, V ZR 45/10, GRUR 2011, 323 kritisiert, die sich in ihrer Argumentation hauptsächlich auf *Prengel* bezieht.

in der Regel nicht gleichzeitig auch auf die auf dem Grundstück befindlichen Skulpturen, da sich diese grundsätzlich mangels untrennbarer Verbindung von dem Grundstückseigentum entfernen lassen, ohne die Skulptur oder das Grundstück dabei zu beschädigen oder zu zerstören. Dieses Ergebnis lässt sich ferner auf weitere Kulturgüter auf einem Grundstück erstrecken, sofern diese ebenfalls nicht untrennbar mit dem Grundstück verbunden sind. In der Konsequenz kann daher nicht nur der Eigentümer des Grundstücks in seinem Grundstückseigentum beeinträchtigt werden, sondern darüber hinaus auch der von ihm personenverschiedene Eigentümer bzw. die verschiedenen Eigentümer der auf dem Grundstück befindlichen Kulturgüter. Indes ergibt sich aus der BGH-Rechtsprechung, dass der Grundstückseigentümer auch die Eigentumsbeeinträchtigungen an den auf dem Grundstück befindlichen Kulturgüter geltend machen kann, da sich die Grundstücksansichten schließlich auf die Ansicht des gesamten Grundstücks erstrecken und mithin auch auf die dort bspw. vorhandenen Kulturgüter.[360] Eine separate Prüfung der Eigentumsbeeinträchtigung an den einzelnen Bauwerken bzw. Kulturgütern nimmt der BGH nicht vor.[361] Ansprüche des von dem Grundstückseigentümer personenverschiedenen Eigentümers des auf dem Grundstück vorhandenen Kulturgutes werden somit ausgeschlossen, sofern der Grundstückseigentümer die Rechte des Baukunstwerkeigentümers bereits mit geltend gemacht hatte.

Dogmatisch erforderlich ist daher die Prüfung einer Eigentumsbeeinträchtigung hinsichtlich der einzelnen abgebildeten Baukunstwerke, so wie sie der BGH in den vergangenen Entscheidungen zu Schloss-Tegel und zum Friesenhaus bereits vorgenommen hatte.[362] Eine ausschließliche Prüfung der Beeinträchtigung des Grundstückseigentums ist nicht ausreichend, insbesondere wenn das Ergebnis gleichzeitig auf sämtliche auf dem Grundstück befindlichen Bauwerke bzw. Kulturgüter erstreckt wird. Andernfalls würde auch der Umgang mit Abbildungen beweglicher Kunstwerke, die sich bspw. innerhalb der Räumlichkeiten eines Baukunstwerkes wie eines Museums befinden, gänzlich offen bleiben. Schließlich knüpft der BGH in seiner Entscheidung nicht

---

360 Vgl. BGH, Urt. v. 17.12.2010, V ZR 45/10, GRUR 2011, 323 (323 ff.); BGH, Urt. v. 17.12.2010, V ZR 46/10, ZUM 2011, 333 (333 ff.).

361 Vgl. BGH, Urt. v. 17.12.2010, V ZR 45/10, GRUR 2011, 323 (324); BGH, Urt. v. 17.12.2010, V ZR 46/10, ZUM 2011, 333 (334); BGH, Urt. v. 17.12.2010, V ZR 44/10, ZUM 2011, 325 (326); BGH, Urt. v. 01.03.2013, V ZR 14/12, GRUR 2013, 623 (626).

362 Vgl. BGH, Urt. v. 20.09.1974, I ZR 99/73, GRUR 1975, 500 (501); BGH, Urt. v. 09.03.1989, I ZR 54/87, NJW 1989, 2251 (2252).

an das Baukunstwerk, sondern an das Grundstück an, auf dem sich das Werk befindet. Diese inkongruenten Ergebnisse werden vermieden, indem eine Beeinträchtigung des Eigentums an jedem abgebildeten Kunstwerk für sich genommen geprüft wird und nicht ausschließlich des Grundstückseigentums, auf dem sich die Werke befinden.

3. *Eigentumsbeeinträchtigende Handlung: Betreten des Grundstücks*

Sämtlichen zuvor dargestellten Entscheidungen ist gemein, dass sie bei der Prüfung einer Eigentumsbeeinträchtigung auf den Ort abstellen, von dem die Abbildung aus angefertigt wurde.[363] Aus den Entscheidungen geht indes nicht eindeutig hervor, welche konkrete Handlung eine Eigentumsbeeinträchtigung an dem Grundstückseigentum verursacht.

A. *Fehlende Präzisierung der beeinträchtigenden Handlung*

So führt der BGH u.a. wörtlich aus, „das Eigentum an einem Grundstück wird aber dann durch (das Aufnehmen und) die Verwertung von Fotografien von auf ihm errichteten Gebäuden und auf ihm angelegten Gartenanlagen und Parken beeinträchtigt, wenn das Grundstück zur Anfertigung solcher Fotografien betreten wird".[364] Aus dieser Formulierung geht indes nicht eindeutig hervor, welche Handlung zu einer Beeinträchtigung des Eigentums führt. Vielmehr kommen demnach für die das Eigentum beeinträchtigende Handlung sowohl die Anfertigung der Aufnahme, deren Verwertung sowie das Betreten des Grundstücks in Betracht. Diese fehlende Präzisierung der eigentumsbeeinträchtigenden Handlung führt konsequent dazu, dass die Handlung im Rahmen der Prüfung eines Beseitigungs- und Unterlassungsanspruchs nach § 1004 Abs. 1 BGB innerhalb der Störereigenschaft nicht konkret benannt wird und somit ebenfalls sowohl das Betreten des Grundstücks, die Anfertigung der Aufnahme und ihre Verwertung in Betracht kommen.[365] Weiterhin überrascht,

---

363 Vgl. BGH, Urt. v. 20.09.1974, I ZR 99/73, GRUR 1975, 500 (501); BGH, Urt. v. 09.03.1989, I ZR 54/87, NJW 1989, 2251 (2252); BGH, Urt. v. 17.12.2010, V ZR 45/10, GRUR 2011, 323 (324); BGH, Urt. v. 17.12.2010, V ZR 46/10, ZUM 2011, 333 (334); BGH, Urt. v. 17.12.2010, V ZR 44/10, ZUM 2011, 325 (326); BGH, Urt. v. 01.03.2013, V ZR 14/12, GRUR 2013, 623 (626).

364 BGH, Urt. v. 17.12.2010, V ZR 45/10, GRUR 2011, 323 (324); so auch BGH, Urt. v. 17.12.2010, V ZR 46/10, ZUM 2011, 333 (334); BGH, Urt. v. 17.12.2010, V ZR 44/10, ZUM 2011, 325 (326).

365 BGH, Urt. v. 17.12.2010, V ZR 45/10, GRUR 2011, 323 (326).

dass der BGH innerhalb der Wiederholungsgefahr nicht auf das Betreten des Grundstücks sondern auf die Anfertigung der Aufnahmen sowie bspw. das Einstellen in das Online-Portal zum Verkauf abstellt.[366] Dies führt zu erheblichen Verunsicherungen, da das Recht zur Anfertigung und Verwertung von Abbildungen wiederum von dem Ort der Aufnahme abhängig gemacht wird und diese differenzierte Betrachtung nicht begründet und somit auch nicht nachvollzogen werden kann.

B. Grundstückseigentum als Anknüpfungspunkt

Die BGH-Entscheidungen verdeutlichen, dass der BGH für die das Eigentum beeinträchtigende Handlung nicht auf die Anfertigung einer Abbildung und deren Verwertung abzustellen scheint, sondern stattdessen auf das Betreten des Grundstücks. Dies ist schlüssig und nachvollziehbar, sofern eine Einwirkung auf das Eigentum am Grundstück geprüft wird, so wie es in den Entscheidungen zu Preußische Gärten und Parkanlagen der Fall war. Sofern hingegen eine Einwirkung auf das Eigentum an dem abgebildeten und auf dem Grundstück befindlichen Bauwerk geprüft wird, darf dem Ort der Abbildung für die Annahme einer Eigentumseinwirkung keinerlei Relevanz zukommen – so aber in der Friesenhaus-Entscheidung sowie der Schloss-Tegel-Entscheidung. Sofern eine Beeinträchtigung des Grundstückseigentums geprüft wird, so kann das Betreten des Grundstücks nur dann zu einer Eigentumsbeeinträchtigung infolge eines unbefugten Gebrauchs des Grundstücks führen, sofern der Abbildende keine Berechtigung für den Zugang zum Grundstück bzw. zur Nutzung des Grundstücks hatte.[367] Zu einer Beeinträchtigung des Eigentums an den auf dem Grundstück befindlichen Bauwerken oder Kulturgütern nahm die Rechtsprechung keine Stellung, obwohl dies in den vorliegenden Konstellationen die streitentscheidende Frage war. Sofern die Abbildung dieser Werke bzw. ihre Verwertung untersagt werden soll, kommt es auf eine Beeinträchtigung des

366 BGH, Urt. v. 17.12.2010, V ZR 45/10, GRUR 2011, 323 (326).

367 *Stadinger*/Gursky, BGB, § 1004 Rn. 24; *Wellenhofer*, Sachenrecht, § 24 Rn. 12; *Elmenhorst* stellt diesbezüglich noch fest, dass der Eigentümer in dem Fall auch wirksame Bedingungen zum Betreten und Nutzen wie z.B. Fotografieren aufgestellt haben müsse, die in der Preußische Gärten und Parkanlagen I Entscheidung vom Eigentümer bspw. nicht getroffen wurden, dennoch wurde aber eine Eigentumsbeeinträchtigung angenommen, vgl. *Elmenhorst*, BGH, Urt. v. 01.03.2013, V ZR 14/12, GRUR 2013, 623 (627).

Eigentums an diesen Werken und nicht am Grundstückseigentum an.[368] Dies verdeutlicht, dass das Betreten des Grundstücks und damit einhergehend auch der Ort der Abbildung keine Aussage über die Beeinträchtigung des Eigentums an den darauf befindlichen Werken treffen kann. Der Ort der Abbildung ist folglich nicht geeignet, um über das Schicksal einer Eigentumseinwirkung hinsichtlich des abgebildeten Bauwerkes entscheiden zu können.[369] Das Betreten des Grundstücks, die Anfertigung einer Abbildung und schließlich die Verwertung dieser Abbildung stellen drei voneinander unabhängige Handlungen dar, die folglich rechtlich differenziert voneinander zu betrachten sind.[370] Dabei kann das Betreten des Grundstücks ausschließlich eine Beeinträchtigung des Eigentums am Grundstück bewirken, wohingegen die Anfertigung und Verwertung von Abbildungen eines Bauwerkes bzw. von Kulturgütern auf dem

---

368 Ähnlich auch *Jayme,* Kunst & Recht Bulletin 2011, 11 (16 f.), unter Verweis auf die in Österreich ergangene Entscheidung des OGH vom 29.01.2002, 4Ob266/01y, in der das Gericht für die Annahme einer Eigentumsstörung ebenfalls nicht (allein) an den Ort der Aufnahme anknüpfte, sondern auch auf die Eigentums- und Vermögensrechte an dem aufgenommenen Gegenstand (Schwimmbad) abstellte, in: https://rdb.manz.at/document/ris.just.JJT_20020129_OGH0002_0040OB00266_01Y0000_000?source=726462233230323130353136237269732e6a7573722e4a4a525f313937363039323l5f4f4748303030325f303031304f4230303730385f373630303030305f3030342352534c2331393338353731313238 (Stand 2023, zuletzt besucht am: 12.07.2023).

369 So auch *Jayme,* Kunst & Recht Bulletin 2011, 11 (16), der unterstützend auf eine Entscheidung des österreichischen OGH verweist, vgl. Urteil OGH 29.01.2002, 4Ob266/01y in: https://rdb.manz.at/document/ris.just.JJT_20020129_OGH0002_0040OB00266_01Y0000_000?source=726462233230323130353136237269732e6a7573722e4a4a525f3139373630393231 5f4f4748303030325f303031304f4230303730385f373630303030305f3030342352534c2331393338353731313238 (Stand: 2023, zuletzt besucht am: 12.07.2023); anderer Ansicht grundsätzlich *Gerauer,* GRUR 1988, 672 (672 ff.), der eine Eigentumsbeeinträchtigung ebenfalls nur bei Aufnahmen annimmt, die durch das Betreten des Grundstücks hergestellt werden, schließlich müsse der Eigentümer über die Verwendung seines Eigentums und ihre Vorstellung in der Öffentlichkeit entscheiden – in diesem Zusammenhang verweist er ebenfalls auf das Hausrecht sowie den strafrechtlichen Hausfriedensbruch und nimmt eine Beeinträchtigung jedenfalls solange an, wie die Sache nicht frei zugänglich ist und der Eigentümer sie auch nicht der Öffentlichkeit zugänglich machen möchte – in der Folge dürfte bei Zugrundelegung seiner Argumentation bei öffentlich zugänglichen Museen keine Beeinträchtigung vorliegen, selbst wenn das Grundstück hierfür betreten wird.

370 So auch *Zech,* AcP 219 (2019), 488 (573).

Grundstück zu einer Beeinträchtigung des Eigentums am Baukunstwerk bzw. am Kulturgut führen können.

C. *Keine sachgerechten Ergebnisse*

Insbesondere resultieren aus den Entscheidungen hinsichtlich unbeweglicher Kunstwerke erhebliche Beweisprobleme, sofern auf den Abbildungsort abgestellt würde.[371] Dem Eigentümer eines unbeweglichen Kunstwerkes wie eines Bauwerkes wird in der Praxis der Beweis darüber schwerfallen, ob die Abbildung tatsächlich von seinem Grundstück aus angefertigt wurde und ihm somit Ansprüche aus seinem Grundstückseigentum zustehen. Mithilfe eines geeigneten Teleobjektivs könnten detailgetreue Nahaufnahmen eines Bauwerkes angefertigt werden und der Ort der Abbildung somit schwer oder kaum festzustellen sein, sofern das Grundstück nicht vollständig vor der Einsichtnahme durch Dritte von außen geschützt wird. Daher könnte sich der Abbildende mit der Aussage entlasten, dass die Abbildung außerhalb des Grundstücks unter Anwendung entsprechender Hilfsmittel angefertigt worden sei und eigentumsrechtliche Ansprüche auf diese Weise faktisch ausgehebelt werden. Der Ort der Abbildung sollte indes nicht über das Schicksal eigentumsrechtlicher Ansprüche hinsichtlich der aufgenommenen Werke entscheiden dürfen. Andernfalls hinge es vom bloßen Zufall ab, ob sich der Baukunstwerkeigentümer gegen die Anfertigung einer Abbildung sowie ihre Verwertung zur Wehr setzen kann, obwohl die eigentumsbeeinträchtigende Handlung identisch bleibt.

Nicht sachgerechte Ergebnisse ergeben sich zudem, wenn die Abbildung nicht in Form einer Fotografie oder Filmaufnahme erfolgt, sondern durch das Abzeichnen, Abmalen oder Nachbauen eines Werkes. Die Abbildung muss hierbei im Gegensatz zu einer Fotografie und Filmaufnahmen nicht zwingend auf dem Grundstück des betroffenen Eigentümers oder in unmittelbarer Nähe angefertigt werden, sondern kann vielmehr auch auf einem anderen Grundstück und ggf. auch aus dem Gedächtnis bzw. anhand von Skizzen oder dergleichen entstehen. Die möglicherweise eigentumsbeeinträchtigende Handlung findet dann nicht auf dem Grundstück statt und würde entsprechend der Rechtsprechung keine Eigentumseinwirkung darstellen können.

---

371 Bei beweglichen Kunstwerken entsteht das Problem des Auseinanderfallens der Eigentümerstellungen voraussichtlich im Vergleich zu unbeweglichen Kunstwerken aufgrund der auf unbewegliche Kunstwerke anwendbare Regelung der §§ 93, 94 BGB häufiger, sodass fraglich ist, wessen Eigentum dann beim Betreten des Grundstücks verletzt werde – das Eigentum an dem beweglichen Kunstwerk?.

Inkonsequent erscheint insbesondere eine Anknüpfung an den Ort der Abbildung, sofern eine Eigentumsbeeinträchtigung infolge der Verwertung der angefertigten Abbildung geprüft wird. Die Argumentation kann ebenfalls wie im Hinblick auf die Anfertigung von Abbildungen nicht überzeugen.[372] Schließlich müsste sich der Verwertende bei einer bestehenden Personenverschiedenheit zum Abbildenden seine Handlung zurechnen lassen, nämlich das Betreten des Grundstücks entgegen etwaigen Zugangsbeschränkungen seitens des Grundstückseigentümers. Der Ort der Abbildung kann indes nicht relevant sein, da die entscheidende Verwertungshandlung zu einem späteren Zeitpunkt an einem anderen Ort und durch eine andere Person erfolgt.

Unklar bleibt insbesondere auch der rechtliche Umgang mit Abbildungen, die mithilfe einer Drohne und somit ohne das Betreten des Grundstücks aber schwebend über dem betroffenen Grundstück angefertigt wurden. Entsprechend der BGH-Entscheidungen dürften diese Aufnahmen mangels Betretens des Grundstücks keine Eigentumsbeeinträchtigung darstellen, obwohl lediglich eine andere Perspektive mit ggf. verbesserten Einsichtsmöglichkeiten auf das Grundstück bzw. die Bauwerke und Kulturgüter besteht. Eine differenzierte Betrachtung erscheint daher nicht konsequent.

Unsicherheiten bleiben schließlich auch dahingehend bestehen, wenn der Abbildende zwar das Grundstück betritt, aber ein Bauwerk im Eigentum eines Dritten außerhalb des betretenen Grundstücks aufnimmt. Würde allein auf das Betreten des Grundstücks als eigentumsbeeinträchtigende Handlung abgestellt werden, wie es die BGH-Entscheidungen nahelegen, wäre eine Eigentumsbeeinträchtigung konsequent zu versagen. Schließlich wird ein Grundstück zwar betreten, aber nicht das auf dem Grundstück befindliche Baukunstwerk abgebildet. Andererseits wäre eine Eigentumsbeeinträchtigung auch an dem abgebildeten Bauwerk mit der Argumentation der BGH-Rechtsprechung zu versagen, da das Grundstück des abgebildeten Bauwerkes für die Anfertigung der Abbildung nicht betreten wurde. Dieses Ergebnis ist inkongruent und nicht nachvollziehbar.

D. Eigentum am Baukunstwerk als geeigneter Anknüpfungspunkt

Das Ergebnis zeigt, dass der Ort der Abbildung bzw. das Betreten eines Grundstücks für die Annahme einer Eigentumsbeeinträchtigung infolge der Anfertigung und Verwertung von Abbildungen von bspw. Baukunstwerken

372 Vgl. auch *Heyers*, Jura 2013, 1079 (1091).

oder sonstigen Kulturgütern nicht geeignet ist.[373] Stattdessen ist eine Beeinträchtigung des Eigentums an den abgebildeten Baukunstwerken zu prüfen, die sich auf dem Grundstück befinden. Insgesamt zeigt sich bei einer kritischen Betrachtung der Entscheidungen, dass sich die Gerichte nicht hinreichend mit den Voraussetzungen einer Eigentumseinwirkung im Hinblick auf das Eigentum am abgebildeten Bauwerk bzw. Kulturgut unabhängig vom Grundstückseigentum auseinandergesetzt haben. Stattdessen stellen die Gerichte auf das Betreten des Grundstücks bzw. das Hausrecht ab und somit auf das Eigentum am Grundstück, obwohl es um die Abbildung und Verwertung von Abbildungen von Bauwerken bzw. Kulturgütern geht, die sich auf dem Grundstück befinden und darüber hinaus im Eigentum einer vom Grundstückseigentümer verschiedenen Person stehen könnten. Daher ist ausschließlich die Anfertigung und Verwertung von Abbildungen von Baukunstwerken als eine eigentumsbeeinträchtigende Handlung im Hinblick auf das Eigentum an den Baukunstwerken zu betrachten. Das Betreten des Grundstücks und mithin der Ort der Abbildung sind daher insgesamt unberücksichtigt zu lassen, sofern eine Eigentumsbeeinträchtigung an dem abgebildeten Baukunstwerk geprüft wird.

4. *Anfertigung und Verwertung von Abbildungen als Früchteziehungsrecht*

Des Weiteren stellt der BGH zur Begründung einer Eigentumsbeeinträchtigung sowohl im Hinblick auf die Anfertigung von Abbildungen als auch hinsichtlich deren Verwertung auf das Recht des Eigentümers zur Früchteziehung ab. Diese Argumentation überzeigt im Ergebnis ebenfalls nicht.

So handelt es sich im Hinblick auf die Anfertigung von Abbildungen nicht um ein Recht des Eigentümers zur Früchteziehung gem. § 99 BGB, wie es der BGH in seiner Entscheidung Preußische Gärten und Parkanlagen I bei einer wirtschaftlichen Verwertung von Abbildungen angenommen hatte.[374] An

373 Ähnlich auch *Jayme*, Kunst & Recht Bulletin 2011, 11 (16 f.), unter Verweis auf die in Österreich ergangene Entscheidung des OGH vom 29.01.2002, 4Ob266/01y, in der das Gericht für die Annahme einer Eigentumsstörung ebenfalls nicht (allein) an den Ort der Aufnahme anknüpfte, sondern auch auf die Eigentums- und Vermögensrechte an dem aufgenommenen Gegenstand (Schwimmbad) abstellte, in: https://rdb.manz.at/document/ris.just.JJT_20020129_OGH0002_0040OB00266_01Y0000_000?source=726462233230323130353136237269732e6a7573722e4a4a525f3139373630393231 5f4f4748303030325f303031304f4230303730385f373630303030305f3030342352534c2331393338353731313238 (Stand 2023, zuletzt besucht am: 12.07.2023).

374 BGH, Urt. v. 17.12.2010, V ZR 45/10, GRUR 2011, 323 (324 f.) Rn. 15.

einer Früchteziehung gem. § 99 Abs. 1 BGB scheitert es schon daran, dass die Abbildung nicht bestimmungsgemäß unmittelbar aus dem Eigentum – hier des Baukunstwerkes – gewonnen wird.[375] Ein Baukunstwerk ist nicht originär dazu bestimmt, dass Abbildungen von ihm hergestellt werden. Da es sich bei dem Kunstwerk auch nicht um ein Recht handelt, ist eine Anwendung des § 99 Abs. 2 BGB abzulehnen. Auch die Abbildung als mittelbare Frucht des Baukunstwerkes i.S.d. § 99 Abs. 3 BGB lässt sich nicht rechtfertigen. Nach dem Wortlaut des § 99 Abs. 3 BGB werden nur solche Früchte als Ertrag erfasst, die „vermöge eines Rechtsverhältnisses" entstanden sind und den Gegenwert für die Überlassung von Fruchtziehung, Gebrauch oder Nutzung an Dritte darstellen.[376] Hierzu zählen in der Regel bei einem Hausgrundstück die Mieteinnahmen oder sonstige Früchte aus dem Eigentumsrecht an der Sache.[377] Dies ist mit der Anfertigung von Abbildungen nicht vergleichbar. Hierfür fehlt es bereits an einem erforderlichen Rechtsverhältnis zwischen dem Baukunstwerkeigentümer und dem Abbildungskünstler, aus dem sich die Abbildung als Gegenleistung bspw. für den Besuch eines Museums ergeben könnte.[378] Der bloße Abschluss eines konkludenten Besuchervertrages durch das Betreten des Grundstücks allein genügt noch nicht, da Abbildungen nicht „vermöge" des Besuchervertrages entstehen. Der Besuchervertrag berechtigt grundsätzlich nur zum Besuch eines Museums oder einer sonstigen kulturellen Einrichtung und nicht gleichzeitig zur Anfertigung von Abbildungen. Die Abbildung eines Baukunstwerkes ist mithin keine Frucht i.S.d. § 99 BGB, sodass die Ausführungen des BGH nicht übertragen werden können. Auf das weitere Argument des BGH dahingehend, dass die urheberrechtlichen Bestimmungen trotz bestehender Gemeinfreiheit des abgebildeten Kunstwerkes und insbesondere die Wertungen des § 59 UrhG übertragen werden sollen, wird an späterer Stelle detailliert eingegangen.[379]

Des Weiteren kann auch die kommerzielle Verwertung der angefertigten Abbildungen nicht unter das Früchteziehungsrecht des Eigentümers subsumiert werden. Die wirtschaftliche Verwertung einer Abbildung stellt keine mittelbare Sachfrucht i.S.d. § 99 Abs. 3 BGB dar.[380] § 99 Abs. 3 BGB stellt lediglich fest, dass die Früchte bei Vorliegen eines entsprechenden Rechtsverhältnisses

---

375 Vgl. *Bork,* Allgemeiner Teil des Bürgerlichen Gesetzbuchs, Rn. 267.
376 Soergel/*Marly,* BGB, § 99 Rn. 14; Staudinger/*Stieper,* BGB, § 99 Rn. 18.
377 Vgl. *Bork,* Allgemeiner Teil des Bürgerlichen Gesetzbuchs, Rn. 267.
378 *Schack,* JZ 2011, 375 (376).
379 Siehe hierzu unten unter 4. Kapitel § 1 I.
380 *Schack,* JZ 2011, 375 (375 f.).

dem Berechtigten zustehen,[381] wobei ein solches Rechtsverhältnis nicht pauschal angenommen werden kann und in der Regel nicht vorliegt.[382] Ebenso wie bei der Anfertigung einer Abbildung genügt der Abschluss eines auch nur konkludenten Besuchervertrages durch das Betreten des Grundstücks nicht für die Annahme eines erforderlichen Rechtsverhältnisses. Der Besuchervertrag berechtigt ausschließlich zum Besuch und nicht auch zur Verwertung von Abbildungen des Baukunstwerkes, sodass die Verwertung der Abbildungen, die während der Besuchszeiten angefertigt wurden, nicht auf Grundlage des Besuchervertrages erfolgt. Anders liegt dies in dem vom BGH angeführten, aber nicht auf die gegenwärtige Konstellation übertragbaren Fall, bei dem ein Schloss als Filmkulisse für einen Kinofilm vermietet wurde und dessen Erträge als Früchte i.S.d. § 99 Abs. 3 BGB anerkannt wurden.[383] In der Entscheidung wurden die Erträge aufgrund des Mietvertrages vermöge eines Rechtsverhältnisses erzielt. Bei dem Abschluss eines bloßen Besuchervertrages sowie bei öffentlich frei zugänglichen Anlagen handelt es sich indes nicht um Erträge vermöge des Besuchervertrages, sofern ein Vertragsschluss angenommen werden kann.[384]

Die Beteiligung des Eigentümers gem. § 99 Abs. 3 BGB an der Verwertung von Abbildungen durch einen Dritten[385] ist zudem primär ein Zirkelschluss anstelle einer dogmatischen Herleitung.[386] Dieses Früchteziehungsrecht kann dem Eigentümer schließlich allenfalls dann zustehen, wenn dieses Nutzungsrecht dem Eigentum auch zugewiesen wird, was allerdings gerade die zu klärende Frage ist.[387]

Folglich kann weder die Anfertigung einer Abbildung noch ihre kommerzielle Verwertung aus dem Früchteziehungsrecht des Eigentümers hergeleitet werden. Die Argumentation der Rechtsprechung ist mithin dahingehen ebenfalls nicht überzeugend.

---

381 *Flöter/Königs*, ZUM 2012, 383 (385).

382 Siehe hierzu näher oben unter 3. Kapitel § 2 III 4.

383 BGH, Urt. v. 17.12.2010, V ZR 45/10, GRUR 2011, 323 (324 f.) Rn. 15.

384 So auch *Schack*, JZ 2011, 375 (376).

385 Zur ausführlichen Argumentation hierzu siehe oben unter 3. Kapitel § 2 III 4.

386 So auch *Stieper*, ZUM 2011, 331 (332); *Heyers*, Jura 2013, 1079 (1088).

387 *Stieper*, ZUM 2011, 331 (332); *Flöter/Königs*, ZUM 2012, 383 (385 f.); *Elmenhorst*, GRUR-Prax 2013, 94 (94).

5. *Innere Verwertungsabsicht bei der Anfertigung und Verwertung von Abbildungen*

Weiterhin stellt der BGH bei der Prüfung einer Eigentumsbeeinträchtigung durch die Anfertigung und Verwertung einer Abbildung auf die innere Verwertungsabsicht des Abbildungskünstlers ab. Schließlich müsse eine „gewerbliche" Abbildung angefertigt werden, um sie anschließend zu verwerten.[388] Dies ist u.a. aufgrund der daraus resultierenden Unsicherheiten ebenfalls nicht überzeugend.

So ist die innere Verwertungsabsicht schon dann nicht ausschlaggebend, wenn eine Eigentumseinwirkung infolge der Anfertigung einer Abbildung geprüft wird. Dies führte insbesondere bei einer Personenverschiedenheit des Abbildungskünstlers und des Verwertenden zu schwierigen Zurechnungsfragen im Hinblick auf eine Zurechnung der Verwertungsabsicht des Verwerters. Darüber hinaus entstünden Beweisschwierigkeiten im Hinblick auf die innere Verwertungsabsicht des Abbildungskünstlers sowie Unklarheiten bei der Bestimmung des relevanten Zeitpunktes einer Verwertungsabsicht ob der Variabilität ihres Entstehungszeitpunkts. Hinsichtlich des Bestimmungszeitpunktes wird wiederum die das Eigentum beeinträchtigende relevante Handlung bedeutsam und es stellt sich die Frage, ob eine Verwertungsabsicht zum Zeitpunkt des Betretens des Grundstücks vorliegen muss oder vielmehr bei der Anfertigung der Abbildung. Schließlich kann sich eine Verwertungsabsicht auch zeitlich im Anschluss an das Betreten bzw. die Anfertigung der Abbildung bilden, bspw. weil der Abbildungskünstler erst im Nachhinein die Abbildung als besonders gelungen und daher als wirtschaftlich verwertbar bewertet.[389] Auch in der umgekehrten Konstellation ist die Argumentation der Rechtsprechung nicht überzeugend. So kann der Abbildungskünstler

---

388 Vgl. BGH, Urt. v. 17.12.2010, V ZR 45/10, GRUR 2011, 323 (324, 326) Rn. 15, 25 was an anderer Stelle mit „gewerblichem Fotografieren" umschrieben wird; vgl. BGH, Urt. v. 17.12.2010, V ZR 46/10, ZUM 2011, 333 (335 f.); vgl. BGH, Urt. v. 17.12.2010, V ZR 44/10, ZUM 2011, 325 (326).

389 So auch *C. Lehment*, in: FS Raue 2006, 515 (519); vgl. *Grüning*, Die Eigentumsfreiheitsklage gegen Fotografieren und die gewerbliche Verwertung dieser Fotografie, S. 38 f.; der von *Dreier*, in: FS Dietz 2001, 235 (251) vorgebrachte Einwand, dass auch im Urheberrecht eine erst im Nachhinein feststellbare Rechtmäßigkeit bzw. Rechtswidrigkeit möglich sei und sich daher eine zum Zeitpunkt der Aufnahme noch nicht feststehende Verwendungsabsicht ebenfalls als nicht hinderlich darstellen dürfe, scheint bloß ein Versuch der Banalisierung dieses Problems zu sein, der nicht überzeugen kann.

zwar zum Zeitpunkt des Betretens des Grundstücks bzw. der Anfertigung der Abbildung noch eine Verwertungsabsicht gehabt haben. Diese kann er indes im Anschluss an die Anfertigung der Abbildung wieder verworfen haben, weil er die Abbildung ggf. nachträglich betrachtet für nicht wirtschaftlich verwertbar halte. Mit der Argumentation der Rechtsprechung wäre eine Eigentumsbeeinträchtigung durch die Anfertigung der Abbildung bzw. durch das Betreten des Grundstücks dennoch anzunehmen, da die Verwertungsabsicht zum Handlungszeitpunkt noch vorlag.

Darüber hinaus ergeben sich auch hinsichtlich der Eigentumsbeeinträchtigung durch die Verwertung der Abbildung Schwierigkeiten, sofern der Abbildungskünstler und der Verwerter der Abbildung personenverschieden sind und der Verwerter zum Zeitpunkt der eigentumsbeeinträchtigenden Handlung (Betreten des Grundstücks bzw. Anfertigung der Abbildung) keine Verwertungsabsicht hatte. Eine Zurechnung der Verwertungsabsicht des Abbildungskünstlers ist nicht denkbar. Dies verdeutlicht die Inkonsequenz der Rechtsprechung, für eine Eigentumsbeeinträchtigung durch die Verwertung von Abbildungen auf das Betreten des Grundstücks und gleichzeitig auf die innere Verwertungsabsicht abzustellen.[390] Die Eigentumsbeeinträchtigung wird auf diese Weise von Umständen abhängig gemacht, die den eigentlichen Fotografier- bzw. Vervielfältigungsvorgang selbst unberührt lassen,[391] und somit ebenfalls primär vom Zufall abhängig gemacht, was wiederum den Grundsätzen der Rechtssicherheit und -klarheit widerspricht und zu unbilligen und widersprüchlichen Ergebnissen führen kann. Der Eigentümer hätte keine genauere Kenntnis darüber, wann er sich gegen das Anfertigen einer Abbildung zur Wehr setzen kann, da die Beeinträchtigung von für ihn zum Zeitpunkt der Abbildung nicht erkennbaren Umständen abhinge. Es kann daher weder auf die Vorstellung, den Zweck, oder die Absicht des Abbildenden ankommen. Auch wenn im Urheberrecht die Möglichkeit besteht, die Rechtswidrigkeit oder Rechtmäßigkeit im Anschluss an die Verletzungshandlung zu bestimmen, behebt dies nicht die vorliegende Problematik.[392] Stattdessen scheinen tatsächlich bestehende Problematiken vielmehr banalisiert zu werden. Sofern der BGH schon im Rahmen der Anfertigung von Abbildungen auf die Kommerzialisierbarkeit abstellt, scheint er wiederum die Anfertigung von Abbildungen und

---

390 Noch weitere Argumente dafür, dass es nicht auf die innere Verwertungsabsicht des Vervielfältigenden ankommen kann *C. Lehment,* in: FS Raue 2006, 515 (519).

391 *C. Lehment,* in: FS Raue 2006, 515 (519).

392 Anderer Ansicht hingegen *Dreier,* in: FS Dietz 2001, 235 (251).

deren Verwertung als Einheit zu betrachten. Wie bereits ausgeführt, liegen unterschiedliche und somit differenziert voneinander zu betrachtende Handlungen vor. Eine Eigentumsbeeinträchtigung durch die Anfertigung einer Abbildung kann daher nicht mit einer Verwertungsabsicht des Verwertenden begründet werden, mithin auch nicht mit ihrer wirtschaftlichen Verwertung.

IV. Sonderfall: Google-Streetview-Entscheidungen

Abschließend ist zu betrachten, ob sich aus den zu Google-Streetview ergangenen Gerichtsentscheidungen andersartige Argumentationsmuster zur Begründung einer Eigentumseinwirkung herleiten lassen.[393] Allerdings wurde – sofern eine Urteilsbegründung vorlag –[394] hinsichtlich einer Eigentumseinwirkung infolge der Abbildung lediglich auf die vom BGH ergangene Friesenhaus-Entscheidung unter Heranziehung einer äquivalenten Argumentation verwiesen und eine Eigentumseinwirkung abgelehnt.[395] Es werde demnach durch die Abbildung weder die Sachsubstanz des abgebildeten Bauwerkes verletzt, noch werde der Eigentümer in der Nutzung der Sache oder in seinem Recht beeinträchtigt, mit der Sache nach Belieben zu verfahren.[396] Ein Eigentumsschutz komme zudem schon nicht in Betracht, da auch der Urheber des Gebäudes bei der Aufnahme durch Dritte von öffentlichen Plätzen aus aufgrund des § 59 UrhG schutzlos bliebe und zudem das äußere Abbild ohnehin ausschließlich dem Urheberrecht zugewiesen sei und daher nicht von der Eigentumsfreiheit erfasst werde.[397] Diese Ansicht ist somit ebenfalls aufgrund der zuvor dargestellten Kritik hinsichtlich der Anfertigung von Abbildungen nicht überzeugend. Zudem spricht gegen eine Berücksichtigung des § 59 UrhG, dass die Abbildungen mittels einer auf einem Auto installierten Kamera angefertigt wurden, die sich in etwa drei Meter Höhe über der Straße befindet. Dadurch wird die Voraussetzung des § 59 UrhG einer „öffentlichen Sichtbarkeit" problematisch, sofern Abbildungen von einem anderen Standort aus ermöglicht

393 Vgl. zu den Entscheidungen des LG Waldshut-Tiengen, Urt. v. 28.10.1999, 1 O 200/99, NZM 1999, 1166 (1166 ff.); VG Karlsruhe, Beschl. v. 01.12.1999, 2 K 2911/99, MMR 2000, 181 (181 ff.).

394 Vgl. KG Berlin, Beschl. v. 25.10.2010, 10 W 127/10, MMR 2011, 414 (414 f.), wo die Antragstellerin eine Verletzung ihrer Rechte infolge der Aufnahme schon nicht hinreichend glaubhaft machen konnte.

395 LG Waldshut-Tiengen, Urt. v. 28.10.1999, 1 O 200/99, NZM 1999, 1166 (1167).

396 LG Waldshut-Tiengen, Urt. v. 28.10.1999, 1 O 200/99, NZM 1999, 1166 (1167).

397 LG Waldshut-Tiengen, Urt. v. 28.10.1999, 1 O 200/99, NZM 1999, 1166 (1167); VG Karlsruhe, Beschl. v. 01.12.1999, 2 K 2911/99, MMR 2000, 181 (183).

werden, die der Öffentlichkeit in der Regel gewöhnlich nicht gewährt werden können.[398] Die Vorschrift des § 59 UrhG soll schließlich keine Anwendung finden, sofern sich Werke nicht ohne die Verwendung besonderer Hilfsmittel von einem öffentlichen Ort aus wahrnehmen lassen, was u.a. bei Kamerapositionen von etwa über 1,80 Meter Höhe anzunehmen ist.[399] Werden daher Google Kameras in einer Höhe von ca. drei Metern verwendet und können hierdurch Einsichten in Grundstücke gewährt werden, die ohne einen Kameraaufsatz nicht möglich sind, so wird auch keine Abbildung von einem öffentlichen Ort aus i.S.d. § 59 UrhG getätigt. Konsequenterweise hätte in der vom KG Berlin[400] nicht entschiedenen Konstellation daher eine Eigentumseinwirkung angenommen werden müssen, da das aufgenommene (Privat-) Grundstück von einer zwei Meter hohen Hecke umzäunt war und demnach grundsätzlich nicht der Öffentlichkeit zugänglich war. Die Rechtsprechung ist daher hinsichtlich ihrer Argumentation identisch mit den oben dargestellten Entscheidungen und somit aus den bereits dargestellten Gründen ebenfalls nicht überzeugend.

V. Zwischenergebnis

Die dargestellten BGH-Entscheidungen bringen keine weiterführenden Erkenntnisse in Bezug auf den Inhalt der Eigentumsrechte an einem Baukunstwerk im Hinblick auf die Anfertigung und Verwertung von Abbildungen dieses Werkes. Der BGH prüft ausschließlich eine Beeinträchtigung des Eigentums in Bezug auf das Grundstückseigentum, auf dem sich die abgebildeten Werke der Baukunst befinden. Lediglich die Friesenhaus-Entscheidung sowie die Schloss-Tegel-Entscheidung scheinen eine Beeinträchtigung des Eigentums hinsichtlich der abgebildeten Baukunstwerke zu untersuchen. Zudem bezieht sich der BGH in seinen Entscheidungen ausschließlich auf Verwertungen zu kommerziellen Zwecken. Hinsichtlich nicht-kommerzieller Verwertungen liegen bislang keine Entscheidungen vor. Allen Entscheidungen ist allerdings wiederum gemein, dass sie für die eigentumsbeeinträchtigende Handlung an das Betreten des Grundstücks anzuknüpfen scheinen. Dies ist konsequent, sofern eine Beeinträchtigung des Eigentums am Grundstück untersucht wird. Gleichzeitig bleibt die Kernfrage einer Eigentumsbeeinträchtigung an dem abgebildeten Baukunstwerk unbeantwortet. Das Grundstückseigentum kann schließlich von dem Baukunstwerkeigentum abweichen. Die das Eigentum

398 *Ernst*, CR 2010, 178 (183).

399 *Ernst*, CR 2010, 178 (182 f.).

400 KG Berlin, Beschl. v. 25.10.2010, 10 W 127/10, MMR 2011, 414 (414 f.).

beeinträchtigende Handlung kann somit allein in der Anfertigung und Verwertung einer Abbildung des abgebildeten Baukunstwerkes bestehen. Auf ein Betreten des Grundstücks darf es dabei nicht ankommen. Die Entscheidungen sorgen statt für Rechtssicherheit und -klarheit vielmehr für weitere Fragen und Unsicherheiten. Sofern eine Eigentumsbeeinträchtigung vom Betreten des Grundstücks abhängig gemacht wird, ergeben sich inkongruente Ergebnisse und weiterhin Unklarheiten bei Abbildungen von Baukunstwerken, die ohne das Betreten des Grundstücks angefertigt wurden. So bleibt unklar, wie Drohnenaufnahmen eigentumsrechtlich zu bewerten sind. Auch die rechtliche Bewertung von Aufnahmen beweglicher Kunstwerke innerhalb der Räumlichkeiten eines Baukunstwerkes kann mithilfe der BGH-Rechtsprechung nicht beantwortet werden, wenn der BGH nicht an das Baukunstwerkeigentum anknüpft. Unsicherheiten bleiben schließlich auch dahingehend bestehen, wenn der Aufnehmende zwar das Grundstück betritt, aber ein Bauwerk im Eigentum eines Dritten außerhalb des betretenen Grundstücks aufnimmt. Dies verunsichert die Allgemeinheit dahingehend, welche Rechte zukünftig an Abbildungen von Baukunstwerken und deren Verwertung bestehen und welcher Umgang zulässig ist. Die bisherige Rechtsprechung konnte darauf bislang keine klaren Antworten finden. Die fehlende eindeutige Präzisierung der eigentumsbeeinträchtigenden Handlung führt weiterhin konsequent dazu, dass der BGH die Handlung der innerhalb einer Prüfung des § 1004 Abs. 1 BGB relevanten Störereigenschaft nicht konkret benennt. Offen bleibt schließlich, weshalb der BGH wiederum innerhalb der Wiederholungsgefahr nicht auf das Betreten des Grundstücks, sondern auf das Anfertigen der Abbildung und deren Verwertung abstellt. Auch überzeugt es nicht, eine Eigentumsbeeinträchtigung aufgrund der kommerziellen Verwertung von Abbildungen von einer Eigentumsbeeinträchtigung infolge der Anfertigung einer Abbildung abhängig zu machen. Es handelt sich dabei um zwei Handlungen, die folglich voneinander differenziert zu prüfen sind. Insbesondere bei einer Personenverschiedenheit zwischen dem Abbildungskünstler und dem Verwertendem ergeben sich dann herausfordernde Zurechnungsfragen. Dieselbe Problematik stellt sich, sofern der BGH bereits bei der Anfertigung einer Abbildung eine Verwertungsabsicht des Abbildungskünstlers fordert. Daher sind mangels hinreichender Erkenntnisse aus der bisherigen Rechtsprechung die Eigentumsrechte an einem Baukunstwerk gem. § 903 S. 1 BGB im Hinblick auf die Anfertigung und Verwertung von Abbildungen dieser Werke im Folgenden dogmatisch zu betrachten. Diese Prüfung wäre indes schon entbehrlich, sofern das Recht der Anfertigung und Verwertung von Abbildungen von im Eigentum Dritter stehender Werke bereits abschließend durch das Urheberrecht geregelt wird und das Eigentumsrecht aufgrund dieses Konkurrenzverhältnisses stets unbeachtet zurücktreten müsste, sofern der Inhaber der Eigentumsrechte und der Inhaber der Urheberrechte eines Werkes personenverschieden sind.

§ 3 Konkurrenzverhältnis zwischen Eigentumsrecht und Urheberrecht

Die Kernfrage ist, ob das äußere Erscheinungsbild eines Werkes dem Eigentümer des Werks zugewiesen wird, obwohl das äußere Erscheinungsbild ggf. ausschließlich dem Urheber des Werkes zustehen soll, oder ob hierdurch die Gefahr eines möglicherweise unvertretbaren „Rechts am Bild der eigenen Sache“[401] geschaffen wird. Zu differenzieren ist dabei vorab zwischen noch urheberrechtlich geschützten Werken und bereits gemeinfrei gewordenen Werken.

Sofern das Urheberrecht an einem Baukunstwerk noch besteht, ist der vom Inhaber der Urheberrechte personenverschiedene Baukunstwerkeigentümer grundsätzlich ausschließlich Inhaber der Eigentumsrechte und nicht der Urheberrechte an dem Werk, an dem das Urheberrecht des Baukunstwerkurhebers hängt. Das Eigentumsrecht bedingt somit das Urheberrecht und das Urheberrecht das Eigentumsrecht.[402] Diesen Vorrang des Urheberrechts regelt § 44 Abs. 1 UrhG, wonach der Urheber dem Eigentümer im Zweifel bei der Veräußerung seines Werkes keine Nutzungsrechte an dem Werk einräumt, sofern keine abweichenden Vereinbarungen zwischen den Beteiligten getroffen wurden.[403] Der Urheber kann daher trotz des Verlustes seines Sacheigentums an einem Werk weiterhin aufgrund seines Urheberrechts ausschließlich über die Nutzung des Werkes bestimmen.[404] Dem Eigentümer verbleibt allein während des

---

401 Zur Problematisierung eines Rechts am Bild der eigenen Sache schon BGH, Urt. v. 09.03.1989, I ZR 54/87, GRUR 1990, 390 (391); OLG Brandenburg, Urt. v. 18.02.2010, 5 U 13/09, GRUR 2010, 927 (929); *Löhr,* WRP 1975, 523 (524), wonach die Annahme eines Rechts am Bild der eigenen Sache dem Wesen der Sachherrschaft des Eigentums widerspräche; *Beater,* JZ 1998, 1101 (1102); *C. Lehment,* in: FS Raue 2006, 515 (520 f.);; *H. Lehment,* Das Fotografieren von Kunstgegenständen, S. 103; *H. Lehment,* Anm. zu BGH, Urt. v. 17.12.2010, V ZR 45/10, GRUR 2011, 323 (327); *Euler,* AfP 2009, 459 (460); *Schack,* JZ 2011, 375 (375); Staudinger/*Thole,* BGB, § 1004 Rn. 230; *Dehner,* Nachbarrecht, Band III AL 39 August 2007, B § 38, S. 12c, Fn. 31.

402 BGH, Urt. v. 31.05.1974, I ZR 10/73, GRUR 1974, 675 (676).

403 Dreier/Schulze/*Schulze,* UrhG, § 44 Rn. 1.

404 Wandtke/Bullinger/*Bullinger,* Praxiskommentar zum Urheberrecht, § 2 Rn. 164; eine Ausnahme gilt ausschließlich für den Erwerb eines Originalwerkes der

noch bestehenden Urheberrechts genauso wie jedem anderen Dritten innerhalb der urheberrechtlichen Schranken über sein Eigentum urheberrechtlich zu verfügen, sofern keine anderweitigen Vereinbarungen mit dem Urheber getroffen wurden.

Anders könnte dieses Verhältnis zwischen dem Eigentumsrecht und dem Urheberrecht beurteilt werden, sofern das Urheberrecht an einem Baukunstwerk bereits erloschen ist und auch von etwaigen Erben nicht mehr ausgeübt werden kann, mithin Gemeinfreiheit an dem Werk eingetreten ist. Urheberrechtlichen Nutzungsbeschränkungen kann der Eigentümer wie die Allgemeinheit in der Regel aufgrund der eingetretenen Gemeinfreiheit nicht mehr unterliegen.[405] Daraus könnte geschlussfolgert werden, dass das Urheberrecht an einem Baukunstwerk die daran bestehenden Eigentumsrechte nicht mehr beschränken kann und stattdessen ausschließlich dem Baukunstwerkeigentümer die zunächst allein dem Baukunstwerkurheber zugewiesenen urheberrechtlichen Nutzungsrechte zur Anfertigung und Verwertung von Abbildungen des Werkes zustehen. Dies führt zu der Fragestellung, ob das äußere Erscheinungsbild eines Werkes vom Eigentumsrecht umfasst wird oder ob dieses zunächst ausschließlich dem Urheber und bei eingetretener Gemeinfreiheit schließlich der Allgemeinheit zusteht. Stünden nach Ablauf der urheberrechtlichen Schutzfrist die Nutzungsrechte hinsichtlich des Werkes der Allgemeinheit zu, so könnten dem Eigentümer dieses Werkes keine ausschließlichen Eigentumsrechte hinsichtlich der Anfertigung und Verwertung von Abbildungen des Werkes zugewiesen werden. Daher kommt es insbesondere darauf an, ob § 44 Abs. 1 UrhG das Verhältnis zwischen dem Eigentumsrecht und dem Urheberrecht an einem Werk abschließend auch bei eingetretener Gemeinfreiheit des Werkes dahingehend regelt, dass dem Eigentümer stets keine ausschließlichen Nutzungsrechte an dem Werk zustehen.

---

bildenden Künste, eines Lichtbildwerkes oder Lichtbildern gem. § 44 Abs. 2 UrhG im Rahmen des Ausstellungsrechts i.S.d. § 18 UrhG, wonach der Erwerber das Recht zur öffentlichen Ausstellung des Kunstwerkes erwerbe, sofern der Urheber bzw. ein Dritter als Veräußerer mit dem Erwerber keine gegenteilige Vereinbarung getroffen habe, vgl. *Dreier/Schulze/Schulze*, UrhG, § 44 Rn. 14 f.

405 Wandtke/Bullinger/*Bullinger*, Praxiskommentar zum Urheberrecht, § 44 Rn. 8.

I. Eigentumsrecht am äußeren Erscheinungsbild des Baukunstwerkes

1. Argumente gegen ein Recht am Bild der eigenen Sache

Der Gesetzgeber könnte mit der Schaffung des § 44 Abs. 1 UrhG das Spannungsverhältnis zwischen dem Urheberrecht und dem Eigentumsrecht zugunsten des Urhebers abschließend auch für gemeinfreie Werke geregelt haben, indem er die Nutzungsrechte an dem Werk und mithin auch das Vervielfältigungs- und Verbreitungsrecht ausschließlich dem Urheber zugewiesen habe.[406] Auch wenn § 44 Abs. 1 UrhG keine ausdrückliche Regelung hinsichtlich eines Prävalierens des Urheberrechts gegenüber dem Eigentumsrecht enthält, ist ein durch diese Norm bezweckter Schutz des Urhebers durchaus erkennbar.[407] Schließlich schützt diese Norm den Urheber vor dem Verlust seiner urheberrechtlichen Nutzungsrechte, sofern er sein urheberrechtliches Werk an einen Dritten eigentumsrechtlich veräußert. Diese Regelung könnte somit klarstellen, dass die urheberrechtlichen Nutzungsrechte ausschließlich dem Urheber eines Werkes zustehen und nicht dem Eigentümer des urheberrechtlichen Werkes zugewiesen werden. Daher wird zum Teil geschlussfolgert, dass der Gesetzgeber mit der Regelung des § 44 Abs. 1 UrhG dieses Konkurrenzverhältnis abschließend und damit zugleich über den Ablauf der urheberrechtlichen Schutzfrist hinaus zugunsten des Urhebers gelöst habe.[408] Auch aus den Regelungen der §§ 15 ff. UrhG ergebe sich, dass ausschließlich der Urheber eines Werkes einen wirtschaftlichen Nutzen aus seinem Werk ziehen dürfe.[409] Für eine gewerbliche Verwertung durch den Eigentümer verbliebe daher generell kein Raum mehr.[410] Dies werde insbesondere durch die unterschiedlichen Schutzrichtungen des Eigentumsrechts und des Urheberrechts unterstrichen, wonach die Eigentumsrechte ausschließlich die Sachherrschaft über die körperliche Sache zu schützen beabsichtigten, hingegen das Urheberrecht gerade das unkörperliche, geistige Werk zum Schutzgegenstand habe,[411] sodass sich das natürliche Vorrecht des

---

406 OLG Brandenburg, Urt. v. 18.02.2010, 5 U 13/09, GRUR 2010, 927 (928 f.).

407 Vgl. Wandtke/Bullinger/*Wandtke*, UrhG, § 44 Rn. 1.

408 So OLG Brandenburg, Urt. v. 18.02.2010, 5 U 13/09, GRUR 2010, 927 (929); *H. Lehment*, Das Fotografieren von Kunstgegenständen, S. 103.

409 *H. Lehment*, Das Fotografieren von Kunstgegenständen, S. 103.

410 Vgl. *H. Lehment*, Fotografieren von Kunstgegenständen, S. 103.

411 BGH, Urt. v. 09.03.1989, I ZR 54/87, GRUR 1990, 390 (391), wobei es sich hierbei um das Anfertigen einer Aufnahme von *außerhalb* des entsprechenden Grundstücks handelte. Der jeweilige Rechtsgedanke ist dennoch als allgemeingültig zu übertragen, da er unabhängig davon zu gelten hat, ob die Aufnahme des Werkes der

Eigentümers nicht auch auf das äußere Erscheinungsbild der Sache erstrecke.[412] Körperliche Gegenstände könnten physisch berührt werden, wohingegen eine physische Berührung bei nicht-körperlichen Gegenständen nicht möglich sei, weil diese nicht aus einer körperlichen Sache sondern allein aus einem Recht bestünden.[413] Die Befugnis zur Nutzung des geistigen Inhalts könne nicht schon aus dem sachenrechtlichen Eigentum geschlussfolgert werden, sondern ergebe sich aus der Gestattung des Urhebers.[414] Demnach bilde der Eigentumsinhalt den Sachwert eines Werkes, der wiederum durch die Benutzungsbefugnisse am geistigen Inhalt begrenzt werde.[415] Die urheberrechtlichen Vorschriften seien somit als Spezialvorschriften gegenüber dem Eigentumsrecht zu bewerten, sodass die eigentumsrechtlichen Regelungen auch bei dem Eintritt der Gemeinfreiheit hinter dem Urheberrecht zurücktreten müssten.[416] Zudem wird angeführt, dass andernfalls der ästhetische Wert einer Sache dem Eigentümer zugebilligt werde, obwohl dieser alleine dem Urheber als Erschaffer des Werkes

---

Baukunst direkt vom Grundstück des Eigentümers aus oder außerhalb des Grundstücks angefertigt wurde. Zu diesem Rechtsgedanken setzt sich der BGH in seiner Entscheidung Preußische Gärten und Parkanlagen aber in einen Widerspruch. Den Grund für das Abweichen von der Friesenhaus-Rechtsprechung in § 59 UrhG zu sehen, vermag nicht zu überzeugen. Die Schutzrichtung der Eigentums- und Urheberrechtsvorschriften sowie die Feststellung, dass das äußere Erscheinungsbild nicht vom Eigentumsrecht erfasst wird, muss unabhängig von dem Ort der Aufnahme gelten; *Euler,* AfP 2009, 459 (460); *H. Lehment,* Anm. zu BGH, Urt. v. 17.12.2010, V ZR 45/10, GRUR 2011, 323 (327); *Ebling/Schulze/Nordemann/Dustmann,* Kunstrecht S. 97; MüKo/*Brückner,* BGB, Bd. 8, § 903 Rn. 3; Gsell/Krüger/Lorenz/Reymann/*Lakkis,* BeckOGK BGB, § 903 Rn. 13; Gsell/Krüger/Lorenz/Reymann/*Mössner,* BeckOGK BGB, § 90 Rn. 6 ff.

412 So schon BGH, Urt. v. 09.03.1989, I ZR 54/87, GRUR 1990, 390 (391); OLG Brandenburg, Urt. v. 18.02.2010, 5 U 13/09, GRUR 2010, 927 (929); *Löhr,* WRP 1975, 523 (524), dessen Ansicht bezüglich der Verwertung von Aufnahmen auf die Anfertigung übertragen werden kann, wonach ein Recht am Bild der eigenen Sache dem Wesen der Sachherrschaft widerspräche; *Beater,* JZ 1998, 1101 (1102); *C. Lehment,* in: FS Raue 2006, 515 (520 f.); *Dehner,* Nachbarrecht, Band III AL 39 August 2007, B § 38, S. 12c, Fn. 31; *H. Lehment,* Das Fotografieren von Kunstgegenständen, S. 103; *Euler,* AfP 2009, 459 (460); *Schack,* JZ 2011, 375 (375); Staudinger/*Thole, BGB,* § 1004 Rn. 230.

413 Gsell/Krüger/Lorenz/Reymann/*Mössner,* BeckOGK BGB, § 90 Rn. 8.1.

414 *Hubmann,* Das Recht des schöpferischen Geistes, S. 83.

415 *Hubmann,* Das Recht des schöpferischen Geistes, S. 83.

416 *C. Lehment,* in: FS Raue 2006, 515 (521).

sowie seiner Ästhetik gebühre und zustünde.[417] Aufgrund einer „Doppelfunktion des Erscheinungsbildes" körperlicher Gegenstände sei dem Eigentümer die Oberflächenbeschaffenheit der Sachsubstanz als Erscheinungsbild zugewiesen und dem Urheber die abstrakte Sachgestalt, die sowohl durch den Anblick als auch durch das Abbild des körperlichen Gegenstandes vermittelt werde.[418] Demnach stelle die Abbildung eines Gegenstandes eine Vervielfältigung des geistigen, immateriellen Werkes dar, das schließlich immaterialgüterrechtlich verwertet werden könne.[419] Der körperliche Teil des Werkes werde hierdurch indes nicht berührt.[420] Daraus lasse sich schlussfolgern, dass dem Eigentümer nicht auch das äußere Erscheinungsbild einer in seinem Eigentum stehenden Sache zugewiesen werde, sondern dieses ausschließlich beim Urheber verbleibe.

2. *Argumente für ein Recht am Bild der eigenen Sache*

Die vorstehende Argumentation ist im Ergebnis nicht überzeugend.[421] Entgegen der oben benannten Ansicht ist § 44 Abs. 1 UrhG vielmehr so aufzufassen, dass das Urheberrecht lediglich während seines Bestehens das Eigentumsrecht verdrängt.[422] Nach Ablauf der urheberrechtlichen Schutzdauer und folglich mit

---

417 So aber *H. Lehment,* Das Fotografieren von Kunstgegenständen, S. 108.

418 Ähnlich auch *Löhr,* WRP 1975, 523 (524); ausdrücklich *Kübler,* in FS: Baur, 1981, 51 (59); *Grüning,* Die Eigentumsfreiheitsklage gegen Fotografieren und die gewerbliche Verwertung dieser Fotografie, S. 47 ff., die sich allerdings von der „undifferenzierten" Aussage *Küblers* abgrenzt und ausführt, dass sich der Eigentumsschutz auch auf das Aussehen einer Sache als Teil des körperlichen Gegenstandes beziehen könne, bspw. bei der Beschädigung der körperlichen Sache und ihres Aussehens; *Euler,* AfP 2009, 459 (460).

419 *Euler,* AfP 2009, 459 (460).

420 So im Ergebnis im Hinblick auf das Fotografieren fremden Eigentums *Grüning,* Die Eigentumsfreiheitsklage gegen Fotografieren und die gewerbliche Verwertung dieser Fotografie, S. 48 f.

421 So auch *Jayme,* Kunst & Recht Bulletin 2011, 11 (24); ähnlich auch das französische Recht, wonach ein „Droit à l'image du bien", also ein ausschließliches Recht des Eigentümers am Bild der eigenen Sache bestehen soll, zumindest sofern eine „trouble anormal", eine abnormale Beeinträchtigung vorliegt, vgl. hierzu: Cour de Cassation, 05.07.2005, No. de pourvoi: 02-21452, vgl. https://www.legifrance.gouv.fr/affichJuriJudi.do?idTexte=JURITEXT000007050084 (Stand: 2020, zuletzt besucht am: 17.07.2023); *Bittner,* Das Fotografieren fremder Sachen – Zivilrechtliche Ansprüche des Eigentümers?, S. 27 ff.

422 *Prengel,* Bildzitate von Kunstwerken, S. 205 f; *Jayme,* Kunst & Recht Bulletin 2011, 11 (24); ähnlich auch *Nirk,* FS Brandner, 1996, 417 (424); zum Teil wird § 44 Abs. 1 UrhG neben § 31 Abs. 5 UrhG sogar nur eine rein deklaratorische Wirkung

Eintritt der Gemeinfreiheit unterliegt der Eigentümer diesen Einschränkungen des Urheberrechts hingegen nicht mehr, sodass auch keine Einwände mehr gegen die Zuweisung eines „Rechts am Bild der eigenen Sache" bestehen.[423] Dies lässt sich zum Teil der Argumentation von *Hubmann* entnehmen, der das Urheberrecht als eine Begrenzung des Eigentumsinhalts auffasst.[424] Um den Inhalt des Eigentums durch das Urheberrecht begrenzen zu können, muss der Inhalt des Eigentums zunächst umfassend bestanden haben, mithin auch hinsichtlich des geistigen bzw. schöpferischen Inhalts. Nur solange an dem Eigentum gleichzeitig Urheberrechte bestehen, wird das Eigentum schließlich durch diese Urheberrechte beschränkt. Dies führt indes nicht dazu, dass dem Eigentümer hierdurch Rechte eingeräumt würden, die ihm vorher nie zugestanden hätten,[425] sondern dass er erst mit dem Eintritt der Gemeinfreiheit diejenigen Rechte ausüben kann, die ihm von Anfang an grundsätzlich zustanden und lediglich durch die gleichzeitig bestehenden Urheberrechte verdrängt wurden. Der Gesetzgeber verdeutlicht durch die Regelung des § 44 Abs. 1 UrhG vielmehr das Vorliegen eines potenziellen Konfliktes zwischen dem Urheberrecht und dem Eigentumsrecht, den er mit der Schaffung des § 44 Abs. 1 UrhG für die Zeit des gleichzeitigen Bestehens von Urheberrechten und Eigentumsrechten zugunsten des Urhebers zu lösen beabsichtigte. Dieser Konflikt kann zwischen beiden Rechten schließlich auch nur dann entstehen, wenn sich das Eigentumsrecht auch auf das äußere Erscheinungsbild bezieht. Die Vorschrift verdeutlicht daher, dass sich die Eigentumsrechte auf das äußere Erscheinungsbild einer Sache beziehen und aus diesem Grund die Konfliktregelung des § 44 Abs. 1 UrhG aufgenommen wurde. Andernfalls dürfte der Eigentümer aufgrund eines in der Vergangenheit bestandenen Urheberrechtes generell keinen wirtschaftlichen Nutzen aus der in seinem Eigentum stehenden Werke ziehen, was im Ergebnis nicht sachgerecht wäre.

Zudem lässt sich das Aussehen einer Sache nicht streng in eine physische, konkrete Oberflächenbeschaffenheit und ein äußeres, abstraktes Erscheinungsbild der Sache aufteilen, sodass beide in der Konsequenz auch nicht stets

---

zugesprochen, vgl. so Dreyer/Kotthoff/Meckel/Hentsch/*Kotthoff*, UrhG, § 44 Rn. 1; sowie Fromm/Nordemann/*J. B. Nordemann*, UrhG, § 44 Rn. 3.

423 *Prengel*, Bildzitate von Kunstwerken, S. 205 f; *Jayme*, Kunst & Recht Bulletin 2011, 11 (24); ähnlich auch MüKo/*Raff*, BGB, Bd. 8 § 1004 Rn. 119 ff.

424 Vgl. hierzu *Hubmann*, Das Recht des schöpferischen Geistes, S. 83.

425 So allerdings angenommen von *H. Lehment*, Das Fotografieren von Kunstgegenständen, S. 103.

rechtlich unterschiedlich bewertet werden können.[426] Vielmehr zeigt diese „Doppelfunktion des Eigentums“, dass die Substanz und das Aussehen der Sache sowohl Gegenstand des Urheberrechts als auch des Eigentumsrechts sind.[427] Die Doppelfunktion eines Kunstwerkes lässt sich dadurch verdeutlichen, dass sowohl dem Eigentümer als auch dem Urheber gleichzeitig Rechte in Bezug auf das Aussehen und auf die Substanz eines Werkes zugestanden werden.[428] Besonders eindringlich veranschaulichen lässt sich dies, wenn ein Gemälde von einem Dritten übermalt wird und sowohl der Urheber Unterlassung wegen der Entstellung seines Werkes als auch der Eigentümer Unterlassung wegen eines Eingriffs in die Sachsubstanz verlangen.[429] Im Ergebnis ist zwar zuzustimmen, dass ein Kunstwerk eine Oberflächenbeschaffenheit der Sachsubstanz sowie eine abstrakte Sachgestalt bzgl. des Anblicks und des Abbildes aufweist, allerdings ist daraus nicht gleichzeitig zu schlussfolgern, dass diese jeweils ausschließlich dem Eigentümer oder dem Urheber zugewiesen werden und dahingehend strikt voneinander zu trennen sind. Stattdessen ist eine differenzierte Betrachtung nur so lange angezeigt, wie das Eigentumsrecht und das Urheberrecht tatsächlich nebeneinander bestehen – mithin nicht über den Eintritt der Gemeinfreiheit hinaus. Wird die Oberfläche eines Kunstwerkes beschädigt, so greift die Beschädigung sowohl das abstrakte, äußere Erscheinungsbild als auch die konkrete, physische Oberflächenbeschaffenheit des Kunstwerkes an.[430] Das äußere Erscheinungsbild ist daher nicht vollständig isoliert zu betrachten, sondern umfasst stets auch die konkrete, reale

426 *Bittner,* Das Fotografieren fremder Sachen – Zivilrechtliche Ansprüche des Eigentümers?, S. 28.

427 *Bittner,* Das Fotografieren fremder Sachen – Zivilrechtliche Ansprüche des Eigentümers?, S. 28.

428 *Bittner,* Das Fotografieren fremder Sachen – Zivilrechtliche Ansprüche des Eigentümers? S. 28; so auch *H. Lehment,* Das Fotografieren von Kunstgegenständen, S. 103, der darauf abstellt, dass eine Überschneidung der urheberrechtlichen und eigentumsrechtlichen Befugnisse natürlich ist und bspw. vorkommt, wenn ein Gemälde von einem Dritten übermalt wird und sowohl der Urheber Unterlassung wegen der Entstellung seines Werkes als auch der Eigentümer Unterlassung wegen eines Eingriffs in die Sachsubstanz verlangen können. Im Ergebnis weist *Lehment* aufgrund des § 44 Abs. 1 UrhG das äußere Erscheinungsbild eines Werkes indes ausschließlich dem Urheber zu.

429 *H. Lehment,* Das Fotografieren von Kunstgegenständen, S. 103.

430 *Grüning,* Die Eigentumsfreiheitsklage gegen Fotografieren und die gewerbliche Verwertung dieser Fotografie, S. 48.

Beschaffenheit der Sache, die dem äußeren Erscheinungsbild immanent ist.[431] Dem Urheber wird daher mangels realer Trennbarkeit nicht ausschließlich das abstrakte äußere Erscheinungsbild einer Sache und dem Eigentümer hingegen ausschließlich die konkrete Oberflächenbeschaffenheit der Sache zugewiesen.

Ferner sollten dem Eigentümer eines Kunstwerkes die wirtschaftlichen Vorteile aus seinem Eigentum auch unter Gerechtigkeitsgesichtspunkten zugestanden werden. Schließlich hat er die Erhaltungskosten sowie die Kosten für die Pflege eines Kunstwerkes zu tragen, die insbesondere bei Eigentümern eines Museums oder auch anderer Kulturgüter bspw. mit einer größeren Garten- bzw. Parkanlage, die ein eigenständiges Baukunstwerk darstellen können, entstehen und nicht unerheblich sein müssen.[432] Insbesondere bei Baukunstwerken sind die entstehenden Kosten erheblich, wenn die Werke der Öffentlichkeit zugänglich gemacht werden und folglich einer besonderen Erhaltung bzw. Pflege aufgrund der ggf. hohen Besucherzahl bedürfen.[433] Auch wenn in der Regel staatliche Zuschüsse für die Erhaltung der Kunstwerke gewährt werden, so hat der Eigentümer den Großteil der anfallenden Kosten sowie den organisatorischen Aufwand zu tragen. Dass der Eigentümer die in seinem Eigentum stehenden Baukunstwerke schließlich verkaufen und ausschließlich infolge des erzielten Verkaufserlöses in den Genuss einer Entschädigung für seine getätigten finanziellen Aufwendungen gelangen kann,[434] ist kein reeller Ersatz für eine wirtschaftliche Verwertung des Werkes. Dies stellt schon deshalb keine gleichwertige Kompensation für eine wirtschaftliche Verwertung des Werkes dar, weil der Verkauf insbesondere bei beweglichen nationalen Kulturgütern zusätzlichen Exportbeschränkungen unterliegen kann und somit

---

431 So auch *Bittner,* Das Fotografieren fremder Sachen – Zivilrechtliche Ansprüche des Eigentümers?, S. 28 f., der bei der Trennung von einer bloßen Idee spricht.

432 So auch *Jayme,* Kunst & Recht Bulletin 2011, 11 (26).

433 Das Ausmaß der Dramatik unterfinanzierter öffentlicher Museen verdeutlicht die Tatsache, dass in der Vergangenheit bereits Ausstellungsstücke veräußert werden mussten, um den Erhalt des Museums finanzieren zu können, vgl. *Jayme,* Kunst & Recht Bulletin 2011, 11 (26) sowie den Fall „Neues Museum Weserburg in Bremen", wo erst mit dem Verkauf des Kunstwerks von Franz Gertsch „Luciano" die Installation einer teuren Klimaanlage finanziert werden konnte, wobei zuvor schon Gerhard Richters „Matrosen" veräußert wurde und weitere Beispiele aus diversen Museen, vgl. Zeitungsartikel *Peter Rawert,* FAZ 15.02.2011, S. 1: „Ist schon o.k., verkauft den Monet!", https://www.faz.net/aktuell/feuilleton/kunstmarkt/kommentare-glossen/kein-skandal-ist-schon-o-k-verkauft-den-monet-1596186-p2.html (Stand: 2020, zuletzt besucht am: 17.07.2023).

434 *H. Lehment,* Das Fotografieren von Kunstgegenständen, S. 108.

einer Veräußerung auf dem Weltmarkt entgegensteht bzw. weiteren Verkaufsbeschränkungen unterliegen kann.[435]

Daher steht § 44 Abs. 1 UrhG nicht per se einem Recht des Eigentümers am äußeren Erscheinungsbild eines Baukunstwerkes entgegen, sondern spricht vielmehr für einen möglichen Schutz des Eigentümers auch hinsichtlich des äußeren Erscheinungsbildes. Wie das Verhältnis zwischen dem Eigentumsrecht und dem Urheberrecht im Rahmen des § 44 Abs. 1 UrhG konkret ausgestaltet wird und wie sich ein erforderlicher Körperlichkeitsbezug[436] herleiten lässt, wird im Rahmen der Beschränkungen der Eigentumsrechte detailliert betrachtet.

II. Schutz der Gemeinfreiheit

Dem Recht am äußeren Erscheinungsbild des Eigentümers eines gemeinfreien Baukunstwerkes könnte allerdings der Grundsatz der Gemeinfreiheit entgegenstehen.

1. Gefahr einer Monopolstellung des Eigentümers

Der Sinn und Zweck der Gemeinfreiheit besteht darin, die Schutzdauer urheberrechtlich geschützter Werke gem. § 64 UrhG zu begrenzen und nach Ablauf der Schutzdauer und mithin bei Eintritt der Gemeinfreiheit die Allgemeinheit in den Genuss der Nutzung urheberrechtlicher Werke zu bringen. Diese Nutzungsrechte der Allgemeinheit könnten ausgehebelt und ad absurdum geführt werden, wenn nach Ablauf der urheberrechtlichen Schutzdauer anstelle des bisherigen Urhebers nun allein dem Eigentümer des Werkes die ausschließlichen Nutzungsrechte aufgrund seines Eigentumsrechtes an dem Werk zustünden.[437] Gleichzeitig könnten die Grenzen der Immaterialgüterrechte überschritten und dem Eigentümer weitreichendere Rechte als dem ursprünglichen Urheber des Werkes zugestanden werden, da die Eigentumsrechte im Gegensatz zu den Urheberrechten keiner zeitlichen Begrenzung ihrer Schutzdauer unterlägen.[438]

---

435 *Jayme*, Kunst & Recht Bulletin 2011, 11 (26); Zeitungsartikel *Peter Rawert*, FAZ 15.02.2011, S. 2: „Ist schon o.k., verkauft den Monet!“, https://www.faz.net/aktuell/feuilleton/kunstmarkt/kommentare-glossen/kein-skandal-ist-schon-o-k-verkauft-den-monet-1596186-p2.html (Stand: 2020, zuletzt besucht am: 17.07.2023).

436 So insbesondere vorausgesetzt von *Grüning*, Die Eigentumsfreiheitsklage gegen Fotografieren und die gewerbliche Verwertung dieser Fotografien, S. 48.

437 *Schmieder*, NJW 1975, 1164 (1164); *Schack*, ZEuP 2006, 149 (152); *Schack*, JZ 2011, 375 (375); Staudinger/*Thole*, BGB, § 1004 Rn. 230.

438 *Schack*, JZ 2011, 375 (375).

Das Werk müsse aber bei Eintritt der Gemeinfreiheit in Form seines geistigen Gebildes vielmehr nach wie vor der Allgemeinheit für jede Art von Nutzung frei zur Verfügung stehen, was auch der Eigentümer des Werkes nicht verhindern könnte bzw. dürfte.[439] Zum Teil wird daher kritisiert, dass die Nichtbeachtung dieser Doppelfunktion im Hinblick auf die Körperlichkeit und des geistigen Gehaltes eines Werkes und der damit einhergehenden klaren Trennung zwischen den Befugnissen des Eigentümers und des Urhebers dazu führe, dass eine risikofreie Anfertigung von Aufnahmen nur noch in den eigenen vier Wänden oder auf hoher See möglich sei, da die Erdoberfläche im Übrigen unter den Eigentümern aufgeteilt wurde und daher stets Beseitigungs- oder Unterlassungsansprüche drohten.[440] Infolge der Aushebelung der Gemeinfreiheit entstünden somit Monopolrechte des Eigentümers an den Kunstwerken, die insbesondere bei öffentlichen Werken den hohen Gütern der allgemeinen Handlungs- und Kommunikationsfreiheit Dritter entgegenstünden und daher zu verhindern seien.[441] Gegen eine Beschränkung des „lebendigen Eigentums durch das erloschene Urheberrecht aus dem Grabe heraus“[442] sind hingegen nachfolgende Argumente anzuführen.

2. *Schutz der Gemeinfreiheit durch Beschränkungsmöglichkeiten*

Gegen die Schaffung eines „ewigen Immaterialgüterrechts“ sei auf eine starre Trennung zwischen der Körperlichkeit des Kunstwerkes sowie seinem geistigen Gehalt zu verweisen.[443] Dieses Argument überzeugt nicht. Wie bereits gezeigt, ist eine starre Trennung zwischen der konkreten Oberflächenbeschaffenheit, die nur dem Eigentümer zugewiesen sei, und einer ausschließlich dem Urheber zugewiesenen abstrakten „geistigen“ Sachgestalt, die sich im Anblick oder Abbild des Werkes zeige, faktisch nicht möglich.[444] Insofern kann mangels einer starren Trennung bei jedem Anblick oder Abbild zugleich

439 *Prengel,* Bildzitate von Kunstwerken, S. 206.

440 *Schmieder,* JZ 1975, 493 (439); *Kübler,* in FS: Baur, 1981, 51 (56).

441 *Euler,* AfP 2009, 459 (460); *Schack,* ZEuP 2006, 149 (152).

442 Vgl. *Jayme,* Kunst & Recht Bulletin 2011, 11 (24) Fn. 67, der eine Beschränkung durch das Urheberrecht ebenfalls für nicht haltbar hält, aber keine konkreten Argumente anführt.

443 So übernommen im Hinblick auf bewegliche Kunstwerke: OLG Stuttgart, Urt. v. 31.05.2017, 4 U 204/16, GRUR 2017, 905 (910); *Prengel,* Bildzitate von Kunstwerken, S. 206.

444 *Bittner,* Das Fotografieren fremder Sachen – Zivilrechtliche Ansprüche des Eigentümers? S. 28 f.

die Oberflächenbeschaffenheit als äußere Erscheinung eines Werkes betroffen sein.[445]

Gegen die befürchtete Monopolstellung des Eigentümers eines Werkes ist weiter anzuführen, dass auch die Geltendmachung von Eigentumsrechten nicht gänzlich zeitlich unbegrenzt möglich ist, da auch Ansprüche aus dem Eigentumsrecht den Verjährungsvorschriften unterliegen, auch wenn das Eigentum bzw. das Eigentumsrecht selbst keine Verjährung vorsieht. Zudem ist die Zugänglichmachung eines Kunstwerkes eigentumsrechtlich grundsätzlich nicht so stark einschränkbar wie durch das Urheberrecht, da sich die Rechte des Urhebers im Unterschied zu den Eigentumsrechten auf jedes hergestellte Vervielfältigungsstück erstrecken.[446] Auch hierdurch wird die befürchtete Monopolstellung des Eigentümers entkräftet.

Das in Bezug auf eine befürchtete Monopolstellung des Eigentümers angeführte Argument verkennt zudem, dass es sich bei der Berücksichtigung der Gemeinfreiheit dogmatisch nicht um eine Fragestellung der grundsätzlichen Reichweite der Eigentumsrechte im Vergleich zu den Urheberrechten handelt, sondern die tatsächlichen Beschränkungsmöglichkeiten der Eigentumsrechte betrifft. Insofern gewährt das Eigentumsrecht in Bezug auf das äußere Erscheinungsbild schließlich nicht zwingend ein „Mehr" im Vergleich zu den sich aus dem Urheberrecht ableitenden Rechten an einem Werk, da der Sinn und Zweck der Gemeinfreiheit über den Weg der Beschränkungsmöglichkeiten des Eigentums gem. § 903 S. 1 BGB wiederum Berücksichtigung finden kann. Es ist schließlich nicht überzeugend, schlicht unter der Bezugnahme auf die Gemeinfreiheit das Bestehen von Eigentumsrechten zu versagen. Stattdessen unterliegt auch das Eigentum gem. § 903 S. 1 BGB gewissen Beschränkungen durch Gesetze und Rechte Dritter, die ebenfalls zu berücksichtigen sind und den Umfang der Eigentumsfreiheit eingrenzen. Darüber hinaus könnten auch die im Urheberrecht normierten Schrankenregelungen und sonstige einem urheberrechtlichen Schutz entgegenstehende Regelungen auch auf die Beschränkung der Eigentumsrechte übertragen werden.[447] Auf diese Weise

445 Vgl. *Bittner,* Das Fotografieren fremder Sachen – Zivilrechtliche Ansprüche des Eigentümers? S. 28 f.

446 BGH, Urt. v. 13.10.1965, Ib ZR 111/63, GRUR 1966, 503 (505); *Bittner,* Das Fotografieren fremder Sachen – Zivilrechtliche Ansprüche des Eigentümers? S. 98 f.

447 Ebenso *Dreier,* in: FS Dietz 2001, 235 (250), der in den Urheberrechten kein „Mehr" gegenüber den Eigentumsrechten sieht, sondern berücksichtigt, dass sich das Urheberrecht gegen ein anderes Schutzobjekt, nämlich des schöpferischen Formschaffens, richtet.

kann u.a. dem Gedanken der Gemeinfreiheit zur Geltung verholfen werden. Dieser besteht schließlich darin, der Allgemeinheit Nutzungsrechte an dem urheberrechtlichen Werk zu gewähren, um nach Ablauf der urheberrechtlichen Schutzfrist ebenfalls in den Genuss des Werkes gelangen zu können. Auf diese Weise kann die Allgemeinheit an dem Kunstwerk partizipieren, ohne dass der Sinn und Zweck der Gemeinfreiheit missachtet wird.

Das Argument der Gemeinfreiheit kann daher nicht ohne Weiteres gegen einen Schutz des Eigentums am äußeren Erscheinungsbild für den Eigentümer eines ursprünglich urheberrechtlich geschützten Werkes angeführt werden. Indes bedarf dies einer dogmatischen detaillierten Untersuchung des Eigentumsinhaltes. Schließlich wird durch die Beschränkungsmöglichkeiten dem Gedanken der Gemeinfreiheit weiterhin Rechnung getragen. Die konkreten Möglichkeiten zur Beschränkung der Eigentumsfreiheit werden an späterer Stelle im Einzelnen dargestellt.[448]

III. Zwischenergebnis

Die urheberrechtliche Vorschrift des § 44 Abs. 1 UrhG regelt das Konkurrenzverhältnis zwischen dem Urheberrecht und dem Eigentumsrecht dahingehend, dass die Nutzungsrechte an einem urheberrechtlichen Werk so lange bei dem Inhaber des Urheberrechtes bzw. der Nutzungsrechte verbleiben, solange diese bestehen. Gleichzeitig lässt sich aus § 44 Abs. 1 UrhG ableiten, dass dem Eigentümer eines gemeinfrei gewordenen Werkes ebenfalls ausschließliche Nutzungsrechte an dem Werk zustehen und sich die Rechte des Eigentümers somit auch auf das äußere Erscheinungsbild der Sache erstrecken. Die Regelung des § 44 Abs. 1 UrhG verdeutlicht das Bestehen eines Konkurrenzverhältnisses zwischen dem Eigentumsrecht und dem Urheberrecht, das ohne ein ausschließliches Recht des Eigentümers am äußeren Erscheinungsbild der Sache nicht entstehen kann. Damit der Inhalt des Eigentums durch das Urheberrecht begrenzt werden kann, muss der Inhalt des Eigentums zunächst umfassend und mithin hinsichtlich des geistigen bzw. schöpferischen Inhalts bestanden haben. Für das Bestehen eines Rechtes am Bild der äußeren Sache spricht weiterhin, dass eine strenge Aufteilung in eine physische, konkrete Oberflächenbeschaffenheit und ein äußeres, abstraktes Erscheinungsbild der Sache nicht möglich ist, sodass sie ebenfalls nicht rechtlich unterschiedlich bewertet werden können.

448 Hierbei soll neben verfassungsrechtlichen Beschränkungsmöglichkeiten auch geprüft werden, inwiefern § 59 UrhG sowie generell urheberrechtliche Schranken sich auf das Eigentum übertragen lassen könnten.

Daraus ist abzuleiten, dass dem Eigentümer Eigentumsrechte an dem äußeren abstrakten Erscheinungsbild einer Sache hinsichtlich ihres Anblicks und Abbildes zustehen können. Zudem ist es aus Gerechtigkeitsaspekten angezeigt, den Eigentümer für seine finanziellen Aufwendungen in Bezug auf das Eigentum an einem Kunstwerk angemessen zu entschädigen. Insofern erscheint es interessengerecht, dem Eigentümer bei Eintritt der Gemeinfreiheit des Werkes das ausschließliche Recht zur wirtschaftlichen Verwertung zu gewähren und ihn nicht lediglich auf den Verkauf seines Werkes zu verweisen. Die Bedenken, dass auf diese Weise der Grundsatz der Gemeinfreiheit ausgehebelt und dem Eigentümer zugleich zu einer Monopolstellung verholfen würde, sind nachvollziehbar, aber im Ergebnis unbegründet. Schließlich unterliegt die Geltendmachung von Ansprüchen aus den Eigentumsrechten den allgemeinen Verjährungsregelungen und können daher ebenfalls nicht grundsätzlich unbegrenzt ausgeübt werden. Zudem sind die Eigentumsrechte generell nicht so weitreichend wie die Urheberrechte und können bspw. den Zugang zu Kunstwerken nicht derart einschränken, da sich die Urheberrechte im Unterschied zu den Eigentumsrechten auf jedes hergestellte Vervielfältigungsstück erstrecken und damit eine größere Reichweite erzielen als die Eigentumsrechte. Darüber hinaus unterliegt das Eigentumsrecht gem. § 903 S. 1 BGB einzelnen Beschränkungen durch Gesetze und Rechte Dritter. Diese Beschränkungen des Eigentums ermöglichen der Allgemeinheit wiederum den Zugang insbesondere zu bedeutsamen Kunstwerken wie bspw. Baukunstwerken und verhelfen gleichzeitig dem Sinn und Zweck der Gemeinfreiheit zur Geltung. Auch ist denkbar, mithilfe der urheberrechtlichen Schrankenregelungen das Eigentum einzugrenzen und somit einer zu weitgehenden Ausübung der Eigentumsrechte und einer damit ggf. einhergehenden Monopolstellung entgegenzuwirken. Dies verdeutlicht, dass der Grundsatz der Gemeinfreiheit nicht per se als Argument gegen ein Recht des Eigentümers am äußeren Erscheinungsbild der Sache angeführt werden kann. Stattdessen verbirgt sich dahinter die dogmatische Kernfrage einer Eigentumsbeschränkung. Weder die Regelung des § 44 Abs. 1 UrhG noch der Grundsatz der Gemeinfreiheit stehen somit einem ausschließlichen Recht des Eigentümers am äußeren Erscheinungsbild der Sache entgegen. Dies eröffnet die folgende dogmatische Prüfung des Eigentumsinhaltes gem. § 903 S. 1 BGB dahingehend, ob auch die Anfertigung und Verwertung von Abbildungen dem Eigentumsrecht zugewiesen werden.

§ 4 Konkretisierung des Eigentumsinhalts des § 903 S. 1 BGB

Die Besonderheit des Eigentums sowie die Wichtigkeit und gleichzeitige Brisanz der Bestimmung seines Inhaltes verdeutlicht das folgende Zitat von *Leisner*: „Eigentum ist ein eigentümliches Recht: Die meisten haben es, alle streben danach – und doch steht es überall im Streit. Der Kampf ums Recht ist die Theorie, der Kampf ums Eigentum die Praxis."[449] Dies deutet schon die Schwierigkeiten einer klaren Bestimmung des Eigentumsinhaltes und das hiermit einhergehende Konfliktpotential an. Für die folgende Untersuchung, ob die Anfertigung und Verwertung von Abbildungen eines Baukunstwerkes vom Eigentumsinhalt mit umfasst werden, sollen daher zunächst ihre Essentialia herausgearbeitet werden, um schließlich die Anfertigung und Verwertung von Abbildungen eines Baukunstwerkes unter den Eigentumsbegriff zu subsumieren. Dies wirft die Vorfrage auf, ob der Eigentumsbegriff grundsätzlich einheitlich bestimmt wird oder ob er aufgrund der auf unterschiedliche Rechtsfolgen gerichteten Anspruchsinhalte entsprechend differenziert zu definieren ist.

I. Einheitliche und differenzierte Betrachtung

Der Eigentumsinhalt könnte zunächst für jeden eigentumsrechtlichen Anspruch des Eigentümers auf Herausgabe, Unterlassung oder Wertersatz jeweils eigenständig und mithin ggf. inhaltlich voneinander abweichend zu ermitteln sein. Alternativ könnte der Inhalt des Eigentums i.S.d. § 903 S. 1 BGB als feststehender und einheitlicher Oberbegriff bestimmt werden, der für sämtliche in Betracht kommenden eigentumsrechtlichen Ansprüche inhaltlich einheitlich gilt. Relevant werden diese beiden Betrachtungsweisen für den Baukunstwerkeigentümer, wenn ohne seine Zustimmung durch Dritte Abbildungen von seinen Baukunstwerken angefertigt und anschließend verwertet werden. Denkbar ist, dass der Baukunstwerkeigentümer sich gegen den Dritten mit Hilfe von Unterlassungsansprüchen sowie Ansprüchen auf Schadensersatz bzw. Wertersatz gegen die Anfertigung und Verwertung der Abbildungen zur Wehr setzen möchte. Sofern der Eigentumsinhalt innerhalb dieser Ansprüche differenziert ausgelegt wird, könnte dem Eigentümer schließlich ggf. nur ein Anspruch auf Unterlassung oder ein Anspruch auf Schadensersatz oder auf Wertersatz zustehen. Dies führt dazu, dass eine Eigentumsbeeinträchtigung innerhalb eines Anspruchs angenommen und innerhalb eines anderen Anspruchs wiederum versagt würde. Zunächst soll daher die Möglichkeit einer differenzierten

---

449 Isensee/Kirchhof/*Leisner*, Handbuch des Staatsrechts, § 173 Rn. 1.

Betrachtung aufgezeigt werden, wonach der Inhalt des Eigentums in Bezug auf die Anfertigung und Verwertung von Abbildungen unter Berücksichtigung ihrer unterschiedlichen Rechtsfolgen dahingehend differenziert betrachtet wird, ob ein Unterlassungsanspruch oder ein Anspruch auf Wertersatz geltend gemacht wird. Ausgehend von den unterschiedlichen Rechtsfolgen und Zielen des § 903 S. 1 BGB könnte dem Baukunstwerkeigentümer schließlich entweder ein Anspruch auf Wertersatz aber hingegen kein Ausschlussrecht (1.), oder umgekehrt ein Ausschlussrecht aber kein Anspruch auf Wertersatz zuerkannt werden (2.).[450] Dies würde im Ergebnis zu einer unterschiedlichen Umschreibung des Eigentumsinhaltes führen und könnte Widersprüche zwischen der Friesenhaus-Entscheidung sowie der Schloss-Tegel-Entscheidung auflösen.[451] Im Anschluss soll eine einheitliche Betrachtung des Eigentumsinhaltes dargestellt werden (3.), wonach der Inhalt des Eigentums einheitlich bestimmt wird.

1. Differenzierte Betrachtung des Eigentumsinhaltes: Zuweisungsgehalt ohne Ausschlussrecht

So könnte dem Eigentümer ein Anspruch auf Wertersatz nach den bereicherungsrechtlichen Vorschriften zustehen, ohne ihm gleichzeitig Ausschlussrechte zu gewähren.[452] In dieser Variante sei der Eigentumsbegriff in Bezug auf die negatorischen Unterlassungsansprüche des § 1004 Abs. 1 BGB aber auch in Bezug auf deliktische Schadensersatzansprüche aus § 823 Abs. 1 BGB enger aufzufassen als das fremde geschützte Recht im Sinne der bereicherungsrechtlichen

450 *Dreier*, in: FS Dietz 2001, 235 (243).

451 So wurde in der Friesenhausentscheidung klar positioniert, dass die Anfertigung und Verwertung von Abbildungen nicht von der Eigentumsfreiheit umfasst werden, wohingegen in der Schloss-Tegel-Entscheidung ein weiter Umfang des Eigentums angenommen wurde, hierzu: *Dreier*, in: FS Dietz 2001, 235 (243); *C. Lehment*, in: FS Raue 2006, 515 (523 ff.); *Beater*, JZ 1998, 1101 (1102 ff.); allerdings liegen den Entscheidungen auch tatsächliche Unterschiede dahingehend zugrunde, dass in der Friesenhaus-Entscheidung eine Eigentumsbeeinträchtigung insbesondere durch die Anfertigung von Abbildungen geprüft wurde, ohne dass das Grundstück hierfür betreten wurde, wohingegen in der Schloss-Tegel-Entscheidung eine Beeinträchtigung des Eigentums insbesondere durch die kommerzielle Verwertung angefertigter Abbildungen geprüft wurde, die bei Betreten des betroffenen Grundstücks gefertigt wurden.

452 *Schmieder*, NJW 1975, 1164 (1164); *Beater*, JZ 1998, 1101 (1104 f.); *Dreier*, in: FS Dietz 2001, 235 (243).

Ansprüche.[453] Dem Baukunstwerkeigentümer stünde nach dieser Ansicht gegen die Anfertigung und Verwertung von Abbildungen seines Bauwerkes durch den Abbildungskünstler somit allein ein bereicherungsrechtlicher Anspruch auf Wertersatz oder Herausgabe des erzielten Gewinns gegen den Abbildungskünstler zu, der dem Baukunstwerkeigentümer bspw. u.a. den Wert der Verwertung erstatte. Hingegen stünden ihm keine Ansprüche auf Unterlassung der Anfertigung von Abbildungen sowie deren Verwertung bspw. gem. § 1004 Abs. 1 BGB zu. Diese Ansicht versucht einen gerechten Ausgleich zwischen den Interessen der Allgemeinheit an der Werkvermittlung sowie den Interessen des Eigentümers auf einen Vorbehalt des wirtschaftlichen Wertes bei der Fremdnutzung seines Eigentums zu schaffen, sodass dem Eigentümer keine Ausschlussrechte, sondern Bereicherungs- und Gewinnherausgabeansprüche zuzubilligen seien.[454] Nach dieser Ansicht dürften Abbildungen eines Baukunstwerkes weiterhin durch den Abbildungskünstler angefertigt und verwertet werden, sodass die Allgemeinheit Zugang zu den Abbildungen und den Baukunstwerken erhielte. Begründet wird diese unterschiedliche Handhabung mit den Funktionsunterschieden zwischen dem deliktsrechtlichem Eigentumsschutz sowie der bereicherungsrechtlichen Herausgabe der Erlöse.[455]

Das gegen diese Ansicht vorgebrachte Argument einer vermeintlichen Besserstellung des Eigentümers gegenüber jedem Urheber[456] kann nicht überzeugen. Schließlich ist der Baukunstwerkeigentümer in dieser Variante beschränkt auf die ausschließliche Geltendmachung von Ansprüchen auf Wertersatz, wohingegen dem Baukunstwerkurheber daneben auch weitere Ansprüche wie Unterlassungsansprüche zustehen. Zudem wurde vorgehend bereits ausführlich dargestellt, dass die Gefahr einer Aushebelung der urheberrechtlichen Gemeinfreiheit unbegründet ist.[457] Dennoch überzeugt diese differenzierte Betrachtung im Ergebnis nicht.

Zunächst dient nicht nur das Bereicherungsrecht der Durchsetzung einer von der Rechtsordnung getroffenen Güterzuordnung, denn auch das Deliktsrecht schützt mittels einer Verhaltensanordnung sowohl das geschützte Rechtsgut als auch die Güterzuordnung an sich.[458] Funktionsunterschiede sind daher

453 *Schmieder*, NJW 1975, 1164 (1164); *Beater*, JZ 1998, 1101 (1104); *Dreier*, in: FS Dietz 2001, 235 (243 f.).

454 *Schmieder*, NJW 1975, 1164 (1164).

455 Vgl. *Schmieder*, NJW 1975, 1164 (1164); *Beater*, JZ 1998, 1101 (1104); *Dreier*, in: FS Dietz 2001, 235 (243 f.).

456 *Beater*, JZ 1998, 1101 (1105).

457 Siehe oben unter 3. Kapitel, § 3 II.

458 *Dreier*, in: FS Dietz 2001, 235 (244).

zunächst nicht festzustellen, sodass mit diesem Argument ein unterschiedliches Verständnis des Eigentumsinhaltes nicht begründet werden kann. Sowohl Ansprüche auf Schadensersatz als auch auf Herausgabe der Bereicherung bezwecken ferner die Rückgängigmachung der durch rechtswidriges Verhalten verursachten Folgen in der Güterzuordnung.[459] Das Schutzobjekt ist daher jeweils das Rechtsgut Eigentum, sodass eine unterschiedliche Handhabung nicht nachvollziehbar ist.[460] Ferner würden Inkongruenzen provoziert, sofern die Ausschlussrechte versagt aber Ansprüche auf Wertersatz zugestanden werden, obwohl der Eigentümer keine abwehrberechtigenden absoluten Rechte innezuhaben vermag.[461] Dies führte darüber hinaus zu einer Provokation von Eingriffen in fremde Rechtssphären, da eine Entschädigungszahlung schließlich erst nach dem erfolgten Eingriff getätigt werden müsste und präventive Maßnahme wie bspw. in Form von auch in die Zukunft gerichteten Unterlassungsansprüchen nicht geltend gemacht werden könnten.[462] Daher ist eine differenzierte Betrachtung abzulehnen, wonach das Eigentumsrecht zwar Ansprüche auf Wertersatz aufgrund eines Eingriffs in den Zuweisungsgehalt des Eigentums zugesteht, aber keine Ausschlussrechte gewährt.

2. *Differenzierte Betrachtung des Eigentumsinhaltes: Ausschlussrecht ohne Zuweisungsgehalt*

Dem Baukunstwerkeigentümer könnte im Gegensatz zu der zuvor dargestellten Ansicht hinsichtlich der Anfertigung und Verwertung von Abbildungen seiner Baukunstwerke durch einen Abbildungskünstler zwar ein Ausschlussrecht gewährt, aber mangels eines Eingriffs in den Zuweisungsgehalt des Eigentums kein bereicherungsrechtlicher Anspruch auf Wertersatz im Falle einer wirtschaftlichen Verwertung der Abbildungen zugestanden werden.[463] Dies führt zu einer differenzierten Betrachtung des Eigentumsbegriffs einerseits innerhalb des § 1004 Abs. 1 BGB und des § 823 Abs. 1 BGB sowie andererseits innerhalb des bereicherungsrechtlichen Zuweisungsgehaltes und des Geschäftskreises des Berechtigten gem. §§ 687 Abs. 2, 681, 667, 2. Var. BGB.[464] Nach dieser Ansicht werden dem Eigentümer aufgrund eines bestehenden

459 *Dreier,* in: FS Dietz 2001, 235 (244).
460 *Dreier,* in: FS Dietz 2001, 235 (244).
461 *Dreier,* in: FS Dietz 2001, 235 (244).
462 *Dreier,* in: FS Dietz 2001, 235 (244).
463 *Dreier,* in: FS Dietz 2001, 235 (245).
464 *Dreier,* in: FS Dietz 2001, 235 (245).

Ausschlussrechtes Unterlassungs-, Herausgabe- und Schadensersatzansprüche zuerkannt, mangels eines Zuweisungsgehaltes hingegen keine bereicherungsrechtlichen Ansprüche bei einer kommerziellen Verwertung von Abbildungen der in seinem Eigentum stehenden Werke.[465] Die Schutzrichtung des Eigentums sei im Rahmen der bereicherungsrechtlichen Ansprüche insofern differenziert zu betrachten, da Nutzungen im Wege der Reproduktion und der Vervielfältigung nicht erfasst würden.[466] Damit der Eigentümer dennoch in den Genuss wirtschaftlicher Erträge komme, sei er an den Abschluss entsprechender Verträge gehalten, nach denen die Anfertigung und Verwertung von Abbildungen der in seinem Eigentum stehenden Werke durch Dritte nur gegen die Zahlung eines Entgeltes gestattet werde.[467] Im Übrigen sei ein Schutz des Eigentümers ausschließlich dann zu begründen, sofern eine in seinem Eigentum stehende Sache durch einen Dritten auf rechtswidrige Weise abgebildet würde, wofür *Beater* als Beispiel die Missachtung des Hausrechts benennt.[468] Schließlich sei die Partizipation an den wirtschaftlichen Erträgen einer kommerziellen Verwertung von Abbildungen ausschließlich urheberrechtlicher Natur und könne somit nicht aus dem Eigentumsrecht hergeleitet werden.[469] Dem Urheberrecht sei diesbezüglich der Vorrang vor dem Eigentumsrecht einzuräumen, sodass eine sinnvolle Trennung zwischen den Urheberrechten sowie den Eigentümerbefugnissen erzielt werde.[470]

Wie bereits ausgeführt,[471] kann indes zwischen dem Urheberrecht und dem Eigentumsrecht nur bei einem gleichzeitigen Bestehen beider Rechte ein Konkurrenzverhältnis entstehen, das durch die Vorschrift des § 44 Abs. 1 UrhG allein für die Zeit des Bestehens von Urheberrechten zugunsten des Urhebers geregelt wird. Darüber hinaus kann eine Trennung der Anspruchsgrundlagen zwischen dem Urheberrecht und dem Eigentumsrecht nicht überzeugen, da beide Rechte auf einen unterschiedlichen Schutzgegenstand gerichtet sind und unterschiedliche absolute Rechte darstellen, sodass es keiner Abstimmung zwischen dem Urheberrecht und dem Eigentumsrecht bedarf.[472]

---

465 Vgl. *Beater*, JZ 1998, 1101 (1105 f.).
466 *Beater*, JZ 1998, 1101 (1106).
467 *Beater*, JZ 1998, 1101 (1106).
468 *Beater*, JZ 1998, 1101 (1105).
469 *Beater*, JZ 1998, 1101 (1106).
470 *Beater*, JZ 1998, 1101 (1106).
471 Siehe oben unter 3. Kapitel § 3 I. 2.
472 *Dreier*, in: FS Dietz 2001, 235 (245 f.); *C. Lehment*, in: FS Peter Raue 2006, 515 (526).

Weiterhin ist gegen eine differenzierte Behandlung eines Ausschlussrechtes und Ansprüchen auf Wertersatz anzuführen, dass der deutschen Rechtsordnung Konstellationen der Gewährung von Ausschlussrechten ohne einen Zuweisungsgehalt grundsätzlich fremd sind und nur in Ausnahmefällen anerkannt werden, sofern bspw. in den Kernbereich eines Persönlichkeitsrechts eingegriffen wird oder ein Verstoß gegen die Sittenwidrigkeit i.S.d. § 138 BGB vorliegt, was jedoch in der Regel bei der Anfertigung und Verwertung von Abbildungen von im Eigentum Dritter stehender Werke nicht angenommen werden kann.[473] Darüber hinaus überzeugt diese Ansicht aufgrund ihrer fehlenden Stringenz in sich nicht, da zwar zunächst ein Anspruch auf Schadensersatz in Bezug auf die erzielten Verwertungserlöse abgelehnt, schließlich aber „ggf. über § 823 Abs. 1 BGB [ein] Anspruch auf Ersatz konkreter Vermögenseinbußen“ gewährt wird.[474] Sofern aber das Recht zur Anfertigung und Verwertung von Abbildungen auch vom Eigentumsinhalt i.S.d. § 823 Abs. 1 BGB erfasst wird, so wird im Rahmen des konkreten Schadens konsequent gem. § 252 BGB auch der entgangene Gewinn ersetzt, sodass der Eigentümer entgegen der Intention der hier dargestellten Ansicht[475] im Ergebnis schließlich an der kommerziellen Verwertung der Abbildung durch Dritte partizipieren könnte.[476] Eine unterschiedliche Definition des Eigentums dahingehend, dass die Anfertigung und Verwertung von Abbildungen eines Baukunstwerkes durch unberechtigte Abbildungskünstler zwar Unterlassungs-, Herausgabe- und Schadensersatzansprüche, aber hingegen keine bereicherungsrechtlichen Ansprüche auf Wertersatz umfasst, ist daher im Ergebnis ebenfalls nicht überzeugend.

3. *Einheitliche Betrachtung des Eigentumsinhaltes*

Da soeben herausgearbeitet werden konnte, dass eine nach den Rechtsfolgen der Ansprüche differenzierende Betrachtung des Eigentumsinhaltes abzulehnen ist, ist der Inhalt des Eigentums schließlich einheitlich zu bestimmen – unabhängig davon, welcher Anspruch nach welcher anspruchsbegründenden Norm geltend gemacht wird.[477] Hierfür spricht, dass einzig durch eine „Synchronisierung“

---

473 *Dreier,* in: FS Dietz 2001, 235 (245); hierzu auch *Larenz/Canaris,* Lehrbuch des Schuldrechts, Band II/2, § 69 S. 169 ff.

474 *Beater,* JZ 1998, 1101 (1105); *Dreier,* in: FS Dietz 2001, 235 (245), Fn. 29.

475 Vgl. *Beater,* JZ 1998, 1101 (1105).

476 *Dreier,* in: FS Dietz 2001, 235 (245).

477 *Schmidt,* Der nachbarliche Ausgleichsanspruch, S. 26, der allerdings die Beschränkungen des Eigentums nicht als dem Eigentum immanent betrachtet, da ansonsten der Eigentumsbegriff wiederum differenziert betrachtet werden würde.

der Eigentumsbegriffe ein umfassender Schutz des durch den Gesetzgeber geschützten Gutes des Eigentums gewährleistet wird.[478] Eine einheitliche Bestimmung soll aber nicht gleichzeitig zur Konsequenz haben, dass schon das Vorliegen einer Eigentumseinwirkung aufgrund der Anfertigung einer Abbildung von im Eigentum eines Dritten stehenden Werkes zugleich auch eine Eigentumseinwirkung durch ihre anschließende Verwertung zur Folge hat.[479] Umgekehrt darf auch eine Eigentumseinwirkung aufgrund der Verwertung einer Abbildung nicht zugleich zwingend eine Eigentumseinwirkung aufgrund der vorgeschalteten Anfertigung der Abbildung voraussetzen. Auch kann die Ablehnung einer Eigentumseinwirkung durch das Anfertigen einer Abbildung nicht gleichzeitig zur Versagung einer Eigentumseinwirkung durch die Verwertung der Abbildung führen.[480] Selbst wenn der Eigentumsbegriff einheitlich und nicht anhand der verschiedenen Rechtsfolgen unterschiedlich definiert wird, sollen schließlich dennoch im Falle der Ablehnung einer Eigentumseinwirkung durch die Anfertigung einer Abbildung Unterlassungsansprüche sowie Ansprüche auf Wert- bzw. Schadensersatz aufgrund der Verwertung der Abbildung weiterhin möglich sein. Dies resultiert daraus, dass die Anfertigung einer Abbildung und die anschließende Verwertung zwei unterschiedliche Handlungen darstellen, die zwar zu einer Beeinträchtigung des Eigentums an dem abgebildeten Werk führen können, aber dennoch aufgrund ihrer

478 LG Hamburg, Urt. v. 30.04.1993, 324 O 77/93, AfP 1994, 161 (162); *Baur,* JZ 1975, 493 (493); *Dreier,* in: FS Dietz 2001, 235 (249).

479 So auch *Baur,* JZ 1975, 493 (493), der eine Harmonisierung der Voraussetzungen der Eingriffskondiktion sowie eines Abwehranspruchs anstrebt, wobei sich die Harmonisierung nur darauf bezieht, dass der Unterlassungsanspruch hinsichtlich der gewerblichen Verbreitung von Aufnahmen gleichgeschaltet sein müsse mit einem Bereicherungsanspruch auf Herausgabe des Ertrags, nicht hingegen eine Harmonisierung des Unterlassungsanspruchs wegen der Anfertigung einer Aufnahme mit Ansprüchen auf Herausgabe des Ertrags aus der wirtschaftlichen Verwertung.

480 Diesen zwingenden Zusammenhang scheint aber *Dreier,* in: FS Dietz 2001, 235 (249) anzunehmen, da er eine Harmonisierung nicht nur innerhalb der verschiedenen Anspruchsmöglichkeiten in Bezug auf die Nutzung in Form der wirtschaftlichen Verwertung befürwortet, sondern darüber hinaus eine Harmonisierung von Ansprüchen wegen der Anfertigung einer Aufnahme mit Ansprüchen wegen der wirtschaftlichen Verwertung favorisiert, sodass er bei der Annahme eines Abwehranspruchs zwingend auch einen Anspruch auf Herausgabe des Wertes der unerlaubten Nutzung gewähren möchte; genauso auch BGH, Urt. v. 09.03.1989, I ZR 54/87, NJW 1989, 2251 (2251 ff.).

Unabhängigkeit zueinander rechtlich differenziert voneinander zu betrachten sind. Ein einheitlicher Eigentumsbegriff führt dazu, dass bei einer Eigentumseinwirkung infolge der wirtschaftlichen Verwertung einer Abbildung sowohl Ansprüche aus § 1004 Abs. 1 BGB auf Unterlassung der Verwertung von Abbildungen als auch bspw. aus dem Bereicherungsrecht auf Herausgabe des erzielten Erlöses nebeneinander möglich sind. Bezüglich einer Eigentumseinwirkung wie bspw. in Form der Verwertung von Abbildungen werden daher zugleich mehrere Ansprüche sowohl auf Unterlassung als auch auf Wertersatz gewährt.[481] Da der Anwendungsbereich des Bereicherungsrechts aufgrund der Erfassung auch nicht-menschlichen Verhaltens weiter ist als der des § 1004 Abs. 1 BGB, dient die Eingriffskondiktion zugleich einer sicheren Bestimmung der Beeinträchtigung oder des Störers i.S.d. § 1004 Abs. 1 BGB.[482] Somit ist ein einheitlicher Eigentumsbegriff zugrunde zu legen, bei dem zwischen einer Eigentumsbeeinträchtigung im Hinblick auf das Anfertigen einer Abbildung sowie ihrer anschließenden Verwertung zu differenzieren ist. Im Weiteren ist daher zu untersuchen, wie der Inhalt des Eigentums im Hinblick auf die Anfertigung und Verwertung von Abbildungen dogmatisch zu bestimmen ist.

II. Positive und negative Befugnisse als eigentumsprägende Merkmale

§ 903 S. 1 BGB enthält keine Definition des Eigentums oder eine genauere Beschreibung des Eigentumsinhalts, sondern hat diesen zur möglichen Erfassung einer Vielzahl von Anwendungsfällen bewusst weit und offen gelassen.[483] Der Eigentümer kann nach dem Wortlaut des § 903 S. 1 BGB mit seiner Sache nach Belieben verfahren und andere von jeder Einwirkung ausschließen, soweit

481 So auch *Baur*, JZ 1975, 493 (493); eine andere Ansicht vertritt hier *C. Lehment*, in: FS Raue 2006, 515 (523 ff.), der trotz Versagung von eigentumsrechtlichen Unterlassungsansprüchen sowohl hinsichtlich der Herstellung als auch der Verwertung von Abbildungen aufgrund eines Vergleichs mit dem persönlichkeitsrechtlichen Bereicherungsanspruch einen Bereicherungsanspruch des Verfügungsberechtigten trotz fehlender Rechtsverletzung zuerkennen möchte, sofern eine besondere Qualität des Eingriffs erzielt wird. Gefordert wird daher, dass der Mehrwert des abgebildeten Gebäudes oder seine Details gezielt abgeschöpft werden und die Verwertung zu kommerziellen Zwecken erfolgt, ein Gleichlauf von Primär- und Sekundäransprüchen sei seiner Ansicht nach nicht notwendig.

482 *Baur*, JZ 1975, 493 (493).

483 vgl. *Wellenhofer*, Sachenrecht, § 2 Rn. 3; Staudinger/*Althammer*, BGB, § 903 Rn. 10; Erman/*Wilhelmi*, BGB, § 903 Rn. 1.

nicht das Gesetz oder Rechte Dritter entgegenstehen. So wird dem Eigentümer zunächst eine Art „Generalermächtigung" über sein Eigentum gegeben, die erst durch einzelne Beschränkungsmöglichkeiten wiederum begrenzt wird.[484]

Daraus könnte zu schließen sein, dass sich der Eigentumsinhalt sowohl aus den positiven Befugnissen, die einerseits auch Einwirkungsrechte oder positiver Eigentumskern benannt werden, und andererseits aus den negativen Befugnissen, die auch Ausschließungsrechte oder negativer Eigentumskern genannt werden, zusammensetzt.[485] Das Eigentum als absolutes Herrschaftsrecht gebe dem Eigentümer dann zunächst das Recht, aufgrund der positiven Befugnisse nach Belieben mit der Sache zu verfahren sowie anhand der negativen Befugnisse Einwirkungen durch unbefugte Dritte auf sein Eigentum auszuschließen.[486]

Auf der anderen Seite wird dem Eigentümer ein gewisser Mindestbestand an Vermögensrechten eingeräumt, um einen angemessenen Freiraum seiner vermögensrechtlichen Aktivitäten zu gewährleisten.[487] Einerseits wird dem Eigentümer daher ein umfassendes Herrschaftsrecht eingeräumt, welches andererseits begrenzt werden kann durch die maximale Gewährung an Mindestrechten. Es ist daher zu untersuchen, ob der Eigentumsinhalt sowohl durch die positiven als auch durch die negativen Befugnisse geprägt wird, oder ob nur eine der beiden Befugnisse essentiell für die Festlegung des Eigentumsumfangs ist. Sollte sich der Inhalt nur nach einem der beiden Befugnisse bestimmen, so ist die Anfertigung und Verwertung von Abbildungen im Folgenden nur im Hinblick auf dieses relevante Merkmal zu untersuchen.

Teilweise wird hierzu vertreten, dass die negativen Befugnisse bloß eine dienende und ergänzende Funktion gegenüber den positiven Befugnissen einnehmen und die Durchsetzung positiver Befugnisse ermögliche, sodass sie gerade nicht den Eigentumsinhalt mitdefinierten.[488] Die negativen Befugnisse seien schließlich von dem Bestehen der positiven Befugnisse abhängig, sodass die

---

484 *Wellenhofer*, Sachenrecht, § 2 Rn. 3; Erman/*Wilhelmi*, BGB, § 903 Rn. 1 f; Staudinger/*Althammer*, BGB, § 903 Rn. 10.

485 Staudinger/*Althammer*, BGB, § 903 Rn. 2.

486 Staudinger/*Althammer*, BGB, § 903 Rn. 2, 10 ff.; *Anton*, Zivilrecht – Guter Glaube im Internationalen Kunsthandel, S. 1068 Rn. 85.

487 Staudinger/*Althammer*, BGB, Einl. zu §§ 903 ff. Rn. 25.

488 *Bergner*, Eigentumsbeschränkungen, S. 43 f.; Staudinger/*Althammer*, BGB, § 903 Rn. 11.

negativen Befugnisse nicht ohne die positiven Befugnisse bestehen könnten und somit keine eigenständige Bedeutung für den Eigentumsinhalt hätten.[489]

Dieses Abhängigkeitsverhältnis kann indes nicht ohne weiteres zu der Schlussfolgerung führen, dass ausschließlich die positiven Rechte den Eigentumsinhalt prägten.[490] Stattdessen beinhalten ebenfalls die negativen Befugnisse neben den positiven Befugnissen einen wesentlichen und wertverleihenden Faktor zur Bestimmung des Eigentumsinhalts. Dies verdeutlichen die während der früheren Gesetzesberatungen zu § 903 BGB getätigten Überlegungen, in denen bisweilen ausschließlich eine Aufnahme der negativen Befugnisse in die Eigentumsvorschrift in Erwägung gezogen wurde.[491] Das Eigentum bzw. die positiven Befugnisse wären zudem ohne die negativen Befugnisse zum Teil eine bloße „Rechtshülse", sofern die Verteidigung des Eigentums nach außen gegenüber Dritten betroffen ist, da die positiven Befugnisse das ausschließliche Herrschaftsrecht nicht vollständig und umfassend gewährleisten könnten. Gegen eine bloß dienende Funktion der negativen Befugnisse spricht weiterhin, dass die in § 903 S. 1 BGB benannten Schranken sowohl die positiven als auch die negativen Befugnisse durch Gesetze und Rechte Dritter mitprägen, mithin den Eigentumsinhalt insgesamt definieren.[492] Schließlich hängt das Eigentumsrecht im Wesentlichen davon ab, ob der eigentumsrechtlichen Verfügungsbefugnis etwaige Eigentumsbeschränkungen entgegenstehen, sodass ein ausschließendes Nutzungs- und Verfügungsrecht über das Eigentum wesentlich für den Eigentumsinhalt ist.[493] Dies entspricht auch dem verfassungsrechtlichen Schutzumfang des Eigentums, nach dem die Institutsgarantie des Eigentums

---

489 *Bergner,* Eigentumsbeschränkungen, S. 43 f.; Staudinger/*Althammer,* BGB, § 903 Rn. 11, wonach der Eigentümer Dritte von Einwirkungen auf sein Eigentum nur insoweit ausschließen könne, wie ihm diese Einwirkungen selber gestattet sind.

490 Dies schlussfolgert aber *Bergner,* Eigentumsbeschränkungen, S. 45, der die Ausschließungsrechte für die Bestimmung des Eigentumsinhaltes insbesondere deshalb für unbedeutend hält, weil keine Konstellation denkbar sei, in der das Ausschließungsrecht ausgeübt werden könne, obwohl die positiven Befugnisse nicht beeinträchtigt werden.

491 Staudinger/*Althammer,* BGB, § 903 Rn. 2.

492 In diese Richtung wohl auch *Wellenhofer,* Sachenrecht, § 2 Rn. 3; Erman/*Wilhelmi,* BGB, § 903 Rn. 1; Staudinger/*Althammer,* BGB, § 903 Rn. 10, 30 wonach das Eigentumsrecht durch die einzelnen Beschränkungsmöglichkeiten begrenzt werden soll; *Bergner,* Eigentumsbeschränkungen, S. 48, sieht dies jedenfalls in Bezug auf Beschränkungen mittels Gesetzes unstreitig, wonach die eigentumsrechtliche Zuweisung durch Gesetz entzogen werden könne.

493 MüKo/*Brückner,* BGB, Bd. 8, § 903 Rn. 12.

und mithin der Eigentumsinhalt durch den Gesetzgeber geändert und mitbestimmt wird.[494] Erst die negativen Befugnisse legen daher die vollständige Sachherrschaft des Eigentümers fest.[495]

Daraus ist allerdings nicht gleichzeitig zu schlussfolgern, dass der Eigentumsinhalt ausschließlich durch die negativen Befugnisse geprägt werde und die positiven Befugnisse für den Inhalt des Eigentums gänzlich unbedeutend seien.[496] Diesem Gedanken widerspricht schon, dass die negativen Befugnisse den Eigentümer nicht unabhängig von den positiven Befugnissen zu Handlungen aus seinem Eigentumsrecht ermächtigen,[497] da die positiven Befugnisse die Grundlage für den Umfang der negativen Befugnisse bilden. Sowohl die positiven als auch die negativen Befugnisse sind wesentliche Bestandteile des Eigentums und bestimmen daher beide in ihrer Gesamtheit den Eigentumsinhalt.[498] Beide Rechte bedingen sich gegenseitig und stehen in einem Abhängigkeitsverhältnis bzw. einer Wechselwirkung zueinander.[499] Die positiven Befugnisse bilden die Grundlage der negativen Befugnisse. Die negativen Befugnisse beschränken wiederum die grundsätzlich bestehenden positiven Befugnisse im Interesse Dritter, indem die potenziell bestehenden positiven Befugnisse nicht innerhalb der negativen Befugnisse gegenüber

---

494 Staudinger/*Althammer*, BGB, Einl. zu §§ 903 ff. Rn. 22 ff., wonach der Eigentümer entsprechend der Institutsgarantie über einen elementaren Minimalbestand subjektiver Rechte verfügen sollte, die für ihn von privatem Nutzen sind und über die er grundsätzlich auch frei verfügen könne, sodass der wesentliche Bestand dieser Rechte stets erhalten bliebe, wodurch dem Gesetzgeber aber gleichzeitig die Möglichkeit zur Änderung des Eigentumsinhalts gegeben werde.

495 MüKo/*Brückner*, BGB, Bd. 8, § 903 Rn. 12 f.

496 So aber angedeutet in MüKo/*Brückner*, BGB, Bd. 8, § 903 Rn. 12 f.; *Aicher*, Das Eigentum als subjektives Recht, S. 63, 77, wonach das subjektive Recht erst zu einem (konkreten) Anspruch heranwachse, sofern ein Dritter den Herrschaftsbereich des Eigentümers beeinträchtige oder jedenfalls droht zu beeinträchtigen und das Eigentumsrecht insofern primär auf die Ausschließungsbefugnis reduziert; *Pleyer*, AcP 168 (1968), 407 (408 f.).

497 Vgl. *Wieling/Finkenauer*, Sachenrecht, S. 90; *Bergner*, Eigentumsbeschränkungen, S. 45.

498 So aufzufassen auch die Ausführungen von Staudinger/*Althammer*, BGB, Einl. zu §§ 903 ff. Rn. 56; *Wieling/Finkenauer*, Sachenrecht, S. 90; *Schmidt*, Der nachbarliche Ausgleichsanspruch, S. 20 ff.; *Roth*, NJW 1972, 921 (921).

499 Anders als *Bergner*, Eigentumsbeschränkungen, S. 45 annimmt, kommt es daher für die Bestimmung des Eigentumsinhaltes nicht darauf an, ob die negativen Befugnisse einen selbstständigen Charakter aufweisen oder nicht.

Dritten geltend gemacht werden können. Dieses Ergebnis deckt sich ebenfalls mit dem zuvor ausgeführten Grundsatz, wonach dem Eigentümer einerseits ein umfassendes Herrschaftsrecht im Rahmen seiner positiven Befugnisse eingeräumt wird, welches andererseits begrenzt werden kann durch die maximale Gewährung an Mindestrechten der negativen Befugnisse.

Da sich der Eigentumsinhalt somit sowohl aus den positiven als auch den negativen Befugnissen des Eigentümers zusammensetzt, soll im Folgenden dogmatisch betrachtet werden, welche Befugnisse dem Eigentümer gem. § 903 S. 1 BGB im Einzelnen eingeräumt werden und wie diese inhaltlich voneinander abgegrenzt werden können. Anschließend ist zu bestimmen, ob die Rechte zur Anfertigung und Verwertung von Abbildungen von den Eigentumsrechten i.S.d. § 903 S. 1 BGB umfasst werden. Daraus resultiert die weiterführende Fragestellung, ob der Eigentümer innerhalb der positiven Befugnisse Abbildungen der in seinem Eigentum stehenden Baukunstwerke anfertigen und verwerten darf und ob er zugleich innerhalb seiner negativen Befugnisse den Abbildungskünstler von der Anfertigung und Verwertung von Abbildungen der in seinem Eigentum stehenden Baukunstwerke ausschließen kann.

§ 5 Positive Befugnisse des Eigentümers

I. Eigentumsprägende Merkmale der positiven Befugnisse

Dem Eigentümer wird innerhalb der positiven Befugnisse eine Art Generalermächtigung über sein Eigentum eingeräumt, sodass er in Form von Handlungen und Unterlassungen zunächst frei über rechtliche oder tatsächliche Maßnahmen hinsichtlich seines Eigentums entscheiden kann.[500] So darf der Eigentümer in tatsächlicher Hinsicht sein Eigentum nutzen, benutzen, verändern, verbrauchen, beschädigen oder auch vernichten.[501] In rechtlicher Hinsicht darf er insbesondere frei darüber verfügen und sein Eigentum übertragen, belasten oder aufgeben.[502] Die Aufzählungen sind dabei nicht abschließend.[503]

Weiterhin kommt es darauf an, ob jede rechtliche oder tatsächliche Maßnahme des Eigentümers entsprechend den negativen Eigentümerbefugnissen

500 *Zech*, AcP 219 (2019), 488 (591); Staudinger/*Althammer*, BGB, § 903 Rn. 10.

501 Staudinger/*Althammer*, BGB, § 903 Rn. 10.

502 Staudinger/*Althammer*, BGB, § 903 Rn. 10.

503 Vgl. MüKo/*Brückner*, BGB, Bd. 8 § 903 Rn. 23, der bei der Auflistung der positiven Befugnisse die Ergänzung „unter anderem“ vornimmt oder Schulze/*Schulte-Nölke*, HK-BGB, § 903 Rn. 1, der die Auflistung der Befugnisse durch das Wort „insbesondere“ ergänzt.

eine Einwirkung auf das Eigentum voraussetzt. Grund für die Überlegung eines Einwirkungserfordernisses bieten neben unterschiedlichen Bezeichnungen der positiven Befugnisse als Einwirkungsrechte auch eine Reihe an unterschiedlichen Definitionsversuchen der positiven Befugnisse. So werden die positiven Befugnisse zum Teil als „Einwirkungsrechte" aufgefasst, die eine rechtliche oder tatsächliche Maßnahme des Eigentümers voraussetzen und in beliebiger Weise auf das Eigentum einwirken.[504] Andererseits wird innerhalb der positiven Befugnisse zugleich auf das Erfordernis einer Einwirkung auf das Eigentum verzichtet.[505] Schließlich mutet es auf den ersten Blick befremdlich an, dem Eigentümer innerhalb seiner positiven Befugnisse und mithin innerhalb des Bereichs, in dem er mit seiner Sache grundsätzlich vollumfänglich frei verfügen darf, nur solche Rechte zu gewähren, die zumindest in der Theorie so stark auf sein Eigentum einwirken könnten, dass er Dritten diese Einwirkung grundsätzlich untersagen dürfte.

II. Eigentumseinwirkung innerhalb der positiven Befugnisse

1. Pro Eigentumseinwirkung

Für das Erfordernis einer Eigentumseinwirkung innerhalb der positiven Befugnisse äquivalent zu den Voraussetzungen innerhalb der nachstehend darzustellenden negativen Befugnisse ist zunächst anzuführen, dass der Inhalt des Eigentums gem. § 903 S. 1 grundsätzlich einheitlich bestimmt wird und sich dementsprechend bereits innerhalb der verschiedenen Anspruchsgrundlagen nicht unterscheidet.[506] Aus Gründen der Rechtssicherheit könnten daher auch innerhalb der Eigentumsrechte der positiven und negativen Befugnisse

---

504 Staudinger/*Althammer*, BGB, § 903 Rn. 10; Bamberger/Roth/Hau/Poseck/*Fritzsche*, BeckOK BGB, § 903 Rn. 17; Gsell/Krüger/Lorenz/Reymann/*Lakkis*, BeckOGK BGB, § 903 Rn. 91 ff.; Erman/*Wilhelmi*, BGB, § 903 Rn. 1, der zwar den Begriff „positiver Eigentumskern" verwendet, allerdings weiterhin von „unbeschränkten Einwirkungsbefugnissen" des Eigentümers schreibt.

505 So bspw. Soergel/*J.F. Baur*, BGB, § 903 Rn. 11; Grünberg/*Herrler*, BGB, § 903 Rn. 5; BGB-RGRK/*Augustin*, § 903 Rn. 18 ff.; Prütting/Wegen/Weinreich/*Huhn*/*Lemke*, BGB, § 903 Rn. 2; Jauernig/*Berger*, BGB, § 903 Rn. 2, der hierbei von „positiver Wirkung" spricht; Schulze/*Schulte-Nölke*, HK-BGB, § 903 Rn. 1; MüKo/*Brückner*, BGB, Bd. 8, § 903 Rn. 23; und weitere, die ebenfalls keine Einwirkung innerhalb der positiven Befugnisse verlangen, aber dennoch zusätzlich die Bezeichnung „Einwirkungsrechte" verwenden: Ring/Grziwotz/Keukenschrijver/*Ring*, NK-BGB, § 903 Rn. 30; jurisPK-BGB/*Rösch*, § 903 Rn. 52.

506 Siehe Ausführungen oben unter 3. Kapitel § 4 I. 3.

einheitliche Voraussetzungen zu fordern sein, da andernfalls der Gedanken der Vereinheitlichung konterkariert würde. Schließlich handelt es sich grundsätzlich innerhalb der positiven und negativen Befugnisse um dieselbe rechtliche bzw. tatsächliche Handlung, die lediglich durch verschiedene Personen ausgeführt wird. Sofern die Konstellation der positiven Befugnisse betroffen ist, liegt eine Handlung des Eigentümers im Hinblick auf sein Eigentum vor. Sofern hingegen Handlungen durch Dritte in Bezug auf dieses Eigentum vorliegen und der Eigentümer sich gegen diese wehren möchte, ist die Konstellation der negativen Befugnisse betroffen. Unterschiedliche Voraussetzungen führten dabei zu Rechtsunsicherheiten sowohl für den Eigentümer als auch für Dritte.

Diese Argumentation überzeugt nicht vollständig im Hinblick auf das Kriterium der Rechtssicherheit, da die Voraussetzungen innerhalb der positiven und negativen Befugnisse auch dann nicht erheblich voneinander abweichen, wenn das Einwirkungserfordernis innerhalb der positiven Befugnisse entfällt. Schließlich wird innerhalb der negativen Befugnisse lediglich eine zusätzliche Voraussetzung in Form der Einwirkung geschaffen, sodass die rechtliche bzw. tatsächliche Handlung des Eigentümers bzw. eines Dritten zunächst identisch bleibt. Diese Handlung wird innerhalb der negativen Befugnisse durch das zusätzliche Kriterium der Einwirkung lediglich begrenzt. Dieser Zusatz ist nachvollziehbar, da es sich faktisch innerhalb der positiven und der negativen Befugnisse um zwei von unterschiedlichen Personen ausgeführte Handlungen handelt, die dementsprechend voneinander gering abweichend definiert werden. Das Argument der Rechtssicherheit ist daher nicht überzeugend, um das Einwirkungserfordernis auch innerhalb der positiven Befugnisse zu fordern. Im Gegenteil ist es im allgemeinen Rechtsverkehr üblich, dass unterschiedliche Handlungen differenziert voneinander betrachtet und rechtlich bewertet werden, sodass die Allgemeinheit dadurch nicht außerordentlich verunsichert wird.

2. Contra Eigentumseinwirkung

A. Wortlaut des § 903 S. 1 BGB

Gegen das Erfordernis einer Einwirkung innerhalb der positiven Befugnisse ist zunächst der Wortlaut des § 903 S. 1 BGB anzuführen, der eine Einwirkung ausschließlich innerhalb der Beschreibung der negativen Befugnisse benennt. Schließlich kann der Eigentümer gem. § 903 S. 1 BGB mit seiner Sache „nach Belieben verfahren“ und „andere von jeder Einwirkung ausschließen“. Dies legt nahe, dass auch der Gesetzgeber eine Einwirkung ausschließlich innerhalb der negativen Befugnisse beabsichtigt hatte.[507] Zudem wird die Bezeichnung „Einwirkung“ überwiegend im Zusammenhang mit den Abwehrbefugnissen geprüft, dort insbesondere mit dem Abwehr- und Unterlassungsanspruch aus § 1004 Abs. 1 BGB.[508] Die Bezeichnung „Einwirkung“ stimmt zudem begrifflich primär mit einer Bestimmung der negativen als der positiven Eigentümerbefugnisse überein. Schließlich handelt es sich bei den negativen Befugnissen um die Abwehr von Handlungen Dritter, die unbefugt auf das Eigentum einwirken. Die Abwehr von Handlungen Dritter ist indes nicht Gegenstand der positiven Befugnisse. Stattdessen wird innerhalb der positiven Befugnisse der Umfang der tatsächlichen und rechtlichen Handlungsmöglichkeiten des Eigentümers in Bezug auf sein Eigentum bestimmt. Folglich spricht der Wortlaut gegen das Erfordernis einer Einwirkung innerhalb der positiven Befugnisse, sodass der Begriff der „positiven Befugnisse“ dem Begriff der „Einwirkungsrechte“ vorzuziehen ist.

B. Unterschiedliche Wirkungsreichweite

Gegen das Erfordernis einer Eigentumseinwirkung innerhalb der positiven Befugnisse ist darüber hinaus anzuführen, dass die positiven und negativen Befugnisse sich hinsichtlich ihrer Wirkungsreichweite erheblich voneinander unterscheiden. So gewähren die positiven Befugnisse dem Eigentümer zunächst die Möglichkeit, abhängig von etwaigen Beschränkungen des Eigentums durch Gesetz oder Rechte Dritter mit seinem Eigentum grundsätzlich frei zu verfahren. Die negativen Befugnisse geben dem Eigentümer hingegen weitreichendere Rechte, indem er rechtliche bzw. tatsächliche Handlungen von Dritten auf sein Eigentum ausschließen kann. Durch die Ausübung der negativen Eigentümerbefugnisse berührt der Eigentümer den rechtlichen bzw.

---

507 Deutlich wird diese Trennung zwischen Verfahren und Einwirkung auch bei *Zech*, AcP 219 (2019), 488 (523 f.).

508 Staudinger/*Althammer, BGB*, § 903 Rn. 11; Gsell/Krüger/Lorenz/Reymann/*Lakkis*, BeckOGK BGB, § 903 Rn. 91; Bamberger/Roth/Hau/Poseck/*Fritzsche*, BeckOK BGB, § 903 Rn. 17 f., der zwar eine Einwirkung auch innerhalb der positiven Befugnisse fordert, allerdings zur Konkretisierung auf Gerichtsurteile verweist, in denen sich die Gerichte nicht mit den positiven Befugnissen, sondern mit der Ausschließung von Einwirkungen Dritter auf das Eigentum des Eigentümers beschäftigten. Dies verdeutlicht die Schwierigkeit, eine Einwirkung innerhalb der positiven Befugnisse bestimmen zu können, ohne auf die negativen Befugnisse einzugehen und spricht daher ebenfalls gegen die Annahme einer Einwirkung innerhalb der positiven Befugnisse.

tatsächlichen Handlungsbereich eines Dritten. Innerhalb der negativen Befugnisse werden folglich nicht nur die Rechte des Eigentümers in Bezug auf die Handlungsfreiheiten des Eigentümers an seinem Eigentum festgelegt. Darüber hinaus bestimmen die negativen Befugnisse, ob der Eigentümer Handlungen von Dritten an seinem Eigentum unterbinden kann, da diese ggf. ausschließlich ihm zustehen. Die Handlungen des Eigentümers berühren innerhalb der negativen Befugnisse somit den Rechtskreis eines Dritten. Dies verdeutlicht, dass die negativen Befugnisse hinsichtlich ihrer tatschlichen bzw. rechtlichen Wirkung eine größere Reichweite haben als die positiven Befugnisse und mithin ein „Mehr" gegenüber den positiven Befugnissen darstellen. Diese weitergehende Reichweite der negativen Befugnisse rechtfertigt schließlich weitere und engere Voraussetzungen in Form einer Eigentumseinwirkung, um dadurch den Begriff der negativen Eigentümerbefugnisse in sich zu begrenzen. Dieser Begrenzung bedarf es innerhalb der positiven Befugnisse nicht, da der Eigentümer bei der Ausübung seiner Rechte innerhalb seines Rechtskreises bleibt und die Handlungsfreiheit eines Dritten nicht tangiert. Die unterschiedliche Wirkungsreichweite der positiven und negativen Befugnisse spricht somit ebenfalls gegen das Erfordernis einer Einwirkung innerhalb der positiven Befugnisse.

C. *Funktionsunterschiede*

Darüber hinaus widerspricht eine Beschränkung der Eigentumsrechte mittels einer Einwirkung auf das Eigentum innerhalb der positiven Befugnisse auch deren Funktion als „umfassendes Herrschaftsrecht"[509] bzw. „Generalermächtigung"[510] über das Eigentum. Im Gegensatz dazu werden die negativen Befugnisse infolge einer maximalen Gewährung an Mindestrechten wiederum beschränkt.[511] Dies verdeutlicht die unterschiedlichen Funktionen der positiven und negativen Eigentümerbefugnisse, die zunächst umfassende Rechte gewähren und schließlich auf maximale Mindestrechte beschränken. Das Erfordernis einer Eigentumseinwirkung innerhalb der positiven Eigentümerbefugnisse widerspricht demnach deren Funktion als umfassendes Herrschaftsrecht sowie der Generalermächtigung des Eigentümers. Somit ist eine Einwirkung innerhalb der positiven Befugnisse auch aufgrund der unterschiedlichen Funktionen der Eigentümerbefugnisse abzulehnen.

509 Vgl. BGH, Urt. v. 09.03.1989, I ZR 54/87, GRUR 1990, 390 (390); Staudinger/*Althammer*, BGB, § 903 Rn. 2, der hier von „umfassender Rechtsmacht" spricht.

510 Staudinger/*Althammer*, BGB, § 903 Rn. 10.

511 Siehe hierzu ausführlicher unter 3. Kapitel § 4 II.

3. *Zwischenergebnis*

Die überwiegenden Argumente sprechen gegen die Voraussetzung einer Eigentumseinwirkung innerhalb der positiven Befugnisse des Eigentümers gem. § 903 S. 1 BGB. Folglich müssen tatsächliche bzw. rechtliche Maßnahmen des Eigentümers nicht zwingend auf sein Eigentum einwirken. Der Begriff „positive Befugnisse“ ist daher dem Begriff der „Einwirkungsrechte“ vorzuziehen.

III. Anfertigung und Verwertung von Abbildungen als positive Befugnisse

Gegenstand dieses Untersuchungsabschnittes sind die tatsächlichen und rechtlichen positiven Befugnisse des Baukunstwerkeigentümers im Hinblick auf die Anfertigung und Verwertung von Abbildungen der in seinem Eigentum befindlichen und gemeinfreien Baukunstwerke. Wie bereits ausgeführt, prävaliert ein noch bestehendes Urheberrecht an einem Werk gegenüber dem Eigentumsrecht, sodass die positiven Befugnisse des Baukunstwerkeigentümers durch das Urheberrecht des Baukunstwerkurhebers überlagert werden und nur in den Grenzen der urheberrechtlichen Vorschriften ausgeübt werden können.[512]

Sofern der Baukunstwerkeigentümer Abbildungen der in seinem Eigentum stehenden Baukunstwerke anfertigt und verwertet, könnte dies von der tatsächlichen bzw. rechtlichen Herrschaftsmacht über sein Eigentum umfasst sein.[513] Demnach könnte eine Benutzung als Teil der tatsächlichen Herrschaftsmacht bzw. eine Nutzung als Teil der rechtlichen Herrschaftsmacht seines Eigentums vorliegen. In diesen Konstellationen dürfte der Eigentümer des Bauwerkes grundsätzlich auch einen wirtschaftlichen Nutzen aus seinem Eigentum ziehen.[514] Dabei ist zu differenzieren zwischen der Anfertigung einer Abbildung des Baukunstwerkes, der Verwertung des äußeren Erscheinungsbildes bzw. des Abbildes des Baukunstwerkes sowie der Verwertung der neu geschaffenen körperlichen Sache, die das äußere Erscheinungsbild des Baukunstwerkes bspw.

---

512 Vgl. zu dem Verhältnis Urheberrecht und Eigentumsrecht näher oben unter 3. Kapitel § 3.

513 Vgl. zu der Differenzierung zwischen der tatsächlichen und rechtlichen Herrschaftsmacht des Eigentümers LG Itzehoe, Urt. v. 11.06.2020, 10 O 84/20, ZUM-RD 2020, 541 (543).

514 Gsell/Krüger/Lorenz/Reymann/*Lakkis*/BeckOGK BGB, § 903 Rn. 95 f.; Erman/*Arzt*/*Wilhelmi*, BGB, Vor § 903 Rn. 2; Erman/*Wilhelmi*, BGB, § 903 Rn. 1; Soergel/*J.F. Baur*, § 903 Rn. 33.

in Form einer Fotografie, eines Gemäldes oder einer Skulptur verkörpert. Veranschaulichen lässt sich diese Differenzierung mithilfe eines Vergleichs der Verwertung von einer Software, die sich bspw. auf einem körperlichen Speichermedium wie einem USB-Stick oder einer CD-ROM befindet. Dabei ist die Software mit dem äußeren Erscheinungsbild eines Baukunstwerkes zu vergleichen und das körperliche Speichermedium mit der, das äußere Erscheinungsbild bzw. Abbild des Baukunstwerkes verkörpernden, Fotografie, Gemälde oder Skulptur. Auch hier wird bei einer Verfügung über das Speichermedium in seiner körperlichen Form sowohl über die Software verfügt, die mit dem Abbild vergleichbar ist, und gleichzeitig über das Speichermedium an sich, das dem verkörperten Abbild bspw. in Form eines Fotos, eines Gemäldes oder einer Skulptur entspricht. Da hier die Anfertigung und Verwertung der Abbildung eines Baukunstwerkes gegenständlich ist, sind die positiven Befugnisse im Hinblick auf die neu geschaffene körperliche Sache bspw. in verkörperter Form der Fotografie, des Films, des Gemäldes oder der Skulptur von der Untersuchung ausgenommen.

1. Anfertigung von Abbildungen als Benutzung des Kunstwerkes

Die Anfertigung einer Abbildung eines Baukunstwerkes durch den Baukunstwerkeigentümer ist zunächst eine Benutzung des Baukunstwerkes und stellt demnach eine tatsächliche Handlung dar und wird folglich von der tatsächlichen Herrschaftsmacht des Eigentümers erfasst.[515] Schließlich soll dem Eigentümer ein umfassendes Herrschaftsrecht eingeräumt werden, also ein Vollrecht, das ihm vollumfassende Befugnisse gewährt.[516] Ihm wird eine „beliebige Verfügungsbefugnis" eingeräumt, die erst durch die Eigentumsbeschränkungen ihre Schranken erfährt.[517] Die Eigentumsrechte werden demnach zunächst vollständig gegeben, wobei das Gegebene durch die jeweiligen Schranken – quasi elastisch –[518] wiederum begrenzt wird.

---

515 Vgl. LG Itzehoe, Urt. v. 11.06.2020, 10 O 84/20, ZUM-RD 2020, 541 (543); Staudinger/*Althammer,* BGB, § 903 Rn. 10; so auch *Jayme*, der dem Eigentümer „selbstverständlich" das Recht einräumt, seine gemeinfreien Kunstwerke zu reproduzieren, vgl. *Jayme,* Kunst & Recht Bulletin, 2011, 11 (14); vgl. MüKo/*Brückner,* BGB, Bd. 8. § 903 Rn. 23; vgl. Schulze/*Schulte-Nölke,* HK-BGB, § 903 Rn. 1.

516 PWW/*Lemke,* BGB, § 903 Rn. 1; Soergel/*J.F. Baur,* § 903 Rn. 5; MüKo/*Brückner,* BGB, Bd. 8, § 903 Rn. 2; Staudinger/*Althammer,* Einl. zu §§ 903 ff., Rn. 6.

517 Staudinger/*Althammer,* Einl. zu §§ 903 ff., Rn. 6.

518 Staudinger/*Althammer,* Einl. zu §§ 903 ff., Rn. 56, der in diesem Zusammenhang von einer sogenannten „Elastizität des Eigentums" spricht.

Ob die tatsächliche Benutzung einer Sache auch eine bestimmungsgemäße Benutzung in Anlehnung an die Vorschriften der §§ 100, 99 Abs. 1 BGB voraussetzt, bedarf in diesem Zusammenhang einer genaueren Betrachtung. Schließlich resultieren Früchte gem. §§ 100, 99 Abs. 1 BGB nur aus der bestimmungsgemäßen Nutzung einer Sache. Dies führt zu der Folgefrage, ob Abbildungen von Baukunstwerken eines Museums durch den Baukunstwerkeigentümer aus der bestimmungsgemäßen Nutzung des Baukunstwerkes resultieren. Primär ist deren Bestimmung darin zu sehen, die Baukunstwerke und mithin die Kunstwerke einer breiten Öffentlichkeit zugänglich zu machen, damit die Allgemeinheit in den Genuss der dargebotenen Kunstwerke gelangen kann und diese auf diese Weise benutzt werden.[519] Durch den ermöglichten Zugang zu den Baukunstwerken wird gleichzeitig die Gelegenheit zur Anfertigung von Abbildungen der Werke geschaffen. Zu differenzieren ist dabei zwischen Abbildungen durch den Abbildungskünstler als Dritter bzw. der Öffentlichkeit und Abbildungen durch den Eigentümer. Gegenstand der positiven Eigentümerbefugnisse können schließlich allein Abbildungen durch den Eigentümer sein.

Dabei ist festzustellen, dass die Baukunstwerke eines Museums jedenfalls nicht dazu bestimmt sind, dass Abbildungen von ihnen durch die Allgemeinheit angefertigt werden. Schließlich soll der Allgemeinheit primär der Zugang zu den Baukunstwerken eines Museums gewährt werden, damit sie die Kunstwerke anblicken und genießen können. Die Anfertigung von Abbildungen von Baukunstwerken des Museums ist dabei nur als Art Nebeneffekt oder Reflex der physischen Zugänglichmachung zu bewerten, stellt aber nicht die primäre bestimmungsgemäße Nutzung des Baukunstwerkes dar.

Dies ist im Hinblick auf Abbildungen durch den Baukunstwerkeigentümer anders zu beurteilen. Sofern die bestimmungsgemäße Benutzung eines Baukunstwerkes insbesondere eines Museums in deren Zugänglichmachung durch den Eigentümer besteht, so kann dieser Zugang durch den Eigentümer auf physische Weise ermöglicht werden, indem er den Zugang zu dem Baukunstwerk physisch gestattet. Gleichzeitig kann der Zugang zu den Baukunstwerken auch durch den Vertrieb von Abbildungen der Baukunstwerke ermöglicht werden. Auch auf diese Weise kann die Öffentlichkeit schließlich in den Genuss der Kunstwerke gelangen. Folglich ist auch die Anfertigung von Abbildungen eines Baukunstwerkes durch den Baukunstwerkeigentümer unter seine

519 Vgl. auch *Anton*, Zivilrecht – Guter Glaube im Internationalen Kunsthandel, S. 7 Rn. 9.

positiven Befugnisse zu subsumieren, sofern er die Abbildungen anfertigt, um sie anschließend der Öffentlichkeit zur Verfügung zu stellen. Fertigt der Eigentümer die Abbildungen indes für sich selbst an, ohne sie der Öffentlichkeit zur Verfügung zu stellen, entspricht dies nicht mehr einer bestimmungsgemäßen Benutzung der Baukunstwerke und kann daher nicht unter die positiven Befugnisse des Eigentümers subsumiert werden. Entscheidend ist daher, ob eine Benutzung innerhalb der positiven Befugnisse des § 903 S. 1 BGB stets eine bestimmungsgemäße Nutzung voraussetzt.

Gegen das Erfordernis einer bestimmungsgemäßen Benutzung und einer damit einhergehenden Beschränkung des Eigentumsumfangs ist einzuwenden, dass dem Eigentümer innerhalb der positiven Befugnisse zunächst keine Beschränkungen im Hinblick auf sein Eigentum auferlegt werden sollen. Aus diesem Grund wurde vorstehend das Erfordernis einer Eigentumseinwirkung innerhalb der positiven Befugnisse versagt.

Zudem entspricht es nicht den Grundsätzen einer freiheitlich geregelten Rechtsordnung, dem Eigentümer Vorschriften in Bezug auf die Art und Weise der Nutzung seines Eigentums aufzuerlegen.[520] Da § 903 S. 1 BGB bewusst keine abschließende Aufzählung zulässiger Eigentumshandlungen vorsieht,[521] muss es dem Eigentümer ermöglicht werden, die in seinem Eigentum stehenden Baukunstwerke bspw. in Form von Fotografien oder Zeichnungen zu vervielfältigen. Da der Eigentümer bei der Ausübung seiner positiven Befugnisse keine Interessen oder den Rechtskreis Dritter berührt bzw. beeinträchtigt, wäre eine Beschränkung des Eigentumsrechts mittels der Voraussetzung einer bestimmungsgemäßen Benutzung nicht sach- und interessengerecht.

Unterstützt wird dies zusätzlich durch die Vermutung einer umfassenden Freiheit positiver Befugnisse des Eigentümers.[522] Demnach wird vermutet, dass das Eigentumsrecht besteht und sich die Sachherrschaft durchsetzt, solange keine entgegenstehenden Beschränkungen nachgewiesen werden können.[523] So umfassen die Nutzungsrechte des Eigentümers neben dem nicht-kommerziellen grundsätzlich auch den kommerziellen Ge- und Verbrauch der in seinem Eigentum stehenden Sachen.[524]

---

520 *Heyers,* Jura 2013, 1079 (1090).

521 Staudinger/*Althammer,* § 903 Rn. 10.

522 Zur Vermutungsregelung: Erman/*Wilhelmi,* BGB, § 903 Rn. 1; BGB-RGRK/*Augustin,* § 903 Rn. 19; Staudinger/*Althammer,* Einl. zu §§ 903 ff., Rn. 56, § 903 Rn. 4; anders sieht dies Soergel/*J.F. Baur,* § 903 Rn. 14.

523 Staudinger/*Althammer,* § 903 Rn. 5.

524 Soergel/*J.F. Baur,* § 903 Rn. 33.

Auch würde es der Eigentumsfreiheit diametral entgegenstehen, könnte das Eigentumsrecht inhaltlich durch den Gesetzgeber bezüglich einer objektiven und typischen Nutzung bei einer Würdigung aller Umstände des Einzelfalls eingeschränkt werden.[525] Eine Benutzung im Sinne einer bestimmungsgemäßen Benutzung kann daher auch aus diesem Grund nicht gefordert werden und widerspräche u.a. der Befugnis eines jeden Eigentümers, sein Eigentum zerstören zu dürfen.[526] Schließlich ist kaum eine Sache denkbar, die dazu bestimmt ist, durch ihren Eigentümer zerstört zu werden.

Eine Benutzung der Baukunstwerke durch den Baukunstwerkeigentümer in Form einer bestimmungsgemäßen Benutzung ist aufgrund der vorbenannten Gründe somit nicht vertretbar und konsequent abzulehnen. Die positiven Befugnisse des Eigentümers sind daher tendenziell weit auszulegen, sodass auch die Anfertigung einer Abbildung von Baukunstwerken durch den Eigentümer unter den Begriff der Benutzung zu subsumieren ist. Somit kommt es nicht darauf an, ob der Baukunstwerkeigentümer die Abbildungen der Öffentlichkeit zur Verfügung stellt und ihr auf diese Weise einen Zugang zu den Kunstwerken über den rein physischen Zugang hinaus ermöglicht, oder ob der Eigentümer die Abbildungen für sich selbst anfertigt. In beiden Konstellationen ist die Anfertigung der Abbildungen unter die positiven Befugnisse des Eigentümers zu subsumieren.

2. *Verwertung der Abbildungen als Nutzung i.S.d. § 100 BGB*

Weiterhin könnte neben der Anfertigung von Abbildungen eines Baukunstwerkes durch den Baukunstwerkeigentümer auch die Verwertung dieser Abbildungen durch den Eigentümer von den positiven Befugnissen des § 903 S. 1 BGB erfasst werden. Die Verwertung könnte eine Nutzung i.S.d. § 100 BGB darstellen und somit von der rechtlichen Herrschaftsmacht des Eigentümers umfasst sein.[527]

Wie bereits festgestellt, wird auch das äußere Erscheinungsbild einer Sache dem körperlichen Eigentum grundsätzlich zugewiesen,[528] sodass der Eigentümer auch im Rahmen seiner positiven Eigentümerbefugnisse das äußere Erscheinungsbild des in seinem Eigentum stehenden Werkes verwerten kann.

525 *Heyers*, Jura 2013, 1079 (1090).

526 *Häret*, DS 2008, 169 (174).

527 Vgl. LG Itzehoe, Urt. v. 11.06.2020, 10 O 84/20, ZUM-RD 2020, 541 (543).

528 Siehe oben zum Konkurrenzverhältnis zwischen Eigentumsrecht und Urheberrecht unter 3. Kapitel § 3.

Damit die Verwertung des Abbildes eines Baukunstwerkes eine Nutzung des Eigentums i.S.d. § 100 BGB darstellt, müsste die Verwertung bzw. das Resultat der Verwertung in Form der erzielten Einnahmen gem. § 100 BGB entweder eine Frucht oder einen Gebrauchsvorteil des abgebildeten Baukunstwerkes verkörpern.

Früchte einer Sache sind gem. § 99 Abs. 1 BGB Erzeugnisse einer Sache oder ihre sonstige Ausbeute, die bestimmungsgemäß aus der Sache gewonnen bzw. gem. § 99 Abs. 3 BGB vermöge eines Rechtsverhältnisses gewährt werden. Dabei sind Erzeugnisse ausschließlich unmittelbare Sachfrüchte, die alle natürlichen Tier- und Bodenfrüchte erfassen.[529] Eine Früchteziehung aufgrund eines Rechtsverhältnisses gem. § 99 Abs. 3 BGB liegt nicht vor, da der Baukunstwerkeigentümer innerhalb der positiven Befugnisse Abbildungen der in seinem Eigentum stehenden Baukunstwerke anfertigt und verwertet und mithin keines Rechtsverhältnisses bedarf, wonach ihm bspw. das Recht zur Verwertung der Abbildungen gestattet würde. Gegen die Annahme von Einnahmen durch die kommerzielle Verwertung als Erzeugnisse i.S.d. § 99 Abs. 1 BGB aus dem Abbild des Baukunstwerkes spricht bereits, dass es zur Generierung dieser Einnahmen einer aktiven menschlichen, dazwischentretenden Handlung in Form einer Verwertungshandlung bedarf. Die aus einer kommerziellen Verwertung erzielten Einnahmen oder Vorteile resultieren nicht unmittelbar und insbesondere nicht natürlicherweise aus dem Abbild des Baukunstwerkes.

Daher könnte eine sonstige Ausbeute vorliegen, die gem. § 99 Abs. 1 BGB bestimmungsgemäß aus der Sache gewonnen wird. Die Verwertung müsste dafür eine naturgemäße oder verkehrsübliche Nutzung des Abbildes eines Baukunstwerkes eines Museums oder Absicht des Eigentümers darstellen.[530] Jedenfalls im Hinblick auf allgemeine Kunstgegenstände ist dies abzulehnen. So haben Kunstgegenstände ihre primäre Bestimmung in der Vermittlung ästhetischer Eindrücke und der Befriedigung visueller Sinne und Reize und sollen dadurch das menschliche Dasein bereichern.[531] Zum Teil dienen Kunstwerke auch der Dekoration und Verschönerung eines Raumes bzw. bei Gebäuden primär funktionalen Zwecken wie Wohn- oder Gewerbezwecken.[532] Ihre

529 MüKo/*Stresemann*, BGB, Bd. 1, § 99 Rn. 2.

530 Vgl. MüKo/*Stresemann*, BGB, Bd. 1 § 99 Rn. 4.

531 Vgl. auch *Anton*, Zivilrecht – Guter Glaube im Internationalen Kunsthandel, S. 7 Rn. 9.

532 Wobei im Hinblick auf bewegliche Kunstgegenstände zusätzlich darüber diskutiert werden kann, ob sie auch der Verwertung zuträglich sind, insbesondere wenn ein Künstler seine Kunst zur Erschaffung und Erhaltung seines Lebensunterhaltes geschaffen hat.

primäre Bestimmung besteht mithin nicht in der Verwertung der Abbilder von Kunstwerken.

Anders ist dies bei Baukunstwerken eines Museums zu bewerten. Wie zuvor innerhalb der Prüfung der Anfertigung von Abbildungen festgestellt, liegt deren Bestimmung primär darin, die Baukunstwerke und mithin die Kunstwerke einer breiten Öffentlichkeit zugänglich zu machen, damit die Allgemeinheit in den Genuss der dargebotenen Kunstwerke gelangen kann. Dabei kann der Zugang physisch in Form der Zutrittsgestattung ermöglicht werden oder durch die Anfertigung und den anschließenden Vertrieb von Abbildungen der Baukunstwerke. Entscheidend ist daher, dass die Abbildungen einer breiten Masse zur Verfügung gestellt werden. Dabei kommt es schließlich nicht darauf an, ob der Vertrieb der Abbildungen zu kommerziellen oder zu nicht-kommerziellen Zwecken erfolgt. Diese Auslegung des § 100 BGB entspricht zudem dem Sinn und Zweck der positiven Befugnisse im Hinblick auf eine weite Auslegung. Wie bereits ausgeführt, erfassen die positiven Befugnisse eine Vielzahl an Fällen, um das umfassende Herrschaftsrecht des Eigentümers vollständig zu gewährleisten.[533] Dem Eigentümer soll es schließlich anerkanntermaßen ermöglicht werden, einen wirtschaftlichen Nutzen aus seinem Eigentum zu ziehen.[534] Um einen größtmöglichen Schutz des Eigentümers zu erzielen, ist daher der Begriff der Nutzungen so auszulegen, dass hierunter grundsätzlich auch die kommerzielle sowie die nicht-kommerzielle Verwertung von Abbildungen subsumiert werden können, sofern der Eigentümer eines Baukunstwerkes insbesondere eines Museums die Abbildungen der in seinem Eigentum stehenden Baukunstwerke der Öffentlichkeit zugänglich macht. Folglich wird auch die Verwertung von Abbildungen eines Baukunstwerkes durch den Eigentümer von den positiven Eigentümerbefugnissen gem. § 903 S. 1 BGB als Teil seiner rechtlichen Herrschaftsmacht erfasst.

IV. Zwischenergebnis

Die positiven Befugnisse des Eigentümers gem. § 903 S. 1 BGB sind grundsätzlich weit aufzufassen, um einen größtmöglichen Schutz zu gewähren. Eine Eigentumseinwirkung innerhalb der positiven Befugnisse ist nicht

533 Vgl. MüKo/*Brückner*, BGB, Bd. 8, § 903 Rn. 23; Schulze/*Schulte-Nölke*, HK-BGB § 903 Rn. 1.

534 Gsell/Krüger/Lorenz/Reymann/*Lakkis*/BeckOGK BGB, § 903 Rn. 95 f.; Erman/*Arzt*/*Wilhelmi*, BGB, Vor § 903 Rn. 2; Erman/*Wilhelmi*, BGB, § 903 Rn. 1; Soergel/*J.F. Baur*, § 903 Rn. 33.

erforderlich. Sowohl die Anfertigung als auch die Verwertung von Abbildungen eines Baukunstwerkes werden daher grundsätzlich von den positiven Eigentümerbefugnissen erfasst. Die Anfertigung von Abbildungen durch den Baukunstwerkeigentümer ist dabei als Benutzung des Baukunstwerkes als Teil der tatsächlichen Herrschaftsmacht des Eigentümers zu bewerten, die keine bestimmungsgemäße Nutzung in entsprechender Anwendung der §§ 100, 99 Abs. 1 BGB voraussetzt. Die Verwertung der Abbildung stellt eine Nutzung des Baukunstwerkes i.S.d. §§ 100, 99 Abs. 1 BGB als Teil der rechtlichen Herrschaftsmacht des Baukunstwerkeigentümers dar und wird ebenfalls von den positiven Befugnissen erfasst. Sowohl die kommerzielle als auch die nichtkommerzielle Verwertung der Abbildungen von Baukunstwerken insbesondere eines Museums sind dabei als bestimmungsgemäße Nutzung zu bewerten, sofern die Abbildungen der Allgemeinheit zur Verfügung gestellt werden. Schließlich dienen Baukunstwerke eines Museums ihrer Bestimmung gemäß primär dazu, der Öffentlichkeit den Zugang zur Kunst zu ermöglichen und der Allgemeinheit gleichzeitig ästhetische Eindrücke zu vermitteln, ihre visuellen Sinne und Reize zu befriedigen und auch ihr menschliches Dasein zu bereichern. Dabei kann der Zugang sowohl physisch in Form einer Zutrittsgestattung ermöglicht werden, aber auch im Wege der Weitergabe und Vermittlung von Abbildungen der Baukunstwerke an die Öffentlichkeit. Sofern indes das abgebildete Baukunstwerk noch urheberrechtlichen Schutz genießt und der Baukunstwerkeigentümer nicht gleichzeitig Urheber und Nutzungsrechteinhaber des Werkes ist, werden die positiven Befugnisse durch die Urheberrechte des Baukunstwerkurhebers verdrängt.

§ 6 Negative Befugnisse des Eigentümers: Ausschließungsrechte

Der Inhalt des Eigentums gem. § 903 S. 1 BGB setzt sich neben den soeben dargestellten positiven Befugnissen auch aus den negativen Befugnissen des Eigentümers zusammen. Die negativen Befugnisse gewähren dem Eigentümer äquivalent dieselben Befugnisse wie innerhalb der positiven Befugnisse, wobei der Eigentümer im Rahmen der negativen Befugnisse Dritte von jeder beliebigen Einwirkung auf sein Eigentum ausschließen können soll.[535] Daraus resultiert die konkret zu untersuchende Fragestellung, ob ausschließlich der Baukunstwerkeigentümer die in seinem Eigentum stehenden Baukunstwerke

535 Staudinger/*Althammer*, BGB, § 903 Rn. 11.

abbilden und diese Abbildungen schließlich verwerten und mithin den Abbildungskünstler von der Anfertigung und Verwertung von Abbildungen des Baukunstwerkes ausschließen darf, oder ob auch dem Abbildungskünstler diese Rechte unabhängig von einer Zustimmung des Baukunstwerkeigentümers zustehen.

Wie vorgehend herausgearbeitet, ist es dem Baukunstwerkeigentümer eines gemeinfreien Baukunstwerkes zunächst aufgrund seiner positiven Befugnisse aus dem Eigentumsrecht gem. § 903 S. 1 BGB gestattet, Abbildungen seines Werkes anzufertigen sowie anschließend zu verwerten. Eine Einwirkung auf das Eigentum durch die Abbildung und ihre Verwertung ist innerhalb der positiven Befugnisse nicht erforderlich. Hingegen muss im Rahmen der negativen Befugnisse zusätzlich eine Eigentumseinwirkung vorliegen, da der Eigentümer bei der Ausübung seiner Ausschließungsrechte den Interessen- und Rechtskreis Dritter berührt. Folglich ist eine Beschränkung der Befugnisse des Eigentümers und eine damit einhergehende restriktivere Auslegung der negativen Befugnisse erforderlich.[536] Sofern der Abbildungskünstler Abbildungen des Baukunstwerkes anfertigt und verwertet, muss er folglich dadurch zugleich auf die Rechte des Eigentümers zur Anfertigung und Verwertung von Abbildungen seiner Baukunstwerke einwirken. Inwiefern eine Einwirkung auf das Eigentum aufgrund der Anfertigung und Verwertung von Abbildungen eines Baukunstwerkes durch einen unbefugten Abbildungskünstler angenommen werden kann, wurde bisher im Hinblick auf die abgebildeten Baukunstwerke noch nicht hinreichend durch die Rechtsprechung beurteilt. Die Rechtsprechung stellte bisher in ihren Entscheidungen auf das Betreten des Grundstücks und eine Verletzung des Hausrechtes und mithin auf eine Beeinträchtigung des Eigentums an dem Grundstück ab, auf dem sich die Baukunstwerke befinden.[537] Im Folgenden sind daher dogmatisch die Voraussetzungen einer

---

536 Vgl. hierzu ausführlicher oben unter 3. Kapitel § 5 II. 2. B.

537 Vgl. BGH, Urt. v. 17.12.2010, V ZR 45/10, GRUR 2011, 323 (324) Rn. 13: „[…] Die Entscheidung darüber steht […] nach § 903 BGB im Belieben des Grundstückseigentümers. Er ist nicht gezwungen, den Zugang zu seinem Grundstück nur vollständig zu gestatten oder vollständig zu versagen."; ferner: BGH, Urt. v. 01.03.2013, V ZR 14/12, ZUM 2013, 571 (572): „Gestattet [der Grundstückseigentümer] das Betreten oder Benutzen seines Grundstücks nur unter bestimmten Bedingungen, ist jede Abweichung hiervon ein Eingriff in den Zuweisungsgehalt des Eigentums und damit eine Eigentumsbeeinträchtigung."; zur genaueren Auseinandersetzung mit der Rechtsprechung siehe unten jeweils im Einzelnen oben unter 3. Kapitel § 2 III.

Eigentumseinwirkung herauszuarbeiten und zu konkretisieren, um anschließend anhand der entwickelten Kriterien das Vorliegen einer Einwirkung durch die Anfertigung und Verwertung von Abbildungen durch den Abbildungskünstler von im Eigentum des Baukunstwerkeigentümers stehenden Baukunstwerkes prüfen zu können.

I. Konkretisierung des Begriffs der Einwirkung

Zuvörderst ist der Begriff der Einwirkung im allgemeinen Sprachgebrauch herauszuarbeiten (1.), um anschließend eine Einwirkung mithilfe einer eigenen Rechtswidrigkeitsprüfung zu konkretisieren (2.) und ferner zu prüfen, ob eine Einwirkung bereits durch bekannte gesetzliche Begrenzungselemente der Einwirkung im Zivilrecht bestimmt wird (3.). Schließlich wird untersucht, inwiefern der Begriff der Körperlichkeit bei der Bestimmung einer Eigentumseinwirkung zu berücksichtigen ist (4.). Anhand dieser Erkenntnisse wird der Begriff der Einwirkung innerhalb der negativen Befugnisse des Eigentümers gem. § 903 S. 1 BGB bestimmt und herausgearbeitet.

1. Einwirkung im allgemeinen Sprachgebrauch

Nach der allgemeinen Definition im Duden bedeutet „Einwirken“ eine bestimmte, die Veränderung von etwas herbeiführende Wirkung ausüben, wie bspw. durch Kraftauswirkung.[538] Als Synonyme werden in diesem Zusammenhang die Bearbeitung, Beeinflussung, Einfluss, Eingriff oder Übergriff verwendet.[539] Nach einer anderen Definition stellt die Einwirkung eine Einflussnahme einer Person oder einer Sache auf Gegenstände oder Personen dar.[540] Demnach müsste eine Einwirkung die Sache verändern oder im Sinne eines körperlichen Verständnisses beeinflussen. Dies zeigt ein sehr strenges Verständnis hinsichtlich der Anforderungen an das Vorliegen der Einwirkung, sodass der Begriff der Einwirkung eng ausgelegt würde.

Sowohl die Anfertigung als auch die Verwertung von Abbildungen von Baukunstwerken bewirken allerdings in der Regel[541] weder eine körperliche

538 https://www.duden.de/rechtschreibung/einwirken, (Stand: 14.01.2020, zuletzt besucht am: 17.07.2023).

539 https://www.duden.de/rechtschreibung/einwirken, (Stand: 17.04.2018, zuletzt besucht am: 17.07.2023).

540 https://www.wortbedeutung.info/Einwirkung, (Stand: 14.01.2010, zuletzt besucht am: 17.07.2023).

541 Zu möglichen Veränderungen durch eine substanzverletzende Vervielfältigung unten unter 3. Kapitel § 6 II. 1.

Veränderung des abgebildeten Baukunstwerkes noch können sie das Werk in seiner Körperlichkeit beeinflussen. Eine Einwirkung auf das Eigentum wäre nach diesem engen Verständnis daher abzulehnen.

Diese strengen Anforderungen an eine Eiwirkung i.S.d. § 903 S. 1 BGB sind indes mit dem Willen des Gesetzgebers unvereinbar. Sinn und Zweck der Regelung ist schließlich, eine Vielzahl von Fällen zu erfassen und die Eigentümerbefugnisse grundsätzlich möglichst weit zu gewähren, sodass innerhalb der negativen Befugnisse jedenfalls die Mindestrechte maximal gewährt werden können. Diesem Sinn und Zweck widersprechen die strengen Anforderungen an eine Einwirkung nach dem allgemeinen Sprachgebrauch. Darüber hinaus würden strenge Anforderungen die Eigentumsfreiheit erheblich beschränken, weshalb eine tatsächliche Veränderung oder Beeinflussung der Sache nicht zwingend gefordert werden kann. Daher ist der Begriff der Einwirkung i.S.d. § 903 S. BGB nicht anhand des allgemeinen Sprachgebrauchs auszulegen, sondern eine abweichende Auslegung vorzuziehen.[542]

2. *Einwirkung im Sinne einer eigenen Rechtswidrigkeit*

Um den Begriff der Einwirkung näher zu konkretisieren, könnte eine Eigentumseinwirkung abseits von einer klassischen Prüfung der Rechtswidrigkeit innerhalb des Tatbestandes einer anspruchsbegründenden Vorschrift innerhalb einer eigenen Rechtswidrigkeitsprüfung verortet werden.[543] Dabei ließe sich die Rechtswidrigkeit entweder aus Art und Umfang des Eigentums oder aus der Rechtsordnung im Übrigen bestimmen.[544] Ausschließlich die Rechtswidrigkeit könne über das Vorliegen einer Eigentumseinwirkung entscheiden, ohne dabei zwischen den vom Wortlaut der verschiedenen Tatbestände unterschiedlich zu bestimmenden Eigentumseinwirkungen zu differenzieren.[545] So versucht *Pfister* einen „Verstoß gegen das Eigentum" als Eigentumsbeeinträchtigung nicht auf der Tatbestandsebene, sondern über den Weg der Rechtswidrigkeit zu finden.[546] Demnach könnten die Anfertigung und Verwertung von Abbildungen durch einen Abbildungskünstler als rechtswidrig anzusehen sein und insofern zu einer Eigentumseinwirkung führen, welche wiederum mit Art und Umfang des Eigentums unvereinbar sein oder gegen die Rechtsordnung im

542 Vgl. *Gerauer*, GRUR 1988, 672 (673).
543 *Pfister*, JZ 1976, 156 (156 ff.).
544 *Pfister*, JZ 1976, 156 (157).
545 *Pfister*, JZ 1976, 156 (157).
546 *Pfister*, JZ 1976, 156 (156 ff.).

Übrigen verstoßen könnte. Dabei lehnt *Pfister* eine Einwirkung unter Berücksichtigung von Art und Umfang des Eigentums hinsichtlich der Anfertigung und Verwertung von Abbildungen ab.[547] Der Eigentümer werde weder in seiner Verwendungsmöglichkeit noch in seinem Besitz gestört.[548]

Hiergegen spricht bereits, dass das Kriterium „Art und Umfang des Eigentums" bei der Prüfung einer Einwirkung und einer damit verbundenen Prüfung der Eigentumsrechte bereits hinsichtlich der negativen Befugnisse des Eigentümers aufgrund eines Zirkelschlusses zur Bestimmung einer Rechtswidrigkeit nicht geeignet ist. Schließlich stellen „Art und Umfang des Eigentums" die Ausgangsfrage dar, die somit nicht mithilfe der Rechtswidrigkeit definiert werden kann, die wiederum mit Art und Umfang des Eigentums bestimmt werden soll.

Denkbar wäre daher nach *Pfister* eine Einwirkung, die sich aus der Rechtsordnung im Übrigen ergäbe und zur positiven Begründung der Rechtswidrigkeit führen könne.[549] Dabei sei eine Interessenabwägung zwischen den Rechten des Eigentümers und den Rechten des Abbildungskünstlers bzw. der Allgemeinheit vorzunehmen, bei der sämtliche Argumente eingebracht werden könnten.[550] Zu berücksichtigen sei dabei u.a., ob die Abbildung durch einen Hausfriedensbruch und somit durch das Betreten eines Grundstücks oder außerhalb des Grundstücks angefertigt wurde und ob es sich um eine gewerbsmäßige oder private Abbildung bzw. Verwendung handele.[551] Dadurch könne die fortschreitende Ausdehnung absoluter Rechte sowie die damit einhergehende Schaffung von Monopolrechten verhindert, gleichzeitig gerechte Einzelfallergebnisse erzielt sowie die Pflichten aufgrund einer Interessenabwägung erweitert werden.[552] Dadurch seien nicht nur materielle Interessen schützenswert, sondern auch das bloße Ruhebedürfnis, wodurch ebenfalls dem Zweck des Eigentums auf die Gewährung eines Freiheitsraums und die Ermöglichung einer eigenverantwortlichen Lebensgestaltung entsprochen werde.[553]

---

547 *Pfister*, JZ 1976, 156 (157).

548 *Pfister*, JZ 1976, 156 (157).

549 *Pfister*, JZ 1976, 156 (157).

550 *Pfister*, JZ 1976, 156 (158), der sich mit der Idee einer Rechtswidrigkeitsprüfung an der Schloss-Tegel-Entscheidung orientiert, aber die dort benannten Argumente der Wirtschaftlichkeit sowie des Betretens des Grundstücks – anders als der BGH – nicht auf Tatbestandsebene, sondern in der Rechtswidrigkeit verorten möchte.

551 *Pfister*, JZ 1976, 156 (158).

552 *Pfister*, JZ 1976, 156 (158).

553 Vgl. BVerfG, Urt. v. 18.12.1968, 1 BvR 638, 673/64, BVerfGE 24, 367 (389); *Pfister*, JZ 1976, 156 (158).

Die zunächst gegen eine Interessenabwägung vorgebrachte Kritik entstehender Rechtsunsicherheiten kann nicht überzeugen, wonach es zu einer Ausdehnung absoluter Rechte einer unüberschaubaren Zahl komme.[554] Schließlich führt eine Interessenabwägung zu größerer Flexibilität sowie interessengerechten individuellen Ergebnissen und verhindert vielmehr die Ausdehnung des Anwendungsbereichs einer Eigentumsbeeinträchtigung. Die weitere Kritik vermag ebenfalls nicht zu überzeugen, wonach nicht erkennbar sei, an welches verletzte Rechtsgut bei einer Rechtswidrigkeitsprüfung angeknüpft werde.[555] *Pfisters* Ausführungen sind so aufzufassen, dass weiterhin an das Eigentum angeknüpft wird.[556] So schreibt er ausdrücklich, dass ein rechtswidriger Verstoß gegen das Eigentum vorliegen müsse, der auf einer gegen fremdes Eigentum bezogenen Handlung basiere, deren Rechtswidrigkeit sich aus der Rechtsordnung im Übrigen ergebe.[557] Selbst wenn das Anfertigen von Abbildungen und ihre Verwertung nicht vom Ausschließungsrecht der Eigentumsrechte erfasst werden, könnte die Anfertigung von Abbildungen dennoch als eigentumsbezogene Handlung rechtswidrig und mithin vom Eigentümer nicht hinzunehmen sein.[558]

Durch diese Vorgehensweise wird allerdings die Eigentumsbeeinträchtigung nicht mehr auf Tatbestandsebene geprüft, sondern in eine Prüfung innerhalb der Rechtswidrigkeit verlagert. Zudem werden bei der Prüfung einzelner Tatbestandsmerkmale des Eigentümers bspw. auf Unterlassung, Beseitigung, Herausgabe, Schadensersatz oder bei Ansprüchen aus einer ungerechtfertigten Bereicherung einzelne Tatbestandsmerkmale nicht mehr geprüft bzw. findet eine Rechtswidrigkeitsprüfung teilweise dort statt, wo sie vom Gesetzgeber nicht vorgesehen ist.[559] Nur die Vorschriften des § 1004 BGB und des § 823 BGB erfordern eine Rechtswidrigkeitsprüfung, wohingegen das Bereicherungsrecht

554 So aber vorgebracht von *Dreier*, in: FS Dietz 2001, 235 (248).

555 So wiederum aber *Dreier*, in: FS Dietz 2001, 235 (248).

556 So schreibt *Pfister* ausdrücklich in JZ 1976, 156 (157), „Wenn das eigentumsbezogene Handeln des anderen rechtswidrig ist (…)“ sowie „(…) oder sonstige eigentumsbezogene Handlungen eines anderen (…)“, sowie in JZ 1976, 156 (158) „Ein rechtswidriger Verstoß gegen das Eigentum liegt aber auch dann vor, wenn jemand eine auf fremdes Eigentum bezogene Handlung vornimmt (…)“, woraus sich eindeutig der Bezug der Rechtswidrigkeit zu einer eigentumsbezogenen Handlung ergibt.

557 *Pfister*, JZ 1976, 156 (158).

558 *Pfister*, JZ 1976, 156 (157 f.).

559 Vgl. *Kübler*, in FS: Baur, 1981, 51 (59).

oder der Herausgabeanspruch nach § 985 BGB eine Rechtswidrigkeitsprüfung nicht vorsehen. Zudem bezwecken die in den Vorschriften der §§ 985 ff. BGB geregelten Ansprüche die vollständige Erhaltung und Wiederherstellung der in § 903 S. 1 BGB umschriebenen Rechtsposition, nämlich das Eigentumsrecht.[560] Unklar ist bei einer Rechtswidrigkeitsprüfung die Rechtfertigung eines Anspruchs gem. der §§ 985 ff. BGB, wenn das Anfertigen von Abbildungen und deren Verwertung den Eigentümer nicht in seiner Verwendung oder in seinem Besitz stört und daher § 903 S. 1 BGB nicht betroffen wäre. Dadurch würden die Voraussetzungen des § 903 S. 1 BGB umgangen und auf die Rechtswidrigkeit verlagert. *Pfister* legt zwar diesbezüglich dar, dass es nicht auf die Rechtswidrigkeit im technischen und eingeschränkten Sinne ankomme, sondern sie im Sinne einer Unrechtmäßigkeit zu verstehen sei.[561] Sie diene also nicht einer klassischen Rechtswidrigkeitsprüfung, sondern sei ein hiervon unabhängig zu betrachtendes Merkmal zur Bestimmung eines Verstoßes gegen das Eigentumsrecht. Inwiefern eine Unabhängigkeit von der „klassischen" Rechtswidrigkeitsprüfung vorliegen soll, wird dabei indes nicht deutlich. Zudem müsste die Rechtswidrigkeit dann in zweifacher Hinsicht in Form einer klassischen und einer nicht-klassischen Rechtswidrigkeit geprüft werden, was zu erheblichen Unsicherheiten führte. Zudem wird infolge einer Rechtswidrigkeitsprüfung der Unterschied zwischen relativen und absoluten Rechten vermischt und auch der Begriff der Dinglichkeit aufgegeben, schließlich ließe sich mittels einer Rechtswidrigkeitsprüfung eine Eigentumsbeeinträchtigung auch durch die Missachtung des eigenen Versprechens, fremdes Eigentum nicht aufzunehmen, konstruieren.[562] Die Dogmatik von Tatbestand, Rechtswidrigkeit und Rechtsfolge würde hierdurch erheblich gestört.[563]

Die Einwirkung als einen Teil der Rechtswidrigkeit aufzufassen und insofern entsprechende Begrenzungselemente zu entwickeln, ist daher insbesondere aus dogmatischer Sicht nicht überzeugend. Die Bestimmung des Eigentumsumfangs kann nicht auf die Ebene der Rechtswidrigkeit verlagert werden, sondern ist auf der Tatbestandsebene vorzunehmen. Somit ist im Folgenden zu prüfen, anhand welcher Kriterien der Begriff der Einwirkung weiterhin konkretisiert bzw. begrenzt werden könnte. Daher sind bekannte gesetzliche Begrenzungselemente einer Einwirkung aus dem Zivilrecht darzustellen, um anhand dessen

560 Soergel/*Stadler*, BGB, vor § 985 Rn. 2.
561 *Pfister*, JZ 1976, 156 (157) Fn. 4.
562 *Kübler*, in FS: Baur, 1981, 51 (59).
563 *Kübler*, in FS: Baur, 1981, 51 (59).

die Merkmale einer Einwirkung auf das Eigentum gem. § 903 S. 1 BGB bestimmen zu können.

3. *Einwirkung im Zivilrecht: Konkretisierung anhand bekannter Begrenzungselemente*

Im Zivilrecht wird der Begriff der Einwirkung neben § 903 S. 1 BGB auch innerhalb des § 906 BGB verwendet und könnte sowohl positive, negative als auch ideelle Einwirkungen erfassen. Dabei regelt die Vorschrift des § 906 Abs. 1 BGB die Zuführung unwägbarer Stoffe auf das Eigentum, wonach der Eigentümer eines Grundstücks die Zuführung von Gasen, Dämpfen, Gerüchen, Rauch, Ruß, Wärme, Geräusch, Erschütterungen und ähnliche von einem anderen Grundstück ausgehende Einwirkungen insoweit nicht verbieten kann, als die Einwirkung die Benutzung seines Grundstücks nicht oder nur unwesentlich beeinträchtigt. Diese verschiedenen Einwirkungen in Form der positiven, negativen und ideellen Einwirkung sollen im Folgenden dargestellt und schließlich herausgearbeitet werden, ob anhand dieser Einwirkungsformen auch eine Einwirkung innerhalb der negativen Befugnisse des § 903 S. 1 BGB bestimmt und konkretisiert werden kann.

A. *Positive und negative Einwirkungen*

Jedenfalls einhellig stellen positive Einwirkungen eine Einwirkung i.S.d. § 906 BGB dar und werden daher von den negativen Befugnissen des Eigentümers i.S.d. § 903 S. 1 BGB erfasst.[564] Zu den positiven Einwirkungen zählen in Nachbarverhältnissen solche, die über eine Grundstücksgrenze hinausgehen und zudem sinnlich wahrnehmbar sind, sodass sie entweder auf das angrenzende Grundstück oder eine Sache einwirken.[565]

Strittig ist indes, ob neben den positiven Einwirkungen auch negative Einwirkungen unter den Einwirkungsbegriff des § 906 BGB subsumiert werden können.[566] Negative Einwirkungen i.S.d. § 906 BGB sind im Rahmen eines

---

564 BGH, Urt. v. 11.07.2003, V ZR 199/02, NJW-RR 2003, 1313 (1314); MüKo/*Brückner*, BGB, Bd. 8, § 903 Rn. 28.

565 BGH, Urt. v. 11.07.2003, V ZR 199/02, NJW-RR 2003, 1313 (1314); MüKo/*Brückner*, BGB, Bd. 8, § 903 Rn. 28; Staudinger/*Roth*, § 906 Rn. 116.

566 Hiergegen die ständige obergerichtliche Rechtsprechung: BGH, Urt. v. 22.02.1991, V ZR 308/89, NJW 1991, 1671 (1672); BGH, Urt. v. 11.07.2003, V ZR 199/02, NJW-RR 2003, 1313 (1314) in Bezug auf § 906 BGB; BGH, Urt. v. 10.07.2015, V ZR 229/14, NJW-RR 2015, 1425 (1425 f.); für die Annahme, dass auch negative Einwirkungen von den Ausschließungsrechten des Eigentümers erfasst

Nachbarschaftsverhältnisses solche, die auf einem Grundstück innerhalb der räumlichen Grenzen dieses Grundstücks erfolgen und gleichzeitig gewisse Vorteile des Nachbargrundstücks abhalten.[567] Im Gegensatz zu den positiven Einwirkungen sind die negativen Einwirkungen grundsätzlich nicht sinnlich wahrnehmbar und führen zu einer mittelbaren Beeinträchtigung des nachbarlichen Grundstücks.[568]

Überwiegend werden von der obergerichtlichen Rechtsprechung negative Einwirkungen nicht unter den Einwirkungsbegriff subsumiert, solange sich etwaige Ansprüche nicht aus einem nachbarrechtlichen Gemeinschaftsverhältnis herleiten ließen.[569] Das Abhalten wie Licht und Luft sowie Blendwirkungen[570] seien demnach keine Einwirkung i.S.d. § 906 BGB.[571]

---

werden: Staudinger/*Althammer*, § 903 Rn. 27; Staudinger/*Roth*, § 906 Rn. 126 ff. unter Berufung auf das nachbarliche Gemeinschaftsverhältnis bzw. das gegenseitige Gebot der Rücksichtnahme; unter gewissen Voraussetzungen und insbesondere weil negative Einwirkungen gravierender als positive Einwirkungen sein können, auch MüKo/*Brückner*, BGB, Bd. 8, 906 Rn. 53 ff.; *Wenzel*, NJW 2005, 241 (247) ohne Rückgriff auf das nachbarschaftliche Gemeinschaftsverhältnis unter Verweis auf die Unzumutbarkeit der Beeinträchtigung und Vergleichbarkeit mit der positiven Einwirkung; Gsell/Krüger/Lorenz/Reymann/*Klimke* BeckOGK BGB, § 906 Rn. 62 ff., der eine Differenzierung zwischen positiven und negativen Einwirkungen für ohnehin überflüssig erachtet und auch bei „negativen Einwirkungen" die Begrenzungsmerkmale der „Ortsüblichkeit" und „Wesentlichkeit" berücksichtigen will; *Wellenhofer*, Sachenrecht, § 24 Rn. 7, die ebenfalls auf die Erheblichkeit der Störung und das Vorliegen einer Duldungspflicht abstellt; *Zech*, AcP 219 (2019), 488 (567), der körperliche Einwirkungen „als Beeinflussung unter Anwendung von Naturkräften" definiert und damit auch unkörperliche Immissionen unter den Einwirkungsbegriff subsumiert, genauso wie die berührungslose Ortsveränderung, berührungslose Zerstörung oder berührungslose Nutzungsbeeinträchtigung durch Schall oder Blendwirkungen.

567 Staudinger/*Althammer*, § 903 Rn. 27; Staudinger/*Roth*, § 906 Rn. 122; MüKo/*Brückner*, BGB, Bd. 8, § 906 Rn. 50.

568 Staudinger/*Althammer*, § 903 Rn. 27; Staudinger/*Roth*, § 906 Rn. 122; MüKo/*Brückner*, BGB, Bd. 8, § 906 Rn. 50.

569 BGH, Urt. v. 06.07.2001, V ZR 246/00, NJW 2001, 3119 (3120 f.); Staudinger/*Althammer*, § 903 Rn. 27.

570 Staudinger/*Roth*, § 906 Rn. 123.

571 Vgl. BGH, Urt. v. 21.10.1983, V ZR 166/82, NJW 1984, 729 (729 ff.); BGH, Urt. v. 11.07.2003, V ZR 199/02, NJW-RR 2003, 1313 (1314); Staudinger/*Roth*, § 906 Rn. 122.

Dieses Ergebnis wird zum Teil korrigiert durch das nachbarschaftliche Rücksichtnahmegebot und sich daraus ergebenden Ansprüchen gegen den Nachbarn, wonach grundsätzlich auch das Licht und die Luft und in Sonderfällen auch die Verbauung einer freien Grundstücksansicht abwehrfähig seien.[572]

Die Argumentation der obergerichtlichen Rechtsprechung, wonach § 903 BGB den Begriff der Einwirkung und mithin den der negativen Einwirkung bewusst offenließ und daher das Eigentumsrecht umfassend (im Ergebnis zugunsten des einwirkenden Nachbarn) gelte[573] ist nicht überzeugend und spricht umgekehrt vielmehr für eine weite Auslegung des Einwirkungsbegriffs. Schließlich argumentiert der BGH, die Eigentumsfreiheit des § 903 S. 1 BGB gelte uneingeschränkt.[574] Insofern sollte sie nicht nur die positiven Befugnisse umfassen, sondern ferner auch die negativen Befugnisse.[575] Richtig ist zwar, dass in Nachbarstreitigkeiten eine weite Auslegung sowohl der positiven Eigentümerbefugnisse des einen Nachbarn und ebenfalls eine weite Auslegung der negativen Befugnisse bzw. der Einwirkung des anderen Nachbarn sich gegenseitig blockieren können.[576] Dies darf aber nicht stets zulasten desjenigen Eigentümers führen, der von seinen negativen Befugnissen Gebrauch macht und sich gegen die Einwirkungen zur Wehr setzen möchte sowie zugleich zugunsten desjenigen Eigentümers gehen, der von seinen positiven Befugnissen Gebrauch macht und die Einwirkung verursacht. In der Konsequenz gelten somit auch die negativen Eigentümerbefugnisse in Bezug auf Einwirkungen zunächst genauso uneingeschränkt wie die positiven Eigentümerbefugnisse. Inwiefern hierbei Rechte Dritter oder das Gesetz dieser Auslegung entgegenstehen, ist erst auf zweiter Stufe der Beschränkungsmöglichkeiten im Rahmen einer Abwägung der schützenswerten Interessen zu diskutieren. Innerhalb dieser Abwägung könnten auch Gesichtspunkte wie das Rücksichtnahmegebot sowie die Schwere der Beeinträchtigung und die Zumutbarkeit Berücksichtigung finden.[577] Gleichzeitig könnten auch berechtigte öffentliche Interesse an

---

572 So bspw. Staudinger/*Roth*, § 906 Rn. 128.

573 Vgl. BGH, Urt. v. 21.10.1983, V ZR 166/82, NJW 1984, 729 (729).

574 BGH, Urt. v. 21.10.1983, V ZR 166/82, NJW 1984, 729 (729).

575 So aber BGH, Urt. v. 21.10.1983, V ZR 166/82, NJW 1984, 729 (729).

576 Vgl. BGH, Urt. v. 21.10.1983, V ZR 166/82, NJW 1984, 729 (729): „Ein beiderseitig unbeschränktes Recht, mit dem Grundstück nach Belieben zu verfahren (§ 903 Alt. 1 BGB) würde ebenso wie ein uneingeschränktes Recht, den jeweils anderen von jeder Einwirkung auszuschließen (§ 903 Alt. 2 BGB), eine sinnvolle Nutzung beider Grundstücke unmöglich machen".

577 So bspw. erwähnt in Staudinger/*Roth*, § 906 Rn. 128.

einer negativen Einwirkung hinreichend berücksichtigt werden.[578] Für eine Berücksichtigung der negativen Einwirkungen spricht ferner, dass diese hinsichtlich ihrer Intensität teilweise über diejenige von positiven Einwirkungen hinausgehen.[579] Das Hinnehmen dieser Beeinträchtigungen wäre daher unzumutbar und aufgrund ihrer Schwere bzw. Intensität zudem mit den positiven Einwirkungen vergleichbar, sodass die negativen Einwirkungen ebenfalls vom Einwirkungsbegriff erfasst werden.[580]

Der Einwirkungsbegriff des § 906 BGB ist mithin weit auszulegen, sodass er sowohl positive als auch negative Einwirkungen umfasst und somit hinsichtlich seines Umfangs nicht dahingehend differenziert, ob die Einwirkung sinnlich wahrnehmbar ist.

B. Ideelle Einwirkungen

Weiterhin könnte § 906 Abs. 1 BGB auch ideelle Einwirkungen erfassen.[581] Als ideelle Einwirkungen auf ein Grundstück bzw. auf eine auf dem Grundstück

---

578 Diese Bedenken allerdings geäußert in MüKo/*Brückner*, BGB, Bd. 8, § 906 Rn. 55 in Bezug auf BGH, Urt. v. 10.07.2015, V ZR 229/14, NJW-RR 2015, 1425 (1426 f.).

579 MüKo/*Brückner*, BGB, Bd. 8, § 906 Rn. 53 ff.

580 *Wenzel*, NJW 2005, 241 (247); vgl. Gsell/Krüger/Lorenz/Reymann/*Klimke* BeckOGK, BGB, § 906 Rn. 62 ff.

581 Ob ideelle Einwirkungen erfasst werden, ist umstritten; ausschließlich bezüglich der Einwirkung auf das ästhetische Empfinden mit der Begründung einer ansonsten entstehenden uferlosen Ausweitung des Einwirkungsbegriffs bejaht: BGH, Urt. v. 07.03.1969, V ZR 169/65, NJW 1969, 1208 (1209); *gegen* den eigentumsrechtlichen Schutz ideeller Einwirkungen: BGH, Urt. v. 11.07.2003, V ZR 199/02, NJW-RR 2003, 1313 (1314); nach der Rechtsprechung insbesondere mit der Begründung abgelehnt, dass sich die ideelle Einwirkung weder schädigend auf das Grundstück selbst, noch auf die sich dort befindlichen Sachen auswirke, vgl. Staudinger/*Thole*, § 1004 Rn. 214; Bamberger/Roth/Hau/Poseck/*Fritzsche*, BeckOK BGB, § 903 Rn. 26 ff.; Gsell/Krüger/Lorenz/Reymann/*Klimke*, BeckOGK BGB, § 906 Rn. 67 ff.; *Differenzierend:* Staudinger/*Roth*, § 906 Rn. 132; Schulze/*Staudinger*, HK-BGB, § 906 Rn. 6, wonach die Beeinträchtigung wesentlich und nicht ortsüblich sowie auch äußerlich erkennbar sein müsse, wobei die Wertminderung eines Grundstücks ein Indiz für die Wesentlichkeit sei; mit derselben Argumentation Jauernig/*Berger*, § 903 Rn. 3; § 906 Rn. 2; *Loewenheim*, NJW 1975, 826 (827); für einen Eigentumsschutz auch *Wellenhofer*, Sachenrecht, § 24 Rn. 9 f.; *ablehnend* im Hinblick auf das Eigentum aber bejahend im Hinblick auf das allgemeine Persönlichkeitsrecht: MüKo/*Brückner*, BGB, Bd. 8, § 906 Rn. 57 f.; Staudinger/*Althammer*, § 903 Rn. 27; Staudinger/*Thole*, § 1004 Rn. 218 ff., 221, der zusätzlich das Merkmal der „Erheblichkeit“ der Einwirkung fordert; Staudinger/*Roth*, § 906 Rn. 132, der

befindliche Sache werden solche Einwirkungen bezeichnet, die das ästhetische oder moralische bzw. sittliche Empfinden des Nachbarn beeinträchtigen und somit vorwiegend sein seelisches bzw. subjektives Empfinden stören.[582]

Teilweise werden ideelle Einwirkungen nicht als Einwirkung i.S.d. § 906 BGB bzw. im Rahmen der negativen Befugnisse des Eigentümers als Einwirkung gem. § 903 S. 1 BGB anerkannt.[583] Hierzu wird insbesondere vorgetragen, dass dies andernfalls zu einer uferlosen Ausweitung des Begriffs der Einwirkung führe und sich ideelle Einwirkungen zudem weder schädigend auf das Grundstück noch auf die sich auf dem Grundstück befindlichen Sachen auswirkten.[584]

Diese Ansicht übersieht, dass § 903 S. 1 BGB einen größtmöglichen Schutz des Eigentümers bezweckt und daher grundsätzlich ein weites Verständnis des Eigentums und ferner eine weite Auslegung des Einwirkungsbegriffs gerechtfertigt ist.[585] Um der zum Teil befürchteten Ausuferung des Einwirkungsbegriffs entgegenzuwirken, ist die Einwirkung zusätzlich durch die Voraussetzungen der Wesentlichkeit bzw. Erheblichkeit sowie Ortsüblichkeit und äußerlichen Erkennbarkeit einzugrenzen.[586] Dabei kann eine eintretende Wertminderung

---

sowohl auf das Persönlichkeitsrecht verweist als auch einen eigentumsrechtlichen Schutz anzunehmen scheint unter der Beschränkung der Voraussetzungen der Ortsüblichkeit und Wesentlichkeit, wobei auch nach ihm eine Wertminderung des gestörten Grundstücks ebenfalls ein Indiz für die Abwehrfähigkeit darstelle.

582 Bamberger/Roth/Hau/Poseck/*Fritzsche*, BeckOK BGB, § 903 Rn. 26; Staudinger/*Althammer*, § 903 Rn. 27; Staudinger/*Roth*, § 906 Rn. 130 ff.; in Staudinger/*Thole*, § 1004 Rn. 210 auch als „immaterielle", „psychische" oder „moralische" Immissionen bezeichnet.

583 Vgl. BGH, Urt. v. 07.03.1969, V ZR 169/65, NJW 1969, 1208 (1209); BGH, Urt. v. 11.07.2003, V ZR 199/02, NJW-RR 2003, 1313 (1314); vgl. Staudinger/*Thole*, § 1004 Rn. 214; Bamberger/Roth/Hau/Poseck/*Fritzsche*, BeckOK BGB, § 903 Rn. 26 ff.; Gsell/Krüger/Lorenz/Reymann/*Klimke*, BeckOGK BGB, § 906 Rn. 68.

584 Vgl. BGH, Urt. v. 07.03.1969, V ZR 169/65, NJW 1969, 1208 (1209); BGH, Urt. v. 11.07.2003, V ZR 199/02, NJW-RR 2003, 1313 (1314); vgl. Staudinger/*Thole*, § 1004 Rn. 214; Bamberger/Roth/Hau/Poseck/*Fritzsche*, BeckOK BGB, § 903 Rn. 26 ff.; Gsell/Krüger/Lorenz/Reymann/*Klimke*, BeckOGK BGB, § 906 Rn. 68.

585 Vgl. Staudinger/*Roth*, § 906 Rn. 132; Schulze/*Staudinger*, HK-BGB, § 906 Rn. 6; Jauernig/*Berger*, § 903 Rn. 3; 906 Rn. 2; *Loewenheim*, NJW 1975, 826 (827); *Wellenhofer*, Sachenrecht, § 24 Rn. 10; Staudinger/*Althammer*, § 903 Rn. 27; Staudinger/*Thole*, § 1004 Rn. 218 ff., 221; Staudinger/*Roth*, § 906 Rn. 132.

586 Vgl. Staudinger/*Roth*, § 906 Rn. 132; Staudinger/*Althammer*, § 903 Rn. 27; Staudinger/*Thole*, § 1004 Rn. 218 ff., 221; Schulze/*Staudinger*, HK-BGB, § 906 Rn. 6; Jauernig/*Berger*, § 903 Rn. 3; 906 Rn. 2; *Loewenheim*, NJW 1975, 826 (827); in diese Richtung tendierend bezüglich eines Eigentumsschutzes ästhetischer

des betroffenen Grundstücks infolge der ideellen Einwirkung als Indiz für die Wesentlichkeit der Einwirkung herangezogen werden.[587] Durch das zusätzliche Erfordernis der äußerlichen Erkennbarkeit wird die Einwirkung objektiv wahrnehmbar und existiert somit nicht ausschließlich in der Vorstellung des Betroffenen. Insbesondere überzeugen die Bedenken der Erschaffung einer „unzulässigen Weltanschauungskontrolle" aufgrund des Art. 4 GG nicht.[588] Schließlich wird der Allgemeinheit keine vorbildliche Weltanschauung aufgedrängt, sondern das Vorbringen eines möglicherweise durch ideelle Einwirkungen Betroffenen mit möglichst objektiven Kriterien überprüft und anhand dieser Kriterien im Hinblick auf das Vorliegen einer Einwirkung bewertet. Dies ist nicht ungewöhnlich, sondern vielmehr alltägliche Rechtsprechungspraxis. Die zusätzlich bestehende Möglichkeit einer durch ideelle Einwirkungen verursachte Verletzung des allgemeinen Persönlichkeitsrechts wird hierdurch ebenfalls nicht ausgeschlossen und kann folglich grundsätzlich weiterhin neben der Eigentumseinwirkung bestehen.[589] Mithin sprechen die überzeugenderen Argumente dafür, auch ideelle Einwirkungen als Einwirkung i.S.d. § 906 Abs. 1 BGB zu erfassen, sofern die Einwirkung wesentlich, nicht ortsüblich und äußerlich erkennbar ist.

C. *Auslegungsergebnis*

Es konnte herausgearbeitet werden, dass der Begriff der Einwirkung innerhalb des § 906 BGB sowohl positive, negative als auch ideelle Einwirkungen erfasst. Dadurch zeichnet sich eine tendenziell weite Auslegung des Einwirkungsbegriffs ab. Diese weite Auslegung entspricht dem Willen des Gesetzgebers, wonach ein größtmöglicher Eigentumsschutz erzielt werden soll. Unter Berücksichtigung aller Einwirkungsformen wird der Begriff der Einwirkung dadurch konkretisiert, dass eine Einwirkung bspw. sinnlich wahrnehmbar ist und über die Grundstücksgrenze des Nachbarn hinausragt. Gleichzeitig kann eine Einwirkung vorliegen, wenn sie zwar nicht sinnlich wahrgenommen wird und nicht über die Grundstücksgrenze hinausragt, gleichzeitig aber Vorteile des betroffenen Eigentümers aus seinem Grundstück bzw. aus seiner auf dem

---

Empfindungen, ohne es ausdrücklich so zu bezeichnen: *Jayme*, Kunst & Recht Bulletin, 2011, 11 (22); *Wellenhofer*, Sachenrecht, § 24 Rn. 10.

587 Schulze/*Staudinger*, HK-BGB, § 906 Rn. 6; Staudinger/*Roth*, § 906 Rn. 132.

588 So aber vorgetragen in Bamberger/Roth/Hau/Poseck/*Fritzsche*, BeckOK BGB, § 903 Rn. 26.

589 Dabei ist aber zu berücksichtigen, dass das allgemeine Persönlichkeitsrecht tendenziell restriktiv gehandhabt werden sollte, vgl. *Falk*, GRUR 1971, 417 (418 f.).

Grundstück befindlichen Sache abgehalten werden. Dies verdeutlicht, dass mittelbare Beeinträchtigungen eines Grundstücks ebenfalls unter den Einwirkungsbegriff subsumiert werden können. Unter anderem werden somit mittelbare Einwirkungen in Form von Licht, Luft und auch Blendwirkungen erfasst. Gleichzeitig kann eine Einwirkung aber auch darin bestehen, dass der Eigentümer in seinem ästhetischen, moralischen oder sittlichen Empfinden beeinträchtigt wird und er mithin in seinem seelischen bzw. subjektiven Empfinden gestört wird.

Diese tendenziell weite Auslegung des Einwirkungsbegriffs soll wiederum durch folgende Kriterien begrenzt werden, um gleichzeitig einem zu weitgehenden Einwirkungsbegriff entgegenzuwirken. So muss eine Einwirkung zunächst wesentlich bzw. erheblich sein, was sich bspw. durch eine Wertminderung des Grundstücks oder der auf dem Grundstück befindlichen Sachen infolge der Einwirkung äußern kann. Darüber hinaus muss eine Einwirkung äußerlich erkennbar sein und darf gleichzeitig nicht ortsüblich sein. Diese Begrenzungselemente sind erforderlich, um die negativen Eigentümerbefugnisse aufgrund ihrer Ausstrahlung auf die Rechte und Interessen Dritter auf den maximalen Mindestumfang zu reduzieren.

Diese innerhalb der Einwirkung des § 906 BGB herausgearbeiteten Voraussetzungen bieten eine Reihe an geeigneten Kriterien, um den Begriff der Einwirkung innerhalb der negativen Befugnisse des Eigentümers gem. § 903 S. 1 BGB konkretisieren und bestimmen zu können.

Wird die hier gegenständliche Anfertigung und Verwertung von Abbildungen eines Baukunstwerkes durch den Abbildungskünstler betrachtet, könnte anhand der herausgearbeiteten Voraussetzungen eine Einwirkung insbesondere aufgrund einer Vergleichbarkeit mit den Voraussetzungen einer negativen und auch einer ideellen Einwirkung denkbar sein. Weder die Anfertigung einer Abbildung des Baukunstwerkes noch die anschließende Verwertung der Abbildung ist schließlich sinnlich wahrnehmbar. Sowohl die Anfertigung der Abbildungen als auch deren Verwertung hinterlässt in der Regel keine „Spuren" auf dem abgebildeten Baukunstwerk. Gleichzeitig könnten hierdurch Vorteile des Baukunstwerkeigentümers abgehalten werden, indem bspw. eine kommerzielle Verwertung der Abbildung durch einen Abbildungskünstler die Verwertungsmöglichkeiten des Baukunstwerkeigentümers beeinträchtigte. Eine Überschreitung der Grundstücksgrenze ist nicht erforderlich, sodass das Grundstück für die Anfertigung der Abbildung nicht betreten werden müsste. Gleichzeitig müssten die herausgearbeiteten Begrenzungselemente der Einwirkung Berücksichtigung finden, um den Eiwirkungsbegriff ebenfalls nicht ausufern zu lassen. Daher soll im Folgenden untersucht werden, inwiefern die herausgearbeitete tendenziell weite Auslegung des Einwirkungsbegriffs im Zusammenhang mit der Anfertigung und Verwertung von Abbildungen eines Baukunstwerkes begrenzt werden kann.

4. Einwirkung im Sinne einer Körperlichkeit

Zur Begrenzung des tendenziell weiten Verständnisses einer Einwirkung im Rahmen der negativen Befugnisse des Eigentümers gem. § 903 S. 1 BGB ist zunächst das sachenrechtliche Körperlichkeitskriterium aus § 1004 Abs. 1 BGB heranzuziehen.[590] Nach § 1004 Abs. 1 BGB wird eine Eigentumsbeeinträchtigung vorausgesetzt, die den allgemeinen Begriff der Eigentumseinwirkung gem. § 903 S. 1 BGB konkretisiert. Da die Eigentumsbeeinträchtigung u.a. einen Körperlichkeitsbezug voraussetzt,[591] ist dieses Kriterium innerhalb des Oberbegriffs der Eigentumseinwirkung des § 903 S. 1 BGB ebenfalls zu berücksichtigen. Schließlich ist über das Körperlichkeitskriterium der Eigentumsschutz zu rechtfertigen, der sich auf körperliche Gegenstände bzw. die Sachherrschaft erstreckt und auf diese Weise ggf. auch ein Schutz des äußeren Erscheinungsbildes zu begründen.[592] Als konkretisierte Formen der Eigentumseinwirkung kommen zwar sowohl die in § 823 BGB verankerte Eigentumsverletzung als auch die in § 1004 BGB benannte Eigentumsbeeinträchtigung in Betracht.[593] Da § 823 BGB indes primär die Beschädigung der Sachsubstanz bzw. ihre

---

590 So auch *Bittner*, Das Fotografieren fremder Sachen – Zivilrechtliche Ansprüche des Eigentümers?, S. 20 f., der auf die Beeinträchtigung nach § 1004 BGB abstellt; *Zech*, AcP 219 (2019), 488 (571), der die Körperlichkeit als brauchbares Kriterium für die Begrenzung der Eigentumseinwirkung ansieht, ohne aber explizit auf § 1004 BGB zu verweisen.

591 Vgl. Soergel/*Münch*, BGB, § 1004 Rn. 24, der beispielhaft die Störung, Einwirkung und Behinderung des Eigentums anführt; *Bork*, Allgemeiner Teil des Bürgerlichen Gesetzbuchs, Rn. 234.

592 *Grüning*, Die Eigentumsfreiheitsklage gegen Fotografieren und die gewerbliche Verwertung dieser Fotografie, S. 45 ff., 78, versagt einen Eigentumsschutz des äußeren Erscheinungsbildes, da die Eigentumsordnung ausschließlich die Sachherrschaft über körperliche Gegenstände zu schützen beabsichtige, von der das äußere Erscheinungsbild als losgelöst zu betrachten sei.

593 So auch *Bittner*, Das Fotografieren fremder Sachen – Zivilrechtliche Ansprüche des Eigentümers?, S. 20 f., der auf die Beeinträchtigung nach § 1004 BGB abstellt; *Zech*, AcP 219 (2019), 488 (571), der die Körperlichkeit als brauchbares Kriterium für die Begrenzung der Eigentumseinwirkung ansieht, ohne aber explizit auf § 1004 BGB zu verweisen.

Zerstörung oder Veränderung beinhaltet[594] und mithin weniger mit den Konstellationen der Anfertigung und Verwertung von Abbildungen vergleichbar ist, ist ein Rückgriff auf § 1004 BGB im Hinblick auf das Körperlichkeitskriterium vorzunehmen. Daher soll im Folgenden das Kriterium der Körperlichkeit aus § 1004 Abs. 1 BGB näher untersucht werden, um anhand dessen die Merkmale einer Eigentumseinwirkung i.S.d. § 903 S. 1 BGB herausarbeiten zu können.

Entgegen vereinzelter Stimmen besteht eine Eigentumsbeeinträchtigung nicht allein aufgrund der Verletzung der rechtlichen Integrität des Eigentums im Sinne einer Rechtsusurpation, wonach nicht die körperliche Beeinträchtigung oder Verletzung des Eigentums ausschlaggebend sei, sondern eine Beschränkung allein des rechtlichen Könnens und mithin eine Einbuße an Vermögenswerten des Eigentums.[595] Schließlich könnten nach dieser Ansicht sämtliche Immissionsfälle von der Eigentumseinwirkung nicht umfasst werden, da der Eigentümer sich in der Regel nicht selbst mit Immissionen zu belasten beabsichtigt, nach der Rechtsusurpation aber die Verwirklichung der geschützten Eigentumsrechte durch den Eigentümer aufgrund einer Überlagerung dieser Rechte durch einen Dritten behindert sein müsste.[596] Darüber hinaus führt sie auch in rechtspolitischer Hinsicht zu unbilligen Ergebnissen, wenn der störende Dritte das Eigentum eines anderen vollständig aufgibt und somit keinen fremden Rechtsraum in Anspruch nimmt, da in dieser Konstellation der Eigentümer trotz eines verschlechterten Zustands seines Eigentums nicht mehr rechtlich beeinträchtigt wird und daher den aktuellen Zustand nicht ändern kann.[597] Diese Ansicht ist daher abzulehnen.

Stattdessen setzt eine Eigentumsbeeinträchtigung im Sinne einer positiven Definition eine Körperlichkeit voraus, die in jedem der Eigentumsordnung

---

594 Vgl. bspw. MüKo/*Wagner*, BGB, Bd. 7, § 823 Rn. 263; Jauernig/*Teichmann*, BGB, § 823 Rn. 7.

595 So aber nach der auf *Picker* zurückzuführenden Usurpationslehre, vgl. *Picker*, Der negatorische Beseitigungsanspruch, S. 50 ff., wonach eine Überlagerung des Eigentums durch ein fremdes Recht erforderlich sei, sodass das Minus an Einschränkungen der Einwirkungsfreiheit des Eigentümers – ähnlich wie im Bereicherungsrecht – bedingt werde durch das Plus einer „faktischen Rechtsusurpation" durch einen Dritten, sodass es auf eine Behinderung der Verwirklichung des Eigentumsrechts durch einen Dritten ankomme; MüKo/*Raff*, BGB, Bd. 8, § 1004 Rn. 87; Staudinger/*Thole*, BGB, § 1004 Rn. 26 ff.; Soergel/*Münch*, BGB, § 1004 Rn. 25.

596 Soergel/*Münch*, § 1004 Rn. 26; MüKo/*Raff*, BGB, Bd. 8, § 1004 Rn. 88.

597 MüKo/*Raff*, BGB, Bd. 8, § 1004 Rn. 88.

widersprechenden und zurechenbar verursachten, fortdauernden und körperlichen Zustand besteht.[598] Essentiell ist hierbei das Merkmal der Körperlichkeit, das sich aus der Funktion des Eigentums als Sachherrschaftsrecht über den jeweiligen körperlichen Gegenstand ergibt. Schließlich bezieht sich der in § 903 S. 1 geregelte Eigentumsschutz ausschließlich auf die Körperlichkeit i.S.d. § 90 BGB.[599] Das Merkmal der Körperlichkeit ist folglich unumgänglich zu berücksichtigen.[600] Dies führt zu der Folgefrage, welche Voraussetzungen der Begriff der Körperlichkeit als Teil der Eigentumseinwirkung aufstellt und anhand welcher Kriterien das Vorliegen einer Körperlichkeit konkretisiert werden kann.

A. Körperlichkeit im Sinne einer Fühlungnahme

Der Begriff der Körperlichkeit könnte, wie u.a. in der Rechtsprechung gefordert, im Sinne einer unmittelbaren, konkreten Fühlungnahme aufzufassen sein.[601] Daher ist im Folgenden zunächst herauszuarbeiten, welche Anforderungen an den Begriff der Fühlungnahme zu stellen sind und ob eine Fühlungnahme zwingend eine Substanzverletzung voraussetzt.

Entgegen vereinzelter Stimmen[602] ist überwiegend anerkannt, dass eine Fühlungnahme nicht notwenig mit einer Substanzverletzung des Eigentums eines Dritten gleichzusetzen ist.[603] Verdeutlicht wurde dies bereits von *Gursky*, der zwar eine unmittelbare körperliche Fühlungnahme fordert, gleichzeitig aber eine Substanzverletzung als zwingende Voraussetzung ablehnte und dementsprechend auch Besitzbeeinträchtigungen oder den unbefugten Gebrauch einer Sache für eine Eigentumsbeeinträchtigung i.S.d. § 1004 BGB ausreichen ließ.[604]

598 Soergel/*Münch*, BGB, § 1004 Rn. 24, der beispielhaft die Störung, Einwirkung und Behinderung des Eigentums anführt.

599 *Bork*, Allgemeiner Teil des Bürgerlichen Gesetzbuchs, Rn. 234.

600 *Zech*, AcP 219 (2019), 488 (571), der die Körperlichkeit grundsätzlich als brauchbares Kriterium für die Begrenzung der Eigentumseinwirkung ansieht.

601 Vgl. BGH, Urt. v. 13.10.1965, Ib ZR 111/63, GRUR 1966, 503 (505); *Schmieder*, NJW 1975, 1164 (1164); *Ruhwedel*, JuS 1975, 242 (243); *Löhr*, WRP 1975, 523 (524); ausdrücklich gefordert von *C. Lehment*, in: FS Raue 2006, 515 (518).

602 *C. Lehment*, in: FS Raue 2006, 515 (518), der die Fühlungnahme mit einer Substanzverletzung gleichsetzt.

603 Vgl. so auch *Ruhwedel*, JuS 1975, 242 (243); *Zeuner*, in: FS Flume 1978, 775 (778 f.); *Prengel*, Bildzitate von Kunstwerken, S. 213.

604 Staudinger/*Gursky*, BGB, 12. Auflage 2013; § 1004 Rn. 33; Staudinger/*Thole*, § 1004 Rn. 59, 90 ff., 226, der allerdings anders als *Gursky* nicht mehr ausdrücklich auf das Kriterium der Körperlichkeit abstellt, aber im Zusammenhang mit einer

Auch der BGH bestätigte in der Schloss-Tegel-Entscheidung, dass die Fühlungnahme nicht mit einer Substanzverletzung identisch ist.[605] Schließlich verwies der BGH in seiner Entscheidung im Hinblick auf das fehlende Erfordernis einer Substanzverletzung auf die vorhergehende Apfel-Madonna Entscheidung, in welcher der BGH ausdrücklich auf eine unmittelbare, konkrete Fühlungnahme als Teil der Einwirkung abstellte.[606] Würde die Fühlungnahme inhaltlich mit einer Substanzverletzung gleichgesetzt werden, würde sich der BGH in der Schloss-Tegel-Entscheidung durch den Verweis auf die Apfel-Madonna-Rechtsprechung in einen Widerspruch setzen, da er keine Substanzverletzung fordert und gleichzeitig auf die Fühlungnahme verweist.[607] Bei einer Vermengung bzw. Gleichsetzung beider Begrifflichkeiten[608] wird zudem verkannt, dass begrifflich das bloße „Fühlen" eine viel geringere Einwirkung voraussetzt als das „Verletzen" der Eigentumssubstanz. Nur durch eine Verletzung des Eigentums kann auch das Eigentum in seiner Substanz angegriffen oder beschädigt werden.

Der Begriff der Körperlichkeit im Sinne einer Fühlungnahme erfordert somit keine physische und unmittelbar gegen die Sache gerichtete Auswirkung auf die betroffene Sache, die sich nicht lediglich gegen das Eigentumsrecht an der Sache richtet. Die Körperlichkeit setzt daher nicht voraus, dass das Eigentum in seiner Substanz verletzt wird. Stattdessen genügt die Herstellung eines Kontaktes mit dem Eigentum im Sinne einer fühlenden Verbindung zwischen der beeinträchtigenden Handlung und dem beeinträchtigten Sacheigentum.

B. Konkretisierung des Begriffs „Fühlungnahme"

a. Funktionales Eigentumsverständnis

Zum Teil wird argumentiert, dass anstelle einer Substanzverletzung zumindest ein unmittelbarer konkreter Bezug zu der Sache im Sinne einer Berührung

---

Eigentumsbeeinträchtigung durch die Anfertigung einer Fotografie eine unmittelbare Fühlung oder ein Gebrauchmachen der Sache fordert.

605 BGH, Urt. v. 20.09.1974, I ZR 99/73, GRUR 1975, 500 (500 ff.).

606 BGH, Urt. v. 13.10.1965, Ib ZR 111/63, GRUR 1966, 503 (505).

607 Vgl. *Beater*, JZ 1998, 1101 (1102 ff); *Dreier*, in: FS Dietz 2001, 235 (243); *C. Lehment*, in: FS Raue 2006, 515 (523 ff.).

608 Beide Begrifflichkeiten allerdings vermengend *Prengel*, Bildzitate von Kunstwerken, S. 213; ebenso *Kübler*, in: FS Baur 1981, 51 (54); *Bittner*, Das fotografieren fremder Sachen – Zivilrechtliche Ansprüche des Eigentümers?, S. 31 f.; *C. Lehment*, in: FS Raue 2006, 515 (518).

vorliegen müsse.[609] Demnach sei ein unmittelbarer Kontakt mit der Sache herzustellen, der sich bspw. durch das unbefugte Betreten oder Befahren eines Grundstücks, bei Immissionen auf ein Grundstück oder auch bei Projektionen von Bildnissen auf fremde Häuserwände oder das Befüllen eines Gastanks zeige.[610] Die Vorteile dieser relativ engen Auslegung der Fühlungnahme bestehen jedenfalls in ihrer Anschaulichkeit, Klarheit und Publizität und somit „intuitiven Akzeptanz" im Sinne einer Parallelwertung in der Laiensphären.[611]

Gleichzeitig führt diese „Enge" zu einer bedenklichen Beschränkung der Eigentumsfreiheiten. Schließlich wäre eine Fühlungnahme hinsichtlich des Eigentums an Sachen stets zu versagen, sofern aufgrund der gefährlichen Beschaffenheit der Art der Einwirkung eine Berührung von Anfang an ausgeschlossen bzw. unmöglich ist, wie bspw. bei radioaktiven Materialien.[612] Auch könnten Magnetismus oder Elektrizität ebenfalls keine Fühlungnahme mit dem Eigentum an einer Sache bewirken, da sie das Eigentum nicht berühren und somit keinen unmittelbaren Kontakt herstellen können.[613] Dies führt zu unbilligen Ergebnissen und zu einer nicht zu rechtfertigenden Einengung der Eigentumsrechte.[614]

Folglich setzt der Begriff der Körperlichkeit im Sinne einer Fühlungnahme einen Kontakt mit dem Eigentum an der beeinträchtigten Sache voraus, bei dem nicht zwingend eine physische Auswirkung auf das Eigentum erforderlich ist. Zur Begründung sind die bereits zuvor herausgearbeiteten Einwirkungsarten

---

609 BGH, Urt. v. 13.10.1965, Ib ZR 111/63, GRUR 1966, 503 (505 ff.); Staudinger/*Thole*, BGB, § 1004 Rn. 226; *Ruhwedel*, JuS 1975, 242 (243); *C. Lehment*, in: FS Raue 2006, 515 (518); *Heyers*, Jura 2013, 1079 (1086).

610 Staudinger/*Thole*, BGB, § 1004 Rn. 226; vgl. BGH, Urt. v. 17.12.2010, V ZR 45/10, GRUR 2011, 323 (325) Rn. 17, in der der BGH zur Begründung einer Eigentumsbeeinträchtigung aufgrund des unbefugten Gebrauchs der Sache infolge der Anfertigung einer Aufnahme einen Vergleich mit einer Entscheidung zur unbefugten Befüllung eines Gastanks mit fremder Ware sowie mit der Benutzung eines Gebäudes als Projektionsfläche anstellte – der allerdings im Ergebnis mangels Vergleichbarkeit fehlschlug.

611 *Zech*, AcP 219 (2019), 488 (565).

612 *Zech*, AcP 219 (2019), 488 (560).

613 *Zech*, AcP 219 (2019), 488 (560), der den Begriff der körperlichen Einwirkung aufgrund der sich gewandelten technischen Möglichkeiten anpassen möchte und sie im Sinne einer „Beeinflussung unter Anwendung von Naturkräften" versteht.

614 So im Ergebnis auch *Grüning*, Die Eigentumsfreiheitsklage gegen Fotografieren und die gewerbliche Verwertung dieser Fotografie, S. 78, die eine unmittelbare konkrete Fühlungnahme nicht als Voraussetzung des § 1004 BGB ansieht.

des § 906 Abs. 1 BGB heranzuziehen.[615] Festgestellt wurde, dass eine Eigentumseinwirkung bei positiven und ebenfalls bei negativen sowie ideellen Einwirkungen vorliegen kann. Dies zeigt, dass eine Fühlungnahme zwar sinnlich wahrnehmbar sein kann, dies aber nicht zwingend vorausgesetzt wird.[616] Der Wortlaut des § 906 BGB lässt eine solche Begrenzung auf sinnlich wahrnehmbare Einwirkungen ebenfalls nicht erkennen.[617] Verdeutlicht wird dies auch dadurch, dass die Einwirkung zum Teil abschwächend als „Sinnlichkeit",[618] „Stofflichkeit"[619] oder „Greifbarkeit"[620] bezeichnet wird. Somit besteht eine Fühlungnahme auch in einer Beeinträchtigung des ästhetischen, moralischen oder sittlichen Empfindens des Eigentümers, die ihn in seinem seelischen bzw. subjektiven Empfinden beeinträchtigen kann.[621]

Somit setzt der Begriff der Fühlungnahme entgegen einiger Stimmen in der Literatur und der Rechtsprechung[622] keinen Unmittelbarkeitsbezug und mithin keine physisch gegen die Sache gerichtete Auswirkung auf die betroffene Sache voraus. Stattdessen genügt für die Annahme einer Eigentumseinwirkung eine mittelbare anstelle einer unmittelbaren Fühlungnahme, sodass eine

---

615 Vgl. oben unter 3. Kapitel § 6 I. 3.

616 Siehe hierzu oben unter 3. Kapitel § 6 I. 3.; vgl. auch BGH, Urt. v. 22.02.1991, V ZR 308/89, NJW 1991, 1671 (1671 f.); Soergel/*Münch*, BGB, § 1004 Rn. 32; Soergel/*Münch*, BGB, § 1004 Rn. 32.

617 Auch wenn es der einhelligen Auffassung entspricht, dass die §§ 906, 1004 BGB ausschließlich Imponderabilien erfassen, die eine sinnlich wahrnehmbare Wirkung haben, vgl. MüKo/*Brückner*, BGB, Bd. 8, § 906 Rn. 41.; anders *Bittner*, Das Fotografieren fremder Sachen – Zivilrechtliche Ansprüche des Eigentümers? S. 35 f, wobei sich nach *Bittner* ein funktionsbezogenes Eigentumsverständnis und eine körperliche Fühlungnahme ausschließen. Das hier vorgeschlagene Verständnis einer Fühlungnahme ist allerdings nicht gleichzusetzen mit der Substanzverletzung, sodass hier trotz des Erfordernisses der Fühlungnahme ein funktionales Eigentumsverständnis möglich ist.

618 BGH, Urt. v. 22.02.1991, V ZR 308/89, NJW 1991, 1671 (1671).

619 Soergel/*Münch*, BGB, § 1004, Fn. 180.

620 Soergel/*Münch*, BGB, § 1004, Fn. 180.

621 Vgl. Bamberger/Roth/Hau/Poseck/*Fritzsche*, BeckOK BGB, § 903 Rn. 26; Staudinger/*Althammer*, § 903 Rn. 27; Staudinger/*Roth*, § 906 Rn. 130 ff.; in Staudinger/*Thole*, § 1004 Rn. 210 auch als „immaterielle", „psychische" oder „moralische" Immissionen bezeichnet.

622 Zur Notwendigkeit einer unmittelbaren, konkreten Fühlungnahme u.a. BGH, Urt. v. 13.10.1965, Ib ZR 111/63, GRUR 1966, 503 (505); *Schmieder*, NJW 1975, 1164 (1164); *Ruhwedel*, JuS 1975, 242 (243); *Löhr*, WRP 1975, 523 (524); ausdrücklich gefordert von *C. Lehment*, in: FS Raue 2006, 515 (518).

Einwirkung im Sinne einer Fühlungnahme auch durch das Licht, die Luft oder Blendwirkungen verursacht werden kann.[623] Andernfalls würden gesundheitsschädliche, aber nicht wahrnehmbare Strahlen oder giftige, aber geruchlose Gase nicht als Eigentumsbeeinträchtigung angesehen, obwohl sie unbestritten Immissionen darstellen.[624] Genauso wenig könnten andernfalls rein rechtliche oder ideelle, ästhetische oder sittliche Störungen als Beeinträchtigung bewertet werden.[625]

Aufgrund eines mittelbaren Verständnisses der Fühlungnahme könnte somit im Einzelfall auch eine Verwertung des Eigentums eine mittelbare Fühlungnahme begründen. Unterstützt wird dies von *Heyers,* der im Hinblick auf die Verwertung bzw. Nutzung der Sache eine mittelbare Nutzung genügen lässt, sofern die genutzte Sache eine wesensnotwendige Grundlage der Nutzung bzw. des Verwertungsvorgangs darstelle und nicht lediglich ein verzichtbares Akzidens bilde.[626] Voraussetzung dabei ist, dass die Sache notwendigerweise sowie in ihrem Wesen verwertet werde.[627] Ein Akzidens ist demnach anzunehmen, wenn das abgebildete Baukunstwerk als nahezu zufälliger und unwesentlicher Teil der Nutzung anzusehen ist. Dieses Kriterium ähnelt der im Urheberrecht festgelegten Schrankenregelung des § 57 UrhG, wonach ein urheberrechtliches Werk ohne Zustimmung des Urhebers oder Nutzungsrechteinhabers in zulässiger Weise vervielfältigt, verbreitet und öffentlich wiedergegeben werden darf, sofern es neben dem eigentlichen Gegenstand der Nutzungshandlung als unwesentliches Beiwerk anzusehen ist. Das zuvor beschriebene verzichtbare Akzidens ist daher mit dem unwesentlichen Beiwerk zu vergleichen. Dies zeigt, dass der Gedanke einer freien Nutzung im Hinblick auf Kunstwerke nicht fremd ist. Zugleich wird auch dem Wortsinn des § 903 S. 1 BGB entsprochen, wonach der Eigentümer mit der Sache grundsätzlich nach Belieben verfahren darf. Mithilfe des Kriteriums der Wesentlichkeit im Sinne einer wesensnotwendigen Grundlage wird schließlich der geforderte Kontakt zwischen der eigentumsbeeinträchtigenden Handlung und der beeinträchtigten Sache hergestellt, ohne dass auf diese physisch eingewirkt werden muss.

---

623 Vgl. Staudinger/*Althammer,* § 903 Rn. 27; Staudinger/*Roth,* § 906 Rn. 122; MüKo/*Brückner,* BGB, Bd. 8, § 906 Rn. 50.

624 *Bittner,* Das Fotografieren fremder Sachen – Zivilrechtliche Ansprüche des Eigentümers? S. 34.

625 MüKo/*Raff,* BGB, Bd. 8, § 1004 Rn 143 ff.; Soergel/*Münch,* BGB § 1004 Rn. 33 f.

626 *Heyers,* Jura 2013, 1079 (1090).

627 *Heyers,* Jura 2013, 1079 (1090).

Auf diese Weise werden auch die Bedenken ausgeräumt, wonach schon die kommerzielle Verwertung der Aufnahme einer einzelnen Gartenpflanze eine Eigentumseinwirkung darstelle.[628] Schließlich muss der in der Sache verkörperte besonders ästhetische sowie insbesondere vermögensrechtliche Wert bewusst abgeschöpft werden und zugleich die Bedingung einer erfolgreichen wirtschaftlichen Verwertung darstellen. Dies ist bei einer gewöhnlichen Gartenpflanze abzulehnen, sofern es sich nicht um ein besonders seltenes und exotisches Exemplar handelt. Im Unterschied zu Kunstwerken sind Gartenpflanzen zudem nicht einmalig, sodass nicht nur eine Pflanze für den wirtschaftlichen Erfolg der Verwertbarkeit sorgen kann, sondern auch jede beliebige andere Pflanze derselben Gattung. Zudem besitzen Pflanzen aufgrund ihrer Vergänglichkeit keinen in sich unmittelbar verkörperten vermögensrechtlichen, nachhaltigen Wert. Anders ist dies zu beurteilen, sofern die Abbildung einer besonders ästhetisch gestalteten Gartenanlage eines Museumsgrundstücks kommerziell verwertet wird, die sich wiederum durch ihre Einmaligkeit von anderen Anlagen abgrenzt und in der Regel einen vermögensrechtlichen Wert innehat und daher auch nicht mit einer einzelnen Pflanze vergleichbar ist.

Weiterhin ist eine mittelbare anstelle einer unmittelbaren Fühlungnahme anlehnend an *Bittner* mithilfe eines funktionalen Eigentumsverständnisses unter Berücksichtigung der Funktionen des Eigentums zu begründen und näher zu konkretisieren.[629] Hierfür spricht insbesondere der Sinn und Zweck des dynamischen und anpassungsfähigen Eigentumsbegriffs, dem mithilfe eines funktionalen Verständnisses Rechnung getragen wird.[630] Gleichzeitig werden auf diese Weise auch die Veränderungen der ökonomischen und technischen Rahmenbedingungen im Hinblick auf die Eigentumsnutzung bei der

---

628 So befürchtet es aber *von Ungern-Sternberg*, GRUR 2012, 224 (231 f.).

629 *Bittner*, Das Fotografieren fremder Sachen – Zivilrechtliche Ansprüche des Eigentümers?, S. 32 f., 35 f., der auf anerkannte Fälle in der Rechtsprechung verweist, wonach die pflichtwidrige Vorenthaltung der Fahrzeugpapiere, die Blockade eines Schiffes, der Zwang zur Räumung eines Grundstücks und das Versperren einer Kraftfahrzeugausfahrt auch als Eigentumsbeeinträchtigung angesehen wurden und damit ebenfalls ein funktionsbezogenes Eigentumsverständnis angewendet wurde, wobei sich nach *Bittner* ein funktionsbezogenes Eigentumsverständnis und eine körperliche Fühlungnahme ausschließen, da er die Fühlungnahme mit einer Substanzverletzung gleichsetzt – was im Rahmen dieser Arbeit allerdings nicht erfolgt; *Zech*, AcP 219 (2019), 488 (570 f.).

630 Vgl. *Dreier*, in: FS Dietz, 2001, 236 (249 f.).

Bestimmung des Eigentumsumfangs berücksichtigt.[631] Das Eigentum ermöglicht dem Eigentümer eine ausschließliche Sachnutzung, die insbesondere durch einen Eigentumsschutz in all seinen Funktionen und mithin in einer umfassenden Verteidigung des Sachwertes für den Eigentümer erzielt wird.[632]

Der Begriff der mittelbaren Fühlungnahme ist somit funktional-dynamisch und nicht zwingend im Sinne einer Unmittelbarkeit zu verstehen, um den Eigentümer umfassend und insbesondere auch unter Berücksichtigung der sich immer schneller verändernden Lebensumstände und technischen Möglichkeiten zu schützen. Somit setzt die mittelbare Fühlungnahme voraus, dass der Eigentümer in seiner ausschließlichen funktional betrachteten Sachnutzung beschränkt wird, ohne dass das Eigentum hierfür im physischen Sinne unmittelbar berührt werden muss. Stattdessen genügt zur Annahme des geforderten Kontaktes zwischen der beeinträchtigenden Handlung und dem beeinträchtigten Eigentum ein mittelbarer, nicht zwingend physischer Kontakt mit der Sache, indem diese als wesensnotwendige Grundlage der Nutzung dient und nicht bloß ein rein verzichtbares Akzidens verkörpert.

b. Voraussetzungen einer mittelbaren Fühlungnahme

Im Folgenden soll herausgearbeitet werden, unter welchen Voraussetzungen eine Sache so wesentlich genutzt wird, dass sie die wesensnotwendige Grundlage der Nutzung darstellt und nicht lediglich ein verzichtbares Akzidens bildet und schließlich ein Kontakt zwischen der beeinträchtigenden Handlung und dem beeinträchtigten Eigentum begründet werden kann. Dies wirft die Folgefrage auf, welcher wesensnotwendige Kern einer Sache der Nutzung zugrunde liegen kann.

Zunächst ist festzustellen, dass die wesensnotwendige Grundlage einer Sache stets individuell entsprechend ihrer Art zu bestimmen ist. Schließlich kann die wesensnotwendige Grundlage bspw. eines Baukunstwerkes von der eines gewöhnlichen bzw. durchschnittlichen Wohnhauses ohne künstlerische

---

631 *Zech*, AcP 219 (2019), 488 (565 ff.), der schließlich auch die berührungslose Ortsveränderung durch Magnetismus, berührungslose Zerstörung durch Strahlung oder auch die berührungslose Nutzungsbeeinträchtigung durch unkörperliche Immissionen wie Schall und Blendwirkung als Fühlungnahme anerkennt.

632 *Bittner*, Das Fotografieren fremder Sachen – Zivilrechtliche Ansprüche des Eigentümers?, S. 32; *Zech*, AcP 219 (2019), 488 (576), der als Funktionen des Eigentums bspw. benennt die Friedensfunktion, Besitzschutz, Gewaltverbot, Geheimnisschutz, Schaffung von Anreizen zur Verbesserung und Erhaltung von Sachen, Marktfunktion, ökonomische Funktion.

Besonderheiten abweichen. Da im Rahmen dieser Arbeit die Voraussetzungen einer Eigentumsbeeinträchtigung von Baukunstwerken insbesondere eines Museums herausgearbeitet werden, dienen die folgenden Ausführungen einer näheren Betrachtung der wesensnotwendigen Grundlage von Baukunstwerken.

Grundsätzlich wohnt jedem Kunstwerk ob seiner kunstwerklichen Eigenschaft ein in ihm vorhandener und verwurzelter besonderer Mehrwert inne, der sich von alltäglichem Eigentum abhebt.[633] Dieser Mehrwert setzt sich bei Kunstwerken zusammen aus einem besonders ästhetischen sowie einem vermögensrechtlichen Wert.[634] Dieser besondere Mehrwert müsste infolge einer Nutzung bewusst abgeschöpft werden, um den erforderlichen Kontakt im Sinne einer mittelbaren Fühlungnahme herzustellen.[635] Im Falle einer kommerziellen Verwertung einer Sache ist diese Wesensnotwendigkeit bspw. dann anzunehmen, wenn der in dem Kunstwerk verkörperte besonders ästhetische und vermögensrechtliche Wert gezielt für kommerzielle Zwecke genutzt bzw. abgeschöpft wird und gleichzeitig deren notwendige Bedingung darstellt.[636] Darin zeigt sich zugleich, dass die Sache kein verzichtbares Akzidens bildet, sondern elementar ist für die Verwertung.[637]

Im Hinblick auf die Anfertigung und Verwertung von Abbildungen von Bauwerken ist daraus abzuleiten, dass rein gewöhnliche bzw. nicht besonders künstlerisch gestaltete Gebäude in der Regel nicht als wesensnotwendige Grundlage der Verwertung ihrer Abbildungen dienen können. Schließlich verkörpern diese Gebäude keine besondere Ästhetik, die eine erfolgreiche Verwertung ihrer Abbildungen bedingt.[638] Anders ist dies bei Baukunstwerken zu beurteilen. In ihnen ist als Kunstwerk ein besonderer Mehrwert vorhanden

633 *C. Lehment,* in: FS Raue 2006, 515 (526).

634 *C. Lehment,* in: FS Raue 2006, 515 (526 f.).

635 Vgl. *C. Lehment,* in: FS Raue 2006, 515 (526); der dieses Kriterium allerdings zur Bestimmung der Erheblichkeit einer Eigentumsbeeinträchtigung verwendet.

636 Vgl. *C. Lehment,* in: FS Raue 2006, 515 (526 f.).

637 *Heyers,* Jura 2013, 1079 (1090), wobei *Heyers* dieses reine Akzidens nicht näher bestimmt, aber im Zusammenhang mit der Darstellung von *C. Lehment* naheliegend dahingehend aufzufassen ist, dass die erfolgreiche Verwertung der Aufnahmen ebenfalls auf das abgebildete Kunstwerk zurückgeführt werden muss und insofern der (ästhetische) Wert des Kunstwerkes abgeschöpft wird – andernfalls liegt ein rein verzichtbares Akzidens vor.

638 Hierbei sind allerdings auch die konkreten Umstände des jeweiligen Einzelfalls zu berücksichtigen, sodass bspw. die Verwertung der Abbildung eines gewöhnlichen bzw. alltäglichen Wohnhauses durch einen Makler zu Werbezwecken ggf. auch zu einer Abschöpfung des (ästhetischen) Wertes führen könnte.

und verwurzelt, der sich aus einem besonders ästhetischen und einem vermögensrechtlichen Wert zusammensetzt und sich dadurch zugleich von alltäglichen Bauwerken abhebt.[639] Dieser ästhetische und vermögensrechtliche Wert stellt schließlich die wesensnotwendige Grundlage einer Nutzung da, sofern dieser Wert bewusst zum Zwecke einer Nutzung abgeschöpft wird. Die Sache verkörpert somit gleichzeitig nicht lediglich ein verzichtbares Akzidens. Auf diese Weise wird ein Kontakt mit dem Baukunstwerk im Sinne einer mittelbaren Fühlungnahme hergestellt.

Weiterhin ist zu untersuchen, ob eine mittelbare Fühlungnahme im Zusammenhang mit der Verwertung von Abbildungen eines Baukunstwerkes zusätzlich eine eigene innere Verwertungsabsicht des Eigentümers im Hinblick auf das aufgenommene Kunstwerk voraussetzt. In der Entscheidung „Trainwriting Berlin" hatte das KG Berlin eine entsprechende Verwertungsabsicht des Eigentümers gefordert und eine Verletzung des Eigentums der Berliner Verkehrsbetriebe aufgrund einer wirtschaftlichen Verwertung von Filmaufnahmen durch Dritte von den Verkehrsmitteln bzw. den Betriebsanlagen des Eigentümers aufgrund einer fehlenden Verwertungsabsicht des Eigentümers schließlich versagt.[640] Der Eigentümer beabsichtigte in dieser Konstellation gerade nicht die eigenständige Anfertigung und Verwertung von Abbildungen seines Eigentums, sodass er nach Auffassung des KG infolge der wirtschaftlichen Verwertung durch einen unbefugten Dritten in der Nutzung des Eigentums nicht beeinträchtigt werde.[641]

Wie soeben herausgearbeitet wurde, soll bei der Prüfung einer mittelbaren Fühlungnahme insbesondere der Kontakt zwischen der Einwirkungshandlung und dem betroffenen Eigentum festgestellt werden. Bei einer ausschließlichen Betrachtung einer Einwirkung auf das Sacheigentum ist es daher grundsätzlich konsequent, den Eigentümer sowie seine Vorstellungen und Absichten bei der Bewertung der Fühlungnahme unberücksichtigt zu lassen. Andernfalls würde mithilfe der inneren Verwertungsabsicht des Eigentümers auf einen Umstand abgestellt werden, der die Einwirkungshandlung und das Baukunstwerk unberührt lassen.[642] Zudem werden bei der Berücksichtigung der

---

639 Vgl. *C. Lehment,* in: FS Raue 2006, 515 (526 f.).

640 KG Berlin, Urt. v. 25.10.2012, 10 U 136/12, GRUR 2013, 628 (629).

641 KG Berlin, Urt. v. 25.10.2012, 10 U 136/12, GRUR 2013, 628 (629); ebenso *Elmenhorst,* GRUR-Prax 2013, 94 (94).

642 Vgl. *C. Lehment,* in: FS Raue 2006, 515 (519 f.) allerdings im anderen Zusammenhang der Verwertungsabsicht des Aufnehmenden, nicht des betroffenen Eigentümers.

inneren Verwertungsabsicht des Eigentümers unbillige Ergebnisse erzielt. Im Fokus einer Prüfung der Eigentumsbeeinträchtigung stehen die dem Eigentümer gem. § 903 S. 1 BGB grundsätzlich zugewiesenen Eigentumsrechte unabhängig davon, ob der Eigentümer diese faktisch ausübt.[643] Auch die Prüfung anderweitiger Eigentumsbeeinträchtigungen erfordert keine entsprechende Nutzungs-, Verwertungs- oder Zerstörungsabsicht. Darüber hinaus gehen mit der Feststellung einer Verwertungsabsicht Schwierigkeiten sowohl im Hinblick auf ihre Beweisbarkeit als auch hinsichtlich des zu bestimmenden relevanten Beurteilungszeitpunktes einher. Die Verwertungsabsicht könnte seitens des Eigentümers als Schutzbehauptung für die Geltendmachung möglicher Schadensersatzansprüche aufgestellt werden. Unsicherheiten im Hinblick auf den relevanten Beurteilungszeitpunkt ergeben sich ferner, wenn der Eigentümer eine Verwertungsabsicht zeitlich nach der Anfertigung und Verwertung von Abbildungen durch einen Dritten entwickelt.[644] Die Eigentumseinwirkung würde auf diese Weise durch unsichere und schwer bestimmbare Kriterien festgelegt werden, sodass eine Eigentumseinwirkung nahezu vom Zufall abhängig gemacht und zudem dem Gedanken der Rechtssicherheit und -klarheit widersprochen wird. Unabhängig davon, dass innere Verwertungsabsichten bspw. auch im Rahmen der Verschuldensprüfung von Schadensersatzansprüchen ein bekanntes und trotzdem hingenommenes Beweisproblem darstellen und der relevante Beurteilungszeitpunkt im Laufe der Jahre durch die Rechtsprechung voraussichtlich herausgearbeitet und festgelegt wurde, so würde weiterhin innerhalb der Prüfung der Eigentumseinwirkung auf einen von dem Inhalt des Eigentums losgelösten Umstand abgestellt werden. Darüber hinaus würde hierdurch das wirtschaftlich nutzbare Eigentum gegenüber dem wirtschaftlich wertlosen Eigentum rechtlich bessergestellt, wobei letzteres im Ergebnis nahezu schutzlos wäre.[645] Stattdessen kann eine innere Verwertungsabsicht des Eigentümers bei der Prüfung seiner eigentumsrechtlichen Ansprüche im Rahmen einer Schadensfeststellung relevant werden.[646] Da innerhalb einer Prüfung

---

643 Vgl. *Zech,* AcP 219 (2019), 488 (583) der weiter ausführt, dass eine Eigentumsverletzung bei Wegnahme der Sache schließlich auch nicht nur dann vorliegen könne, sofern die Wegnahme auch tatsächlich verhindert werden könnte.

644 Vgl. *C. Lehment,* in: FS Raue 2006, 515 (519 f.) wiederum im anderen Zusammenhang der Verwertungsabsicht des Aufnehmenden, nicht des betroffenen Eigentümers.

645 *Grüning,* Die Eigentumsfreiheitsklage gegen Fotografieren und die gewerbliche Verwertung dieser Fotografie, S. 38.

646 So auch KG Berlin, Urt. v. 15.11.1935, 22 U 5332/35, JW 1936, 673 (674), wo es ebenfalls nicht darauf ankommt, ob die Eigentümerin ihr Eigentum auf eine konkrete

der Vorschrift des § 1004 BGB sowie bei der Bestimmung einer Einwirkung i.S.d. § 903 S. 1 BGB kein Schaden vorausgesetzt wird, spricht dies ebenfalls gegen eine Berücksichtigung der inneren Verwertungsabsicht innerhalb der Eigentumseinwirkung des § 903 S. 1 BGB. Folglich ist ausschlaggebend, ob auf das grundsätzlich im Rahmen der Eigentumsfreiheit nutzbare und verwertbare Eigentum infolge der Handlung eines Dritten eingewirkt wird. Ob der Eigentümer sein Eigentum auch auf diese Weise zu nutzen oder zu verwerten beabsichtigt, ist daher unberücksichtigt zu lassen. Die Eigentumsfreiheit gewährt dem Eigentümer das Recht, mit seinem Eigentum grundsätzlich frei verfügen zu dürfen – unabhängig davon, ob der Eigentümer diese Verfügung beabsichtigt oder umsetzt. Eine innere Verwertungsabsicht ist daher innerhalb der Prüfung der Eigentumseinwirkung abzulehnen.

C. Begrenzung der Körperlichkeit auf wesentliche Einwirkungen

Es konnte herausgearbeitet werden, dass der Begriff der Einwirkung aufgrund einer mittelbaren Fühlungnahme tendenziell weit ausgelegt wird. Um die Einwirkung aufgrund dessen nicht uferlos erscheinen zu lassen, sollen im Folgenden geeignete Begrenzungselemente der Einwirkung herausgearbeitet werden. Da sich der entwickelte Begriff der Einwirkung auch an dem negativen und ideellen Einwirkungsbegriff orientiert, sollen die in diesem Zusammenhang entwickelten Begrenzungselemente berücksichtigt werden.

So könnten zunächst in Anlehnung an die Voraussetzungen ideeller und negativer Einwirkungen nur solche Einwirkungen Berücksichtigung finden, die wesentlich bzw. erheblich sind.[647] So enthält auch § 906 BGB eine Einschränkung, wonach nur erhebliche Einwirkungen von dem Ausschließungsrecht aus

---

Weise nutzen möchte, oder ob sie es schlicht von Einwirkungen durch Dritte freizuhalten beabsichtigt; *Bittner,* Das Fotografieren fremder Sachen – Zivilrechtliche Ansprüche des Eigentümers?, S. 37 ff. der klarstellt, dass es für die Annahme einer Eigentumsbeeinträchtigung nicht darauf ankomme, dass der Eigentümer aufgrund der Einwirkung einen materiellen Nachteil, mithin einen Schaden erleidet; *Picker,* Der negatorische Beseitigungsanspruch, S. 49 f., 85 ff.; a.A.: *Schmieder,* NJW 1975, 1164 (1164); Staudinger/*Thole,* § 1004 Rn. 84 ff., die jeweils einen Nachteil des Eigentümers fordern.

647 Für eine Begrenzung der Einwirkung anhand des Wesentlichkeits- bzw. Erheblichkeitskriteriums auch *Jayme,* Kunst & Recht Bulletin 2011, 11 (22), Fn. 61; *Zeuner,* in: FS Flume 1978, 775 (775); *Kübler,* in: FS Baur, 1981, 51 (56); *C. Lehment,* in: FS Raue 2006, 515 (526); *Bittner,* Das Fotografieren fremder Sachen – Zivilrechtliche Ansprüche des Eigentümers?, S. 62.

§ 906 BGB erfasst werden sollen. Für eine Berücksichtigung der Beschränkungen aus den ideellen und negativen Einwirkungen spricht, dass diese mit der hier zu prüfenden Einwirkung im Wege von Abbildungen eines Baukunstwerkes und der Verwertung der Abbildungen hinsichtlich ihrer Auswirkungen vergleichbar sind. Auch die Anfertigung und Verwertung von Abbildungen eines Bauwerkes sind nicht sinnlich wahrnehmbar und müssen nicht zwingend auf das betroffene Grundstück einwirken, sodass das Eigentum infolge der Anfertigung und Verwertung von Abbildungen bloß mittelbar beeinträchtigt werden kann. Insbesondere kann das Bauwerk dadurch nicht berührt werden. Dies entspricht dem Inhalt der negativen Einwirkungen, die ebenfalls nicht sinnlich wahrnehmbar sind und zu einer mittelbaren Beeinträchtigung des nachbarlichen Grundstücks führen können.[648] Zudem kann bei der Anfertigung und Verwertung von Abbildungen das ästhetische Empfingen des Eigentümers beeinträchtigt werden, sofern das in seinem Eigentum stehende Kunstwerk dadurch in seiner Wahrnehmung und folglich auch in seiner Ästhetik verändert wird.[649] Dieser Gedanke korreliert mit dem Schutz vor ideellen Einwirkungen, wonach auch das ästhetische und moralische bzw. sittliche Empfinden des Eigentümers beeinträchtigt und geschützt wird.[650] Dies rechtfertigt es, die innerhalb des § 906 BGB entwickelten Begrenzungselemente zur Begrenzung des Begriffs einer mittelbaren Fühlungnahme zu übertragen. Hierdurch wird einem potenziellen Risiko einer Ausuferung des Eigentumsschutzes prophylaktisch entgegengewirkt.[651] Im Folgenden sind daher geeignete Kriterien herauszuarbeiten, um das Merkmal der Wesentlichkeit konkretisieren zu können. Dafür sollen sowohl die bisher ergangene Rechtsprechung als auch Literaturstimmen ausgewertet werden.

---

648 Staudinger/*Althammer*, § 903 Rn. 27; Staudinger/*Roth*, BGB, Bd. 8, § 906 Rn. 122; MüKo/*Brückner*, § 906 Rn. 50.

649 Siehe hierzu oben bei den Ausführungen zu „Ideellen Einwirkungen“ unter 3. Kapitel § 6 I. 3. B.; *Jayme*, Kunst & Recht Bulletin 2011, 11 (22), Fn. 61, wobei nach seiner Ansicht wesentliche Einwirkungen dann vorliegen, wenn die Fotografien nicht nur für den privaten, sondern für den öffentlichen Gebrauch bestimmt sind und insbesondere kommerziellen Zwecken dienen.

650 Bamberger/Roth/Hau/Poseck/*Fritzsche*, BeckOK BGB, § 903 Rn. 26; Staudinger/*Althammer*, § 903 Rn. 27; Staudinger/*Roth*, § 906 Rn. 130 ff.; in Staudinger/*Thole*, § 1004 Rn. 210 auch als „immaterielle“, „psychische“ oder „moralische“ Immissionen bezeichnet.

651 *Jayme*, Kunst & Recht Bulletin, 2011, 11 (22); ferner zu den einzelnen Voraussetzungen vorstehend in den Ausführungen zu „Ideellen Einwirkungen“ unter 3. Kapitel § 6 I. 3. B.

a. *Öffentlicher Bereich*

Zunächst ist die französische Rechtsprechung hinsichtlich geeigneter Kriterien zur Bestimmung der Wesentlichkeit zu betrachten, da die Rechtsprechung bereits Kriterien für die Annahme eine Eigentumseinwirkung aufgestellt hat und eine Orientierung zur Eingrenzung des Körperlichkeitskriteriums bzw. der mittelbaren Fühlungnahme bietet. Der französische Kassationshof forderte in einer Gerichtsentscheidung bereits im Jahre 2005 im Hinblick auf eine nicht genehmigte Aufnahme zu Werbezwecken einer Fassade eines historischen Hotels in Rouen, dass die dort streitgegenständliche Fotografie einen „trouble anormal", also eine abnormale Beeinträchtigung für die Annahme einer Eigentumsbeeinträchtigung darstellen müsse.[652] Ein solcher „trouble anormal" könne dabei nach *Jayme* im Zusammenhang mit der Veränderung der Wahrnehmung des Kunstwerkes durch die Darstellung der Abbildung in der Öffentlichkeit und nicht nur im privaten Bereich angenommen werden, insbesondere bei kommerziellen Abbildungen.[653] Eine Abbildung allein zu privaten, nichtkommerziellen Zwecken sei demnach nicht wesentlich und könne daher auch keine Eigentumseinwirkung darstellen.

Auch fordert *Zeuner* zur Verhinderung einer zu starken Ausdehnung des Eigentumsumfangs eine erhebliche Nutzungsbeeinträchtigung, „die das Verhältnis zur Umwelt"[654] störe.[655]

Ähnlich fordert *C. Lehment* eine „besondere Qualität des Eingriffs",[656] die ebenfalls als eine Art Erheblichkeit der Beeinträchtigung aufgefasst werden könnte. In diesem Zusammenhang stellt er genauso wie *Heyers* auf den besonders ästhetischen und vermögensrechtlichen Wert der Sache ab, der gezielt für die Nutzung abgeschöpft werden müsse, um das gewisse Maß an Erheblichkeit oder Wesentlichkeit zu erreichen.[657]

Ebenso ist *Bittner* zu zitieren, der die „selbstverständlich üblichen" sowie gewöhnlichen Arten des Gebrauchmachens fremder Sachen und mithin

---

652 Cour de Cassation, 05.07.2005, No. de pourvoi: 02-21452, vgl. https://www.legifrance.gouv.fr/affichJuriJudi.do?idTexte=JURITEXT000007050084 : „Mais attendu que le propriétaire d'une chose, qui ne dispose pas d'un droit exclusif sur l'image de celle-ci, ne peut s'opposer à l'utilisation du cliché par un tiers que si elle lui cause un trouble anormal." (Stand: 2020, zuletzt besucht am: 17.07.2023).

653 Vgl. *Jayme*, Kunst & Recht Bulletin, 2011, 11 (22) Fn. 62.

654 *Zeuner*, in: FS Flume 1978, 775 (775).

655 *Kübler*, in: FS Baur, 1981, 51 (56).

656 *C. Lehment*, in: FS Raue 2006, 515 (526).

657 *C. Lehment*, in: FS Raue 2006, 515 (526); Ebenso *Heyers*, Jura 2013, 1079 (1090).

unwesentliche Einwirkungen nicht als Eigentumsbeeinträchtigung bewerte.[658] Hierzu zähle z.B. das bloße Betrachten des Kunstwerkes zum eigenen visuellen Genuss, welches der Eigentümer aufgrund des Zusammenlebens der Menschen und ihres natürlichen Verhaltens als selbstverständlich und unvermeidbar hinzunehmen habe.[659]

Allen Ansichten ist gemein, dass die Nutzung über den gewöhnlichen Gebrauch hinausgehen muss und sich nicht nur auf den privaten Bereich auswirkt, sondern in den öffentlichen Bereich hineinragt. Das gewöhnliche Betrachten eines Kunstwerkes genügt dementsprechend nicht zur Annahme einer Eigentumseinwirkung. Als geeignetes Kriterium der Wesentlichkeit lässt sich daraus schließlich ableiten, dass Nutzungen zu rein privaten Zwecken nicht erfasst werden. Mithin muss es sich um eine Nutzung handeln, die in die Öffentlichkeit vordringt, bspw. im Wege einer Nutzung zu kommerziellen Zwecken.

b. Erheblicher Zeitraum

Weiterhin könnte der Begriff der Wesentlichkeit ein Zeitelement beinhalten und im Einklang mit der Flugfeld-Entscheidung des BAG dahingehend konkretisiert werden, dass die Einwirkung zusätzlich nicht bloß einen unerheblichen Zeitraum andauert.[660] Das BAG hatte in dieser Entscheidung darüber zu entscheiden, ob auch wirtschaftliche Nutzungsbeschränkungen eine Einwirkung darstellen.[661] Diese hatte das BAG im Ergebnis verneint, da es an einer Beeinträchtigung über einen erheblichen Zeitraum fehle.[662] Das BAG hatte in einer weiteren Entscheidung innerhalb der Prüfung einer Eigentumsverletzung an einem Transportmittel gefordert, dass die Sache jede Bewegungsmöglichkeit verlieren müsse und ihrem bestimmungsgemäßen Gebrauch für einen nicht nur unerheblichen Zeitraum entzogen werde. Dies sei nicht gegeben, wenn ein Transportmittel unter Beibehaltung seiner Bewegungsmöglichkeit nur wenige Stunden an einer konkret geplanten Fahrt gehindert und dadurch lediglich seine wirtschaftliche Nutzung vorübergehend eingeengt werde.[663] Dieses

---

658 *Bittner*, Das Fotografieren fremder Sachen – Zivilrechtliche Ansprüche des Eigentümers?, S. 62.
659 *Bittner*, Das Fotografieren fremder Sachen – Zivilrechtliche Ansprüche des Eigentümers?, S. 62.
660 Vgl. BAG, Urt. v. 25.08.2015, 1 AZR 754/13, NZA 2016, 47 (49), Rz. 27.
661 Vgl. BAG, Urt. v. 25.08.2015, 1 AZR 754/13, NZA 2016, 47 (49), Rz. 27.
662 Vgl. BAG, Urt. v. 25.08.2015, 1 AZR 754/13, NZA 2016, 47 (49), Rz. 27.
663 BAG, Urt. v. 25.08.2015, 1 AZR 754/13, NZA 2016, 47 (49), Rz. 27.

Zeitelement korreliert mit den soeben dargestellten Kriterien, wonach eine Nutzung u.a. das Verhältnis zu Umwelt stören muss, eine abnormale Beeinträchtigung darstellt und eine besondere Qualität der Einwirkung aufzuweisen hat. Dieses zusätzliche Kriterium ist mithin geeignet, um den Begriff der Einwirkung bzw. der mittelbaren Fühlungnahme zu begrenzen und folglich den Eigentumsumfang nicht ausufern zu lassen. Somit ist als weiteres Kriterium der Wesentlichkeit der Einwirkung die zeitliche Komponente der Einwirkung zu berücksichtigen. Sofern eine Einwirkung somit bloß einen unerheblichen Zeitraum besteht, genügt sie nicht dem Kriterium der Wesentlichkeit und kann nicht als Einwirkung auf das Eigentum bewertet werden.

c. *Rivalitätsgedanke*

Als weiteres Kriterium zur Bestimmung der Wesentlichkeit einer Eigentumseinwirkung könnte der von *Zech* entwickelte „Rivalitätsgedanke" berücksichtigt werden.[664] Demnach sei eine Eigentumseinwirkung als wesentlich zu bewerten, sofern der Eigentümer infolge der Nutzung seines Eigentums durch Dritte nicht nur in seiner eigenen potenziellen Nutzungsmöglichkeit beeinträchtigt werde, sondern zugleich auch jeder andere Dritte im Sinne einer erga-omnes Nutzungsbeeinträchtigung in der Nutzung des Eigentums beeinträchtigt würde.[665] Nach dem Grundsatz der „Eigentumsrivalität" können niemals zwei Personen zugleich die Sachherrschaft über eine Sache ausüben, sodass die Ausübung durch einen Dritten die Nutzung durch den Eigentümer beeinträchtige oder verhindere.[666] Auf diese Weise wird das Kriterium der abstrakten Nutzungsmöglichkeit berücksichtigt, ohne dass es im Ergebnis auf das zuvor versagte Kriterium einer inneren Verwertungsabsicht des Eigentümers ankommt. Dies verdeutlicht zugleich, dass das Eigentum als Rechtsverhältnis zwischen Personen und zugleich als Rechtsverhältnis zwischen dem Eigentümer und der Sache aufgefasst werden kann.[667] Die Voraussetzung einer erga-omnes Beeinträchtigung der Nutzungsmöglichkeiten überzeugt, da infolge der Beeinträchtigung der Nutzungsmöglichkeiten ein konkreter Bezug zu dem Eigentum an der Sache hergestellt wird. Zugleich spiegelt sich in dem Rivalitätsgedanken

---

664 Vgl. *Zech,* AcP 219 (2019), 488 (526, 577, 579).

665 Vgl. *Zech,* AcP 219 (2019), 488 (581 ff.).

666 *Zech,* AcP 219 (2019), 488 (526, 577, 579).

667 Vgl. *Pleyer,* AcP 168 (1968), 407 (408 f.), der die Rechtsstellung des Eigentümers in der Beziehung zur Gesellschaft sieht, sodass das Rechtsverhältnis als gesellschaftliches Verhältnis aufzufassen sei, an dem schließlich nur Personen und keine Sachen beteiligt sein könnten.

auch das zuvor herausgearbeitete Kriterium der Auswirkungen auf den öffentlichen Bereich sowie der Beeinflussung der Umwelt wider. Schließlich kann eine erga-omnes Beeinträchtigung der Nutzung zugleich den öffentlichen Bereich tangieren und somit die Umwelt in ihrer Nutzung beeinflussen. Eine Einschränkung der objektiven Nutzbarkeit ist auch bei einer Betrachtung des funktionalen Eigentumsverständnisses überzeugend. Das Eigentum hat die Funktionen des Konsums und der Erhaltung, die im Wege der Rivalität beeinträchtigt werden können, sofern jedenfalls eine erga-omnes Nutzungsbeeinträchtigung vorliegt.[668] Der Rivalitätsgedanke im Sinne einer erga-omnes Nutzungsbeeinträchtigung ist mithin als weiteres Kriterium zur Bestimmung der Wesentlichkeit der mittelbaren Fühlungnahme heranzuziehen.

d. Kein zusätzlich schützenswertes Interesse

Weiterhin könnte neben das Kriterium der Wesentlichkeit noch ein schützenswertes Interesse des Eigentümers an der Ausschließung des Dritten treten, um eine mittelbare Fühlungnahme bzw. eine Eigentumseinwirkung begründen zu können.[669] Das schützenswerte Interesse könnte aus Treu und Glauben gem. § 242 BGB, aus den Grundsätzen einer unzulässigen Rechtsausübung gem. § 226 BGB bzw. dem Schikaneverbot abgeleitet werden.[670]

Für die Berücksichtigung eines schützenswerten Interesses unter Anwendung der §§ 242, 226 BGB spricht ein Vergleich mit den Voraussetzungen der §§ 905 ff. BGB, die ebenfalls für ihre wirksame Geltendmachung ein eigenes besonderes Interesse des Eigentümers fordern.[671] Nach § 226 BGB wäre die Ausübung der negativen Befugnisse somit unzulässig, sofern der Eigentümer

---

668 Vgl. *Zech*, AcP 219 (2019), 488 (580).

669 *Bittner*, Das Fotografieren fremder Sachen – Zivilrechtliche Ansprüche des Eigentümers? S. 44 ff., wobei *Bittner* ein objektives und sachbezogenes Interesse des Eigentümers an der Geltendmachung von Ausschließungsrechten fordert, um eine Eigentumsbeeinträchtigung annehmen zu können, sodass nicht sachbezogene Interessen wie persönliche Interessen (die vom Persönlichkeitsschutz erfasst werden) sowie reine Vermögens- und Vertragsinteressen nicht erfasst werden.

670 So auch in den Entscheidungen RGZ 433 (433 f.) und KG, JW, 1936, 673 (673 f.); *Bittner*, Das Fotografieren fremder Sachen – Zivilrechtliche Ansprüche des Eigentümers? S. 40 ff.

671 *Bittner*, Das Fotografieren fremder Sachen – Zivilrechtliche Ansprüche des Eigentümers? S. 41 f.

nur den Zweck verfolgte, einem anderen Schaden zuzufügen und ihm dabei keine Vorteile bringe.[672]

Zu betrachten ist, ob das schützenswerte Interesse des Eigentümers die materielle Prüfung der negativen Befugnisse betrifft oder ob es sich hierbei vielmehr um eine Frage der tatsächlichen Rechtsausübung bzw. Durchsetzbarkeit möglicher eigentumsrechtlicher Ansprüche handelt. Grundsätzlich hängt die bloße Entstehung eines Anspruchs nicht von seiner Durchsetzbarkeit oder einem Einwand der Treuwidrigkeit ab. Anders wäre dies, sofern eine Differenzierung zwischen dem tatsächlichen Bestehen des Rechts und seiner Ausübbarkeit entfällt.[673] Allerdings überzeugt es nicht, eine gedanklich berechtigte Differenzierung anzunehmen und gleichzeitig mangels praktischer Konsequenzen auf sie zu verzichten und daher das Erfordernis eines schützenswerten Interesses im Rahmen der materiellen Prüfung der negativen Befugnisse des Eigentümers anzusiedeln.[674] Dies ist dogmatisch unsauber und verwischt die einzelnen Tatbestandsvoraussetzungen. Insofern stellt die tatsächliche Rechtsausübung keine Voraussetzung der Eigentumseinwirkung dar.[675] Bei den schützenswerten Interessen des Eigentümers handelt es sich um einen von dem materiellen Eigentumsinhalt unabhängigen Prüfungspunkt, der innerhalb der tatsächlichen Rechtsausübung der negativen Befugnisse an Bedeutung gewinnen kann.[676] Das Vorliegen der positiven als auch der negativen Befugnisse bietet lediglich die abstrakte Möglichkeit einer Rechtsausübung. Die anschließende tatsächliche Rechtsausübung ist hingegen eigenständig und davon losgelöst zu betrachten und ist mithin nicht Teil des materiellen Eigentumsinhalts.[677] Im

672 *Bittner*, Das Fotografieren fremder Sachen – Zivilrechtliche Ansprüche des Eigentümers? S. 41.

673 So *Bittner*, Das Fotografieren fremder Sachen – Zivilrechtliche Ansprüche des Eigentümers? S. 42 f., der eine Differenzierung zwischen der „Innentheorie" und der „Außentheorie" nur gedanklich als berechtigt erachte, da sie in praktischer Hinsicht keinerlei Konsequenzen zur Folge habe.

674 So sieht es hingegen *Bittner*, Das Fotografieren fremder Sachen – Zivilrechtliche Ansprüche des Eigentümers? S. 42 f.

675 *Bergner*, Eigentumsbeschränkungen, S. 43 f.; Gsell/Krüger/Lorenz/Reymann/*Spohnheimer*, BeckOGK BGB, § 1004 Rn. 203.1.

676 Später unter 5. Kapitel § 3 I. wird auf die Voraussetzungen der tatsächlichen Rechtsausübung und ihre Relevanz vertiefter eingegangen.

677 Gsell/Krüger/Lorenz/Reymann/*Spohnheimer*, BeckOGK BGB, § 1004 Rn. 203.1, der in der Duldungspflicht nach § 1004 II BGB eine abstrakte Eigentumsbeschränkung sieht, also gerade keine konkreten Folgen für den Umfang des Eigentums selbst und mithin des materiellen Inhalts.

Ergebnis ist daher festzuhalten, dass die mittelbare Fühlungnahme neben dem Kriterium der Wesentlichkeit der Eigentumseinwirkung nicht zusätzlich ein schützenswertes Interesse des Eigentümers verlangt.

e. Zwischenergebnis

Um den Umfang der mittelbaren Fühlungnahme und zugleich der Eigentumseinwirkung des § 903 S. 1 BGB nicht ausufern zu lassen, ist mithin eine erhebliche bzw. wesentliche Einwirkung zu fordern. Dabei ist der Begriff der Wesentlichkeit anhand von drei kumulativ vorliegenden Merkmalen zu konkretisieren: So ist zunächst erforderlich, dass eine über das bloße Gebrauchmachen hinausgehende Nutzung vorliegt, die nicht lediglich den privaten Bereich tangiert, sondern in den öffentlichen Bereich hineinragt. Dabei kann eine kommerzielle Nutzung ein Indiz für eine in den öffentlichen Bereich vordringende Nutzung darstellen. Darüber hinaus ist das Kriterium der Wesentlichkeit mithilfe einer Zeitkomponente zu konkretisieren, sodass die Einwirkung über einen nicht nur unwesentlichen Zeitraum von wenigen Stunden andauern darf. Zudem ist der Rivalitätsgedanke zu berücksichtigen, wonach die Nutzung des Eigentums sowohl durch den Eigentümer als auch durch einen Dritten ergaomnes beeinträchtigt sein muss, sodass die Nutzung für jeden beeinträchtigt oder ausgeschlossen ist. Ein neben das Kriterium der Wesentlichkeit tretendes schützenswertes Interesse des Eigentümers an der Geltendmachung der negativen Befugnisse ist jedenfalls innerhalb der materiellen Prüfung der negativen Befugnisse des Eigentümers abzulehnen.

5. Auslegungsergebnis

Vorstehend wurden verschiedene Merkmale betrachtet, anhand derer eine Konkretisierung des Begriffs der Eigentumseinwirkung vorgenommen wurde. Der zuvörderst betrachtete Einwirkungsbegriff aus dem allgemeinen Sprachgebrauch war aufgrund seiner zu strengen Anforderungen abzulehnen. Eine enge Auslegung des Einwirkungsbegriffs widerspricht dem Willen des Gesetzgebers, einen möglichst umfassenden Schutz des Eigentümers auch innerhalb seiner negativen Eigentümerbefugnisse zu gewährleisten. Die Rechte sollen lediglich auf einen maximalen Mindestumfang reduziert werden können.

Die anschließend dargestellte Konkretisierung der Einwirkung anhand einer eigenen Rechtswidrigkeitsprüfung ist insbesondere aus dogmatischer Sicht abzulehnen. Sie bringt die klassische Prüfungsreihenfolge durcheinander, vermischt relative und absolute Rechte und der Begriff der Dinglichkeit wird aufgegeben. Die Frage des Eigentumsumfangs kann daher nicht auf die Ebene der Rechtswidrigkeit verlagert werden, sondern ist auf der Tatbestandsebene zu lösen.

A. *Weiter Einwirkungsbegriff*

Daher dienen die bereits im Zivilrecht verankerten Einwirkungsbegriffe der positiven, negativen und ideellen Einwirkung als geeignete Orientierungspunkte, um den Einwirkungsbegriff zu konkretisieren. Dadurch zeichnet sich eine tendenziell weite Auslegung des Einwirkungsbegriffs ab, die auch dem Willen des Gesetzgebers hinsichtlich eines größtmöglichen Eigentumsschutzes entspricht. Eine Einwirkung muss demnach nicht zwingend sinnlich wahrnehmbar sein und bspw. nicht über die Grundstücksgrenze auf das betroffene Grundstück hinausragen. Auch mittelbare Beeinträchtigungen eines Grundstücks können unter den Einwirkungsbegriff subsumiert werden.

B. *Mittelbare Fühlungnahme als geeignetes Begrenzungsmerkmal*

Um den Einwirkungsbegriff nicht ausufern zu lassen, wurde anschließend das sachenrechtliche Kriterium der Körperlichkeit aus § 1004 Abs. 1 BGB herangezogen.[678] Dies ist bei einer Konkretisierung der Einwirkung innerhalb der negativen Befugnisse des Eigentümers erforderlich, da sich über das Körperlichkeitskriterium der Eigentumsschutz rechtfertigen lässt, der sich auf körperliche Gegenstände erstreckt.[679] Dieses Kriterium dient sowohl der Begrenzung der Einwirkung und gleichzeitig ihrer Konkretisierung und ist somit geeignet, um den Einwirkungsbegriff weiter bestimmen zu können. Dabei ist die Körperlichkeit als mittelbare Fühlungnahme aufzufassen, die nicht mit einer Substanzverletzung des Sacheigentums gleichzusetzen ist. Die mittelbare Fühlungnahme setzt einen Kontakt der eigentumseinwirkenden Handlung und dem beeinträchtigten Sacheigentum voraus. Eine Berührung bzw. einen unmittelbaren, konkreten Bezug zu der Sache oder eine physische Auswirkung auf das Sacheigentum ist dabei nicht vorausgesetzt, da diese Auslegung zu eng ist. Stattdessen zeichnet sich der Kontakt dadurch aus, dass die Sache

---

678 So auch *Bittner*, Das Fotografieren fremder Sachen – Zivilrechtliche Ansprüche des Eigentümers?, S. 20 f., der auf die Beeinträchtigung nach § 1004 BGB abstellt; *Zech*, AcP 219 (2019), 488 (571), der die Körperlichkeit als brauchbares Kriterium für die Begrenzung der Eigentumseinwirkung ansieht, ohne explizit auf § 1004 BGB zu verweisen.

679 Vgl. Soergel/*Münch*, BGB, § 1004 Rn. 24, der beispielhaft die Störung, Einwirkung und Behinderung des Eigentums anführt; *Bork*, Allgemeiner Teil des Bürgerlichen Gesetzbuchs, Rn. 234.

als wesensnotwendige Grundlage einer Nutzung wie bspw. einer Verwertung genutzt wird und nicht bloß ein rein verzichtbares Akzidens verkörpert.

Der Einwirkungsbegriff ist dabei funktionsbezogen und dynamisch auszulegen, um eine umfassende Verteidigung des Sachwertes gewährleisten zu können. Der Begriff der Körperlichkeit soll anschließend in Anlehnung an die bekannten Einwirkungsformen der negativen und ideellen Einwirkungen durch das Merkmal der Wesentlichkeit eingeschränkt werden. Der Begriff der Körperlichkeit setzt somit eine mittelbare anstelle einer unmittelbaren Fühlungnahme mit dem Sacheigentum voraus. Dieses Ergebnis ist überzeugend. Schließlich werden bekannte Einwirkungselemente mit dem Körperlichkeitskriterium kombiniert und auf diese Weise eine dem Willen des Gesetzgebers entsprechend weite Auslegung des Einwirkungsbegriffs herangezogen. Gleichzeitig wird der Begriff eingeschränkt, um aufgrund der Einwirkungsmöglichkeiten auf die Interessen bzw. Rechte Dritter maximale Mindestrechte des Eigentümers gewähren zu können. Eine mittelbare anstelle einer unmittelbaren Fühlungnahme ist geeignet, um den erforderlichen Kontakt mit der beeinträchtigten und zu schützenden körperlichen Sache herzustellen. Dies wird durch die folgenden Ausführungen bestätigt.

C. Begründung der Mittelbarkeit

So ist zunächst auf die bereits dargestellten negativen und ideellen Einwirkungen zu verweisen, die ebenfalls eine Einwirkung i.S.d. § 903 S. 1 BGB darstellen, ohne einen Unmittelbarkeitsbezug zu fordern. Dies zeigt, dass eine mittelbare Einwirkung bzw. eine mittelbare Fühlungnahme dem Körperlichkeitskriterium im Sinne eines funktionalen Verständnisses genügt.

Des Weiteren nimmt etwa *Jayme* eine Eigentumseinwirkung im Hinblick auf Kunstwerke auch dann an, wenn ein Dritter ein Kunstwerk abbildet und auf diese Weise die ursprüngliche Wahrnehmung bzw. Darstellung des Kunstwerkes verändert oder „verfälscht".[680] Der Aufnehmende setze dadurch seine eigene Vorstellung der Wahrnehmung und seine eigene Ansicht und Interpretation anstelle derjenigen des Eigentümers, obwohl ausschließlich der Eigentümer des Kunstwerkes das Recht habe, darüber zu bestimmen, auf welche Weise das in seinem Eigentum stehende Kunstwerk von Dritten wahrgenommen

680 So angenommen von *Jayme*, Kunst & Recht Bulletin, 2011, 11 (21 f.); zur Verfälschung *Bernhard*, Auslöschung – ein Zerfall, S. 28, 30 der die Fotografie von Menschen als „heimtückische perverse Fälschung" ansieht, als „ungeheuerliche Naturverfälschung", eine „Unmenschlichkeit".

werden soll.[681] Indem der Vervielfältigende die Lichtverhältnisse, die Perspektive und sonstige Gegebenheiten mittels der Aufnahme selbst bestimmt, könne er das Kunstwerk schließlich anders erscheinen lassen, als es möglicherweise tatsächlich dargestellt wird und insbesondere bewusst dargestellt werden sollte bzw. inszeniert wurde, würde man es „in Natur" betrachten.[682] Gerade aber die Wahrnehmung eines Kunstwerkes durch Dritte bestimme den Inhalt und die Wirkung eines Kunstwerkes und mithin seine Sachsubstanz.[683] So beschreibt auch *Rauterberg*: „Die Empfindungen des Einzelnen sind das, worauf es ankommt. Sicher wäre die Kunst nichts ohne den empfindenden Menschen; berührt sie ihn nicht, vermag sie keine Eigenmacht zu haben."[684] Nach *Jayme* besteht somit die Sachsubstanz eines Kunstwerkes auch in seiner Wahrnehmung durch Dritte, sodass das Eigentum auch ein Darstellungsrecht umfasst, welches durch die Aufnahme durch Dritte beeinträchtigt werden kann.[685]

Auch dies verdeutlicht, dass eine mittelbare Fühlungnahme dem Körperlichkeitskriterium genügt. Die Handlung des Dritten berührt das Kunstwerk nicht im physischen Sinn, sie wirkt sich aber dennoch mittelbar auf das Werk aus, indem es seine intendierte Wahrnehmung verfälscht.[686] Nicht eindeutig aufzufassen ist indes der in *Jaymes* Darstellungen vorgenommene Verweis auf das allgemeine Persönlichkeitsrecht und die in diesem Zusammenhang ergangene „Haus auf Teneriffa"[687] Entscheidung des BGH.[688] In der Teneriffa-Entscheidung thematisiert der BGH schließlich nicht den Umfang des Eigentums, sondern stützt sich unabhängig von der Eigentumsfrage auf eine alternative Abwehrmöglichkeit des Eigentümers aus seinem allgemeinen Persönlichkeitsrecht, die sich aufgrund der ungenehmigten Anfertigung von Aufnahmen eines in fremdem Eigentum stehenden Hauses für Werbezwecke ergebe.[689]

---

681 *Jayme,* Kunst & Recht Bulletin, 2011, 11 (22).

682 *Jayme,* Kunst & Recht Bulletin, 2011, 11 (21).

683 *Jayme,* Kunst & Recht Bulletin, 2011, 11 (22); *Rauterberg,* Wie frei ist die Kunst?, S. 14.

684 *Rauterberg,* Wie frei ist die Kunst?, S. 14.

685 *Jayme,* Kunst & Recht Bulletin 2011, 11 (22).

686 Allerdings ist zu berücksichtigen, dass *Jayme* in seinen Ausführungen nicht direkt auf den Begriff der Körperlichkeit eingeht.

687 BGH, Urt. v. 27.04.1971, VI ZR 171/69, GRUR 1971, 417 (417 ff).

688 Vgl. *Jayme,* Kunst & Recht Bulletin 2011, 11 (22).

689 BGH, Urt. v. 27.04.1971, VI ZR 171/69, GRUR 1971, 417 (417 f.); kritisiert wurde diese Entscheidung u.a. von *Falck,* Anmerkung zu BGH, Urt. v. 27.04.1971, VI ZR 171/69, GRUR 1971, 417 (418 ff.), der eine zu weite Anwendung des allgemeinen Persönlichkeitsrechts kritisiert und dies insbesondere dann zu Recht als

Dabei handelt es sich um zwei voneinander unabhängige und mithin zu trennende Rechtsgüter, sodass aus einer Entscheidung zu den Persönlichkeitsrechten grundsätzlich keine Schlussfolgerungen hinsichtlich der Eigentumsrechte und einer Eigentumseinwirkung abgeleitet werden können.

Dass eine mittelbare Fühlungnahme für eine Eigentumsbeeinträchtigung genügt, verdeutlich auch der BGH in einem Urteil über das Gemälde „Rote Mitte" von Oskar Schlemmer, wonach insbesondere in Kunstkreisen nur das Wort eines Dritten zu einer nach § 1004 BGB unterlassungsberechtigenden Eigentumsbeeinträchtigung führe.[690] Sofern demnach ein Dritter gegenüber einem anderen Dritten entgegen der tatsächlichen Rechtslage die Behauptung aufstellte, Eigentümer eines Kunstwerkes zu sein und sich somit des Eigentums eines Dritten berühmte, so bestehe in dieser Eigentumsberühmung bereits eine Eigentumsbeeinträchtigung.[691] Folglich kann bereits eine Äußerung geeignet sein, die Rechte des Eigentümers aus § 903 S. 1 BGB insbesondere im Hinblick auf sein freies Verfügungsrecht nachhaltig zu beeinträchtigen.[692] Die Eigentumsberühmung eines Dritten führt nicht zu einer unmittelbaren Beeinträchtigung der Sache bzw. der Nutzungsmöglichkeiten des Eigentums. Stattdessen genügt bereits die bloße Gefahr, dass der Eigentümer aufgrund der Handlung eines Dritten in seinen potenziell bestehenden Nutzungsmöglichkeiten seines Eigentums beeinträchtigt wird. Erst ein gutgläubiger Eigentumserwerb durch einen Dritten kann die rechtlichen Verhältnisse an dem Kunstwerk unmittelbar beeinflussen. Dies verdeutlicht ebenfalls, dass der Kontakt zu dem betroffenen Kunstwerk und mithin eine Fühlungnahme mittelbar hergestellt werden kann.

In eine ähnliche Richtung tendiert *Zech*, der als Begrenzungsversuch zwar nicht ausschließlich die Körperlichkeit der Einwirkung, sondern die Rivalität des Eigentums heranzieht – abgeleitet aus der Ausschließlichkeit des Eigentums –, und damit zeigt, dass niemals zwei Personen zugleich die Sachherrschaft über eine Sache ausüben könnten.[693] Die Ausübung durch einen anderen

---

überflüssig erachtet, sobald alternative Anspruchsgrundlagen wie bspw. in Verbindung mit strafrechtlichen Vorschriften zur Verfügung stehen; zustimmend hingegen *C. Lehment*, in: FS Raue 2006, 515 (522 f.).

690 BGH, Urt. v. 24.10.2005, II ZR 329/03, NJW 2006, 689 (689).

691 BGH, Urt. v. 24.10.2005, II ZR 329/03, NJW 2006, 689 (689), anders nur bei einem schlichten Bestreiten des Eigentums; anderer Ansicht sind im Hinblick auf die Annahme einer Eigentumsbeeinträchtigung infolge einer (bloßen) Eigentumsberühmung u.a.: Soergel/*Münch*, § 1004 Rn. 26; Bamberger/Roth/Hau/Poseck/*Fritzsche*, BGB, § 1004 Rn. 39; Grünberg/*Herrler*, BGB, § 1004 Rn. 11.

692 BGH, Urt. v. 24.10.2005, II ZR 329/03, NJW 2006, 689 (689).

693 *Zech*, AcP 219 (2019), 488 (561 f., 579).

beeinträchtigt oder verhindert schließlich die Freiheit der eigenen Nutzung, sodass eine Eigentumseinwirkung angenommen werden kann.[694] Entgegen *Zech* ist dies hingegen nicht zwingend als Alternative zum Kriterium der Körperlichkeit aufzufassen.[695] Stattdessen verdeutlicht das Kriterium der Rivalität, dass auch auf diese Weise ein Kontakt zu dem betroffenen Eigentum durch eine mittelbare Fühlungnahme und zugleich ein Körperlichkeitsbezug hergestellt werden kann. Schließlich muss für eine Nutzung das Eigentum ebenfalls nicht zwingend berührt werden, kann sich aber dennoch so stark auf die Sache und mithin das Eigentum auswirken, als dass der Eigentümer in seiner ausschließlichen Herrschaftsmacht beschränkt wird. Die abstrakt betrachtete Nutzung durch einen Dritten berührt das Eigentum zunächst nur mittelbar. Sofern der Eigentümer sein Eigentum tatsächlich auf dieselbe Weise nutzen möchte wie der Dritte, so wird sein Eigentum darüber hinaus unmittelbar betroffen, da sich in diesem Moment für den Eigentümer der Makel an dem Eigentum direkt offenbart. Dies verdeutlicht, dass für die Körperlichkeit im Sinne einer Fühlungnahme mit dem betroffenen Eigentum kein Unmittelbarkeitsbezug erforderlich ist. Die Einwirkungshandlung berührt in den aufgezeigten Konstellationen das Eigentum mittelbar im Wege seiner jeweiligen Auswirkungen bzw. Konsequenzen und stellt insofern den für die Körperlichkeit erforderlichen Kontakt her. Der Begriff der Körperlichkeit ist daher funktionsbezogen auszulegen und kann dadurch zugleich dem offenen und dynamischen Verständnis des Eigentums i.S.d. § 903 S. 1 BGB Rechnung tragen, ohne den Begriff ausufern zu lassen. Die herausgearbeiteten Begrenzungselemente der Wesentlichkeit sind geeignet, um einer Ausuferung der Einwirkung prophylaktisch entgegenzuwirken.

6. *Zwischenergebnis*

Im Gegensatz zu den positiven Befugnissen des Eigentümers setzen seine negativen Befugnisse gem. § 903 S. 1 BGB eine Einwirkung auf das Eigentum voraus. Diese Unterscheidung ist gerechtfertigt, da innerhalb der negativen Befugnisse sowohl die Rechte des Eigentümers in Bezug auf die eigenen Handlungsfreiheiten an seinem Eigentum geregelt werden als auch die Rechte des Eigentümers hinsichtlich der Unterbindung von Handlungen Dritter auf sein Eigentum. Die Handlungen des Eigentümers berühren innerhalb der negativen Befugnisse den Rechtskreis eines Dritten, sodass die negativen Befugnisse

694 *Zech*, AcP 219 (2019), 488 (526, 577, 579).
695 So aber wohl *Zech*, AcP 219 (2019), 488 (577).

hinsichtlich ihrer tatschlichen bzw. rechtlichen Wirkung eine größere Reichweite haben als die positiven Befugnisse und mithin ein „Mehr" gegenüber den positiven Befugnissen darstellen. Dies rechtfertigt schließlich engere Voraussetzungen in Form einer Eigentumseinwirkung, um auf diese Weise den Begriff der negativen Eigentümerbefugnisse in sich zu begrenzen.

Der Begriff der Einwirkung i.S.d. § 903 S. 1 BGB ist zunächst weit entsprechend den negativen und ideellen Einwirkungen aufzufassen, anhand derer sich der Einwirkungsbegriff des § 903 S. 1 BGB orientiert. Gleichzeitig ist das Kriterium der Körperlichkeit des § 1004 Abs. 1 BGB heranzuziehen, um den Einwirkungsbegriff nicht ausufern zu lassen und den Eigentumsschutz zu rechtfertigen, der sich auf körperliche Gegenstände erstreckt. Dieses Kriterium dient sowohl der Begrenzung der Einwirkung und gleichzeitig ihrer Konkretisierung und ist somit geeignet, den Einwirkungsbegriff weiter zu bestimmen. Dabei ist die Körperlichkeit als mittelbare Fühlungnahme aufzufassen, die nicht mit einer Substanzverletzung des Sacheigentums gleichzusetzen ist. Die mittelbare Fühlungnahme setzt einen Kontakt der eigentumseinwirkenden Handlung mit dem beeinträchtigten Sacheigentum voraus. Eine Berührung bzw. einen unmittelbaren, konkreten Bezug zu der Sache oder eine physische Auswirkung auf das Sacheigentum ist dabei aufgrund ihrer zu engen Auslegung nicht vorausgesetzt. Stattdessen zeichnet sich der Kontakt dadurch aus, dass die Sache als wesensnotwendige Grundlage einer Nutzung wie bspw. einer Verwertung dient und nicht bloß ein rein verzichtbares Akzidens verkörpert. Bei Kunstwerken besteht der wesensnotwendige Kern in ihrem besonderen ästhetischen und vermögensrechtlichen Wert, der infolge einer Nutzung bewusst abgeschöpft werden muss, um den erforderlichen Kontakt im Sinne einer mittelbaren Fühlungnahme herzustellen. Um den Begriff der Körperlichkeit und zugleich der Einwirkung nicht ausufern zu lassen, muss sich die Einwirkung erheblich bzw. wesentlich auf die betroffene Sache auswirken. Der Begriff der Wesentlichkeit ist dabei anhand von drei Elementen zu bestimmen. So muss die Nutzung zunächst den öffentlichen Bereich tangieren – ein Indiz hierfür stellt die kommerzielle Nutzung dar. Ein allgemeines Gebrauchmachen innerhalb des privaten Bereichs genügt daher nicht, um die Nutzung eines Dritten als mittelbare Fühlungnahme und mithin als Einwirkung zu bewerten. Zugleich erfordert eine wesentliche Einwirkung in zeitlicher Hinsicht, dass die Beeinträchtigung einen erheblichen Zeitraum andauert. Sofern eine Nutzung lediglich „wenige Stunden"[696] beeinträchtigt ist, genügt dies nicht zur

696 BAG, Urt. v. 25.08.2015, 1 AZR 754/13, NZA 2016, 47 (49), Rz. 27.

Annehme ihrer Wesentlichkeit. Weiterhin muss die Einwirkung entsprechend eines Rivalitätsgedankens nicht nur die Nutzungsmöglichkeiten des Eigentümers beeinträchtigen, sondern erga-omnes auch die Nutzungsmöglichkeiten der Allgemeinheit.

II. Anfertigung von Abbildungen als Eigentumseinwirkung

Dabei soll zunächst anhand der zuvor entwickelten Kriterien zur Bestimmung einer Eigentumseinwirkung herausgearbeitet werden, ob die Anfertigung von Abbildungen von Baukunstwerken durch einen unbefugten Abbildungskünstler eine Eigentumseinwirkung an dem abgebildeten Baukunstwerk des Eigentümers darstellt.

1. Abbildung mit (substanzverletzenden) Hilfsmitteln

Inwiefern eine Eigentumseinwirkung durch die Anfertigung von Abbildungen unter Verwendung von Hilfsmitteln bei unbeweglichen Kunstwerken wie etwa den hier zugrundeliegenden Baukunstwerken bspw. aufgrund von Farbspritzern oder von Lichteinwirkungen angenommen werden kann, ist im Unterschied zu beweglichen Kunstwerken differenziert zu betrachten.[697]

Bei der Verwendung von Leuchtmitteln sind Baukunstwerke im Vergleich zu Gemälden in der Regel aufgrund ihrer äußeren Fassade robuster und mithin weniger anfällig für Leuchtmittel, die bei Gemälden chemische und substanzverändernde Reaktionen auslösen können.[698] Bei Abbildungen von Baukunstwerken mithilfe von Leuchtmitteln ist eine Auswirkung auf die Sachsubstanz und mithin eine Substanzverletzung aufgrund der robusten äußeren Substanz

---

697 Jedenfalls bei beweglichen Kunstwerken, wie empfindlichen Gemälden, kann u.a. das Fotografieren oder auch das Filmen von Kunstwerken mit Blitzlicht infolge der von dem Blitzlicht ausgehenden Photonen chemische Reaktionen an der Sachsubstanz verursachen und auf diese Weise den Alterungsprozess beschleunigen oder zu Farbveränderungen führen, sofern es sich um besonders empfindliche Ausstellungsobjekte handelt, sodass in der Folge eine Substanzverletzung und mithin eine Eigentumseinwirkung vorliegt, vgl. auch *Bullinger/Bretzel/Schmalfuß*, Urheberrechte in Museen und Archiven, S. 82 Rn. 242; *Schlingloff*, AfP 1992, 112 (113); *Lehment*, Das Fotografieren von Kunstgegenständen, S. 104; *Schack*, ZEuP 2006, 149 (155); *Euler*, AfP 2009, 459 (460); *Lutzi*, GRUR 2017, 878 (881).

698 Vgl. *Schack*, ZEuP 2006, 149 (155); *Lehment*, Fotografieren von Kunstgegenständen, S. 104; *Euler*, AfP 2009, 459 (460); *Lutzi*, GRUR 2017, 878 (881).

der Bauwerke daher im Regelfall nicht anzunehmen.[699] Folglich hat der Einsatz von Blitzlicht bei fotografischen oder filmischen Aufnahmen von robusten Baukunstwerken in der Regel keine Eigentumseinwirkung zur Folge.[700]

Anders ist dies hingegen zu bewerten, wenn für die Erstellung eines Abbildes Farbe verwendet wird und während der Erstellung der Abbildung Farbspritzer auf das Baukunstwerk gelangen.[701] Die Farbspritzer wirken schließlich auf die Sachsubstanz der Fassade des Bauwerkes ein, sodass die Sachsubstanz verletzt und mithin jedenfalls beschädigt wird.[702] Substanzverletzungen durch unbefugte Dritte stellen unstreitig eine Eigentumseinwirkung i.S.d. § 903 S. 1 BGB dar. Somit kann der Eigentümer eines Baukunstwerkes aus seinen Eigentumsrechten gegen das Anfertigen von Abbildungen durch einen Abbildungskünstler vorgehen, sofern Farbspritzer bei der Arbeit mit Farbmitteln auf die Fassade des Baukunstwerkes gelangen und die Substanz des Bauwerkes beschädigen.[703]

Entscheidend ist daher, welches Hilfsmittel für die Anfertigung der Abbildung des Baukunstwerkes verwendet wird. Somit sind die zuvor entwickelten Kriterien einer mittelbaren Fühlungnahme unberücksichtigt zu lassen, sofern eine Abbildung aufgrund der Verwendung von substanzverletzenden Hilfsmitteln bereits eine Substanzverletzung des Baukunstwerkes bewirkt.

2. *Abbildung ohne substanzverletzende Hilfsmittel*

Bei einer Abbildung ohne substanzverletzende Hilfsmittel ist eine Beeinträchtigung der Sachsubstanz des Baukunstwerkes ausgeschlossen. Daher ist im Folgenden herauszuarbeiten, ob die Anfertigung von Abbildungen eines Baukunstwerkes durch den Abbildungskünstler von den negativen Befugnissen

---

699 Hingegen verweist *Uhlenhut* darauf, dass eine Beschädigung von der Substanz abhängt und bspw. auch bei organischen Materialien, wie bspw. Holz, Beschädigungen z.B. in Form von Rissen auch durch Filmaufnahmen hervorgerufen werden könne, vgl. *Uhlenhut*, Panoramafreiheit und Eigentumsrecht, S. 140 Fn. 878.

700 Siehe hierzu aber den Hinweis von *Uhlenhut*, wonach auch durch Filmaufnahmen Substanzbeschädigungen an organischen Materialien wie Holz auftreten können, indem das Holz rissig wird, vgl. *Uhlenhut*, Panoramafreiheit und Eigentumsrecht, S. 140 Fn. 878.

701 Dies gilt auch unabhängig davon, ob es sich um ein bewegliches oder unbewegliches Kunstwerk handelt.

702 Vgl. Gsell/Krüger/Lorenz/Reymann/*Spindler*, BeckOGK BGB, § 823 Rn. 119.

703 Anders bei beweglichen Kunstwerken: hier kann sich der Eigentümer zusätzlich auch bei Aufnahmen *unter Einsatz von Blitzlicht oder Scheinwerfern* aus dem Eigentumsrecht zur Wehr setzen.

des Eigentümers des Baukunstwerkes gem. § 903 S. 1 BGB erfasst wird. Unter Berücksichtigung eines funktional-dynamischen Verständnisses der Eigentumseinwirkung müsste die Anfertigung einer Abbildung des Baukunstwerkes durch den Abbildungskünstler die ausschließliche Sachnutzung des Eigentümers beeinträchtigen. Vorgehend wurde festgestellt, dass die Anfertigung von Abbildungen von Baukunstwerken von den positiven Befugnissen des Eigentümers erfasst wird und daher dem Eigentümer zugewiesen wird, solange kein dem Eigentumsrecht gegenüber prävalierender Urheberrechtsschutz besteht. Insofern könnte auch die Abbildung von Baukunstwerken dazu geeignet sein, den Eigentümer in seiner ausschließlichen Sachbenutzung zu beeinträchtigen. Entscheidend ist daher, ob anhand der zuvor herausgearbeiteten Voraussetzungen in der Anfertigung von Abbildungen des Baukunstwerkes durch den Abbildungskünstler eine Einwirkung an dem Sacheigentum des Baukunstwerkes begründet werden kann.

A. Einwirkung im Sinne einer mittelbaren Fühlungnahme

Die Eigentumseinwirkung ist anhand eines Körperlichkeitskriteriums zu bestimmen, das eine mittelbare anstelle einer unmittelbaren Fühlungnahme mit dem betroffenen Sacheigentum voraussetzt. Dies erfordert einen Kontakt zwischen der Anfertigung der Abbildung und dem Baukunstwerk, der nicht zwingend aus einem physischen Kontakt bestehen muss. Dieser Kontakt mit einem Baukunstwerk wird dadurch hergestellt, dass der in dem Baukunstwerk unmittelbar verkörperte ästhetische und vermögensrechtliche Wert durch die Nutzung eines Dritten bewusst abgeschöpft wird und mithin kein bloß verzichtbares Akzidens darstellt. Zugleich muss sich die Einwirkung wesentlich auf das Baukunstwerk bzw. seine Nutzung auswirken. Dies setzt voraus, dass die Nutzung in den öffentlichen Raum hineinragt, wie bspw. bei einer kommerziellen Nutzung, sie über einen erheblichen Zeitraum andauert und zugleich i.S.d. Rivalitätsgedankens eine erga-omnes Nutzungsbeeinträchtigung darstellt. Zunächst ist daher zu prüfen, ob ein Kontakt im oben beschriebenen Sinn zwischen der Anfertigung der Abbildung und dem Baukunstwerk infolge der Abbildung hergestellt wird und mithin eine Einwirkung grundsätzlich anzunehmen ist.

Der Kontakt mit dem abgebildeten Baukunstwerk setzt keine Berührung oder einen unmittelbaren Kontakt mit dem Baukunstwerk oder eine physische Auswirkung auf das Werk voraus. Würde dies angenommen, so wäre ein Kontakt mit dem Baukunstwerk bei der Anfertigung von Abbildungen stets zu versagen. Schließlich wird das abgebildete Baukunstwerk durch die

Abbildung weder berührt, anderweitig unmittelbar betroffen, noch erleidet es physische Auswirkungen an seiner Bausubstanz.[704] Zwar könnte ein Kontakt mit dem Grundstück im Sinne einer Berührung hergestellt werden, indem das Grundstück des Baukunstwerkes für die Abbildung betreten wird. Allerdings wird dabei nicht mehr auf die Abbildungshandlung abgestellt, sondern auf das Betreten des Grundstücks. Weiterhin würde keine Einwirkung auf das abgebildete Baukunstwerk geprüft, sondern auf das Grundstück, auf dem sich das Werk befindet.

Stattdessen wird der Kontakt mit dem Baukunstwerk hergestellt, indem das Baukunstwerk die wesentliche Grundlage der Nutzung durch den Dritten bildet und nicht lediglich ein verzichtbares Akzidens verkörpert. Dieser wesentliche Kern setzt sich bei Baukunstwerken aus ihrem besonders ästhetischen und ihrem vermögensrechtlichen Wert zusammen und hebt sich dadurch zugleich von alltäglichen Bauwerken ab.[705] Dieser ästhetische und vermögensrechtliche Wert bildet schließlich die wesensnotwendige Grundlage für eine Nutzung eines Dritten, sofern er bewusst zum Zwecke einer Nutzung abgeschöpft wird und das abgebildete Baukunstwerk nicht lediglich ein verzichtbares Akzidens verkörpert. Auf diese Weise wird ein Kontakt mit dem Baukunstwerk im Sinne einer mittelbaren Fühlungnahme hergestellt. Sofern eine Abbildung eines Baukunstwerkes angefertigt wird, ist das abgebildete Baukunstwerk grundsätzlich das zentrale Element für den Abbildungskünstler. Insbesondere sein ästhetischer Wert soll mithilfe der Abbildung eingefangen und verewigt werden. Mithin dient dieser Wert als Grundlage der Abbildung. Das Baukunstwerk verkörpert daher nicht lediglich ein Akzidens für die Abbildung, sodass ein Kontakt zwischen der Abbildungshandlung und dem Baukunstwerk infolge der Abbildung hergestellt wird.[706] Folglich ist das Kriterium der Körperlichkeit erfüllt und eine mittelbare Fühlungnahme bzw. eine Einwirkung auf das Baukunstwerk grundsätzlich gegeben.

Anders ist dies zu bewerten, wenn das Baukunstwerk nicht das zentrale Motiv der Abbildung darstellt. Vergleichbar sind diese Konstellationen mit einem unwesentlichen Beiwerk gem. § 57 UrhG. Nach dieser urheberrechtlichen

---

704 So auch *Yang*, ZUM 2017, 951 (954), wonach der Aufnehmende mittels einer fotografischen Aufnahme lediglich das Licht aufnimmt, welche die Sache abstrahlt, so wie es beim bloßen Betrachten eines Gemäldes ebenfalls geschieht und lehnt daher eine Eigentumseinwirkung ab.

705 Vgl. *C. Lehment*, in: FS Raue 2006, 515 (526 f.).

706 Zu den Voraussetzungen für die Annahme eines Kunstwerkes siehe oben unter 1. Kapitel § 1 II.

Schrankenregelung ist die Vervielfältigung, Verbreitung und öffentliche Wiedergabe von urheberrechtlich geschützten Werken ebenfalls zulässig, sofern diese Werke als unwesentliche Beiwerke anzusehen sind. Denkbar ist dies bei den Abbildungsformen der Fotografie, Film, Malerei oder Zeichnung, bei denen das Baukunstwerk nicht den Schwerpunkt der Abbildung darstellt, sondern vielmehr im Hintergrund der Abbildung erscheint und von anderen abgebildeten Motiven nahezu verdrängt wird. So erscheint bspw. bei Filmaufnahmen von fiktionalen Produktionen ein Baukunstwerk als Filmkulisse primär im Hintergrund, sodass der Schwerpunkt der Aufnahme auf die schauspielerische Darstellung und die Handlung des fiktionalen Programms gerichtet ist. Genauso stehen die Personen bei einer Portraitaufnahme im Mittelpunkt einer Abbildung, wenn das Baukunstwerk im Hintergrund erscheint. Der in dem Baukunstwerk vorhandene ästhetische und vermögensrechtliche Wert dient dabei nicht als wesensnotwendige Grundlage der Abbildung und wird folglich auch nicht bewusst zum Zwecke der Abbildung abgeschöpft. Das Baukunstwerk stellt folglich ein verzichtbares Akzidens in Anlehnung an ein unwesentliches Beiwerk dar. Ein Kontakt mit dem Baukunstwerk im Sinne einer mittelbaren Fühlungnahme wird mithin in diesen Konstellationen nicht hergestellt.

B. Wesentlichkeit der Einwirkung

Sofern das Baukunstwerk nicht nur ein Akzidens darstellt und der in dem Werk vorhandene Wert bewusst abgeschöpft wird und insofern eine Einwirkung angenommen werden kann, so muss diese Einwirkung zugleich wesentlich sein. Bei der Bestimmung der Wesentlichkeit der Einwirkung ist zu differenzieren zwischen den Abbildungen zu privaten sowie zu öffentlichen bzw. zu kommerziellen Zwecken.

a. Abbildung zu öffentlichen Zwecken

Sofern eine Abbildung ausschließlich zu privaten Zwecken angefertigt wird und den öffentlichen Raum unberührt lässt und somit zugleich das Verhältnis zur Umwelt nicht stört, ist das Kriterium der Wesentlichkeit nicht erfüllt. Dabei handelt es sich – ähnlich wie beim Betrachten der Kunst[707] – um das schlichte Gebrauchmachen eines Baukunstwerkes. Den rein visuellen Kunstgenuss durch Dritte hat der Eigentümer aufgrund des Zusammenlebens der Menschen

---

707 Vgl. *Bittner*, Das Fotografieren fremder Sachen – Zivilrechtliche Ansprüche des Eigentümers?, S. 62.

und ihres natürlichen Verhaltens als selbstverständlich und unvermeidbar hinzunehmen.[708] Folglich stellt eine Abbildung ausschließlich zu privaten Zwecken keine wesentliche Einwirkung auf das Eigentum an dem Baukunstwerk i.S.d. § 903 S. 1 BGB dar, sodass dem Eigentümer keine negativen Befugnisse aus seinem Eigentumsrecht zustehen und er sich mithin nicht gegen die Abbildung durch den Abbildungskünstler zur Wehr setzen kann. Sofern indes eine Abbildung angefertigt wird, um diese anschließend in den öffentlichen Raum zu bringen bzw. kommerziell zu verwerten, so handelt es sich nicht lediglich um ein durch den Eigentümer hinzunehmendes Gebrauchmachen seines Baukunstwerkes. Die Anfertigung der Abbildung geht dann über den visuellen Kunstgenuss hinaus.

b. Rivalitätsgedanke

Unabhängig davon, ob es sich um eine Abbildung zu privaten oder zu öffentlichen bzw. kommerziellen Zwecken handelt, ist das Vorliegen einer erga-omnes Nutzungsbeeinträchtigung zweifelhaft. In der Regel kann der Eigentümer sowie jeder sonstige Dritte auch dann noch Abbildungen des Baukunstwerkes anfertigen, sofern auch Dritte Abbildungen des Baukunstwerkes des Eigentümers anfertigen.[709] Die Nutzungsfreiheit des Eigentümers und auch jedes Dritten bleibt dabei grundsätzlich unverändert bestehen.[710] Eine erga-omnes Nutzungsbeeinträchtigung ist folglich in der Regel abzulehnen.

Anders ist dies dann zu bewerten, wenn es dem Eigentümer und jedem anderen Dritten bei bestimmten Abbildungsarten nicht möglich ist, zum selben Zeitpunkt aus der identischen Perspektive heraus eine Abbildung des Baukunstwerkes anzufertigen, aus der ein Abbildungskünstler die Abbildung anfertigt.

---

708 Vgl. *Bittner,* Das Fotografieren fremder Sachen – Zivilrechtliche Ansprüche des Eigentümers?, S. 62; ähnlich auch *Dreier,* in: FS Dietz 2001, 235 (251), der eine allgemeine Fotografierfreiheit zu privaten Zwecken annimmt; *Schabenberger/Nemeczek,* GRUR-Prax 2011, 139 (141).

709 *Zech,* AcP 219 (2019), 488 (582); so im Ergebnis auch *Heyers,* Jura 2013, 1079 (1086), der eine Behinderung des Eigentümers in seiner tatsächlichen Nutzung allein durch das Anfertigen einer Aufnahme ablehnt, allerdings nicht genauer bei Aufnahmen vom Grundstück des Eigentümers aus begründet; ebenso *Prengel,* Bildzitate von Kunstwerken, S. 214, der seine Argumentation allerdings zum Teil mit der Verwertung von Aufnahmen vermengt; ebenfalls *Kübler,* in: FS Baur 1981, 51 (57).

710 *Pfister,* JZ 1976, 156 (157); *Prengel,* Bildzitate von Kunstwerken, S. 214.

Hinsichtlich der Abbildungen in Form der Malerei und der Zeichnung ist eine erga-omnes Nutzungsbeeinträchtigung möglich, sofern die Abbildung auf dem Grundstück des abgebildeten Baukunstwerkes bzw. in unmittelbarer Nähe angefertigt wird und nicht zeitlich verzögert an einem von dem Grundstück bzw. der Umgebung abweichenden Ort, wie bspw. in dem Atelier des Abbildungskünstlers. Schließlich kann außerhalb des Grundstücks die Perspektive auf das abgebildete Baukunstwerk faktisch nicht gestört werden. So könnten die zuvor benannten Abbildungsarten ausschließlich aus einem bestimmten Blickwinkel von einem bestimmten Standort bspw. in einem besonderen Moment angefertigt werden, wie bei einem Sonnenuntergang, einer bestimmten Situation aufgrund von Personen, die sich zum Zeitpunkt der Abbildung in unmittelbarer Nähe zum Baukunstwerk aufhalten, oder aufgrund bestehender Sichteinschränkungen oder Hindernisse. In dem Moment der Abbildung durch den Abbildungskünstler ist weder dem Eigentümer noch einem sonstigen Dritten die Anfertigung einer Abbildung aus derselben Perspektive möglich, aus der der Abbildungskünstler die Abbildung anfertigt. Mithin ist in diesen Konstellationen eine Nutzungsbeeinträchtigung erga-omnes gegeben.

Bei dem Nachbau eines Baukunstwerkes durch den Abbildungskünstler wird dieser Sonderfall in der Regel nicht relevant, da eine Skulptur grundsätzlich an einem anderen Ort als auf dem betroffenen Grundstück bzw. nicht in seiner unmittelbaren Nähe angefertigt wird, sodass der Abbildungskünstler während seines Schaffens weder den Eigentümer noch einen sonstigen Dritten daran hindert, ebenfalls eine Skulptur oder sonstige Abbildungen anzufertigen.

c. *Zeitliche Komponente*

Sofern eine Abbildung nicht zur selben Zeit vom selben Ort aus angefertigt werden kann und eine erga-omnes Nutzungsbeeinträchtigung vorliegt, ist schließlich zusätzlich die zeitliche Komponente zu betrachten, wonach die Nutzungsbeeinträchtigung einen längeren Zeitraum und nicht nur wenige Stunden andauern muss.[711] Da der Abbildungszeitraum hinsichtlich der verschiedenen Abbildungsformen voneinander abweichen kann, sind diese im Folgenden differenziert zu betrachten.

Fotografien werden in der Regel nicht über mehrere Stunden von demselben Standpunkt aus angefertigt. Selbst wenn der Abbildungskünstler über einen

---

711 Vgl. BAG, Urt. v. 25.08.2015, 1 AZR 754/13, NZA 2016, 47 (49), Rz. 27; zu den Einzelheiten siehe oben unter 3. Kapitel § 6 I. 4. C. b.; *Zech*, AcP 219 (2019), 488 (578 f.); zu den Einzelheiten siehe oben unter 3. Kapitel § 6 I. 4. C. b.

längeren Zeitraum seine Kamera vom selben Standpunkt aus, bspw. mithilfe eines Stativs, für die Aufnahme einstellt, wird dies in der Regel nicht über den Wesentlichkeitszeitpunkt von mehreren Stunden hinausgehen. Anders kann dies allenfalls bei Aufnahmen mit einer Langzeitbelichtung bewertet werden, die mehrere Stunden andauert. Sofern es sich um Aufnahmen mittels eines Mobiltelefons handelt, bei dem die Einstellungen überschaubarer sind als bei einer komplexeren Analog- oder Digitalkamera oder die Aufnahme gänzlich ohne Einstellungen auskommt, kann eine Abbildung innerhalb weniger Sekunden angefertigt werden.

Auch Filmaufnahmen werden generell nicht über mehrere Stunden aus derselben Perspektive aufgenommen, auch wenn die Dauer einer Filmaufnahme von der einer Fotoaufnahme grundsätzlich abweicht und tendenziell länger andauert. Zwar ist es bei Filmaufnahmen nicht ausgeschlossen, dass bspw. eine gespielte Szene mehrmals wiederholt wird und die Kamera dementsprechend über einen längeren Zeitraum in derselben Position ausgerichtet wird. Bei Filmaufnahmen an einem Filmset wie bspw. fiktionalen Filmproduktionen ist dennoch in der Regel keine Einwirkung auf das Eigentum anzunehmen, da das Baukunstwerk wie ein unwesentliches Beiwerk i.S.d. § 57 UrhG im Hintergrund erscheint und der Schwerpunkt auf der darstellerischen Leistung liegt.[712] Das Baukunstwerk stellt in dieser Konstellation ein verzichtbares Akzidens dar, sodass bereits das Kriterium der Körperlichkeit nicht erfüllt ist. Darüber hinaus sind selbst bei Aufnahmen an einem Filmset Variationen in der Kameraführung denkbar, sodass der Eigentümer oder ein anderer Dritter nicht über einen längeren Zeitraum in den eigenen Nutzungsmöglichkeiten beschränkt wird und Abbildungen auch aus der Perspektive des Filmsets möglich sind. Sofern im Gegensatz zu fiktionalen Produktionen eine Dokumentation über das abgebildete Baukunstwerk angefertigt wird und somit das Baukunstwerk im Fokus der Abbildung steht, so wird das Baukunstwerk ebenfalls in der Regel nicht über einen längeren Zeitraum von mehreren Stunden aus derselben Perspektive aufgenommen. Im Gegenteil wird grundsätzlich ein umfassender Eindruck von dem Baukunstwerk vermittelt, sodass möglichst unterschiedliche Aufnahmen aus verschiedenen Perspektiven angefertigt werden, ohne über einen längeren Zeitraum Aufnahmen nur aus einem Blickwinkel aufzunehmen. Eine Nutzungsbeeinträchtigung über einen nicht nur unerheblichen Zeitraum ist mithin abzulehnen.

---

712 Siehe hierzu oben unter 3. Kapitel § 6 I. 4. B. a.

Zeichnungen oder Malereien eines Baukunstwerkes werden hingegen regelmäßig – abhängig von der Art des Bildnisses – über mehrere Stunden angefertigt. Allerdings ist in der Regel eine Nutzungsbeeinträchtigung des Eigentümers oder eines sonstigen Dritten aufgrund der geringen Zeitdauer der Nutzung abzulehnen. Schließlich kann die Perspektive der Abbildung bei der Malerei oder der Zeichnung im Unterschied zur Fotografie oder Filmaufnahmen verändert werden, ohne den Gesamteindruck der Abbildung zu beeinflussen. Der genaue Standort ist somit weniger ausschlaggebend für das Ergebnis der Abbildung als bei Fotografie- und Filmaufnahmen. Auch das Einfangen von Momentaufnahmen ist im Gegensatz zu Fotografie- und Filmaufnahmen bei den Kunstformen der Malerei und der Zeichnung nicht denkbar. Besondere Momentaufnahmen sind dadurch geprägt, dass ein einzigartiger und zugleich flüchtiger Moment aus einem bestimmten, einzigartigen Blickwinkel heraus festgehalten wird. Die Zeichnung und die Malerei werden hingegen über einen längeren Zeitraum angefertigt und betrachten nicht nur eine kurze, zum Teil nur eine Sekunde dauernde Momentaufnahme. Somit bleiben auch für den Eigentümer und einen sonstigen Dritten weiterhin Abbildungen aus derselben Perspektive möglich. Auch wenn die Nutzung über einen längeren Zeitraum möglich ist, so werden der Eigentümer und sonstige Dritte in ihren Nutzungsmöglichkeiten dadurch nicht beeinträchtigt.

Mithin ist bei sämtlichen Abbildungsvarianten eine Nutzungsbeeinträchtigung über einen nicht nur unerheblichen Zeitraum von mehreren Stunden abzulehnen. Das Kriterium der Wesentlichkeit ist somit nicht erfüllt, sodass die Abbildung eines Baukunstwerkes durch den Abbildungskünstler keine Einwirkung auf das Eigentum an dem Baukunstwerk darstellt. Sofern eine Abbildung ausschließlich zu privaten Zwecken angefertigt wurde, so liegt schon keine Einwirkung vor, ohne dass es auf das zusätzliche Kriterium der Wesentlichkeit der Einwirkung ankommt. Inwiefern darüber hinaus das Kriterium der öffentlichen Zugänglichkeit bei Baukunstwerken insbesondere eines Museums Berücksichtigung finden könnte, ist unabhängig von dem Bestehen der Ausschließungsrechte des Eigentümers innerhalb der Beschränkungsmöglichkeiten zu thematisieren.

C. Zwischenergebnis

Die Anfertigung einer Abbildung ohne substanzverletzende Hilfsmittel durch einen unbefugten Abbildungskünstler stellt im Ergebnis grundsätzlich keine wesentliche Eigentumseinwirkung auf das abgebildete Baukunstwerk des Eigentümers dar. Zwar ist eine Einwirkung im Sinne einer unmittelbaren, konkreten Fühlungnahme anzunehmen, sofern das abgebildete Baukunstwerk das zentrale Element für den Abbildungskünstler darstellt und auf diese Weise der unmittelbar im Baukunstwerk verkörperte besonders ästhetische und vermögensrechtliche Wert bewusst zum Zwecke der Nutzung abgeschöpft wird und somit kein verzichtbares Akzidens darstellt. Ein bloß verzichtbares Akzidens ist dabei nur dann anzunehmen, wenn das Baukunstwerk in Anlehnung an § 57 UrhG ein unwesentliches Beiwerk abbildet, indem es in den Hintergrund gedrängt wird und quasi verblasst. Indes ist das zusätzlich geforderte Kriterium der Wesentlichkeit der Einwirkung nicht erfüllt. Auch wenn eine Abbildung zu öffentlichen Zwecken angefertigt wird und sowohl der Eigentümer als auch jeder sonstige Dritte durch die Anfertigung der Abbildung erga-omnes in der Anfertigung von Abbildungen des Baukunstwerkes beeinträchtigt werden, da eine Abbildung aus derselben Perspektive wie aus der des Abbildungskünstlers nicht möglich ist, liegt in der Regel keine Einwirkung über einen erheblichen Zeitraum vor. Sowohl Foto- als auch Filmaufnahmen werden grundsätzlich für einen kurzen Moment aus derselben Perspektive heraus aufgenommen. Selbst bei der Verwendung von Stativen durch den Abbildungskünstler sind Langzeitbelichtungen über mehrere Stunden selten anzunehmen. Abbildungen in Form der Zeichnung oder Malerei werden zwar über einen längeren Zeitraum angefertigt. Allerdings werden sie ebenfalls selten über mehrere Stunden von demselben Standort aus vorgenommen und betrachten nicht nur eine kurze, zum Teil nur eine Sekunde dauernde Momentaufnahme. Zudem ist die exakte Perspektive bei Zeichnungen und der Malerei nicht so ausschlaggebend wie bei einer Fotografie oder Filmaufnahme.

3. *Übertragung auf bekannte Sachverhalte*

Im Folgenden soll geprüft werden, ob sich bei einer Übertragung der zuvor herausgearbeiteten Voraussetzungen einer Eigentumseinwirkung im Hinblick auf die in der Vergangenheit bereits ergangenen Urteile abweichende Ergebnisse ergeben. Betrachtet werden dabei die Hundertwasserhaus-Entscheidung, die im Zusammenhang mit Google Streetview ergangenen bzw. daran angelehnten Entscheidungen als auch die Preußische Gärten und Parkanlagen-Entscheidungen.

A. *Hundertwasserhaus-Entscheidung*

Im Hinblick auf die vom BGH getroffene Hundertwasserhaus-Entscheidung ist vorab festzustellen, dass der Entscheidung mangels bestehender Gemeinfreiheit des Hundertwasser-Hauses in der Prüfung eine Urheberrechtsverletzung und nicht eine Eigentumsverletzung zugrunde lag. Der Kläger Friedensreich Hundertwasser bot Postkarten mit dem Abbild des in seinem Eigentum stehenden Hundertwasser-Hauses zum Verkauf an, wohingegen der Beklagte die von einer Privatwohnung aus angefertigten Aufnahmen des Hundertwasser-Hauses in Form von gerahmten Drucken zum Verkauf anbot.[713] Die Abbildungen wurden anschließend durch den Beklagten kommerziell verwertet.[714] Eine Urheberrechtsverletzung wurde aufgrund der Anfertigung einer fotografischen Aufnahme des Hundertwasser-Hauses aus der Privatwohnung heraus seitens des BGH im Ergebnis zugestanden.[715] Die Schranke der Panoramafreiheit war hier nicht einschlägig, da die Aufnahme nicht von einem öffentlichen Ort, sondern aus einer Privatwohnung heraus angefertigt wurde.[716] Da die an einem Baukunstwerk hinsichtlich der Anfertigung und Verwertung von Abbildungen bestehenden Eigentumsrechte durch die parallel vorliegenden Urheberrechte eines Dritten verdrängt werden,[717] ergibt sich bei der Anwendung der zuvor herausgearbeiteten Voraussetzungen einer Einwirkung zunächst kein abweichendes Ergebnis.

Wird hypothetisch angenommen, dass die Urheberrechte an dem Hundertwasser-Haus nicht mehr bestünden, würde die Anfertigung von Abbildungen des Hundertwasser-Hauses grundsätzlich von den positiven Befugnissen des Eigentümers erfasst werden. Allerdings stünden dem Eigentümer hinsichtlich der Anfertigung der Abbildung keine negativen Befugnisse zu. Im Unterschied zu den positiven Befugnissen setzen die negativen Befugnisse eine Eigentumseinwirkung voraus. Erforderlich ist dabei eine mittelbare Fühlungnahme im Sinne eines Kontaktes zwischen der Handlung und dem betroffenen Eigentum. Dies erfordert, dass die abgebildete Sache die wesensnotwendige Grundlage der Nutzung darstellt und nicht lediglich ein verzichtbares Akzidens bildet. Der Aufnehmende beabsichtigte, den ästhetischen und vermögensrechtlichen Wert des Hundertwasser-Hauses mittels seiner Abbildungen bewusst einzufangen, sodass ein Kontakt hergestellt wird.

Nach den herausgearbeiteten Voraussetzungen setzt eine Eigentumseinwirkung ferner voraus, dass sie wesentlich ist und daher u.a. nicht nur zu privaten Zwecken erfolgt und zu einer erga-omnes Nutzungsbeeinträchtigung führt.

---

713 Vgl. BGH, Urt. v. 05.06.2003, I ZR 192/00, NJW 2004, 594 (594).
714 BGH, Urt. v. 05.06.2003, I ZR 192/00, NJW 2004, 594 (595).
715 Vgl. BGH, Urt. v. 05.06.2003, I ZR 192/00, NJW 2004, 594 (594 ff.).
716 Vgl. BGH, Urt. v. 05.06.2003, I ZR 192/00, NJW 2004, 594 (595).
717 Siehe hierzu ausführlich oben unter 3. Kapitel § 3 I. 2.

Der Abbildende fertigte die Aufnahme nicht rein zu privaten Zwecken an, sondern vertrieb die Abbildung kommerziell an die Öffentlichkeit. Dennoch ist eine erga-omnes Nutzungsbeeinträchtigung abzulehnen, da fotografische Aufnahmen weiterhin sowohl durch den Eigentümer des Hundertwasser-Hauses sowie durch Dritte angefertigt werden konnten. Dies gilt insbesondere, weil die Aufnahme aus einer Privatwohnung angefertigt wurde, zu der der Eigentümer des Hundertwasser-Hauses und sonstige Dritte keinen Zugang haben. Eine Aufnahme aus dieser Perspektive wäre ihnen somit ohnehin nicht möglich, sodass der Eigentümer oder ein Dritter an einer Aufnahme folglich nicht gestört werden könnten. Eine wesentliche Einwirkung ist somit abzulehnen. Auf die zeitliche Dauer der Beeinträchtigung als weiteres Kriterium der Wesentlichkeit kommt es daher nicht mehr an, wobei im Ergebnis ein Fotografiervorgang über einen nicht nur unerheblichen Zeitraum von einigen Stunden voraussichtlich abzulehnen wäre, da eine fotografische Aufnahme in der Regel nicht über mehrere Stunden aus derselben Perspektive heraus angefertigt wird. Insofern liegen im Ergebnis bei einer urheberrechtlichen und einer hypothetischen eigentumsrechtlichen Betrachtung erhebliche Abweichungen zwischen der Bewertung des BGH und dem Ergebnis dieser Arbeit vor. Bei Zugrundelegung des urheberrechtlichen Schutzes decken sich die Ergebnisse hingegen, da das Urheberrecht das Eigentumsrecht verdrängt.

B. Google Streetview-Entscheidungen

Weiterhin werden die im Zusammenhang mit Google Streetview und die daran angelehnten Gerichtsentscheidung betrachtet.[718] In den zugrundeliegenden Entscheidungen wurden eigentumsrechtliche Ansprüche aufgrund der Anfertigung fotografischer Aufnahmen von Gebäuden und Grundstücken von öffentlichen Straßen aus mangels Einwirkung auf das Eigentum an dem abgebildeten Gebäude abgelehnt. Gegenstand der Entscheidungen waren digitale Abbildungen des Straßenverlaufs sowie angrenzender Gebäudeansichten, die durch einen mit einer Präzisionskamera ausgestatteten Kleintransporter vom öffentlichen Straßenraum aus angefertigt wurden.[719] Mithilfe dieser

718 OLG Karlsruhe, Urt. v. 16.03.2000, 4 U 145/99, IBRRS 2007, 1501; KG Berlin, Beschl. v. 25.10.2010, 10 W 127/10, MMR 2011, 414 (414 ff.); LG Waldshut-Tiengen, Urt. v. 28.10.1999, 1 O 200/99, NZM 1999, 1166 (1166 ff.); VG Karlsruhe, Beschl. v. 01.12.1999, 2 K 2911/99, MMR 2000, 181 (181 ff.).

719 OLG Karlsruhe, Urt. v. 16.03.2000, 4 U 145/99, IBRRS 2007, 1501; KG Berlin, Beschl. v. 25.10.2010, 10 W 127/10, MMR 2011, 414 (414 ff.); LG Waldshut-Tiengen,

Aufnahmen sollte anschließend eine Straßen- bzw. Gebäude-Bilddatenbank aufgebaut werden, die hauptsächlich in Verkehrs- und Rettungsleitsystemen, Pkw-Pilotsystemen und elektronischen Planungssystemen eingesetzt werden,[720] bzw. auf einer öffentlichen Plattform im Rahmen von Google Street View zur Verfügung gestellt werden sollte.[721] In Anlehnung an die Friesenhaus-Entscheidung stellten die Gerichte bei der Prüfung einer Eigentumseinwirkung auf den Aufnahmeort ab und differenzierten zwischen einer Aufnahme von dem betroffenen Grundstück aus sowie einer Aufnahme außerhalb des Grundstücks.[722] Eine Einwirkung auf das Eigentum an dem abgebildeten Gebäude könne dabei nur angenommen werden, sofern das Grundstück für die Aufnahme betreten werde.[723] Da die Aufnahmen in den vorliegenden Konstellationen von der öffentlichen Straße aus angefertigt wurden, wurden die Grundstücke für die Aufnahmen nicht betreten, sodass eine Eigentumseinwirkung versagt wurde.[724] Da sich die Gerichte an die Friesenhaus-Entscheidung anlehnten, prüften sie eine Eigentumseinwirkung auf das abgebildete Gebäude und nicht auf das Grundstück, auf dem sich das Gebäude befindet. Anders verhielt sich dies in den BGH-Entscheidungen zu Preußische Gärten und Parkanlagen, in denen ausschließlich eine Eigentumseinwirkung auf das Grundstück geprüft wurde.[725]

Differenzierter ist dies bei der Zugrundelegung der zuvor herausgearbeiteten Voraussetzungen der negativen Befugnisse des Eigentümers gem. § 903 S. 1 BGB und dem konkretisierten Einwirkungsbegriff zu bewerten. Der Ort der Aufnahme bzw. das Betreten eines Grundstückes ist dabei unberücksichtigt zu lassen, da auf das aufgenommene Baukunstwerk abzustellen ist, das sich auf dem Grundstück befindet. Daher ist ausschlaggebend, ob eine wesentliche

---

Urt. v. 28.10.1999, 1 O 200/99, NZM 1999, 1166 (1166 ff.); VG Karlsruhe, Beschl. v. 01.12.1999, 2 K 2911/99, MMR 2000, 181 (181).

720 OLG Karlsruhe, Urt. v. 16.03.2000, 4 U 145/99, IBRRS 2007, 1501; LG Waldshut-Tiengen, Urt. v. 28.10.1999, 1 O 200/99, NZM 1999, 1166 (1166); VG Karlsruhe, Beschl. v. 01.12.1999, 2 K 2911/99, MMR 2000, 181 (181).

721 KG Berlin, Beschl. v. 25.10.2010, 10 W 127/10, MMR 2011, 414 (414).

722 LG Waldshut-Tiengen, Urt. v. 28.10.1999, 1 O 200/99, NZM 1999, 1166 (1167) sowie VG Karlsruhe, Beschl. v. 01.12.1999, 2 K 2911/99, MMR 2000, 181 (183).

723 LG Waldshut-Tiengen, Urt. v. 28.10.1999, 1 O 200/99, NZM 1999, 1166 (1167) sowie VG Karlsruhe, Beschl. v. 01.12.1999, 2 K 2911/99, MMR 2000, 181 (183).

724 LG Waldshut-Tiengen, Urt. v. 28.10.1999, 1 O 200/99, NZM 1999, 1166 (1167) sowie VG Karlsruhe, Beschl. v. 01.12.1999, 2 K 2911/99, MMR 2000, 181 (183).

725 Siehe oben unter 3. Kapitel § 2 II. 2.

Einwirkung im Sinne einer mittelbaren Fühlungnahme hinsichtlich des aufgenommenen Gegenstandes vorliegt. Eine Einwirkung ist demnach anzunehmen, sofern ein Kontakt zwischen der Anfertigung der Abbildung und dem abgebildeten Gegenstand besteht und der in dem abgebildeten Eigentum verkörperte ästhetische und vermögensrechtliche Wert bewusst zum Zwecke der Nutzung abgeschöpft wird. Ein bewusstes Abschöpfen des ästhetischen sowie vermögensrechtlichen Wertes ist zweifelhaft. Die Kartensysteme dienten primär der Errichtung von Verkehrs- und Rettungsleitsystemen, Pkw-Pilotsystemen und elektronischen Planungssystemen der Polizei und der Feuerwehr oder als Orientierungs- bzw. Planungshilfe für den Verbrauchernutzer.[726] Google Streetview erleichtert dem Nutzer primär die Orientierung in der Stadt, als dass ästhetische Gebäude dargestellt werden. Die an den Straßenzügen grenzenden, abgebildeten Bauwerke und Grundstücke stellen vielmehr eine nebensächliche Erscheinung anstelle des Mittelpunktes der Abbildung dar. Zudem wird in der Regel schon ein in den abgebildeten Bauwerken vorhandener ästhetischer Wert abzulehnen sein. Wie bereits herausgearbeitet, dienen rein gewöhnliche bzw. nicht besonders künstlerisch gestaltete Gebäude in der Regel nicht als wesensnotwendige Grundlage der Verwertung ihrer Abbildungen. Schließlich verkörpern diese Gebäude keine besondere Ästhetik, die eine erfolgreiche Verwertung ihrer Abbildungen bedingen könnte.[727] Den Garanten für die Kommerzialisierbarkeit von Google Streetview, der Straßenkarten-Software bzw. der Gebäude- und Straßenbilddatenbanken, stellt demnach nicht das jeweilige abgebildete Bauwerk oder Grundstück dar, sondern die Orientierungs- und Planungshilfe infolge des Kartensystems. Das abgebildete Bauwerk kann hypothetisch betrachtet ersetzt werden, ohne die Kommerzialisierbarkeit der Software oder Datenbank negativ zu beeinflussen. Insofern wird nicht bewusst der in den abgebildeten Bauwerken unmittelbar verkörperte ästhetische Wert abgeschöpft. Das abgebildete Bauwerk rückt dabei so stark in den Hintergrund, dass es ein bloß verzichtbares Akzidens der Abbildung bleibt. Somit fehlt es an einem erforderlichen Kontakt zwischen dem aufgenommenen Gebäude und der Abbildungshandlung, sodass folglich keine mittelbare Fühlungnahme und mithin keine Einwirkung auf das Eigentum an dem Gebäude vorliegt. Auf das

726 Vgl. LG Waldshut-Tiengen, Urt. v. 28.10.1999, 1 O 200/99, NZM 1999, 1166 (1166); VG Karlsruhe, Beschl. v. 01.12.1999, 2 K 2911/99, MMR 2000, 181 (182).

727 Hierbei sind allerdings auch die konkreten Umstände des jeweiligen Einzelfalls zu berücksichtigen, sodass bspw. die Verwertung der Abbildung eines gewöhnlichen bzw. alltäglichen Wohnhauses durch einen Makler zu Werbezwecken ggf. auch zu einer Abschöpfung des (ästhetischen) Wertes führen könnte.

weitere Kriterium der Wesentlichkeit kommt es daher nicht mehr an. Selbst wenn eine Einwirkung angenommen würde, so würde diese an dem Kriterium der Wesentlichkeit scheitern. Schließlich müsste die Einwirkung u.a. zu einer erga-omnes Nutzungsbeeinträchtigung führen und nicht nur einen unerheblichen Zeitraum andauern. An einer erga-omnes-Nutzungsbeeinträchtigung fehlt es bei den Aufnahmen in den Google Streetview-Konstellationen allerdings, da diese weder den Eigentümer noch sonstige Dritte zugleich an eigenen Aufnahmen hindern. Darüber hinaus würde eine entsprechende Nutzungsbeeinträchtigung nicht über einen erheblichen Zeitraum andauern, da die Aufnahmen mittels durch die Straßen fahrender Fahrzeuge aufgenommen werden. Der Aufnahmestandort verändert sich daher innerhalb nur weniger Sekunden. Somit liegt keine Einwirkung auf das Eigentum an den abgebildeten Gebäuden vor. Mithin ist das Ergebnis der Google Streetview-Entscheidungen bzw. der daran angelehnten Entscheidungen mit dem Ergebnis der herausgearbeiteten Einwirkungskriterien identisch, da in beiden Varianten eine Eigentumseinwirkung abgelehnt wurde bzw. abzulehnen ist. Die Ergebnisse weichen allerdings in ihrer Begründung erheblich voneinander ab, da nach dem zuvor entwickelten Einwirkungsbegriff der Abbildungsort unberücksichtigt zu lassen ist, aber von den Gerichten berücksichtigt wurde.

C. Preußische Gärten und Parkanlagen-Entscheidungen

Im Hinblick auf die zuvor bereits aufgeführten Preußische Gärten und Parkanlagen-Entscheidungen ergeben sich Abweichungen sowohl im Ergebnis als auch in der Entscheidungsbegründung. Da der BGH in seinen Entscheidungen auf das Betreten des Grundstücks und mithin auf eine Verletzung des Hausrechts abstellte und in der Konsequenz aufgrund des Betretens eine Einwirkung auf das Grundstück auch infolge der Abbildung annahm, das abgebildete Baukunstwerk hingegen außer Acht ließ, bringen die zuvor aufgeführten Voraussetzungen im Hinblick auf die Einwirkung auf das Baukunstwerk neue Erkenntnisse und abweichende Ergebnisse im Vergleich zu den BGH-Entscheidungen.

Nach dem entwickelten Einwirkungsbegriff ist eine Eigentumseinwirkung unabhängig vom Betreten des Grundstücks zu beurteilen. Entscheidend ist primär das Vorliegen einer wesentlichen Einwirkung im Sinne einer mittelbaren Fühlungnahme. Zur Begründung des erforderlichen Kontaktes zwischen der Abbildungshandlung und den abgebildeten Bauwerken wird vorausgesetzt, dass der in dem abgebildeten Bauwerk verkörperte ästhetische und vermögensrechtliche Wert bewusst zum Zwecke der Nutzung abgeschöpft wird. Im

Unterschied zu den zuvor dargestellten Entscheidungen zu Google Streetview verkörpern die abgebildeten Bauwerke der Stiftung Preußische Schlösser und Gärten Berlin-Brandenburg nicht bloß gewöhnliche oder alltägliche Gebäude, sondern vielmehr Baukunstwerke wie Schlösser und Gartenanlagen. In ihnen ist ein Mehrwert enthalten, der sich aus einem besonders ästhetischen und einem vermögensrechtlichen Wert zusammensetzt und sich dadurch zugleich von alltäglichen Bauwerken abhebt.[728] Dieser ästhetische und vermögensrechtliche Wert bildet die wesentliche Grundlage der Abbildung. Eine mittelbare Fühlungnahme und mithin eine Einwirkung liegen somit vor. Weiterhin müsste diese Einwirkung auch wesentlich sein. Dies setzt voraus, dass die Abbildung nicht nur zu privaten Zwecken angefertigt wurde, die Einwirkung nicht nur einen unerheblichen Zeitraum andauert und die Nutzbarkeit nach dem Rivalitätsgedanken erga-omnes sowohl für den Eigentümer als auch für sonstige Dritte beeinträchtigt wird. Die Abbildungen wurden angefertigt, um sie anschließend kommerziell in der Öffentlichkeit zu verwerten, sodass die Abbildungen nicht zu ausschließlich privaten Zwecken angefertigt wurden. Zudem war die Anfertigung von Abbildungen durch den Eigentümer und durch sonstige Dritte weiterhin möglich. Aber auch wenn die Abbildungen nicht zur selben Zeit aus derselben Perspektive wie der des Abbildungskünstlers hätten angefertigt werden können, scheitert die Wesentlichkeit der Einwirkung jedenfalls an der zeitlichen Komponente. Es wurden Fotografieaufnahmen angefertigt, die nicht länger als mehrere Stunden aus derselben Perspektive und somit für einen unerheblichen Zeitraum angefertigt wurden. Mithin ist auch nach dem herausgearbeiteten Einwirkungsbegriff eine Einwirkung i.S.d. § 903 S. 1 auf das abgebildete Baukunstwerk abzulehnen. Das Ergebnis weicht somit von den BGH-Entscheidungen ab, da der BGH jeweils eine Eigentumseinwirkung angenommen hatte.

III. Verwertung von Abbildungen als Eigentumseinwirkung

Nachdem festgestellt wurde, dass Abbildungen von Baukunstwerken keine wesentliche Einwirkung auf das abgebildete Baukunstwerk darstellen, soll im Weiteren eine Eigentumseinwirkung durch die Verwertung dieser Abbildungen untersucht werden. Unter Berücksichtigung eines funktional-dynamischen Verständnisses der Eigentumseinwirkung müsste eine Verwertung einer Abbildung des Baukunstwerkes durch einen Abbildungskünstler zunächst die ausschließliche Sachnutzung des Eigentümers beeinträchtigen. Vorgehend

728 Vgl. *C. Lehment*, in: FS Raue 2006, 515 (526 f.).

wurde festgestellt, dass die Verwertung von Baukunstwerken als Nutzung i.S.d. § 100 BGB den positiven Befugnissen des Eigentümers zugewiesen wird, solange kein dem Eigentumsrecht gegenüber prävalierender Urheberrechtsschutz besteht. Die Rechte der positiven Befugnisse werden grundsätzlich auch dem Eigentümer im Rahmen seiner negativen Befugnisse äquivalent zugewiesen. Insofern ist auch die Verwertung von Abbildungen von Baukunstwerken des Eigentümers grundsätzlich dazu geeignet, den Eigentümer in seiner ausschließlichen rechtlichen Sachnutzung aus § 100 BGB zu beeinträchtigen. Zusätzlich wird innerhalb der negativen Befugnisse des Eigentümers vorausgesetzt, dass eine wesentliche Einwirkung auf das Eigentum vorliegt. Zur Bestimmung einer Eigentumseinwirkung ist im Folgenden zu differenzieren zwischen einer Verwertung zu kommerziellen, mittelbar-kommerziellen sowie nicht-kommerziellen Zwecken.

1. Kommerzielle Verwertung

Anhand der zuvor herausgearbeiteten Voraussetzungen einer Eigentumseinwirkung i.S.d. § 903 S. 1 BGB soll zunächst hinsichtlich der kommerziellen Verwertung von Abbildungen untersucht werden, ob diese durch einen unbefugten Abbildungskünstler zu einer Einwirkung an dem Eigentum des abgebildeten Baukunstwerkes führt. Eine kommerzielle Verwertung von Abbildungen eines Baukunstwerkes ist anzunehmen, sofern mithilfe der Verwertung unmittelbar oder mittelbar wirtschaftliche Vorteile erzielt werden sollen oder eine finanzielle Vergütung im Zusammenhang mit der Verwertung geleistet wird. Dies ist anzunehmen u.a. beim Verkauf einer Abbildung gegen Entgelt, da durch den Verkauf unmittelbar wirtschaftliche Vorteile erzielt bzw. zu erzielen beabsichtigt werden. Auch mittelbar durch die Abbildung erwirtschaftete finanzielle Vorteile werden von der Definition umfasst.[729] Zur Bestimmung einer Eigentumseinwirkung ist gemäß den zuvor dargestellten Voraussetzungen entscheidend, ob die kommerzielle Verwertung einer Abbildung eine Einwirkung auf das abgebildete Baukunstwerk im Sinne einer mittelbaren Fühlungnahme darstellt, die eine Wesentlichkeitsschwelle überschreitet.

---

729 Siehe zu den Grundbegriffen der Verwertung oben unter 1. Kapitel § 3; zur besseren Übersichtlichkeit wird die mittelbar-kommerzielle Verwertung in einem eigenen Abschnitt neben der kommerziellen Verwertung dargestellt.

A. *Einwirkung im Sinne einer mittelbaren Fühlungnahme*

Eine Eigentumseinwirkung setzt eine mittelbare Fühlungnahme voraus, die einen nicht-physischen Kontakt zwischen der Verwertungshandlung und dem abgebildeten Baukunstwerk verlangt. Dieser Kontakt wird hergestellt, sofern das Baukunstwerk so wesentlich genutzt wird, dass es die wesensnotwendige Grundlage der kommerziellen Verwertung darstellt und nicht lediglich ein verzichtbares Akzidens bildet. Bei einer kommerziellen Verwertung eines Baukunstwerkes ist diese Wesensnotwendigkeit bspw. dann anzunehmen, wenn der in dem abgebildeten Werk verkörperte besonders ästhetische und vermögensrechtliche Wert gezielt für kommerzielle Zwecke genutzt bzw. abgeschöpft wird und gleichzeitig deren notwendige Bedingung darstellt.[730] Darin zeigt sich zugleich, dass die Sache bzw. das Kunstwerk kein verzichtbares Akzidens bildet, sondern elementar ist für die Verwertung.[731] Baukunstwerke weisen als Kunstwerk[732] einen besonders ästhetischen Wert auf, der aufgrund ihrer Ästhetik zugleich einen gewissen vermögensrechtlichen Wert besitzt. Sofern das Baukunstwerk den Schwerpunkt einer Abbildung darstellt, so ist in der Regel anzunehmen, dass der in dem Werk verwurzelte besonders ästhetische Wert zum Zwecke der kommerziellen Verwertung bewusst abgeschöpft wird. Das Baukunstwerk wird dann zugleich zur wesensnotwendigen Grundlage der kommerziellen Verwertung. Anzunehmen ist dies bspw. bei einer Fotografie, Zeichnung, Malerei oder einer Filmaufnahme, sofern das Baukunstwerk im Mittelpunkt der Abbildung steht. Dadurch wird der erforderliche Kontakt zwischen der Verwertungshandlung und dem abgebildeten Baukunstwerk hergestellt, sodass eine mittelbare Fühlungnahme und zugleich eine Einwirkung vorliegt.

Ein bloßes Akzidens ist hingegen in Anlehnung an § 57 UrhG dann anzunehmen, wenn das Baukunstwerk so stark in den Hintergrund rückt, dass andere Objekte oder Personen im Vordergrund der Abbildung stehen. Denkbar ist dies auch, sofern sich die Abbildung des Baukunstwerkes durch ihre herausragende

730 Vgl. *C. Lehment*, in: FS Raue 2006, 515 (526 f.).

731 *Heyers*, Jura 2013, 1079 (1090), wobei *Heyers* dieses reine Akzidens nicht näher bestimmt, aber im Zusammenhang mit der Darstellung von *C. Lehment* naheliegend dahingehend aufzufassen ist, dass die erfolgreiche Verwertung der Aufnahmen ebenfalls auf das abgebildete Kunstwerk zurückgeführt werden muss und insofern der (ästhetische) Wert des Kunstwerkes abgeschöpft wird – andernfalls liegt ein rein verzichtbares Akzidens vor.

732 Siehe zu den konkreten Voraussetzungen eines Baukunstwerkes oben unter 1. Kapitel § 1 II.

künstlerische und individuelle Umsetzung derart von dem abgebildeten Baukunstwerk abhebt, dass dieses im Hintergrund der Abbildung nahezu verblasst und verdrängt wird. Eine mittelbare Fühlungnahme ist in diesen Konstellationen abzulehnen, sodass keine Einwirkung vorliegt.

B. Wesentlichkeit der Einwirkung

a. Verwertung zu öffentlichen Zwecken

Damit der Umfang der Eigentumseinwirkung nicht ausufert, müsste die Verwertungshandlung zuvörderst einen öffentlichen Zweck verfolgen und somit in die Öffentlichkeit vordringen. Ein Indiz hierfür besteht bspw. in der Nutzung zu kommerziellen Zwecken. Sofern eine Abbildung ausschließlich zu privaten Zwecken verwertet wird, den öffentlichen Raum unberührt lässt und zugleich das Verhältnis zur Umwelt nicht stört, ist eine wesentliche Einwirkung abzulehnen. Schließlich handelt es sich dabei um ein bloßes Gebrauchmachen der Baukunstwerke – ähnlich wie beim Betrachten der Kunst[733] –, welches der Eigentümer als selbstverständlich und unvermeidbar hinzunehmen hat.[734] Da eine kommerzielle Verwertung von Abbildungen betrachtet wird und diese ein Indiz für eine Verwertung zu öffentlichen Zwecken darstellt, ist das erste Kriterium der Wesentlichkeit einer Einwirkung erfüllt.

b. Rivalitätsgedanke

Weiterhin ist bei der Bestimmung der Wesentlichkeit auch der Rivalitätsgedanke zu berücksichtigen.[735] Nach dem Grundsatz der „Eigentumsrivalität" können niemals zwei Personen zugleich die Sachherrschaft über eine Sache ausüben, sodass die Ausübung durch einen Dritten die Nutzung durch den Eigentümer beeinträchtigt oder verhindert.[736] Demnach müsste der Eigentümer infolge der kommerziellen Verwertung durch den Abbildungskünstler nicht nur in seiner potenziellen Verwertungsmöglichkeit beeinträchtigt sein, sondern zugleich auch jeder andere Dritte im Sinne einer erga-omnes

---

733 Vgl. *Bittner,* Das Fotografieren fremder Sachen – Zivilrechtliche Ansprüche des Eigentümers?, S. 62.

734 Vgl. *Bittner,* Das Fotografieren fremder Sachen – Zivilrechtliche Ansprüche des Eigentümers?, S. 62; ähnlich auch *Dreier,* in: FS Dietz 2001, 235 (251), der eine allgemeine Fotografierfreiheit zu privaten Zwecken annimmt; *Schabenberger/ Nemeczek,* GRUR-Prax 2011, 139 (141).

735 Vgl. *Zech,* AcP 219 (2019), 488 (526, 577, 579).

736 *Zech,* AcP 219 (2019), 488 (526, 577, 579).

Nutzungsbeeinträchtigung in der Nutzung des Eigentums beeinträchtigt werden.[737] Wie bei der Abbildung eines Baukunstwerkes ist auch die kommerzielle Verwertung von Abbildungen des Baukunstwerkes sowohl durch den Eigentümer als auch jeden sonstigen Dritten grundsätzlich weiterhin möglich, auch wenn der Abbildungskünstler Abbildungen des Werkes kommerziell verwertet.

Indes könnte eine Nutzungsbeeinträchtigung des Eigentümers oder eines anderen Dritten angenommen werden, sofern die kommerzielle Verwertung sowohl durch den Eigentümer als auch durch jeden sonstigen Dritten nicht mehr in demselben Umfang möglich ist, wie wenn der Eigentümer oder ein anderer Dritter das Monopol auf dem Markt besäße. Die Einnahmen des Eigentümers infolge der Verwertung von Abbildungen seines Baukunstwerkes könnten sich schließlich verringern, sofern auch der Abbildungskünstler Abbildungen des Baukunstwerkes kommerziell verwertet. Fraglich ist hingegen, ob wirtschaftliche Aspekte bei der Bestimmung einer Nutzungsbeeinträchtigung grundsätzlich berücksichtigt werden können.

Zum Teil wird dies abgelehnt.[738] Die wirtschaftliche Verwertung durch einen Dritten beeinträchtige demnach weder die tatsächliche, noch die rechtliche Herrschaftsmacht des Eigentümers, da sie keinerlei Auswirkungen auf das Kunstwerk selbst habe und den Eigentümer auch nicht daran hindere, mit der Sache nach Belieben zu verfahren.[739] Es fehle an einer Beeinträchtigung des Nutzungswerts des Eigentums.[740] Die bloße Gefahr einer möglichen finanziellen Einbuße der eigenen wirtschaftlichen Verwertung von Abbildungen aufgrund der Vermarktung durch die Konkurrenz sei ein bloßes Vermögensinteresse, das weder dinglich noch deliktisch geschützt und daher auch nicht eigentumsrechtlich erfasst werde.[741]

Richtig ist zwar, dass insbesondere im Einklang mit der verfassungsrechtlichen Bestandsgarantie das Vermögen im Hinblick auf Erwartungen, Chancen und Aussichten nicht geschützt wird.[742] Geschützt werden ausschließlich die

---

737 Vgl. *Zech*, AcP 219 (2019), 488 (581 ff.).

738 So etwa von *Kübler*, in: FS Baur, 1981, S. 60; *Schack*, ZEuP 2006, 149 (155); *H. Lehment*, Das Fotografieren von Kunstgegenständen, S. 102.

739 *Kübler*, in: FS Baur, 1981, S. 60; *Schack*, ZEuP 2006, 149 (155); *H. Lehment*, Das Fotografieren von Kunstgegenständen, S. 102.

740 *Schack*, ZEuP 2006, 149 (155).

741 *Schack*, ZEuP 2006, 149 (155); *Lehment*, Das Fotografieren von Kunstgegenständen, S. 102.

742 BVerfG, Beschl. v. 26.06.2002, 1 BvR 558/91 u.a., NJW 2002, 2621 (2625); Staudinger/*Althammer*, BGB, Einl. zu §§ 903 ff. Rn. 25.

dem Eigentümer bereits zustehenden und nicht die erst in der Zukunft entstehenden Rechtspositionen.[743] Zur Annahme eines Schutzes fehlt es daher an einem konkreten Wert, der einem Rechtssubjekt zugeordnet werden könnte.[744] Insofern kann das abstrakte Vermögen kein sonstiges Recht im Sinne eines absoluten Rechts darstellen. Allerdings ist das bloße Vermögensinteresse bzw. die Erwartung hinsichtlich einer Vermögensmehrung bei einer kommerziellen Verwertung nicht der Gegenstand der Einwirkung.[745] Der Anknüpfungspunkt der Eigentumseinwirkung i.S.d. § 903 S. 1 BGB ist bei einer kommerziellen Verwertung durch einen Dritten bzw. den Abbildungskünstler nicht das abstrakte Vermögen des Eigentümers, sondern sein Eigentum an dem abgebildeten Baukunstwerk. Der vermögensrechtliche Wert ist in dem Baukunstwerk fest verankert, sodass dieser Wert unmittelbar durch das Baukunstwerk gebildet wird. Der vermögensrechtliche Wert ist daher weder eine bloß abstrakte Erwartung, Chance oder Aussicht, sondern ist stattdessen unmittelbar in dem Baukunstwerk verkörpert und basiert auf seiner besonderen Ästhetik. Diese Rechtsposition steht dem Eigentümer bereits zu und realisiert sich somit nicht erst zukünftig. Sofern ein Abbildungskünstler Abbildungen des Baukunstwerkes kommerziell verwertet, tritt dieser Wert zum Vorschein und verringert sich. Die Verwertung wirkt sich dann unmittelbar auf das Baukunstwerk aus, da nicht lediglich das abstrakte Vermögen infolge einer kommerziellen Verwertung durch den Abbildungskünstler betroffen ist, sondern unmittelbar das Baukunstwerk. Das Baukunstwerk lässt sich in der Konsequenz nicht mehr umfassend verwerten. Dies gilt auch unabhängig davon, ob der Eigentümer sein Kunstwerk kommerziell verwertet oder zu verwerten beabsichtigt, da eine innere Verwertungsabsicht des Eigentümers unbeachtlich ist.[746] Die kommerzielle Verwertung durch den Abbildungskünstler wirkt sich somit unmittelbar auf das abgebildete Baukunstwerk aus, beeinträchtigt die freie Verfügungsmacht des Baukunstwerkeigentümers und stellt nicht lediglich eine bloße Gefahr finanzieller Einbußen dar. Darüber hinaus wird die wirtschaftliche

743 BVerfG, Beschl. v. 26.06.2002, 1 BvR 558/91 u.a., NJW 2002, 2621 (2625); Staudinger/*Althammer*, BGB, Einl. zu §§ 903 ff. Rn. 25.

744 BVerfG, Beschl. v. 26.06.2002, 1 BvR 558/91 u.a., NJW 2002, 2621 (2625); Staudinger/*Althammer*, BGB, Einl. zu §§ 903 ff. Rn. 25.

745 Im Einzelnen ist darüber hinaus noch nicht abschließend geklärt, was im Einzelnen unter den Begriff des Vermögens subsumiert werden und inwiefern dahingehend Schutz erzielt werden kann, vgl. *Hösch*, Eigentum und Freiheit, S. 31 f.

746 Siehe hierzu ausführlicher oben unter 3. Kapitel § 6 I. 4. B. b.

Verwertung nicht nur beeinträchtigt, sondern zugleich vollständig ausgeschlossen, sofern bspw. die Marketingmaßnahmen Dritter besonders erfolgreich sind.

Auch ein Vergleich mit der wirtschaftlichen Verwertung von Fotografien bekannter Persönlichkeiten verdeutlicht, dass der vermögensrechtliche Wert eines Kunstwerkes unmittelbar in der Sache verkörpert ist und sich durch die Kommerzialisierung verwirklicht, sich aber zugleich durch die Kommerzialisierung eines Dritten auch minimieren und insofern zu einer Beeinträchtigung der Rechtspositionen des Eigentümers führen kann. Auch die abgebildeten Persönlichkeiten können sich aufgrund ihrer allgemeinen Persönlichkeitsrechte dinglich gegen eine kommerzielle Verwertung der Abbildungen von ihnen verteidigen.[747] Insofern entsteht bei Gegenständen genauso wie bei Persönlichkeiten eine abwehrfähige, dingliche Rechtsposition, sofern die wirtschaftliche Verwertung der Aufnahme insbesondere auf den abgebildeten Gegenstand bzw. die abgebildete Person zurückzuführen ist.[748] Dies entspricht der hier entwickelten Voraussetzung, wonach der in der Sache verkörperte ästhetische und vermögensrechtliche Wert für die Annahme einer Einwirkung abgeschöpft werden und eine Bedingung der kommerziellen Nutzung darstellen muss und nicht bloß ein verzichtbares Akzidens repräsentieren darf. Wie gezeigt, ist diese Voraussetzung zumindest erfüllt, sofern das Baukunstwerk den Schwerpunkt der Abbildung bildet – genauso wie es bei der dinglichen Geltendmachung einer Persönlichkeitsrechtsverletzung auf die abgebildete Person ankommt.

Dass auf diese Weise auch ein Vermögensschutz des Eigentümers erzielt werden darf und soll, zeigt sich zudem in dem anerkannten Schutz des gewerblichen Gebrauchs und Verbrauchs von Gegenständen im Rahmen der Nutzungsrechte des Eigentümers, die im Ergebnis ebenfalls einen Schutz wirtschaftlicher Interessen und mithin des Vermögens zur Folge haben. Wie gezeigt,[749] wird grundsätzlich auch das Abbild der Baukunstwerke eigentumsrechtlich geschützt und bildet einen Teil des unmittelbar in dem Baukunstwerk verkörperten ästhetischen und insbesondere vermögensrechtlichen Wertes. Ein unmittelbarer Zugang zum Baukunstwerk als körperliche Sache ist daher genauso wenig erforderlich wie ihr Sachbesitz.[750] Auch die Flugfeld-Entscheidung des BAG

---

747 Vgl. *C. Lehment*, in: FS Raue 2006, 515 (525 f.), der sich in seinen Ausführungen ausschließlich auf bereicherungsrechtliche Ansprüche bezieht.

748 *C. Lehment*, in: FS Raue 2006, 515 (526).

749 Siehe näher hierzu oben unter 3. Kapitel § 3 I. 2.

750 Anders, aber im Ergebnis nicht überzeugend sieht dies *Zech*, Information als Schutzgegenstand, S. 288.

zeigt, dass die wirtschaftliche Nutzbarkeit durch das Eigentum geschützt wird, indem schließlich auch rein wirtschaftliche Nutzungsbeschränkungen als Einwirkung erachtet werden, sofern die Beeinträchtigung nicht nur einen unerheblichen Zeitraum andauert und mithin erheblich bzw. wesentlich ist.[751]

Es handelt sich bei der kommerziellen Verwertung durch einen Abbildungskünstler zudem nicht lediglich um die Verwirklichung eines allgemeinen und hinzunehmenden wirtschaftlichen Risikos. Dem Eigentümer muss es ermöglicht werden, sein Eigentum vollumfänglich nutzen bzw. über eine Nutzung durch Dritte bestimmen zu können, sofern er innerhalb der rechtlich vorgegebenen Grenzen agiert und keine Rechte Dritter beeinträchtigt. Auch in der freien Marktwirtschaft dürfen Produkte grundsätzlich nicht verkauft werden, die einem bereits auf dem Markt vorhandenen Produkt identisch sind oder ein anderes Produkt nachahmen oder gar dasselbe Produkt repräsentieren. Dieser Schutz basiert in der Regel auf markenrechtlichen, urheberrechtlichen oder wettbewerbsrechtlichen Vorschriften. Es wäre daher nicht konsequent, im Hinblick auf die Eigentumsrechte einen Unterschied bei der Vermarktung eines Abbildes vorzunehmen.

Die Wirtschaftlichkeit bzw. der Umfang kommerzieller Verwertungsmöglichkeiten ist folglich bei der Bewertung einer Eigentumsbeeinträchtigung mit zu berücksichtigen. Mithin kann sowohl der Baukunstwerkeigentümer als auch jeder sonstige Dritte im Sinne einer erga-omnes Nutzungsbeeinträchtigung infolge der kommerziellen Verwertung von Abbildungen des Baukunstwerkes durch den Abbildungskünstler in der Nutzung des Eigentums an dem Baukunstwerk beeinträchtigt bzw. vollständig ausgeschlossen sein. Somit besteht nach dem Rivalitätsgedanken eine erga-omnes Nutzungsbeeinträchtigung,[752] sodass auch das zweite Kriterium der Wesentlichkeit einer Einwirkung erfüllt ist.

c. *Zeitliche Komponente*

Zudem darf die kommerzielle Verwertung durch den Abbildungskünstler nicht nur einen unerheblichen Zeitraum von ein paar wenigen Stunden andauern.

---

751 Vgl. BAG, Urt. v. 25.08.2015, 1 AZR 754/13, NZA 2016, 47 (49), Rz. 27; so auch *Dreier*, in: FS Dietz, 2001, 236 (250 f.), wonach ebenfalls die wirtschaftlich relevante Nutzung einen Teil des Eigentums bildet; ebenso *Gerauer*, GRUR 1988, 672 (673).

752 Anders sieht dies hingegen *Zech*, Information als Schutzgegenstand, S. 288, der sowohl bei der Fotografie als auch bei ihrer Verwertung eine nicht-rivale Nutzung annimmt, ohne dies anhand der entsprechenden Voraussetzungen näher zu begründen.

Anders als grundsätzlich bei der Anfertigung von Abbildungen wird ihre kommerzielle Verwertung in der Regel nicht nur für einen kurzen Zeitraum von ein paar Stunden andauern.[753] Stattdessen wird die Verwertungshandlung üblicherweise über mehrere Monate ausgeführt, sodass sich die kommerzielle Verwertungshandlung hinreichend monetarisieren kann. Bspw. werden Abbildungen im Internet oder in Bücher- oder Souvenirläden über einen längeren Zeitraum zum Download bzw. zum Verkauf angeboten. Insofern ist in der Regel bei kommerziellen Verwertungen der Abbildung eines Baukunstwerkes auch die zeitliche Komponente erfüllt, sodass auch das letzte Kriterium der Wesentlichkeit der Eigentumseinwirkung vorliegt.

C. Zwischenergebnis

Es konnte festgestellt werden, dass die kommerzielle Verwertung von Abbildungen von Baukunstwerken durch den Abbildungskünstler grundsätzlich eine wesentliche Einwirkung auf das Eigentum i.S.d. § 903 S. 1 BGB darstellt. Eine mittelbare Fühlungnahme und mithin das Kriterium der Körperlichkeit ist erfüllt, soweit der unmittelbar in dem abgebildeten Baukunstwerk ästhetische und vermögensrechtliche Wert bewusst zum Zwecke der kommerziellen Verwertung abgeschöpft wird und nicht lediglich ein verzichtbares Akzidens verkörpert. In Anlehnung an das unwesentliche Beiwerk gem. § 57 UrhG ist ein bloßes Akzidens anzunehmen, sofern nicht das Baukunstwerk im Mittelpunkt der Abbildung und der Verwertung steht, sondern bspw. durch Personen oder andere Objekte in den Hintergrund gerät. Weiterhin ist auch das Kriterium der Wesentlichkeit erfüllt. Aufgrund der kommerziellen Verwertung tangiert die Verwertung den öffentlichen Bereich, sodass nicht lediglich eine Nutzung zu privaten Zwecken vorliegt. Weiterhin ist entsprechend des Rivalitätsgedankens eine erga-omnes Nutzungsbeeinträchtigung gegeben, wonach sowohl der Baukunstwerkeigentümer als auch jeder sonstige Dritte durch die kommerzielle Verwertung des Abbildungskünstlers in der eigenen kommerziellen Verwertung von Abbildungen des Baukunstwerkes beeinträchtigt wird. Schließlich ist die kommerzielle Verwertung sowohl durch den Baukunstwerkeigentümer als auch durch jeden sonstigen Dritten nicht mehr in demselben Umfang möglich, wie wenn der Eigentümer oder ein anderer Dritter das Monopol auf dem Markt besäße. Die Einnahmen des Eigentümers infolge der Verwertung von

753 So aber in BAG, Urt. v. 25.08.2015, 1 AZR 754/13, NZA 2016, 47 (49), Rz. 27, wo die wirtschaftliche Nutzbarkeit lediglich für ein paar wenige Stunden beeinträchtigt wurde.

Abbildungen seines Baukunstwerkes können sich schließlich verringern, sofern auch andere Dritte Abbildungen des Baukunstwerkes kommerziell verwerten. Dieser Aspekt der Wirtschaftlichkeit bzw. der Umfang kommerzieller Verwertungsmöglichkeiten ist bei der Bewertung einer Eigentumsbeeinträchtigung mit zu berücksichtigen. Der vermögensrechtliche Wert eines Baukunstwerkes ist unmittelbar in dem Werk verkörpert. Durch die kommerzielle Verwertung durch den Abbildungskünstler verringert sich der unmittelbar in dem Werk verkörperte vermögensrechtliche Wert, die freie Verfügungsmacht des Baukunstwerkeigentümers wird beeinträchtigt und es liegt nicht bloß eine Gefahr finanzieller Einbußen vor. Darüber hinaus wird die kommerzielle Verwertung von Abbildungen in der Regel über einen längeren Zeitraum und nicht nur für wenige Stunden ausgeführt, sodass die kommerzielle Verwertung durch den Baukunstwerkeigentümer und sonstige Dritte auch in zeitlicher Hinsicht durch den Abbildungskünstler wesentlich beeinträchtigt wird.

2. Mittelbar-kommerzielle Verwertung

Eine mittelbare kommerzielle Verwertung ist bspw. in Konstellationen denkbar, in denen die Abbildung eines Baukunstwerkes zu Werbezwecken für eigene Dienstleistungen des Abbildungskünstlers verwertet wird oder eine Internetplattform Abbildungen des Baukunstwerkes auf der Plattform hochlädt und unentgeltlich zum Download anbietet, der Plattformbetreiber wiederum über die Schaltung von Werbung auf der Plattform Einnahmen generiert. Beide Konstellationen sind hinsichtlich einer mittelbaren Fühlungnahme differenziert voneinander zu betrachten. Zunächst müsste eine Abschöpfung des konkret in dem abgebildeten Baukunstwerk verkörperten besonders ästhetischen Wertes vorliegen, sodass die Abbildung kein lediglich verzichtbares Akzidens darstellt.

Sofern Abbildungen zum Zwecke der Werbung für eigene Dienstleistungen des Abbildungskünstlers vertrieben werden, ist das Vorliegen einer Einwirkung abhängig von der Abbildung zu bewerten. Steht die beworbenen Dienstleistungen im Vordergrund der Verwertungshandlung, wird der in dem Baukunstwerk verkörperte besonders ästhetische Wert in der Regel in den Hintergrund treten. Eine Einwirkung ist dann mangels Abschöpfung des besonders ästhetischen Wertes und somit mangels Vorliegens eines mittelbaren, nicht-physischen Kontaktes grundsätzlich abzulehnen. Dies gilt insbesondere bei der Werbung für eigene künstlerische Dienstleistungen, bei denen die besondere künstlerische Eigenart und Qualität der Abbildung durch den Dienstleistenden anstelle des abgebildeten Baukunstwerkes den Schwerpunkt der Abbildung bildet. Der zwar weiterhin vorhandene ästhetische Wert des Baukunstwerkes verblasst dadurch so stark hinter der neuen Abbildung, dass das Baukunstwerk nicht mehr die Bedingung einer erfolgreichen kommerziellen Verwertung darstellt und folglich auch nicht bewusst abgeschöpft wird. Das konkrete Baukunstwerk wird damit zu einem verzichtbaren Akzidens, sodass eine Einwirkung nicht vorliegt.

Anders ist dies bei der geschalteten Werbung auf Internetplattformen zu beurteilen, sofern die angebotenen Abbildungen dort unentgeltlich zum Download bereitgestellt werden und der Plattformbetreiber über die geschaltete Werbung Einnahmen generiert. Der Plattformbetreiber wird in der Regel besonders ästhetisch ansprechende Abbildungen bewusst auswählen und zum Download anbieten, um dadurch eine größere Zahl von Plattformnutzern anzusprechen. Abhängig von der Ästhetik und Bekanntheit der abgebildeten Baukunstwerke wird auch die Anzahl der Besucher der Website und mithin der potenziellen Nutzer variieren, die die geschaltete Werbung erhalten können. Je ästhetischer und ansprechender das abgebildete Baukunstwerk ist, desto höher wird die Besucheranzahl der Website werden. Schließlich steigt das Interesse von Werbeanbietern mit der Anzahl der Besucher einer Internetplattform. Sofern das abgebildete Baukunstwerk den Schwerpunkt der Abbildung bildet, stellt dieses ein nicht bloß verzichtbares Akzidens für die kommerzielle Verwertbarkeit dar. Folglich wird in diesen Fällen auch bewusst der in dem Baukunstwerk verkörperte ästhetische und vermögensrechtliche Wert zum Zwecke der Verwertung abgeschöpft, sodass eine Einwirkung vorliegt.

Sofern eine Einwirkung angenommen wurde, muss auch bei einer mittelbar-kommerziellen Verwertung zusätzlich das Kriterium der Wesentlichkeit einer Einwirkung erfüllt sein. So tangiert die mittelbar-kommerzielle Verwertung den öffentlichen Bereich und erfolgt nicht lediglich zu privaten Zwecken, so dass kein hinzunehmendes Gebrauchmachen des Baukunstwerkes vorliegt. Sofern zudem Abbildungen durch den Abbildungskünstler und gleichzeitigen Plattformbetreiber auf seiner Plattform unentgeltlich zum Download angeboten werden, können über die dort geschaltete Werbung Einnahmen generiert werden. Dadurch wird sowohl der Baukunstwerkeigentümer als auch jeder sonstige Dritte erga-omnes in der Verwertung von Abbildungen des Baukunstwerkes beeinträchtigt, da das Baukunstwerk nicht mehr in demselben Umfang verwertet werden kann, wie es bei einer Monopolstellung des Eigentümers möglich wäre.[754] Auch in dieser Konstellation wird der unmittelbar in dem

754 Zur ausführlicheren Begründung, weshalb in diesen Fällen eine Nutzungsbeeinträchtigung anzunehmen ist, siehe oben unter 3. Kapitel § 6 I. 4. C. c.

Baukunstwerk vorhandene vermögensrechtliche Wert unmittelbar verringert. Indem Baukunstwerke auf einer Website zum Download angeboten werden, die Website aufgrund der ausgewählten, besonders ästhetischen Baukunstwerke von den Website-Besuchern hoch frequentiert wird und in der Folge die Website für Werbeanbieter bedeutender und interessanter wird, zeigt sich der vermögensrechtliche Wert der Baukunstwerke und realisiert sich durch die Zahlung eines Entgeltes seitens der Werbeanbieter. Somit wird keine bloß abstrakte Erwartung, Chance oder Aussicht geschützt, sondern der unmittelbar in dem Baukunstwerk verkörperte und auf seiner besonderen Ästhetik basierende konkrete Wert. Dieser verringert sich infolge des Onlineangebotes und wirkt sich unmittelbar auf das Baukunstwerk aus, da nicht lediglich das abstrakte Vermögen infolge der Onlinestellung durch den Abbildungskünstler betroffen ist, sondern das Baukunstwerk unmittelbar. Zudem dauert die Verwertung nicht nur einige wenige Stunden, da die Abbildungen in der Regel über mehrere Monate online gestellt werden. Somit ist überwiegend auch bei einer mittelbar-kommerziellen Verwertung der Abbildungen von Baukunstwerken eine mittelbare Fühlungnahme und eine erhebliche Einwirkung i.S.d. § 903 S. 1 BGB anzunehmen.

3. *Nicht-kommerzielle Verwertung*

Die Eigentumseinwirkung durch die Verwertung von Abbildungen zu nicht-kommerziellen Zwecken ist unter dem Aspekt näher zu beleuchten, dass neben einer kommerziellen Verwertung auch eine nicht-kommerzielle und somit unentgeltliche Verwertung von Abbildungen des Baukunstwerkes durch einen unbefugten Abbildungskünstler, insbesondere die kommerzielle Verwertung von Abbildungen des Baukunstwerkes durch den Baukunstwerkeigentümer erheblich beeinträchtigen kann. Als nicht-kommerzielle Verwertungen sind solche Verwertungen aufzufassen, die zu privaten Zwecken vorgenommen werden oder bei denen die Abbildung zwar öffentlich verbreitet wird, mit dieser Verbreitung aber keine zumindest mittelbaren wirtschaftlichen Erlöse erzielt werden sollen.[755] Gerichtsentscheidungen existieren im Hinblick auf nicht-kommerzielle Verwertungen bislang nicht. Dies könnte darin begründet liegen, dass eine nicht-wirtschaftliche Verwertung durch Dritte in der Regel

755 Wie vorgehend gezeigt, basieren auch mittelbar wirtschaftliche Erlöse auf einer kommerziellen Verwertung und können eine Eigentumseinwirkung darstellen, siehe oben 3. Kapitel § 6 III. 2.; zur näheren Ausführung der Begrifflichkeiten der Verwertungen siehe oben unter 1. Kapitel § 4.

kein Konfliktpotential zwischen dem Verwerter und dem Eigentümer bietet.[756] Daher sind auch hier die zuvor entwickelten Grundsätze zur Bestimmung einer Einwirkung zugrunde zu legen.

A. *Einwirkung im Sinne einer mittelbaren Fühlungnahme*

Für die Annahme einer mittelbaren Fühlungnahme ist ein Kontakt zwischen der Verwertungshandlung und dem abgebildeten Baukunstwerk erforderlich. Dieser Kontakt entsteht, sofern der unmittelbar in dem Baukunstwerk besonders ästhetische und vermögensrechtliche Wert bewusst zum Zwecke der nicht-kommerziellen Verwertung abgeschöpft wird und nicht lediglich ein rein verzichtbares Akzidens bildet. Sofern das abgebildete Baukunstwerk den Mittelpunkt der Abbildung darstellt und nicht wie ein unwesentliches Beiwerk im Hintergrund nahezu verblasst und die Abbildung aufgrund des ästhetischen Wertes verwertet wird, so ist dieser Kontakt im Sinne einer mittelbaren Fühlungnahme auch bei einer nicht-kommerziellen Verwertung anzunehmen.

Näher zu betrachten sind in diesem Zusammenhang die Plattformen von Wikimedia-Commons sowie Europeana. Hier werden Abbildungen hochgeladen, die sich durch ihre besondere Ästhetik bzw. ihren kunstwerklichen-individuellen Charakter auszeichnen. Damit dürften die Plattformbetreiber auf ein großes Nutzerpublikum abzielen, welches bei der Darbietung ansprechender Abbildungen auch tatsächlich erreicht werden kann. Namentlich die Ästhetik der abgebildeten Kunstwerke stellt daher die Bedingung für die Nutzung der Datenbank und insbesondere des Downloads einzelner Abbildungen dar. Vorausgesetzt wird auch dabei, dass der Fokus der Abbildung bspw. auf den abgebildeten Baukunstwerken liegt und nicht durch ebenfalls abgebildete Objekte oder Personen in den Hintergrund gedrängt wird oder hinter der besonders individuellen und ästhetischen Art der Abbildung nahezu verblasst. Unter diesen Umständen bilden auch abgebildete Baukunstwerke kein bloß verzichtbares Akzidens, sodass der für die Fühlungnahme erforderliche

---

756 Anders als von *Althammer* in Staudinger/*Althammer*, BGB, § 903 Rn. 11 angenommen, thematisiert die von ihm zitierte Rechtsprechung die wirtschaftliche Verwertung eines Dritten, bei der der Eigentümer kein Interesse an der Aufnahme seines Eigentums oder ihrer kommerziellen Verwertung hatte und mithin nicht in der Nutzung seines Eigentums beeinträchtigt gewesen sei, sie betrifft daher nicht die Konstellation einer nicht wirtschaftlichen Verwertung durch einen Dritten und kann hier daher nicht berücksichtigt werden. Siehe hierzu die Entscheidung des KG Berlin, Urt. v. 25.10.2012, 10 U 136/12, NJOZ 2013, 931 (932).

Kontakt auch bei den in Wikimedia-Commons oder Europeana eingestellten Abbildungen anzunehmen ist.

B. Wesentlichkeit der Einwirkung

Weiterhin müsste die Einwirkung auch wesentlich sein, mithin den öffentlichen Bereich tangieren, zu einer erga-omnes Nutzungsbeeinträchtigung führen und nicht nur einen unerheblichen Zeitraum andauern.

a. Verwertung zu öffentlichen Zwecken

Die nicht-kommerzielle Verwertung müsste zunächst über den gewöhnlichen Gebrauch hinausgehen und sich nicht lediglich auf den privaten Bereich auswirken, sondern in den öffentlichen Bereich hineinragen. Verwertungen zu rein privaten Zwecken werden daher nicht erfasst. Mithin muss es sich um eine Nutzung handeln, die in die Öffentlichkeit vordringt, bspw. im Wege einer Nutzung zu kommerziellen Zwecken. Einer näheren Betrachtung bedarf daher der Begriff der Öffentlichkeit, um die öffentliche Nutzung von der ausschließlich privaten Nutzung abzugrenzen. Der Begriff der Öffentlichkeit kann entsprechend der urheberrechtlichen Definition i.S.d. § 15 Abs. 3 UrhR konkretisiert werden, der aufgrund der EuGH-Rechtsprechung zur öffentlichen Wiedergabe nach Art. 3 Abs. 1 RiLi 2001/29/EG bzw. Art. 8 RiLi 2006/115/EG richtlinienkonform auszulegen ist. Bei einer richtlinienkonformen Auslegung liegt eine Öffentlichkeit somit vor, wenn eine unbestimmte und ziemlich große Zahl potenzieller Adressaten und zugleich ein neues Publikum vorliegt bzw. ein spezifisches technisches Verfahren für die Wiedergabe an die Öffentlichkeit verwendet wird, wobei mit der Wiedergabe nicht zwingend Erwerbszwecke verfolgt werden müssen, diese aber als Indiz für die Annahme einer Öffentlichkeit berücksichtigt werden können.[757] Der Begriff der Öffentlichkeit soll dabei tendenziell weit ausgelegt werden,[758] sodass das Merkmal der persönlichen

757 Vgl. hierzu u.a. die Entscheidungen: EuGH, Urt. v. 15.03.2012, C-162/10, ZUM 2012, 393 ff.; EuGH, Urt. v. 19.11.2015, C-325/14, GRUR 2016, 60; EuGH, Urt. v. 31.05.2016, C-117/15, GRUR 2016, 684 ff.; EuGH, Urt. v. 07.08.2018, C-161/17, GRUR 2018, 911 ff.; BGH, Urt. v. 17.09.2015, I ZR 228/14, ZUM 2016, 162 ff.; sowie Dreier/Schulze/*Dreier, UrhG* § 15 Rn. 38 ff.; Wandtke/Bullinger/*Heerma*, UrhG § 15 Rn. 31.

758 Vgl. EuGH, Urt. v. 07.08.2018, C-161/17, GRUR 2018, 911 (912) Rz. 18.

Verbundenheit aus § 15 Abs. 3 S. 2 UrhG nicht mehr grundsätzlich dem Begriff der Öffentlichkeit entgegensteht.[759]

Sofern nun ein Abbildungskünstler Abbildungen eines Baukunstwerkes bspw. nur für eigene private Zwecke nutzt oder innerhalb seiner Familie oder seinem engeren Freundeskreis unentgeltlich verbreitet, dringt die nicht-kommerzielle Verwertung trotz des weiten Verständnisses des Begriffs der Öffentlichkeit nicht in den öffentlichen Bereich vor. Die Familie oder der Freundeskreis des Abbildungskünstlers stellen keine unbestimmte und ziemlich große Zahl potenzieller Adressaten der Verwertung dar. Somit liegt eine rein private Nutzung vor, die nicht als wesentliche Einwirkung auf das Eigentum an einem Baukunstwerk zu bewerten ist. Die Einwirkung ragt somit nicht in den öffentlichen Bereich hinein, sodass das Kriterium der Wesentlichkeit der Einwirkung bei einer rein privaten Nutzung nicht erfüllt ist.

Anders ist dies bei nicht-kommerziellen Handlungen durch einen Abbildungskünstler zu bewerten, wie etwa der unentgeltliche Vertrieb von Abbildungen bspw. als Postkarten oder in Form von Flyern sowie die Veröffentlichung von Abbildungen über Wikimedia-Commons oder Europeana. Hier wird in der Regel einer unbestimmten und ziemlich großen Zahl potenzieller Adressaten der unentgeltliche Erwerb der Abbildungen angeboten, sodass der weite Begriff der Öffentlichkeit einschlägig ist. Im Hinblick auf Wikimedia-Commons und Europeana ist zu differenzieren. Eine öffentliche, nicht-kommerzielle Verwertung liegt nur dann vor, wenn die Abbildungen zu rein gemeinnützigen Zwecken hochgeladen werden und von Dritten ohne Zahlung eines Entgelts heruntergeladen werden können. Sofern der Plattformbetreiber durch das Schalten von Werbung Einnahmen generiert, liegt eine mittelbar-kommerzielle Verwertung vor, die der Annahme einer nicht-kommerziellen Verwertung entgegensteht.[760] Wikimedia-Commons ist eine non-profit Organisation, die keine wirtschaftlichen Gewinnabsichten verfolgt und daher nicht-gewinnorientiert

759 BGH, Urt. v. 17.09.2015, I ZR 228/14, GRUR 2016, 71 Tz. 17; vgl. Schricker/Loewenheim/*v. Ungern-Sternberg*, UrhG § 15 Rn. 375 ff.; Fromm/Nordemann/*Dustmann*, § 15 Rn. 36, 45; die richtlinienkonforme Auslegung anhand der EuGH-Rechtsprechung führt indes zu einer kaum vorhersehbaren Rechtsanwendung im jeweiligen Einzelfall und ist daher mit erheblichen Rechtsunsicherheiten verbunden, vgl. Wandtke/Bullinger/*Heerma*, UrhG § 15 Rn. 18.

760 Es läge dann eine mittelbar-kommerzielle Verwertung anstelle einer im Rahmen dieses Abschnitts zu behandelnden nicht-kommerziellen Verwertung vor, siehe hierzu vorgehend unter 3. Kapitel § 6 III. 2.

ausgerichtet ist.[761] Genauso verfolgt auch Europeana keine Gewinnerzielungsabsichten,[762] sodass sowohl Wikimedia-Commons als auch Europeana keine kommerziellen Zwecke verfolgen. In diesen Fällen liegt eine Verbreitung der Abbildungen an eine unbestimmte und ziemliche große Zahl potenzieller Adressaten vor, sodass die nicht-kommerzielle Verwertung den öffentlichen Bereich tangiert. Indem die Abbildungen durch das Hochladen auf die Plattformen auch in den öffentlichen Bereich vordringen, verlassen sie den rein privaten abgrenzbaren Raum und stören auf diese Weise auch das Verhältnis zur Umwelt. Ein gewöhnliches Gebrauchmachen liegt nicht vor.

b. *Rivalitätsgedanke*

Um weiterhin eine erga-omnes-Nutzungsbeeinträchtigung annehmen zu können, müssten sowohl Dritte als auch der Eigentümer in der Verwertung von Abbildungen der in seinem Eigentum stehenden Baukunstwerken durch die nicht-kommerzielle Verwertung durch den Abbildungskünstler beeinträchtigt werden. Da eine nicht-kommerzielle Verwertung zu privaten Zwecken, wie bspw. innerhalb des Freundes- oder Familienkreises, zuvor nicht als wesentliche Einwirkung bewertet wurde, kann sie auch nicht den Baukunstwerkeigentümer oder einen sonstigen Dritten in der eigenen Verwertung beeinträchtigen. Dies ist indes anders zu beurteilen, sofern die Abbildungen durch den Abbildungskünstler nicht nur für seinen privaten Gebrauch genutzt werden, sondern auf nicht-kommerzielle Weise im zuvor beschriebenen Sinn der Öffentlichkeit i.S.d. § 15 Abs. 3 UrhG zugänglich gemacht werden. Auch eine nicht-kommerzielle Verwertung durch den Abbildungskünstler könnte die kommerziellen Verwertungsmöglichkeiten des Baukunstwerkeigentümers oder eines anderen Dritten beeinträchtigen.[763]

---

761 So beschreibt sich Wikimedia selbst als „Teil der gemeinnützigen und mehrsprachigen Familie des freien Inhalts Wikimedia", vgl. https://commons.wikimedia.org/wiki/Hauptseite (Stand: 21.05.2023, zuletzt besucht am: 21.07.2023).

762 Europeana zeigt auf deren Homepage bspw. keine Werbeanzeigen durch Dritte, sondern finanziert sich durch öffentliche Fördermittel durch die Europäische Union, vgl. https://www.europeana.eu/portal/de (Stand: 2020, zuletzt besucht am: 17.07.2023).

763 So ist auch *Jayme* zu verstehen, der als Indiz einer erheblichen Eigentumseinwirkung die private von der öffentlichen Nutzung abgrenzt und eine Einwirkung insbesondere bei nicht-kommerziellen Nutzungen ablehnt, aber damit zugleich nicht insgesamt ausschließt, vgl. *Jayme,* Kunst & Recht Bulletin, 2011, 11 (22) Fn. 62.

Im Hinblick auf Wikimedia oder Europeana ist eine erga-omnes Nutzungsbeeinträchtigung trotz ihrer nicht-kommerziellen Tätigkeiten denkbar. Wie bereits dargestellt, stellen Wikimedia und Europeana Abbildungen u.a. von Baukunstwerken auf ihrer Plattform zum unentgeltlichen Download zur Verfügung. Hierdurch wird die kommerzielle Verwertbarkeit der Abbildungen eines Baukunstwerkes sowohl für den Baukunstwerkeigentümer als auch jeden sonstigen Dritten beeinträchtigt, sofern Abbildungen dieses Baukunstwerkes durch den Abbildungskünstler ebenfalls auf den Plattformen von Wikimedia oder Europeana unentgeltlich angeboten werden. Die Bereitschaft zur Zahlung eines Entgeltes für eine Abbildung des Baukunstwerkes kann sich durch das gleichzeitige unentgeltliche Angebot schließlich verringern oder ausgeschlossen werden. Sofern ein Abbildungskünstler Abbildungen des Baukunstwerkes nicht-kommerziell öffentlich verwertet, verringert sich unmittelbar der in dem Baukunstwerk verkörperte vermögensrechtliche Wert genauso wie bei einer kommerziellen Verwertung. Indem die Abbildungen auf der Website zum unentgeltlichen Download zur Verfügung gestellt werden, tritt der vermögensrechtliche Wert zum Vorschein und realisiert sich durch jeden Download eines Nutzers der Homepage. Dieser Wert verringert sich infolge des Onlineangebotes und wirkt sich unmittelbar auf das Baukunstwerk aus, da nicht lediglich das abstrakte Vermögen infolge der Onlinestellung durch den Abbildungskünstler betroffen ist, sondern das Baukunstwerk direkt. Eine bloße Gefahr finanzieller Einbußen liegt somit nicht vor. Stattdessen realisiert sich die Gefahr in dem Moment der nicht-kommerziellen Verwertung durch den Abbildungskünstler. Unerheblich ist, ob der Baukunstwerkeigentümer bereits Abbildungen seines Baukunstwerkes vertreibt oder dies beabsichtigt oder ob er ebenfalls eine Internetplattform betreibt. Wie bereits ausgeführt, ist weder eine kommerzielle Verwertung durch den Baukunstwerkeigentümer noch eine Verwertungsabsicht für das Vorliegen einer Eigentumseinwirkung i.S.d. § 903 S. 1 BGB erforderlich.[764] Eine erga-omnes Nutzungsbeeinträchtigung liegt in dieser Konstellation folglich vor. Dies zeigt, dass insbesondere eine nicht-kommerzielle Verwertung durch einen Abbildungskünstler sowohl den Baukunstwerkeigentümer als auch einen sonstigen Dritten in der Verwertung beeinträchtigen kann. Somit ist auch im Sinne des Rivalitätsgedankens eine erga-omnes Nutzungsbeeinträchtigung anzunehmen.

Auch bei einer nicht-kommerziellen Verwertung des Eigentümers müsste sowohl der Eigentümer als auch jeder sonstige Dritte erga-omnes in der

764 Siehe hierzu ausführlich vorstehend unter 3. Kapitel § 6 I. 4. B. b.

Verwertung von Abbildungen des Baukunstwerkes beeinträchtigt werden, indem das Baukunstwerk nicht mehr in demselben Umfang verwertet werden kann, wie es bei einer Monopolstellung des Eigentümers möglich ist.[765] Wie gezeigt, ist eine Verwertungsabsicht des Eigentümers bei der Bestimmung der Eigentumsrechte bzw. der negativen Befugnisse unberücksichtigt zu lassen. Daraus könnte geschlussfolgert werden, dass eine erga-omnes Nutzungsbeeinträchtigung auch bei einer nicht-kommerziellen Verwertung des Eigentümers vorliegt. Auch wenn ein Abbildungskünstler Abbildungen unentgeltlich verwertet, können der Baukunstwerkeigentümer und sonstige Dritte weiterhin Abbildungen, ohne beeinträchtigt zu werden, im selben Umfang unentgeltlich verwerten. Ein Konkurrenzverhältnis mit dem Abbildungskünstler wie bei einer nicht-kommerziellen Verwertung entsteht nicht, wenn sowohl der Eigentümer als auch sonstige Dritte Abbildungen unentgeltlich verwerten. Der Abbildungskünstler hätte gegenüber dem Baukunstwerkeigentümer nur dann im Hinblick auf die Verwertung Vorteile, wenn er im Gegensatz zu dem Eigentümer Abbildungen des Baukunstwerkes unentgeltlich verwertet. Dieser Vorteil entfällt hier. Hypothetisch betrachtet, ohne auf eine Verwertungsabsicht des Eigentümers abzustellen, werden weder der Baukunstwerkeigentümer noch sonstige Dritte in ihrer nicht-kommerziellen Verwertung beeinträchtigt. Mithin liegt eine erga-omnes Nutzungsbeeinträchtigung nur im Hinblick auf eine hypothetische kommerzielle Verwertung des Eigentümers vor, nicht hingegen bei einer nicht-kommerziellen Verwertung.

c. *Zeitliche Komponente*

Weiterhin darf die nicht-kommerzielle Verwertung nicht nur einige wenige Stunden, sondern muss einen erheblichen Zeitraum andauern. Die Abbildungen werden auf den Internetplattformen in der Regel nicht nur für ein paar wenige Stunden zur Verfügung gestellt, sodass die Einwirkung auch für einen erheblichen Zeitraum besteht.

C. *Zwischenergebnis*

Auch eine nicht-kommerzielle Verwertung von Abbildungen eines Baukunstwerkes kann eine wesentliche Einwirkung auf das Eigentum des Baukunstwerkeigentümers i.S.d. § 903 S. 1 BGB darstellen. So kann bei einer nicht-kommerziellen Verwertung das abgebildete Baukunstwerk den

765 Zur ausführlicheren Begründung, weshalb in diesen Fällen eine Nutzungsbeeinträchtigung anzunehmen ist, siehe oben unter 3. Kapitel § 6 I. 4. C. c.

Schwerpunkt der Abbildung und zugleich der Verwertung bilden, unabhängig davon, ob diese zu privaten oder zu öffentlichen Zwecken erfolgt. Der in dem Baukunstwerk unmittelbar verkörperte besonders ästhetische und vermögensrechtliche Wert wird dann durch die nicht-kommerzielle Verwertung bewusst abgeschöpft, sodass ein Kontakt im Sinne einer mittelbaren Fühlungnahme und mithin eine Einwirkung vorliegt. Diese Einwirkung ist bei einer nicht-kommerziellen Verwertung durch den Abbildungskünstler allerdings nicht als wesentlich anzusehen, sofern die Abbildung nicht der Öffentlichkeit zugänglich gemacht wird und zu rein privaten Zwecken im privaten Bereich verbleibt. Hingegen ist eine wesentliche Einwirkung bei einer nicht-kommerziellen Nutzung anzunehmen, sofern die Abbildung eines Baukunstwerkes durch den Abbildungskünstler der Öffentlichkeit unentgeltlich zur Verfügung gestellt wird. Sowohl der Baukunstwerkeigentümer als auch jeder sonstige Dritte wird im Sinne des Rivalitätsgedankens erga-omnes in seinen kommerziellen Nutzungsmöglichkeiten beeinträchtigt. Dies gilt auch bei non-profit Internetplattformen wie Wikimedia-Commons, oder Europeana. Somit liegt eine Einwirkung nicht nur durch das Hochladen oder Anbieten von Abbildungen im Internet vor, sondern auch bei dem unentgeltlichen Vertrieb von Flyern, Postkarten oder Postern, sofern die kommerziellen Verwertungsmöglichkeiten dadurch für den Eigentümer sowie für jeden sonstigen Dritten beschränkt werden. Diese Verwertungen dauern in der Regel nicht nur einige wenige Stunden, sondern einen erheblichen Zeitraum. Eine erhebliche Einwirkung ist somit im Einzelfall auch bei einer nicht-kommerziellen Verwertung anzunehmen. Indes ist eine wesentliche Einwirkung abzulehnen, sofern der Baukunstwerkeigentümer hypothetisch betrachtet Abbildungen des Baukunstwerkes nicht-kommerziell verwerten würde. In dieser Konstellation sind weder der Baukunstwerkeigentümer noch ein sonstiger Dritter erga-omnes in ihrer nicht-kommerziellen Verwertung durch den Abbildungskünstler beeinträchtigt.

4. Übertragung auf bekannte Sachverhalte

Im Folgenden soll auch in Bezug auf die Verwertung von Abbildungen untersucht werden, wie sich die zur Bestimmung einer Eigentumseinwirkung entwickelten Grundsätze auf die Entscheidungen zum Hundertwasserhaus, auf die Google-Streetview-Debatte und die Entscheidungen zu Preußische Gärten und Parkanlagen auswirken und ob sich bei einer Zugrundelegung der zuvor entwickelten Grundsätze ein anderes Ergebnis im Hinblick auf die Eigentumseinwirkung ergibt.

A. *Hundertwasserhaus-Entscheidung*

In der Hundertwasserhaus-Entscheidung wurde eine Urheberrechtsverletzung aufgrund der kommerziellen Verwertung einer Aufnahme des Hundertwasserhauses angenommen.[766] Der Kläger Friedensreich Hundertwasser bot Postkarten mit dem Abbild des in seinem Eigentum stehenden Hundertwasser-Hauses zum Verkauf an, wohingegen der Beklagte die von einer Privatwohnung aus angefertigten Aufnahmen des Hundertwasser-Hauses in Form von gerahmten Drucken zum Verkauf anbot.[767] Eine Eigentumseinwirkung wurde gerichtlich nicht überprüft, da der urheberrechtliche Schutz am Hundertwasser-Haus noch nicht abgelaufen war. Begründet wurde eine Urheberrechtsverletzung damit, dass die Schranke des § 59 UrhG nicht einschlägig sei und daher der Urheberrechtsschutz umfassend gelte, da die Aufnahme nicht von einem öffentlichen Platz aus, sondern aus einer Privatwohnung heraus angefertigt wurde.[768] Eine eigentumsrechtliche Bewertung käme aufgrund der Prävalierung des Urheberrechts gegenüber dem Eigentumsrecht nur dann in Betracht, wenn der urheberrechtliche Schutz an dem abgebildeten Baukunstwerk nicht mehr besteht. Bei einer hypothetischen Bewertung der Entscheidung aus eigentumsrechtlicher Sicht wäre eine Eigentumseinwirkung aufgrund der kommerziellen Verwertung anzunehmen. Eine mittelbare Fühlungnahme liegt nach den oben entwickelten Grundsätzen vor. Der ästhetische und künstlerische Wert sowie der Bekanntheitsgrad des Hundertwasser-Hauses wurden durch die kommerzielle Verwertung der Abbildungen durch den Beklagten bewusst abgeschöpft, um eine erfolgreiche kommerzielle Verwertung erzielen zu können. Dies stellt den Kontakt im Sinne einer mittelbaren Fühlungnahme her, sodass eine Einwirkung vorliegt. Diese ist weiterhin wesentlich. Das Angebot zum Verkauf der Abbildungen tangierte den öffentlichen Bereich und stellt somit eine kommerzielle Nutzung dar. Die objektive, ökonomische Nutzbarkeit des Baukunstwerkes ist zudem erga-omnes sowohl für den Eigentümer des Baukunstwerkes als auch für jeden anderen Dritten für einen erheblichen Zeitraum beeinträchtigt, da sich Abbildungen des Baukunstwerkes nicht mehr in demselben Umfang verwerten lassen, wie wenn der Eigentümer das Monopol besäße. Eine erfolgreiche, kommerzielle Verwertung verringert sich zwangsläufig mit dem Hinzutreten eines jeden weiteren Dritten sukzessive sowohl für den Eigentümer als auch für jeden sonstigen Dritten. Die Abbildungen des Hundertwasser-Hauses

---

766 Vgl. BGH, Urt. v. 05.06.2003, I ZR 192/00, NJW 2004, 594 (594).

767 Vgl. BGH, Urt. v. 05.06.2003, I ZR 192/00, NJW 2004, 594 (594).

768 Vgl. BGH, Urt. v. 05.06.2003, I ZR 192/00, NJW 2004, 594 (595).

wurden zudem von einem Großhandelsunternehmen vertrieben und daher nicht nur für wenige Tage angeboten, sodass eine Verwertung über einen nicht nur unerheblichen Zeitraum stattfand. Somit ist auch nach den vorstehend entwickelten Kriterien eine Eigentumseinwirkung anzunehmen. Der Standort der Aufnahme ist dabei unberücksichtigt zu lassen und mithin irrelevant. Insofern ergibt sich sowohl bei einer urheberrechtlichen als auch bei einer eigentumsrechtlichen Betrachtung ein identisches Gesamtergebnis. Hinsichtlich der Begründung weichen beide Ergebnisse indes voneinander ab.

B. Google Streetview-Entscheidungen

Ein abweichendes Ergebnis könnte sich hinsichtlich der im Zusammenhang mit Google Streetview ergangenen und den daran angelehnten Gerichtsentscheidungen ergeben.[769] In den Gerichtsentscheidungen wurden eigentumsrechtliche Ansprüche aufgrund der Verwertung fotografischer Aufnahmen von Gebäuden und Grundstücken mangels einer Einwirkung auf das Eigentum an dem abgebildeten Gebäude versagt, da für die Anfertigung der Aufnahmen die Grundstücke nicht betreten wurden.[770]

Bei Zugrundelegung der zuvor herausgearbeiteten Voraussetzungen einer Eigentumseinwirkung ist zunächst zu differenzieren, ob in den Entscheidungen eine kommerzielle oder eine nicht-kommerzielle Verwertung der Abbildungen zu prüfen war. In zweien der gegenständlichen Gerichtsentscheidungen wurden Aufnahmen angefertigt, um diese anschließend mittels einer CD-ROM gewerblich zu vertreiben.[771] Mithin ist in diesen Konstellationen eine Verwertung zu kommerziellen Zwecken anzunehmen. Google Streetview hingegen bietet seine Datenbanken im Internet unentgeltlich zur Nutzung an. Einnahmen generiert Google Streetview primär durch geschaltete Werbung, sodass eine mittelbar-kommerzielle Verwertung vorliegt.[772] Ferner müsste eine mittelbare

---

769 OLG Karlsruhe, Urt. v. 16.03.2000, 4 U 145/99, IBRRS 2007, 1501; KG Berlin, Beschl. v. 25.10.2010, 10 W 127/10, MMR 2011, 414 (414 ff.); LG Waldshut-Tiengen, Urt. v. 28.10.1999, 1 O 200/99, NZM 1999, 1166 (1166 ff.); VG Karlsruhe, Beschl. v. 01.12.1999, 2 K 2911/99, MMR 2000, 181 (181 ff.).

770 So unter Anlehnung an die Friesenhaus-Entscheidung das LG Waldshut-Tiengen, Urt. v. 28.10.1999, 1 O 200/99, NZM 1999, 1166 (1167) sowie VG Karlsruhe, Beschl. v. 01.12.1999, 2 K 2911/99, MMR 2000, 181 (183); zur detaillierteren Darstellung siehe oben unter 3. Kapitel § 6 II. 3. B.

771 Vgl. LG Waldshut-Tiengen, Urt. v. 28.10.1999, 1 O 200/99, NZM 1999, 1166 (1166 ff.); VG Karlsruhe, Beschl. v. 01.12.1999, 2 K 2911/99, MMR 2000, 181 (181 ff.).

772 Vgl. https://www.zdnet.de/88376508/google-steigert-umsatz-und-gewinn-im-vierten-quartal/ (Stand: 04.02.2020, zuletzt besucht am: 17.07.2023).

Fühlungnahme gegeben sein, bei der insbesondere der in dem Eigentum verkörperte, besonders ästhetische und vermögensrechtliche Wert der abgebildeten Bauwerke bewusst abgeschöpft wird. Der Abbildungsort ist entgegen den Gerichtsentscheidungen bei dieser Prüfung einer Eigentumseinwirkung nicht entscheidend.[773] Google Streetview erleichtert dem Nutzer primär die Orientierung in der Stadt, als dass ästhetische Gebäude dargestellt werden. Die an den Straßenzügen grenzenden, abgebildeten Bauwerke stellen daher eine nebensächliche Erscheinung anstelle des Mittelpunktes der Abbildung dar. Zudem ist in der Regel ein in den abgebildeten Bauwerken vorhandener ästhetischer Wert abzulehnen.[774] Rein gewöhnliche bzw. nicht besonders künstlerisch gestaltete Gebäude dienen grundsätzlich nicht als wesensnotwendige Grundlage der Verwertung ihrer Abbildungen, da sie keine besondere Ästhetik verkörpern, die eine erfolgreiche Verwertung ihrer Abbildungen bedingen könnte.[775] Das abgebildete Bauwerk rückt derart in den Hintergrund, dass es ein bloß verzichtbares Akzidens der Abbildung bildet. Somit fehlt es bereits an dem erforderlichen Kontakt zwischen dem aufgenommenen Gebäude und der Abbildungshandlung, sodass eine mittelbare Fühlungnahme und mithin eine Einwirkung auf das Eigentum an dem Gebäude abzulehnen ist. Im Ergebnis sind die im Zusammenhang mit Google Streetview ergangenen und die daran angelehnten Gerichtsentscheidungen mit dem entwickelten Einwirkungsbegriff identisch. In beiden Konstellationen wird eine Eigentumseinwirkung versagt. Hinsichtlich ihrer Begründung weichen sie indes erheblich voneinander ab, da es entgegen den Gerichtsentscheidungen nicht auf den Standort der Abbildung ankommt.

C. Preußische Gärten und Parkanlagen-Entscheidungen

Gegenstand der Entscheidungen waren Fotografien von Außenansichten historischer Gebäude sowie der dazugehörigen Parkanlagen, die im Internet zum Verkauf angeboten wurden. Ebenfalls wurden DVDs mit Filmaufnahmen über die Stadt Potsdam und ihre Schlösser und Parkanlagen offeriert.

---

773 So aber unter Anlehnung an die Friesenhaus-Entscheidung das LG Waldshut-Tiengen, Urt. v. 28.10.1999, 1 O 200/99, NZM 1999, 1166 (1167) sowie VG Karlsruhe, Beschl. v. 01.12.1999, 2 K 2911/99, MMR 2000, 181 (183).

774 Siehe hierzu ausführlich oben unter 3. Kapitel § 6 II. 3. B.

775 Hierbei sind allerdings auch die konkreten Umstände des jeweiligen Einzelfalls zu berücksichtigen, sodass bspw. die Verwertung der Abbildung eines gewöhnlichen bzw. alltäglichen Wohnhauses durch einen Makler zu Werbezwecken ggf. auch zu einer Abschöpfung des (ästhetischen) Wertes führen könnte.

Die Außenaufnahmen der historischen Gebäude und Parkanlagen wurden jeweils vom betroffenen Grundstück aus aufgenommen. Der BGH prüfte in seinen Entscheidungen eine Verletzung des Hausrechts und nahm aufgrund des Betretens des Grundstücks eine Eigentumseinwirkung auf das Grundstück infolge der Verwertung der Abbildungen an. Das Eigentum an den abgebildeten Baukunstwerken ließ der BGH unberücksichtigt.

Nach den in dieser Arbeit herausgearbeiteten Voraussetzungen einer Eigentumseinwirkung ist der Aufnahmestandort außer Acht zu lassen. Stattdessen ist entscheidend, ob eine wesentliche Eigentumseinwirkung im Sinne einer unmittelbaren konkreten Fühlungnahme vorliegt. Der in den Baukunstwerken unmittelbar verkörperte besonders ästhetische und vermögensrechtliche Wert der Preußischen Schlösser und Gärten wurde bewusst abgeschöpft, indem die abgebildeten Baukunstwerke die kommerzielle Verwertung ermöglichen bzw. bestärken sollten. Bei den Abbildungen in Form der Fotografie- und Filmaufnahmen standen die Baukunstwerke im Mittelpunkt der Abbildungen. Somit liegt eine mittelbare Fühlungnahme und mithin eine Einwirkung vor. Die Einwirkung ist zudem wesentlich. So wird durch die kommerzielle Verwertung der Abbildungen der öffentliche Raum tangiert und das Verhältnis zur Umwelt gestört, sodass nicht lediglich eine Nutzung zu rein privaten Zwecken vorliegt. Zudem beeinträchtigt die kommerzielle Verwertung durch einen Dritten im Sinne des Rivalitätsgedankens eine kommerzielle Verwertung durch den Eigentümer der Baukunstwerke sowie durch jeden sonstigen Dritten und führt zu einer Nutzungsbeeinträchtigung erga-omnes. Die Einnahmen des Eigentümers infolge der Verwertung von Abbildungen seines Baukunstwerkes verringern sich, sofern auch andere Dritte Abbildungen des Baukunstwerkes kommerziell verwerten. Dieser wirtschaftliche Aspekt ist bei der Bestimmung einer Nutzungsbeeinträchtigung zu berücksichtigen.[776] Die Verwertung dauerte zudem nicht nur einige wenige Stunden, sondern erfolgte über einen langen Zeitraum im Wege des Verkaufs. Somit liegt eine erhebliche Eigentumseinwirkung vor. Dies verdeutlicht, dass eine Eigentumseinwirkung an den aufgenommenen Baukunstwerken begründet werden kann, ohne mit dem BGH auf das Grundstückseigentum des abgebildeten Baukunstwerkes abzustellen. Die Ergebnisse unterscheiden sich mithin erheblich hinsichtlich ihrer Begründung und ihres Ergebnisses, wenngleich nach beiden Ergebnissen eine Eigentumseinwirkung anzunehmen ist. Insofern ist das Ergebnis bezüglich der Verwertung von

776 Siehe hierzu ausführlich oben unter 3. Kapitel § 6 I. 4. C. c.

Abbildungen mit dem zuvor dargestellten Ergebnis der Anfertigung von Abbildungen der Baukunstwerke identisch.[777]

IV. Anfertigung und Verwertung von Abbildungen mittels einer Flugdrohne

Eine gesondert zu betrachtende Konstellation bildet die Anfertigung und Verwertung von Luftbildaufnahmen durch eine Flugdrohne. Der stets relevanter werdende Einsatz von Flugdrohnen verdeutlicht, dass eine nähere Betrachtung von Aufnahmen durch Flugdrohnen angezeigt ist. Laut einer Prognose des „Statista Research Department" für die Jahre 2022 bis 2030 werde der Bestand an kommerziell betriebenen Drohnen bspw. in Deutschland um 43 Prozent steigen, sodass voraussichtlich 80.000 kommerziell und 332.000 privat genutzte Drohnen eingesetzt werden.[778] Die Zahl ungenehmigter Abbildungen auch von Baukunstwerken wird somit voraussichtlich ansteigen. Inwiefern sich der Baukunstwerkeigentümer eigentumsrechtlich gegen die Abbildungen mithilfe einer Flugdrohne wehren kann, ist derzeit noch ungeklärt und soll daher näher betrachtet werden.[779] Zu unterscheiden sind dabei zwei Abwehrmöglichkeiten. Der Baukunstwerkeigentümer kann sich zunächst ausschließlich gegen das Überfliegen seines Grundstücks mit der Flugdrohne zur Wehr setzen. Andererseits kann er sich gegen die Anfertigung und die Verwertung der Abbildungen verteidigen. Da der Umfang der Eigentumsrechte im Hinblick auf die Anfertigung und Verwertung von Abbildungen betrachtet wird, soll auf eine Eigentumseinwirkung durch das Überfliegen des Grundstücks nicht näher eingegangen werden. Zunächst ist daher die bislang hierzu ergangene Rechtsprechung dahingehend zu betrachten, ob aus ihr Lösungsansätze gewonnen werden können. Im Anschluss ist das Vorliegen einer Eigentumseinwirkung anhand des entwickelten Einwirkungsbegriffs zu prüfen.

---

777 Siehe hierzu vorgehend unter 3. Kapitel § 6 II. 3. B.

778 https://de.statista.com/statistik/daten/studie/972642/umfrage/bestand-an-privat-und-kommerziell-genutzten-drohnen-in-deutschland/ (Stand: Juli 2023, zuletzt besucht am 08.04.2024).

779 Hierzu auch *Wanckel*, BGH, Urt. v. 01.03.2013, V ZR 14/12, NJW 2013, 1809 (1813), der zur Entscheidung Preußische Gärten und Parkanlagen II anmerkte, dass die rechtliche Situation in Bezug auf Drohnen noch ungeklärt sei.

1. Darstellung der Rechtsprechung

In der Rechtsprechung wurden bislang im Hinblick auf die Anfertigung von Luftbildaufnahmen eines Grundstücks aus einem Hubschrauber heraus seitens des OLG Oldenburg eigentumsrechtliche Abwehransprüche des Eigentümers des Grundstücks abgelehnt.[780] Der Eigentümer sei durch die bloße Abbildung nicht in der Nutzungsmöglichkeit seines Grundstückseigentums beeinträchtigt, da ihm weiterhin die Nutzungsmöglichkeit im Hinblick auf den fotografischen Anblick seines Grundstücks zustünde.[781] Zudem sei gem. § 1 Abs. 1 LuftVG die Benutzung des Luftraums frei.[782] Ebenso lehnte das LG Itzehoe im Zusammenhang mit der Anfertigung von Satellitenaufnahmen eines Grundstücks durch Google-Earth eine Eigentumseinwirkung und damit eigentumsrechtliche Abwehransprüche des Grundstückseigentümers im Hinblick auf das Grundstück und die darauf befindlichen Bauwerke ab.[783] Das LG begründete dies damit, dass das Grundstück für die Aufnahmen nicht betreten wurde und somit von einer allgemein zugänglichen Stelle aufgenommen worden sei.[784] Auch wenn sich das Grundstückseigentum auf die senkrechte Luftsäule über dem Grundstück erstrecke, sei gem. § 1 LuftVG die ordnungsgemäße Nutzung des Luftraums durch Luftfahrtzeuge grundsätzlich frei, sodass keine Eigentumseinwirkung vorliege.[785] Eine Eigentumseinwirkung wurde daher jeweils abgelehnt. Im Hinblick auf eine Eigentumseinwirkung auf das abgebildete Baukunstwerk führen die zitierten Entscheidungen zu keinen Lösungsansätzen. Schließlich bezieht sich das OLG Oldenburg ausschließlich auf eine Prüfung des Grundstückseigentums und lässt eine Eigentumsbeeinträchtigung an den abgebildeten Bauwerken außer Betracht. Auch wenn das LG Itzehoe

---

780 OLG Oldenburg, Urt. v. 12.10.1987, 13 U 59/87, NJW-RR 1988, 951 (952), in der es zwar nicht um den Einsatz von Flugdrohnen ging, aber um das Anfertigen von Luftbildaufnahmen aus einem Hubschrauber, was sich in rechtlicher Hinsicht auf den Einsatz von Drohnen uneingeschränkt übertragen lässt.

781 OLG Oldenburg, Urt. v. 12.10.1987, 13 U 59/87, NJW-RR 1988, 951 (952).

782 OLG Oldenburg, Urt. v. 12.10.1987, 13 U 59/87, NJW-RR 1988, 951 (952).

783 LG Itzehoe, Urt. v. 11.06.2020, 10 O 84/20, ZUM-RD 2020, 541 (543 f.).

784 LG Itzehoe, Urt. v. 11.06.2020, 10 O 84/20, ZUM-RD 2020, 541 (543 f.).

785 LG Itzehoe, Urt. v. 11.06.2020, 10 O 84/20, ZUM-RD 2020, 541 (543 f.); eine Ausnahme von der freien Nutzung könnte dann in Betracht kommen, sofern es sich um eine nicht mehr hinnehmbare Intensität des Überflugs über dasselbe Grundstück handelt oder ein stärkerer Lärm verursacht wird, als nach dem Stand der Technik vermeidbar wäre, vgl. hierzu *Solmecke/Nowak*, MMR 2014, 431 (434) und *Lassally*, NZM 1964, 163 (164).

eine Beeinträchtigung des Eigentums an den abgebildeten Bauwerken mit einzubeziehen scheint, so bringt auch diese Entscheidung keine weiterführenden Lösungsansätze. Schließlich macht das LG eine Eigentumsbeeinträchtigung von dem Standort der Abbildung abhängig, auf den es nach dem herausgearbeiteten Einwirkungsbegriff nicht ankommt.

2. Vorliegen einer Eigentumseinwirkung

Zu prüfen ist daher, welches Ergebnis sich bei der Prüfung einer Eigentumseinwirkung nach den zuvor entwickelten Voraussetzungen im Hinblick auf die Anfertigung und Verwertung von Abbildungen von Baukunstwerken ergibt.

A. Anfertigung der Abbildung

Sofern mithilfe einer Flugdrohne Aufnahmen eines Baukunstwerkes aufgenommen werden und dieses Werk den Mittelpunkt der Abbildung darstellt, so könnte mithilfe der Abbildung der unmittelbar in dem Werk verkörperte ästhetische und vermögensrechtliche Wert abgeschöpft werden. Wenn das Baukunstwerk nicht lediglich ein unwesentliches Beiwerk darstellt, ist eine mittelbare Fühlungnahme und somit ein Kontakt mit dem Baukunstwerk anzunehmen, der zu einer Eigentumseinwirkung führen kann. Dies ist bei Luftbildaufnahmen indes zweifelhaft. Schließlich können mithilfe einer Flugdrohne Aufnahmen aus erheblicher Höhe aufgenommen werden. Das abgebildete Baukunstwerk wird mit zunehmender Entfernung auf der Abbildung immer kleiner und mithin weniger erkennbar. Insofern ist entscheidend, aus welcher Entfernung die Aufnahme getätigt wird und wie stark das Baukunstwerk dabei noch den Mittelpunkt der Abbildung bildet oder vielmehr ein verzichtbares Akzidens verkörpert. In diesem Zusammenhang ist auf § 905 S. 2 BGB zurückzugreifen. Diese Norm regelt zwar nicht den Umfang der Eigentumsrechte des § 903 S. 1 BGB, sondern normiert eine Duldungspflicht des Eigentümers.[786] Dennoch können die in diesem Zusammenhang ergangenen Überlegungen zur Bestimmung eines verzichtbaren Akzidens übertragen werden. Gem. § 905 S. 2 BGB werden Einwirkungen aus einer solchen Höhe nicht verboten, bei denen der Eigentümer an der Ausschließung kein Interesse mehr haben kann. Ein Ausschließungsinteresse sei u.a. bei Aufnahmen in erheblicher Höhe anzuzweifeln.[787] Bei Aufnahmen in einer Höhe von etwa

---

786 *Stadler/Klöpfer*, JA 2017, 901 (906).

787 *Stadler/Klöpfer*, JA 2017, 901 (906), die die Ausübung einer rein formalen Rechtsposition diskutieren, wobei zusätzlich nach der Art der Einwirkung insbesondere

50 Metern ist ein Ausschließungsinteresse demnach zu versagen, sofern die Aufnahme nicht mithilfe eines Zooms vergrößert und der Abstand dadurch verkleinert wird.[788] Dies erscheint als geeigneter Richtwert zur Bestimmung eins verzichtbaren Akzidens. Schließlich dringen bei einer solchen Entfernung auch umliegende Motive stärker in den Vordergrund der Abbildung vor, sodass das Baukunstwerk nahezu verblasst und lediglich ein unwesentliches Beiwerk und mithin ein verzichtbares Akzidens abbildet. Somit ist bei einer Aufnahme aus einer Höhe von etwa über 50 Metern eine mittelbare Fühlungnahme mit dem abgebildeten Baukunstwerk zu versagen. Sofern sie etwa unter 50 Metern angefertigt wurde und das Baukunstwerk noch den Mittelpunkt der Abbildung bildet, wird in der Regel eine Einwirkung anzunehmen sein. Weiterhin müsste diese Einwirkung auch wesentlich sein. Sofern die Abbildung ausschließlich für private Zwecke angefertigt wurde, liegt keine wesentliche Einwirkung vor. Sofern sie indes für öffentliche Zwecke angefertigt wurde und insofern in den öffentlichen Bereich hineinragt, ist das erste Kriterium der Wesentlichkeit erfüllt. Aus einer bestimmten Perspektive der Flugdrohne kann zudem weder der Eigentümer noch ein sonstiger Dritter zum selben Zeitpunkt wie der Aufnehmende Aufnahmen anfertigen, sodass eine erga-omnes Nutzungsbeeinträchtigung besteht. Indes wird die Aufnahme nicht über einen erheblichen Zeitraum von mehreren Stunden aus derselben Perspektive aufgenommen werden. Eine Flugdrohne bewegt sich im Luftraum in der Regel schnell und verharrt nicht über einen längeren Zeitraum in derselben Position. Mithin ist die Einwirkung nicht als wesentlich zu bewerten.

B. Verwertung der Abbildung

Im Hinblick auf das Vorliegen einer Eigentumseinwirkung durch die Verwertung der Abbildung eines Baukunstwerkes ist zu differenzieren zwischen einer kommerziellen und einer mittelbar-kommerziellen sowie einer nichtkommerziellen Verwertung. Auch hier ist zunächst eine mittelbare Fühlungnahme im Sinne eines Kontaktes mit dem abgebildeten Werk erforderlich, der sich durch das bewusste Abschöpfen des unmittelbar in der Sache verkörperten besonders ästhetischen und vermögensrechtlichen Wertes zeigt. Sofern

---

auf ihre Gefahrträchtigkeit hin differenziert werden solle; nach *Lakkis*, in: FS Schilken (2015), 61 (67) auch wenn im Rahmen einer Interessenabwägung den Eigentümerinteressen ein Vorrang gegenüber den Interessen des verwertenden Dritten eingeräumt werde.

788 Vgl. *Stadler/Klöpfer*, JA 2017, 901 (906).

das abgebildete Baukunstwerk den Schwerpunkt der Abbildung bildet und sein ästhetischer und vermögensrechtlicher Wert durch die Veröffentlichung bewusst abgeschöpft wird, entsteht der für eine mittelbare Fühlungnahme erforderliche Kontakt. Entsprechend gelten ebenfalls die zuvor im Rahmen der Anfertigung einer Abbildung herausgearbeiteten Argumente, wonach das abgebildete Baukunstwerk bei einer Entfernung von etwa 50 Metern immer kleiner und unerkennbarer wird und daher nicht mehr den Mittelpunkt der Abbildung und mithin der Verwertung bildet. Schließlich ist die Verwertbarkeit einer Aufnahme immer weniger von dem ästhetischen Wert des abgebildeten Werkes abhängig, je weiter sich die Flugdrohne vom abgebildeten Werk entfernt.

Weiterhin müsste die Einwirkung auch wesentlich sein und somit den öffentlichen Bereich tangieren, die Nutzung des Eigentümers und eines sonstigen Dritten erga-omnes beeinträchtigen und nicht nur einen unerheblichen Zeitraum andauern. Sofern die Abbildung der Öffentlichkeit zugänglich gemacht wird, tangiert die Verwertung den öffentlichen Bereich. Dies gilt unabhängig davon, ob die Verwertung zu kommerziellen, mittelbar-kommerziellen oder zu nicht-kommerziellen Zwecken erfolgt. Darüber hinaus wird der Eigentümer und jeder sonstige Dritte im Sinne der Rivalität auch in der Nutzbarkeit des Eigentums beeinträchtigt. Der Eigentümer und jeder sonstige Dritte können bei der kommerziellen Verwertung von Abbildungen durch den Abbildenden das Eigentum nicht mehr in demselben Umfang wirtschaftlich verwerteten, wie wenn der Eigentümer das Monopol auf dem Markt diesbezüglich besäße. Die Verwertung wird in der Regel nicht nur einen unerheblichen Zeitraum andauern, sodass auch das Kriterium der Wesentlichkeit erfüllt ist und eine Eigentumseinwirkung i.S.d. § 903 S. 1 BGB vorliegt. Dies gilt bei einer nicht-kommerziellen Verwertung indes nicht, wenn der Eigentümer Abbildungen seines Bauwerkes ausschließlich nicht-kommerziell zu verwerten beabsichtigt. In diesem Fall ist dem Eigentümer und jedem Dritten die nicht-kommerzielle Verwertung trotz der nicht-kommerziellen Verwertung des Abbildenden weiterhin uneingeschränkt möglich, sodass keine erga-omnes Nutzungsbeeinträchtigung angenommen werden kann.

Die Vorschrift des § 1 Abs. 1 LuftVG steht der Annahme einer Eigentumseinwirkung, entgegen der Ansicht der Rechtsprechung, nicht entgegen.[789]

789 So aber OLG Oldenburg, Urt. v. 12.10.1987, 13 U 59/87, NJW-RR 1988, 951 (952) und noch deutlicher LG Itzehoe, Urt. v. 11.06.2020, 10 O 84/20, ZUM-RD 2020, 541 (544), das aus der Gestattung des Überflugs pauschal eine Gestattung der Anfertigung von Abbildungen ohne weitere Begründung annimmt.

Schließlich gestattet diese Norm ausschließlich den Überflug eines Grundstücks mit einer Flugdrohne. Sie gestattet indes nicht die Anfertigung bzw. Verwertung von Abbildungen des überflogenen Grundstücks und der darauf befindlichen Bauwerke.[790] Diese Handlungen sind differenziert voneinander zu betrachten und zu bewerten.

3. *Zwischenergebnis*

Die Anfertigung einer Abbildung durch eine Flugdrohne stellt keine Eigentumseinwirkung dar, da auch bei der Annahme einer erga-omnes Nutzungsbeeinträchtigung keine Beeinträchtigung über einen erheblichen Zeitraum von mehreren Stunden aus der identischen Perspektive vorliegt. Hingegen ist eine Eigentumseinwirkung bei einer kommerziellen, einer mittelbar-kommerziellen sowie zum Teil auch bei einer nicht-kommerziellen Verwertung von Aufnahmen durch eine Flugdrohne anzunehmen, sofern die Aufnahme nicht aus erheblicher Höhe aufgenommen wurde und das Baukunstwerk weiterhin den Mittelpunkt der Abbildung darstellt. Dies ist bei einer Abbildung aus einer Entfernung von über 50 Metern abzulehnen. Das Baukunstwerk ist dann aus einer so starken Entfernung aufgenommen worden, dass der unmittelbar in dem Werk verkörperte ästhetische und vermögensrechtliche Wert nicht mehr abgeschöpft werden kann.

V. Persönlichkeitsrechte des Eigentümers als Anknüpfungspunkt der Einwirkung

Neben oder alternativ zu einer Eigentumseinwirkung könnte eine Verletzung des allgemeinen Persönlichkeitsrechts des Eigentümers in Betracht kommen, sofern Abbildungen des in seinem Eigentum stehenden Baukunstwerkes abgebildet und anschließend verwertet werden. Relevant wird dies insbesondere, wenn eine Eigentumseinwirkung hinsichtlich des betroffenen Baukunstwerkes im Einzelfall abzulehnen ist. Da soeben festgestellt werden konnte, dass die Anfertigung von Abbildungen und in einigen Fällen auch die Verwertung einer Abbildung keine Eigentumseinwirkung darstellt, könnte der Eigentümer ggf. stattdessen die Verletzung von Persönlichkeitsrechten geltend machen. Dabei ist das Eigentum grundsätzlich geeignet, einen Schutz der Person, bspw. in Bezug auf seine Privatsphäre, zu bewirken.[791]

---

790 Vgl. *Regenfus*, NZM 2011, 799 (800); *Grosskopf*, CR 2014, 759 (761); MüKo/*Brückner*, *BGB* Bd. 8, § 905 Rn. 12.

791 Vgl. *Zech*, AcP 219 (2019), 488 (589).

Das Grundstück und das sich darauf befindliche Baukunstwerk dienen prinzipiell als Rückzugsort einer Person und mithin dem Schutz ihrer persönlichen Sphäre. So nahm der BGH in der „Haus auf Teneriffa"-Entscheidung eine Persönlichkeitsrechtsverletzung des Eigentümers aufgrund der Abbildungen seines Grundstücks und deren kommerziellen Verwertung durch einen unbefugten Dritten an und ließ zugleich eine Entscheidung über eine Eigentumsverletzung dahinstehen.[792] Genauso nahm der BGH in der Entscheidung „Feriendomizil I und II" aufgrund der Anfertigung und Verwertung von Grundstücksaufnahmen grundsätzlich einen Eingriff in das allgemeine Persönlichkeitsrecht an.[793] Nach der Ansicht des BGH sei das Grundstück zumindest dann der Privatsphäre des Eigentümers zuzurechnen, sofern es dem Eigentümer die Möglichkeit der abgeschiedenen Nutzung ermögliche und die Aufnahme mit entsprechenden Hilfsmitteln angefertigt wurde, z.B. mithilfe eines Teleobjektivs, einer Leiter oder aus einem Flugzeug, und somit nicht von einer allgemein zugänglichen und einsehbaren Stelle getätigt wurde.[794] Eine Persönlichkeitsrechtsverletzung sei jedoch nicht pauschal anzunehmen, sondern müsse für jeden Einzelfall gesondert bewertet werden.[795]

Den Untersuchungsgegenstand dieser Arbeit bilden Baukunstwerke insbesondere im Eigentum eines Museums, sodass aufgrund ihrer öffentlichen Zugänglichkeit und abhängig von ihrer rechtlichen Trägerschaft ein persönlichkeitsrechtlicher Schutz im Gegensatz zu Privatpersonen fraglich ist. Zu differenzieren ist daher bei Museen hinsichtlich ihres persönlichkeitsrechtlichen Schutzes zwischen Museen in öffentlich-rechtlicher Trägerschaft und Museen in privater, freier sowie kirchlicher (nicht-öffentlicher) Trägerschaft, die ggf. zugleich als Wohnort des Eigentümers dienen. Da Museen in nicht-öffentlicher Trägerschaft ausschließlich von Privatpersonen oder von juristischen Personen des Privatrechts betrieben werden, ist bei den Museen in öffentlich-rechtlicher Trägerschaft ferner zu differenzieren zwischen ihrer Ausgestaltung als juristische Person des öffentlichen Rechts oder als juristische Person des Privatrechts. Grundsätzlich fallen ausschließlich natürliche Personen in den Schutzbereich

792 BGH, Urt. v. 27.04.1971, VI ZR 171/69, GRUR 1971, 417 (417 f.).

793 BGH, Urt. v. 09.12.2003, VI ZR 373/02, GRUR 2004, 438 (438 ff.), lehnte einen Anspruch im Ergebnis aber wegen einem das Persönlichkeitsrecht überwiegenden Recht auf die Pressefreiheit ab.

794 BGH, Urt. v. 09.12.2003, VI ZR 373/02, GRUR 2004, 438 (439).

795 BGH, Urt. v. 09.12.2003, VI ZR 373/02, GRUR 2004, 438 (440).

des allgemeinen Persönlichkeitsrechts,[796] sodass die von Privatpersonen betriebenen Museen grundsätzlich vom Schutzbereich umfasst werden. Hinsichtlich juristischer Personen ist ein persönlichkeitsrechtlicher Schutz umstritten.[797] Ausgeschlossen ist dabei grundsätzlich ein Schutz der Persönlichkeitsrechte bei juristischen Personen des öffentlichen Rechts,[798] sodass Museen in öffentlich-rechtlicher Trägerschaft bereits nicht von dem persönlichkeitsrechtlichen Schutz erfasst werden, sofern sie als juristische Person des öffentlichen Rechts organisiert sind. Da öffentlich-rechtliche Museen in der Regel als Rechtsform der Stiftung des öffentlichen Rechts ausgestaltet sind, kann sich ein Großteil der Museen in öffentlich-rechtlicher Trägerschaft somit nicht auf einen Schutz der Persönlichkeitsrechte berufen. Diesen verbliebe daher ein Schutz ihres Eigentums über die Eigentumsrechte. Hinsichtlich der juristischen Personen des Privatrechts wird ein Schutz der Persönlichkeitsrechte unter Verweis auf Art. 19 Abs. 3 GG teilweise zugestanden.[799] Dadurch erhielten sowohl öffentlich-

---

796 Vgl. Epping/Hillgruber/*Lang,* BeckOK GG, Art. 2 Rn. 50, wonach jedenfalls juristische Personen des öffentlichen Rechts keinen Persönlichkeitsschutz genießen könnten, wohingegen in Ausnahmefällen juristische Personen des Privatrechts über die Anwendung des Art. 19 Abs. 3 GG den Schutz des allgemeinen Persönlichkeitsrechts erlangen können; ein Unternehmenspersönlichkeitsrecht i.V.m. Art. 19 Abs. 3 GG bejahend: OLG Brandenburg, Urt. v. 24.01.2011, 1 U 3/10, ZUM-RD 2011, 169 (169 ff); OLG Köln, Urt. v. 18.01.2011, 15 U 130/10, ZUM-RD 2011, 411 (411 ff.).

797 Ein Unternehmenspersönlichkeitsrecht i.V.m. Art. 19 Abs. 3 GG bejahend: OLG Brandenburg, Urt. v. 24.01.2011, 1 U 3/10, ZUM-RD 2011, 169 (169 ff); OLG Köln, Urt. v. 18.01.2011, 15 U 130/10, ZUM-RD 2011, 411 (411 ff.); indes offen gelassen vom BVerfG, Beschl. v. 18.11.2004, 1 BvR 2252/04, ZUM 2005, 474 (475); hierzu auch Epping/Hillgruber/*Lang,* BeckOK GG, Art. 2 Rn. 50, wonach jedenfalls juristische Personen des öffentlichen Rechts keinen Persönlichkeitsschutz genießen können, wohingegen in Ausnahmefällen juristische Personen des Privatrechts über die Anwendung des Art. 19 Abs. 3 GG den Schutz des allgemeinen Persönlichkeitsrechts erlangen können, bspw. das Recht am gesprochenen Wort.

798 Vgl. Epping/Hillgruber/*Lang,* BeckOK GG, Art. 2 Rn. 50.

799 Ein Unternehmenspersönlichkeitsrecht i.V.m. Art. 19 Abs. 3 GG bejahend: OLG Brandenburg, Urt. v. 24.01.2011, 1 U 3/10, ZUM-RD 2011, 169 (169 ff); OLG Köln, Urt. v. 18.01.2011, 15 U 130/10, ZUM-RD 2011, 411 (411 ff.); indes offen gelassen vom BVerfG, Beschl. v. 18.11.2004, 1 BvR 2252/04, ZUM 2005, 474 (475); Epping/Hillgruber/*Lang,* BeckOK GG, Art. 2 Rn. 50, wohingegen in Ausnahmefällen juristische Personen des Privatrechts über die Anwendung des Art. 19 Abs. 3 GG den Schutz des allgemeinen Persönlichkeitsrechts erlangen können, bspw. das Recht am gesprochenen Wort.

rechtliche Museen sowie nicht-öffentliche Museen einen Rechtsschutz, sofern sie als juristische Person des Privatrechts organisiert sind.

Indes besteht dann die Gefahr, dass durch eine zu weitegehende und generalklauselartige Verwendung des Begriffs des allgemeinen Persönlichkeitsrechts eine ausufernde Anwendung droht.[800] Die Grenzen des Schutzes eines allgemeinen Persönlichkeitsrechts werden immer weniger bestimmbar und der Schutzbereich könnte so stark ausgedehnt werden, dass eine „persönlichkeitsrechtliche Aufladung des Eigentums" erzeugt wird.[801] Dies zeigt, wie ungreifbar die Kriterien des allgemeinen Persönlichkeitsrechts im Hinblick auf den Schutz des Eigentums sind und welche Unsicherheiten damit einhergehen.[802] Daher ist ein Schutz des Persönlichkeitsrechts in Bezug auf den Schutz des Eigentums abzulehnen. Somit werden sowohl Museen in öffentlich-rechtlicher Trägerschaft als auch Museen in nicht-öffentlicher Trägerschaft nicht vom Schutzbereich des allgemeinen Persönlichkeitsrechts erfasst, sofern sie dadurch den Schutz ihres Eigentums zu begründen beabsichtigen. Dies gilt unabhängig davon, ob sie als juristische Person des öffentlichen Rechts oder des Privatrechts organisiert sind. Mithin stellt das allgemeine Persönlichkeitsrecht keinen alternativen oder neben das Eigentumsrecht tretenden Anknüpfungspunkt dar, um eine Eigentumseinwirkung begründen zu können.

VI. Eigentumsgefährdung als Eigentumseinwirkung

Neben der vorstehend versagten Möglichkeit einer Verletzung des allgemeinen Persönlichkeitsrechts als Eigentumseinwirkung ist weiterhin denkbar, dass infolge der Anfertigung und Verwertung von Abbildungen eines Baukunstwerkes, insbesondere eines Museums, eine Eigentumsgefährdung veranlasst und dadurch eine Eigentumseinwirkung begründet wird. So könnten Abbildungen für kriminelle Zwecke wie bspw. für Hauseinbrüche oder Diebstähle verwendet werden, indem bspw. Datenbanken mit Bild- oder Filmmaterial in der Öffentlichkeit angeboten werden, sodass die dadurch gewonnenen Informationen zu einer Eigentumsgefährdung führten.[803] Die große Anzahl an

800 V. Falck, Anmerkung zu BGH, Urt. v. 27.04.1971, VI ZR 171/69, GRUR 1971, 417 (418 f.).

801 *Zech,* AcP 219 (2019), 488 (590).

802 Vgl. *Zech,* AcP 219 (2019), 488 (591), nach dem die Zuweisung des Eigentums nicht durch Abwägungsvorgänge definiert werden könne und auf eine klare Abgrenzbarkeit angewiesen sei.

803 *Dehner,* Nachbarrecht, Band III AL 39 August 2007, B § 38 S. 12c Fn. 31; MüKo/*Raff,* BGB, Bd. 8, § 1004 Rn. 129 ff.

Bilddaten von Hausgrundstücken, Gebäudeansichten und Straßen und Wegen biete Kriminellen denkbare Planungsvorteile im Hinblick auf Gebäudeeinbrüche, indem sie größere Wohngebiete schneller, unbeobachtet sowie detailliert erfassen könnten, ohne die Straßen abfahren zu müssen und ohne ggf. im Vorfeld negative Aufmerksamkeit zu erregen.[804] Das Eigentum werde dabei nicht unmittelbar durch die Anfertigung oder Verwertung der Abbildung beeinträchtigt, sondern durch die Erschaffung einer mittelbaren Gefahr im Wege der Bereitstellung und Verbreitung der Abbildungen an Dritte. Die Gefahr eines Einbruchs sei dabei als so erheblich zu bewerten, dass die Möglichkeit der Abrufbarkeit der Häuseraufnahmen zu einer Bedrohung des Sacheigentums und mithin zu einer Einwirkung auf das Eigentum führe.[805] Das Bereitstellen von Informationen bedinge somit eine mittelbare Eigentumsgefährdung.[806] Diese Gefahr könnte sich neben Wohngebäuden insbesondere auch bei Baukunstwerken eines Museums realisieren. Schließlich verfügen diese über wertvolle Kunstbestände und sind daher besonders einbruchsgefährdet. Die rechtliche Trägerschaft eines Museums ist dabei unberücksichtigt zu lassen, da die Einbruchsgefahr in allen Trägerschaften identisch zu bewerten ist.

Allerdings stellt die Eigentumsgefährdung lediglich eine – abstrakte – Gefahr dar.[807] Wie bereits ausgeführt, ist die bloße Gefahr einer Eigentumsbeeinträchtigung weder dinglich noch deliktisch geschützt und wird daher nicht von der Eigentumsfreiheit mit umfasst.[808] Darüber hinaus werden bei einer Eigentumsgefährdung als Eigentumseinwirkung Unsicherheiten im Hinblick auf die konkrete Störerzuordnung provoziert.[809] So bleibt offen, ob der Abbildende das Eigentum beeinträchtigt oder vielmehr derjenige, der die Abbildungen für Dritte zugänglich macht und somit, ob bspw. der Plattformbetreiber oder derjenige, der die Aufnahmen in die Plattform hochgeladen hat, als Störer in Betracht kommen.[810] Die Annahme einer Eigentumseinwirkung aufgrund

---

804 MüKo/*Raff*, BGB, Bd. 8, § 1004 Rn. 131.

805 MüKo/*Raff*, BGB, Bd. 8, § 1004 Rn. 131 f.

806 MüKo/*Raff*, BGB, Bd. 8, § 1004 Rn. 132.

807 Vgl. Gsell/Krüger/Lorenz/Reymann/*Spohnheimer*, BeckOGK BGB, § 1004 Rn. 137.

808 *Schack*, ZEuP 2006, 149 (155); *Lehment*, Das Fotografieren von Kunstgegenständen, S. 102 bezüglich der bloßen Gefahr einer möglichen finanziellen Einbuße, die als reines Vermögensinteresse weder dinglich noch deliktisch geschützt sei und daher auch nicht eigentumsrechtlich erfasst werde.

809 Gsell/Krüger/Lorenz/Reymann/*Spohnheimer*, BeckOGK, BGB, § 1004 Rn. 137.

810 Zur Ablehnung der Störerhaftung eines Plattformbetreibers: BGH, Urt. v. 17.12.2010, V ZR 44/10, ZUM 2011, 325 (326 ff.); Gsell/Krüger/Lorenz/Reymann/*Spohnheimer*, BeckOGK, BGB, § 1004 Rn. 137.

einer bloßen Gefahr des Grundstücks- bzw. Gebäudeeigentums ist daher im Ergebnis abzulehnen. Eine denkbare Alternative zu dem herausgearbeiteten Begriff einer Eigentumseinwirkung im Sinne einer mittelbaren Fühlungnahme stellt diese Ansicht folglich nicht dar.

VII. Zwischenergebnis

Die Anfertigung von Abbildungen eines Baukunstwerkes wird nicht von den negativen Befugnissen des Eigentümers erfasst, wohingegen das ausschließliche Recht zur Verwertung von Abbildungen dem Baukunstwerkeigentümer im Einzelfall innerhalb seiner negativen Befugnisse ausschließlich zugewiesen wird. Der Unterschied zu dem Ergebnis innerhalb der positiven Befugnisse des Eigentümers ergibt sich daraus, dass die negativen Befugnisse zusätzlich eine Einwirkung auf das Eigentum voraussetzen. Diese ist grundsätzlich weit aufzufassen und zugleich durch das aus § 1004 Abs. 1 BGB abgeleitete Kriterium der Körperlichkeit zu begrenzen. Dieses Kriterium der Körperlichkeit soll dabei nicht nur bei einer Beschädigung der Sachsubstanz vorliegen, sondern auch bei einer Nutzungsbeeinträchtigung im Sinne einer mittelbaren Fühlungnahme. Diese Fühlungnahme setzt einen Kontakt zwischen der beeinträchtigenden Handlung und dem beeinträchtigten Eigentum voraus, der durch eine Nutzung der wesensnotwendigen Grundlage des abgebildeten Baukunstwerkes begründet wird. Baukunstwerke weisen dabei als Kunstwerke einen in ihnen unmittelbar verkörperten, besonders ästhetischen und vermögensrechtlichen Wert auf. Dieser muss schließlich bewusst zum Zwecke der Nutzung abgeschöpft werden und nicht lediglich ein verzichtbares Akzidens darstellen, um einen Kontakt mit dem Baukunstwerk herzustellen. Aufgrund des weiten Verständnisses der Eigentumseinwirkung muss die Einwirkung zusätzlich wesentlich sein. Herausgearbeitet wurden dabei drei kumulativ erforderliche Kriterien zur Bestimmung der Wesentlichkeit einer Einwirkung. So hat die Einwirkung in den öffentlichen Bereich hineinzuragen und darf nicht ausschließlich private Zwecke verfolgen. Zusätzlich muss sie im Sinne des Rivalitätsgedankens zu einer erga-omnes Nutzungsbeeinträchtigung führen und einen erheblichen Zeitraum von mehreren Stunden andauern.

A. Keine wesentliche Eigentumseinwirkung durch die Anfertigung einer Abbildung

Diese Voraussetzungen sind bei der Anfertigung von Abbildungen eines Baukunstwerkes durch einen Abbildungskünstler nicht erfüllt, sodass keine wesentliche Einwirkung besteht. Zwar wird aufgrund eines funktional-dynamischen Verständnisses der Eigentumseinwirkung die ausschließliche Sachnutzung eines Baukunstwerkes des Baukunstwerkeigentümers aufgrund der Abbildung seines Werkes durch einen unbefugten Abbildungskünstler grundsätzlich beeinträchtigt. Auch liegt eine Einwirkung im Sinne einer mittelbaren Fühlungnahme vor, wenn das abgebildete Baukunstwerk das zentrale Element für den Abbildungskünstler darstellt und in den Mittelpunkt der Abbildung ausgerichtet wird. Insbesondere der ästhetische Wert des Baukunstwerkes soll in der Regel mittels einer Abbildung eingefangen und verewigt werden. Indes ist die Einwirkung nicht als wesentlich zu bewerten. Auch wenn eine Abbildung zu öffentlichen Zwecken angefertigt wird und sowohl der Baukunstwerkeigentümer als auch jeder sonstige Dritte durch die Anfertigung der Abbildung erga-omnes in der Anfertigung von eigenen Abbildungen des Baukunstwerkes beeinträchtigt werden, da eine Abbildung aus derselben Perspektive wie aus der des Abbildungskünstlers nicht möglich ist, so liegt in der Regel keine Einwirkung über einen erheblichen Zeitraum vor. Sowohl Foto- als auch Filmaufnahmen werden grundsätzlich nur für wenige Augenblicke aus derselben Perspektive heraus aufgenommen. Abbildungen in Form der Zeichnung oder Malerei werden zwar über einen längeren Zeitraum angefertigt, allerdings werden sie ebenfalls selten über mehrere Stunden von demselben Standort aus angefertigt und betrachten nicht nur eine kurze, zum Teil nur eine Sekunde dauernde Momentaufnahme. Bei dem Nachbau eines Baukunstwerkes ist eine erga-omnes Nutzungsbeeinträchtigung zu versagen, da Skulpturen grundsätzlich in dem Atelier des Abbildungskünstlers angefertigt werden, sodass weder der Baukunstwerkeigentümer noch ein sonstiger Dritter an der Anfertigung von Abbildungen des Baukunstwerkes gehindert werden.

B. Wesentliche Eigentumseinwirkung durch die Verwertung einer Abbildung

Hingegen sind die Voraussetzungen einer wesentlichen Einwirkung in der Regel bei einer Verwertung von Abbildungen eines Baukunstwerkes erfüllt, sodass dem Baukunstwerkeigentümer innerhalb seiner negativen Befugnisse das ausschließliche Recht zur Verwertung von Abbildungen der in seinem Eigentum stehenden Baukunstwerke zugewiesen wird. Zu differenzieren ist dabei zwischen einer kommerziellen, einer mittelbar-kommerziellen sowie einer nicht-kommerziellen Verwertung durch den Abbildungskünstler.

a. *Kommerzielle Verwertung*

Bei einer kommerziellen Verwertung wird grundsätzlich der unmittelbar in dem abgebildeten Baukunstwerk verkörperte, besonders ästhetische und vermögensrechtliche Wert bewusst zum Zwecke der kommerziellen Verwertung der Abbildung abgeschöpft. Das abgebildete Baukunstwerk stellt dann den Schwerpunkt der Abbildung dar und ist nicht lediglich als verzichtbares Akzidens zu bewerten, sodass eine mittelbare Fühlungnahme und mithin eine Einwirkung vorliegt. Die Einwirkung ist auch wesentlich, da sie aufgrund ihres kommerziellen Vertriebs in den öffentlichen Bereich hineinragt, die Nutzungsmöglichkeiten des Baukunstwerkeigentümers und eines sonstigen Dritten erga-omnes beeinträchtigt und zusätzlich nicht nur einen unerheblichen Zeitraum von wenigen Stunden andauert. Die kommerzielle Verwertung sowohl durch den Eigentümer als auch durch jeden sonstigen Dritten ist bei der kommerziellen Verwertung durch den Abbildungskünstler nicht mehr in demselben Umfang möglich, wie wenn der Baukunstwerkeigentümer oder ein anderer Dritter das Monopol auf dem Markt besäße. Die Einnahmen des Eigentümers können sich durch die kommerzielle Verwertung von Abbildungen seines Baukunstwerkes durch den Abbildungskünstler verringern. Der wirtschaftliche Aspekt einer kommerziellen Verwertung ist bei der Bestimmung einer erga-omnes Nutzungsbeeinträchtigung zu berücksichtigen. Der vermögensrechtliche Wert eines Baukunstwerkes ist unmittelbar in dem Werk verkörpert. Durch die kommerzielle Verwertung durch den Abbildungskünstler verringert sich der unmittelbar in dem Werk verkörperte vermögensrechtliche Wert, die freie Verfügungsmacht des Baukunstwerkeigentümers wird beeinträchtigt und es liegt nicht lediglich eine Gefahr finanzieller Einbußen vor. Stattdessen realisiert sich die Gefahr bereits in dem Moment der kommerziellen Verwertung durch den Abbildungskünstler.

b. *Mittelbar-kommerzielle Verwertung*

Bei einer mittelbar-kommerziellen Verwertung ist zu differenzieren, ob der ästhetische und vermögensrechtliche Wert des Baukunstwerkes bewusst zum Zwecke der Verwertung abgeschöpft wird und somit eine mittelbare Fühlungnahme bzw. Eigentumseinwirkung vorliegt. Sofern der Abbildungskünstler als Dienstleister mithilfe der Abbildungen primär für seine eigenen Dienstleistungen wirbt und diese mithin den Fokus der Abbildung sowie der Verwertungshandlung bilden, gerät das abgebildete Baukunstwerk in den Hintergrund und stellt ein verzichtbares Akzidens dar. Sofern ein Abbildungskünstler als Plattformbetreiber hingegen Abbildungen zum unentgeltlichen Download bereitstellt und gleichzeitig durch geschaltete Werbung Einnahmen generiert, wird der ästhetische und vermögensrechtliche Wert der Abbildungen zum Zwecke der Verwertung abgeschöpft. Der Plattformbetreiber wird in der Regel besonders ästhetische Abbildungen auf seiner Plattform einstellen, um eine höhere Besucherzahl seiner Website zu erreichen. Schließlich steigt das Interesse der Werbeanbieter, je höher die Plattform von Dritten frequentiert wird. Der Baukunstwerkeigentümer und sonstige Dritte werden in ihrer eigenen Nutzungsmöglichkeit von Abbildungen des Baukunstwerkes beeinträchtigt, sofern Abbildungen des Baukunstwerkes auf der Plattform des Abbildungskünstlers unentgeltlich zum Download bereitgestellt werden. Zudem werden die Abbildungen auf einer Plattform in der Regel nicht nur für einen unerheblichen Zeitraum eingestellt, sodass die Einwirkung insgesamt wesentlich ist. Mithin wird im Einzelfall auch eine mittelbar-kommerzielle Verwertung ausschließlich dem Baukunstwerkeigentümer zugewiesen.

c. *Nicht-kommerzielle Verwertung*

Sofern bei einer nicht-kommerziellen Verwertung das abgebildete Baukunstwerk den Schwerpunkt der Abbildung und deren Verwertung darstellt, liegt ebenfalls eine mittelbare Fühlungnahme vor. Bei einer Nutzung der Abbildungen zu rein privaten Zwecken, bspw. ausschließlich für den eigenen Gebrauch oder zur Weitergabe an den eigenen Freundes- oder Familienkreis, ist eine wesentliche Einwirkung nicht gegeben. Hingegen ist eine wesentliche Eigentumseinwirkung beim Anbieten von Abbildungen durch reine non-profit Internetplattformen wie Wikimedia Commons oder Europeana anzunehmen, da in der Regel der besonders ästhetische und vermögensrechtliche Wert eines Baukunstwerkes zum Zwecke der Verwertung bewusst abgeschöpft wird und die Einwirkung auch wesentlich ist. Der Begriff der Öffentlichkeit ist aus dem Begriff der öffentlichen Wiedergabe des § 15 Abs. 3 UrhG abzuleiten. Bei der öffentlichen Widergabe von Abbildungen auf den Plattformen von Wikimedia-Commons oder Europeana als reine non-profit Organisationen liegt eine nicht-kommerzielle, aber öffentliche Widergabe vor. Zudem ist eine erga-omnes Nutzungsbeeinträchtigung des Baukunstwerkeigentümers bzw. eines sonstigen Dritten gegeben, sofern der Eigentümer hypothetisch betrachtet Abbildungen seines Baukunstwerkes kommerziell verwertet. Auf eine tatsächlich bestehende Verwertungsabsicht kommt es dabei nicht an. Somit wird auch eine nicht-kommerzielle Verwertung ausschließlich dem Baukunstwerkeigentümer innerhalb der negativen Befugnisse zugewiesen.

C. *Kein Schutz des allgemeinen Persönlichkeitsrechts*

Das allgemeine Persönlichkeitsrecht im Hinblick auf einen Schutz des Eigentums stellt keine geeignete Alternative zu einer Eigentumseinwirkung dar. Das allgemeine Persönlichkeitsrecht ist nicht so weit aufzufassen, als dass auch das Eigentum hierüber geschützt werden kann.

D. *Keine Eigentumseinwirkung durch Eigentumsgefährdung*

Auch eine Eigentumsgefährdung genügt nicht für die Annahme einer Eigentumseinwirkung. Die bloße Gefahr einer Eigentumsbeeinträchtigung ist weder dinglich noch deliktisch geschützt und wird daher nicht von der Eigentumsfreiheit mit umfasst. Zudem werden hierdurch Unsicherheiten im Hinblick auf die konkrete Störerzuordnung provoziert.

§ 7 Ergebnis

Mithilfe einer dogmatischen Betrachtung des Eigentumsinhaltes des § 903 S. 1 BGB konnte herausgearbeitet werden, dass dem Baukunstwerkeigentümer positive und negative Eigentümerbefugnisse hinsichtlich der Anfertigung und Verwertung von Abbildungen der in seinem Eigentum befindlichen Baukunstwerke zugewiesen werden. Das äußere Erscheinungsbild des Baukunstwerkes wird von dem Inhalt des Sacheigentums des § 903 S. 1 BGB erfasst, das durch bestehende Urheberrechte des Baukunstwerkurhebers an noch nicht gemeinfreien Baukunstwerken verdrängt wird. Dabei ist streng zwischen dem Grundstückseigentum und dem Eigentum an dem Baukunstwerk zu differenzieren, da sich das Grundstückseigentum nicht zwingend auch auf das Eigentum an dem auf dem Grundstück befindlichen Baukunstwerk erstreckt. Indes erstreckt sich das Recht des Baukunstwerkeigentümers auf die in das Baukunstwerk ein- bzw. angebrachten Gegenstände, sofern diese nicht nur für einen vorübergehenden Zweck und untrennbar mit dem Baukunstwerk verbunden werden. Die positiven und negativen Befugnisse des Baukunstwerkeigentümers erstrecken sich somit auch auf die in das Werk eingebrachten Sachen.

Aus der bislang ergangenen Rechtsprechung zur Anfertigung und Verwertung von Abbildungen von Bauwerken durch Dritte ließen sich keine konkreten Erkenntnisse zum Inhalt des Eigentums und einer Eigentumseinwirkung bezogen auf das abgebildete Baukunstwerk herleiten, sodass der Inhalt des Eigentums des § 903 S. 1 BGB dogmatisch näher zu bestimmen war. Es ist ein einheitlicher Eigentumsbegriff zu bevorzugen, der nicht innerhalb verschiedener Anspruchsgrundlagen differenziert. Dabei wird der Inhalt des Eigentums gem. § 903 S. 1 BGB geprägt von den positiven und negativen Befugnissen des Eigentümers.

Die positiven Befugnisse setzen im Gegensatz zu den negativen Befugnissen keine Einwirkung auf das Eigentum voraus. Die Befugnisse des Eigentümers sind vielmehr als Generalermächtigung des Eigentümers aufzufassen, die ihm das Herrschaftsrecht zur grundsätzlich freien Verfügung über sein Eigentum geben. Dabei wird die Anfertigung von Abbildungen durch den Eigentümer als tatsächliche Benutzung und ihre Verwertung als rechtliche Nutzung i.S.d. § 100 BGB den positiven Befugnissen des Eigentümers zugewiesen.

Diese Befugnisse werden dem Eigentümer unter Berücksichtigung eines funktional-dynamischen Eigentumsverständnisses äquivalent auch innerhalb seiner negativen Befugnisse zugewiesen. Folglich kann die Anfertigung einer Abbildung als tatsächliche Benutzung des Baukunstwerkes durch den Abbildungskünstler genauso wie deren Verwertung als rechtliche Nutzung gem. § 100 BGB grundsätzlich die ausschließliche Sachnutzung des Baukunstwerkeigentümers beeinträchtigen. Dies setzt voraus, dass keine dem Eigentumsrecht gegenüber prävalierenden Urheberrechte mehr bestehen. Zudem setzten die negativen Befugnisse zusätzlich eine Eigentumseinwirkung voraus, da diese im Unterschied zu den positiven Befugnissen den Rechtskreis eines Dritten berühren können und daher weitere Voraussetzungen zur Beschränkung des umfassenden Herrschaftsrechts des Eigentümers gerechtfertigt sind. Herausgearbeitet wurde ein weites Verständnis einer Eigentumseinwirkung, die durch eine mittelbare Fühlungnahme definiert wird. Erforderlich ist ein Kontakt zwischen der beeinträchtigenden Handlung und dem beeinträchtigten Eigentum. Dieser Kontakt wird bei Baukunstwerken dadurch hergestellt, dass durch die Nutzungshandlung der unmittelbar in dem Baukunstwerk verkörperte besonders ästhetische und vermögensrechtliche Wert bewusst zum Zwecke der Nutzung abgeschöpft wird. Zusätzlich muss die Einwirkung die herausgearbeiteten Kriterien der Wesentlichkeit erfüllen. Dies setzt zunächst voraus, dass die Einwirkung den öffentlichen Bereich tangiert, was bei einer kommerziellen Verwertung indiziert wird. Zusätzlich muss die Einwirkung im Sinne des Rivalitätsgedankens zu einer erga-omnes Nutzungsbeeinträchtigung führen und darf nicht nur einen unerheblichen Zeitraum von wenigen Stunden andauern.

Anhand dieser entwickelten Voraussetzungen einer Eigentumseinwirkung wird die Anfertigung einer Abbildung nicht von den negativen Befugnissen des Eigentümers erfasst, sodass dem Baukunstwerkeigentümer folglich nicht das ausschließliche Recht zur Anfertigung von Abbildungen der in seinem Eigentum stehenden Baukunstwerke zugewiesen wird. Der Baukunstwerkeigentümer kann sich daher nicht gegen die Anfertigung der Abbildung eigentumsrechtlich verteidigen – unabhängig davon, ob der Abbildungskünstler die Abbildungen ausschließlich zu privaten oder zu kommerziellen Zwecken anfertigt. Folglich entsteht in dieser Konstellation kein Konflikt zwischen den Rechten des Abbildungskünstlers und den Eigentumsrechten des Baukunstwerkeigentümers. Indessen stellt eine Verwertung von Abbildungen des Baukunstwerkes durch den Abbildungskünstler grundsätzlich eine wesentliche Eigentumseinwirkung dar. Dies hängt im Einzelfall davon ab, ob es sich um eine kommerzielle, eine mittelbar-kommerzielle oder eine nicht-kommerzielle Verwertung handelt.

Dem Baukunstwerkeigentümer werden die Verwertungsrechte somit ausschließlich zugewiesen, sodass sich ein Konflikt zwischen den Rechten des Abbildungskünstlers und den Eigentumsrechten des Baukunstwerkeigentümers realisiert: Der Abbildungskünstler wird hinsichtlich der Anfertigung und Verwertung von Abbildungen eines Baukunstwerkes verfassungsrechtlich und urheberrechtlich geschützt, auch wenn das Baukunstwerk im Eigentum eines Dritten steht und der Abbildungskünstler keine Zustimmung des Baukunstwerkeigentümers zur Anfertigung bzw. Verwertung der Abbildungen erhalten hat. Gleichzeitig wird dem Eigentümer aufgrund seiner negativen Befugnisse grundsätzlich das ausschließliche Recht im Hinblick auf die Verwertung von Abbildungen der in seinem Eigentum stehenden Baukunstwerke zugewiesen, sofern die Baukunstwerke nicht mehr urheberrechtlich geschützt werden. Folglich stehen sich konfligierende Rechte gegenüber, die miteinander in einen gerechten Ausgleich zu bringen sind. Neben dem Konkurrenzverhältnis zwischen dem Abbildungskünstler und dem Baukunstwerkeigentümer entsteht bei nicht-gemeinfreien Kunstwerken ein weiteres Konkurrenzverhältnis zwischen den positiven und negativen Befugnissen des Baukunstwerkeigentümers mit den Urheberrechten des Baukunstwerkurhebers. Dies verdeutlicht, dass sich vielfältige Konkurrenzverhältnisse zwischen den sachenrechtlichen Eigentumsrechten des Baukunstwerkeigentümers an einem Baukunstwerk, den Urheberrechten des Abbildungskünstlers und den Urheberrechten des Baukunstwerkurhebers ergeben können. Dies hängt davon ab, ob das Baukunstwerk noch urheberrechtlichen Schutz genießt oder bereits gemeinfrei geworden ist. Daher soll im Folgenden herausgearbeitet werden, ob de lege lata ein gerechter Ausgleich zwischen den konfligierenden Rechten der Betroffenen geschaffen wird. Dabei ist insbesondere auf die besonderen Pflichten eines Museums als Eigentümer von Baukunstwerken in Bezug auf ihre öffentliche Zugänglichmachung näher einzugehen. Sofern bereits gesetzliche Beschränkungen der Eigentumsrechte bestehen und dadurch ein gerechter Ausgleich mit den Rechten und Interessen des Abbildungskünstlers bzw. des Baukunstwerkurhebers geschaffen wird, könnte schließlich eine legislative Intervention entbehrlich sein. Dies eröffnet die folgende Prüfung der Beschränkungsmöglichkeiten von Eigentumsrechten an einem Baukunstwerk de lege lata.

Kapitel 4: Beschränkungen der Eigentumsrechte de lege lata

Der Inhalt und die Grenzen der Eigentumsrechte werden gem. § 903 S. 1 BGB durch Gesetze sowie Rechte Dritter bestimmt,[811] sodass im Folgenden zu untersuchen ist, ob der Eigentumsinhalt hinsichtlich der Verwertung von Abbildungen des Baukunstwerkes durch den Abbildungskünstler bereits de lege lata infolge gesetzlicher Vorschriften oder durch bestehende Rechte Dritter beschränkt wird. Insbesondere bei Eigentümern von Baukunstwerken eines Museums könnten sich aus ihrer Eigenschaft als Museum besondere Einschränkungen ihrer eigentumsrechtlichen Ausschließungsrechte hinsichtlich der Verwertung von Abbildungen der in ihrem Eigentum stehenden Baukunstwerke durch unbefugte Abbildungskünstler ergeben. Sowohl die positiven als auch die negativen Eigentümerbefugnisse werden bei noch parallel bestehenden Urheberrechten des Baukunstwerkurhebers durch diese beschränkt und verdrängt,[812] sodass der Schwerpunkt der folgenden Ausführungen in der Beschränkung der Eigentumsrechte an gemeinfreien Baukunstwerken eines Museums besteht. Der Konflikt zwischen dem Baukunstwerkeigentümer und des Abbildungskünstlers verwirklicht sich auf der Ebene der negativen Befugnisse des Eigentümers, weshalb primär die de lege lata bestehenden Beschränkungen der negativen Befugnisse des Eigentümers betrachtet werden. Da die Anfertigung von Abbildungen nicht von den negativen Befugnissen des Eigentümers erfasst wird, sind diese mangels eines entstehenden Konfliktes mit dem Abbildungskünstler von der folgenden Prüfung auszuschließen. Eine besondere Bedeutung kommt im Folgenden der Ausgestaltung eines Museums als öffentlich-rechtliches oder nicht-öffentliches Museum zu.

§ 1 Gesetzliche Beschränkungen der Eigentumsrechte

Im Folgenden sind bereits existierende, gesetzliche Beschränkungen dahingehend zu untersuchen, ob sie die Eigentumsrechte des Eigentümers hinsichtlich seiner Verwertungsrechte beschränken. Dabei werden zunächst die urheberrechtlichen Schrankenregelungen dahingehend betrachtet, ob sie bei einem bereits erloschenen Urheberrecht an dem abgebildeten Baukunstwerk

---

811 Vgl. Staudinger/*Althammer*, BGB, § 903 Rn. 13; sowie oben unter 3. Kapitel § 4.

812 Siehe hierzu bereits ausführlicher vorgehend unter 3. Kapitel § 3 I. 2.

auf die Eigentumsrechte angewendet werden können. Die urheberrechtlichen Schrankenregelungen werden relevant, sofern ein Dritter ein urheberrechtlich geschütztes Werk zu nutzen beabsichtigt. Übertragen auf die Eigentumsrechte würden bei einer Anwendung der urheberrechtlichen Schrankenregelungen daher die negativen Befugnisse des Eigentümers tangiert. Anschließend werden das Denkmalschutzgesetz, die ICOM-Richtlinien für Museen, das UNESCO-Übereinkommen und auch weitere in diesem Zusammenhang denkbare Beschränkungen daraufhin überprüft, inwiefern sie Beschränkungen der negativen Befugnisse des Eigentümers insbesondere eines Museums zugunsten des Abbildungskünstlers vorsehen.

I. Urheberrechtliche Schrankenregelungen

Die urheberrechtlichen Schrankenregelungen sind in den §§ 44a ff. UrhG geregelt und grenzen die in den §§ 15 ff. UrhG festgelegten Verwertungsrechte des Urhebers dahingehend ein, dass sie im Einzelfall nicht ausschließlich ihm zustehen, sondern ein Interessenausgleich zwischen den Interessen des Urhebers und den Interessen der Allgemeinheit geschaffen werden soll.[813] Da die urheberrechtlichen Schrankenregelungen grundsätzlich nur zu einer Beschränkung der Urheberrechte führen, könnte der Gedanke eines Interessenausgleichs auf den Konflikt zwischen den Eigentumsrechten des Baukunstwerkeigentümers und den Urheberrechten des Abbildungskünstlers übertragen werden. Besonders relevant sind in Bezug auf die Verwertung von Abbildungen eines Baukunstwerkes die Beschränkungsmöglichkeiten von unwesentlichen Beiwerken i.S.d. § 57 UrhG sowie von Werken, die sich dauerhaft an öffentlichen Plätzen i.S.d. § 59 UrhG befinden. Auch § 50 UrhG könnte im Einzelfall in Bezug auf die Berichterstattung von Tagesereignissen im Zusammenhang mit der Abbildung von Baukunstwerken heranzuziehen sein.[814] Durch die Übertragung der Schrankenregelungen könnte ein gerechter Interessenausgleich zwischen den Rechten des Baukunstwerkeigentümers am Schutz seines Eigentums an dem abgebildeten Baukunstwerk sowie den Rechten des Abbildungskünstlers im Hinblick auf die Verwertung von Abbildungen seines Baukunstwerkes geschaffen werden. Voraussetzung dafür ist, dass die urheberrechtlichen Schrankenregelungen auf die Eigentumsrechte Anwendung finden.

---

813 Dreier/Schulze/*Dreier*, UrhG, Vorbem. §§ 44a ff., Rn. 1, wodurch auch die grundrechtliche Sozialbindung des Eigentums aus Art. 14 Abs. 2 S. 2 GG berücksichtigt werde.

814 Siehe den Fall *Gurlitt*.

I. Anwendbarkeit

Da die urheberrechtlichen Schrankenregelungen ausschließlich die Rechte des Urhebers bei noch bestehendem Urheberrecht und nicht die des Eigentümers beschränken,[815] kommt eine analoge Anwendung der urheberrechtlichen Vorschriften in Betracht, sofern die Voraussetzungen einer analogen Anwendung erfüllt sind. Dies setzt eine vergleichbare Interessenlage sowie eine planwidrige Regelungslücke voraus. In den Entscheidungen zu Preußische Gärten und Parkanlagen verwies der BGH in Bezug auf eine Anwendung des § 59 UrhG auf eine „Parallelwertung" und wendete diese Schrankenregelung ohne eine nähere Begründung pauschal an.[816] Auch in der Literatur wird zum Teil eine Anwendung des § 59 UrhG vertreten, wenngleich sich auch dort bislang keine begründete Herleitung findet.[817] Vor einer Prüfung der einzelnen Voraussetzungen einer analogen Anwendung stellt sich daher die Vorfrage einer

---

815 So auch schon LG Hamburg, Urt. v. 30.04.1993, 324 O 77/93, AfP 1994, 161 (162), welches eine Anwendung des § 59 UrhG (in Bezug auf die Abbildung eines Segelbootes und mithin einer beweglichen Sache) ablehnte – da es sich nicht um die Ablichtung eines urheberrechtlich geschützten Werkes handelte, ließ es allerdings Überlegungen zu einer analogen Anwendung auf das Eigentum außer Acht.

816 Vgl. in der Schloss-Tegel-Entscheidung in BGH, Urt. v. 20.09.1974, I ZR 99/73, GRUR 1975, 500 (501); aber auch in der Friesenhaus-Entscheidung in BGH, Urt. v. 09.03.1989, I ZR 54/87, NJW 1989, 2251 (2252); BGH, Urt. v. 17.12.2010, V ZR 45/10, GRUR 2011, 323 (324); BGH, Urt. v. 17.12.2010, V ZR 46/10, ZUM 2011, 333 (334).

817 *Lehment,* Das Fotografieren von Kunstgegenständen, S. 101 f., der die Möglichkeit der Übertragung urheberrechtlicher Schranken erwähnt aber nicht näher problematisiert, da er die Anfertigung und Verwertung von Aufnahmen nicht von der Eigentumsfreiheit erfasst ansieht; ähnlich *Dreier,* in: FS Dietz 2001, 235 (251), der ohne nähere Ausführungen von einer Parallele der gesetzgeberischen Intention der urheberrechtlichen Schrankenregelungen spricht und daraus im Hinblick auf § 59 UrhG zunächst eine generelle Freiheit des Straßenbildes ableiten will – zudem erkennt er den Bedarf einer § 59 UrhG vergleichbaren Beschränkung zugunsten einer Berichterstattung über aktuelle Ereignisse in Abwägung mit der Pressefreiheit aus Art. 5 Abs. 1 S. 2 GG, begründet und untersucht dies allerdings nicht eingehender; *Jayme,* Kunst & Recht Bulletin 2011, 11 (18 f., 24, 27) geht ebenfalls davon aus, dass die Panoramafreiheit das Eigentum begrenzt, lässt aber offen, woraus sich eine Begründung hierfür ergeben könnte und bezieht sich einerseits auf die Voraussetzungen des § 59 UrhG und andererseits auf eine Herleitung aus der grundrechtlichen Kunstfreiheit des Art. 5 Abs. 3 S. 1 GG und schließlich auf „die Panoramafreiheit als allgemeiner Rechtsgrundsatz", wobei eine begründete Herleitung offen bleibt; auch *Prengel,* Bildzitate von Kunstwerken, S. 225, erkennt

generellen Analogiefähigkeit der urheberrechtlichen Schrankenregelungen, da diese aufgrund des grundrechtlichen Gesetzesvorbehaltes verfassungswidrig sein könnte.

A. *Analogiefähigkeit*

Sowohl Art. 20 Abs. 3 GG als auch Art. 14 Abs. 1 S. 2 GG enthalten einen eigenen Gesetzesvorbehalt. Dieser ist Ausdruck der Gesetzmäßigkeit der Verwaltung und mithin ein essentielles Element des Rechtsstaatsprinzips.[818] Er ist stets überall zu berücksichtigen, wo in belastender Art und Weise in eine individuelle Rechtsposition eingegriffen wird und erfordert daher eine gesetzliche Grundlage zur Rechtfertigung von Eingriffen.[819] Eine analoge Anwendung der urheberrechtlichen Schranken auf die Eigentumsrechte des § 903 S. 1 BGB würde in belastender Art und Weise in das Eigentumsrecht eingreifen, da der Eigentümer sich nicht mehr gegen eine Verwertung von Abbildungen durch den Abbildungskünstler aus seinem Eigentumsrecht in vollem Umfang zur Wehr setzen könnte. Ob eine analoge Anwendung den Anforderungen an ein Gesetz und mithin dem Vorbehalt des Gesetzes genügen kann, gilt es zu prüfen.

a. *Voraussetzungen des allgemeinen Gesetzesvorbehaltes gem. Art. 20 Abs. 3 GG*

Art. 20 Abs. 3 GG definiert ein Gesetz i.S.d. Art. 20 Abs. 3 GG grundsätzlich weit und umfasst jede geschriebene bundes- oder landesrechtliche Norm und somit u.a. jedes nicht bloß formelle Gesetz, einschließlich Verfassungsbestimmungen, Rechtsverordnungen und Satzungen.[820] Auch allgemeine Rechtsgrundsätze und insbesondere auch die Rechtsfortbildung sollen den Anforderungen an ein Gesetz genügen, worunter grundsätzlich auch die Analogie zu subsumieren sei.[821] Dies gelte jedenfalls dann, sofern die analoge Anwendung methodisch

---

§ 59 UrhG als Schranke des Eigentums an, verlangt aber nicht, dass sich die Werke bleibend auf dem Grundstück befinden.

818 Von Münch/Kunig/*Kotzur*, GG, Art. 20 Rn. 138.

819 Von Münch/Kunig/*Kotzur*, GG, Art. 20 Rn. 154; streitig ist dagegen, ob der Gesetzesvorbehalt ausschließlich in Form der Eingriffsverwaltung einschlägig ist, ob er einen Totalvorbehalt auch für begünstigende Verwaltungshandlungen enthält oder ob schließlich eine differenzierte Betrachtung nach der jeweiligen betroffenen Materie angezeigt ist, vgl. von Münch/Kunig/*Kotzur*, GG, Art. 20 Rn. 155.

820 Sachs/*Sachs*, GG, Art. 20 Rn. 107, 118; v. Mangoldt/Klein/Starck/*Sommermann*, Art. 20 Rn. 285.

821 Sachs/*Sachs*, GG, Art. 20 Rn. 121; BVerwG, NJW 2014, 2340, Rz. 28.

gerechtfertigt ist, gesetzgeberische Grundentscheidungen respektiert werden und anerkannte Auslegungsmethoden Anwendung finden.[822] Auf diese Weise sollen unbeabsichtigte und rechtskonstruktive Lücken in enger Anlehnung an die gesetzlichen Regelungen geschlossen werden.[823] Eine Analogie fällt somit unter den Gesetzesbegriff des Art. 20 Abs. 3 GG, sodass sie zunächst mit den rechtsstaatlichen Grundsätzen des allgemeinen Gesetzesvorbehaltes gem. Art. 20 Abs. 3 GG vereinbar ist.

b. Voraussetzungen des speziellen Gesetzesvorbehaltes gem. Art. 14 Abs. 1 S. 2 GG

Von dem Gesetzesbegriff i.S.d. Art. 14 Abs. 1 S. 2 GG werden zum Schutz des Eigentums ausschließlich Gesetze im materiellrechtlichen oder förmlichen Sinne bzw. jeder gültige Rechtssatz eines materiellrechtlichen Gesetzes erfasst.[824] Der Inhalt des Eigentums ist dabei zwingend durch die Legislative zu bestimmen.[825] Diese Definition eines Gesetzes ist mithin enger als die Definition des allgemeinen Gesetzesvorbehaltes aus Art. 20 Abs. 3 GG und konkretisiert ihn zugleich.[826] Im Unterschied zu sonstigen verfassungsrechtlichen Gesetzesvorbehalten ist das Eigentum ohne ein Tätigwerden der Legislative nicht denkbar, da ausschließlich die Rechtsordnung die Bedingungen des „Eigen" festlegen kann.[827] Art. 14 Abs. 1 S. 2 GG ist somit als Konkretisierung des allgemeinen Gesetzesvorbehaltes aufzufassen und geht Art. 20 Abs. 3 GG in der Anwendung vor, sodass eine analoge Anwendung zwingend die Voraussetzungen eines Gesetzes i.S.d. Art. 14 Abs. 1 S. 2 GG erfüllen muss. Bei einer analogen Anwendung der urheberrechtlichen Schrankenregelungen werden die legislativen Regelungen des Urheberrechtsgesetzes als förmliches Gesetz nicht unmittelbar angewendet. Stattdessen beruht eine analoge Anwendung

822 Sachs/*Sachs*, GG, Art. 20 Rn. 121; BVerwG, NJW 2014, 2340, Rz. 28.

823 BVerwG, Urt. v. 27.11.2002, 6 A 4/02, NVwZ 2003, 986 (988), bei der eine analoge Anwendung gerechtfertigt war, um die Vereinigung „Kalifatstaat" zu verbieten, welche ausdrücklich die Demokratie und rechtsstaatliche Grundsätze ablehnte.

824 Vgl. v. Mangoldt/Klein/Starck/*Sommermann*, GG, Art. 20 Rn. 273 ff.; Dürig/Herzog/Scholz/*Papier/Shirvani*, GG, Art. 14 Rn. 418.

825 Vgl. Sachs/*Wendt*, GG, Art. 14 Rn. 54 ff.; v. Mangoldt/Klein/Starck/*Depenheuer/Froese*, GG, Art. 14 Rn. 224; Von Münch/Kunig/*Bryde/Wallrabenstein*, GG, Art. 14 Rn. 87.

826 Vgl. v. Mangoldt/Klein/Starck/*Sommermann*, GG, Art. 20 Rn. 273 ff.; Dürig/Herzog/Scholz/*Papier/Shirvani*, GG, Art. 14 Rn. 418.

827 Von Münch/Kunig/*Bryde*, GG, Art. 14 Rn. 87.

der Regelungen nur mittelbar auf einem förmlichen Gesetz. Dies entspricht indes nicht den Anforderungen an ein Gesetz im materiellrechtlichen oder förmlichen Sinne bzw. einem gültigen Rechtssatz eines materiellrechtlichen Gesetzes, das jeweils durch die Legislative bestimmt wurde.[828]

c. Keine Vergleichbarkeit mit Gewohnheitsrechten

Die Voraussetzungen des Gesetzesvorbehaltes aus Art. 14 Abs. 1 S. 2 GG könnten indes vorliegen, sofern eine analoge Anwendung mit dem Gewohnheitsrecht vergleichbar ist. Schließlich wird zum Teil vertreten, dass eine eigentumsrechtliche Inhaltsbestimmung auch durch das Gewohnheitsrecht erfolgen könne, da auch das Gewohnheitsrecht den Inhalt und Umfang des Eigentums bestimme.[829] Hiergegen wird eingewendet, dass das Gewohnheitsrecht nicht den Anforderungen an ein förmliches Gesetz genüge bzw. keine formell-gesetzliche Ermächtigungsgrundlage bestehe.[830] Ob das Gewohnheitsrecht eine gesetzliche Grundlage darstellt, kann indes offenbleiben, sofern das Gewohnheitsrecht mit einer Analogie nicht vergleichbar ist. Im Unterschied zu einer Analogie wird das Gewohnheitsrecht in der Regel über einen langen Zeitraum von der Rechtsprechung angewendet. Dadurch etabliert sich eine Rechtspraxis, von der auch die Öffentlichkeit Kenntnis erlangt und daher mit einer gesetzlichen Vorschrift vergleichbar ist. Durch das Gewohnheitsrecht könnte zugleich der Inhalt des Eigentums hinreichend bestimmt werden. Das Entstehen einer etablierten Rechtspraxis ist bei der analogen Anwendung von urheberrechtlichen Schrankenregelungen zweifelhaft. Bei einer Analogie werden der betroffene Eigentümer und die Allgemeinheit grundsätzlich zeitlich nach der analogen Anwendung der entsprechenden Norm über den Inhalt des Eigentums in Kenntnis gesetzt. Eine Rechtspraxis wird dadurch nicht etabliert. Dies wäre nur dann anders zu bewerten, wenn die urheberrechtlichen Vorschriften über einen längeren Zeitraum wiederholt analog angewendet werden. Eine analoge Anwendung von Normen wäre dann mit der Anwendung von Gewohnheitsrechten vergleichbar. An einer einheitlichen bzw. generell an einer Rechtspraxis fehlt es allerdings bislang in Bezug auf die analoge Anwendung

828 Vgl. v. Mangoldt/Klein/Starck/*Sommermann*, GG, Art. 20 Rn. 273 ff.; v. Mangoldt/Klein/Starck/*Depenheuer/Froese*, GG, Art. 14 Rn. 224; Dürig/Herzog/Scholz/*Papier/Shirvani*, GG, Art. 14 Rn. 418; vgl. Sachs/*Wendt*, GG, Art. 14 Rn. 54 ff.; Von Münch/Kunig/*Bryde/Wallrabenstein*, GG, Art. 14 Rn. 87.

829 Dürig/Herzog/Scholz/*Papier/Shirvani*, GG, Art. 14 Rn. 418.

830 Jarass/Pieroth/*Jarass*, GG, Art. 14 Rn. 35.

urheberrechtlicher Schrankenregelungen auf die sachenrechtlichen Eigentumsrechte bei der Anfertigung und Verwertung von Abbildungen. Schließlich haben die Gerichte in den bisher entschiedenen Fällen ausschließlich die Wertungen des § 59 UrhG auf die Eigentumsrechte übertragen, hingegen nicht die Voraussetzungen einer analogen Anwendung im Einzelnen geprüft.[831] Eine allgemeine Rechtspraxis ist daraus nicht abzuleiten. Auch ist es der Judikative grundsätzlich untersagt, sich „aus der Rolle des Normanwenders in die einer normsetzenden Instanz“[832] zu begeben.[833] Zwar darf der Richter aufgrund eines stetig schneller werdenden Wandels der gesellschaftlichen Verhältnisse das Recht weiterentwickeln, andererseits hat er sich dabei an den Vorgaben des geltenden Rechts zu orientieren und diejenigen Wertevorstellungen zu berücksichtigen, die der verfassungsmäßigen Rechtsordnung immanent sind und sich nicht dem Sinn und Zweck des Gesetzes entziehen.[834] Bei einer analogen Anwendung urheberrechtlicher Schrankenregelungen würde sich die Judikative in die Rolle einer normsetzenden Instanz begeben, was insbesondere dem speziellen Gesetzesvorbehalt des Art. 14 Abs. 1 S. 2 GG widerspricht. Die zum Gewohnheitsrecht entwickelten rechtlichen Gedanken und Voraussetzungen sind daher nicht mit denen einer analogen Anwendung vergleichbar.

d. Restriktive Anwendung urheberrechtlicher Schrankenregelungen

Gegen eine analoge Anwendung der urheberrechtlichen Schrankenregelungen ist ferner anzuführen, dass die urheberrechtlichen Schranken innerhalb des Urheberrechts restriktiv anzuwenden sind, da der Gesetzgeber innerhalb der Schrankenregelungen bereits eine Vorausabwägung der grundrechtlichen Interessen vorgenommen hat, sodass von einer urheberrechtlich bereits geregelten maximalen Beschränkung der Urheberrechte auszugehen ist.[835] Insofern ist eine erweiterte Anwendung über das nötige Maß hinaus in der Regel

---

831 Vgl. BGH, Urt. v. 20.09.1974, I ZR 99/73, GRUR 1975, 500 (501); BGH, Urt. v. 09.03.1989, I ZR 54/87, NJW 1989, 2251 (2252); BGH, Urt. v. 17.12.2010, V ZR 45/10, GRUR 2011, 323 (324); BGH, Urt. v. 17.12.2010, V ZR 46/10, ZUM 2011, 333 (334).

832 BVerfG, NJW 1993, 996 (997).

833 V. Mangoldt/Klein/Starck/*Sommermann*, GG, Art. 20 Rn. 286.

834 Vgl. v. Mangoldt/Klein/Starck/*Sommermann*, GG, Art. 20 Rn. 286.

835 BGH, Urt. v. 18.04.1985, I ZR 24/83, GRUR 1985, 874 (876); Fromm/Nordemann/*Dustmann*, UrhR, Vor §§ 44a ff. Rn. 7.

zu vermeiden und stattdessen eine enge Auslegung vorzuziehen.[836] Sofern die Schrankenregelungen bereits im Urheberrecht tendenziell eng ausgelegt werden, um eine ausufernde Anwendung zu verhindern, so dürfte erst recht eine Übertragung der Schrankenregelungen in analoger Anwendung auf die sachenrechtlichen Eigentumsrechte ausgeschlossen sein. Im Ergebnis erfüllt eine analoge Anwendung der urheberrechtlichen Schrankenregelungen somit nicht die Voraussetzungen eines Gesetzes i.S.d. Art. 14 Abs. 1 S. 2 GG.[837] Eine analoge Anwendung stellt mithin einen Verstoß gegen Art. 14 Abs. 1 S. 2 GG dar und ist verfassungswidrig. Auf die einzelnen Voraussetzungen einer Analogie ist daher nicht näher einzugehen.

B. Übertragung urheberrechtlicher Wertungen

Da eine analoge Anwendung der urheberrechtlichen Schrankenregelungen aufgrund der Verfassungswidrigkeit nicht in Betracht kommt, ist anschließend die Übertragung urheberrechtlicher Wertungen auf das Eigentumsrecht zu prüfen. Nach der Ansicht der obergerichtlichen Rechtsprechung sei eine kommerzielle Verwertung im Hinblick auf die urheberrechtliche Schranke des § 59 UrhG zulässig, sofern die kommerziell verwerteten Abbildungen durch den Abbildungskünstler außerhalb des Grundstücks des Eigentümers von allgemein zugänglichen Plätzen aus angefertigt werden.[838] Dies gelte dann nicht, wenn das Grundstück des Eigentümers zum Zwecke der Abbildung betreten werde.[839] Diese Einschränkung der Eigentumsrechte wird damit begründet, dass dem Eigentümer unter Beachtung der Sozialbindung des Eigentums[840] keine weitergehenden Befugnisse eingeräumt werden dürften, als sie i.R.d. § 59 UrhG

---

836 BGH, Urt. v. 18.04.1985, I ZR 24/83, GRUR 1985, 874 (876); LG Potsdamm, Urt. v. 21.11.2008, 1 O 161/08, ZUM 2009, 430 (433); Fromm/Nordemann/*Dustmann*, UrhR, Vor §§ 44a ff. Rn. 7.

837 Im Ergebnis ähnlich auch *Uhlenhut*, Panoramafreiheit und Eigentumsrecht, S. 195, die jedenfalls eine rechtsfortbildende Auslegung der Tatbestandsmerkmale aufgrund des Parlamentsvorbehalts aus Art. 14 Abs. 1 S. 2 GG ablehnt, ohne hierbei explizit auf eine analoge Anwendung einzugehen.

838 Vgl. BGH, Urt. v. 09.03.1989, I ZR 54/87, NJW 1989, 2251 (2252 f.); BGH, Urt. v. 17.12.2010, V ZR 45/10, GRUR 2011, 323 (324), Rz. 12; OLG Köln, Urt. v. 25.02.2003, 15 U 138/02, NJW 2004, 619 (620).

839 BGH, Urt. v. 17.12.2010, V ZR 45/10, NJW 2011, 749 (750) Rz. 13; ob eine wertungsmäßige Berücksichtigung des § 59 UrhG tatsächlich nur bei Aufnahmen außerhalb des Grundstücks angezeigt ist, soll an dieser Stelle noch nicht erläutert werden.

840 OLG Bremen, Urt. v. 27.01.1987, 1 U 58/86 (a), NJW 1987, 1420 (1420).

dem Urheber eines urheberrechtlichen Werkes eingeräumt werden.[841] Der Eigentümer könne sich mithin nicht gegen die kommerzielle Verwertung von Abbildungen durch den Abbildungskünstler rechtlich verteidigen, sofern die Abbildungen außerhalb des abgebildeten Grundstücks angefertigt wurden.[842] Da sich die Gerichte in ihrer Begründung für eine Übertragung der Wertungen aus der Vorschrift des § 59 UrhG nicht auf ihre besondere Schutzrichtung beziehen, dürfte dies grundsätzlich für eine Übertragbarkeit der Wertungen weiterer urheberrechtlicher Schranken sprechen. Aufgrund einer versäumten hinreichenden Argumentation und Begründung in den gerichtlichen Entscheidungen soll daher im Folgenden untersucht werden, ob die Wertungen der urheberrechtlichen Schrankenregelungen generell auf das Eigentumsrecht übertragen werden können und sich rechtfertigen ließe.

a. Prävention der Einschränkung urheberrechtlicher Schrankenregelungen

Für eine wertungsmäßige Berücksichtigung urheberrechtlicher Schrankenregelungen wird zum Teil angeführt, dass hierdurch eine Beschränkung der Panoramafreiheit aus § 59 UrhG durch die Eigentumsrechte verhindert werde.[843] Allerdings ist hiergegen anzuführen, dass ein Konflikt zwischen den Urheber- und den Eigentumsrechten potenziell ausschließlich dann besteht, wenn beide Rechte zeitgleich parallel existieren, da die Panoramafreiheit nur bei einem bestehenden Urheberrecht Anwendung findet. Sollte das Urheberrecht des Baukunstwerkurhebers an dem Baukunstwerk noch bestehen, wird der Konflikt zwischen den Eigentumsrechten und den Urheberrechten bereits durch § 44 Abs. 1 UrhG gelöst. Demnach prävalieren die Urheberrechte des Baukunstwerkurhebers gegenüber den Eigentumsrechten

---

841 BGH, Urt. v. 09.03.1989, I ZR 54/87, NJW 1989, 2251 (2252); so auch u.a. vorgebracht von *H. Lehment*, Das Fotografieren von Kunstgegenständen, S. 104, der auf diese Weise Wertungswidersprüche zwischen dem Urheberrecht und Eigentumsrecht beseitigen möchte; ebenso: *Dreier*, in: FS Dietz 2001, 235 (250), der in den Urheberrechten kein „Mehr" gegenüber den Eigentumsrechten sieht, sondern berücksichtigt, dass sich das Urheberrecht gegen ein anderes Schutzobjekt, nämlich des schöpferischen Formschaffens, richtet.

842 Vgl. BGH, Urt. v. 09.03.1989, I ZR 54/87, NJW 1989, 2251 (2252 f.).

843 In diese Richtung tendiert *Uhlenhut*, Panoramafreiheit und Eigentumsrecht, S. 142 ff., nach der das Eigentum eine „Schranke der Panoramafreiheit" darstelle, wenn das Eigentumsrecht auch das Anfertigen und Verwerten von Aufnahmen umfasste, unabhängig davon, ob das Urheberrecht an dem Sacheigentumswerk noch besteht oder dieses bereits gemeinfrei geworden ist.

des Baukunstwerkeigentümers, sodass eine Beschränkung der urheberrechtlichen Panoramafreiheit durch die Eigentumsrechte ausgeschlossen ist. Aufgrund der urheberrechtlichen Gemeinfreiheit findet die Schrankenregelung des § 59 UrhG bei einem erloschenen Urheberrecht konsequent keine Anwendung. Somit ist dieses Argument hinsichtlich einer wertungsmäßigen Berücksichtigung urheberrechtlicher Schrankenregelungen nicht überzeugend.

b. Vergleichbare soziale Funktion des Eigentums im Allgemeinen

Stattdessen könnte eine wertungsmäßige Berücksichtigung der urheberrechtlichen Schrankenregelungen mit einer vergleichbaren sozialen Funktion von Eigentumsrechten und Urheberrechten begründet werden. Sofern dem Eigentumsrecht und dem Urheberrecht an einem Baukunstwerk eine vergleichbare soziale Funktion zukommt, könnte eine Übertragung der Wertungen einer urheberrechtlichen Schrankenregelung mit ihrer äquivalenten sozialen Funktion begründet werden.[844] So soll das körperliche Eigentum entsprechend der verfassungsgemäßen Vorschrift aus Art. 14 Abs. 2 GG dem Wohle der Allgemeinheit dienen und das urheberrechtliche geistige Eigentum die Bedürfnisse der Allgemeinheit befriedigen, um auf diese Weise ein „gedeihliches Zusammenleben" der Menschen untereinander zu ermöglichen.[845] Sowohl dem Eigentumsrecht als auch den urheberrechtlichen Schrankenregelungen obliegt somit eine gemeinsame soziale Funktion.

Andererseits besteht der Sinn und Zweck der Eigentumsrechte insbesondere darin, dem Eigentümer die alleinige Sachherrschaft über sein Eigentum zuzuweisen, um gleichzeitig andere von der Nutzung seines Eigentums auszuschließen.[846] Indes verkörpert das Urheberrecht als Mitteilungsgut unmittelbar eine soziale Komponente, da ein urheberrechtliches Werk möglichst einer breiten Öffentlichkeit zugänglich gemacht werden soll.[847] Zudem führt die Mitbenutzung des körperlichen Eigentums durch Dritte im Unterschied zu einer Nutzung eines urheberrechtlichen Werkes häufig zu einer Abnutzung der körperlichen Sache und mithin zu einer Einbuße von Gewinnchancen für

---

844 So untersucht von *Uhlenhut*, Panoramafreiheit und Eigentumsrecht, S. 135 ff., die allerdings, anders als in dieser Arbeit, umgekehrt eine Beschränkung ausschließlich der Panoramafreiheit durch das Eigentum zu prüfen beginnt und zudem nicht zwischen gemeinfreien und nicht gemeinfreien Werken differenziert.

845 Vgl. Begr RegE UrhG – BT-Drucks. IV/270, S. 62; Fromm/Nordemann/*Dustmann*, UrhR, Vor §§ 44a ff. Rn. 1.

846 Begr RegE UrhG – BT-Drucks. IV/270, S. 63.

847 Begr RegE UrhG – BT-Drucks. IV/270, S. 63.

den Eigentümer. Die Nutzung eines geistigen Werkes etwa durch die Anfertigung von Abbildungen und deren Verwertung lässt den körperlichen Zustand des genutzten Werkes indes grundsätzlich unverändert, sodass die Nutzung in der Regel nicht zu einer Abnutzung des Werkes und dadurch nicht zu einer Einbuße an Gewinnchancen führt, sondern ist stattdessen primär auf die Mitteilung ausgerichtet.[848] Zur Verhinderung von Gewinneinbußen durch die Anfertigung und Verwertung von Abbildungen urheberrechtlich geschützter Werke ist daher der entgeltliche Erwerb von Nutzungsrechten vorgesehen. Nur in Ausnahmefällen kommt das Eigentum entsprechend des verfassungsrechtlichen Gebotes aus Art. 14 Abs. 2 GG einer sozialen Funktion nach, sofern wichtige Interessen Dritter betroffen sind.[849] Dies verdeutlicht, dass die soziale Funktion bei den Urheberrechten stärker ausgeprägt ist als bei den Eigentumsrechten und daher nicht die vordergründige Funktion der Eigentumsrechte darstellt.[850] Die Eigentumsrechte haben im Unterschied zu den Urheberrechten somit keine primär soziale Funktion.[851] Folglich können die Wertungen der urheberrechtlichen Schrankenregelungen nicht aufgrund einer vergleichbaren sozialen Funktion mit den Eigentumsrechten übertragen werden.[852]

c. *Vergleichbare soziale Funktion des Eigentums eines Museums im Besonderen*

Dieses Ergebnis ist ggf. aufgrund der besonderen Stellung bei einem Museum als Eigentümer eines Baukunstwerkes zu korrigieren. Schließlich könnten einem Museum entsprechend der Urheberrechte primär soziale Funktionen im Hinblick auf sein Eigentum an seinen Baukunstwerken obliegen, da sowohl die Baukunstwerke als auch weitere Kunstwerke eines Museums der Öffentlichkeit zugänglich gemacht werden.[853]

---

848 *Uhlenhut*, Panoramafreiheit und Eigentumsrecht, S. 139; *Stang*, Das urheberrechtliche Werk nach Ablauf der Schutzfrist, S. 47.

849 *Uhlenhut*, Panoramafreiheit und Eigentumsrecht, S. 135 f., wonach Beschränkungen zugunsten des Eigentums in Nachbarschaftsverhältnissen oder auch im Baurecht durch das Bauplanungs- und Bauordnungsrecht sowie das Immissionsschutzgesetz vorkommen.

850 Vgl. *Uhlenhut*, Panoramafreiheit und Eigentumsrecht, S. 137.

851 Vgl. *Uhlenhut*, Panoramafreiheit und Eigentumsrecht, S. 137.

852 In diese Richtung tendierend: *Uhlenhut*, Panoramafreiheit und Eigentumsrecht, S. 140, wonach die soziale Funktion von Urheberrecht und Eigentumsrecht nicht gleichzusetzen sei.

853 Vgl. *Uhlenhut*, Panoramafreiheit und Eigentumsrecht, S. 138.

Eigentümer öffentlich-rechtlicher Museen haben aufgrund ihrer Eigenschaft als Museum primär den Zweck zu erfüllen, der Öffentlichkeit den Zugang zu den Baukunstwerken und seinen sonstigen Kunstwerken zu ermöglichen und auf diese Weise die kulturelle Weiterbildung zu fördern.[854] Dem Eigentum kommt dabei genauso wie dem Urheberrecht eine besondere Mitteilungsfunktion zu, da keine Ausschließung Dritter, sondern im Gegenteil eine gebotene Mitnutzung durch Dritte beabsichtigt ist. Kunstwerke im Eigentum öffentlich-rechtlicher Museen verfolgen daher im Vergleich zu privatem Eigentum eine soziale Funktion, die mit der sozialen Funktion urheberrechtlicher Werke vergleichbar ist.

Anders ist dies bei Baukunstwerken im Eigentum nicht-öffentlicher Museen zu bewerten. Dies hat insbesondere dann zu gelten, wenn sie nicht der Museumsdefinition von ICOM[855] unterliegen und daher nicht dauerhaft der Öffentlichkeit zugänglich gemacht werden oder die Öffentlichkeit generell nicht an den Kunstwerken partizipieren soll, sodass mangels einer entsprechenden Mitteilungsfunktion keine mit dem Urheberrecht vergleichbare soziale Funktion angenommen werden kann.[856]

Im Ergebnis ist daher bei öffentlich-rechtlichen Museen und im Einzelfall auch bei nicht-öffentlichen Museen dem Eigentumsrecht und dem Urheberrecht eine vergleichbare soziale Funktion zuzuschreiben, sodass das zuvor unter Abschnitt b. herausgearbeitete Ergebnis im Hinblick auf die Eigentümer von Baukunstwerken eines Museums zu korrigieren ist. Die Übertragung der Wertungen urheberrechtlicher Schrankenregelungen auf das Eigentum ist

854 Dies ergibt sich schon aus den Ethischen Richtlinien für Museen von ICOM.

855 Die Museumsdefinition nach den Statuten von ICOM (Art. 3 Abschnitt 1) lautet in der französischen Fassung: „Un musée est une institution permanente sans but lucratif, au service de la société et de son développement, ouverte au public, qui acquiert, conserve, étudie, expose et transmet le patrimoine matériel et immatériel de l'humanité et de son environnement à des fins d'études, d'éducation et de délectation.", wobei die Museumsdefinition nach ICOM derzeit überarbeitet wird und sich in der 3. Konsultationsstufe zur Entwicklung einer neuen Museumsdefinition befindet, vgl. ICOM Define Consultation 3 vom 22. Juli 2021; insbesondere nicht-öffentliche Museen wie diejenigen in Privateigentum erfüllen nicht per-se die Anforderungen an ein Museum, sondern müssen ihren dauerhaften musealen Zweck mittels einer schriftlichen Willenserklärung bekunden, vgl. Standards für Museen – Deutscher Museumsbund, S. 8, https://www.museumsbund.de/wp-content/uploads/2017/03/standards-fuer-museen-2006-1.pdf (Stand: Februar 2006, zuletzt besucht am: 17.07.2023).

856 Vgl. Fromm/Nordemann/*Czychowski*, UrhR, § 59 Rn. 17 f.

daher grundsätzlich möglich. Auf diese Weise könnten die Rechte und Interessen des Abbildungskünstlers im Hinblick auf die Anfertigung und Verwertung von Abbildungen von Baukunstwerken eines Museums im Einzelfall ausreichend berücksichtigt werden. Gleichzeitig könnten die Rechte der Allgemeinheit geschützt werden, die ebenfalls grundrechtlich schützenswerte Interessen an der Verwertung von Abbildungen haben kann, was ebenfalls für eine Berücksichtigung der Wertungen urheberrechtlicher Schrankenregelungen auf das Eigentumsrecht spricht.[857]

Allerdings wird gegen eine Übertragung der urheberrechtlichen Wertungen angeführt, dass eine zu weite Auslegung der urheberrechtlichen Schrankenregelungen auch auf die Eigentumsrechte zu untragbaren Ergebnissen führe, da schließlich die Eigentümerbefugnisse bezüglich jeder urheberrechtlich zulässigen Nutzungshandlung beschränkt würden.[858] Im Hinblick auf die urheberrechtliche Schrankenregelung des § 59 UrhG führe eine zu weite Auslegung dazu, dass sich der Eigentümer selbst gegen die Anfertigung von Abbildungen mithilfe substanzverletzender Hilfsmittel wie bspw. durch Blitz- oder Scheinwerferlicht und Farbspritzer nicht rechtlich verteidigen könne.[859]

Dem ist indes entgegenzuhalten, dass es sich bei einer substanzbeeinträchtigenden Einwirkung auf ein Kunstwerk durch Licht oder Farbspritzer um eine Substanzverletzung handelt, die unstreitig eine Eigentumseinwirkung darstellt.[860] Diese Substanzverletzung kann darüber hinaus nicht mit der urheberrechtlichen Panoramafreiheit gerechtfertigt werden. Da die urheberrechtlichen Schrankenregelungen restriktiv auszulegen sind, ist ein derart weiter Anwendungsbereich der Panoramafreiheit nicht anzunehmen. Die Verwertung von Abbildungen könnte daher ausschließlich bei nicht-substanzschädigenden

857 Vgl. *Uhlenhut,* Panoramafreiheit und Eigentumsrecht, S. 125 f., 216, die eine Verletzung der Informationsrechte allgemeiner Nutzer aus Art. 5 Abs. 1 GG und eine Verletzung der Rechte von Künstlern aus Art. 5 Abs. 3 GG, Art. 2 Abs. 1 GG sowie Art. 12 Abs. 1 GG annimmt, jedenfalls ein Recht auf Anfertigung und Verwertung von Aufnahmen aus der allgemeinen Handlungsfreiheit des Art. 2 Abs. 1 GG ableitet, wenn die Wertungen aus der Panoramafreiheit des § 59 UrhG in Bezug auf das Eigentumsrecht nicht berücksichtigt würden; ob und welche Grundrechte des Abbildungskünstlers betroffen sein könnten, wird an späterer Stelle erörtert.

858 So angenommen von *Uhlenhut,* Panoramafreiheit und Eigentumsrecht, S. 140.

859 *Uhlenhut,* Panoramafreiheit und Eigentumsrecht, S. 140, 194; *Grüning,* Die Eigentumsfreiheitsklage gegen Fotografieren und die gewerbliche Verwertung dieser Fotografien, S. 15, im Ergebnis aber offengelassen; *Bullinger,* in: FS Raue, 379 (390); Schack, ZeuP 2006, 149 (155).

860 Genauer hierzu oben unter 3. Kapitel § 6 II 1.

Aufnahmen aufgrund der Panoramafreiheit zulässig sein. Die Gefahr einer zu weitgehenden Auslegung der Schrankenregelung besteht somit nicht, sodass dies nicht als Argument gegen die Übertragung der Wertungen urheberrechtlicher Schrankenregelungen überzeugt. Zudem übersieht diese Ansicht, dass bei einer Übertragung der Wertungen der Panoramafreiheit nur solche Eigentumseinwirkungen zulässig wären, die außerhalb des Grundstücks des abgebildeten Baukunstwerkes angefertigt wurden.[861] Abbildungen, die mithilfe von Blitz- oder Scheinwerferlicht oder Farbmitteln außerhalb des Grundstücks angefertigt werden, verursachen bei Abbildungen aufgrund der Distanz zum abgebildeten Baukunstwerk in der Regel keine Substanzverletzung an dem abgebildeten Werk. Folglich kann diese auch nicht unter Verweis auf die Wertungen des § 59 UrhG gerechtfertigt werden. Denkbar ist eine Substanzverletzung unter einer Verwendung von Hilfsmitteln vielmehr dann, wenn die Abbildungen auf dem Grundstück des abgebildeten Werkes angefertigt werden, wobei dann wiederum § 59 UrhG keine Anwendung findet. Somit ist das Argument nicht überzeugend, wonach sich der Eigentümer gegen die Anfertigung von Abbildungen mithilfe substanzverletzender Hilfsmittel generell nicht rechtlich verteidigen könne, sofern die Anwendung der Schrankenregelung des § 59 UrhG weit ausgelegt würde.

d. Keine Vereinbarkeit mit speziellem Gesetzesvorbehalt gem. Art. 14 Abs. 1 S. 2 GG

Hingegen spricht gegen eine Übertragung der Wertungen urheberrechtlicher Schrankenregelungen – insbesondere des § 59 UrhG – der spezielle Gesetzesvorbehalt aus Art. 14 Abs. 1 S. 2 GG. Wie bereits zuvor in Bezug auf eine analoge Anwendung urheberrechtlicher Schrankenregelungen ausgeführt, bedarf die inhaltliche Ausgestaltung der Eigentumsrechte genauso wie ihre Beschränkungen einer gesetzlichen Grundlage. Bei einer Berücksichtigung der Wertungen urheberrechtlicher Schrankenregelungen wird in belastender Art und Weise in die individuelle Rechtsposition des Eigentümers eingegriffen, sodass eine gesetzliche Grundlage zur Rechtfertigung dieses Eingriffs erforderlich ist. Ein Gesetz im materiellrechtlichen oder förmlichen Sinne bzw. ein gültiger Rechtssatz eines materiellrechtlichen Gesetzes, das jeweils durch die Legislative

---

861 Vgl. hierzu BGH, Urt. v. 09.03.1989, I ZR 54/87, NJW 1989, 2251 (2252 f.); BGH, Urt. v. 17.12.2010, V ZR 45/10, GRUR 2011, 323 (324), Rz. 12; OLG Köln, Urt. v. 25.02.2003, 15 U 138/02, NJW 2004, 619 (620).

bestimmt wurde,[862] liegt bei der Übertragung der Wertungen urheberrechtlicher Schrankenregelungen nicht vor. Bereits eine analoge Anwendung der urheberrechtlichen Schrankenregelung erfüllt nicht die Anforderungen an ein Gesetz i.S.d. Art. 14 Abs. 1 S. 2 GG, sodass die Voraussetzungen erst recht nicht bei der Übertragung von Wertungen der Schrankenregelungen gegeben sind. Die Übertragung der Wertungen einer gesetzlichen Regelung stellt somit keine legislative Regelung und mithin keine gesetzliche Grundlage i.S.d. Art. 14 Abs. 1 S. 2 GG dar. Die Übertragung der Wertungen urheberrechtlicher Schrankenregelungen verstößt mithin gegen Art. 14 Abs. 1 S. 2 GG und ist somit verfassungswidrig. Auch die Wertungen der Schrankenregelungen des Urheberrechts sind daher nicht geeignet, die Rechte des Eigentümers in zulässiger Weise einzuschränken.

C. Panoramafreiheit als allgemeiner Rechtsgrundsatz

Da die allgemeinen urheberrechtlichen Schrankenregelungen nicht zur Beschränkung der Eigentumsrechte übertragen werden können, wäre eine Übertragung ausschließlich der in § 59 UrhG geregelten Panoramafreiheit denkbar.[863] Hierdurch könnte der kulturellen und historischen Bedeutung von Baukunstwerken bzw. Kunstwerken im Allgemeinen Rechnung getragen werden.[864] *Jayme* schlägt daher im Hinblick auf die in § 59 UrhG geregelte urheberrechtliche Schranke der Panoramafreiheit einen Lösungsweg vor, der weder eine analoge Anwendung noch eine Übertragung der Wertungen der urheberrechtlichen Vorschriften erfordere. Seiner Ansicht nach sei die urheberrechtliche Panoramafreiheit als allgemein gültiger Rechtsgrundsatz aufzufassen, der zugleich eine Schranke der Eigentumsrechte darstelle und auf diese Weise insbesondere der kulturellen Identität und Erinnerungskultur Rechnung trage.[865] Schließlich sei die Panoramafreiheit ein aus dem 19. Jahrhundert stammender

862 Vgl. v. Mangoldt/Klein/Starck/*Sommermann*, GG, Art. 20 Rn. 273 ff.; v. Mangoldt/Klein/Starck/*Depenheuer/Froese*, GG, Art. 14 Rn. 224; Dürig/Herzog/Scholz/*Papier/Shirvani*, GG, Art. 14 Rn. 418; vgl. Sachs/*Wendt*, GG, Art. 14 Rn. 54 ff.; Von Münch/Kunig/*Bryde/Wallrabenstein*, GG, Art. 14 Rn. 87.

863 Vorgeschlagen wird dies von *Jayme*, Kunst & Recht Bulletin 2011, 11 (18 ff.).

864 *Jayme*, Kunst & Recht Bulletin 2011, 11 (18 ff.).

865 *Jayme*, Kunst & Recht Bulletin 2011, 11 (18, 27), wobei der Grundsatz der Panoramafreiheit nicht hinsichtlich historischer Gärten gelten solle, da sich diese nicht i.S.d. § 59 UrhG „bleibend" an öffentlichen Plätzen befänden, vgl. S. 25.

historisch gewachsener „Grundsatz von besonderer Bedeutung" und dürfe daher nicht unberücksichtigt gelassen werden.[866]

Die besondere Bedeutung der urheberrechtlichen Panoramafreiheit lässt sich nicht bestreiten. Sie ermöglicht es den Abbildungskünstlern, Außenansichten von Gebäuden anzufertigen und auf individuelle Art und Weise wiederzugeben und zu verwerten. Dies konnte und wird auch zukünftig weiterhin einen erheblichen Beitrag in der Entwicklung der Kunstgeschichte bewirken.[867] Allerdings genügt dies nicht, um die Panoramafreiheit zu einem allgemeinen Rechtsgrundsatz zu erheben und ihre Grundsätze ohne eine rechtliche Herleitung auf die Eigentumsfreiheit zu übertragen. Zwar können allgemeine Rechtsgrundsätze als wirksames Gesetz i.S.d. Art. 20 Abs. 3 GG und mithin als wirksamer Gesetzesvorbehalt bewertet werden. Indes sind die strengeren Anforderungen an ein Gesetz gem. Art. 14 Abs. 1 S. 2 GG zugrunde zu legen, sodass ein Gesetze im materiellrechtlichen oder förmlichen Sinne bzw. ein gültiger Rechtssatz eines materiellrechtlichen Gesetzes vorliegen muss, das jeweils durch die Legislative bestimmt wurde.[868] Diesen Voraussetzungen kann ein allgemeiner Rechtsgrundsatz der Panoramafreiheit nicht genügen. Zwar wird zum Teil angenommen, dass eine eigentumsrechtliche Inhaltsbestimmung auch durch das Gewohnheitsrecht erfolgen könne, da auch das Gewohnheitsrecht den Inhalt und Umfang der Eigentumsrechte bestimme.[869] Allerdingt genügen Gewohnheitsrechte nicht den Anforderungen an ein förmliches Gesetz i.S.d. Art. 14 Abs. 1 S. 2 GG bzw. fehlt es hierfür an einer formellgesetzlichen Ermächtigungsgrundlage.[870] Darüber hinaus hat sich ein Gewohnheitsrecht im Hinblick auf eine Übertragung der Wertungen urheberrechtlicher Schrankenregelungen bzw. des § 59 UrhG im Speziellen noch nicht etabliert. Das Gewohnheitsrecht wird in der Regel über einen langen Zeitraum von der Rechtsprechung angewendet, sodass sich eine Rechtspraxis etablieren kann. Von dieser erlangt auch die Öffentlichkeit Kenntnis und ist daher mit einem Gesetz im materiellrechtlichen oder förmlichen Sinne vergleichbar. An

---

866 Vgl. *Jayme,* Kunst & Recht Bulletin 2011, 11 (18).

867 Vgl. *Jayme,* Kunst & Recht Bulletin 2011, 11 (18 f.).

868 Vgl. v. Mangoldt/Klein/Starck/*Sommermann,* GG, Art. 20 Rn. 273 ff.; v. Mangoldt/Klein/Starck/*Depenheuer/Froese,* GG, Art. 14 Rn. 224; Dürig/Herzog/Scholz/*Papier/Shirvani,* GG, Art. 14 Rn. 416; vgl. Sachs/*Wendt,* GG, Art. 14 Rn. 54 ff.; Von Münch/Kunig/*Bryde/Wallrabenstein,* GG, Art. 14 Rn. 87.

869 Vgl. Dürig/Herzog/Scholz/*Papier/Shirvani,* GG, Art. 14 Rn. 418; näher hierzu zuvor unter 4. Kapitel, § 1 I. 1. A. c.

870 Jarass/Pieroth/*Jarass,* GG, Art. 14 Rn. 35.

einer einheitlichen Rechtspraxis fehlt es bislang in Bezug auf eine Berücksichtigung des § 59 UrhG als allgemeiner Rechtsgrundsatz. Schließlich haben die Gerichte in den dazu bisher entschiedenen Fällen ausschließlich die Wertungen des § 59 UrhG auf die Eigentumsrechte übertragen, ohne ihre Anwendung aus einem allgemeinen Rechtsgrundsatz zu begründen.[871]

Mithin erfüllt auch eine Anwendung der Panoramafreiheit als allgemeiner Rechtsgrundsatz nicht die verfassungsrechtlichen Voraussetzungen an einen wirksamen Gesetzesvorbehalt i.S.d. Art. 14 Abs. 1 S. 2 GG und ist daher verfassungswidrig.

2. Zwischenergebnis

Die urheberrechtlichen Schrankenregelungen lassen sich weder analog noch im Hinblick auf ihre Wertungen auf das Eigentumsrecht des § 903 S. 1 BGB übertragen. Beide Übertragungsmöglichkeiten führen zu einer Beschränkung der Eigentumsrechte, die ausdrücklich dem Gesetzgeber vorbehalten ist. Dies ergibt sich sowohl aus Art. 14 Abs. 1 S. 2 GG als auch aus § 903 S. 1 BGB. Die Rechte des Eigentümers können ausschließlich durch Gesetze im materiellrechtlichen oder förmlichen Sinne bzw. durch einen gültigen Rechtssatz eines materiellrechtlichen Gesetzes beschränkt werden.[872] Der Inhalt des Eigentums ist daher zwingend durch die Legislative zu bestimmen.[873] Aus denselben Gründen kann auch die Panoramafreiheit nicht als allgemeiner Rechtsgrundsatz zur Beschränkung der Eigentumsrechte angewendet werden, da keine erforderliche gesetzliche Grundlage i.S.d. Art. 14 Abs. 1 S. 2 GG besteht. Sowohl eine analoge Anwendung der urheberrechtlichen Schrankenregelungen, ihre wertungsmäßige Berücksichtigung als auch die Anwendung der Panoramafreiheit als allgemeiner Rechtsgrundsatz zur Beschränkung der Eigentumsrechte ist aufgrund des in Art. 14 Abs. 1 S. 2 GG verankerten Gesetzesvorbehaltes verfassungswidrig. Folglich wird das Eigentumsrecht inhaltlich nicht durch die urheberrechtlichen Schrankenregelungen begrenzt.

---

871 Vgl. BGH, Urt. v. 20.09.1974, I ZR 99/73, GRUR 1975, 500 (501); BGH, Urt. v. 09.03.1989, I ZR 54/87, NJW 1989, 2251 (2252); BGH, Urt. v. 17.12.2010, V ZR 45/10, GRUR 2011, 323 (324); BGH, Urt. v. 17.12.2010, V ZR 46/10, ZUM 2011, 333 (334).

872 Vgl. v. Mangoldt/Klein/Starck/*Sommermann*, GG, Art. 20 Rn. 273 ff.; Dürig/Herzog/Scholz/*Papier/Shirvani*, GG, Art. 14 Rn. 418.

873 Vgl. Sachs/*Wendt*, GG, Art. 14 Rn. 54 ff.; v. Mangoldt/Klein/Starck/*Depenheuer/Froese*, GG, Art. 14 Rn. 224; Von Münch/Kunig/*Bryde/Wallrabenstein*, GG, Art. 14 Rn. 87.

II. Denkmalschutzgesetze

Zu prüfen ist weiterhin, ob die Regelungen der Denkmalschutzgesetze die negativen Befugnisse des Eigentümers im Hinblick auf die Verwertung von Abbildungen der in seinem Eigentum stehenden Baukunstwerke durch einen Abbildungskünstler beschränken können. Eine Anwendung der Denkmalschutzgesetzte setzt voraus, dass die abgebildeten Baukunstwerke in einer Denkmalliste aufgenommen wurden und somit unter den Denkmalbegriff eines Baudenkmals subsumiert werden können.[874] Der Erlass von Denkmalschutzgesetzen ist den Ländern vorbehalten, wonach Veränderungsverbote und Erhaltungspflichten, aber insbesondere auch Benutzungspflichten in Bezug auf denkmalgeschützte Baukunstwerke erlassen werden können. Hiervon haben bereits viele Länder Gebrauch gemacht, um dem gesetzgeberischen Anliegen vom Schutz von Kulturdenkmälern Rechnung zu tragen.[875] Genauer betrachtet werden sollen im Folgenden daher die Beschränkungen des Eigentümers durch Nutzungspflichten (1.) sowie durch Nebenpflichten (2.) und ob sich hieraus eine Pflicht des Eigentümers zur Zugänglichmachung des Denkmals gegenüber Dritten herleiten lässt. Insbesondere soll herausgearbeitet werden, ob sich daraus zugleich Pflichten für den Eigentümer im Hinblick auf die Duldung einer Verwertung von Abbildungen des in seinem Eigentum stehenden Denkmals durch Dritte ergeben. Auf weitere denkmalschutzrechtliche Pflichten soll hier indes nicht näher eingegangen werden, da sie im Zusammenhang mit der Verwertung von Abbildungen nicht einschlägig sind.[876]

1. Beschränkungen durch Nutzungspflichten

Eine Beschränkung der negativen Befugnisse des Eigentümers in Bezug auf die Verwertung von Abbildungen seines Baukunstwerkes durch den

874 Die Aufnahme in eine Denkmalliste kann entweder von Amts wegen oder auf Anregung des Verfügungsberechtigten erfolgen, vgl. §§ 2 Abs. 1, 2, 4 Abs. 1, 2 DSchG Bln.

875 BVerfG, Beschl. v. 02.03.1999, 1 BvL 7/91, NJW 1999, 2877 (2877 ff.); Staudinger/*Althammer*, BGB, § 903 Rn. 21.

876 Zu benennen wären im Übrigen Erhaltungspflichten, die sich aus der Pflege des Denkmals einerseits sowie der Beseitigung vorhandener Schäden andererseits zusammensetzen, Schadenbeseitigungspflichten, Genehmigungspflichten für Veränderungen zur Verhinderung von Einwirkungen, Pflichten zur Vermeidung von Verunstaltungen und Beeinträchtigungen, Auskunftspflichten, Kennzeichnungspflichten sowie Anzeigepflichten.

Abbildungskünstler ist anzunehmen, sofern sich aus den Nutzungspflichten eine Duldungs- bzw. Gestattungspflicht ergibt, nach der Dritten die Verwertung von Abbildungen des Denkmals gestattet wird. Daher ist der Inhalt der Nutzungspflichten im Folgenden näher zu untersuchen.

Die Nutzungspflicht von Baudenkmälern zielt darauf ab, Gebäude, Brücken, Stadttore oder -mauern und sonstige Denkmäler denkmalverträglich zu nutzen, um das Baudenkmal auch künftig zu erhalten.[877] Sinn und Zweck der Nutzungspflichten besteht somit primär darin, das „Verlorengehen" eines Denkmals zu verhindern.[878] Auch in der Umnutzung eines Denkmals zu einem Museum kann eine denkmalverträgliche Nutzung bestehen.[879] Hierdurch bleibt das Baudenkmal erhalten und ein „Verlorengehen" wird verhindert. Damit einher gehen Pflichten des Eigentümers eines Denkmales, dieses als Museum zu nutzen und als Baudenkmal zu erhalten. Dies könnte zugleich eine Pflicht des Eigentümers begründen, das Denkmal gegenüber Dritten zugänglich zu machen. Durch die Präsenz des Denkmals bspw. in Form eines Museums in der Öffentlichkeit kann es sich schließlich eine Popularität in der Bevölkerung verschaffen, sodass ein „Verlorengehen" des Denkmals verhindert wird und das Denkmal erhalten bleibt. Dabei kann der Öffentlichkeit die Kunst ausschließlich im Wege der Zugänglichmachung der Kunst bzw. des Denkmals ermöglicht werden. Sofern zusätzlich Eintrittsgelder erhoben werden, so dienen diese zugleich mittelbar dem physischen Erhalt des Denkmals. Schließlich können mithilfe der finanziellen Unterstützung Restaurierungs- und Instandhaltungsmaßnahmen an den Baukunstwerken durchgeführt werden. Für eine denkmalverträgliche Nutzung ist das Baukunstwerk daher der Öffentlichkeit zur Verfügung zu stellen. Die Nutzungspflichten des Eigentümers eines Baukunstwerkes als Denkmal erfassen mithin auch eine Pflicht des Eigentümers zur Zugänglichmachung des Denkmals gegenüber der Allgemeinheit. Weiterhin ist zu prüfen, ob sich der Begriff der Zugänglichmachung ausschließlich auf die physische Zugänglichmachung im Wege des physischen Betretens des Denkmals beschränkt, oder ob der Begriff weiter auszulegen ist und zusätzlich die Verwertung von Abbildungen des Denkmals durch Dritte mitumfasst. Sofern der Begriff weit auszulegen ist, wäre der Eigentümer des Denkmals zugleich verpflichtet, die Verwertung von Abbildungen des Denkmals durch Dritte mindestens zu dulden und daher zu ermöglichen und zu gestatten. Die

877 Eberl/Bruckmaier/Hartl/Hörtnagl/*Eberl*, Kulturgüter, S. 56 Rn. 116.
878 Eberl/Bruckmaier/Hartl/Hörtnagl/*Eberl*, Kulturgüter, S. 56 Rn. 116.
879 Vgl. Eberl/Bruckmaier/Hartl/Hörtnagl/*Eberl*, Kulturgüter, S. 56 Rn. 116.

Nutzungspflichten könnten mithin geeignet sein, die negativen Befugnisse des Eigentümers eines Denkmals zu beschränken, sodass die Verwertung von Abbildungen des Denkmals durch einen Abbildungskünstler auch ohne Zustimmung durch den Eigentümer des Denkmals zulässig wäre. Zu prüfen ist daher, ob der Begriff der Zugänglichmachung tendenziell eng oder weit aufzufassen ist.

Für ein weites Verständnis spricht, dass der Eigentümer bei einer ausschließlich physischen Zugänglichmachung zu einem lediglich beschränkten Zugang verpflichtet wird. Sofern Personen aufgrund von krankheitsbedingten oder mobilitätsbegründeten Umständen der physische Zugang zum Denkmal bspw. eines Museums nicht möglich ist, werden diese von dem Zugang zur Kunst vollständig ausgeschlossen. Eine Pflicht des Eigentümers des Denkmals zur Zugänglichmachung gegenüber diesem Personenkreis besteht dann folglich nicht. Bei einer weiten Auslegung wird der Eigentümer daher verpflichtet, den Zugang zum Denkmal bzw. zum Museum zusätzlich durch eine visuelle Zugänglichmachung bspw. durch den Vertrieb von Abbildungen des Denkmals im Wege von Postkarten, Postern, Büchern oder auch im Wege von Onlinebesuchen und virtuellen Rundgängen zu ermöglichen.[880] Auch während der Covid-19–Pandemie wurde das Bedürfnis einer digitalen Zugänglichmachung der Kunst deutlich. Dadurch kann einer breiteren Öffentlichkeit der Zugang zur Kunst ermöglicht und gleichzeitig dem Vergessenwerden des Denkmals entgegengesteuert werden. Für ein weites Zugangsverständnis sprechen ferner die Aufgaben des Denkmalschutzes und der Denkmalpflege, wonach der Denkmalgedanke und das Wissen über Denkmale verbreitet werden soll.[881] Dieser Aufgabe kann der Eigentümer eines Denkmals neben der physischen Zugänglichmachung zusätzlich mittels alternativer visueller bzw. virtueller Zugangsmöglichkeiten vollumfänglich gerecht werden.

Gegen eine weite Auslegung sprechen indes der Sinn und Zweck des Denkmalschutzgesetzes. Dieser besteht primär in dem Schutz, Erhalt, der Pflege und der wissenschaftlichen Erforschung von Denkmälern.[882] Diesen Attributen ist gemein, dass sie einen körperlichen Kontakt mit dem Denkmal im physischen Sinn implizieren. Daraus lässt sich herleiten, dass der Denkmalschutz primär

---

880 So jedenfalls *Bullinger*, in: FS Raue (2006), S. 379 (395), dort allerdings nur in Bezug auf den Inhalt und Umfang des Stiftungszwecks der öffentlichen Zugänglichmachung von Museumsgütern allgemein.

881 So bspw. in § 1 Abs. 1 DSchG Bln. oder § 1 Abs. 2 DSchG HH.

882 Vgl. § 1 Abs. 1 DSchG Bln., § 1 Abs. 1 DSchG HH.

auf die physische Substanz, Form und Konstruktion eines Denkmals in seiner körperlichen, physischen Gestalt ausgerichtet ist. Hinsichtlich der Pflichten des Eigentümers zur Zugänglichmachung des Denkmals ist daraus zu folgern, dass das Wissen über Denkmäler vorwiegend im physischen Sinn durch tatsächliche, physische Zugangsmöglichkeiten verbreitet werden soll. Dies erfasst bspw. die Wissensvermittlung durch den Tag des offenen Denkmals, an dem auch nicht-öffentlich zugängliche Denkmale exzeptionell für die Öffentlichkeit zugänglich gemacht werden. Weiterhin wird die Wissensvermittlung durch die Nacht des offenen Denkmals und den internationalen Tag des Museums gefördert, an denen einige Museen besondere Aktionen oder Sonderöffnungszeiten anbieten. Diese Aktionen haben eine gemeinsame Wissensvermittlung zum Ziel, die auf einen tatsächlichen Zugang im physischen Sinn abzielt. Daraus ist zu schlussfolgern, dass Denkmalschutzgesetze primär auf den physischen Erhalt des Denkmals ausgerichtet sind und mithin der Begriff der Zugänglichmachung in einem physischen und folglich engen Sinn auszulegen ist. Ein weites Verständnis der Zugänglichmachung ist daher abzulehnen. Aus den Nutzungspflichten der Denkmalschutzgesetze lässt sich folglich keine Pflicht des Eigentümers zur Gestattung einer Verwertung von Abbildungen des in seinem Eigentum befindlichen Denkmals durch einen Abbildungskünstler herleiten. Die Nutzungspflichten beschränken den Eigentümer somit nicht in seinen negativen Eigentümerbefugnissen in Bezug auf die Verwertung von Abbildungen seines Baukunstwerkes durch den Abbildungskünstler. Allerdings wird der Eigentümer dahingehend in seinen negativen Befugnissen beschränkt, als dass er den physischen Zugang zu den in seinem Eigentum stehenden denkmalgeschützten Baukunstwerken gegenüber Dritten zu ermöglichen hat.

2. *Beschränkungen durch Nebenpflichten*

Eine Pflicht des Eigentümers zur Duldung einer Verwertung von Abbildungen der in seinem Eigentum stehenden Denkmäler durch Dritte könnte sich weiterhin aus denkmalschutzrechtlichen Nebenpflichten des Eigentümers ergeben.[883] Dies setzt voraus, dass die Pflicht zur Zugänglichmachung weit ausgelegt wird. Etwa die Hälfte der Gesetze der Bundesländer beinhaltet auch bei den nicht für einen Zugangszweck errichteten bzw. eingerichteten Denkmalen eine Pflicht zur Zugänglichmachung gegenüber an dem Denkmal interessierten Besuchern.[884]

---

883 Eberl/Bruckmaier/Hartl/Hörtnagl/*Eberl*, Kulturgüter, S. 72 Rn. 136.

884 Eberl/Bruckmaier/Hartl/Hörtnagl/*Eberl*, Kulturgüter, S. 74 f. Rn. 141; so enthält bspw. das Denkmalschutzgesetz von Brandenburg in § 7 Abs. 2 S. 3 BbgDSchG

Diese Pflicht der öffentlichen Zugänglichmachung dient dem Wohle der Allgemeinheit, Kulturdenkmäler kennenzulernen und zu besichtigen. Im Gegensatz zu den vorgehend beschriebenen Nutzungspflichten enthalten die Nebenpflichten somit eine ausdrückliche Regelung zur öffentlichen Zugänglichmachung des Denkmals. Indes ist das Zugangsverständnis hinsichtlich der Nebenpflichten ebenfalls eng auszulegen, wonach der Denkmalschutz primär einen physischen Schutz des Denkmals verfolgt. Entsprechend dem Sinn und Zweck des Denkmalschutzes ist der Begriff der Zugänglichmachung dahingehend auszulegen, dass der Zugang zu den Denkmälern ausschließlich einen physischen und nicht auch einen visuellen Kontakt bzw. Zugang voraussetzt. Auch die denkmalschutzrechtlichen Nebenpflichten gestatten Dritten daher keine Verwertung von Abbildungen des Baukunstwerkes. Mithin wird der Eigentümer aus den Nebenpflichten der Denkmalschutzgesetze nicht dazu verpflichtet, die Verwertung von Abbildungen der in seinem Eigentum stehenden Baukunstwerke bzw. Denkmäler durch einen Abbildungskünstler zu dulden oder zu ermöglichen. Die Nebenpflichten der Denkmalschutzgesetzte sind daher nicht geeignet, den Eigentümer eines denkmalgeschützten Baukunstwerkes dahingehend in seinen negativen Befugnissen zu beschränken. Der Eigentümer wird ausschließlich in seinen negativen Befugnissen beschränkt, indem er den physischen Zugang zu den in seinem Eigentum stehenden denkmalgeschützten Baukunstwerken gegenüber Dritten zu ermöglichen hat.

3. *Zusammenfassung*

Die Nutzungs- und Nebenpflichten der Denkmalschutzgesetze beschränken die Eigentumsrechte des Eigentümers eines denkmalgeschützten Baukunstwerkes dahingehend, dass er der Allgemeinheit einen ausschließlich physischen Zugang zu dem Baukunstwerk gestatten muss. Der Begriff der Zugänglichmachung ist eng auszulegen und umfasst keine zusätzliche Pflicht zur visuellen

die Verpflichtung des Eigentümers, das in seinem Eigentum stehende Denkmal im Rahmen des Zumutbaren der Öffentlichkeit zugänglich zu machen, wobei die Zumutbarkeit in § 7 Abs. 4 BbgDSchG definiert wird und unter Berücksichtigung der sozialen Bindung des Eigentums sowie seiner Privatnützlichkeit zu bestimmen ist; ebenso enthält das Denkmalschutzgesetz von Bremen in § 14 DSchG eine Regelung, wonach der Öffentlichkeit der Zugang zu Kulturdenkmälern gestattet werden soll, „sofern es ihre Zweckbestimmung und die Wahrung der schutzwürdigen Belange der Eigentümer (…) erlauben"; zudem haben Hessen, Mecklenburg-Vorpommern, Rheinland-Pfalz, Sachsen, Sachsen-Anhalt und Thüringen entsprechende denkmalschutzrechtliche Vorschriften erlassen.

Zugänglichmachung des Baukunstwerkes gegenüber Dritten. Der Eigentümer wird folglich nicht zur Duldung der Verwertung von Abbildungen des in seinem Eigentum stehenden denkmalgeschützten Baukunstwerkes durch den Abbildungskünstler verpflichtet und wird dahingehend nicht in seinen negativen Befugnissen beschränkt.

III. Ethische Richtlinien für Museen von ICOM

Sofern der Eigentümer eines Baukunstwerkes ein Museum ist, könnten die negativen Befugnisse des Eigentümers im Hinblick auf die Verwertung von Abbildungen des Baukunstwerkes durch einen Abbildungskünstler aufgrund der Ethischen Richtlinien für Museen von ICOM beschränkt sein. Diese Richtlinien beinhalten Mindeststandards für Museen im Hinblick auf die grundsätzlich zu beachtenden Verhaltensweisen, die in der Museumswelt als allgemein anerkannt gelten.[885] Darüber hinaus enthalten die Richtlinien eine Museumsdefinition und bestimmen die Voraussetzungen an das Vorliegen eines Museums.[886] Demnach ist ein Museum eine gemeinnützige, dauerhafte Einrichtung im Dienste der Gesellschaft und ihrer Entwicklung, die der Öffentlichkeit zugänglich ist und das materielle und immaterielle Erbe der Menschheit und ihrer Umwelt zu Studien-, Bildungs- und Unterhaltungszwecken erwirbt, bewahrt, erforscht, ausstellt und weitergibt.[887] Ob ein Museum unter die Museumsdefinition der ICOM-Richtlinien fällt, ist daher im Einzelfall zu betrachten. Im Hinblick auf öffentlich-rechtliche Museen sind die Voraussetzungen der Museumsdefinition in der Regel erfüllt. Sie sind grundsätzlich dauerhaft eingerichtet und ermöglichen die Zugänglichmachung ihre Werke an die Öffentlichkeit. Nicht-öffentliche Museen müssten sich indes im Einzelfall

---

885 Vgl. Präambel der Ethischen Richtlinien für Museen von ICOM: „Die ‚Ethischen Richtlinien' spiegeln Prinzipien wider, die in der internationalen Museumswelt allgemein anerkannt sind".

886 Vgl. Die Museumsdefinition nach den Statuten von ICOM gem. Art. 3 Abschnitt 1 der ICOM-Richtlinien.

887 Die Museumsdefinition lautet in der französischen Fassung: „Un musée est une institution permanente sans but lucratif, au service de la société et de son développement, ouverte au public, qui acquiert, conserve, étudie, expose et transmet le patrimoine matériel et immatériel de l'humanité et de son environnement à des fins d'études, d'éducation et de délectation.", wobei die Museumsdefinition nach ICOM derzeit überarbeitet wird und sich derzeit in der 3. Konsultationsstufe zur Entwicklung einer neuen Museumsdefinition befindet, vgl. ICOM Define Consultation 3 vom 22.07.2021.

ausdrücklich zu einem dauerhaften Betrieb eines Museums verpflichten, um ebenfalls unter die Museumsdefinition subsumiert zu werden.[888]

Die ICOM-Richtlinien enthalten Grundsätze, aus denen sich eine Beschränkung der negativen Befugnisse des Eigentümers eines Museums im Hinblick auf die Verwertung von Abbildungen des Baukunstwerkes durch den Abbildungskünstler ergeben könnte. Sowohl die Grundsätze in Punkt 1.4, Punkt 2. und Punkt 3. der Richtlinien enthalten die Verpflichtung und Verantwortung eines Museums zur Zugänglichmachung des Museums gegenüber der Öffentlichkeit.[889] Dabei sind Museen gem. Punkt 3.2 der Richtlinien „so frei wie möglich verfügbar zu machen". Einschränkungen dürfen weiter nur „aus Gründen der Vertraulichkeit und Sicherheit" erfolgen, sodass der Zugang im Übrigen im größtmöglichen Umfang zu ermöglichen ist. Da der Zugang „so frei wie möglich" zu gestalten ist, zeichnet sich im Gegensatz zu den denkmalschutzrechtlichen Regelungen ein weites Verständnis der Zugänglichmachung ab. Daher ist der Zugang neben einem physischen Zugang zum Baukunstwerk zudem durch einen visuellen bzw. virtuellen Zugang aus der Ferne bspw. durch den Erwerb von Abbildungen der Baukunstwerke oder virtueller Rundgänge zu ermöglichen. Dadurch wird der Zugang auch Personen ermöglicht, denen er bspw. aufgrund persönlicher oder örtlicher Verhinderungen andernfalls nicht möglich wäre. Dabei ist der Begriff der „Verfügbarmachung" dahingehend auszulegen und zu untersuchen, ob darunter auch die Verwertung von Abbildungen des Baukunstwerkes eines Museums durch den Abbildungskünstler subsumiert werden kann, sodass der Eigentümer des abgebildeten Baukunstwerkes in seinen negativen Befugnissen bezüglich der Verwertung durch den Abbildungskünstler beschränkt wird.

Für eine tendenziell weite Auslegung des Begriffs der „Verfügbarmachung" ist zunächst Punkt 4 der Richtlinie anzuführen, der eine bildungspolitische Funktion der Museen beinhaltet und zudem in Punkt 4.6 ausdrücklich auf die Publikation von Informationen verweist. Diese bildungspolitische Funktion können Museen zumindest mittelbar dadurch erfüllen, dass sie Dritten

---

888 So etwa bei Museen in Privateigentum oder von Wirtschaftsunternehmen, die den dauerhaften Erhalt des Museums bzw. einen dauerhaften musealen Zweck entsprechend garantieren müssen, vgl. Standards für Museen – Deutscher Museumsbund, S. 8, https://www.museumsbund.de/wp-content/uploads/2017/03/standards-fuer-museen-2006-1.pdf (Stand: Februar 2006, zuletzt besucht am: 17.07.2023).

889 Diese Verpflichtung besteht auch im Hinblick auf die Museumssammlung als bewegliche Kunstwerke, die im Rahmen dieser Arbeit aber unberücksichtigt bleiben.

u.a. die Verwertung von Abbildungen des Baukunstwerkes eines Museums gestatten und insofern mittelbar über das Baukunstwerk informieren. Dies hat jedenfalls dann zu gelten, wenn das Museum den bildungspolitischen Auftrag nicht eigenständig durch den Vertrieb von Abbildungen des Baukunstwerkes verfolgt. Der Begriff „Information" i.S.d. Punkt 4.6 ist in einem weiten Sinn auszulegen. Neben Textinformationen vermitteln insbesondere bildliche Darstellungen auch in Kombination mit Textinformationen Kenntnisse über das Museum, sodass gleichzeitig der bildungspolitische Auftrag des Museums erfüllt wird. Im Wege der Publikation von Informationen über das Baukunstwerk wird zugleich die akademische und wissenschaftliche Verantwortung eines Museums aus Punkt 8.4 der Richtlinien erfüllt. Dieser sieht eine Förderung der Gewinnung, Erhaltung und Anwendung von Informationen zumindest über die Sammlung des Museums vor. Dabei ist auch das Baukunstwerk eines Museums als Teil der Sammlung zu betrachten. Der Begriff der „Sammlung" bezieht sich nicht ausschließlich auf die innerhalb der Räumlichkeiten des Museumsgebäudes ausgestellten (beweglichen) Kunstwerke. Auch die im Eigentum des Museums stehenden Baukunstwerke wie das Museumsgebäude und deren Fassade, aber auch die ggf. dazugehörige Park- und Gartenanlage, Türme und Denkmäler können als Kunstwerke definiert werden und daher für die kunstinteressierten Museumsbesucher entsprechend bedeutsam sein wie die in dem Museum ausgestellten Kunstwerke. Auch bezüglich der Baukunstwerke besteht daher in der Öffentlichkeit ein Informationsinteresse sowie ein Informationsbedürfnis, das in die akademische und wissenschaftliche Verantwortung eines Museums i.S.d. Punkt 8.4 der Richtlinien fällt. Folglich sind Informationen über die Baukunstwerke eines Museums zu fördern, zu gewinnen und zu erhalten. Die Förderung der Publikation von Informationen und mithin einer Verfügbarmachung des Zugangs zu den Baukunstwerken eines Museums „so frei wie möglich" kann somit grundsätzlich mittelbar dadurch erzielt werden, dass ebenfalls Dritten die Verwertung von Abbildungen der Baukunstwerke durch den Eigentümer des Museums gestattet wird.

Damit dem Abbildungskünstler aufgrund der Richtlinien der Zugang zu dem Baukunstwerk des Museums insofern gestattet wird, als dass er Abbildungen des Baukunstwerkes anschließend verwerten darf, müssten die Richtlinien ferner eine entsprechende Bindungswirkung nach Außen gegenüber Dritten entfalten.[890] Sofern sie ausschließlich als interne Vorschriften zu bewerten sind,

890 Für eine rein interne Wirkung OLG Brandenburg, Urt. v. 18.02.2010, 5 U 13/09, GRUR 2010, 927 (930), das im Hinblick auf die Richtlinien für Foto-, Film- und

können die Richtlinien kein „Gesetz" i.S.d. § 903 S. 1 BGB darstellen. Als Gesetz i.S.d. § 903 S. 1 BGB ist jedes Gesetz gem. Art. 2 EGBGB anzuerkennen[891] und somit jede Rechtsnorm sowie jede generelle und abstrakte Regelung, die auf eine gewisse Außenwirkung im Sinne eines positiven Rechts gerichtet ist. Die ICOM-Richtlinien richten sich ausschließlich an das Museum und seine Mitarbeitenden. Das Verhältnis zwischen dem Eigentümer eines Museums bzw. seinen Mitarbeitenden sowie dem außenstehenden Abbildungskünstler wird mithilfe der Richtlinien nicht tangiert. Darüber hinaus stellen die ICOM-Richtlinien ausschließlich ethische Richtlinien auf, sodass keine rechtliche Bindungswirkung des Eigentümers eines Museums bezüglich der geregelten Mindeststandards besteht. Demnach kommt den ethischen Richtlinien keine Außenwirkung im Sinne eines positiven Rechts gegenüber Dritten zu. Der Rechtskreis Dritter und deren Befugnisse werden durch die ICOM-Richtlinien nicht geregelt. Die Richtlinien sind mithin nicht als Gesetz i.S.d. § 903 S. 1 BGB zu definieren. Folglich sind sie nicht geeignet, die negativen Befugnisse des Eigentümers bezüglich der Verwertung von Abbildungen der in seinem Eigentum stehenden Baukunstwerke durch den Abbildungskünstler zu beschränken.

IV. UNESCO-Übereinkommen zum Schutz des Kultur- und Naturerbes der Welt

Stattdessen könnte der Eigentümer in seinen negativen Befugnissen durch das UNESCO-Übereinkommen zum Schutz des Kultur- und Naturerbes der Welt beschränkt sein. Die Anwendung des Übereinkommens setzt voraus, dass es sich bei dem abgebildeten Baukunstwerk um ein Kulturerbe als Bestandteil des UNESCO Weltkulturerbes handelt. Zugleich müsste das Übereinkommen die Verwertung von Abbildungen des Kulturgutes durch Dritte ermöglichen. Als Kulturerbe im Sinne des Übereinkommens werden gem. Art. 1 des UNESCO-Übereinkommens u.a. unbewegliche Kunstwerke oder Monumentalmalereien anerkannt, die für das kulturelle Erbe der gesamten Menschheit als besonders bedeutsam gelten. Unter anderem wurden auf die Liste des Übereinkommens des Erbes der Welt der UNESCO gem. Art. 11 Ziff. 2 des Übereinkommens die Schlösser und Parks von Berlin und Potsdam sowie die Museumsinsel in Berlin aufgenommen. Aufgrund der überragenden Bedeutung eines Baukunstwerkes

---

Fernsehaufnahmen der Stiftung Preußische Schlösser und Gärten Berlin Brandenburg eine rechtliche Bindungswirkung für außenstehende Dritte versagt hatte; ebenso *Maaßen*, GRUR 2010, 880 (883).

891 Jauernig/*Berger*, BGB, § 903 Rn. 4.

als Kulturerbe könnte sich zugleich eine Pflicht des Eigentümers zur Gestattung der Verwertung von Abbildungen des Kulturerbes durch Dritte ableiten lassen.[892] In Betracht kommt eine Herleitung aus Art. 4 oder Art. 27 Abs. 1 des Übereinkommens. Zwar benennen beide Vorschriften in ihrem Wortlaut nicht ausdrücklich eine entsprechende Verpflichtung des Eigentümers zur Gestattung der Verwertung, allerdings könnten die Vorschriften dahingehend auszulegen sein.

Gem. Art. 4 des Übereinkommens hat jeder Vertragsstaat die Weitergabe des Kulturerbes an künftige Generationen unter dem Einsatz eigener Hilfsmittel oder mithilfe der Unterstützung Dritter u.a. auf wissenschaftliche und technische Weise sicherzustellen. Art. 27 des Übereinkommens bestimmt ferner, dass sich die Vertragsstaaten unter dem Einsatz geeigneter Mittel wie bspw. durch Informationsprogramme zu bemühen haben, die Würdigung und Achtung des Kulturerbes durch die Völker zu stärken. Der gemeinsame Zweck beider Regelungen besteht somit darin, der Öffentlichkeit die Kulturgüter im größtmöglichen Umfang zugänglich zu machen.

Dabei könnte die Weitergabe des Kulturgutes durch Dritte auf technische Weise i.S.d. Art. 4 des Übereinkommens zunächst auch die Verwertung von Abbildungen des Kulturgutes auf technische Weise durch Dritte erfassen. Somit wäre Art. 27 des Übereinkommens dahingehend auszulegen, dass die Verwertung von Abbildungen des Kulturerbes als geeignetes Mittel zur Stärkung seiner Würdigung und Achtung durch die Bevölkerung anzusehen sei. Der Vertrieb von Informationsbroschüren, Bildbänden, Ausstellungskatalogen, Filmen und dergleichen wäre dann ein geeignetes Informationsprogramm über das Kulturgut im Sinne der Vorschrift. Die Vorschriften des Art. 4 und Art. 27 des Übereinkommens beschränken sich demnach nicht darauf, ausschließlich Ausdruck einer möglichen finanziellen, internationalen Unterstützung nach Art. 19 des Übereinkommens im Hinblick auf den Schutz des Kulturerbes zu sein.[893]

---

892 Das UNESCO-Übereinkommen wurde durch den Kabinettbeschluss der Bundesregierung vom 08.07.1976 in das deutsche Recht korporiert, ferner ist Deutschland aufgrund wirksamer Zustimmung zur Ratifikation durch die Bundesländer unmittelbar an das Übereinkommen und seine Vorschriften gebunden, sodass es auch als Gesetz i.S.d. § 903 S. 1 BGB anzusehen ist, vgl. Gutachten der Bundesregierung betreffend die innerstaatliche Bindungswirkung des UNESCO-Übereinkommens zum Schutz des Natur- und Kulturerbes der Welt, S. 10 ff.

893 So BGH, Urt. v. 17.12.2010, V ZR 45/10, GRUR 2011, 323 (326); Art. 19 des Übereinkommens besagt, dass jeder Vertragsstaat internationale Unterstützung u.a. für

Allerdings spricht gegen eine weite Auslegung der Vorschriften der übergeordnete Sinn und Zweck des UNESCO-Übereinkommens. Die Präambel des Übereinkommens bestimmt, dass mithilfe des Übereinkommens das Kulturerbe vor der Zerstörung oder dem allgemeinen Verfall zu bewahren ist und das Erbe aller Völker der Welt gesichert wird, um es zugleich als Bestandteil des Welterbes der gesamten Menschheit aufgrund seiner besonderen außergewöhnlichen Bedeutung zu erhalten.[894] Dies verdeutlicht, dass das Übereinkommen entsprechend dem Sinn und Zweck der Denkmalgesetze primär auf den Schutz und Erhalt des Kulturerbes in seinem physischen Sinn und mithin seiner körperlichen Substanz abzielt. Zwar kann das Kulturerbe durch die Verwertung von Abbildungen der Kulturgüter durch Dritte in der Abbildung „weiterleben" und durch die Verwertung gegenüber der Allgemeinheit zugleich künftigen Generationen erhalten bleiben. Gemäß der Präambel des Übereinkommens entspricht dies indes nicht dem Willen des Übereinkommens, wonach das Kulturerbe physisch zu erhalten ist. Darüber hinaus werden die Vorschriften an die jeweiligen Vertragsstaaten adressiert, die wiederum entsprechende Maßnahmen zum Schutz des Kulturerbes zu ergreifen haben. Die Vorschriften regeln mithin nicht das Rechtsverhältnis gegenüber Dritten, sodass das Übereinkommen keine Regelung zur Verwertung von Abbildungen von Kulturgütern durch Dritte vorsieht. Auch das UNESCO-Übereinkommen beschränkt den Eigentümer somit nicht in seinen negativen Befugnissen hinsichtlich der Verwertung von Abbildungen der in seinem Eigentum stehenden Baukunstwerken durch Dritte, selbst wenn es sich bei dem Baukunstwerk zugleich um ein Kulturgut im Sinne des UNESCO-Übereinkommens handelt.

V. Weitere gesetzliche Beschränkungen der Eigentumsrechte

Nachdem sich aus den zuvor benannten Gesetzen und Richtlinien keine Beschränkungen der negativen Eigentümerbefugnisse im Hinblick auf die Verwertung von Abbildungen eines Baukunstwerkes durch den Abbildungskünstler ergeben haben, könnten weitere Beschränkungsmöglichkeiten durch Grundrechte Dritter, namentlich des Abbildungskünstlers und zugleich der Allgemeinheit in Betracht kommen. Dies setzt voraus, dass das Grundgesetz

das in seinem Hoheitsgebiet befindliche und zum Kulturerbe von außergewöhnlichem universellen Wert gehörende Gut beantragen kann.

894 Vgl. Präambel des Übereinkommens zum Schutz des Kultur- und Naturerbes der Welt vom 16. November 1972; so auch *Anton*, Zivilrecht – Guter Glaube im Internationalen Kunsthandel, S. 16 Rn. 16.

als einschränkendes Gesetz i.S.d. § 903 S. 1 BGB definiert werden kann. Wie bereits ausgeführt, ist jedes Gesetz i.S.d. Art. 2 EGBGB als Gesetz i.S.d. § 903 S. 1 BGB anzusehen[895] und somit jede Rechtsnorm und jede generelle und abstrakte Regelung, die auf eine gewisse Außenwirkung im Sinne eines positiven Rechts gerichtet ist, dabei aber nicht zwingend dem Zivilrecht unterliegen muss.[896] Unter diese Definition ist jedes Gesetz im formellen Sinn zu subsumieren, das durch das von der Verfassung vorgeschriebene Gesetzgebungsverfahren verabschiedet wurde. Die Verfassung stellt dabei das höchste Recht dar, dem sich die formellen Gesetze unterordnen. Die Verfassung gilt daher nicht als formelles Gesetz im Sinne des Art. 2 EGBGB. Die Grundrechte sind somit innerhalb der Beschränkungen der Eigentumsrechte durch Rechte Dritter i.S.d. § 903 S. 1 BGB näher zu betrachten.[897]

VI. Zwischenergebnis

De lege lata bestehen keine gesetzlichen Möglichkeiten zur Beschränkung der Eigentumsrechte im Hinblick auf die negativen Befugnisse des Eigentümers bezüglich der Verwertung von Abbildungen der in seinem Eigentum stehenden Baukunstwerke durch den Abbildungskünstler, selbst wenn der Eigentümer eines Baukunstwerkes ein Museum ist. Mithin ergeben sich in diesem Zusammenhang keine Besonderheiten aus der Stellung eines Museums. Im Folgenden ist daher zu prüfen, ob ein Baukunstwerk aufgrund seiner Eigenschaft als Museum der Öffentlichkeit gegenüber zum Gemeingebrauch gewidmet wird und die Verwertung von Abbildungen des Baukunstwerkes durch den Abbildungskünstler unter den Gemeingebrauch zu subsumieren ist und daher zulässig ist.

§ 2 Beschränkungen durch Widmung zum Gemeingebrauch

Das Baukunstwerk eines Museums könnte dem Gemeingebrauch gewidmet werden und der Eigentümer des Baukunstwerkes aufgrund dieser Widmung in seinen negativen Befugnissen als Eigentümer beschränkt werden, sodass

---

895 Jauernig/*Berger*, BGB, § 903 Rn. 4.

896 Gsell/Krüger/Lorenz/Reymann/*Lakkis*, BeckOGK BGB, § 903 Rn. 121.

897 Vgl. Näher zur Differenzierung Gsell/Krüger/Lorenz/Reymann/*Lakkis*, BeckOGK BGB, § 903 Rn. 121, wobei *Lakkis* im Ergebnis sogar eine Trennung zwischen gesetzlichen Beschränkungen und solchen durch Rechte Dritter generell ablehnt und stattdessen nach öffentlich-rechtlichen und privatrechtlichen Schranken differenziert.

der Abbildungskünstler im Rahmen des Gemeingebrauchs Abbildungen des Baukunstwerkes ohne die Zustimmung des Eigentümers verwerten kann. Dies bedarf der näheren Betrachtung, unter welchen Voraussetzungen eine Widmung zum Gemeingebrauch vorliegt und ob die Verwertung von Abbildungen durch einen unbefugten Dritten von dem Gemeingebrauch umfasst wird.

Dabei ist vorab der Gemeingebrauch vom Anstaltsgebrauch abzugrenzen. Das Vorliegen eines Gemeingebrauchs setzt voraus, dass eine Sache ihrer Widmung entsprechend einer unbeschränkten Öffentlichkeit unmittelbar zur bestimmungsgemäßen Benutzung zur Verfügung gestellt wird, ohne besondere Zulassungsvoraussetzungen aufzustellen.[898] Im Gegensatz dazu eröffnet der Anstaltsgebrauch der Öffentlichkeit den Zugang zu einer Sache, setzt aber zusätzlich besondere Zulassungsvoraussetzungen für den Zugang zu der Sache voraus.[899] Unbewegliche Kunstwerke sind in der Regel dem Außenbereich eines Museums zuzuordnen und unterfallen mithin dem Gemeingebrauch, wohingegen bewegliche Kunstwerke dem Innenbereich eines Museum zugeordnet werden und aufgrund von generell bestehenden Zugangsbeschränkungen dem Innenbereich eines Museums und somit dem Anstaltsgebrauch zuzuordnen sind.[900] Im Folgenden wird die Verwertung von Abbildungen des Baukunstwerkes eines Museums und mithin eines unbeweglichen Kunstwerkes geprüft. Da unbewegliche Kunstwerke dem Außenbereich des Museums zugeordnet

---

898 *Papier,* Jura 1979, 93 (95).

899 *Detterbeck,* Allgemeines Verwaltungsrecht, S. 402 Rn. 995 ff.; *Lehment,* Das Fotografieren von Kunstgegenständen, S. 147; vgl. Ehlers/Pünder/*Papier/Durner,* Allgemeines Verwaltungsrecht, § 39 Rn. 27.

900 *Detterbeck,* Allgemeines Verwaltungsrecht, S. 402 Rn. 995; grundsätzlich ist bei jeder Widmung zu differenzieren zwischen einer solchen zum Gemeingebrauch bei unbeweglichen Kunstwerken sowie einer Widmung zum Anstaltsgebrauch bezüglich beweglicher Kunstwerke bzw. zwischen dem Innen- und Außenbereich eines Museums, vgl. *Detterbeck,* Allgemeines Verwaltungsrecht, S. 402 Rn. 995 ff., wonach der Begriff des Anstaltsgebrauchs im öffentlichen Sachenrecht zudem weiter zu verstehen ist als der Begriff der öffentlich-rechtlichen Anstalten im organisatorischen Sinn; *Lehment,* Das Fotografieren von Kunstgegenständen, S. 147; anders als beim Außenbereich eines Museums ist der Zugang zum Innenbereich eines Museums in der Regel nur nach einer Zugangskontrolle und mithin aufgrund besonderer Zulassung gestattet, vgl. Ehlers/Pünder/*Papier/Durner,* Allgemeines Verwaltungsrecht, § 39 Rn. 27; da sich diese Arbeit ausschließlich auf das Eigentum an unbeweglichen Kunstwerken beschränkt, ist nicht detailliert auf die Widmung zum Anstaltsgebrauch bei beweglichen Kunstwerken einzugehen.

werden und in der Regel keinen Zugangsbeschränkungen unterliegen, könnte ein Gemeingebrauch anzunehmen sein.

Eine Widmung zum Gemeingebrauch kann auf verschiedene Weise wie bspw. durch ein Gesetz, einen Verwaltungsakt, eine Satzung oder konkludent durch schlüssiges Verhalten sowie durch Gewohnheitsrechte erfolgen.[901] Eine Widmung zum Gemeingebrauch ist daher weder den gesetzlichen Beschränkungen noch den Beschränkungen durch Rechte Dritter i.S.d § 903 S. 1 BGB klar zuordnen. Ob ein Gemeingebrauch vorliegt, bestimmt sich nach dem Inhalt der entsprechenden Widmung. So steht eine Sache im Gemeingebrauch, sofern sie ihrer Widmung entsprechend einer unbeschränkten Öffentlichkeit unmittelbar zur bestimmungsgemäßen Benutzung zur Verfügung gestellt wird, ohne besondere Zulassungsvoraussetzungen aufzustellen.[902] Demnach setzt eine Widmung im Hinblick auf ein Baukunstwerk eines Museums voraus, dass dieses unmittelbar einem öffentlichen Zweck und mithin dem Gemeinwohl dient, durch einen besonderen Rechtsakt wie bspw. einer Satzung in Form einer Widmung einen öffentlich-rechtlichen Status erlangt hat sowie tatsächlich in den Dienst gestellt wird und somit eine Indienststellung vorliegt.[903] Die ggf. ebenfalls als Widmung zu qualifizierenden Denkmalschutzgesetze, ethischen Richtlinien und das UNESCO-Übereinkommen wurden bereits zuvor unter dem Punkt „gesetzliche Beschränkungsmöglichkeiten" betrachtet, sodass auf diese nicht näher einzugehen ist. Die Museumspraxis enthält insbesondere bei öffentlich-rechtlichen Museen in Form einer öffentlich-rechtlichen Stiftung in ihren Satzungen beruhend auf Staatsverträgen entsprechende Stiftungszwecke. Zudem können auch nicht-öffentliche Museen grundsätzlich im Wege einer Widmung zum Gemeingebrauch einen öffentlich-rechtlichen Status erhalten, da die Widmung nicht ausschließlich anhand der Rechtsstellung eines Museums bestimmt wird. Folglich können auch Museen im Privateigentum bzw. in privater oder freier Trägerschaft infolge geeigneter Zweckregelungen zum Gemeingebrauch umgewidmet werden.[904] Dies wird bei nicht-öffentlichen Museen bedeutsamer, da die Qualifizierung als dem Gemeingebrauch gewidmete Einrichtung für den Eigentümer aufgrund von Steuervergünstigungen

901 Staudingers/*Stieper*, BGB, Vorbem. zu §§ 90 ff. Rn. 17; *Mößle*, Handbuch des Museumsrechts, S. 170; *Maaßen*, GRUR 2010, 880 (883); *Papier*, Jura 1979, 93 (94).

902 *Papier*, Jura 1979, 93 (95).

903 *Detterbeck*, Allgemeines Verwaltungsrecht, S. 395 Rn. 973 ff.

904 Vgl. *Detterbeck*, Allgemeines Verwaltungsrecht, S. 396 f. Rn. 976 f.; *Mößle*, Handbuch des Museumsrechts, S. 170.

Vorteile bringen kann.[905] Allerdings enthalten die Regelwerke nicht-öffentlicher Museen bisher überwiegend keinen bestimmten Zweck, konkrete Bedingungen oder Ziele des Museumsbetriebes, aus denen sich eine Widmung zum Gemeingebrauch ableiten ließe.[906] Daher wird im Folgenden ausschließlich eine Widmung öffentlich-rechtlicher Museen zum Gemeingebrauch betrachtet. Mithin ist zu untersuchen, ob sich aus dem Stiftungszweck der Satzung eines öffentlich-rechtlichen Museums eine öffentliche Widmung zum Gemeingebrauch ergibt (I.) und ob der Inhalt des Stiftungszwecks auch die Verwertung von Abbildungen durch Dritte abdeckt (II.). Sofern sich aus der Überprüfung eine öffentliche Widmung zum Gemeingebrauch ableiten lässt, ist das Baukunstwerk eines Museums als öffentlich-rechtliche Sache zu qualifizieren und mithin der Öffentlichkeit zugänglich zu machen.

I. Öffentliche Widmung

In der Praxis besteht bei öffentlich-rechtlichen Museen die dahinter liegende juristische Person häufig aus einer öffentlich-rechtlichen Stiftung,[907] sodass im Folgenden exemplarisch die Satzung eines Museums und der sich daraus ergebende Stiftungszweck dahingehend betrachtet wird, inwiefern sich aus diesem Zweck eine öffentliche Widmung zum Gemeingebrauch herleiten lässt. Sofern der Zugang zum Außenbereich eines Museums keine speziellen Zulassungsvoraussetzungen wie besondere Einlasskontrollen voraussetzt, kommt eine öffentliche Widmung zum Gemeingebrauch in Betracht.[908] Auf diese Weise erhält privates bzw. nicht-öffentliches Eigentum infolge eines entsprechenden Widmungsaktes einen öffentlich-rechtlichen Status.[909] Das aus der exemplarisch zu

---

905 Nach §§ 51 Abs. 1, 52 Abs. 2, 3 Nr. 5 AO können Körperschaften Steuervergünstigungen erhalten, wenn sie ausschließlich und unmittelbar gemeinnützige Zwecke verfolgen, die insbesondere auch in der Förderung von Kunst und Kultur bestehen kann, vgl. *Mößle*, Handbuch des Museumsrechts, S. 170; *Finger/Müller*, NVwZ 2004, 953 (955).

906 So definiert bspw. der Max-Liebermann-Gesellschaft Berlin e.V. zwar die einzelnen Aufgaben der Gesellschaft, allerdings zählt zu diesen gerade nicht eine „öffentliche Zugänglichmachung der Allgemeinheit", so wie es bei den Stiftungen des öffentlichen Rechts bestimmt wird, vgl. https://www.liebermann-villa.de/traegerverein.html (Stand: Mai 2018, zuletzt besucht am: 17.07.2023).

907 Siehe hierzu oben unter 1. Kapitel § 2 I. 1. B.

908 Wie vorgehend bereits ausgeführt, würde es sich ansonsten um einen Fall des Anstaltsgebrauchs handeln.

909 Vgl. *Detterbeck*, Allgemeines Verwaltungsrecht, S. 396 Rn. 976 f.

betrachtenden Satzung hergeleitete Ergebnis lässt sich dann auf die Regelungen weiterer Museen übertragen, sofern diese ebenfalls eine entsprechende Formulierung enthalten.

1. *Öffentliche Zugänglichmachung als Stiftungszweck*

Häufig wird in den Satzungen der Museen ein Stiftungszweck formuliert, wonach etwaige Kulturgüter „der Öffentlichkeit zugänglich zu machen sind",[910] was zum Teil durch einen „museumsüblichen Umfang" eingeschränkt wird.[911] Aus der Formulierung der öffentlichen Zugänglichmachung könnte sich daher eine Widmung zur öffentlichen Sache ergeben. Dies ist davon abhängig, wie der jeweilige Stiftungszweck der öffentlichen Zugänglichmachung inhaltlich konkret ausgestaltet und formuliert ist. Exemplarisch soll im Folgenden der Wortlaut des § 1 Abs. 1 der Satzung vom 18.02.1998 der Preußischen Schlösser und Gärten näher betrachtet werden, der anderen Satzungen öffentlich-rechtlicher Museen inhaltlich ähnelt[912] und wie folgt lautet:

---

910 So u.a. geregelt in § 2 Abs. 1 des Staatsvertrags über die Errichtung der Stiftung Preußische Schlösser und Gärten Berlin-Brandenburg vom 23.08.1994; § 1 Abs. 1 der Satzung der Stiftung Preußische Schlösser und Gärten Berlin-Brandenburg vom 18.02.1998; § 2 Abs. 2 Verordnung über Satzungen der Hamburger Museumsstiftungen vom 23. April 2013, Anlage 4 der Satzung der Stiftung öffentlichen Rechts „Historische Museen Hamburg"; § 2 Abs. 2 Verordnung über Satzungen der Hamburger Museumsstiftungen vom 23. April 2013, Anlage 5 der Satzung der Stiftung öffentlichen Rechts „Helms-Museum – Hamburger Museum für Archäologie und die Geschichte Harburgs".

911 So einschränkend geregelt in § 3 Abs. 1–3 Museumsstiftungsgesetz Berlin vom 09.12.1998 und in § 2 Abs. 2 des Hamburgischen Museumsstiftungsgesetzes vom 22.12.1998.

912 Vgl. nur § 2 Abs. 1 des Staatsvertrags über die Errichtung der Stiftung Preußische Schlösser und Gärten Berlin-Brandenburg vom 23.08.1994; § 2 Abs. 2 Verordnung über Satzungen der Hamburger Museumsstiftungen vom 23.04.2013, Anlage 4 der Satzung der Stiftung öffentlichen Rechts „Historische Museen Hamburg"; § 2 Abs. 2 Verordnung über Satzungen der Hamburger Museumsstiftungen vom 23.04.2013, Anlage 5 der Satzung der Stiftung öffentlichen Rechts „Helms-Museum – Hamburger Museum für Archäologie und die Geschichte Harburgs", sowie mit der inhaltlichen Einschränkung der öffentlichen Zugänglichmachung nur „im museumsüblichen Umfang" in § 3 Abs. 1–3 Museumsstiftungsgesetz Berlin vom 09.12.1998 und in § 2 Abs. 2 des Hamburgischen Museumsstiftungsgesetzes vom 22.12.1998.

> „Die Stiftung hat gemäß Artikel 2 des Staatsvertrages die Aufgabe, die ihr übergebenen Kulturgüter zu bewahren, unter Berücksichtigung historischer, kunst- und gartenhistorischer und denkmalpflegerischer Belange zu pflegen, ihr Inventar zu ergänzen, *der Öffentlichkeit zugänglich zu machen* und die Auswertung dieses Kulturbesitzes für die Interessen der Allgemeinheit, insbesondere in Wissenschaft und Bildung, zu ermöglichen.“[913]

Daraus ergibt sich zunächst, dass die Stiftung als Eigentümerin der Schlösser und Gärten ihre Kulturgüter aufgrund einer Satzung der Öffentlichkeit zugänglich zu machen hat. Aus dieser Pflicht zur öffentlichen Zugänglichmachung könnte sich eine öffentliche Widmung zum Gemeingebrauch herleiten lassen. Daher ist zu prüfen, ob die Kulturgüter aufgrund der Satzung als besonderer Rechtsakt einem öffentlichen Zweck bzw. dem Gemeinwohl und mithin der Allgemeinheit dienen sollen, oder ob trotz der Pflicht zur öffentlichen Zugänglichmachung die privatrechtliche Sachherrschaft des Eigentümers überwiegt.

2. *BGH: Keine Widmung zum Gemeingebrauch*

In der Entscheidung Preußische Schlösser und Gärten lehnte der BGH aufgrund des entgegenstehenden Wortlautes des Stiftungszwecks der öffentlichen Zugänglichmachung eine Widmung zum Gemeingebrauch ab.[914] Die benannte Zweckbestimmung habe lediglich zum Inhalt, das Eigentum der Öffentlichkeit zugänglich zu machen, soweit der Zweck dies zuließe.[915] Eine uneingeschränkte Zugänglichmachung insbesondere zu gewerblichen Zwecken sei der Zweckbestimmung nicht zu entnehmen.[916] Vielmehr sei es primär die Aufgabe des Eigentümers, Erholungs-, Bildungs- und kulturellen Zwecken nachzugehen sowie für die Erhaltung und Pflege der Kulturgüter zu sorgen.[917] Nicht der Teilhabe der Öffentlichkeit an den kulturhistorischen Bauten und Anlagen sei der Vorrang einzuräumen, sondern vielmehr der Erhaltung und der Pflege des Kulturgutes, was sich zudem aus der Ermöglichung einer denkmalverträglichen

---

913 Dies entspricht auch dem Wortlaut des Art. 2 Abs. 1 des Staatsvertrags der Preußischen Schlösser und Gärten vom 23.08.1994.

914 Vgl. BGH, Urt. v. 17.12.2010, V ZR 45/10, NJW 2011, 749 (751) Rz. 22 ff., in der sich der BGH auf den Wortlaut des Art. 2 Abs. 1 des Staatsvertrags vom 23.08.1994 sowie des § 1 Abs. 1 der Satzung vom 18.02.1998 der Preußischen Schlösser und Gärten berief; OLG Brandenburg, Urt. v. 18.02.2010, 5 U 13/09, GRUR 2010, 927 (928).

915 BGH, Urt. v. 17.12.2010, V ZR 45/10, NJW 2011, 749 (751) Rz. 22.

916 BGH, Urt. v. 17.12.2010, V ZR 45/10, NJW 2011, 749 (751) Rz. 23.

917 OLG Brandenburg, Urt. v. 18.02.2010, 5 U 13/09, GRUR 2010, 927 (928).

Nutzung der Kulturdenkmäler herleiten ließe.[918] Dies lasse einen unkontrollierten Zugang ohne die Verhängung von Zugangsbeschränkungen nicht zu.[919] Die wirtschaftliche Verwertung und auch die kommerzielle Anfertigung von Abbildungen stelle eine besondere Nutzung dar, die über den Zweck der allgemeinen Zugangsgewährung hinausginge.[920] Darüber hinaus sei bei der Auslegung des Stiftungszwecks auch der Nutzungszweck zum Zeitpunkt der Errichtung der Baukunstwerke zu berücksichtigen.[921] Sofern das Kulturgut zum Zeitpunkt der Errichtung nicht für die Öffentlichkeit bestimmt war und vielmehr privaten Zwecken diente, sei ebenfalls keine Widmung zum Gemeingebrauch anzunehmen.[922] Da die preußischen Schlossgärten bei ihrer Errichtung einer Nutzung durch die königliche bzw. kaiserliche Familie dienten, wurde zusätzlich mithilfe dieser Begründung eine Widmung versagt.[923] Aus dem Stiftungszweck der öffentlichen Zugänglichmachung sei demnach keine Widmung zur öffentlichen Sache herzuleiten, sodass der Eigentümer des Kulturgutes nicht in seinem Eigentum im Hinblick auf die Verwertung von Abbildungen beschränkt werde.

3. *Kritik: Öffentliche Zugänglichmachung als Widmung zum Gemeingebrauch*

Andererseits könnte aus der Pflicht zur öffentlichen Zugänglichmachung eine Widmung zum Gemeingebrauch aus dem Stiftungszwecks abgeleitet werden.[924] Sowohl Art und Umfang der öffentlich-rechtlichen Zweckbindung einer Widmung charakterisieren nach *Maaßen* den Gemeingebrauch, sofern die Benutzung jedenfalls des Außenbereichs der Öffentlichkeit unmittelbar und ohne besondere Zulassungsbeschränkungen wie Zugangskontrollen im Rahmen der

918 BGH, Urt. v. 17.12.2010, V ZR 45/10, NJW 2011, 749 (751) Rz. 23.

919 OLG Brandenburg, Urt. v. 18.02.2010, 5 U 13/09, GRUR 2010, 927 (928).

920 BGH, Urt. v. 17.12.2010, V ZR 45/10, NJW 2011, 749 (751) Rz. 25.

921 Vgl. OLG Brandenburg, Urt. v. 18.02.2010, 5 U 13/09, GRUR 2010, 927 (928).

922 So das OLG Brandenburg, Urt. v. 18.02.2010, 5 U 13/09, GRUR 2010, 927 (928) zu den Parkanlagen und den sich darauf befindlichen Gebäuden der Stiftung Preußische Schlösser und Parkanlagen, welche zum Zeitpunkt ihrer Errichtung der Nutzung durch die königliche bzw. kaiserliche Familie dienen und daher nicht der Öffentlichkeit zugänglich sein sollte.

923 OLG Brandenburg, Urt. v. 18.02.2010, 5 U 13/09, GRUR 2010, 927 (928); *Maaßen*, GRUR 2010, 880 (882).

924 So im Hinblick auf den Außenbereich auch *Uhlenhut*, Panoramafreiheit und Eigentumsrecht, S. 168 ff.; *Maaßen*, GRUR 2010, 880 (883 f.); *Ernst*, ZUM 2009, 434 (434 f.).

Gemeinverträglichkeit sowie der Üblichkeit gestattet werde.[925] Dieser Ansicht schließt sich *Uhlenhut* insgesamt an.[926] Durch den Stiftungszweck werde die Nutzungsmöglichkeit eines Geländes wie bspw. eines Museumparks gerade nicht auf einen bestimmten Personenkreis beschränkt.[927] Im Gegenteil werde der freie Zugang vielmehr der Allgemeinheit eröffnet, was einer Widmung zum Gemeingebrauch gleichkomme.[928] *Ernst* vertritt ebenfalls die Ansicht, dass jedenfalls der Außenbereich eines Museums aufgrund des Stiftungszwecks der öffentlichen Zugänglichmachung dem Gemeingebrauch gewidmet sei.[929] Allerdings fordert er für die Annahme einer öffentlichen Sache, dass diese kostenfrei genutzt werden dürfe.[930]

4. *Stellungnahme*

Nach den bereits oben benannten Voraussetzungen setzt eine Widmung voraus, dass das Baukunstwerk einen öffentlichen Zweck verfolgt und somit dem Gemeinwohl dient, durch einen besonderen Rechtsakt einen öffentlich-rechtlichen Status erhält und der festgelegten Nutzung entsprechend zugänglich ist und mithin eine Indienststellung vorliegt.[931]

Eine Satzung ist geeignet, um einen besonderen Rechtsakt zu verkörpern. Diese müsste zugleich einen öffentlichen Zweck verfolgen und das Baukunstwerk somit dem Gemeinwohl dienen. Nach den allgemeinen Grundsätzen setzt eine Widmung weiterhin voraus, dass einer unbeschränkten Öffentlichkeit die bestimmungsgemäße Nutzung der Sache erlaubt wird, ohne besondere Zugangsvoraussetzungen aufzustellen.[932] Diese Voraussetzungen sind entgegen der Ansicht der Rechtsprechung im Hinblick auf die Außenanlage eines Museums insgesamt erfüllt. Entsprechend dem oben aufgeführten Stiftungszweck der öffentlichen Zugänglichmachung soll das museale Areal schließlich der Allgemeinheit unbeschränkt zugänglich gemacht werden. Hierbei werden in der Regel keine besonderen Zugangsvoraussetzungen für den Zutritt der Außenanlagen eines Museums wie der Park- und Gartenanlagen aufgestellt – so wie es in

925 *Maaßen*, GRUR 2010, 880 (883 f.).
926 *Uhlenhut*, Panoramafreiheit und Eigentumsrecht, S. 168 ff.
927 *Uhlenhut*, Panoramafreiheit und Eigentumsrecht, S. 169.
928 *Uhlenhut*, Panoramafreiheit und Eigentumsrecht, S. 169.
929 *Ernst*, ZUM 2009, 434 (434 f.).
930 *Ernst*, ZUM 2009, 434 (434 f.).
931 Siehe hierzu vorgehend unter 4. Kapitel § 2.
932 *Detterbeck*, Allgemeines Verwaltungsrecht, S. 396 Rn. 976.

den Entscheidungen der Preußischen Schlösser und Gärten ebenfalls der Fall war. Auch wenn die Außenanlage zur Abend- bzw. Nachtzeit verschlossen oder Eintrittsgelder verlangt würden, ist dies nicht als besondere Zulassungsvoraussetzung zu bewerten und stünde einer Gemeingebrauchswidmung nicht entgegen.[933] Die Zugangsbeschränkungen beziehen sich schließlich nicht auf den einzelnen Besucher, sondern gelten allgemein für alle potenziellen Besucher. Auch nach der Ansicht des BGH steht das Verschließen der Außenanlage zur Nachtzeit bzw. eine nicht rund um die Uhr gewährleistete Zugänglichmachung einer Widmung zum Gemeingebrauch nicht entgegen.[934] Insofern handelt es sich nicht um eine „besondere", sondern um eine gewöhnliche und nicht über das besondere Maß hinausgehende Zugangsbeschränkung. Folglich ist – entgegen *Ernst* – eine öffentliche Zugänglichmachung und mithin eine Widmung zum Gemeingebrauch nicht mit der Begründung zu versagen, dass der Zugang zu einem Baukunstwerk von der Zahlung eines Eintrittsgeldes abhängt.[935] Sofern indes neben der Verhängung von Eintrittsgeldern und der Schließung der Räumlichkeiten zu bestimmten Zeiten weitere Zugangsvoraussetzungen aufgestellt werden, so könnten diese im Einzelfall als „besondere" Zugangsbeschränkungen aufgefasst werden und dies der Rechtfertigung einer Widmung zum Gemeingebrauch entgegenstehen. In Betracht für besondere Zugangsvoraussetzungen kommen bspw. Kontrollen im Hinblick auf die Größe etwaiger Taschen oder Gepäckstücke eines Besuchers, hinsichtlich der zugelassenen Anzahl der Besucher oder sonstige denkbare individuelle Besucherkontrollen, wie es in der Regel bei dem Besuch der Innenräume eines Museums vorgesehen wird. Dadurch findet eine Selektion statt, die über gewöhnliche Zugangsbeschränkungen hinausgeht. Sobald hingegen lediglich das Grundstück betreten wird und sich der Besucher auf dem Außengelände des Baukunstwerkes befindet, werden in der Regel besondere Zugangsbeschränkungen oder Kontrollen dieser Art nicht vorgesehen. Sofern somit das Baukunstwerk auch in den Dienst gestellt wird und entsprechend der durch die Satzung bzw. den Stiftungszweck

933 Vgl. im Hinblick auf die Öffnungsdauer: Fromm/Nordemann/*Czychowski*, UrhG, § 59 Rn. 6; *Ernst*, ZUM 2009, 434 (434); *Ernst*, ZUM 1998, 475 (479); im Hinblick auf Eintrittsgelder: Gsell/Krüger/Lorenz/Reymann/*Sponheimer*, BeckOGK BGB, § 1004 Rn. 223; *Detterbeck*, Allgemeines Verwaltungsrecht, S. 396 Rn. 976 f.; anders sieht dies *Ernst*, ZUM 2009, 434 (434 f.), der Eintrittsgelder als Einschränkung bewertet, was einer öffentlichen Widmung entgegenstünde.

934 OLG Brandenburg, Urt. v. 18.02.2010, 5 U 13/09, GRUR 2010, 927 (928).

935 Vgl. *Ernst*, ZUM 2009, 434 (435).

festgelegten Nutzung zugänglich gemacht wird, ist eine öffentliche Widmung hierdurch entgegen der Ansicht der Rechtsprechung anzunehmen.

Darüber hinaus ist entgegen der Rechtsprechung nicht der Zeitpunkt der Errichtung des Geländes ausschlaggebend für die Annahme einer öffentlichen Zweckbestimmung bzw. einer Gemeinwohlnutzung des Baukunstwerkes und mithin einer öffentlichen Widmung. Entscheidend ist ausschließlich der Zeitpunkt der eigentumsbeeinträchtigenden Handlung und mithin der Verwertung.[936] Die zu diesem Zeitpunkt bestehenden Regelungen legen ausschließlich fest, ob das Gelände der Öffentlichkeit unbeschränkt zugänglich zu machen ist. Schließlich besteht die Intention einer Widmung zum Gemeingebrauch darin, aus einer ursprünglich privatrechtlichen Sache eine öffentlich-rechtliche Sache zu generieren. Würde stets die Historie bzw. die zum Zeitpunkt der Errichtung des Baukunstwerkes bestandenen Nutzungsabsichten oder -regelungen Einfluss auf die Bestimmung einer Widmung haben, so würde dies die Möglichkeiten einer Widmung erheblich einschränken. Weiterhin liefen erweiternde Nutzungsregelungen im Sinne eines Stiftungszwecks ins Leere.

Auch die teilweise gewählte einschränkende Formulierung innerhalb einer Satzung bzgl. der öffentlichen Zugänglichmachung „im museumsüblichen Umfang"[937] entspricht diesem Ergebnis. Schließlich wird durch diese Einschränkung nicht der Zugang der Allgemeinheit zur Außenanlage eines Museums verändert. Die obigen Ausführungen gelten somit entsprechend auch für die einschränkende Formulierung.

Mithin stellt ein wie exemplarisch aufgezeigter Stiftungszweck der öffentlichen Zugänglichmachung einer Satzung aufgrund seiner Formulierung eine öffentliche Widmung dar, sodass aufgrund des Stiftungszwecks die Außenanlage eines Baukunstwerkes einer unbeschränkten Öffentlichkeit zur bestimmungsgemäßen Nutzung ohne besondere Zulassungsvoraussetzungen zugänglich zu machen ist. Die privatrechtliche Sachherrschaft des Museumseigentümers wird somit im jeweiligen Umfang des Gemeingebrauchs der öffentlich-rechtlichen Sachherrschaft verdrängt.[938] Das Baukunstwerk eines Museums dient in der Folge öffentlichen Zwecken bzw. dem Gemeinwohl, sodass eine Indienststellung vorliegt. Dieses Ergebnis lässt sich auf weitere

---

936 Vgl. *Uhlenhut*, Panoramafreiheit und Eigentumsrecht, S. 170.

937 So bspw. in § 3 Abs. 1–3 Museumsstiftungsgesetz Berlin vom 09.12.1998 und in § 2 Abs. 2 des Hamburgischen Museumsstiftungsgesetzes vom 22.12.1998.

938 *Papier*, Jura 1979, 93 (94).

Regelungen öffentlich-rechtlicher Museen übertragen, sofern sie entsprechende Regelungen normieren.

II. Inhalt des Stiftungszwecks

Weiterhin ist der Inhalt des Stiftungszwecks dahingehend zu untersuchen, ob die Verwertung von Abbildungen eines Baukunstwerkes vom Zweck der öffentlichen Zugänglichmachung und mithin vom Gemeingebrauch erfasst wird, oder ob die Verwertung vielmehr eine genehmigungspflichtige Sondernutzung darstellt.[939] Sofern eine Sondernutzung anzunehmen ist, müsste der Abbildungskünstler eine Erlaubnis des Baukunstwerkeigentümers zur Verwertung der Abbildungen seines Baukunstwerkes einholen und ggf. zusätzlich ein Nutzungsentgelt ähnlich einer Lizenzgebühr zahlen.[940] Zu differenzieren ist im Hinblick auf den Umfang des Stiftungszwecks zwischen drei verschiedenen Ansichten, die sich in eine enge, eine weite sowie eine vermittelnde Auffassung aufteilen lassen.

1. Enge Auslegung

So wird zum Teil einschränkend vertreten, dass der vorgehend aufgezeigte Stiftungszweck schon keine Widmung zur Anfertigung kommerzieller Abbildungen erfasse und folglich auch keine Widmung zur kommerziellen Verwertung dieser Abbildungen vorsehen könne. Begründet wird dies damit, dass es nicht Stiftungsaufgabe sei, insbesondere wirtschaftliche Partikularinteressen auf Kosten der Allgemeinheit zu fördern.[941] Aus dem Stiftungszweck könne ausschließlich eine Erlaubnis zur Anfertigung von Abbildungen zu wissenschaftlich bildenden und privaten Zwecken zur Förderung der Wissenschaft und Bildung abgeleitet werden.[942] Ein enges Verständnis vom Inhalt des Stiftungszwecks ergäbe sich auch aus den Ausführungen der Enquete-Kommission

939 Weiterführend *Maaßen,* GRUR 2010, 880 (884), wonach eine Sondernutzung in jeder über den Gemeingebrauch hinausgehenden Nutzung liege, wobei weiter zwischen gemeingebrauchsverträglichen und den Gemeingebrauch beeinträchtigenden Sondernutzungen zu differenzieren sei.

940 Im Falle einer gemeingebrauchsverträglichen Sondernutzung beträfe dies die Zahlung eines privatrechtlichen Entgelts, im Falle einer den Gemeingebrauch beeinträchtigenden Sondernutzung die Zahlung einer öffentlich-rechtlichen Sondernutzungsgebühr, vgl. *Maaßen,* GRUR 2010, 880 (884).

941 *Prengel,* Bildzitate in Kunstwerken, S. 223.

942 *Prengel,* Bildzitate in Kunstwerken, S. 223, im Hinblick auf Fotografien.

des Deutschen Bundestages.[943] Diese argumentierte im Hinblick auf § 59 UrhG, dass die unentgeltliche Verwertung von Außenaufnahmen eines Werkes im öffentlichen Raum nicht mehr gänzlich gerechtfertigt sei, da sie zu einer ungerechtfertigten Ungleichbehandlung von Kunstwerken innerhalb von Gebäuden sowie Kunstwerken im öffentlichen Raum führe.[944] Nach dieser Ansicht erfasst der Stiftungszweck einer öffentlichen Zugänglichmachung eines Baukunstwerkes daher nicht zugleich auch die Verwertung von Abbildungen dieses Werkes durch den Abbildungskünstler, sodass eine genehmigungspflichtige Sondernutzung vorläge.

2. *Weite Auslegung*

Indes könnte unter Berücksichtigung der Ausführungen der Enquete-Kommission zu § 59 UrhG bei Baukunstwerken auch eine weite Auslegung des Stiftungszwecks begründet werden. Eine Vergütungspflicht solle laut der Empfehlung der Enquete-Kommission nicht für die Verwertung von Abbildungen von Bauwerken gelten, sodass die Schranke des § 59 UrhG weiterhin Anwendung fände und die Anfertigung und Verwertung von Abbildungen von Bauwerken von öffentlichen Orten aus zulässig wäre.[945] Unter diesen Begriff seien dann sowohl das Gebäude als Baukunstwerk als auch dazugehörige Garten- und Parkanlagen zu subsumieren, so wie es der urheberrechtlichen Definition eines Bauwerkes entspreche.[946] Dass der Stiftungszweck der öffentlichen Zugänglichmachung neben der Anfertigung einer Abbildung insbesondere auch ihre Verwertung erfasse, entspräche weiter dem allgemein in der Gesellschaft vorherrschenden Verständnis des Gemeingebrauchs, wonach bspw. das Fotografieren von öffentlichen Straßen, Wegen und Plätzen in der Regel üblich sei.[947] Nach dieser Auffassung sei von dem Stiftungszweck der öffentlichen

---

943 BT-Drucks. 16/7000, S. 264 ff.

944 BT-Drucks. 16/7000, S. 265, die Kommission führte weiter aus, dass die damaligen Gründe für die Einführung der Panoramafreiheit nicht mehr bestünden, wonach patriotische und sonstige Zwecke die Verbreitung von Aufnahmen rechtfertigte, sowie gleichzeitig ein Schutz kleinerer Gewerbetreibender erzielt werden sollte, die Ansichtspostkarten oder Fotografien vertrieben, was heute ebenfalls nicht mehr vorherrsche.

945 BT-Drucks. 16/7000, S. 267, wobei eine genaue Begründung der Kommission hierfür fehlt.

946 Vgl. Wandtke/Bullinger/*Bullinger*, UrhG, § 2 Rn. 111.

947 *Maaßen*, GRUR 2010, 880 (884); *Uhlenhut*, Panoramafreiheit und Eigentumsrecht, S. 170.

Zugänglichmachung somit auch die Verwertung von Abbildungen eines Baukunstwerkes mitumfasst, um einen größtmöglichen Zugang gewährleisten zu können. Eine genehmigungspflichtige Sondernutzung läge mithin nicht vor.

3. *Vermittelnde Ansicht*

Nach einer vermittelnden Ansicht könnte der Umfang des Stiftungszweck danach bestimmt werden, ob infolge der jeweiligen Nutzung weitere Dritte bzw. die Allgemeinheit in ihrem Gemeingebrauch beeinträchtigt werden.[948] Somit wäre zu untersuchen, ob die Allgemeinheit in ihrer sinnlichen Wahrnehmbarkeit bzw. der Anfertigung und Verwertung von Abbildungen des Baukunstwerkes gestört werde, sofern der Abbildungskünstler Abbildungen des Baukunstwerkes verwertet. Schließlich sei mithilfe des Gemeingebrauchs den Interessen der Allgemeinheit im Wege des Stiftungszwecks Rechnung zu tragen und ein gleichberechtigter Zugang zu dem Baukunstwerk zu gewähren. Gleichzeitig solle niemand in der Ausübung seiner Zugangsrechte beeinträchtigt werden bzw. durch die Ausübung des Gemeingebrauchs bevorzugt behandelt werden. Der Inhalt des Gemeingebrauchs des Abbildungskünstlers erfahre somit dort seine Grenzen, wo er andere in der Ausübung des Gemeingebrauchs beeinträchtigte. Folglich sei die Verwertung von Abbildungen eines Baukunstwerkes nur dann von dem Zweck der öffentlichen Zugänglichmachung erfasst, sofern Dritte dadurch nicht in ihrem Gemeingebrauch beeinträchtigt werden. Ob eine Beeinträchtigung Dritter bei der Verwertung von Abbildungen durch den Abbildungskünstler vorliegt, sei daher im Einzelfall gesondert zu betrachten.

4. *Übertragung der Wertungen zu „Google Street View"*

Da die zuvor dargestellten Ansichten zu unterschiedlichen Ergebnissen führen, sind im Folgenden die zu Google Street View ergangenen Gerichtsentscheidungen zu betrachten. Insbesondere sind die dort entwickelten Argumentationen herauszuarbeiten und ggf. bei der Bestimmung des Stiftungszwecks heranzuziehen. Hinsichtlich der Anfertigung kommerzieller Abbildungen von Häuserfassaden durch „Google Street View" wurde in diesem Zusammenhang diskutiert, ob die Anfertigung von Abbildungen vom Gemeingebrauch umfasst wird oder stattdessen eine gebührenpflichtige Sondernutzung vorliegt. Die

948 So etwa *Bullinger*, in: FS Raue (2006), S. 379 (395); *Lehment*, Das Fotografieren von Kunstgegenständen, S. 148 f.

Verwertung der Abbildungen wurde in diesem Zusammenhang nicht diskutiert. Dennoch kann die Argumentation zu der Anfertigung von Abbildungen auf die Verwertung von Abbildungen übertragen und bei der Auslegung des Stiftungszwecks berücksichtigt werden.

Google Inc. nahm und nimmt zum Teil weiterhin Fotoaufnahmen von öffentlichen Straßen und Häuserfassaden mittels einer auf dem Dach eines PKW montierten Kamera auf. Ob die betroffenen Städte in diesem Zusammenhang Sondernutzungsgebühren für die Anfertigung dieser Abbildungen verlangen dürfen, hängt davon ab, ob diese von der Zweckbestimmung öffentlicher Straßen erfasst wird und mithin dem Gemeingebrauch unterliegt. Die Straßen- und Wegegesetze der Länder enthalten zum Teil unterschiedliche Definitionen zum Gemeingebrauch. Diesen Definitionen ist gemein, dass der Gemeingebrauch einer öffentlichen Straße eine vorwiegende Nutzung zum Straßenverkehr voraussetzt.[949] Google Inc. müsste die Straßen also vorwiegend zum Straßenverkehr nutzen, um einen Gemeingebrauch der öffentlichen Sache zu begründen. Entscheidend ist daher, in welchen Konstellationen eine vorwiegende Nutzung zum Straßenverkehr vorliegt und ob diese bei Aufnahmen von Häuserfassaden mithilfe eines PKW anzunehmen ist. Gerichtliche Entscheidungen zu Google Street View stehen dahingehend noch aus. Daher sollen im Folgenden die in der Vergangenheit zu vergleichbaren Konstellationen getroffenen Gerichtsentscheidungen sowie hierzu ergangene Stellungnahmen der Länder zur Bestimmung des Gemeingebrauchs herangezogen werden. Verwendet wurden zur Bestimmung des Gemeingebrauchs zum Teil objektive und zum Teil subjektive Kriterien. Diese werden im Folgenden untersucht, um die hierzu entwickelten Grundsätze auf die Verwertung von Abbildungen anschließend zu übertragen.

A. Gemeingebrauch gemäß subjektiven Kriterien

Nach der Ansicht einiger Gerichte bestimme der subjektive Wille eines PKW-Nutzers darüber, ob eine Nutzung der öffentlichen Straße zum Zwecke des Straßenverkehrs und mithin zum Zwecke des Gemeingebrauchs vorliegt.[950]

---

949 So bspw. § 16 Abs. 1 S. 2 HWG, wonach der Gemeingebrauch an öffentlichen Wegen danach definiert wird, ob die Wege ohne besondere Erlaubnis zum Verkehr benutzt werden dürfen, soweit Dritte hierdurch nicht in ihrem Gemeingebrauch unzumutbar beeinträchtigt werden, und § 10 Abs. 2 S. 3 BerlStrG, wonach kein Gemeingebrauch mehr vorliegt, wenn die Straße nicht vorwiegend zum Verkehr, sondern zu anderen Zwecken benutzt wird.

950 BayObLG, Beschl. v. 18.01.1966, BWReg. 4 a St 23/65, NJW 1966, 846 (846 ff.), in der ein PKW mit Werbung versehen die öffentlichen Straßen nutzte; ähnlich: BVerwG,

Auch der Gesetzgeber gehe vom Zweck der Straßennutzung aus und stelle somit auf ein subjektives Element für die Bestimmung des Gemein- oder Sondergebrauchs ab, sodass die subjektiven Beweggründe des PKW-Nutzers für die Teilnahme am Straßenverkehr zu berücksichtigen seien.[951] Sofern der Straßenverkehr hauptsächlich zu Werbezwecken genutzt werde und die Verkehrsteilnahme dadurch primär als Mittel zum Zwecke degradiert werde, liege indes keine Nutzung zum Zwecke des Straßenverkehrs vor.[952] Dieser Ansicht haben sich einige Fachbereiche der Verwaltung für Recht, Sicherheit und Ordnung[953] angeschlossen und bei Abbildungen von Straßenzügen und Häuserfassaden durch Google Inc. einen Gemeingebrauch abgelehnt. Mit der Straßennutzung durch den aufnehmenden Fahrer werde keine Ortsveränderung zur Personenbeförderung bezweckt, sondern die Möglichkeit zur Anfertigung von Fotoaufnahmen.[954]

Gegen diese Ansicht spricht, dass subjektive Kriterien erhebliche Rechtsunsicherheiten aufgrund ihrer Nachweisbarkeit im Gerichtsverfahren mit sich

---

BeckRS 1971 30428819, das zwar nicht ausdrücklich auf subjektive Merkmale abstellte, hielt aber im Ergebnis die innere Haltung des Verkehrsteilnehmers anstelle objektiver Kriterien für ausschlaggebend und forderte zusätzlich noch eine Ortsveränderung zum (subjektiven) Zwecke des Personen- und Güterverkehrs.

951 BayObLG, Beschl. v. 18.01.1966, BWReg. 4 a St 23/65, NJW 1966, 846 (847).

952 BayObLG, Beschl. v. 18.01.1966, BWReg. 4 a St 23/65, NJW 1966, 846 (847).

953 So bspw. Bergisch Gladbach, Ratingen, Bonn und Alfter, die ihre Satzungen über Sondernutzungen im Hinblick auf die (sondernutzungsrechtliche) Genehmigungsbedürftigkeit von „umfassenden fotografischen oder digitalen Aufnahmen“ erweitert haben, um Sondernutzungsgebühren verlangen zu können, siehe § 2 Abs. 1 der Satzung über Erlaubnisse und Gebühren für Sondernutzungen an öffentlichen Straßen der Gemeinde Alfter vom 15.10.2003 in der Fassung vom 01.06.2010; konträr aber die Stellungnahme der Bonner Verwaltung vom 06.04.2010, die sich gegen die Annahme einer Sondernutzung ausgesprochen hat, vgl. öffentliche Stellungnahme der Verwaltung der Bundesstadt Bonn, Drucks. 1010662ST2, 29.04.2010 S. 4 f.

954 Vgl. *Neumann*, Rechtliche Bedenken gegen Sondernutzungsgebühren für „Streetview“ und Co., http://ortsrecht.kochneumann.de/rechtliche-bedenken-gegen-sondernutzungsgebuehren-fuer-kamerafahrten-fuer-streetview-und-co/#foot_text_110_10, Stand: 31.01.2014, zuletzt besucht am: 21.07.2023; Stadt Solingen, Beantwortung von Anfragen vom 17.02.2010 zu Google Streetview, https://www.solingen.de/C125754F00588DDC/html/60EACF033D26D348C12576CD0049548D/$file/Beantwortung%2007.pdf (Stand: 25.02.2010, zuletzt besucht am: 19.07.2023).

bringen.[955] So kann der Abbildende die Schutzbehauptung aufstellen, das Auto primär zum Zwecke der Fortbewegung und nicht überwiegend zur Anfertigung von Abbildungen eingesetzt zu haben. Gegen die Berücksichtigung subjektiver Kriterien spricht ferner der Vorrang der StVO, sodass sich das Vorliegen einer regulären Teilnahme am Straßenverkehr ausschließlich nach den Vorgaben der StVO und nicht nach den einzelnen Straßen- und Wegegesetzen der Länder richten sollte.[956] Der subjektive Zweck bzw. das Motiv der Fahrt ist daher unberücksichtigt zu lassen.

B. Gemeingebrauch gemäß objektiven Kriterien

Andere Gerichte orientierten sich bei der Bestimmung des Gemeingebrauchs an objektiven Kriterien. Demnach sei aus der Sicht eines objektiven Beobachters zu bestimmen, ob das am Straßenverkehr teilnehmende Verkehrs- oder Fortbewegungsmittel die Funktion eines Verkehrsmittels innehabe und dem Gemeingebrauch zuzurechnen sei.[957] Dabei sei das objektive Erscheinungsbild des Fahrverhaltens hinsichtlich der Geschwindigkeitshöhe, auffälliger Fahrmanöver oder Haltepositionen zu berücksichtigen.[958] Dementsprechend stützen sich einige Stellungnahmen auf objektive Kriterien und damit zugleich auf die Verkehrskonformität des Verkehrsteilnehmers.[959] Zur Vermeidung von

---

955 So schon BVerwG, Beschl. v. 28.08.2012, 3 B 8/12, NVwZ 2012, 1623 (1624).

956 *Jüngel/Fandrey*, NVwZ 2010, 683 (684 f.); Stellungnahme des Rates der Stadt Solingen vom 17.12.2009, S. 2.

957 BVerwG, Beschl. v. 28.08.2012, 3 B 8/12, NVwZ 2012, 1623 (1624) zum Thema BierBike, der die Entscheidung des OVW Münster bestätigte, wonach das BierBike objektiv überwiegend eine „rollende Veranstaltungsfläche", bzw. eine „mit Rädern versehene Theke" darstelle, welche die Funktion eines Verkehrsmittels erheblich übersteige, vgl. OVG Münster, Urt. v. 23.11.2011, 11 A 2511/10, NVwZ-RR 2012, 422 (424).

958 VG Karlsruhe, Beschl. v. 01.12.1999, 2 K 2911/99, NJW 2000, 2222 (2222 f.), der die Anfertigung digitaler gewerblicher Aufnahmen des Straßenverlaufs sowie angrenzender Gebäude durch einen Kleintransporter betraf, der mit einer im Dach des Kleintransporters integrierten Präzisionskamera ausgestattet war.

959 So die rechtliche Stellungnahme zur straßenrechtlichen Problematik von innerörtlichen Bildaufnahmen im Zusammenhang mit der Erstellung des Internetprodukts „Google Street View" der Rechtsanwaltskanzlei Schönefelder/Ziegler/Lehners aus München im Hinblick auf das Bayerische Straßen- und Wegegesetz vom 29.10.2009 sowie die Stellungnahme des Rates der Stadt Solingen, Beantwortung von Anfragen vom 25.02.2010 auf Anfrage von Ratsmitglied Schmidt vom 17.12.2009; Rechtsanwaltskanzlei Schönefelder/Ziegler/Lehners vom 29.10.2009,

Schutzbehauptungen sei die subjektive Komponente gänzlich außer Acht zu lassen.[960]

Diese Ansicht überzeugt. Es muss lediglich eine Fortbewegungsabsicht i.S.d. § 7 FStrG vorliegen, die bei der Anfertigung von Street View-Aufnahmen verschiedener Straßenzüge und Häuserfassaden zwingende Voraussetzung ist.[961] Ob eine gemeingebrauchsverträgliche Nutzung vorliegt, bestimmt sich daher nach den straßenverkehrsrechtlichen Vorschriften der StVO und mithin nach objektiven Kriterien. Diese objektiven Maßstäbe lassen sich im Gerichtsverfahren nachweisen und schaffen Rechtssicherheit.[962] Im Ergebnis sprechen daher die überwiegenden Gründe für eine Bestimmung des Nutzungszwecks ausschließlich anhand objektiver Kriterien.

C. *Übertragung der objektiven Kriterien: Gemeingebrauchsverträgliche Nutzung*

Objektive Kriterien könnten schließlich zur Bestimmung der Gemeinverträglichkeit der Verwertung von Abbildungen der Außenansicht von Baukunstwerken eines Museums übertragen werden, um festzustellen, ob die Verwertungshandlung des Abbildungskünstlers vom Stiftungszweck eines Museums umfasst wird. Eine direkte Übertragung der Kriterien ist ausgeschlossen, da den Google Street View Konstellationen eine Nutzung der Straße zum Zwecke des Straßenverkehrs und mithin zur Fortbewegung zugrunde lag und dementsprechend auf die Verkehrskonformität abgestellt wurde. Dennoch kann der hinter dieser Argumentation stehende Grund- bzw. Leitgedanke Berücksichtigung finden und entsprechend auf die Verwertung von Abbildungen durch Dritte übertragen werden. Die objektive Ansicht stellt auf ein

---

S. 8 f.; *Jüngel/Fandrey*, NVwZ 2010, 683 (684 f.), wonach die Schaffung von Verkehrsrisiken i.S.d. StVO relevant sei.

960 BVerwG, Beschl. v. 28.08.2012, 3 B 8/12, NVwZ 2012, 1623 (1624).

961 *Jüngel/Fandrey*, NVwZ 2010, 683 (685).

962 Im Hinblick auf Google-Streetview bedeutet dies, dass die Anfertigung der kommerziellen Aufnahmen nur dann von der Gemeinfreiheit erfasst wird, wenn dadurch keine besonderen Verkehrsrisiken geschaffen werden, wie u.a. durch verkehrsbehinderndes Langsamfahren, besondere Fahrmanöver oder Haltepositionen oder ständiges Anhalten und Wiederanfahren, was im Ergebnis wohl anzunehmen wäre und die Nutzung vom Gemeingebrauch somit erfasst wird, vgl. BVerwG, Beschl. v. 28.08.2012, 3 B 8/12, NVwZ 2012, 1623 (1624); vgl. Stellungnahme des Rates der Stadt Solingen vom 17.12.2009, S. 2; *Jüngel/Fandrey*, NVwZ 2010, 683 (685).

objektiv straßenverkehrskonformes Fahrverhalten ab. Dabei besteht der Leitgedanke eines straßenkonformen Fahrverhaltens im Schutz Dritter, die durch die verkehrskonforme Nutzung der öffentlichen Straße nicht beeinträchtigt und insofern vor dem Fehlverhalten Dritter bewahrt werden sollen. Bei einer Übertragung dieses Grundgedankens auf die Bestimmung des Stiftungsumfangs im Hinblick auf die Verwertung von Abbildungen des Baukunstwerkes durch den Abbildungskünstler kommt es somit darauf an, ob Dritte Museumsbesucher durch die Verwertungshandlung des Abbildungskünstlers in ihrer Nutzung bzw. in ihrem Gemeingebrauch beeinträchtigt würden.[963] Sofern die Museumsbesucher nicht in ihrem Gemeingebrauch beeinträchtigt werden, stellt die Verwertung von Abbildungen durch den Abbildungskünstler eine gemeinverträgliche Nutzung dar und wird folglich von dem Stiftungszweck eines Museums im Hinblick auf die öffentliche Zugänglichmachung mit umfasst.

Dies wirft die Vorfrage auf, wer als „Dritter" in diesem Sinne zu berücksichtigen ist und durch die Verwertung von Abbildungen durch den Abbildungskünstler nicht gestört oder beeinträchtigt werden darf. Als „Dritter" könnten zunächst sämtliche Personen in Betracht gezogen werden, die das abgebildete Baukunstwerk als öffentliche Sache im Rahmen des Gemeingebrauchs zu nutzen beabsichtigen. Somit wären sowohl der Eigentümer des Baukunstwerkes sowie die Museumsbesucher und andere dritte Verwerter von Abbildungen des Baukunstwerkes des Museums als „Dritter" anzusehen. Um dies näher bestimmen zu können, ist der Wortsinn des Gemeingebrauchs näher zu betrachten.

Der Begriff „gemein" lässt sich von dem Begriff „Allgemein" ableiten. Dies spricht dafür, ausschließlich die Allgemeinheit und ihren Gebrauch der öffentlichen Sache bei der Bestimmung des „Dritten" zu betrachten. Dies wird gestützt durch die Bestimmung des Gemeingebrauchs im Zusammenhang mit Google Street View. Hier wurde eine Beeinträchtigung im Gemeingebrauch derjenigen geprüft, die eine der Öffentlichkeit gewidmete Sache nutzen möchten. Übertragen auf die Verwertung von Abbildungen eines Baukunstwerkes eines Museums ist somit jeder Museumsbesucher als Nutzer des Museums und folglich als Dritter zu qualifizieren. Dasselbe hat für diejenigen zu gelten, die sich durch weitere Quellen einen visuellen bzw. virtuellen Zugang zu dem

---

963 In diese Richtung auch im Hinblick auf die Vervielfältigung *Ernst,* ZUM 2009, 434 (434 f.); *Maaßen,* GRUR 2010, 880 (884); *Uhlenhut,* Panoramafreiheit und Eigentumsrecht, S. 170; *Bullinger,* in: FS Raue (2006), S. 379 (395), die zudem eine Differenzierung zwischen einem Berufs- und einem Hobbyfotografen ablehnen; a.A. aber *Lehment,* Das Fotografieren von Kunstgegenständen, S. 148 f.

Baukunstwerk anstelle eines physischen Zugangs zu verschaffen beabsichtigen. Dabei ist der Eigentümer des Baukunstwerkes nicht als Dritter in diesem Sinne einzuordnen und kann mithin nicht im Gemeingebrauch an dem Baukunstwerk gestört werden. Zwar könnte grundsätzlich entsprechend dem Wortsinn eines „Dritten“ jeder hiervon umfasst werden, der von dem Abbildungskünstler personenverschieden ist. Andererseits widerspricht es dem Sinn und Zweck des Gemeingebrauchs, wonach insbesondere die Allgemeinheit in den Genuss der Nutzung öffentlicher Sachen gelangen soll. Dem Eigentümer obliegt dieses Nutzungsrecht bereits qua seiner Eigentümerbefugnisse. Sofern er von dem in seinem Eigentum stehenden Baukunstwerk Gebrauch macht, betrifft dies nicht den öffentlichen Gemeingebrauch, sondern seine Eigentumsrechte an dem Baukunstwerk. Er hat daher bereits eine umfassendere Rechtsposition inne als diejenigen, die das Baukunstwerk aufgrund eines Gemeingebrauchs zu nutzen beabsichtigen. Im Zusammenhang mit den Google Street View-Konstellationen wurde ebenfalls zur Bestimmung einer gemeinverträglichen Nutzung nicht auf eine Beeinträchtigung des Eigentümers des abgebildeten Hauses abgestellt, sondern auf eine Beeinträchtigung der Nutzer der öffentlichen Straße in ihrem verkehrskonformen Fahrverhalten. Zudem ist der Eigentümer nicht Museumsbesucher oder sonstiger Museumsinteressent und wird daher – anders als die Allgemeinheit – das Baukunstwerk nicht primär betrachten bzw. kennen lernen wollen. Der Eigentümer ist daher kein „Dritter“ im Sinne der Gemeingebrauchsnutzung, sondern ist von der Allgemeinheit bzw. der Öffentlichkeit abzugrenzen und repräsentiert diese mithin nicht. Somit sind unter den Begriff des Dritten all diejenigen zu subsumieren, die nicht Eigentümer des betroffenen Baukunstwerkes sind und Zugang zu dem Baukunstwerk im Sinne des Gemeingebrauchs erhalten möchten. Dies kann durch den physischen Zugang als auch durch den visuellen bzw. virtuellen Zugang erfolgen. Ob der Eigentümer des Baukunstwerkes durch die Verwertung von Abbildungen seines Werkes durch Dritte in seinen Eigentumsrechten beeinträchtigt wird, ist folglich im Zusammenhang mit der Bestimmung einer Beeinträchtigung Dritter in ihrem Gemeingebrauch unberücksichtigt zu lassen. Somit ist ausschließlich relevant, ob die Allgemeinheit und damit jeder Dritte im Hinblick auf die Nutzung des Baukunstwerkes im Gemeingebrauch gestört wird, sofern der Abbildungskünstler Abbildungen des Baukunstwerkes verwertet.

5. *Stellungnahme*

Im Folgenden soll herausgearbeitet werden, welcher der zuvor dargestellten Ansichten im Hinblick auf den Umfang des Stiftungszwecks zu folgen ist und wie der Inhalt des Stiftungszwecks in Bezug auf die öffentliche Zugänglichmachung eines Museums konkretisiert werden kann.

A. Ablehnung einer engen Auslegung

Gegen die enge Auffassung ist anzuführen, dass nach dem Ergebnis dieser Arbeit bereits die Anfertigung von Abbildungen nicht den negativen Befugnissen des Eigentümers zugewiesen wird, sodass der Abbildungskünstler Abbildungen anfertigen kann, ohne den Rechtskreis des Eigentümers hinsichtlich des abgebildeten Baukunstwerkes zu tangieren. Dementsprechend können keine negativen Rückschlüsse hinsichtlich des Stiftungsumfangs aus der Anfertigung einer Abbildung eines Baukunstwerkes hinsichtlich ihrer Verwertung gezogen werden. Auch erscheint es nicht sachgerecht, bei der Auslegung des Stiftungszwecks zwischen den abgebildeten Werken zu differenzieren und dementsprechend entweder eine weite oder eine enge Auslegung vorzunehmen. Dies würde zu erheblichen Rechtsunsicherheiten führen. Auch die bereits angeführten Argumente der Enquete-Kommission sprechen dafür, die Anfertigung und Verwertung von Außenaufnahmen eines Baukunstwerkes vom Stiftungszweck der öffentlichen Zugänglichmachung zu umfassen.

B. Ablehnung einer weiten Auslegung

Für eine weite Auslegung des Stiftungszwecks auf die Verwertung von Abbildungen eines Baukunstwerkes spricht zunächst, dass der stiftungsmäßig vorgesehene Zweck der öffentlichen Zugänglichmachung durch den physischen Zugang nur eingeschränkt erreicht wird und daher auch auf einen visuellen bzw. virtuellen Zugang zu erweitern sein könnte.[964] Für eine breite öffentliche Zugänglichmachung genügte es dann nicht, die Abbildungen lediglich im museumseigenen Geschäft zu vertreiben, denn auch hierfür müssten die Besucher das Museum zunächst physisch aufsuchen.[965] Daher würde dem Zweck der öffentlichen Zugänglichmachung nur mittels physischer und zugleich visueller bzw. virtueller Zugangsmöglichkeiten vollumfänglich entsprochen, wobei der visuelle Zugang die Verwertung von Abbildungen des Baukunstwerkes eines Museums voraussetzte. Dadurch könnte ein größeres Publikum erreicht werden, dem ein Besuch des Baukunstwerkes aus verschiedenen Gründen andernfalls nicht möglich wäre. Unerheblich wäre in diesem Zusammenhang, ob die Verwertungen durch den Abbildungskünstler anstatt durch den

---

964 Vgl. *Bullinger*, in: FS Raue (2006), S. 379 (395).
965 *Bullinger*, in: FS Raue (2006), S. 379 (395).

Museumseigentümer vorgenommen wird, sodass der visuelle bzw. virtuelle Zugang nicht zwingend unmittelbar durch den Museumseigentümer ermöglicht werden müsste. Demnach wäre es ausreichend, wenn der Museumseigentümer einem Abbildungskünstler den Zugang und damit einhergehend die Anfertigung sowie die Verwertung von Abbildungen seines Baukunstwerkes ermöglicht und zugleich auch Dritten mittelbar einen visuellen bzw. virtuellen Zugang gewährt. Ein Unmittelbarkeitserfordernis erfordert der Wortlaut der jeweiligen Stiftungszwecke im Hinblick auf die öffentliche Zugänglichmachung nicht. Folglich fiele es in den Aufgabenbereich eines Museums, die öffentliche Zugänglichmachung sowohl unmittelbar als auch mittelbar zu ermöglichen und somit verschiedene Zugangsmöglichkeiten zu schaffen.

Gegen diese weite Ansicht spricht indes, dass sie durch ihre weite und tendenziell unbegrenzte Ausdehnung des Begriffs der öffentlichen Zugänglichmachung den Gemeingebrauch überstrapazieren und somit gefährden kann, sodass die vermittelnde Ansicht vorzugswürdig ist.

C. *Anwendung der vermittelnden Ansicht: Gemeingebrauchsverträglichkeit*

In Anlehnung an die zu Google Street View entwickelten Grundsätze ist daher die vermittelnde Ansicht vorzugswürdig, da sie die Argumente der Google Street View-Konstellationen mit aufgreift und zugleich eine ausgleichende Lösung zwischen den Interessen des Abbildungskünstlers und der Allgemeinheit schafft. Demnach bestimmt sich der Umfang des Gemeingebrauchs und somit des Stiftungszwecks danach, ob die Allgemeinheit und damit jeder Dritte im Hinblick auf die Nutzung des Baukunstwerkes im Gemeingebrauch gestört wird, sofern der Abbildungskünstler Abbildungen des Baukunstwerkes verwertet. Sofern die Rechte und Interessen der Allgemeinheit beeinträchtigt werden, erfährt der Gemeingebrauch eine Schranke und die Allgemeinheit wird vor Einschränkungen in ihrem Gemeingebrauch geschützt. Der Gemeingebrauch erfährt somit eine Grenze, sofern der Abbildungskünstler keine gemeingebrauchsverträgliche Nutzung vornimmt. Die zu den Google Street View-Fällen entwickelten Kriterien entsprechen inhaltlich der vermittelnden Ansicht, wonach der Umfang des Gemeingebrauchs anhand einer potenziellen Beeinträchtigung Dritter in ihrem Gemeingebrauch zu bestimmen ist.[966] Hierdurch kann der Zweck der öffentlichen Zugänglichmachung zu einem Baukunstwerk eines Museums durch die Allgemeinheit möglichst umfassend bestimmt werden und gleichzeitig auf die Interessen der Allgemeinheit an der

---

966 Siehe oben unter 4. Kapitel § 2 II.

Inanspruchnahme des Gemeingebrauchs Rücksicht genommen werden. Entgegen der Ansicht von *Prengel* führt diese Auslegung des Stiftungszwecks nicht primär zu einer Förderung wirtschaftlicher Partikularinteressen auf Kosten der Allgemeinheit.[967] Stattdessen werden der Allgemeinheit durch diese Auslegung des Stiftungszwecks umfassendere Möglichkeiten zur Partizipation an Baukunstwerken ermöglicht. Sofern die Allgemeinheit bzw. die Museumsbesucher nicht in ihrem Gemeingebrauch beeinträchtigt werden, wird die Verwertung von Abbildungen vom Gemeingebrauch im Sinne der öffentlichen Zugänglichmachung des Werkes mit umfasst. Zu differenzieren ist im Folgenden zwischen der Anfertigung von Abbildungen des Baukunstwerkes durch den Abbildungskünstler sowie der Verwertung von Abbildungen als Gemeingebrauchsnutzung. Auch wenn die Anfertigung von Abbildungen nach dem Ergebnis dieser Arbeit bereits nicht von den negativen Befugnissen des Eigentümers erfasst wird, könnte die Vereinbarung vertraglicher Regelungen durch den Eigentümer im Hinblick auf die Anfertigung von Abbildungen schließlich ausgeschlossen sein, sofern das Baukunstwerk hinsichtlich der Anfertigung von Abbildungen im Gemeingebrauch steht und die Rechte des Eigentümers somit beschränkt werden.

a. *Keine Beeinträchtigung Dritter aufgrund der Verwertung von Abbildungen*

Im Unterschied zu den negativen Befugnissen des Eigentümers des Baukunstwerkes bezweckt der Gemeingebrauch nicht den Rechtsschutz eines Einzelnen, sondern einen Schutz der Allgemeinheit an der Ausübung ihres Gemeingebrauchs. Durch die Verwertung von Abbildungen des Baukunstwerkes des Abbildungskünstlers kann ein Dritter zwar in der Verwertung von Abbildungen des Baukunstwerkes dahingehend beeinträchtigt werden, dass die Verwertung nicht mehr in demselben wirtschaftlichen Umfang möglich sei, wie wenn der Dritte das Verwertungsmonopol besäße. Indes sind wirtschaftliche Aspekte bei der Begründung des Gemeingebrauchs unberücksichtigt zu lassen. Eine Berücksichtigung wirtschaftlicher Aspekte würde den Grundsatz des Gemeingebrauchs ad absurdum führen, schließlich wäre eine Verwertung von Abbildungen in der Konsequenz nicht nur für den Abbildungskünstler, sondern auch für die Allgemeinheit ausgeschlossen. Stattdessen ist ausschließlich die Verwertungshandlung des Abbildungskünstlers ohne die Berücksichtigung wirtschaftlicher Aspekte zu betrachten. Die Verwertung von Abbildungen

967 Vgl. *Prengel*, Bildzitate in Kunstwerken, S. 223.

durch den Abbildungskünstler führt nicht dazu, dass Dritte in der Verwertungshandlung der von ihnen gefertigten Abbildungen beeinträchtigt werden. Die Verwertungshandlung ist der Allgemeinheit parallel weiterhin uneingeschränkt möglich. Anders als der Eigentümer des Baukunstwerkes haben die Museumsbesucher keine ausschließlichen Verwertungsrechte hinsichtlich des abgebildeten Baukunstwerkes, sodass ihnen folglich keine negativen Befugnisse bzw. ausschließliche Verwertungsrechte aus dem Eigentum gewährt werden. Stattdessen ist eine Verwertung durch Dritte im Rahmen des Gemeingebrauchs erforderlich, da sie zu einem erweiterten Gemeingebrauch führt. Schließlich wird der Allgemeinheit ein breiterer Zugang zur Kunst gewährt und mithin die Möglichkeiten des Gemeingebrauchs seinem Sinn entsprechend ausgeweitet. Ausschließliche Verwertungsrechte können sich lediglich in Bezug auf die Abbildungen und den daran ggf. entstehenden Urheberrechten ergeben. Diese Urheberrechte werden durch die Verwertung von Abbildungen durch Dritte nicht beeinträchtigt, sofern sie ihre eigenen Abbildungen verwerten oder entsprechende Nutzungsrechte innehaben.[968] Auch der physische Zugang zum Baukunstwerk wird durch die Verwertung von Abbildungen des Werkes durch den Abbildungskünstler nicht berührt. Da die Allgemeinheit folglich weder in der Anfertigung von Abbildungen des Baukunstwerkes noch in der Verwertung der Abbildungen beeinträchtigt wird und weiterhin der physische Zugang zu dem Baukunstwerk möglich bleibt,[969] wird die Verwertung von Abbildungen des Baukunstwerkes durch den Abbildungskünstler nach der vermittelnden Ansicht von dem Gemeingebrauch mit umfasst, sodass die Verwertung von Abbildungen vom Stiftungszweck der öffentlichen Zugänglichmachung erfasst wird. Eine Beeinträchtigung Dritter in ihrem Gemeingebrauch ist daher

968 Vgl. *Maaßen*, GRUR 2010, 880 (884); anders sieht dies allerdings *Lehment*, Das Fotografieren von Kunstgegenständen, S. 148 f., der die kommerzielle Aufnahme (mithin auch die anschließende Verwertung) jedenfalls bei Reproduktionsaufnahmen als Sondernutzung qualifiziert, da die Anfertigung von Aufnahmen stets einen so erheblichen Aufwand erfordere, dass Dritte beeinträchtigt werden. Dabei sei ein erheblicher Aufwand in der Regel stets bei kommerziellen Aufnahmen anzunehmen. Dies sei nur dann anders zu beurteilen, wenn das Museum nicht selbst Aufnahmen seines Eigentums der Öffentlichkeit anbiete.

969 Dies sogar annehmend hinsichtlich der Anfertigung von Aufnahmen: *Uhlenhut*, Panoramafreiheit und Eigentumsrecht, S. 114, 169 f., wonach Außenaufnahmen grundsätzlich als „sozialtypisches Verhalten" anzuerkennen seien und somit vom Gemeingebrauch unabhängig davon umfasst werden, ob die Aufnahmen zu rein privaten oder zu gewerblichen Zwecken erfolgen.

abzulehnen. Eine gebührenpflichtige Sondernutzung liegt mithin nicht vor. Somit umfasst der satzungsmäßige Stiftungszweck der „öffentlichen Zugänglichmachung" eines Museums auch die Verwertung von Abbildungen durch den Abbildungskünstler und wird von dem Gemeingebrauch erfasst.

b. Keine Beeinträchtigung Dritter aufgrund der Anfertigung von Abbildungen

Sofern der Abbildungskünstler Abbildungen im Außenbereich anfertigt, werden Dritte hierdurch nicht in ihrem Gemeingebrauch beeinträchtigt. Eine Differenzierung zwischen einem Berufs- sowie einem Hobbyfotografen ist bei der Bewertung nicht erforderlich, sofern der Fotograf Dritte als Museumsbesucher in ihrem Gemeingebrauch nicht beeinträchtigt bzw. nicht in die Sachsubstanz des Baukunstwerkes eingreift.[970] Solange bspw. ein professioneller Fotograf im Außenbereich Aufnahmen anfertigt, verhält er sich so wenig störend wie eine aufnehmende Privatperson. Darüber hinaus verhält er sich weniger auffällig als eine Gruppe von Touristen, die ebenfalls keiner genehmigungspflichtigen Sondernutzung für ihren Museumsbesuch bedarf.[971] Bei Innenaufnahmen eines Museums ist dies anders zu bewerten, sofern die Aufnahmen einen erheblichen Vorbereitungsaufwand bspw. aufgrund aufzubauender Fotoapparaturen sowie Scheinwerfer erfordern, um eine optimierte Ausleuchtung zu erzielen.[972] Solche Aufnahmen sind dann ggf. nur außerhalb der regulären Besuchszeiten angemessen.[973] Außenaufnahmen eines Baukunstwerkes sind daher grundsätzlich als „sozialtypisches Verhalten" anzuerkennen und werden unabhängig von einem privaten oder öffentlichen Zweck vom Gemeingebrauch umfasst.[974] Auch die Anfertigung von Abbildungen stellt daher keine Beeinträchtigung Dritter dar. Mithin wird die Anfertigung von Abbildungen durch den Abbildungskünstler ebenfalls vom Gemeingebrauch mit umfasst, sodass der satzungsmäßige

---

970 *Maaßen,* GRUR 2010, 880 (884); *Uhlenhut,* Panoramafreiheit und Eigentumsrecht, S. 170; *Bullinger,* in: FS Raue (2006), S. 379 (395).

971 Vgl. *Maaßen,* GRUR 2010, 880 (884); a.A. *Lehment,* Das Fotografieren von Kunstgegenständen, S. 148 f.

972 *Lehment,* Das Fotografieren von Kunstgegenständen, S. 148 f., der einen erheblichen Aufwand bei kommerziellen Aufnahmen in der Regel annimmt; *Bullinger,* in: FS Raue (2006), S. 379 (395).

973 So bspw. erwähnt von *Bullinger,* in: FS Raue (2006), S. 379 (395), der Aufnahmen zu vereinbarten Zeiten oder außerhalb der Öffnungszweiten gegen Entgelt zulässt.

974 *Uhlenhut,* Panoramafreiheit und Eigentumsrecht, S. 114, 169 f.

Stiftungszweck der „öffentlichen Zugänglichmachung" eines Museums auch die Anfertigung von Abbildungen durch den Abbildungskünstler erfasst.

D. Schlussfolgerungen

Durch den öffentlich-rechtlichen Status könnte das Baukunstwerk zunächst als öffentliches Eigentum ausgestaltet werden und somit dem privaten Rechtsverkehr vollständig entzogen werden.[975] Hiergegen spricht, dass die privatrechtliche Eigentumsordnung in der Regel durch eine öffentlich-rechtliche Sachherrschaft lediglich überlagert bzw. modifiziert und nicht insgesamt entzogen wird.[976] Daher liegt eine dualistische Rechtskonstruktion vor, bei der der öffentlich-rechtliche Sonderstatus eine Art öffentlich-rechtliche „Dienstbarkeit" darstellt, die auf dem fortbestehenden privatrechtlichen Eigentum lastet.[977] Die privatrechtliche Sachherrschaft des Eigentümers eines Baukunstwerkes wird dann im jeweiligen Umfang des Gemeingebrauchs der öffentlich-rechtlichen Sachherrschaft verdrängt.[978] Das Eigentum an dem Baukunstwerk wird durch die Widmung somit nicht vollständig dem privaten Rechtsverkehr entzogen, sondern durch die öffentlich-rechtliche Sachherrschaft überlagert bzw. modifiziert.

III. Zwischenergebnis

Baukunstwerke eines Museums sind der Öffentlichkeit gewidmet, sofern bspw. ihre Satzung einen Zweck zur öffentlichen Zugänglichmachung beinhaltet. Aus dieser Formulierung ergibt sich eine öffentliche Widmung zum Gemeingebrauch, sodass die Außenanlage eines Baukunstwerkes einer unbeschränkten Öffentlichkeit zur bestimmungsgemäßen Nutzung ohne besondere Zulassungsvoraussetzungen zugänglich zu machen ist. Der Inhalt des Stiftungszwecks ist entsprechend einer vermittelnden Ansicht anhand der zu Google Street View ergangenen Konstellationen auszulegen, sodass sowohl die Anfertigung von Abbildungen als auch die Verwertung von Abbildungen durch den Abbildungskünstler bzw. jeden sonstigen Dritten vom Gemeingebrauch und mithin vom Stiftungszweck der öffentlichen Zugänglichmachung miterfasst wird. Der Umfang des Gemeingebrauchs bzw. des Stiftungszwecks ist objektiv anhand einer gemeingebrauchsverträglichen Nutzung zu bestimmen. Dabei wurde

975 Erman/*Wilhelmi*, BGB, Vor § 903 Rn. 5; *Papier*, Jura 1979, 93 (94).

976 *Papier*, Jura 1979, 93 (94).

977 *Finger/Müller*, NVwZ 2004, 953 (955); *Papier*, Jura 1979, 93 (94).

978 *Papier*, Jura 1979, 93 (94).

herausgearbeitet, dass die Allgemeinheit objektiv in ihrem Gemeingebrauch bzw. am Zugang zum Baukunstwerk nicht gehindert wird, wenn der Abbildungskünstler Abbildungen des Baukunstwerkes anfertigt bzw. anschließend verwertet. Der Allgemeinheit ist weiterhin der physische Zugang aber auch die eigene Anfertigung und Verwertung von Abbildungen des Baukunstwerkes möglich. Somit wird die Allgemeinheit durch die Verwertung von Abbildungen durch den Abbildungskünstler nicht in ihrem eigenen Gemeingebrauch am Zugang zum Baukunstwerk gestört. Dass die Allgemeinheit ggf. wirtschaftlich in ihrer eigenen Verwertungsfreiheit von Abbildungen des Baukunstwerkes beeinträchtigt werden könnte, sofern auch der Abbildungskünstler Abbildungen verwertet, ist dabei unbeachtet zu lassen. Schließlich hat die Allgemeinheit kein ausschließliches Nutzungsrecht hinsichtlich des Baukunstwerkes, wie es der Baukunstwerkeigentümer innehaben kann. In der Folge werden die Eigentumsrechte eines Museums hinsichtlich der negativen Befugnisse beschränkt, da der Abbildungskünstler Abbildungen des im Eigentum des Museums stehenden Baukunstwerkes aufgrund des Gemeingebrauchs verwerten kann. Das Eigentum an dem Baukunstwerk wird durch die Widmung nicht vollständig dem privaten Rechtsverkehr entzogen, sondern durch die öffentlich-rechtliche Sachherrschaft überlagert bzw. modifiziert. Dieses Ergebnis lässt sich auf andere Museen mit einer entsprechend lautenden Regelung bzw. Satzung übertragen. Wie bereits ausgeführt, enthalten nicht-öffentliche Museen in der Regel keine entsprechenden Satzungen oder Stiftungszwecke, sodass eine Widmung zum Gemeingebrauch nicht vorliegt.

§ 3 Beschränkungen durch entgegenstehende Rechte Dritter

Nachdem festgestellt wurde, dass Baukunstwerke eines öffentlich-rechtlichen Museums durch entsprechende Satzungen und äquivalente Regelungen zu einer öffentlichen Sache gewidmet werden können und der Baukunstwerkeigentümer zugleich in seinen negativen Befugnissen im Hinblick auf die Verwertung von Abbildungen seines Baukunstwerkes eingeschränkt werden kann, sollen weitere Beschränkungen der Eigentumsrechte durch entgegenstehende Rechte Dritter i.S.d. § 903 S. 1 BGB untersucht werden. Relevant ist dies sowohl bei öffentlich-rechtlichen Museen, die mangels entsprechender Regelungen nicht dem Gemeingebebrauch gewidmet werden, sowie bei nicht-öffentlichen Museen. In Betracht kommen dabei Beschränkungen durch absolute Rechte Dritter.[979] Zu differenzieren ist zwischen den parallel zum Eigentum an dem

979 Vgl. Staudinger/*Althammer*, BGB, § 903 Rn. 25.

Baukunstwerk bestehenden Urheberrechten des Baukunstwerkurhebers bei noch nicht eingetretener Gemeinfreiheit des Baukunstwerkes und den Urheberrechten des Abbildungskünstlers an der Abbildung des gemeinfreien Baukunstwerkes. Urheberrechte stellen dabei grundsätzlich absolute Rechte Dritter i.S.d. § 903 S. 1 BGB dar[980] und können potenziell fremdes Eigentum beschränken. Anschließend werden die Grundrechte Dritter als denkbar entgegenstehende Rechte untersucht, die sowohl dem Abbildungskünstler als auch der Allgemeinheit zustehen können. Schließlich wird ebenfalls der Allgemeinheit durch eine Verwertung von Abbildungen durch den Abbildungskünstler Zugang zu dem abgebildeten Baukunstwerk ermöglicht.

I. Urheberrechte des Baukunstwerkurhebers

Sofern das Baukunstwerk noch nicht gemeinfrei geworden ist, können die Urheberrechte des Baukunstwerkurhebers sowohl mit den positiven als auch negativen Befugnissen des Baukunstwerkeigentümers kollidieren, sofern der Eigentümer von dem Baukunstwerkurheber personenverschieden ist. Infolge der Urheberrechte kann der Baukunstwerkeigentümer sowohl in seinen positiven Befugnissen im Hinblick auf die Verwertung von Abbildungen eingeschränkt werden, aber auch hinsichtlich seiner negativen Befugnisse, sofern Dritte Abbildungen des Baukunstwerkes zu verwerten beabsichtigen. Das Konkurrenzverhältnis zwischen den Eigentumsrechten des Baukunstwerkeigentümers und Urheberrechten des Baukunstwerkurhebers an einem Baukunstwerk wurde bereits vorgehend dargestellt, wonach das Urheberrecht grundsätzlich während seines Bestehens das Eigentumsrecht an demselben Baukunstwerk verdrängt.[981] Darüber hinaus könnte im Hinblick auf eine Anwendbarkeit des § 44 Abs. 1 UrhG zu differenzieren sein, ob der Eigentümer ausschließlich von seinen negativen Befugnissen Gebrauch macht oder ob er Abbildungen des in seinem Eigentum stehenden Baukunstwerkes verwerten und mithin seine positiven Befugnisse ausübt. Dieses Differenzierungserfordernis ließe sich aus dem primären Zweck des § 44 Abs. 1 UrhG ableiten, wonach eine kommerzielle Verwertung eines Werkes durch den Eigentümer verhindert werden soll, um

---

980 BGH, Urt. v. 31.05.1974, I ZR 10/73, NJW 1974, 1381 (1381 ff.) und BGH, Urt. v. 19.03.2008, I ZR 166/05, NJW 2008, 3784 (3787), bei denen es sich jeweils um die Urheberrechte des Urhebers an einem Bauwerk im Verhältnis zu den Rechten des Eigentümers an demselben Bauwerk handelte; Staudinger/*Althammer*, BGB, § 903 Rn. 25.

981 Siehe obige Ausführungen unter 3. Kapitel § 3 I. 2.

den wirtschaftlichen Erlös möglichst ungeschmälert dem Urheber des Werkes zufließen zu lassen.[982] An dieser Verwertungshandlung seitens des Eigentümers könnte es mangeln, sofern der Eigentümer von seinen negativen Befugnissen Gebrauch macht und anstelle einer eigenen kommerziellen Verwertung die Verwertungshandlung durch einen Dritten zu verhindern beabsichtigt. Daher ist im Folgenden zwischen einer Beschränkung der positiven und der negativen Eigentümerbefugnisse zu differenzieren.

1. Beschränkung der positiven Befugnisse

Die kommerzielle Verwertung von Abbildungen ist eine klassische Nutzungshandlung, die § 44 Abs. 1 UrhG dem Eigentümer grundsätzlich nicht einzuräumen vermag. Diese Konstellation wird daher von § 44 Abs. 1 UrhG erfasst, sodass das Konkurrenzverhältnis zwischen dem Eigentumsrecht und dem Urheberrecht zugunsten des Urhebers entschieden wird, sodass weiterhin ausschließlich dem Baukunstwerkurheber und nicht dem Baukunstwerkeigentümer die Verwertung von Abbildungen des Werkes zusteht.[983] Eine zulässige Verwertung durch den Eigentümer ist daher nur bei dem Erwerb von Nutzungsrechten durch den Baukunstwerkurheber oder bei der Anwendung einschlägiger urheberrechtlicher Schranken denkbar. Relevant sind in diesem Zusammenhang insbesondere die Schrankenregelung des § 59 UrhG als auch des § 60f UrhG, wonach Abbildungen frei einsehbarer öffentlicher Bauwerke durch Dritte verwertet werden dürfen und Werke durch Museen u.a. zum Zwecke der Zugänglichmachung genutzt werden können.[984] Die positiven Befugnisse des Eigentümers werden mithin durch die Urheberrechte des Baukunstwerkurhebers hinsichtlich der Anfertigung und Verwertung von Abbildungen beschränkt, sofern keine urheberrechtlichen Schrankenregelungen eingreifen oder Nutzungsrechte durch den Baukunstwerkurheber an den Eigentümer eingeräumt wurden.

---

982 Vgl. Wandtke/Bullinger/*Wandtke*, UrhG, § 44 Rn. 1; *Schack*, Urheber- und Urhebervertragsrecht, S. 17 f., Rn. 35.

983 Siehe zum Konkurrenzverhältnis obige Ausführungen unter 3. Kapitel § 3 I. 2.

984 Vgl. Götting/Lauber-Rönsberg/Rauer/*Grübler*, BeckOK UrhR, § 59 Rn. 6, wonach auch die Zutrittserlaubnis des Eigentümers irrelevant sei; Dreier/Schulze/*Dreier*, UrhG, § 59 Rn. 4.

2. *Beschränkung der negativen Befugnisse*

Ob § 44 Abs. 1 UrhG den Konflikt zwischen dem Eigentumsrecht des Baukunstwerkeigentümers und dem Urheberrecht des Baukunstwerkurhebers an einem Baukunstwerk auch dann zu lösen vermag, wenn der Eigentümer ausschließlich von seinen negativen Befugnissen Gebrauch machen und dadurch einen Dritten oder den Baukunstwerkurheber an der Verwertung von Abbildungen des Baukunstwerkes hindern möchte, ist strittig.[985]

Dagegen spricht, dass die Ausübung der negativen Befugnisse des Eigentümers nicht stets zu einer Schmälerung der wirtschaftlichen Erlöse des Baukunstwerkurhebers aus der Ausübung seiner Urheberrechte führt. Der Primärzweck des § 44 Abs. 1 UrhG sei dann nicht berührt, da § 44 Abs. 1 UrhG den Mindesterhalt einer möglichst ungeschmälerten, zusätzlichen Einnahmequelle für den Urheber bezwecke,[986] sodass Handlungen des Eigentümers nicht gänzlich ausgeschlossen seien. Dieser Mindesterhalt werde weiterhin gewährt, sofern der Eigentümer Verwertungen durch unberechtigte Dritte abzuwehren beabsichtigte. Sofern der Dritte über keine Nutzungsrechte verfügt, würde er folglich keine Lizenzgebühren an den Baukunstwerkurheber zahlen und somit auch nicht seine wirtschaftlichen Erlöse schmälern. Auch bei lediglich vereinzelten Einschränkungen der Verwertungsfreiheit des Baukunstwerkurhebers in Ausnahmefällen, wie z.B. beschränkt auf die Verwertung durch Dritte und nicht durch den Urheber selbst, würde dem Urheber noch ein Mindesterhalt zusätzlicher Einnahmequellen gesichert. So bliebe dem Baukunstwerkurheber das Recht erhalten, durch die Abbildung und Verwertung seines Baukunstwerkes eine zusätzliche Einnahmequelle zu schaffen, bspw. durch die Vergabe von Nutzungsrechten bzw. durch den Verkauf weiterer von ihm angefertigten Abbildungen. Schließlich seien die Eigentumsrechte und Urheberrechte am Werkoriginal grundsätzlich unabhängig voneinander und bestünden nebeneinander.[987] Sofern der Eigentümer gegen den Urheber allerdings auch hinsichtlich der eigenen Verwertungshandlungen des Urhebers – hier die Lizenzvergabe

---

985 Die Frage des aus der Rechtsprechung des BGH, Urt. v. 01.03.2013, V ZR 14/12, GRUR 2013, 623 (623 ff.) resultierenden, ungeklärten Rechtsverhältnisses zwischen Urheberrecht und Eigentumsrecht aufwerfend auch *Elmenhorst*, BGH, Urt. v. 01.03.2013, V ZR 14/12, GRUR 2013, 623 (627).

986 Vgl. Wandtke/Bullinger/*Wandtke*, UrhG, § 44 Rn. 1; *Schack*, Urheber- und Urhebervertragsrecht, S. 17 f., Rn. 35.

987 Vgl. auch BGH, Urt. v. 23.02.1995, I ZR 68/93 GRUR 1995, 673 (675).

bzw. der Verkauf an Dritte – vorgeht, würde der Sinn und Zweck der Vorschrift des § 44 Abs. 1 UrhG ad absurdum geführt.

Dass dem Baukunstwerkurheber zumindest eigene Verwertungshandlungen erhalten bleiben müssen, um zugleich den Mindesterhalt der zusätzlichen Einnahmequellen des Urhebers sicherzustellen, ergibt sich neben § 44 Abs. 1 UrhG auch aus § 25 UrhG. Hiernach hat der Urheber gegen den Besitzer seines Werkes einen Anspruch auf die Zugänglichmachung seines urheberrechtlichen Werkes, sofern der Zugang für die Herstellung von Vervielfältigungsstücken oder die Bearbeitung seines Werkes erforderlich ist. Sinn und Zweck des § 25 UrhG besteht darin, dem Urheber die Verwertung seines Werkes zu ermöglichen und mithin seine materiellen Interessen zu befriedigen.[988] Dem Urheber ist es somit explizit gestattet, Abbildungen seines urheberrechtlichen Werkes anzufertigen und anschließend zu verwerten, sofern dies zur Erfüllung seiner materiellen Interessen erforderlich ist.[989] Der Eigentümer als Besitzer des Werkes kann den Urheber daher nicht von der Verwertung von Abbildungen seines Werkes ausschließen. § 25 UrhG setzt sich darüber hinaus auch gegen etwaige vertragliche Zugangsbeschränkungen des Eigentümers im Hinblick auf die in seinem Eigentum stehenden Baukunstwerke durch, sodass das in § 44 Abs. 1 UrhG geregelte Konkurrenzverhältnis im Hinblick auf Verwertungen durch den Urheber unbeschränkt zugunsten des Urhebers gilt. Die Wichtigkeit und damit einhergehende Unabdingbarkeit des § 25 UrhG ergibt sich aus dem urheberpersönlichkeitsrechtlichen Charakter dieser Vorschrift.[990] So setzt die Zugänglichmachung sich auch gegen das Hausrecht des Eigentümers durch, allerdings muss der Urheber den Eigentümer im Vorfeld über die Geltendmachung seines Zugangsanspruchs in Kenntnis setzen, um Unzeiten zu vermeiden.[991] Das Eigentumsrecht wird in dieser Konstellation folglich vollständig vom Urheberrecht verdrängt.[992] Dieses Recht kann allerdings nicht auf

988 OLG Düsseldorf, Urt. v. 25.06.1968, 20 U 90/68, GRUR 1969, 550 (551); Dreier/Schule/*Schulze*, UrhG, § 25 Rn. 13.

989 OLG Düsseldorf, Urt. v. 30.01.1979, 20 U 149/78, GRUR 1979, 318 (318 ff.); Dreier/Schule/*Schulze*, UrhG, § 25 Rn. 13 f.; Schricker/Loewenheim/*Vogel*, UrhG, § 25 Rn. 7.

990 Ahlberg/Götting/Lauber-Rönsberg/*Freudenberg*, BeckOK UrhR, § 25 Rn. 4.

991 Vgl. Wandtke/Bullinger/*Bullinger*, UrhG, § 25 Rn. 17.

992 Dies kann nur dann nicht gelten, wenn der Urheber dem Eigentümer das Werk als Unikat oder als limitierte Auflage veräußert hat, da eine weitere Verwertung dem Charakter als Unikat oder Limitierung widerspräche und somit widersprüchliches Verhalten des Urhebers darstellen würde, vgl. Dreier/Schulze/*Schulze*, UrhG, § 25

einen Dritten übertragen werden, sodass es sich stets um den Zugang durch den Urheber selbst und seine eigene Verwertungshandlung handeln muss, nicht um Verwertungen durch Dritte.[993] Mithin kann sich der Eigentümer grundsätzlich[994] nicht gegen die eigenständige Verwertung des Urhebers zur Wehr setzen, sodass dem Urheber zumindest eine gewisse Einnahmequelle verbleiben muss. Dies könnte demnach das erforderliche Mindestmaß der Einnahmequelle des Urhebers verkörpern, welches auch durch § 44 Abs. 1 UrhG voraussetzt wird. Demnach stünden dem Eigentümer negative Befugnisse jedenfalls hinsichtlich der Verwertungshandlungen Dritter zu, indes nicht gegen den Urheber selbst.

Dies führt allerdings dazu, dass die Vergabe von Nutzungsrechten durch den Urheber an Dritte ins Leere laufen und der Baukunstwerkurheber faktisch keine Nutzungsrechte an Dritte vergeben könnte, wenn der Eigentümer aus seinen negativen Befugnissen gegen die Verwertung durch Dritte vorgeht. Dieses Ergebnis lässt sich wiederum nicht mit dem Sinn und Zweck des § 44 Abs. 1 UrhG vereinbaren. Der bloße Erhalt einer lediglich gewissen Einnahmequelle schränkt den Nutzungsumfang des Urhebers erheblich ein und führt zudem zu Rechtsunsicherheiten. Schließlich ist die Lizenzvergabe für den Urheber der „unverzichtbare Kern" seiner Urheberrechte und zugleich als tragender Leitgedanke des Urheberrechts ein besonders schützenswertes und unverzichtbares Gut.[995] Sofern der Eigentümer nicht nur gegen unberechtigte Verwerter sondern auch gegen dritte Inhaber von Nutzungsrechten vorgehen könnte, so würde der Urheber wie im Fall des § 25 UrhG ausschließlich auf die eigenhändige Verwertung beispielsweise durch den Verkauf der von ihm weiterhin angefertigten Abbildungen beschränkt. Die Lizenzierung an Dritte wird für den Urheber schließlich wertlos, könnte der Eigentümer die Verwertung durch Dritte mithilfe seiner negativen Eigentümerbefugnisse stets unterbinden.

Rn. 13, wobei diese Unikateigenschaft zumindest bei unbeweglichen Kunstwerken eher fraglich ist.

993 Wandtke/Bullinger/*Bullinger*, UrhG, § 25 Rn. 2 f.

994 Ob der Urheber in seinen Nutzungsrechten durch den Eigentümer eingeschränkt wird, wenn in der Lizenzvergabe an Dritte eine Eigentumsverletzung besteht, wird nachfolgend unter 4. Kapitel § 3 I. 2. B. näher erläutert.

995 Zum Eingriff in den unverzichtbaren Kern des Urheberpersönlichkeitsrechts: BGH, Urt. v. 27.11.1970, I ZR 32/69, GRUR 1971, 269 (271); BGH, Urt. v. 28.06.1984, I ZR 65/82, NJW 1985, 435 (436); BGH, Urt. v. 23.02.1995, I ZR 68/93, GRUR 1995, 673 (675); OLG Stuttgart, Urt. v. 06.10.2010, 4 U 106/10, GRUR-RR 2011, 56 (59); Wandtke/Bullinger/*Wandtke/Grunert*, UrhG, § 31 Rn. 1; Dreier/Schulze/*Schulze*, UrhG, § 31 Rn. 1 spricht von „Herzstück".

Zudem würden die Lizenzierungsmöglichkeiten an Dritte vollständig ausgehebelt, da sowohl der Eigentümer als auch der Urheber keine Lizenzen vergeben könnten. Eine vollständige Versagung der kommerziellen Verwertungsmöglichkeiten des Urhebers und mithin seiner Einnahmequellen ist hierbei zwar nicht zu befürchten. Dennoch kann das Mindestmaß der zusätzlichen Einnahmequellen des Urhebers i.S.d § 44 Abs. 1 UrhG nicht so stark einschränkend ausgelegt werden, dass er nur eigene Verwertungshandlungen des Urhebers gestattet, solche durch berechtigte Dritte bzw. Lizenzinhaber indes nicht. Hierdurch würden die Lizenzierungsmöglichkeiten des Baukunstwerkurhebers erheblich eingeschränkt und in das Herzstück seiner Verwertungsmöglichkeiten eingegriffen werden. Demnach stehen gem. § 44 Abs. 1 UrhG sämtliche urheberrechtlichen Verwertungshandlungen ausschließlich dem Baukunstwerkurheber zu, sodass das Konkurrenzverhältnis zum Eigentumsrecht vollständig zugunsten des Urhebers geregelt wird.

Voraussetzung für dieses Ergebnis ist, dass § 44 Abs. 1 UrhG hinsichtlich der negativen Befugnisse zur Anwendung gelangt. Diese Norm bezieht sich ausschließlich auf die Nutzungsrechte des Eigentümers, die ihm im Zweifel durch den Kauf eines Kunstwerkes nicht zustehen sollen, mithin primär die beim Urheber des Werkes zu verbleibenden Verwertungsrechte. Die Ausübung der negativen Befugnisse des Eigentümers stellt indes keinen klassischen Fall einer Nutzung i.S.d. § 31 UrhG und mithin keine klassische Verwertungshandlung dar. Stattdessen ist sie eine mit § 97 Abs. 1 UrhG vergleichbare, aber eigentumsrechtliche Rechtsausübung. Schließlich beabsichtigt der Eigentümer zunächst nicht die Ausübung eigener Verwertungshandlungen, sondern verhindert die Verwertung durch Dritte. § 44 Abs. 1 UrhG ist daher hinsichtlich der negativen Befugnisse des Eigentümers nicht unmittelbar anwendbar, um das Konkurrenzverhältnis zwischen dem Eigentumsrecht und dem Urheberrecht zu regeln. Eine Verdrängung der negativen Befugnisse des Baukunstwerkeigentümers durch die Urheberrechte des Baukunstwerkurhebers ist daher nicht pauschal aufgrund des § 44 Abs. 1 UrhG anzunehmen. Stattdessen hat eine Interessenabwägung im Einzelfall zu erfolgen.[996]

996 Vgl. BGH, Urt. v. 13.10.1988, I ZR 15/87, GRUR 1989, 106 (108); so wohl auch BGH, Urt. v. 19.03.2008, I ZR 166/05, GRUR 2008, 984 (986) und BGH, Beschl. v. 09.11.2011, I ZR 216/10 ZUM 2012, 33 (34), die jeweils eine Interessenabwägung zwischen Eigentums- und Urheberrecht vornehmen, die bei Ablehnung eines gleichrangigen Verhältnisses zwischen beiden Rechten überflüssig wäre; ausdrücklich die Vorinstanz zu BGH, Beschl. v. 09.11.2011, I ZR 216/10 ZUM 2012, 33 ff., OLG Stuttgart, Urt. v. 06.10.2010, 4 U 106/10, GRUR-RR 2011, 56 (58);

A. Interessenabwägung Eigentumsrecht und Urheberrecht

Eine Interessenabwägung wird primär in den Konstellationen vorgenommen, in denen der Eigentümer eines Baukunstwerkes Änderungen an dem Werk vornehmen möchte und der Baukunstwerkurheber sich dadurch in seinem Urheberpersönlichkeitsrecht beeinträchtigt sieht und Unterlassung bzw. Wiederherstellung des ursprünglichen Zustandes begehrt. Diese Konstellation ist mit der vorliegenden vergleichbar, schließlich stehen sich auch hier das Eigentumsrecht des Baukunstwerkeigentümers und das Urheberrecht des Baukunstwerkurhebers gegenüber. Die Konstellation ist lediglich spiegelverkehrt, da der Baukunstwerkurheber seine Urheberrechte weiterhin frei auszuüben beabsichtigt, wohingegen der Baukunstwerkeigentümer die Rechtsausübung durch die vom Urheber lizenzierte Dritte oder sonstige Dritte zu verhindern beabsichtigt. Die zu prüfende Kernfrage ist dabei in beiden Konstellationen, ob dem Baukunstwerkurheber oder dem Baukunstwerkeigentümer eine Rechteeinschränkung zuzumuten ist. Für die Abwägung der Erhaltungsinteressen des Urhebers gegen das Änderungsinteresse des Eigentümers hat die obergerichtliche Rechtsprechung eine Reihe an Kriterien entwickelt,[997] die sich zumindest zum Teil übertragen lassen und daher die Grundlage einer Interessenabwägung bilden.

a. Bestimmungsgemäße Verwendung

Für ein Überwiegen der Interessen des Eigentümers und mithin für eine Einschränkung der Interessen des Urhebers kann zunächst der Gebrauchszweck und die bestimmungsgemäße Verwendung des Werkes sprechen.[998] Grundsätzlich erwirbt ein Eigentümer das Eigentum an einer Sache, um diese ausschließlich nutzen zu können. Baukunstwerke in Form eines Gebäudes werden dabei als Rückzugsort genutzt, ohne Dritte stets an einer Nutzung partizipieren zu lassen. Dieser Gedanke ist allerdings nicht ohne weiteres auf Baukunstwerke insbesondere eines Museums zu übertragen, wenn ihr primärer Zweck insbesondere in der öffentlichen Zugänglichmachung besteht. Verdeutlicht wird dies bspw. bei einer öffentlichen Widmung zum Gemeingebrauch bei öffentlich-rechtlichen Museen u.a. aufgrund entsprechender Satzungen. Der Eigentümer

---

Steinbeck, BGH, Urt. v. 19.03.2008, I ZR 166/05, GRUR 2008, 984 (988 f.); *v. Gamm*, UrheberrechtsG, § 14 Rn. 9; *Wedemeyer*, in: FS Piper, 1996, 787 (792 f.).

997 Ganz ausführliche Übersicht hierzu in OLG Stuttgart, Urt. v. 06.10.2010, 4 U 106/10, GRUR-RR 2011, 56 (58 ff.).

998 Vgl. BGH, Urt. v. 19.03.2008, I ZR 166/05, GRUR 2008, 984 (988); vgl. OLG Stuttgart, Urt. v. 06.10.2010, 4 U 106/10, GRUR-RR 2011, 56 (59).

eines öffentlich-rechtlichen Museums und ggf. auch eines nicht-öffentlichen Museums hat in der Regel ein Interesse daran, sein Baukunstwerk der Öffentlichkeit zugänglich zu machen und zum Zwecke der Werbung und Promotion zu nutzen oder in Ausstellungskatalogen, Postern oder auf Postkarten und dergleichen abzubilden, was einem Schutzbedürfnis gegenüber der Öffentlichkeit widerspricht. Vielmehr beabsichtigt der Eigentümer im Gegenteil die Aufmerksamkeit der Öffentlichkeit zu erregen, potenzielle Besucher zu akquirieren und das Baukunstwerk schließlich der Öffentlichkeit zu präsentieren. Lediglich bei nicht-öffentlichen Museen ist dies im Einzelfall anders zu bewerten, wenn diese auch von den Eigentümern als Wohnort genutzt werden und somit nicht primär einen Zweck der öffentlichen Zugänglichmachung verfolgen.[999] Auch eine öffentliche Widmung zum Gemeingebrauch liegt in der Regel bei nicht-öffentlichen Museen nicht vor. Der Gebrauchszweck und die bestimmungsgemäße Verwendung des Baukunstwerkes sprechen daher grundsätzlich nicht für ein Überwiegen der Eigentümerinteressen. Nur bei nicht-öffentlichen Museen kann dies anders bewertet werden. Im Folgenden sollen daher weitere Argumente innerhalb der Interessenabwägung Berücksichtigung finden.

b. Einschlägige Grundrechte

Auf etwaige betroffene Grundrechte kann sich der Eigentümer neben der Eigentumsfreiheit in der Regel nicht berufen.[1000] Ein in diesem Zusammenhang bestehendes allgemeines Persönlichkeitsrecht als Teil der Einwirkung wurde bereits zuvor abgelehnt und scheidet als weiteres in Betracht kommendes Grundrecht[1001] folglich aus.

c. Verblassen des Urheberrechts

Auch ein „Verblassens des Urheberrechts“, wonach urheberrechtlichen Interessen einige Jahre nach dem Tod des Urhebers nicht mehr dasselbe Gewicht

---

999 So wird bspw. das Schloss Tegel in Berlin weiterhin von der Familie von Heinz als Wohnort genutzt.

1000 Vgl. zur Berücksichtigung sonstiger Grundrechte neben Art. 14 GG: BGH, Urt. v. 19.03.2008, I ZR 166/05, GRUR 2008, 984 (987); OLG Stuttgart, Urt. v. 06.10.2010, 4 U 106/10, GRUR-RR 2011, 56 (59).

1001 Ein Eingriff in die Intimsphäre wird in der Regel ausscheiden, da der „Kernbereich privater Lebensführung“ kaum angetastet wird, näher hierzu: Epping/Hillgruber/*Lang*, BeckOK GG, Art. 2 Rn. 39 ff.

zukomme wie noch zu seinen Lebzeiten,[1002] kann nicht zugunsten des Eigentümers berücksichtigt werden. Eine solche Abschwächung kommt grundsätzlich nur bei Urheberpersönlichkeitsrechten und nicht im vermögensrechtlichen Bereich der Urheberrechte in Betracht.[1003] Die kommerzielle Verwertung eines urheberrechtlichen Werkes betrifft indes ausschließlich den vermögensrechtlichen Bereich des Urhebers, der im Hinblick auf seinen vermögensrechtlichen Charakter nicht verblassen kann.[1004] Eine Beeinträchtigung des Urheberpersönlichkeitsrechts ist hingegen denkbar, wenn durch die Ausübung der negativen Befugnisse des Eigentümers in das Veröffentlichungsrecht des Urhebers aus § 12 Abs. 1 UrhG eingegriffen wird. Nach dieser Vorschrift hat ausschließlich der Urheber darüber zu entscheiden, ob und wie sein Werk erstveröffentlicht wird, wobei dieses Recht nach der ersten Veröffentlichung grundsätzlich verbraucht ist.[1005] Aber auch spätestens in dem Moment, in dem ein Baukunstwerk an den Eigentümer veräußert wird, kann sich der Urheber nicht mehr auf sein Erstveröffentlichungsrecht berufen.[1006] Die Veräußerung stellt dann schon eine Zugänglichmachung an die Öffentlichkeit mit Zustimmung des Urhebers dar, sodass die Veräußerung zugleich eine Veröffentlichung darstellt.[1007] Dasselbe hat auch für andere Baukunstwerke wie Park- und Gartenanlagen oder Außenskulpturen und Brücken zu gelten, da die Veräußerung in diesen Fällen ebenfalls eine Zugänglichmachung an die Öffentlichkeit mit einer Zustimmung des Urhebers darstellt. Somit scheidet im Ergebnis ein Eingriff in das Erstveröffentlichungsrecht als Urheberpersönlichkeitsrecht aus. Indes könnte ein Verblassen des Zugangsrechts aus § 25 UrhG berücksichtigt werden, das ebenfalls einen urheberpersönlichkeitsrechtlichen Charakter aufweist.[1008] Allerdings beabsichtigt diese Norm den Zugang des Urhebers zu seinem Werk und nicht

---

1002 Vgl. BGH, Urt. v. 19.03.2008, I ZR 166/05, GRUR 2008, 984 (986 f.); vgl. OLG Stuttgart, Urt. v. 06.10.2010, 4 U 106/10, GRUR-RR 2011, 56 (59).

1003 *Loewenheim*, BGH, Urt. v. 13.10.1988, I ZR 15/87, GRUR 1989, 106 (110).

1004 Vgl. *Loewenheim*, BGH, Urt. v. 13.10.1988, I ZR 15/87, GRUR 1989, 106 (110).

1005 Wandtke/Bullinger/*Bullinger*, UrhG, § 12 Rn. 7 ff; dies gilt jedenfalls für Werke der Baukunst, allerdings kann sich der Urheber hierauf gem. § 44 Abs. 2 UrhG schon nicht berufen, wenn die übereigneten Werke solche der bildenden Kunst oder Lichtbildwerke sind, es sei denn der Urheber hätte sich bei der Veräußerung etwas Anderes vorbehalten.

1006 Vgl. Dreier/Schulze/*Dreier*, UrhG, § 6 Rn. 6 ff.; vgl. Dreier/Schulze/*Schulze*, UrhG, § 12 Rn. 4.

1007 Vgl. Dreier/Schulze/*Dreier*, UrhG, § 6 Rn. 6 ff.; vgl. Dreier/Schulze/*Schulze*, UrhG, § 12 Rn. 4.

1008 Vgl. Wandtke/Bullinger/*Bullinger*, UrhG, § 25 Rn. 2 f.

eines Dritten, um die Verwertung von Abbildungen seines Werkes zu ermöglichen und mithin dem Nachkommen zu seinen materiellen Interessen zu verhelfen.[1009] Aufgrund des urheberpersönlichen Charakters ist diese Vorschrift nicht auf Dritte zu übertragen. Andere Urheberpersönlichkeitsrechte kommen nicht in Betracht, sodass eine Abschwächung des Urheberrechts ausscheidet. Der Baukunstwerkeigentümer kann sich daher nicht mit einem Verblassen der Urheberrechte entlasten, selbst wenn das Urheberrecht schon seit mehreren Jahren existiert oder der Baukunstwerkurheber gar bereits verstorben ist. Auch § 17 Abs. 2 UrhG stützt den Eigentümer nicht, da er das Werk nicht weiterzuverbreiten beabsichtigt, sondern stattdessen mithilfe seiner negativen Eigentümerbefugnisse die Weiterverbreitung und mithin ggf. auch eine Vergütung des Urhebers versagen möchte.[1010] Zudem begründet § 17 Abs. 2 UrhG kein Ausschließlichkeitsrecht des Eigentümers gegenüber dem Urheber im Hinblick auf die kommerzielle Nutzung des Werkes, selbst wenn er es kommerziell nutzen wollen würde.

d. Art und Ausmaß des Eingriffs

Auch unter Berücksichtigung der Art und des Ausmaßes eines Eingriffs[1011] ist ein Überwiegen der Urheberrechte des Baukunstwerkurhebers gegenüber den Eigentumsrechten des Baukunstwerkeigentümers festzumachen. Der Eigentümer könnte durch die Ausübung seiner negativen Befugnisse die Verwertung von Abbildungen des Baukunstwerkes durch Dritte unterbinden und mithin die Nutzungs- und Verwertungsrechte des Urhebers in Form der Lizenzvergabe beeinträchtigen, wodurch in den „unverzichtbaren Kern“ der Urheberrechte eingegriffen wird.[1012] Die Vergabe von Lizenzen ist als „Kernstück des Urhebervertragsrechts“[1013] und als tragender Leitgedanke des Urheberrechts[1014]

1009 OLG Düsseldorf, Urt. v. 25.06.1968, 20 U 90/68, GRUR 1969, 550 (551); Dreier/Schulze/*Schulze*, UrhG, § 25 Rn. 13.

1010 Zur wirtschaftlichen und angemessenen Beteiligung des Urhebers: BGH, Urt. v. 23.02.1995, I ZR 68/93 GRUR 1995, 673 (675).

1011 BGH, Urt. v. 19.03.2008, I ZR 166/05, GRUR 2008, 984 (986); OLG Stuttgart, Urt. v. 06.10.2010, 4 U 106/10, GRUR-RR 2011, 56 (59).

1012 Zum Eingriff in den unverzichtbaren Kern des Urheberpersönlichkeitsrechts: BGH, Urt. v. 27.11.1970, I ZR 32/69, GRUR 1971, 269 (271); OLG Stuttgart, Urt. v. 06.10.2010, 4 U 106/10, GRUR-RR 2011, 56 (59).

1013 Wandtke/Bullinger/*Wandtke/Grunert*, UrhG, § 31 Rn. 1; Dreier/Schulze/*Schulze*, UrhG, § 31 Rn. 1.

1014 BGH, Urt. v. 28.06.1984, I ZR 65/82, NJW 1985, 435 (436); BGH, Urt. v. 23.02.1995, I ZR 68/93, GRUR 1995, 673 (675).

ein besonders schützenswertes und unverzichtbares Gut des Urhebers, das besonders schutzbedürftig ist. Auch unter diesem Aspekt fällt eine Interessenabwägung daher zugunsten des Urhebers aus.

e. *Maß der Gestaltungshöhe*

Darüber hinaus ist auch das Maß der Gestaltungshöhe des Baukunstwerkes zur Bestimmung des Schutzbedürfnisses des Baukunstwerkurhebers heranzuziehen, wobei eine besonders hohe individuelle Schöpfungshöhe nicht per se zu einem Überwiegen des Urheberrechts führen darf.[1015] Im Hinblick auf Baukunstwerke insbesondere eines Museums als Repräsentativbauwerk ist in der Regel im Unterschied zu alltäglichen bzw. durchschnittlichen Gebäuden eine besonders hohe Schöpfungshöhe anzunehmen.[1016] Insofern bekräftigt auch dies einen außerordentlichen Schutz des Urhebers im Verhältnis zum Eigentümer.

f. *Allgemein-öffentliche Interessen*

Schließlich fließen auch allgemein-öffentliche Interessen in die Interessenabwägung mit ein.[1017] Zu berücksichtigen ist somit das Interesse der Allgemeinheit an kultureller Weiterbildung und der Zugang zu öffentlichen Werken der Kunst, welches durch die Verwertung von Abbildungen der Baukunstwerke gefördert wird. So wird ein breiter Zugang zur Kunst auch für Menschen ermöglicht, denen andernfalls keine Möglichkeiten des physischen Zugangs zum Baukunstwerk blieben. Dieses Informationsinteresse kann durch den Eigentümer boykottiert werden, sofern er die Verwertung durch Dritte unterbinden darf. Dies wiederum verhält sich zur öffentlichen Anteilnahme am kulturellen Geschehen und deren Förderung konträr.

g. *Ergebnis der Interessenabwägung*

Die Interessen des Baukunstwerkurhebers überwiegen somit die Interessen des Baukunstwerkeigentümers im Hinblick auf die Verwertungsrechte an dem urheberrechtlich geschützten Baukunstwerk. Folglich ist es zum Zwecke eines gerechten Interessenausgleichs nicht angezeigt, den Baukunstwerkeigentümer an den Lizenzeinnahmen des Baukunstwerkurhebers partizipieren zu lassen

---

1015 Vgl. BGH, Urt. v. 19.03.2008, I ZR 166/05, GRUR 2008, 984 (986); vgl. OLG Stuttgart, GRUR-RR 2011, 56 (58 f.) Rz. 2.

1016 Siehe genauer zur Bestimmung der urheberrechtlichen Eigenschaft Baukunstwerkes unter 1. Kapitel § 1 II.

1017 Vgl. OLG Stuttgart, Urt. v. 06.10.2010, 4 U 106/10, GRUR-RR 2011, 56 (59 f.).

oder eine Vergütungspflicht anzunehmen. Eine wirtschaftliche Beteiligung bzw. Vergütungspflicht des Baukunstwerkeigentümers an den Einnahmen des Baukunstwerkurhebers würde den Baukunstwerkurheber in seiner Vertragsfreiheit einschränken und darüber hinaus dem Sinn und Zweck sowie dem Willen des § 44 Abs. 1 UrhG widersprechen, wonach der Urheber an seinem Werk hinreichend wirtschaftlich partizipieren soll. Nach der erfolgten Interessenabwägung sind die Urheberrechte des Baukunstwerkurhebers bereits ohne eine Partizipationspflicht gegenüber dem Baukunstwerkeigentümer stärker zu gewichten als seine Eigentumsrechte. Dem Baukunstwerkeigentümer stehen somit keine negativen Befugnisse gegen einen verwertenden Dritten und auch nicht gegen den Baukunstwerkurheber zu. Somit werden neben den positiven Befugnissen weiterhin die negativen Befugnisse des Baukunstwerkeigentümers durch die Urheberrechte des Baukunstwerkurhebers aufgrund des § 44 Abs. 1 UrhG verdrängt. Ausnahmen sind lediglich aufgrund urheberrechtlicher Schrankenregelungen möglich, wonach dem Eigentümer Nutzungsrechte zustehen könnten.

B. Keine Eigentumsverletzung durch den Urheber aufgrund Lizenzvergabe

Sofern die Vergabe von Lizenzen durch den Baukunstwerkurheber an einen Dritten eine Beeinträchtigung der Eigentumsrechte des Baukunstwerkeigentümers darstellt, könnten dem Eigentümer trotz parallel bestehender Urheberrechte negative Befugnisse zustehen.[1018] Grundsätzlich ist anerkannt, dass das Urheberrecht durch die Eigentumsrechte beschränkt wird, sofern die Erstellung des urheberrechtlichen Werkes mit zivil- oder strafrechtlichen Sanktionen belegt ist.[1019] Somit unterliegt nicht nur das Eigentumsrecht urheberrechtlichen Beschränkungen, sondern gleichzeitig auch das Urheberrecht eigentumsrechtlichen Beschränkungen.[1020] Bei der Prüfung einer Eigentumsbeeinträchtigung müsste die Vergabe von Nutzungsrechten an dem Baukunstwerk durch den Baukunstwerkurheber an einen Dritten daher zunächst kausal zu einer Beeinträchtigung des Eigentums an dem Baukunstwerk führen. Dabei mutet es befremdlich an, die gem. § 31 UrhG grundsätzlich dem Urheber rechtmäßig

---

1018 Zur Einschränkung des Urheberrechts im Verhältnis zum Eigentumsrecht an ein und demselben Werk: BGH, Urt. v. 23.02.1995, I ZR 68/93 GRUR 1995, 673 (675); Wandtke/Bullinger/*Wandtke*, UrhG, § 44 Rn. 7.

1019 Vgl. BGH, Urt. v. 23.02.1995, I ZR 68/93, GRUR 1995, 673 (675); Wandtke/Bullinger/*Wandtke*, UrhG, § 44 Rn. 7.

1020 BGH, Urt. v. 23.02.1995, I ZR 68/93 GRUR 1995, 673 (675); Wandtke/Bullinger/*Wandtke*, UrhG, § 44 Rn. 7.

zustehende Einräumung von Nutzungsrechten an Dritte als eine Beeinträchtigung des Eigentums zu bewerten. Gleichzeitig erscheint es fragwürdig, dem Baukunstwerkurheber eine Eigentumsbeeinträchtigung durch einen Dritten im Rahmen der Kausalität zuzurechnen, sofern ein Dritter Abbildungen des Baukunstwerkes aufgrund der eingeräumten Lizenz kommerziell verwertet. Wie vorgehend dargestellt, beschreibt § 44 Abs. 1 UrhG das Konkurrenzverhältnis zwischen dem Urheber- und dem Eigentumsrecht zwar ausschließlich hinsichtlich der positiven Befugnisse des Eigentümers. Die negativen Befugnisse des Eigentümers treten allerdings im Verhältnis zu den Urheberrechten aufgrund einer Interessenabwägung zurück. Folglich verdrängen die Urheberrechte die Eigentumsrechte an dem Baukunstwerk, solange noch keine Gemeinfreiheit an dem Werk eingetreten ist. Somit hat der Baukunstwerkurheber weiterhin auch das Recht zur Lizenzvergabe hinsichtlich der Nutzung des Baukunstwerkes, sodass die kommerzielle Verwertung eines Dritten aufgrund einer eingeräumten Lizenz durch den Baukunstwerkurheber keine eigentumsbeeinträchtigende Handlung weder des Dritten als Nutzungsrechteinhaber noch des Baukunstwerkurhebers darstellt. Schließlich erfolgt die kommerzielle Verwertung durch den Dritten auf Basis eines durch den Urheber eingeräumten Nutzungsrechts. Die Lizenzvergabe durch den Baukunstwerkurheber an einen Dritten stellt mithin keine Beeinträchtigung des Eigentums an dem Baukunstwerk dar.

C. Zwischenergebnis

Im Hinblick auf eine Beschränkung der Eigentumsrechte des Baukunstwerkeigentümers aufgrund eines parallel bestehenden Urheberrechts des Baukunstwerkurhebers an demselben Baukunstwerk ist zu differenzieren, ob der Eigentümer von seinen positiven oder negativen Befugnissen Gebrauch macht. Die positiven Befugnisse des Eigentümers werden aufgrund des § 44 Abs. 1 UrhG durch die Urheberrechte verdrängt, sodass das Urheberrecht des Baukunstwerkurhebers einer Ausübung der positiven Befugnisse des Baukunstwerkeigentümers entgegensteht. Die Ausübung der negativen Befugnisse des Eigentümers wird hingegen nicht unmittelbar von § 44 Abs. 1 UrhG erfasst, da es sich bei den negativen Befugnissen nicht um eine klassische Verwertungshandlung i.S.d. § 44 Abs. 1 UrhG handelt. Indes treten die neben dem Urheberrecht bestehenden negativen Befugnisse des Eigentümers im Rahmen einer vorzunehmenden Interessenabwägung zurück. Auch stellt die Nutzungsrechteeinräumung durch den Baukunstwerkurheber an Dritte keine Beeinträchtigung des Eigentums an dem Baukunstwerk dar, die zu einer Einschränkung der Urheberrechte und mithin zum Bestehen der negativen Eigentümerbefugnisse führen könnte. Mithin beschränken die Urheberrechte des Baukunstwerkurhebers sowohl die positiven als auch die negativen Befugnisse des Baukunstwerkeigentümers an demselben Baukunstwerk. Eine wirtschaftliche Beteiligung des Baukunstwerkeigentümers an den Einnahmen des Baukunstwerkurhebers ist folglich ausgeschlossen, da dies dem Sinn und Zweck sowie dem Willen des § 44 Abs. 1 UrhG zuwiderlaufen würde, wonach der Urheber an seinem Werk hinreichend wirtschaftlich partizipieren soll. Anders ist dies indes zu bewerten, sofern urheberrechtliche Schrankenregelungen einschlägig sind und dem Eigentümer aufgrund der urheberrechtlichen Schranken Nutzungsrechte eingeräumt werden.

II. Urheberrechte des Abbildungskünstlers

Nachdem festgestellt wurde, dass sowohl die positiven als auch die negativen Befugnisse des Baukunstwerkeigentümers bei noch nicht gemeinfreien Baukunstwerken durch die Urheberrechte des Baukunstwerkurhebers an dem Baukunstwerk verdrängt werden, soll nun das Verhältnis zwischen den Urheberrechten des Abbildungskünstlers und den Eigentumsrechten des Baukunstwerkeigentümers eines gemeinfreien Baukunstwerkes betrachtet werden. Wie bereits herausgearbeitet, wird die Anfertigung von Abbildungen eines Baukunstwerkes nicht von den negativen Befugnissen des Baukunstwerkeigentümers umfasst, wohingegen sich die negativen Befugnisse des Baukunstwerkeigentümers auf die Verwertungsrechte von Abbildungen des Werkes erstrecken. Hinsichtlich der Anfertigung von Abbildungen kollidieren die Urheberrechte des Abbildungskünstlers demnach nicht mit den Eigentumsrechten an dem abgebildeten Baukunstwerk, sodass die an den Abbildungen des Baukunstwerkes entstandenen Urheberrechte des Abbildungskünstlers zugleich als schutzwürdig zu erachten sind.[1021] Diese Schutzwürdigkeit des Abbildungskünstlers könnte im Hinblick auf die Verwertung von Abbildungen des Baukunstwerkes des Baukunstwerkeigentümers anders zu bewerten sein. Aufgrund der Parallelität beider Rechte zueinander entsteht ein Konflikt zwischen den Urheberrechten des Abbildungskünstlers und den Eigentumsrechten des Baukunstwerkeigentümers.[1022] Dem Abbildungskünstler entstehen infolge

1021 In diese Richtung auch BGH, Urt. v. 01.03.2013, V ZR 14/12, NJW 2013, 1809 (1811) Rz. 16.

1022 Mit der oben beschriebenen Ausnahme, dass Eigentümer öffentlich-rechtlicher Museen bereits in ihren negativen Eigentümerbefugnissen und damit in ihrem ausschließlichen Verwertungsrecht hinsichtlich der Verwertung durch Dritte infolge einer öffentlich-rechtlichen Widmung beschränkt werden;

der Erschaffung eines eigenen urheberrechtlichen Werkes grundsätzlich eigene urheberrechtliche Nutzungs- und Verwertungsrechte. Gleichzeitig werden dem Baukunstwerkeigentümer negative Befugnisse im Hinblick auf die Verwertung von Abbildungen des in seinem Eigentum stehenden Baukunstwerkes zugewiesen, sodass ihm die Verwertungsrechte hinsichtlich des abgebildeten Baukunstwerkes ausschließlich zustehen. Sofern der Abbildungskünstler im Hinblick auf die Verwertung der von ihm angefertigten Abbildungen des Baukunstwerkes schutzwürdig ist, könnte der Baukunstwerkeigentümer in seinen negativen Befugnissen dahingehend beschränkt werden.

Der in diesem Zusammenhang teilweise vorgebrachte Gedanke, der Gesetzgeber habe mit der Erschaffung des § 44 Abs. 1 UrhG das Spannungsverhältnis zwischen den Eigentumsrechten und den Urheberrechten bereits abschließend zugunsten des Urhebers geregelt, kann auf den vorliegenden Interessenkonflikt mangels Vergleichbarkeit nicht übertragen werden.[1023] § 44 Abs. 1 UrhG regelt den Konflikt zwischen den Urheberrechten und den Eigentumsrechten an einem identischen Werk, wonach dem von dem Urheber personenverschiedenen Eigentümer im Zweifel durch den eigentumsrechtlichen Erwerb des Werkes keine Nutzungsrechte eingeräumt werden. Der gegenständliche Konflikt besteht nicht zwischen den Urheberrechten des Baukunstwerkurhebers und den Eigentumsrechten des Baukunstwerkeigentümers, sondern zwischen den Urheberrechten des Abbildungskünstlers und den Eigentumsrechten des Baukunstwerkeigentümers. § 44 Abs. 1 UrhG unterscheidet sich von der vorliegenden Konstellation mithin sowohl dahingehend, dass das Urheberrecht bei § 44 Abs. 1 UrhG zeitlich vor dem Eigentumsrecht des Dritten entstanden sein muss als auch im Hinblick auf das geschützte Rechtsgut. § 44 Abs. 1 UrhG ist daher nicht als Argument heranzuziehen, um den Urheberrechten des

---

Staudinger/*Althammer*, BGB, § 903 Rn. 5, der das allgemeine gegenseitige Gebot der Rücksichtnahme sowie das Verbot des Rechtsmissbrauchs aus § 242 BGB betrachtet.

1023 So aber OLG Brandenburg, Urt. v. 18.02.2010, 5 U 13/09, GRUR 2010, 927 (928 f.); *H. Lehment*, Das Fotografieren von Kunstgegenständen, S. 103; im Übrigen wird auf die vorhergehenden Ausführungen zur Regelung des Spannungsverhältnisses zwischen dem Eigentumsrecht und dem Urheberrecht nach § 44 Abs. 1 UrhG verwiesen, wonach ausschließlich das Konkurrenzverhältnis mit den positiven Eigentümerbefugnissen mithilfe des § 44 Abs. 1 UrhG geregelt wird, wohingegen die negativen Eigentümerbefugnisse aufgrund einer Interessenabwägung hinter den Urheberrechten zurücktreten müssen, siehe hierzu unter 4. Kapitel § 3 I. 2. A.

Abbildungskünstlers den Vorrang gegenüber den Eigentumsrechten des Baukunstwerkeigentümers einzuräumen.

Ob bzw. inwieweit der Abbildungskünstler im Hinblick auf die entstandenen Urheberrechte an der Abbildung schutzwürdig ist, da er bei einer Verwertung der Abbildungen des Baukunstwerkes des Eigentümers die negativen Befugnisse des Baukunstwerkeigentümers beeinträchtigt und mithin eine Rechtsverletzung begehen könnte, ist differenziert zu betrachten: Zu unterscheiden ist zwischen dem Recht zur Verwertung des auf der Abbildung sichtbaren Baukunstwerkes des Baukunstwerkeigentümers sowie dem urheberrechtlichen Schutz und der Rechteinhaberschaft des Abbildungskünstlers an der hergestellten Abbildung als eigenes Werk.[1024] Schließlich kann ein urheberrechtlicher Schutz an einer Abbildung selbst dann entstehen, wenn die Abbildung auf gesetzeswidrige Weise entstanden ist.[1025] Aus dem urheberrechtlichen Schutz des Werkes lässt sich indes nicht zugleich schlussfolgern, dass auch das auf der Abbildung sichtbare Baukunstwerk urheberrechtlich genutzt bzw. verwertet werden darf.[1026] Daraus ergibt sich, dass urheberrechtlich geschützte Abbildungen in ihren urheberrechtlichen Verwertungsmöglichkeiten durch das Eigentumsrecht eingeschränkt werden können, sofern die Abbildungen auf gesetzeswidrige Weise entstanden sind.[1027] Dem Baukunstwerkeigentümer obliegt aufgrund seiner negativen Befugnisse i.S.d. § 903 S. 1 BGB bei eingetretener Gemeinfreiheit das ausschließliche Recht zur Verwertung von Abbildungen seines Baukunstwerkes. Sofern der Abbildungskünstler dennoch die von ihm gefertigten Abbildungen des Baukunstwerkes verwertet, verstößt er dadurch gegen die negativen Befugnisse des Baukunstwerkeigentümers und könnte mit

---

1024 Vgl. LG Köln, Urteil vom 01.07.2021, 14 O 15/20, GRUR-RS 2021, 20665 Rz. 20, wo es um das Verhältnis zwischen einem urheberrechtlich geschützten Bauwerk und der Entstehung von Urheberrechten an Fotografien des Bauwerkes ging – das LG Köln nahm hier das Entstehen eines Urheberrechtsschutzes selbst dann an, wenn bereits durch die Herstellung der Abbildung gegen gesetzliche Vorschriften verstoßen werde, trennt aber die Entstehung des urheberrechtlichen Rechtsschutzes streng von den daraus möglicherweise resultierenden Nutzungs- und Verwertungsrechten.

1025 Vgl. LG Köln, Urteil vom 01.07.2021, 14 O 15/20, GRUR-RS 2021, 20665 Rz. 20.

1026 Vgl. LG Köln, Urteil vom 01.07.2021, 14 O 15/20, GRUR-RS 2021, 20665 Rz. 20.

1027 Vgl. dahingehend auch BGH, Urt. v. 23.02.1995, I ZR 68/93, GRUR 1995, 673 (675); Wandtke/Bullinger/*Wandtke*, UrhG, § 44 Rn. 7.

zivilrechtlichen Sanktionen belegt werden.[1028] Somit besteht zwar weiterhin ein urheberrechtlicher Schutz an der Abbildung, allerdings dürfte die Abbildung nicht zugleich ohne Zustimmung des Baukunstwerkeigentümers verwertet werden. Auch eine Betrachtung der Chronologie der Rechteentstehung spricht gegen eine Schutzwürdigkeit des Abbildungskünstlers hinsichtlich der urheberrechtlichen Verwertungsrechte und indiziert eine höhere Schutzwürdigkeit des Baukunstwerkeigentümers. Wird strikt die chronologische zeitliche Reihenfolge der Rechteentstehung betrachtet, so bestand das Eigentumsrecht an dem Baukunstwerk zeitlich vor den Urheberrechten des Abbildungskünstlers an der Abbildung des Baukunstwerkes. Andernfalls könnte der Urheber stets mittels zeitlich nachträglich entstandener Urheberrechte die bereits zeitlich zuvor existierenden Rechte des Eigentümers an dem Baukunstwerk verletzen bzw. überlagern.[1029] Der urheberrechtliche Schutz des Abbildungskünstlers wäre dahingehend nicht im Sinne der Rechtsordnung. Dies verdeutlicht ebenfalls ein Vergleich mit einem Eingriff in das Persönlichkeitsrecht mittels eines rechtswidrig erlangten Fotos. Dieser Eingriff ist ebenfalls nicht mit den durch den Eingriff entstandenen Urheberrechten des Fotografen zu rechtfertigen, der andernfalls aufgrund der zwar entstandenen Urheberrechte wiederum Rechte gegenüber Dritten geltend machen könnte.[1030] Somit können Urheberrechte des Abbildungskünstlers an der Abbildung eines Baukunstwerkes zwar grundsätzlich entstehen. Allerdings sind die Urheberrechte im Hinblick auf die Verwertung der Abbildung so lange durch die Rechte des Eigentümers des abgebildeten Baukunstwerkes eingeschränkt, wie der Eigentümer dem Abbildungskünstler keine Nutzungsrechte gewährt bzw. sofern die Verwertungshandlung nicht aufgrund urheberrechtlicher Schranken zulässig ist. Der Abbildungskünstler ist mithin als weniger schutzwürdig zu bewerten als der Eigentümer des abgebildeten Baukunstwerkes. Somit sind die Urheberrechte des Abbildungskünstlers an dem abgebildeten Baukunstwerk nicht geeignet, die negativen Befugnisse des Baukunstwerkeigentümers zu beschränken.

1028 Zur Einschränkung des Urheberrechts im Verhältnis zum Eigentumsrecht an ein und demselben Werk: BGH, Urt. v. 23.02.1995, I ZR 68/93 GRUR 1995, 673 (675); Wandtke/Bullinger/*Wandtke*, UrhG, § 44 Rn. 7.

1029 *Jayme*, Kunst & Recht Bulletin 2011, 11 (24); *Prengel*, Bildzitate von Kunstwerken, S. 228 ff.

1030 BGH, Urt. v. 01.03.2013, V ZR 14/12, NJW 2013, 1809 (1811) Rz. 16; ablehnend noch OLG Brandenburg, Urt. v. 18.02.2010, 5 U 13/09, GRUR 2010, 927 (929).

III. Grundrechte des Abbildungskünstlers

Da die Urheberrechte des Abbildungskünstlers bei gemeinfreien Werken nicht zur Beschränkung der negativen Befugnisse des Eigentümers geeignet sind, soll im Folgenden die Beschränkung der Eigentumsfreiheit aufgrund bestehender Grundrechte des Abbildungskünstlers untersucht werden, der Abbildungen des Baukunstwerkes verwerten möchte. Voraussetzung hierfür ist zunächst, dass der Eigentümer eines Museums als juristische Person an die Grundrechte gebunden ist (1.) und dass die Grundrechte des Abbildungskünstlers geeignet sind, die negativen Befugnisse des Eigentümers hinsichtlich der Verwertung von Abbildungen zu beschränken (2.). Da sich eine strenge Differenzierung zwischen den Beschränkungen durch das Gesetz und durch Rechte Dritter i.S.d. § 903 S. 1 BGB im Hinblick auf Beschränkungen durch die Grundrechte nicht stringent umsetzen lässt, da sich die Rechte Dritter aus den Gesetzen herleiten lassen,[1031] werden die Grundrechte im Rahmen dieser Arbeit ausschließlich innerhalb der Beschränkungen durch Rechte Dritter dargestellt.

1. Grundrechtsbindung eines Museums

Grundsätzlich ist nach Art. 1 Abs. 3 GG ausschließlich der Staat unmittelbar an die Grundrechte gebunden, da die Grundrechte insbesondere den Privatrechtssubjekten Abwehrrechte gegenüber dem Staat einräumen sollen.[1032] Daher ist bei der folgenden Untersuchung zwischen öffentlich-rechtlichen Museen und nicht-öffentlichen Museen zu differenzieren.

Öffentlich-rechtliche Museen sind zunächst aufgrund ihrer dahinterstehenden öffentlich-rechtlichen Trägerschaft unmittelbar an die Grundrechte gebunden.[1033] Dies gilt bei staatlichen Museen unabhängig von ihrer Organisation in unmittelbarer oder mittelbarer Staatsverwaltung.[1034] Schließlich handelt der Staat bei einer unmittelbaren Staatsverwaltung unmittelbar selbst und tritt in seiner Rolle als Staat auch gegenüber Privatpersonen auf. Bei einer mittelbaren Staatsverwaltung tritt der Staat nicht unmittelbar selbst auf, sondern lässt sich durch juristische Personen des öffentlichen Rechts oder des Privatrechts

---

1031 Vgl. Gsell/Krüger/Lorenz/Reymann/*Lakkis*, BeckOGK BGB, § 903 Rn. 121, wobei *Lakkis* im Ergebnis sogar eine Trennung zwischen gesetzlichen Beschränkungen und solchen durch Rechte Dritter generell ablehnt und stattdessen zwischen öffentlich-rechtlichen und privatrechtlichen Schranken differenziert.

1032 MüKo/*Schubert*, BGB, Bd. 2, § 242 Rn. 134.

1033 So auch *Bullinger*, in: FS Peter Raue 2006, 379 (394).

1034 So auch *Bullinger*, in: FS Peter Raue 2006, 379 (394).

vertreten. Dennoch steht dahinter eine Handlung des Staates gegenüber einer Privatperson, die wiederum vor staatlichen Eingriffen grundrechtlich zu schützen ist. Darüber hinaus ist aufgrund des Verbots der „Flucht ins Privatrecht“ eine unmittelbare Bindung der Grundrechte ebenfalls bei nicht-staatlichen Museen anzunehmen, sofern sie einem öffentlich-rechtlichen Träger unterliegen und als juristische Person ausgestaltet sind.[1035] Zudem sollten öffentlich-rechtliche Museen bei der Ausgestaltung ihrer Zugangsrechte und Verwertungsverbote wie Fotografierverbote die Wertungen des Grundgesetzes zu berücksichtigen haben,[1036] damit ggf. der Bildung eines Monopols staatlicher Museen bei der Bildauswertung entgegengewirkt werden kann.[1037] Auf diese Weise wird auch privaten Anbietern die Möglichkeit eingeräumt, Abbildungen anzufertigen bzw. insbesondere kommerziell zu verwerten.[1038] Diese Bindungswirkung sollte zur vollen Entfaltung ihrer Wirkung nicht nur auf vertraglicher Ebene bei der Ausgestaltung von Zugangsrechten berücksichtigt werden, sondern hat generell und daher auch im außervertraglichen Bereich zu gelten. Der Staat hat die Kunst und Wissenschaft zu respektieren und organisatorische Voraussetzungen zu schaffen, um der Kunst- sowie Wissenschaftsfreiheit geeignete Bedingungen zur Verwirklichung bieten zu können.[1039] Folglich sind öffentlich-rechtliche Museen sowohl in der Ausgestaltung als staatliches sowie als nicht-staatliches Museum an die Grundrechte gebunden, sofern Letztere ebenfalls einem öffentlich-rechtlichen Träger unterliegen.

Bei nicht-öffentlichen Museen in privater oder freier Trägerschaft ist hingegen keine unmittelbare Bindung an die Grundrechte anzunehmen, da sie grundsätzlich durch diese nur berechtigt und gerade nicht verpflichtet werden sollen. In Betracht kommt daher allenfalls eine mittelbare Bindungswirkung nach den allgemeinen Grundsätzen einer mittelbaren Drittwirkung der Grundrechte über das Einfallstor zivilrechtlicher Generalklauseln, bei denen die Gerichte die Grundrechte als objektive Wertordnung bei der Interessenabwägung auch im Verhältnis zwischen Privatpersonen zu berücksichtigen

---

1035 BVerfG, Urt. v. 22.02.2011, 1 BvR 699/06, NJW 2011, 1201 (1202); *Bullinger*, in: FS Peter Raue 2006, 379 (394), der auf die öffentliche Trägerschaft abstellt; *Mößle*, Handbuch des Museumsrechts 7: Öffentliches Recht, S. 134; Erman/*Wilhelmi*, BGB, Vor 903 Rn. 5.

1036 *Bullinger*, in: FS Peter Raue 2006, 379 (394).

1037 *Bullinger*, in: FS Peter Raue 2006, 379 (394 ff.).

1038 *Bullinger*, in: FS Peter Raue 2006, 379 (394 ff.).

1039 *Mößle*, Handbuch des Museumsrechts 7: Öffentliches Recht, S. 137.

haben.[1040] Die Grundrechte können dabei insbesondere bei der Auslegung der §§ 823 Abs. 1, 826, 1004 BGB und mithin bei der Bestimmung der Eigentumsrechte relevant werden.[1041]

Somit entscheidet im Ergebnis die Trägerschaft eines Museums darüber, ob die Grundrechte die negativen Befugnisse des Eigentümers unmittelbar oder mittelbar einschränken können. Dabei ist eine Beschränkung der negativen Eigentümerbefugnisse aufgrund der Grundrechte sowohl bei öffentlich-rechtlichen als auch bei nicht-öffentlichen Museen denkbar, wobei letztere mittelbar über die Drittwirkung der Grundrechte bei der Auslegung bestimmter Normen in ihren Eigentumsrechten beschränkt werden können, wohingegen bei öffentlich-rechtlichen Museen eine unmittelbare Bindungswirkung der Grundrechte anzunehmen ist.

2. *Einschlägige Grundrechte und ihre Bindung*

Bei der Prüfung der einschlägigen Grundrechte sind neben den Interessen des Abbildungskünstlers auch die Interessen der Allgemeinheit am Zugang zur Kunst zu betrachten, denen der Abbildungskünstler infolge der Verwertung seiner Abbildungen zum Zugang zur Kunst verhelfen könnte.[1042] Auf den grundrechtlichen Schutz des Abbildungskünstlers gem. Art. 14 GG kommt es hingegen nicht an, da bei gemeinfreien Werken den Rechten des Eigentümers gegenüber den Rechten des Abbildungskünstlers dahingehend der Vorrang einzuräumen ist. Die folgenden Ausführungen beschränken sich daher auf das Grundrecht der Informationsfreiheit, Kunstfreiheit, Pressefreiheit, Berufsfreiheit als auch auf die Sozialpflichtigkeit des Eigentums.

1040 Vgl. BVerfG, Urt. v. 15.01.1958, 1 BvR 400/57, NJW 1958, 257 (257 f.); BVerfG, Beschl. v. 11.04.2018, 1 BvR 3080/09, NJW 2018, 1667 (1668) Rz. 32; der BGH diskutiert in seiner Entscheidung zu Schloss-Tegel sogar die Grundrechte, ohne ihre Bindungswirkung zu problematisieren, was im Ergebnis ebenfalls für eine Berücksichtigung der Grundrechte auch bei privatrechtlichen musealen Eigentümern spricht, vgl. BGH, Urt. v. 20.09.1974, I ZR 99/73, GRUR 1975, 502 (502); MüKo/*Schubert,* BGB, § 242 Bd. 2 Rn. 134.

1041 Vgl. BGH, Urt. v. 20.09.1974, I ZR 99/73, GRUR 1975, 502 (502).

1042 Zu den Einzelfällen siehe oben unter 3. Kapitel § 6 III. 1., 2., 3., wonach von den negativen Befugnissen des Eigentümers lediglich die kommerzielle Verwertung sowie in Einzelfällen die mittelbar kommerzielle Verwertung, aber auch im Einzelfall die nicht-kommerzielle Verwertung erfasst werden kann.

A. *Informationsfreiheit - Art. 5 Abs. 1 S. 1, 2. Hs. GG*

Zuvörderst könnte das Recht auf Informationsfreiheit aus Art. 5 Abs. 1 S. 1, 2. Hs. GG geeignet sein, die negativen Befugnisse des Eigentümers zu beschränken. Zu differenzieren ist zwischen dem Recht des Abbildungskünstlers im Hinblick auf die Informationsverschaffung durch die Verwertung von Abbildungen an die Allgemeinheit sowie dem Recht der Allgemeinheit am Zugang zu den durch den Abbildungskünstler verbreiteten Informationen. Voraussetzung für die Zulässigkeit der Verwertung durch den Abbildungskünstler ist zunächst das Bestehen eines absoluten Rechts des Abbildungskünstlers auf einen Zugang zu Informationen, die er an die Allgemeinheit durch die Verwertung von Abbildungen weitergeben könnte.[1043] In der Schloss-Tegel-Entscheidung sowie der Entscheidung zu Preußische Gärten und Parkanlagen deutete der BGH das Bestehen eines solchen Rechts an.[1044] In Bezug auf Baukunstwerke stellte er fest, dass ein allgemeines Interesse der Allgemeinheit am Kennenlernen künstlerischer oder auch im Übrigen bedeutsamer Baukunstwerke bestünde,[1045] auch wenn diese im Privateigentum stehen.[1046] Diesem Interesse könne nur dann genüge getan werden, wenn der Baukunstwerkeigentümer Abbildungen bspw. durch den Postkartenvertrieb vertreibt.[1047] Denkbar ist daher, dass auch der Abbildungskünstler diesem Interesse der Allgemeinheit am Zugang zur Kunst verhelfen darf und sich daraus ein absolutes Recht zur Vornahme von Verwertungshandlungen ableiten lässt.[1048]

Art. 5 Abs. 1 S. 1, 2. Hs. GG gewährt zunächst das Recht, sich aus allgemein zugänglichen Quellen ungehindert zu unterrichten. Befindet sich ein Kunstwerk im Privatbesitz, kann entgegen der Ansicht des BGH bereits keine

---

1043 Fromm/Nordemann/*Czychowski,* UrhG, § 59 Rn. 18.

1044 Vgl. BGH, Urt. v. 20.09.1974, I ZR 99/73, GRUR 1975, 500 (502); vgl. auch BGH, Urt. v. 17.12.2010, V ZR 45/10, GRUR 2011, 323 (326) Rz. 27, in dem der BGH eine hinreichende Berücksichtigung der öffentlichen Informationsinteressen in einer entsprechenden Entgeltermäßigung und -freistellungen im Hinblick auf die Presse annimmt; Fromm/Nordemann/*Czychowski,* UrhG, § 59 Rn. 18.

1045 Vgl. BGH, Urt. v. 20.09.1974, I ZR 99/73, GRUR 1975, 500 (502).

1046 Das Schloss-Tegel steht im Privateigentum der Familie von Heinz als Nachfahren von Wilhelm von Humboldt, der Bauherr des Schlosses war.

1047 Vgl. BGH, Urt. v. 20.09.1974, I ZR 99/73, GRUR 1975, 500 (502), wonach der Eigentümer sich auch nur dann gegen die Aufnahme und kommerzielle Verwertung seines Kunstwerkes durch Dritte aus seiner Eigentumsfreiheit zur Wehr setzen könne.

1048 Vgl. Fromm/Nordemann/*Czychowski,* UrhG, § 59 Rn. 18.

allgemein zugängliche Quelle angenommen werden.[1049] Sofern ein Kunstwerk eines Museums indes allgemein zugänglich ist bzw. der Öffentlichkeit gewidmet wurde, ist eine allgemein zugängliche Quelle i.S.d. Art. 5 Abs. 1 S. 1, 2. Hs. GG anzunehmen,[1050] wobei sich bei einer öffentlich-rechtlichen Widmung im Sinne einer allgemeinen Zugänglichmachung bereits ein Recht zur Verwertung von Abbildungen aus dem Gemeingebrauch ergeben kann.[1051] Somit wird die Allgemeinheit vom Schutzbereich der Informationsfreiheit erfasst, sofern die Abbildungen von einem allgemein zugänglichen und insbesondere der Öffentlichkeit gewidmeten Baukunstwerk angefertigt werden.[1052] Schließlich wird auch der Zugang zu Informationen von dem Schutzbereich der Informationsfreiheit umfasst. Der Allgemeinheit wird somit das Recht eingeräumt, sich über das Baukunstwerk bspw. durch Postkarten oder Bildbände zu informieren, die im Wege der Verwertung angeboten werden. Die Ausübung dieses Rechts setzt indes in einem ersten Schritt eine für den Zugang zur Information zwangsläufig notwendige Verwertung der Abbildung voraus. Fraglich ist, ob sich daraus zugleich ein Recht des Abbildungskünstlers zur Verwertung von Abbildungen eines Baukunstwerkes herleiten lässt, oder ob es sich auf das Recht der Allgemeinheit zur Informationsverschaffung über bereits verwertete Abbildungen (Poster, Postkarten, Bildbände etc.) beschränkt.

Grundsätzlich schützt die allgemeine Informationsfreiheit neben der allgemeinen Informationsverschaffung auch die unmittelbare Informationsbeschaffung direkt an der Quelle.[1053] Insofern kann das abgebildete Baukunstwerk als Quelle anzusehen sein, aus der der Abbildungskünstler unmittelbar Abbildungen schöpfen und zur Informationsbeschaffung für die Allgemeinheit

---

1049 Vgl. Fromm/Nordemann/*Czychowski,* UrhG, § 59 Rn. 18.

1050 *Graf,* Gedanken zum Fotorecht aus alternativer Sicht, https://www.jurawiki.de/FotoRecht, (Stand: 09.12.2015, zuletzt besucht am: 17.07.2023); in diese Richtung auch Fromm/Nordemann/*Czychowski,* UrhG, § 59 Rn. 18, der ebenfalls ein Recht auf Zugang von Informationen hinsichtlich öffentlicher Sammlungen für möglich hält, allerdings auch darauf verweist, dass ihm ein jemals vor Gericht erfolgreich erzwungenes Recht auf Zugang zu Informationen nicht bekannt sei.

1051 Siehe hierzu oben unter 4. Kapitel § 2.

1052 *Graf,* Gedanken zum Fotorecht aus alternativer Sicht, https://www.jurawiki.de/FotoRecht (Stand: 09.12.2015, zuletzt besucht am: 17.07.2023); in diese Richtung auch Fromm/Nordemann/*Czychowski,* UrhG, § 59 Rn. 18; *Uhlenhut,* Panoramafreiheit und Eigentumsrechte, S. 125; *Hohagen,* Die Freiheit der Vervielfältigung zum eigenen Gebrauch, S. 284.

1053 Epping/Hillgruber/*Schemmer,* BeckOK GG, Art. 5 Rn. 29 f., wozu u.a. auch bspw. das Fotografieren von Personen in der Öffentlichkeit zählen soll.

verwerten kann, so wie es entsprechend auch bei der Anfertigung von Fotografien von Personen in der Öffentlichkeit angenommen wird.[1054] Sofern es sich um eine allgemein zugängliche Quelle handelt, ist eine Informationsaufnahme direkt an der Quelle genauso wie eine Unterrichtung aus der Informationsquelle zulässig.[1055] Andererseits soll die Informationsfreiheit nicht zugleich das Recht zur Eröffnung einer neuen Informationsquelle umfassen.[1056] Sofern die Verwertung von Abbildungen des Baukunstwerkes durch den Abbildungskünstler eine neue Informationsquelle eröffnet, ist die Verwertung daher nicht als vom Schutzbereich der Informationsfreiheit umfasst anzusehen. Folglich kommt es darauf an, ob durch die Verwertung von Abbildungen eines Baukunstwerkes eine neue Informationsquelle eröffnet wird oder ob das abgebildete Baukunstwerk als unmittelbare Informationsquelle für die allgemeine Zugänglichmachung bestimmt ist und mithilfe der Verwertung von Abbildungen Informationen aus einer bereits vorhandenen Quelle beschafft werden.[1057] Letzteres ist bei der Verwertung von Abbildungen eines allgemein zugänglichen bzw. der Öffentlichkeit gewidmeten Baukunstwerken eines Museums anzunehmen.[1058] Bei Museen im Privatbesitz bzw. bei nicht-öffentlichen Museen liegt dies ebenfalls bei einer Verwertung von Abbildungen vor, die sich auf Außenaufnahmen eines frei zugänglichen Museums beschränken. In diesen Konstellationen liegt keine Eröffnung einer neuen Quelle vor. Stattdessen stellt die Verwertung der Abbildung eine unmittelbare Informationsbeschaffung an der Informationsquelle dar, die von der Informationsfreiheit erfasst wird.[1059] Somit hat auch der Abbildungskünstler aus dem Grundrecht der Informationsfreiheit

1054 Epping/Hillgruber/*Schemmer*, BeckOK GG, Art. 5 Rn. 29 f., der u.a. das Fotografieren von Personen in der Öffentlichkeit benennt.

1055 BVerfG, Urt. v. 24.01.2001, 1 BvR 2623/95, NJW 2001, 1633 (1634).

1056 BVerfG, Urt. v. 24.01.2001, 1 BvR 2623/95, NJW 2001, 1633 (1634); BGH, Urt. v. 20.12.2018, I ZR 104/17, NJW 2019, 757 (762) Rz. 60.

1057 Vgl. BVerfG, Urt. v. 24.01.2001, 1 BvR 2623/95, NJW 2001, 1633 (1634).

1058 *Graf*, Gedanken zum Fotorecht aus alternativer Sicht, https://www.jurawiki.de/FotoRecht (Stand: 09.12.2015, zuletzt besucht am: 17.07.2023); Fromm/Nordemann/*Czychowski*, UrhG, § 59 Rn. 18; *Uhlenhut*, Panoramafreiheit und Eigentumsrechte, S. 125; *Hohagen*, Die Freiheit der Vervielfältigung zum eigenen Gebrauch, S. 284; hieran wird es hingegen bei Kunstwerken scheitern, die sich in Privatbesitz befinden, somit insbesondere bei nicht öffentlich zugänglichen unbeweglichen Kunstwerken, vgl. Fromm/Nordemann/*Czychowski*, UrhG, § 59 Rn. 18.

1059 So auch *Hohagen*, Die Freiheit der Vervielfältigung zum eigenen Gebrauch, S. 284.

das Recht, Abbildungen des Baukunstwerkes zu verwerten, sofern es sich um Abbildungen von allgemein zugänglichen oder der Öffentlichkeit gewidmeten Museen handelt oder um Abbildungen nicht-öffentlicher Museen, die lediglich Außenaufnahmen des Baukunstwerkes darstellen. Im Ergebnis werden somit sowohl der Abbildungskünstler als Informations-Verschaffender, als auch die Allgemeinheit als Informations-Empfängerin von der grundrechtlichen Informationsfreiheit erfasst.

Allerdings stellt das Recht auf Informationsfreiheit ein Abwehrrecht und kein Leistungs- oder Teilhaberecht dar, sodass die sich aus der Informationsfreiheit ableitenden Rechte keine Beschränkung der negativen Befugnisse des Eigentümers i.S.d. § 903 S. 1 BGB bewirken können,[1060] mithin die Informationsfreiheit keinen Anspruch auf den Zugang zu Informationen gewährt.[1061] Somit steht weder dem Abbildungskünstler noch der Allgemeinheit ein absolutes Recht aus der Informationsfreiheit zu, das zu einer Beschränkung der negativen Befugnisse des Baukunstwerkeigentümers führen könnte.

B. Kunstfreiheit – Art. 5 Abs. 3 GG

Ferner könnte die Verwertung von Abbildungen des Baukunstwerkes durch den Abbildungskünstler unter den Schutz der Kunstfreiheit aus Art. 5 Abs. 3 GG subsumiert werden und daher die negativen Befugnisse des Baukunstwerkeigentümers einschränken. Zur Eröffnung des Schutzbereichs müsste die Abbildung i.S.d. offenen, formalen oder materiellen Kunstbegriffs ein Kunstwerk i.S.d. Art. 5 Abs. 3 GG darstellen und die Verwertung der Abbildung ebenfalls von der Kunstfreiheit erfasst werden.[1062] Da der Kunstbegriff tendenziell weit verstanden wird und die Schwelle zusätzlich niedriger als im Urheberrecht anzusetzen ist,[1063] werden Verwertungen im Zweifel vom verfassungsrechtlichen Kunstbegriff umfasst.[1064] Art. 5 Abs. 3 GG schützt den Werk- und Wirkbereich und somit neben der rein künstlerischen Tätigkeit

1060 Vgl. Fromm/Nordemann/*Czychowski*, UrhG, Vor §§ 87a ff. Rn. 36 f; im Hinblick auf die Informationsfreiheit als bloßes Abwehrrecht: ErfK/*Schmidt*, GG, Art. 5 Rn. 14.

1061 Vgl. Fromm/Nordemann/*Czychowski*, UrhG, Vor §§ 87a ff. Rn. 36 f.

1062 Vgl. BVerfG, Beschl. v. 17.07.1984, 1 BvR 816/82, NJW 1985, 261 (262).

1063 Vgl. BVerfG, Beschl. v. 13.06.2007, 1 BvR 1783/05, NJW 2008, 39 (40).

1064 Zu den Einzelheiten im Hinblick auf Reproduktionsfotografien und der Unterscheidung zwischen berichterstattenden Filmaufnahmen und der Filmkunst siehe oben unter 2. Kapitel § 1 I.

auch die öffentliche Verbreitung, Darbietung und Vermittlung des Werkes.[1065] Wie bereits ausgeführt,[1066] soll dabei entgegen der Ansicht des BVerfG[1067] neben der nicht-kommerziellen Verwertung auch die kommerzielle Verwertung einer künstlerischen Abbildung von der Kunstfreiheit mit umfasst werden, ohne zu differenzieren ob die freie künstlerische Betätigung ohne eine wirtschaftliche Verwertung praktisch unmöglich wird.[1068] Die Allgemeinheit wird indes nicht vom Schutzbereich der Kunstfreiheit in Bezug auf einen allgemeinen Zugang zur Kunst erfasst, da die Kunstfreiheit nicht so weitreichend betrachtet werden kann.[1069]

Allerdings lässt sich ebenfalls aufgrund der Funktion der Kunstfreiheit als reines Abwehrrecht[1070] gegen staatliche Eingriffe kein absolutes Recht des Abbildungskünstlers gegen den Baukunstwerkeigentümer herleiten, welches die negativen Befugnisse des Eigentümers einschränken könnte. Auch der Vorschlag von *Jayme* verschafft dem keine Abhilfe, wonach die Panoramafreiheit bei historischen Gebäuden unter das Grundrecht der Kunstfreiheit zu subsumieren sei.[1071] Im Ergebnis führt dies zwar ebenfalls zu einem Recht auf die Verwertung von Abbildungen eines Kunstwerkes unter den engeren Voraussetzungen des § 59 UrhG. Aber auch hier steht die Ausgestaltung der Kunstfreiheit als reines Abwehrrecht einem absoluten Recht des Dritten und mithin einer Einschränkung der negativen Eigentümerbefugnisse entgegen. Im Ergebnis

---

1065 BVerfG, Beschl. v. 24.02.1971, 1 BvR 435/68, NJW 1971 1645 (1645); BVerfG, Beschl. v. 16.08.2002, 1 BvR 1241/97, NJW 2002, 3458 (3459 f.).

1066 Vgl. oben unter 2. Kapitel § 1 I 2.

1067 BVerfG, Beschl. v. 16.08.2002, 1 BvR 1241/97, NJW 2002, 3458 (3460).

1068 Siehe zu dieser Problematik auch: BVerfG, Beschl. v. 07.07.1971, 1 BvR 765/66, GRUR 1972, 481 (483), in dem offengelassen wird, ob der Anwendungsbereich des Art. 5 Abs. 3 GG auch dann eröffnet ist, wenn die wirtschaftliche Auswertung durch ein Gesetz derart beschränkt wird, dass eine künstlerische Betätigung praktisch nicht mehr möglich ist; *Uhlenhut*, Panoramafreiheit und Eigentumsrechte, S. 126, die jedenfalls einen Schutz über Art. 2 Abs. 1 GG annimmt; Jarras/Pieroth/*Jarass*, *GG*, Art. 5 Rn. 120; von Münch/Kunig/*Wendt*, GG, Art. 5 Rn. 94.

1069 Vgl. Gersdorf/Paal/*Kühling*, BeckOK GG, Art. 5 Rn. 150.

1070 Sachs/*Bethge*, GG, Art. 5 Rn. 189.

1071 So aber vorgeschlagen von *Jayme*, Kunst & Recht Bulletin 2011, 11 (18 f.), der auf den Verlauf der Kunstgeschichte abstellt, die ohne Aufnahme von Außenansichten von Gebäuden gänzlich anders verlaufen wäre, sowie den Erinnerungsschutz insbesondere bedeutender Gebäudeansichten benennt, die als klassisches Feld sowohl künstlerischer Betätigung als auch der Verwertung anzusehen sei, an deren kulturellem Erbe auch die Öffentlichkeit teilhaben müsse.

bleibt eine Beschränkung der negativen Befugnisse des Eigentümers durch das Grundrecht der Kunstfreiheit mithin ausgeschlossen.

C. Pressefreiheit – Art. 5 Abs. 1 S. 2, Var. 1 GG

Dem Abbildungskünstler könnte weiterhin ein Grundrecht der Pressefreiheit gem. Art. 5 Abs. 1 S. 2, Var. 1 GG zustehen. Der Schutzumfang der Pressefreiheit umfasst sowohl die Beschaffung als auch die Verbreitung von Informationen.[1072] Daher werden sowohl die Anfertigung einer Abbildung des Baukunstwerkes als auch die Verwertung der Abbildung im Rahmen der Presseverbreitung von dem grundrechtlichen Schutz erfasst, wenn die Publikation am Kommunikationsprozess teilnimmt und eine freie und individuelle, öffentliche Meinungsbildung ermöglicht wird.[1073] Mithin werden Abbildungen in Form von Zeichnungen, Fotografien oder Malerei vom Schutzbereich der Pressefreiheit erfasst, wenn sie in einem Text zur Meinungsbildung eines Presseerzeugnisses eingebettet werden.[1074] Die rein abstrakte Darstellung der Abbildung in einem Presseerzeugnis genügt daher genauso wenig wie bspw. der kommerzielle Vertrieb von Postkarten oder Postern. Auch die Allgemeinheit kann sich innerhalb der Pressefreiheit nicht auf ein Zugangangsrecht zu Presseinformationen berufen, da die Allgemeinheit nicht von dem Schutzbereich der Pressefreiheit erfasst wird.[1075] Darüber hinaus gewährt auch die Pressefreiheit ein reines Abwehrrecht, sodass sich hieraus kein dingliches Recht zur Beschränkung der negativen Befugnisse des Baukunstwerkeigentümers i.S.d. § 903 S. 1 BGB herleiten lässt.

D. Berufsfreiheit – Art. 12 Abs. 1 GG

Sofern eine Verwertung von Abbildungen eine gewerbliche Tätigkeit des Abbildungskünstlers darstellt, könnte der Schutzbereich der Berufsfreiheit gem. Art. 12 Abs. 1 GG i.S.d Berufsausübungsfreiheit eröffnet sein und die negativen Befugnisse des Eigentümers beschränken. Dies ist bei hauptberuflichen Künstlern wie Fotografen oder Kameraleuten in Erwägung zu ziehen, deren

---

1072 BVerfG, Beschl. v. 08.10.1996, 1 BvR 1183/90, NJW 1997, 386 (387); Epping/Hillgruber/*Schemmer*, BeckOK GG, Art. 5 Rn. 44.

1073 BVerfG, Beschl. v. 08.10.1996, 1 BvR 1183/90, NJW 1997, 386 (387); Epping/Hillgruber/*Schemmer*, BeckOK GG, Art. 5 Rn. 43.

1074 Vgl. BVerfG, Beschl. v. 08.10.1996, 1 BvR 1183/90, NJW 1997, 386 (387); Epping/Hillgruber/*Schemmer*, BeckOK GG, Art. 5 Rn. 43.

1075 Epping/Hillgruber/*Ruffert*, BeckOK GG, Art. 5 Rn. 59.

Haupteinnahmequelle in der Kommerzialisierung ihrer Werke besteht und somit der Schaffung und Erhaltung ihrer Lebensgrundlage dient.[1076]

Indes müsste die Berufsfreiheit dem Abbildungskünstler wiederum ein absolutes Recht i.S.d. § 903 S. 1 BGB gewähren. Neben ihrer Eigenschaft als reines Abwehrrecht entfaltet sie im Einzelfall zusätzlich eine Privatrechtswirkung infolge einer Schutzpflicht und mithin einen Schutzanspruch, der insbesondere im Zivilrecht zur Anwendung gelangt.[1077] Die Schutzpflicht und ein daraus resultierender Schutzanspruch werden dabei ausschließlich ausgelöst, wenn ein angemessener Ausgleich der sich gegenüberstehenden Interessen nicht mehr gewährleistet wird.[1078] Dabei ist die Schutzpflicht als rechtsstaatlicher „Minimalschutz der Privatautonomie" zu verstehen, der primär im Arbeitsrecht Anwendung findet, um insbesondere die Schutzpflicht nicht sozialstaatlich aufzuladen.[1079] Eine klassische Arbeitgeber-Arbeitnehmersituation ist mit der hier zu betrachtenden Konstellation zwischen dem Abbildungskünstler und dem Baukunstwerkeigentümer aufgrund fehlender vertraglicher Beziehungen, einem fehlendem besonderen Näheverhältnis sowie mangels einer strukturellen Unterlegenheit des Abbildungskünstlers gegenüber dem Baukunstwerkeigentümer offensichtlich nicht vergleichbar. Würde eine staatliche Schutzpflicht in dieser Konstellation angenommen werden, könnte sich die Gefahr einer sozialstaatlichen Aufladung der Schutzpflichten realisieren, sodass folglich kein mit der Schutzpflicht korrelierender Schutzanspruch entstehen kann. Ein dingliches Recht des Abbildungskünstlers lässt sich daher auch bei der Annahme einer beruflichen Tätigkeit des Abbildungskünstlers nicht aus der Berufsfreiheit ableiten. Folglich werden die negativen Befugnisse des Baukunstwerkeigentümers nicht durch die Berufsfreiheit eingeschränkt, da sie zumindest in der gegenwärtigen Konstellation ausschließlich ein Abwehrrecht gewährt und mithin kein dingliches Recht i.S.d. § 903 S. 1 BGB darstellt. Ein Schutz der Allgemeinheit am Zugang zum abgebildeten Baukunstwerk scheidet über die Berufsfreiheit ebenfalls aus.

1076 Näher zu dem verfassungsrechtlichen Berufsbegriff in: Dürig/Herzog/Scholz/*Scholz*, GG, Art. 12 Rn. 28 ff.; *Uhlenhut*, Panoramafreiheit und Eigentumsrechte, S. 126.

1077 Epping/Hillgruber/*Ruffert*, BeckOK GG, Art. 12 Rn. 19.

1078 BVerfG, Beschl. v. 27.01.1998, 1 BvL 15/87, NJW 1998, 1475 (1476), dort aber in Bezug auf das Arbeitnehmer-Arbeitgeberverhältnis und deren sich entgegenstehenden Interessen, sogenanntes Untermaßverbot; Epping/Hillgruber/*Ruffert*, BeckOK GG, Art. 12 Rn. 19.

1079 Epping/Hillgruber/*Ruffert*, BeckOK GG, Art. 12 Rn. 19 f.

E. Sozialpflichtigkeit – Art. 14 Abs. 2 S. 2 GG

Aufgrund der primären Funktion der Grundrechte als Abwehrrechte scheidet eine Beschränkung der negativen Befugnisse des Eigentümers durch die oben benannten Grundrechte aus. Allerdings könnten sich Beschränkungen der Eigentumsrechte des Baukunstwerkeigentümers aus der grundrechtlichen Funktion der Sozialpflichtigkeit des Eigentums gem. Art. 14 Abs. 2 GG ergeben, wonach u.a. die Allgemeininteressen am Zugang zur Kunst zu berücksichtigen sind.[1080] Insbesondere bei Kunstwerken oder Kulturgütern von herausragender Bedeutung für die Allgemeinheit kann die Sozialpflichtigkeit daher einschlägig sein, sodass die Eigentumsrechte des Baukunstwerkeigentümers hinsichtlich der Verwertung von Abbildungen beschränkt werden können und somit die Rechte und Interessen des Abbildungskünstlers und der Allgemeinheit an der Informationsverschaffung zu berücksichtigen sind.[1081] Hinsichtlich der Eröffnung des Schutzbereichs der Sozialpflichtigkeit ist bei Museen zu differenzieren zwischen öffentlich-rechtlichen Museen und nicht-öffentlichen Museen in privater bzw. freier Trägerschaft.[1082]

Bei öffentlich-rechtlichen Museen bzw. bei solchen in öffentlich-rechtlicher Trägerschaft überwiegen in der Regel die Interessen der Allgemeinheit die

---

1080 Vgl. bspw. BGH, Urt. v. 20.09.1974, I ZR 99/73, GRUR 1975, 500 (501 f.); BGH, Urt. v. 13.12.1979, III ZR 95/78, NJW 1980, 770 (770); BGH, Urt. v. 11.11.1983, V ZR 231/82, NJW 1984, 1242 (1243); *Bergner*, Eigentumsbeschränkungen, S. 108.

1081 Vgl. BGH, Urt. v. 20.09.1974, I ZR 99/73, GRUR 1975, 500 (501 f.); BGH, Urt. v. 13.12.1979, III ZR 95/78, NJW 1980, 770 (770); BGH, Urt. v. 11.11.1983, V ZR 231/82, NJW 1984, 1242 (1243); *Bergner*, Eigentumsbeschränkungen, S. 108; Staudinger/*Althammer*, BGB, § 903 Rn. 3; *Gerauer*, GRUR 1988, 672 (673).

1082 *Gerauer*, GRUR 1988, 672 (673) hingegen differenziert nicht zwischen den Eigentumstypen, sondern zwischen dem Aufnahmestandort vom Grundstück außerhalb des Grundstücks, wobei er das Hausrecht des Eigentümers gegenüber der Sozialpflichtigkeit des Eigentums als vorrangig betrachtet, wenn die Aufnahme nur durch das Betreten des Grundstücks vorgenommen werden könne, da das Grundstück dann nicht mehr in seiner sozialen Funktion stünde und die Gemeinwohlinteressen zurückstecken müssten, dabei stützt er sich zudem auf eine Entscheidung des OLG München, Urt. v. 04.12.1986, 6 U 3911/85, BeckRS 1986, 31141096, wonach die Eigentumsfreiheit gegenüber dem Informationsinteresse bei Aufnahmen vom Grundstück des Eigentümers aus Vorrang genieße, allerdings lässt das OLG München in seinem Urteil auch eine Ausnahme in dem Fall erkennen, dass bislang keine Aufnahmen eines für die Öffentlichkeit relevanten Gebäudes existieren (in dem Fall ein Klinikum) und deutet an, zumindest in diesem Fall ein Überwiegen der Sozialpflichtigkeit anzunehmen.

Privatnützigkeit des Eigentums, sodass der Grundsatz der Sozialpflichtigkeit zu berücksichtigen ist.[1083] Schließlich ist das Eigentum in diesen Fällen insbesondere dazu bestimmt, öffentlich zugänglich gemacht zu werden und den Gemeinwohlinteressen zu dienen.

Anders ist dies bei nicht-öffentlichen Museen in privater bzw. freier oder kirchlicher Trägerschaft zu bewerten. Hier gilt der uneingeschränkte Grundsatz der Sozialpflichtigkeit, sodass das Informationsinteresse der Allgemeinheit nur im Einzelfall gegenüber dem Privateigentum prävalieren kann.[1084] In dieser Konstellation ist daher im besonderen Maße die Privat- und Intimsphäre des Baukunstwerkeigentümers als Schranke des allgemeinen Informationsinteresses des Abbildungskünstlers sowie der Allgemeinheit zu berücksichtigen und mithin über das durchschnittliche Interesse hinausgehend ein besonderes öffentliches Informationsinteresse zu fordern.[1085] Dieses ist insbesondere bei besonders bedeutsamen Kunstwerken anzunehmen, sofern die Allgemeininteressen an dem Kunstwerk ggf. nicht bereits anderweitig befriedigt werden, wie z.B. durch den Vertrieb von Postkarten, Büchern oder Ausstellungskatalogen durch den Eigentümer des Baukunstwerkes.[1086] Auch bei Baukunstwerken eines nicht-öffentlichen Museums kann daher das Informationsinteresse der Allgemeinheit das Privateigentum des Baukunstwerkeigentümers überwiegen.

Indes müsste auch der Grundsatz der Sozialpflichtigkeit zu einer Beschränkung der negativen Befugnisse des Eigentümers führen können. Denkbar ist

1083 *Bullinger*, in: FS Peter Raue 2006, 379 (395); *Uhlenhut*, Panoramafreiheit und Eigentumsrecht, S. 225 f.; *Gerauer*, GRUR 1988, 672 (673), der eine Beschränkung der negativen Eigentümerbefugnisse nur bei der Verwertung von Aufnahmen in Erwägung zieht, die außerhalb des Grundstücks aufgenommen wurden, da sich bei Aufnahmen auf dem Grundstück das Hausrecht des Eigentümers durchsetze und die Sozialfunktion dadurch zurücktreten müsse.

1084 *Uhlenhut*, Panoramafreiheit und Eigentumsrecht, S. 226.

1085 OLG München, Urt. v. 14.06.1985, 23 U 1894/85, OLGZ 1985, 466 (469), wo ein besonderes Informationsinteresse bei der Anfertigung von Abbildungen eines Flohmarktes abgelehnt wurde.

1086 Vgl. BGH, Urt. v. 20.09.1974, I ZR 99/73, GRUR 1975, 500 (501 f.); OLG München, Urt. v. 14.06.1985, 23 U 1894/85, OLGZ 1985, 466 (469); *Bullinger*, in: FS Peter Raue 2006, 379 (395); *Euler*, AfP 2009, 459 (460); *Uhlenhut*, Panoramafreiheit und Eigentumsrecht, S. 226, wobei insgesamt in diesem Zusammenhang offengelassen wurde, ob Postkarten zur Befriedigung des allgemeinen Informationsinteresses geeignet sind und welche Anforderungen an einen „ausreichenden Vertrieb" von Postkarten insbesondere im Hinblick auf Umfang und Angemessenheit zu stellen sind.

dies, wenn sich unmittelbar aus Art. 14 Abs. 2 GG eine Eigentumsbeschränkung mit Pflichten des Eigentümers ergibt.[1087] Hiergegen spricht der in Art. 14 Abs. 1 S. 2 GG normierte Gesetzesvorbehalt, wonach Eigentumsbeschränkungen dem Gesetzgeber vorbehalten sind.[1088] Dieser enthält einen Auftrag des Gesetzgebers zur Definition des Inhaltes und der Schranken des Eigentums i.S.d. Art. 14 Abs. 2 GG.[1089] Gesetzliche Beschränkungen des Eigentums hinsichtlich der Verwertung von Abbildungen bestehen bislang nicht – mit Ausnahme der Möglichkeiten zur Widmung des Baukunstwerkes zum Gemeingebrauch.[1090] Sofern die Rechtsprechung unter Berücksichtigung der Allgemeininteressen und des Art. 14 GG dem Eigentümer Pflichten auferlegt bzw. Dritten Ansprüche zuspricht und dadurch die negativen Befugnisse des Eigentümers beschränkt, liegt darin bloßes „Richterrecht", welches zwar Geltung entfaltet, aber aufgrund des speziellen Gesetzesvorbehaltes des Art. 14 Abs. 1 S. 2 GG keine anerkannte Schranke i.S.d. § 903 S. 1 BGB begründet. Gegen unmittelbare Pflichten des Eigentümers spricht darüber hinaus der zuvor angeführte allgemeine Charakter der Grundrechte als bloße Abwehrrechte.[1091] Mithin wird der Baukunstwerkeigentümer aus Art. 14 Abs. 2 GG nicht unmittelbar zur sozialgerechten Nutzung des Eigentums bzw. zur Unterlassung sozialwidriger Nutzungen verpflichtet.[1092] Die grundgesetzliche Sozialpflichtigkeit ist daher ebenfalls nicht geeignet, die negativen Befugnisse des Eigentümers zu beschränken und kann weder als absolutes Recht eines Dritten qualifiziert werden, noch stellt sie ein Gesetz im Sinne der Eigentumsvorschriften dar.[1093] Der Baukunstwerkeigentümer ist mithin nicht per se in seinen negativen Befugnissen dahingehend eingeschränkt, dass er die Verwertung von Abbildungen der in seinem Eigentum stehenden Baukunstwerke durch den Abbildungskünstler aufgrund des Grundsatzes der Sozialpflichtigkeit hinzunehmen hat,

---

1087 So angenommen von *Sontis,* FS Larenz, 1973, S. 981 (997, 999).

1088 Siehe ausführlich zum Gesetzesvorbehalt oben unter 4. Kapitel § 1 I. 1 A. b.

1089 So schon BVerfG, Urt. v. 10.03.1981, 1 BvR 92/71, 1 BvR 96/71, NJW 1981, 1257 (1257); BVerfG, Beschl. v. 26.05.1993, 1 BvR 208/93, NJW 1993, 2035 (2035).

1090 Vgl. oben unter 4. Kapitel § 2.

1091 Dürig/Herzog/Scholz/*Papier/Shirvani,* GG, Art. 14 Rn. 112; *Bergner,* Eigentumsbeschränkungen, S. 111, der als Ausnahme vom Grundsatz beispielhaftArt. 12a, 5 Abs. 3 S. 2 und Art. 6 Abs. 2 GG aufzählt.

1092 *Bergner,* Eigentumsbeschränkungen, S. 108 f.; Gsell/Krüger/Lorenz/Reymann/*Lakkis,* BeckOGK BGB, § 903 Rn. 168.

1093 *Bergner,* Eigentumsbeschränkungen außerhalb von Gesetzen und Rechten Dritter, S. 111 f.

obwohl gewichtige Interessen des Abbildungskünstlers und der Allgemeinheit hinsichtlich der Verwertung von Abbildungen bestehen und grundsätzlich geeignet sind, die Privatnützigkeit des Eigentums zu überwiegen. Auf die Sozialpflichtigkeit gestützte Beschränkungen der Eigentumsrechte sind mithin ohne eine gesetzliche Grundlage zunächst unzulässig.[1094]

3. Zwischenergebnis

Die zuvor benannten Grundrechte sind weder als Gesetz i.S.d. § 903 S. 1 BGB aufzufassen, noch verleihen sie dem Abbildungskünstler oder der Allgemeinheit als Abwehrrechte ein absolutes Recht gegen den Baukunstwerkeigentümer. Die negativen Befugnisse des Eigentümers werden mithin nicht unmittelbar durch die Grundrechte beschränkt. Der Grundsatz der Sozialpflichtigkeit des Art. 14 Abs. 2 S. 2 GG enthält lediglich einen Auftrag an den Gesetzgeber zur Lösung etwaiger Interessenkonflikte, sodass sich aus dem Grundsatz der Sozialpflichtigkeit ebenfalls keine Beschränkungen der negativen Eigentümerbefugnisse des Eigentümers herleiten lassen.

§ 4 Ergebnis

De lege lata existieren bisher kaum Beschränkungsmöglichkeiten durch Gesetze oder durch absolute Rechte Dritter i.S.d. § 903 S. 1 BGB im Hinblick auf die negativen Befugnisse des Baukunstwerkeigentümers. Lediglich bei noch bestehendem urheberrechtlichen Schutz eines Baukunstwerkes werden sowohl die positiven als auch die negativen Befugnisse des Baukunstwerkeigentümers durch die Urheberrechte des Baukunstwerkurhebers an dem Baukunstwerk verdrängt, sofern keine urheberrechtliche Schrankenregelung zugunsten des Baukunstwerkeigentümers einschlägig ist. Ebenfalls aus der Stellung eines Museums als Baukunstwerkeigentümer lassen sich bisher keine Möglichgeiten zur Beschränkung der Eigentumsrechte des Baukunstwerkeigentümers ableiten. Bei gemeinfreien Baukunstwerken werden die negativen Befugnisse des Baukunstwerkeigentümers ausschließlich bei einer Widmung zum öffentlichen Gemeingebrauch beschränkt, was überwiegend bei öffentlichrechtlichen Museen bspw. durch die Normierung entsprechender Stiftungszwecke zur öffentlichen Zugänglichmachung eines Baukunstwerkes angenommen wird. Eine Beschränkung durch die Urheberrechte des Abbildungskünstlers

---

1094 Das Fehlen einer gesetzlichen Grundlage bestätigend auch BGH, Urt. v. 07.04.2000, V ZR 39/99, NJW 2000, 2901 (2902); *Bergner,* Eigentumsbeschränkungen, S. 111.

kommt nicht in Betracht. Auch mittels einer analogen oder wertungsmäßigen Übertragung der urheberrechtlichen Schrankenregelungen werden die negativen Eigentümerbefugnisse bei gemeinfreien Werken entgegen der Ansicht der Rechtsprechung nicht beschränkt, da Art. 14 Abs. 1 S. 2 GG zwingend eine gesetzliche Grundlage für eine Eigentumsbeschränkung voraussetzt. Auch eine Beschränkung durch die Grundrechte des Abbildungskünstlers oder der Allgemeinheit am Zugang zur Kunst ist trotz ihrer Einschlägigkeit aufgrund fehlender abwehrfähiger Ansprüche aus den Grundrechten nicht möglich.

Im Ergebnis kann ein Abbildungskünstler Abbildungen eines gemeinfreien Baukunstwerkes de lege lata folglich anfertigen, allerdings darf er diese Abbildungen in der Regel nicht anschließend verwerten.[1095] Die Grundrechte des Abbildungskünstlers und der Allgemeinheit am Zugang zur Kunst werden in der Konsequenz erheblich beschnitten. Gleichzeitig verdeutlicht dies die unklare Rechtslage und damit einhergehende Unsicherheiten, die sich aus den verschiedenen Fallkonstellationen und den daraus resultierenden unterschiedlichen Beschränkungsmöglichkeiten ergeben. Der Überblick über die jeweiligen Rechte und Pflichten wird dadurch erheblich erschwert und bereitet den Weg zur Begründung einer gesetzlichen Regelung. Daher ergibt sich aus dem Grundsatz der Sozialpflichtigkeit des Art. 14 Abs. 2 S. 2 GG ein Auftrag an den Gesetzgeber zur Lösung des Interessenkonfliktes zwischen dem Baukunstwerkeigentümer, dem Abbildungskünstler und der Allgemeinheit, wonach die negativen Befugnisse des Baukunstwerkeigentümers zugunsten des Abbildungskünstlers und der Allgemeinheit eingeschränkt werden könnten. Durch eine legislative Intervention und eine de lege ferenda zu schaffende gesetzliche Regelung können die Rechte und Interessen des Abbildungskünstlers sowie der Allgemeinheit am Zugang zur Kunst somit berücksichtigt und die Verwertung von Abbildungen des Baukunstwerkes durch den Abbildungskünstler de lege ferenda ermöglicht werden.

1095 Siehe näher zur Eigentumseinwirkung im Wege der kommerziellen sowie nichtkommerziellen Verwertung unter 3. Kapitel § 6 III.

Kapitel 5: Begründung einer legislativen Intervention de lege ferenda

Herausgearbeitet wurde, dass hinsichtlich der Verwertung von Abbildungen eines Baukunstwerkes durch den Abbildungskünstler ein Interessenkonflikt zwischen dem Baukunstwerkeigentümer, dem Abbildungskünstler und der Allgemeinheit entsteht, der de lege lata noch nicht gelöst wurde. Dieser Konflikt kann de lege ferenda nur durch die Schaffung gesetzlicher Regelungen zur Beschränkung des Eigentums gelöst werden,[1096] sodass die Rechtsprechung unter Rückgriff auf diese gesetzliche Grundlage eine verfassungsrechtlich zulässige Eigentumsbeschränkung vornehmen kann.[1097] Im Folgenden soll daher gezeigt werden, dass sich aus dem Grundsatz der Sozialpflichtigkeit des Art. 14 Abs. 2 S. 2 GG ein Auftrag an den Gesetzgeber zur Lösung dieses Konfliktes ableiten lässt und die negativen Befugnisse des Baukunstwerkeigentümers zugunsten des Abbildungskünstlers und der Allgemeinheit einzuschränken sind. Zunächst sind daher die schützenswerten Rechte und Interessen sowohl des Baukunstwerkeigentümers als auch des Abbildungskünstlers und der Allgemeinheit bezüglich einer zu schaffenden eigentumsbeschränkenden Regelung im Hinblick auf die Sozialpflichtigkeit des Eigentums gegenüberzustellen und gegeneinander abzuwägen,[1098] um schließlich den Entwurf einer gesetzlichen Regelung zur Beschränkung der Eigentumsrechte und deren Rechtsfolgen vorzustellen.

§ 1 Schützenswerte Rechte und Interessen

I. Grundrechtsschutz des Baukunstwerkeigentümers

Zunächst sind die Grundrechte des Baukunstwerkeigentümers herauszuarbeiten, die infolge einer zukünftig zu schaffenden gesetzlichen Regelung zur

1096 Vgl. *Bergner*, Eigentumsbeschränkungen, S. 134, der § 903 BGB um eine Schranke ergänzen möchte.

1097 *Bergner*, Eigentumsbeschränkungen, S. 138.

1098 Vgl. BVerfG, Beschl. v. 15.07.1981, 1 BvL 77/78, NJW 1982, 745 (745 ff.); BVerfG, Beschl. v. 23.09.1992, 1 BvL 15/85, 1 BvL 36/87, NJW-RR 1993, 971 (972); BVerfG, Beschl. v. 02.03.1999, 1 BvL 7/91, NJW 1999, 2877 (2878); Soergel/*J.F. Baur*, § 903 Rn. 162 ff.

Beschränkung der negativen Befugnisse des Eigentümers betroffen sein können.

1. *Grundrechtsfähigkeit*

Die Grundrechtsfähigkeit eines Museumseigentümers betrifft die Fragestellung, ob der Baukunstwerkeigentümer eines Museums durch die Grundrechte generell geschützt werden kann oder ob er durch die Grundrechte lediglich verpflichtet wird.[1099] Zu differenzieren ist dabei zwischen öffentlich-rechtlichen Museen sowie nicht-öffentlichen Museen aufgrund ihrer unterschiedlichen Trägerschaft.[1100]

Zunächst soll die Grundrechtsfähigkeit öffentlich-rechtlicher Museen dargestellt werden, die einem öffentlich-rechtlichen Träger unterliegen und daher entweder unmittelbar oder mittelbar durch den Staat oder eine Kommune verwaltet werden. Gegen die Grundrechtsfähigkeit öffentlich-rechtlicher Museen spricht zunächst, dass die Grundrechte grundsätzlich nicht den Staat zu schützen beabsichtigen, sondern insbesondere Privatpersonen vor Eingriffen durch den Staat schützen.[1101] Bei öffentlich-rechtlichen Museen handelt der Staat bzw. die Kommune eines Landes entweder unmittelbar oder mittelbar, sodass der Grundrechtsschutz jeweils dem Staat zugutekommt. Zwar können öffentlich-rechtliche Museen sowohl als juristische Person des öffentlichen Rechts als auch als juristische Person des Privatrechts ausgestaltet werden. Dennoch muss aufgrund des Verbotes der „Flucht ins Privatrecht" die Ausgestaltung der Rechtsform eines Museums bei der Bewertung ihrer Grundrechtsfähigkeit unberücksichtigt bleiben, da sich ein öffentlich-rechtliches Museum andernfalls durch die Organisation als privatrechtliche Rechtsform ihren öffentlich-rechtlichen Pflichten entziehen und in das Privatrecht „fliehen" könnte.[1102]

1099 Vgl. die Ausführungen zur Fragestellung einer Grundrechtsbindung öffentlich-rechtlicher und nicht-öffentlicher Museen oben unter 4. Kapitel § 3 III. 1.

1100 Vgl. BVerfG, Beschl. v. 14.04.1987, 1 BvR 775/84, NVwZ 1987, 879 (880); Dürig/Herzog/Scholz/*Remmert*, GG, Art. 19 Rn. 47.

1101 *Bullinger*, in: FS Peter Raue 2006, 379 (394 ff.), der eine Grundrechtsbindung ausschließlich bei staatlichen Museen anerkennt und in diesem Zusammenhang auf ihre öffentlich-rechtliche Aufgabenstellung verweist, sodass die Grundrechte als Abwehrrechte ausschließlich den Privatrechtssubjekten verbleiben; so auch MüKo/*Schubert*, BGB, Bd. 2, § 242 Rn. 134; *Mößle*, Handbuch des Museumsrechts 7: Öffentliches Recht, S. 134.

1102 BVerfG, Urt. v. 22.02.2011, 1 BvR 699/06, NJW 2011, 1201 (1202); *Bullinger*, in: FS Peter Raue 2006, 379 (394) unter Bezug auf die öffentliche Trägerschaft; *Mößle*,

Öffentlich-rechtlichen Museen wäre es andernfalls möglich, über die jeweilige Wahl der Rechtsform als juristische Person des Privatrechts oder des öffentlichen Rechts eine Art „Rosinenpicken" zu betreiben und sich auf die für sie jeweils vorteilhaften Rechte bzw. Pflichten zu stützen. Daher spricht der Sinn und Zweck der Grundrechte zunächst gegen eine Grundrechtsfähigkeit von öffentlich-rechtlichen Museen.

Sofern ein öffentlich-rechtliches Museum indes hinsichtlich seiner Funktionen und Aufgaben bzw. Zwecksetzungen mit Kirchen, Universitäten und Rundfunkanstalten zu vergleichen ist, können sich diese im Einzelfall auf die Grundrechte berufen und mithin grundrechtfähig sein.[1103] Begründet wird ihre Grundrechtsfähigkeit damit, dass Universitäten, Rundfunkanstalten und Kirchen ihren Tätigkeitsschwerpunkt primär auf die Durchsetzung und Förderung grundrechtlicher Freiheiten natürlicher Personen anstatt auf die Erfüllung ihrer eigenen öffentlich-rechtlichen Aufgaben richten.[1104] Für eine Vergleichbarkeit spricht, dass auch Museen dem Nutzen und der kulturellen Förderung natürlicher Personen dienen, indem ihnen der Zugang zur Kunst ermöglicht und Bildungsmöglichkeiten gewährt werden.[1105] Gegen eine Vergleichbarkeit spricht indes, dass Museen dem Prinzip der kulturstaatlichen Neutralität verpflichtet sind und daher überwiegend auf die Erfüllung ihrer öffentlich-rechtlichen Aufgaben ausgerichtet sind anstatt die Interessen und Rechte natürlicher Personen durchzusetzen bzw. zu fördern. Schließlich haben öffentlich-rechtliche Museen einen öffentlichen Kulturauftrag zu erfüllen.[1106] Ausschlaggebend ist dabei die öffentlich-rechtliche Trägerschaft eines Museums, aus der

Handbuch des Museumsrechts 7: Öffentliches Recht, S. 134; Erman/*Wilhelmi*, BGB, Vor 903 Rn. 5.

1103 Vgl. hierzu Dürig/Herzog/Scholz, GG, Art. 19 Abs. 3, Rn. 49.

1104 Vgl. Dürig/Herzog/Scholz, GG, Art. 19 Abs. 3, Rn. 49.

1105 Dies jedenfalls im Hinblick auf Art. 5 Abs. 3 S. 1 GG; befürwortend: Maunz/Dürig/*Scholz*, GG, 81. EL. 2017, Art. 5 Abs. 3 Rn. 13, 47 jedenfalls, sofern das Museum ausschließlich künstlerischen Schaffens- oder Kommunikationsprozessen diene; *Mößle*, Handbuch des Museumsrechts 7: Öffentliches Recht, S. 135, der neben dem Grundrecht der Kunstfreiheit auch die Wissenschaftsfreiheit als schützenswertes Grundrecht benennt (im Ergebnis allerdings ablehnt), sofern es sich um historische Museen oder Museen der Völkerkunde oder der Naturwissenschaft handele.

1106 Vgl. BVerfG, Beschl. v. 14.04.1987, 1 BvR 775/84, NVwZ 1987, 879 (880 ff.); *Mößle*, Handbuch des Museumsrechts 7: Öffentliches Recht, S. 136 f.; *Bullinger*, in: FS Peter Raue 2006, 379 (394 ff.); Epping/Hillgruber/*Enders*, BeckOK GG, Art. 19 Rn. 45 ff.

sich sowohl für staatliche als auch nichtstaatliche Museen ein entsprechender öffentlicher Kulturauftrag ergibt und daher unabhängig von einer Widmung zum öffentlichen Gemeingebrauch zu bewerten ist. Eine Vergleichbarkeit mit den oben benannten Einrichtungen ist daher bei öffentlich-rechtlichen Museen im Ergebnis abzulehnen. Mithin fehlt einem öffentlich-rechtlichen Museum bereits die Grundrechtsfähigkeit und wird somit nicht durch etwaige Grundrechte geschützt, da es durch diese lediglich verpflichtet und nicht gleichzeitig berechtigt wird.

Anders ist dies hinsichtlich nicht-öffentlicher Museen zu bewerten, die entweder in freier, privater oder kirchlicher Trägerschaft verwaltet werden und somit ausschließlich als juristische Person des Privatrechts ausgestaltet werden. Neben dem Schutz von Privatpersonen sieht Art. 19 Abs. 3 GG ebenfalls für juristische Personen des Privatrechts einen grundrechtlichen Schutz vor, soweit die Grundrechte dem Wesen nach auf sie anwendbar sind.[1107] Daher sind öffentlich-rechtliche Museen grundsätzlich grundrechtsfähig, was jedoch in einem weiteren Schritt für das jeweils betroffene Grundrecht einer näheren Betrachtung hinsichtlich der wesensmäßigen Anwendbarkeit i.S.d. Art. 19 Abs. 3 GG bedarf. Sofern ein nicht-öffentliches Museum durch eine Privatperson betrieben wird, ist die Grundrechtsfähigkeit generell anzunehmen.

Da eine Grundrechtsfähigkeit mithin nur bei nicht-öffentlichen Museen anzunehmen und bei öffentlich-rechtlichen Museen abzulehnen ist, fokussiert sich die folgende Prüfung des Grundrechtschutzes ausschließlich auf nicht-öffentliche Museen.

2. *Grundrechtsschutz*

A. *Eigentumsfreiheit – Art. 14 Abs. 1 GG*

Zunächst könnte der Baukunstwerkeigentümer eines nicht-öffentlichen Museums durch eine de lege ferenda zu schaffende gesetzliche Regelung in seiner Eigentumsfreiheit aus Art. 14 Abs. 1 GG eingeschränkt werden, wenn der Baukunstwerkeigentümer Abbildungen seines Baukunstwerkes nicht mehr ausschließlich verwerten kann und dadurch in seinen negativen Befugnissen des § 903 S. 1 BGB beeinträchtigt wird. Hierfür müsste vorab der sachliche Schutzbereich der Eigentumsfreiheit des Art. 14 Abs. 1 GG eröffnet sein. Grundsätzlich dient Art. 14 Abs. 1 GG dem Schutz aller vermögenswerten Rechtspositionen, die dem Berechtigten insofern zugeordnet sind, als dass er eigenverantwortlich

1107 Vgl. Epping/Hillgruber/*Enders*, BeckOK GG, Art. 19 Rn. 39.

die damit verbundenen Befugnisse zu seinem privaten Nutzen ausüben darf, was sowohl das Recht zur Nutzung sowie das „negative" Recht zur Nichtnutzung des Eigentums mit umfasst.[1108] Weiterhin werden vom Schutzbereich des Art. 14 Abs. 1 GG solche Nutzungen nicht erfasst, die sich noch nicht realisiert haben und bloß in Aussicht stehen, erwartet werden können und sich lediglich als Chance darstellen oder reine Verdienstmöglichkeiten sind.[1109] Durch die Verwertung von Abbildungen eines Baukunstwerkes des Baukunstwerkeigentümers durch den Abbildungskünstler werden die Kommerzialisierungs- bzw. Verwertungsmöglichkeiten der negativen Befugnisse des Baukunstwerkeigentümers aus § 903 S. 1 BGB beeinträchtigt.[1110] Der ästhetische und vermögensrechtliche Wert eines Baukunstwerkes ist dabei unmittelbar in dem Werk verkörpert und wird durch die Verwertung nach außen sichtbar. Der Vermögenswert eines Baukunstwerkes ist daher keine bloße Chance oder noch nicht realisierte Aussicht auf einen Vermögensvorteil, sondern haftet dem Kunstwerk wesensmäßig unmittelbar an, hat sich bereits realisiert und wird daher durch die Verwertung erst nach außen erkennbar.[1111] Mithin ist die Verwertung von Abbildungen eines Baukunstwerkes objektiv zur Erreichung eines Vermögensvorteils geeignet. Die Verwertung von Abbildungen eines Baukunstwerkes nicht-öffentlicher Museen ist daher vom sachlichen Schutzbereich des Art. 14 Abs. 1 GG erfasst. Sofern die negativen Befugnisse des Baukunstwerkeigentümers hinsichtlich seiner Verwertungsrechte durch ein einschränkendes Gesetz beschränkt werden, kann er sein Baukunstwerk nicht mehr vollumfänglich kommerziell nutzen. Ein die Eigentumsfreiheit beschränkendes Gesetz hätte mithin die Konsequenz, dass der Eigentümer eines nicht-öffentlichen Museums die Verwertung von Abbildungen seines Eigentums durch den Abbildungskünstler tolerieren müsste. Das Eigentumsrecht ist auch gem. Art. 19 Abs. 3 GG dem Wesen nach auf Museen als juristische Personen

---

1108 BVerfG, Beschl. v. 09.01.1991, 1 BvR 929/89, NJW 1991, 1807 (1807); BVerfG, Beschl. v. 18.01.2006, 2 BvR 2194/99, NJW 2006, 1191 (1192); Epping/Hillgruber/*Axer*, BeckOK *GG* Art. 14 Rn. 64 f.; Jarras/Pieroth/*Jarass*, GG, Art. 14 Rn. 5 ff.; Dürig/Herzog/Scholz/*Papier/Shirvani*, GG, Art. 14 Rn. 160.

1109 BVerfG, NJW 1985, 1385 (1389); BVerfG, Beschl. v. 26.06.2002, 1 BvR 558/91 u.a., NJW 2002, 2621 (2625).

1110 Sieht hierzu oben 3. Kapitel § 6 III. 1.

1111 Ausführlicher hierzu oben unter 3. Kapitel § 6 III; Zu dem Erfordernis, dass sich die Nutzung objektiv anbietet oder aufdrängt, sich aus den bisherigen Nutzungen folgerichtig ergibt oder dem Eigentum wesensmäßig anhaftet, Epping/Hillgruber/*Axer*, BeckOK GG, Art. 14 Rn. 67.

des Privatrechts anwendbar, da auch juristische Personen des Privatrechts Eigentum erwerben können und daher grundrechtlich schutzbedürftig sind. In die Eigentumsfreiheit des Art. 14 Abs. 1 GG wird mithin durch ein das Eigentum des Baukunstwerkeigentümers einschränkendes Gesetz eingegriffen.

B. Allgemeiner Gleichheitssatz – Art. 3 GG

Des Weiteren könnte der allgemeine Gleichheitssatz gem. Art. 3 Abs. 1 GG infolge eines beschränkenden Gesetzes der nicht-öffentlichen Museen betroffen sein. Von seinem persönlichen Schutzbereich werden grundsätzlich auch juristische Personen des Privatrechts gem. Art. 19 Abs. 3 GG geschützt.[1112] Allerdings müsste zusätzlich der sachliche Schutzbereich der Art. 3 Abs. 1 GG eröffnet sein und eine Ungleichbehandlung von grundsätzlich Gleichem vorliegen. Denkbar ist, dass nicht-öffentliche Museen gegenüber sonstigen Eigentümern eines Baukunstwerkes ungleichbehandelt werden, indem diese von einer gesetzlichen Beschränkung ihres Eigentums nicht erfasst werden. Allerdings gehören der Baukunstwerkeigentümer eines Museums und der Privateigentümer eines Baukunstwerkes nicht demselben Interessenskreis bzw. „Lager" an und bilden daher kein geeignetes Vergleichspaar. Mithin sind sie nicht als grundsätzlich gleich zu bewerten und müssen daher auch nicht grundsätzlich gleichbehandelt werden. Somit liegt nach dem allgemeinen Gleichheitssatz keine Ungleichbehandlung von wesentlich Gleichem vor.

Eine Ungleichbehandlung nach dem speziellen Gleichheitssatz aus Art. 3 Abs. 3 S. 1 GG scheitert daran, dass keiner der dort benannten Fälle einschlägig ist. Der Schutzbereich des Art. 3 GG ist somit insgesamt nicht eröffnet, sodass auch ein Eingriff in dieses Grundrecht ausscheidet.

C. Berufsfreiheit – Art. 12 Abs. 1 GG

Der Schutzbereich der Berufsfreiheit gem. Art. 12 Abs. 1 GG ist ebenfalls nicht eröffnet. Dieser setzt voraus, dass die Verwertung von Abbildungen durch den Baukunstwerkeigentümer die Haupteinnahmequelle des Baukunstwerkeigentümers darstellt und somit der Schaffung und Erhaltung seiner Lebensgrundlage dient.[1113] Die Haupteinnahmequelle insbesondere eines Museums als Baukunstwerkeigentümer besteht in der Regel nicht in der Kommerzialisierung von Abbildungen seiner Kunstwerke sondern in dem Verkauf von

1112 Vgl. Dürig/Herzog/Scholz/*P. Kirchhof*, GG, Art. 3 Abs. 1 Rn. 276.

1113 Näher zu dem verfassungsrechtlichen Berufsbegriff in: Dürig/Herzog/Scholz/*Scholz*, GG, Art. 12 Rn. 28 ff.

Eintrittskarten, sodass die Verwertung von Abbildungen nicht der Schaffung und Erhaltung der Lebensgrundlage des Museums dient.[1114] In die Existenzsicherung eines Museums kann folglich durch ein die Verwertungsfreiheit des Museums beschränkendes Gesetz nicht eingegriffen werden.[1115] Mithin ist der sachliche Schutzbereich des Art. 12 Abs. 1 GG nicht eröffnet, sodass ein Eingriff durch ein das Eigentum beschränkendes Gesetz ausgeschlossen ist.

D. Allgemeines Persönlichkeitsrecht – Art. 2 Abs. 1 GG

Des Weiteren ist ein Eingriff in das allgemeine Persönlichkeitsrecht des Baukunstwerkeigentümers hinsichtlich seines Rechtes am eigenen Bild aus Art. 2 Abs. 1 GG denkbar. Sofern ein nicht-öffentliches Museum nicht durch eine Privatperson, sondern durch eine juristische Person des Privatrechts betrieben wird, findet das Grundrecht gem. Art. 19 Abs. 3 GG in abgeschwächter Form Berücksichtigung und wird in der Regel durch andere vorrangig zu beachtende Grundrechte verdrängt.[1116] Allerdings soll das Eigentum nicht persönlichkeitsrechtlich aufgeladen werden, sodass ein Schutz des Eigentums über das allgemeine Persönlichkeitsrecht sowohl bei öffentlich-rechtlichen Museen als auch bei nicht-öffentlichen Museen abzulehnen ist.[1117] Das allgemeine Persönlichkeitsrecht kann mithin nicht als Auffanggrundrecht herangezogen werden.

E. Zwischenergebnis

Im Ergebnis wird durch ein das Eigentum beschränkendes Gesetz somit ausschließlich in die Eigentumsfreiheit gem. Art. 14 Abs. 1 GG des Baukunstwerkeigentümers eines nicht-öffentlichen Museums eingegriffen. Sofern ein nicht-öffentliches Museum nicht durch eine Privatperson, sondern durch eine juristische Person des Privatrechts betrieben wird, ist der Grundrechtsschutz gem. Art. 19 Abs. 3 GG dem Wesen nach auf die juristische Person des Privatrechts anwendbar. Andere Grundrechte sind nicht einschlägig. Der Eigentümer eines öffentlich-rechtlichen Museums wird indes durch die Grundrechte ausschließlich verpflichtet und nicht berechtigt, sodass ein grundrechtlicher

---

1114 https://www.tagesspiegel.de/kultur/museumsshops-und-die-kunst-botticelli-in-badelatschen/20733770.html (Stand: 16.12.2017, zuletzt besucht am: 17.07.2023), wobei aus dem Artikel zugleich hervorgeht, dass die Museen sich im Hinblick auf ihre Verkaufserlöse durch Merchandising Produkte sehr bedeckt hielten.

1115 *Uhlenhut*, Panoramafreiheit und Eigentumsrechte, S. 122.

1116 Vgl. Dürig/Herzog/Scholz/*di Fabio*, GG, Art. 2 Abs. 1 Rn. 224 f.

1117 Siehe hierzu oben unter 3. Kapitel § 6 V.

Schutz und mithin auch ein Eingriff in die Grundrechte infolge eines beschränkenden Gesetzes von vornherein nicht in Betracht kommen. Daher sollen im Folgenden die Grundrechte des Abbildungskünstlers und der Allgemeinheit herausgearbeitet werden, die eine das Eigentum des Baukunstwerkeigentümers beschränkende gesetzliche Regelung hinsichtlich der Verwertung von Abbildungen des Baukunstwerkes begründen könnten und schließlich gegen die Rechte des Baukunstwerkeigentümers abzuwägen sind.

II. Grundrechtsschutz des Abbildungskünstlers und der Allgemeinheit

Eine das Eigentum des Baukunstwerkeigentümers beschränkende gesetzliche Regelung könnte de lege ferenda insbesondere mit der Sozialpflichtigkeit des Eigentums gem. Art. 14 Abs. 2 S. 2 GG begründet werden, wonach dem Wortlaut entsprechend das Eigentum dem Wohle der Allgemeinheit dienen soll und daher einerseits das Eigentum beschränken und andererseits Grenzen eines zu schaffenden Gesetzes aufzeigen kann.[1118] Mithilfe der Sozialpflichtigkeit des Eigentums könnte daher sowohl der Schutz des Abbildungskünstlers hinsichtlich der Verwertung seiner künstlerischen Abbildungen begründet werden als auch der Allgemeinheit der Zugang zur Kunst ermöglicht werden. Schließlich kann der Allgemeinheit durch die Verwertung von Abbildungen eines Baukunstwerkes durch den Abbildungskünstler einerseits der Zugang zu dem durch den Abbildungskünstler geschaffenen Kunstwerkes ermöglicht werden und andererseits der Zugang zu dem abgebildeten Baukunstwerk gewährt werden.

Wie bereits festgestellt, wird die Allgemeinheit durch die grundrechtliche Informationsfreiheit gem. Art. 5 Abs. 1 S. 1, 2. Hs. GG am Zugang zur Kunst geschützt. Das BVerfG erkannte in der Vergangenheit bereits an, dass es ein Interesse der Allgemeinheit sowohl am ungehinderten Zugang zu Kunstwerken[1119] als auch an der Befriedigung kultureller Bedürfnisse[1120] gibt, worüber die jeweiligen Interessen der Allgemeinheit berücksichtigt werden können.[1121] Daher ist der Allgemeinheit ein umfassender Zugang zur Kunst sowohl hinsichtlich der künstlerischen Abbildung durch den Abbildungskünstler als auch hinsichtlich des abgebildeten Baukunstwerkes des Museums zu ermöglichen,

---

1118 Vgl. BVerfG, Beschl. v. 12.06.1979, 1 BvL 19/76, NJW 1980, 985 (987).

1119 BVerfG, Beschl. v. 07.07.1971, 1 BvR 765/66, NJW 1971, 2163 (2164).

1120 BVerfG, Beschl. v. 23.01.1990, 1 BvR 306/86, GRUR 1990, 438 (441).

1121 *Uhlenhut,* Panoramafreiheit und Eigentumsrechte, S. 124.

damit die Allgemeinheit ihre kulturellen Bedürfnisse hinreichend zu befriedigen vermag. Dies ist ein innerhalb der Sozialpflichtigkeit des Eigentums gem. Art. 14 Abs. 2 S. 2 GG zu berücksichtigendes Interesse. Durch die Verwertung der Abbildungen durch den Abbildungskünstler werden diese Interessen befriedigt, sodass ein das Eigentum des Baukunstwerkeigentümers einschränkendes Gesetz dahingehend mit der Sozialpflichtigkeit zu begründen ist.

Der Abbildungskünstler wird ebenfalls in seiner Informationsfreiheit als Informationsverschaffender gem. Art. 5 Abs. 1 S. 1, 2. Hs. GG geschützt, wonach er die Allgemeinheit durch die Verwertung seiner Abbildungen über das abgebildete Baukunstwerk sowie über sein eigens geschaffenes Kunstwerk zu informieren beabsichtigt. Ohne die Verwertung der Abbildungen des Baukunstwerkes kann sich die Allgemeinheit im Einzelfall nicht hinreichend über die künstlerische Abbildung des Abbildungskünstlers informieren.

Darüber hinaus wird der Abbildungskünstler in Bezug auf die Verwertung seiner Abbildungen des Baukunstwerkes grundrechtlich durch die Kunst-, Presse- und Berufsfreiheit geschützt, wenn die oben beschriebenen Voraussetzungen erfüllt sind.[1122]

Zudem wird der Abbildungskünstler über das Auffanggrundrecht des Art. 2 Abs. 1 GG geschützt, wenn die zuvor benannten Grundrechte im Einzelfall nicht einschlägig sind.[1123] Diese Interessen sind ebenfalls über die Sozialpflichtigkeit des Eigentums zu berücksichtigen. Im Ergebnis lässt sich mithilfe der Sozialpflichtigkeit des Eigentums ein eigentumsbeschränkendes Gesetz zum Schutz der Rechte und Interessen sowohl des Abbildungskünstlers als auch der Allgemeinheit begründen. Im Folgenden sind daher die Rechte und Interessen das Baukunstwerkeigentümers, des Abbildungskünstlers und der Allgemeinheit am Zugang zur Kunst gegeneinander abzuwägen, um weiterhin die Verhältnismäßigkeit eines einschränkenden Gesetzes insbesondere im Hinblick auf die ebenfalls zu schützenden Rechte des Baukunstwerkeigentümers festzustellen.

III. Interessenabwägung

Da einerseits der Baukunstwerkeigentümer eines nicht-öffentlichen Museums hinsichtlich der Verwertung von Abbildungen des Baukunstwerkes durch die grundrechtliche Eigentumsfreiheit aus Art. 14 Abs. 1 S. 1 GG geschützt wird

---

1122 Siehe ausführlich zu den Grundrechten des Verwertenden sowie der Allgemeinheit oben 4. Kapitel § 3 III. 2.

1123 Vgl. *Uhlenhut,* Panoramafreiheit und Eigentumsrechte, S. 126.

und gleichzeitig auch der Abbildungskünstler und die Allgemeinheit hinsichtlich der Verwertung und des Zugangs zur Kunst verfassungsrechtlichen Schutz genießen, sind diese jeweiligen Rechte und Interessen im Folgenden gegeneinander abzuwägen. Es ist daher zu prüfen, ob eine das Eigentum des Baukunstwerkeigentümers einschränkende gesetzliche Regelung zugunsten des Abbildungskünstlers sowie der Allgemeinheit dem verfassungsrechtlichen Verhältnismäßigkeitsgrundsatz des Art. 20 Abs. 3 GG entspricht. Die Regelung müsste mithin einen legitimen Zweck verfolgen, zur Erreichung des Zwecks geeignet und erforderlich sowie im engeren Sinn angemessen sein. Der Entwurf eines konkreten Regelungsvorschlags ist im Anschluss an diese Prüfung auszuarbeiten.

1. Legitimer Zweck

Eine gesetzliche Regelung, die den Baukunstwerkeigentümer in seinen negativen Befugnissen zur ausschließlichen Verwertung von Abbildungen der in seinem Eigentum befindlichen Baukunstwerke einschränkt und somit die Verwertung von Abbildungen durch den Abbildungskünstler im Einzelfall ermöglicht, schützt einerseits die Rechte und Interessen des Abbildungskünstlers und andererseits die Rechte und Interessen der Allgemeinheit.

So wird der Abbildungskünstler in seinen jeweils im Einzelfall einschlägigen Grundrechten der Kunstfreiheit, Berufsfreiheit, Pressefreiheit, Informationsfreiheit und auch der allgemeinen Handlungsfreiheit geschützt, indem er die von ihm gefertigten künstlerischen Abbildungen öffentlich verwerten und bei einem kommerziellen Vertrieb zugleich seine wirtschaftliche Lebensgrundlage erschaffen und erhalten kann. Darüber hinaus macht er der Allgemeinheit durch die Verwertung der Abbildungen sowohl seine eigens geschaffenen künstlerischen Abbildungen als auch das abgebildete Baukunstwerk zugänglich und ermöglicht dadurch der Allgemeinheit den Zugang zu den Kunstwerken. Auf diese Weise wird das Grundrecht der Informationsfreiheit der Allgemeinheit am Zugang zur Kunst sowie zur Befriedigung ihrer kulturellen Bedürfnisse geschützt. Dies sind schützenswerte Allgemeininteressen i.S.d. Art. 14 Abs. 2 S. 2 GG, sodass eine das Eigentum beschränkende Regelung einen legitimen Zweck verfolgt.

2. Geeignetheit

Eine gesetzliche Regelung müsste zudem dazu geeignet sein, die Rechte und Interessen des Abbildungskünstlers und der Allgemeinheit zu schützen bzw. den Schutz zu fördern. Eine gesetzliche Regelung, die den Eigentümer in seinen negativen Eigentümerbefugnissen hinsichtlich der Verwertung von Abbildungen der in seinem Eigentum stehenden Baukunstwerke beschränkt und somit dem Abbildungskünstler die Verwertung von Abbildungen der Baukunstwerke ermöglicht, gewährt dem Abbildungskünstler sowohl präventiv die Erfüllung seiner jeweiligen schützenswerten Interessen und verhilft ihm repressiv unter Berufung auf die jeweilige gesetzliche Anspruchsgrundlage im gerichtlichen oder außergerichtlichen Streitfall zur aktiven Durchsetzung seiner Ansprüche. Da der Abbildungskünstler seine künstlerischen Abbildungen auch neben den Abbildungen durch den Baukunstwerkeigentümer der Allgemeinheit zur Verfügung stellen kann, ermöglicht der Abbildungskünstler der Allgemeinheit einen noch weiteren Zugang zur Kunst, wie wenn ausschließlich der Baukunstwerkeigentümer Abbildungen des Baukunstwerkes vertriebe. Der Allgemeinheit wird dadurch sowohl ein Zugang zu dem abgebildeten Baukunstwerk des Baukunstwerkeigentümers und zudem ein Zugang zu den künstlerischen Abbildungen des Abbildungskünstlers und seiner eigenen Interpretation des Baukunstwerkes ermöglicht. Ohne eine Verwertung der Abbildungen des Abbildungskünstlers würde der Allgemeinheit dieser umfassende Zugang zur Kunst und eine umfassende Befriedigung ihrer künstlerischen Interessen vollständig versagt. Eine gesetzliche Regelung ist daher auch dazu geeignet, den Schutz des Abbildungskünstlers und der Allgemeinheit zu gewährleisten und zu fördern.

3. *Erforderlichkeit*

Ferner muss eine eigentumsbeschränkende gesetzliche Regelung zur Erreichung des herausgearbeiteten Zwecks erforderlich sein. Es darf mithin kein milderes und gleichgeeignetes Mittel bestehen, um den Schutz der Rechte und Interessen des Abbildungskünstlers und der Allgemeinheit an der Verwertung künstlerischer Abbildungen und dem Zugang zur Kunst zu erreichen. Wie bereits ausgeführt, entfalten die bestehenden gesetzlichen Regelungen keinen ausreichenden und vergleichbaren Schutz der Rechte und Interessen, sodass ausschließlich eine das Eigentum des Baukunstwerkeigentümers einschränkende gesetzliche Regelung einen hinreichenden Schutz gewährleisten kann. Indes ist diese Regelung möglichst mild auszugestalten und der Umfang der inhaltlichen Geltung der Norm daher so eng wie möglich und nur so weit wie nötig zu fassen, um eine möglichst milde und gleichgeeignete Beschränkung der negativen Eigentümerbefugnisse zu erzielen.

Ein gleich geeignetes, aber milderes Mittel könnte darin bestehen, den Baukunstwerkeigentümer nur dann in seinen negativen Befugnissen hinsichtlich der Verwertung von Abbildungen zu beschränken, wenn er selbst keine Abbildungen seines Baukunstwerkes verwertet bzw. der Öffentlichkeit zugänglich macht. Schließlich soll eine gesetzliche Regelung die Verwertung von Kunstwerken gestatten und der Allgemeinheit infolge der Verwertung ein Zugang zur Kunst und eine Befriedigung ihrer kulturellen Bedürfnisse ermöglicht werden. Sofern der Baukunstwerkeigentümer Abbildungen seines Baukunstwerkes öffentlich verwertet, könnte der Allgemeinheit bereits ein ausreichender Zugang zur Kunst ermöglicht werden, sodass die Verwertung weiterer Abbildungen durch den Abbildungskünstler zur Erreichung des Zwecks nicht mehr zwingend erforderlich sei.[1124] Daher könnte die gesetzliche Regelung dahingehend mit einer entsprechenden Ausnahme der Eigentumsbeschränkung versehen werden.

Allerdings werden die Rechte und Interessen des Abbildungskünstlers insbesondere hinsichtlich seiner Kunstfreiheit und der Berufsfreiheit bei dieser Ausnahmeregelung gänzlich unberücksichtigt gelassen. Zwar kann der Abbildungskünstler grundsätzlich weiterhin künstlerisch beruflich tätig sein, jedoch wird seine Verwertungsfreiheit stets eingeschränkt, sofern der Baukunstwerkeigentümer eines Baukunstwerkes ebenfalls Abbildungen des Baukunstwerkes verwertet.

Darüber hinaus würde der Allgemeinheit der Zugang zu den künstlerischen Abbildungen des Baukunstwerkes durch den Abbildungskünstler vollständig versagt und der Zugang zur Kunst dahingehend insgesamt unberücksichtigt gelassen. Die Allgemeinheit wäre folglich darauf beschränkt, den Zugang zum Baukunstwerk in Form von Abbildungen des Werkes ausschließlich durch den Baukunstwerkeigentümer zu erhalten. Die Perspektive, Sichtweise und Interpretation des Baukunstwerkes durch den Abbildungskünstler wären der Allgemeinheit in der Folge nicht zugänglich. Mittels einer Verwertung auch durch den Abbildungskünstler kann die Allgemeinheit indes auf umfassendere und mannigfachste Art und Weise in ihren künstlerischen Interessen befriedigt werden. Die Allgemeinheit erhält dadurch verschiedenste Perspektiven auf das

---

1124 So bspw. vorgeschlagen in: BGH, Urt. v. 20.09.1974, I ZR 99/73, GRUR 1975, 500 (501 f.): OLG München, Urt. v. 14.06.1985, 23 U 1894/85, OLGZ 1985, 466 (469); *Bullinger,* in: FS Peter Raue 2006, 379 (395); *Euler,* AfP 2009, 459 (460); *Uhlenhut,* Panoramafreiheit und Eigentumsrecht, S. 226, wobei insgesamt in diesem Zusammenhang offengelassen wurde, ob Postkarten zur Befriedigung des allgemeinen Informationsinteresses geeignet sind und welche Anforderungen an einen „ausreichenden Vertrieb" von Postkarten insbesondere im Hinblick auf Umfang und Angemessenheit zu stellen sind.

Baukunstwerk, die ihr bei einer ausschließlichen Verwertung von Abbildungen durch den Baukunstwerkeigentümer verwehrt blieben. Schließlich bestehen bei einer Abbildung eines Baukunstwerkes hinsichtlich ihrer Art, der Perspektive, des Ausschnitts sowie des Abbildungsformates als Poster, Postkarte, Bildband etc. unterschiedliche Möglichkeiten der Umsetzung. Dass sowohl der Baukunstwerkeigentümer als auch der Abbildungskünstler das Baukunstwerk identisch abbilden und im äquivalenten Format verwerten, ist im Hinblick auf Aufnahmen von Baukunstwerken im Unterschied zu Reproduktionsaufnahmen eines Gemäldes oder einer Fotografie äußerst unwahrscheinlich bis nahezu ausgeschlossen. Ein hinreichender Zugang zu den Baukunstwerken wird der Allgemeinheit daher nur ermöglicht, sofern neben dem Baukunstwerkeigentümer auch anderen Abbildungskünstlern die Verwertung von Abbildungen des Baukunstwerkes ermöglicht wird. Daher ist eine eigentumsbeschränkende Regelung mit der benannten Ausnahmeregelung zwar milder, aber nicht gleich geeignet zum Schutz der Interessen und Rechte der Allgemeinheit.

Mildere eigentumsbeschränkende Regelungen könnten weiterhin durch Eindämmungsmöglichkeiten erzielt werden, bspw. durch Übergangsregelungen, Ausnahme- und Befreiungsvorschriften oder durch den Einsatz administrativer und technischer Vorkehrungen.[1125] Sofern diese Regelungen nicht oder nur mit unverhältnismäßig großem Aufwand umzusetzen sind, sei dem Eigentümer darüber hinaus ein finanzieller Ausgleich zu gewähren.[1126] Eine Möglichkeit zur Eindämmung der Einschränkung der Eigentumsrechte bestünde in Anlehnung an die urheberrechtliche Panoramafreiheit gem. § 59 UrhG in der Schaffung einschränkender Regelungen für Innenaufnahmen bzw. für Abbildungen vom Grundstück des Baukunstwerkeigentümers aus. So könnte die Wirksamkeit einer eigentumsbeschränkenden Vorschrift im Hinblick auf die Verwertung von Abbildungen vom betroffenen Grundstück aus sowie von Innenaufnahmen des Baukunstwerkes erst nach einer zeitlichen Übergangsfrist eintreten. Auf diese Weise könnte sich der Baukunstwerkeigentümer durch geeignete Maßnahmen zwischenzeitlich gegen die Anfertigung von Abbildungen seines Eigentums absichern. Bspw. könnte er sich durch hohe Hecken oder umgrenzende Zäune vor der Einsichtnahme Dritter schützen und zugleich präventiv der Anfertigung von Abbildungen sowie ihrer Verwertung durch den Abbildungskünstler vorbeugen. Zugleich könnte er während der Übergangsfrist vertragliche Regelungen hinsichtlich der Verwertung von Abbildungen

1125 Vgl. BVerfG, Beschl. v. 02.03.1999, 1 BvL 7/91, NJW 1999, 2877 (2879).

1126 Epping/Hillgruber/*Axer*, BeckOK GG, Art. 14 Rn. 15 f.

von Innenaufnahmen des Baukunstwerkes oder von seinem Grundstück aus festlegen, die eine Abbildung bzw. Verwertung der Abbildungen durch Dritte verhinderte.[1127]

Allerdings löst solch eine Übergangslösung Unsicherheiten des Abbildungskünstlers und der Allgemeinheit aus, da vor jeder Verwertung einer Abbildung die Geltung einer Umsetzungsfrist zu prüfen wäre. Auch der Bedarf einer Übergangsregelung ist abzulehnen, da der Baukunstwerkeigentümer jederzeit vertragliche Regelung zur Absicherung seiner Rechte schaffen kann. Dies gilt auch hinsichtlich einer de lege ferenda zu schaffenden gesetzlichen und eigentumsbeschränkenden Regelung, sofern diese abdingbar ist und kein zwingendes Recht darstellt. Daher ist die gesetzliche Regelung dahingehend mild zu formulieren, sodass sie abdingbar ist und dem Baukunstwerkeigentümer weiterhin die Möglichkeit vertraglich abweichender Regelungen einräumt.

Mithin ist eine zeitliche Übergangsfrist nicht erforderlich und würde darüber hinaus zu einer Einengung der Rechte und Interessen des Abbildungskünstlers und der Allgemeinheit führen. Eine Einschränkung der Verwertungsmöglichkeiten des Abbildungskünstlers in Anlehnung an die Panoramafreiheit bei Innenaufnahmen des Baukunstwerkes und bei Aufnahmen vom Grundstück des Baukunstwerkes aus würde das Informationsbedürfnis der Allgemeinheit und die Grundrechte des Abbildungskünstlers nicht vollumfassend schützen und ist daher nicht gleich geeignet zur Zweckerreichung.

In Betracht kommt daher ein finanzieller Ausgleich an den Baukunstwerkeigentümer eines nicht-öffentlichen Museums bei der Verwertung von Abbildungen vom Grundstück des Baukunstwerkeigentümers aus und bei Innenaufnahmen des Baukunstwerkes. Dieser Ausgleich sei notwendig, wenn eine sonstige Ausgleichsregelung nicht in Betracht komme und es sich um einen besonderen Härtefall für den Baukunstwerkeigentümer handele.[1128] Wie bereits festgestellt, ist eine sonstige Ausgleichsregelung nicht umzusetzen. Weiterhin müsste daher ein Härtefall vorliegen. Dieser ist anzunehmen, wenn der Baukunstwerkeigentümer durch die Verwertung von Abbildungen des Baukunstwerkes durch den Abbildungskünstler in seinen eigenen Verwertungsmöglichkeiten über ein noch als angemessen anzusehendes Maß hinaus

1127 Unter welchen konkreten Bedingungen vertragliche Regelungen zulässig sein können, kann aufgrund des beschränkten Umfangs der Arbeit und ihrem Schwerpunkt auf eigentumsrechtliche gesetzliche Regelungen im Rahmen dieser Arbeit nicht näher untersucht werden.

1128 Vgl. BVerfG, Beschl. v. 02.03.1999, 1 BvL 7/91, NJW 1999, 2877 (2879).

beeinträchtigt wird. Die Haupteinnahmequelle eines Museums als Baukunstwerkeigentümer besteht in der Regel im Verkauf der Museumseintrittskarten. Sofern der Abbildungskünstler Abbildungen des Baukunstwerkes verwertet, wird er mithin infolge der Verwertung nicht in seiner Haupteinnahmequelle beeinträchtigt. Der Baukunstwerkeigentümer kann zudem weiterhin Abbildungen der in seinem Eigentum stehenden Baukunstwerke verwerten und wirtschaftliche Einnahmen erzielen. Aufgrund der potenziellen Marktkonkurrenz könnten sich seine Einkünfte zwar verringern, allerdings wird der Baukunstwerkeigentümer dabei nicht über ein noch als angemessen anzusehendes Maß hinaus beeinträchtigt. Ein besonderer Härtefall ist daher nicht anzunehmen, sodass eine eigentumsbeschränkende Vorschrift ausschließlich gegen die Zahlung einer finanziellen Entschädigung ebenfalls abzulehnen ist.

Eine Eigentumsbeschränkung stellt mithin durch die Beschränkungsausnahmen zwar ein milderes Mittel dar, allerdings ist sie nicht genauso geeignet zur Berücksichtigung der Interessen und Rechte des Abbildungskünstlers und der Allgemeinheit. Mithin liegt kein milderes und gleichgeeignetes Mittel als Alternative zu einer vollumfänglichen Eigentumsbeschränkung durch eine gesetzliche Vorschrift vor.

4. *Angemessenheit – Verhältnismäßigkeit im engeren Sinn*

Weiterhin müsste eine gesetzliche Eigentumsbeschränkung auch angemessen, also verhältnismäßig im engeren Sinne sein.

Auf allgemein-abstrakter Ebene verfolgt eine Eigentumsbeschränkung in Form einer gesetzlichen Regelung zunächst den Schutz äußerst wichtiger Allgemeininteressen sowohl des Abbildungskünstlers als auch der Allgemeinheit hinsichtlich des Zugangs zur Kunst, sofern die Regelung auch eine Verwertung von Abbildungen durch den Abbildungskünstler ermöglicht. Dabei ist die Kunstfreiheit des Abbildungskünstlers aufgrund ihrer schrankenlosen Gewährung besonders schutzwürdig und umfasst neben der nicht-kommerziellen Verwertung auch die kommerzielle Verwertung von Abbildungen. Die herausragende Bedeutung und gleichzeitige Schutzbedürftigkeit der Kunstfreiheit zeigt sich zusätzlich in ihrer Eigenschaft als Grundrecht von Verfassungsrang, wonach die Schaffung und der Schutz eines Kulturstaates der Umsetzung des Verfassungsauftrags zur Förderung der Kunst und mithin einer Staatszielbestimmung dient.[1129] Besonders schutzwürdig sind zudem die Pressefreiheit

---

1129 BVerfG, Urt. v. 29.05.1973, 1 BvR 424/71 u. 325/72, NJW 1973, 1176 (1177); BVerfG, Urt. v. 05.03.1974, 1 BvR 712/68, NJW 1974, 689 (689); Maunz/Dürig/*Scholz*, GG, 81. EL. 2017, Art. 5 Abs. 3 Rn. 7 f.

des Abbildungskünstlers und die allgemeine Informationsfreiheit sowohl des Abbildungskünstlers als auch der Allgemeinheit, da beide Grundrechte ausschließlich durch allgemeine Gesetze eingeschränkt werden können. Hingegen sind die Einschränkungsmöglichkeiten bei der allgemeinen Handlungsfreiheit sowie der Berufsfreiheit des Abbildungskünstlers größer, insbesondere da hinsichtlich der Berufsfreiheit eine Einschränkung der Berufsausübungsfreiheit des Abbildungskünstlers vorliegen würde, die bei vernünftigen Gründen des Gemeinwohls zulässig ist.[1130] Mithin sind insbesondere die Kunstfreiheit und die allgemeine Informationsfreiheit bei einer abstrakt-generellen Betrachtung von herausragender Bedeutung für den Abbildungskünstler bzw. die Allgemeinheit.

Dem stehen die Grundrechte des Eigentümers des Baukunstwerkes gegenüber. Dabei ist auf abstrakt-genereller Ebene wiederum zu berücksichtigen, dass der Eigentümer eines öffentlich-rechtlichen Museums durch die Grundrechte ausschließlich verpflichtet, aber nicht gleichzeitig berechtigt wird. Mithin scheidet ein grundrechtlicher Schutz des Eigentümers öffentlich-rechtlicher Museen generell aus, sodass ausschließlich der grundrechtliche Schutz des Eigentümers eines nicht-öffentlichen Museums zu berücksichtigen ist. Bereits bei der Verfassung der Eigentumsfreiheit gem. Art. 14 Abs. 1 GG hat der Gesetzgeber eine Beschränkung der Eigentumsfreiheit vorgesehen, da das Eigentum gem. Art. 14 Abs. 2 S. 2 GG ausdrücklich dem Wohle der Allgemeinheit und somit dem Grundsatz der Sozialpflichtigkeit entsprechen muss und mithin mit den Interessen der Allgemeinheit in einen gerechten Ausgleich zu bringen ist.[1131]

Dies verdeutlicht bereits auf abstrakt-genereller Ebene eine geringere Schutzbedürftigkeit der Eigentumsfreiheit des Baukunstwerkeigentümers im Vergleich zu den zuvor benannten Grundrechten des Abbildungskünstlers und der Allgemeinheit hinsichtlich der Kunst- und Informationsfreiheit, bei denen Einschränkungen zum Teil generell nicht vorgesehen werden oder nur durch allgemeine Gesetze zulässig sind. Dies spricht abstrakt-generell für ein Überwiegen der Grundrechte des Abbildungskünstlers bzw. der Allgemeinheit gegenüber dem Grundrecht des Baukunstwerkeigentümers sowohl quantitativ hinsichtlich der Anzahl der einschlägigen Grundrechte als auch abstrakt in qualitativer Hinsicht im Hinblick auf die Schutzbedürftigkeit der Rechte und Interessen des Abbildungskünstlers sowie der Allgemeinheit.

1130 Maunz/Dürig/*Scholz*, GG, 81. EL. 2017, Art. 12 Rn. 335.

1131 Epping/Hilgruber/*Axer*, BeckOK GG, Art. 14 Rn. 14.

Auf konkret-individueller Ebene wird der Baukunstwerkeigentümer im Einzelfall durch eine das Eigentum beschränkende gesetzliche Regelung in seiner Privatsphäre eingeschränkt, sofern er sich nicht mehr vollumfänglich gegen die Veröffentlichung eines Teils seiner Privatsphäre wehren kann.[1132] Zudem wird der Baukunstwerkeigentümer durch die Verwertung von Abbildungen seines Baukunstwerkes durch den Abbildungskünstler in den kommerziellen Verwertungsmöglichkeiten eigener Abbildungen seines Baukunstwerkes beeinträchtigt, da ihm die Einnahmen bzw. der vermögensrechtliche und ästhetische Wert des Kunstwerkes nicht mehr ausschließlich zustünden.[1133] Das Verwertungsrecht des Baukunstwerkeigentümers hinsichtlich seiner Baukunstwerke steht indes im Rahmen der verfassungsrechtlichen Privatnützlichkeit des Eigentums grundsätzlich ausschließlich dem Baukunstwerkeigentümer zu, sobald das Baukunstwerk gemeinfrei geworden ist.[1134]

Allerdings genießen die Individualinteressen nicht stets einen bedingungslosen Vorrang vor den Interessen der Allgemeinheit. Dies zeigt sich u.a. dadurch, dass der Gesetzgeber unter der Berücksichtigung sozialer Belange auch die Interessen der Allgemeinheit im Hinblick auf die Nutzung des Eigentums zu wahren und zu schützen hat.[1135] Auch in Bezug auf das urheberrechtliche Verwertungsrecht wird innerhalb der Verhältnismäßigkeit von Eingriffen differenziert zwischen Eingriffen in das Verfügungsrecht sowie Beschränkungen des Verwertungsrechts.[1136] Hierbei sind Eingriffe in das Verwertungsrecht nur bei der Annahme eines gesteigerten öffentlichen Interesses gerechtfertigt, wohingegen zur Rechtfertigung von Eingriffen in das Verfügungsrecht bloße Gemeinwohlgründe genügen.[1137] Diese differenzierte Betrachtung in Bezug auf die Verwertung von Urheberrechten ist in der gegenwärtigen Konstellation auf die Verwertung des Eigentums zu übertragen, sodass die negativen Befugnisse des Baukunstwerkeigentümers bei einem gesteigerten öffentlichen Interesse beschränkt werden können. Ein eigentumsbeschränkendes Gesetz beeinträchtigt einerseits die Verfügungsmacht des Baukunstwerkeigentümers über sein Eigentum und andererseits die wirtschaftliche Verwertung von Abbildungen

1132 Siehe hierzu oben unter 3. Kapitel § 6 V., wo ein neben dem Eigentum bestehender Schutz des allgemeinen Persönlichkeitsrechts abgelehnt wird.

1133 Siehe hierzu detailliert unter 3. Kapitel § 6 III.

1134 Vgl. BVerfG, Beschl. v. 07.07.1971, 1 BvR 765/66, NJW 1971, 2163 (2163).

1135 BVerfG, Beschl. v. 07.07.1971, 1 BvR 765/66, NJW 1971, 2163 (2163 f.); BVerfG, Beschl. v. 11.10.1988, 1 BvR 743/86 u.a., NJW 1992, 1307 (1308).

1136 BVerfG, Beschl. v. 11.10.1988, 1 BvR 743/86 u.a., NJW 1992, 1307 (1308).

1137 BVerfG, Beschl. v. 11.10.1988, 1 BvR 743/86 u.a., NJW 1992, 1307 (1308).

seines Baukunstwerkes, sodass gesteigerte öffentliche Interessen für einen verhältnismäßigen Eingriff in die Eigentumsfreiheit vorliegen müssten. Zu berücksichtigen ist hierbei das Ausmaß der wirtschaftlichen Beschränkung des Baukunstwerkeigentümers und ob ihm durch ein beschränkendes Gesetz „übermäßig belastende Opfer" auferlegt werden.[1138] Weiterhin ist zu berücksichtigen, ob sich das Eigentum bereits aus seiner Privatnützigkeit gelöst hat und der Öffentlichkeit zugänglich gemacht wurde und dadurch in geistiger und kultureller Hinsicht als Allgemeingut anzusehen ist.[1139]

Mithilfe einer das Eigentum beschränkenden gesetzlichen Regelung soll sowohl einem Abbildungskünstler die Verwertung seiner eigens geschaffenen Kunstwerke ermöglicht werden und die Allgemeinheit zugleich einen Zugang zu kulturellen und künstlerischen Werken erhalten. Diese Zwecke sind als gesteigertes öffentliches Interesse zu bewerten. Durch eine eigentumsbeschränkende Regelung könnten dem Baukunstwerkeigentümer allerdings erhebliche wirtschaftliche Beschränkungen und ein übermäßiges Opfer auferlegt werden, sich das Eigentum insbesondere eines Museums aber zugleich bereits aus seiner Privatnützigkeit gelöst haben.

Wie bereits ausgeführt, stellt grundsätzlich der Verkauf von Eintrittskarten die Haupteinnahmequelle eines Museums dar. Der Verkauf sonstiger Gegenstände wie bspw. von Ausstellungskatalogen, Postern oder Postkarten mit Abbildungen des Baukunstwerkes oder anderer Kunstwerke des Museums bildet daher nicht den Schwerpunkt der wirtschaftlichen Einnahmequelle eines Museums. Zudem werden in den Ausstellungskatalogen, Postern oder Postkarten in der Regel primär die temporären bzw. dauerhaften Ausstellungsobjekte eines Museums präsentiert, anstatt wiederholt die Baukunstwerke des Museums abzubilden. Die Verwertung von Abbildungen eines Baukunstwerkes oder sonstiger Kunstwerke ist daher nicht als finanzielle Haupteinnahmequelle des Baukunstwerkeigentümers insbesondere eines Museums anzusehen. Die Einnahmen des Eigentümers werden infolge der Verwertung von Abbildungen durch den Abbildungskünstler daher nicht so erheblich geschmälert, als dass dem Baukunstwerkeigentümer hierdurch übermäßig belastende Opfer auferlegt würden.

Weiterhin begibt sich der Eigentümer insbesondere eines Museums aus seiner ausschließlichen Privatnützigkeit heraus, indem er das Baukunstwerk

---

1138 Vgl. BVerfG, Beschl. v. 11.10.1988, 1 BvR 743/86 u.a., NJW 1992, 1307 (1309).

1139 BVerfG, Beschl. v. 14.07.1981, 1 BvL 24/78, GRUR 1982, 45 (48); BVerfG, Beschl. v. 11.10.1988, 1 BvR 743/86 u.a., NJW 1992, 1307 (1308).

jedenfalls während der Öffnungszeiten der Allgemeinheit zugänglich macht und das Baukunstwerk somit als Teil des öffentlichen Raumes betrachtet wird. Durch seine Zugänglichmachung an die Öffentlichkeit ermöglicht der Eigentümer einem Abbildungskünstler die Anfertigung und mithin auch die Verwertung von Abbildungen. Das Eigentum an dem Baukunstwerk hat sich somit aus seiner Privatnützigkeit gelöst und ist zugleich in geistiger und kultureller Hinsicht als Allgemeingut anzusehen. Der Sozialpflichtigkeit des Eigentums ist somit eine noch stärkere Bedeutung beizumessen als bspw. dem Privateigentum an einem schlichten Bauwerk ohne künstlerische Merkmale.

Im Ergebnis wird der Baukunstwerkeigentümer durch die Verwertung von Abbildungen seines Baukunstwerkes durch den Abbildungskünstler nicht erheblich in seiner Eigentumsfreiheit bezüglich seiner kommerziellen Verwertungsmöglichkeiten beeinträchtigt, da insbesondere die Haupteinnahmequelle eines Museums regelmäßig im Verkauf der Eintrittskarten besteht. Die Schutzwürdigkeit des Eigentümers eines Baukunstwerkes bzw. eines nichtöffentlichen Museums hat daher zurückzutreten, da er zudem sein Eigentum freiwillig aus seiner Privatnützigkeit herausnimmt und somit der Allgemeinheit den Zugang zu dem Baukunstwerk ermöglicht und Abbildungen des Werkes sowie deren Verwertung erleichtert. Ob der Eigentümer ebenfalls Abbildungen seiner Baukunstwerke vertreibt, ist aufgrund der notwendigen Eröffnung verschiedener Perspektiven auf das Baukunstwerk unberücksichtigt zu lassen.[1140] Somit überwiegen die Grundrechte der verwertenden Dritten bzw. der Allgemeinheit am Zugang zur Kunst sowohl bei einer generell-abstrakten Betrachtung als auch im konkreten Einzelfall die Eigentümerinteressen an einem ausschließlichen Verwertungsrecht. Mithin ist ein gesteigertes öffentliches Interesse an dem Erlass einer eigentumsbeschränkenden gesetzlichen Regelung anzunehmen, die im Ergebnis ohne die Schaffung besonderer Ausgleichsregelungen zudem angemessen ist.

IV. Zwischenergebnis

Eine gesetzliche Regelung, welche die Eigentumsfreiheit im Hinblick auf die Verwertung von Abbildungen des Baukunstwerkes insbesondere eines Museums zugunsten des Abbildungskünstlers sowie der Allgemeininteressen einschränkt, verfolgt einen legitimen Zweck und ist zur Erreichung dieses Zwecks sowohl geeignet, erforderlich als auch angemessen. Im Ergebnis überwiegen die Interessen und Rechte des Abbildungskünstlers und der Allgemeinheit

1140 Siehe hierzu im Rahmen der Erforderlichkeit unter 5. Kapitel § 1 III. 3.

denjenigen des Eigentümers eines nicht-öffentlichen Museums als auch eines öffentlich-rechtlichen Museums, sodass eine legislative Intervention begründet ist. Hinsichtlich öffentlich-rechtlicher Museen ist der Grundrechtsschutz generell ausgeschlossen, da sie aufgrund ihrer staatlichen Eigenschaft den Grundrechten gegenüber ausschließlich verpflichtet aber nicht zugleich berechtigt sind. Nachfolgend soll daher ein gesetzlicher Regelungsvorschlag herausgearbeitet werden, der die negativen Befugnisse eines Baukunstwerkeigentümers im Hinblick auf die Verwertung von Abbildungen durch einen Abbildungskünstler einschränkt.

§ 2 Entwurf einer gesetzlichen Regelung

Ziel einer zu entwickelnden gesetzlichen Regelung ist, die soeben gegeneinander abgewogenen Interessen des Baukunstwerkeigentümers und des Abbildungskünstlers sowie der Allgemeinheit in einen gerechten Ausgleich miteinander zu bringen und auf diese Weise den Auftrag des Gesetzgebers aus Art. 14 Abs. 2 S. 2 GG zu erfüllen. Mithilfe einer gesetzlichen Regelung soll der Konflikt zwischen den Parteien gelöst und der Zugang zur Kunst durch die Verwertung von Abbildungen eines Baukunstwerkes ermöglicht werden. Auf Basis dieser gesetzlichen Regelung ist es der Rechtsprechung schließlich möglich, die grundrechtliche Sozialpflichtigkeit des Eigentums in einem angemessenen Umfang zu berücksichtigen und zugleich von der Möglichkeit verfassungsrechtlich zulässiger Eigentumsbeschränkungen Gebrauch zu machen.[1141] Dies wirft die Frage auf, ob der Rechtsprechung hierdurch ein zu stark ausgeprägter Entscheidungsspielraum zugebilligt würde. Es ist daher vorab kritisch zu hinterfragen, ob eine gesetzliche Regelung tatsächlich erforderlich ist (I.), inwieweit sie hinsichtlich ihrer Anwendungsfälle einzugrenzen ist (II.) und ob konkrete Anwendungsfälle definiert werden können (III.). Anschließend werden die Rechtsfolgen einer gesetzlichen Regelung bestimmt (IV.) und schließlich ein konkreter Gesetzesvorschlag unterbreitet (V.).

I. Angemessener Entscheidungsspielraum der Rechtsprechung

Gegen eine gesetzliche Regelung zur Beschränkung der Eigentumsrechte wird zum Teil vorgebracht, dass die Rechtsprechung hierdurch einen zu stark ausgeprägten Entscheidungsspielraum erhielte und dies zu einer Aufweichung klar vorgeprägter Eigentumsstrukturen führe.[1142] Hiergegen ist einzuwenden, dass

1141 So auch *Bergner*, Eigentumsbeschränkungen, S. 134, 138.
1142 Staudinger/*Althammer*, BGB, § 903 Rn. 5.

eine gesetzliche Regelung im Gegenteil zu einer größeren Rechtssicherheit verhilft. Aufgrund der undurchsichtigen und mithin unsicheren Rechtslage dürften Abbildende eines Baukunstwerkes derzeit hinsichtlich der Anfertigung und Verwertung von Abbildungen verunsichert sein, sofern der Baukunstwerkeigentümer keine vertraglichen Regelungen wie bspw. durch Hinweisschilder zum Fotografieren vorsieht. Diese Rechtsunsicherheit wird dadurch potenziert, dass in Bezug auf die rechtliche Zulässigkeit von Abbildungen zusätzlich bei einem Museum zwischen der Rechtsform des jeweiligen Museums und deren internen Regelungen, Satzungen und Verordnungen zu differenzieren ist. Wie bereits dargestellt, ist die Anfertigung und Verwertung von Abbildungen eines Baukunstwerkes bei öffentlich-rechtlichen Museen teilweise aufgrund einer öffentlich-rechtlichen Widmung zum Gemeingebrauch zulässig, wohingegen eine Widmung bei nicht-öffentlichen Museen in freier, privater oder kirchlicher Trägerschaft in der Regel aufgrund fehlender entsprechender Regelungen abzulehnen ist. Der Abbildungskünstler hätte sich daher grundsätzlich vor der Ausübung seiner künstlerischen Tätigkeit über die Trägerschaft und Rechtsform eines Museums sowie deren Regelwerke zu erkundigen, um seine Rechte überprüfen zu können. Die bestehende Rechtslage ist aufgrund divergierender Ansichten in der Rechtsprechung und der Literatur weiterhin unsicher und uneinheitlich, sodass die ohnehin bestehenden Unsicherheiten noch weiter verstärkt würden. Diese Unsicherheit kann dazu führen, dass der Abbildungskünstler bzw. die Allgemeinheit ihre geschützten Grundrechte nicht mehr ausüben und einige Künstler aus diesem Grund vollständig von ihrer künstlerischen Tätigkeit Abstand nehmen.[1143] Eindeutig vorgegebene Eigentumsstrukturen fehlen bislang im Hinblick auf die künstlerische Tätigkeit des Abbildungskünstlers. Zwar soll die Anfertigung von Abbildungen durch den Abbildungskünstler nach dem Ergebnis dieser Arbeit eigentumsrechtlich zulässig sein, sodass Spontanaufnahmen und mithin die spontane Grundrechtsausübung genauso wenig wie spontane Presseaufnahmen per se ausgeschlossen sind.[1144] Dennoch führen die vorhergehenden Erkundigungspflichten insbesondere im Hinblick auf die Verwertung der Abbildungen zu

1143 So bspw. der Fotograph *Gerd Danigel*, der insbesondere zu Zeiten der DDR mittels schwarz-weiß Fotografien den Berliner Lebensalltag in Ostberlin dokumentierte, später aber aufgrund der vielen Fotografiebeschränkungen und Unsicherheiten die Fotografie leider fast vollständig aufgegeben hat, vgl. seine Vita auf https://www.gerd-danigel.de/vita/ (Stand: 18.01.2022, zuletzt besucht am: 17.07.2023).

1144 So aber angenommen von *Uhlenhut*, Panoramafreiheit und Eigentumsrechte, S. 130 f., allerdings zur Begründung der urheberrechtlichen Panoramafreiheit.

einer erheblichen Einschränkung der Grundrechte der Abbildungskünstler. Dieser „Regelungs-Dschungel“ kann daher mittels Schaffung einer eindeutigen gesetzlichen Regelung orientierungssicher überwunden werden. Mithilfe einer eigentumsbeschränkenden Regelung kann schließlich neben der Anfertigung von Abbildungen eines Werkes auch die Zulässigkeit der Verwertung von Abbildungen des Werkes geregelt werden. Zwar erhält die Rechtsprechung durch die Schaffung einer gesetzlichen Regelung einen größeren Entscheidungsspielraum, doch ist dies im Hinblick auf den Schutz der Rechte und Interessen des Abbildungskünstlers sowie der Allgemeinheit gerechtfertigt. Die Kritik bzgl. des Aufweichens vorgeprägter Eigentumsstrukturen überzeugt daher nicht, schließlich ist eine klar geprägte Struktur zumindest im Hinblick auf die Verwertung von Abbildungen eines Baukunstwerkes bislang noch zu vermissen. Mangels klarer Eigentumsstrukturen können diese folglich nicht aufgeweicht werden.

Darüber hinaus wird durch den Erlass einer gesetzlichen Grundlage in Form einer das Eigentum beschränkenden gesetzlichen Regelung die bereits vorherrschende Rechtsprechungspraxis gesetzlich legitimiert. Auf diese Weise werden im Einzelfall u.a. die Wertungen urheberrechtlicher Schrankenregelungen wie bspw. des § 57 UrhG, des § 59 UrhG und des § 50 UrhG auf zulässige Weise berücksichtigt, deren Anwendung in der Rechtsprechung und zum Teil auch in der Literatur bereits vertreten wird.[1145] Gleichzeitig findet der Grundsatz der Gemeinfreiheit weiterhin Berücksichtigung, wenn der Allgemeinheit der Zugang zur Kunst gestattet wird und die Anfertigung und Verwertung von Abbildungen eines Werkes durch einen Abbildungskünstler trotz bestehender Eigentumsrechte des Baukunstwerkeigentümers am äußeren Erscheinungsbild des Werkes zulässig sind.

De lege ferenda ist eine eigentumsbeschränkende Regelung daher interessengerecht, sorgt für eine gesteigerte Rechtssicherheit und ist daher erst recht dringend geboten. Wie bereits herausgearbeitet, ist die Regelung zur Berücksichtigung der Eigentumsrechte des Baukunstwerkeigentümers auf den nötigsten Regelungsumfang zu reduzieren und so konkret wie möglich auszugestalten, ohne sie gleichzeitig zu stark zu beschränken. Dies führt zugleich dazu, dass der Entscheidungsspielraum der Rechtsprechung nicht „uferlos“ gewährt wird. Die Kritik gegen eine gesetzliche Regelung ist daher insgesamt nicht überzeugend. Daher sollen im Folgenden Einschränkungen des Regelungsumfangs einer de

---

1145 Siehe zur Ablehnung einer Anwendung urheberrechtlicher Schranken, insbesondere der Panoramafreiheit in dieser Arbeit unter 4. Kapitel § 1 I.

lege ferenda zu schaffenden gesetzlichen Regelung herausgearbeitet werden, um den Entscheidungsspielraum der Rechtsprechung nicht „ausufern“ zu lassen und das Schutzbedürfnis der Eigentumsfreiheit angemessen zu berücksichtigen.

II. Einschränkung des Regelungsumfangs

1. *Trägerschaft des Museums und Abbildungsort*

So könnten zunächst öffentlich-rechtliche Museen von der Eigentumsbeschränkung ausgenommen werden, sofern sie bereits der Öffentlichkeit gewidmet wurden und sich daher kein Regelungsbedarf dahingehend ergibt. Der Zugang zu Baukunstwerken öffentlich-rechtlicher Museen wird schließlich bereits bei einer entsprechenden Widmung zum Gemeingebrauch ermöglicht. Dies führt zugleich zur Zulässigkeit einer Verwertung von Abbildungen und könnte eine gesetzliche Regelung im Unterschied zu nicht-öffentlichen Museen grundsätzlich entbehrlich machen. Hiergegen sprechen allerdings die zuvor benannten Gründe der Klarstellung und Rechtssicherheit einer gesetzlichen Regelung. Schließlich wird eine Widmung zum öffentlichen Gemeingebrauch nicht bei jedem öffentlich-rechtlichen Museum angenommen. Ausnahmeregelungen führen wiederum zu einer unübersichtlichen Kleinteiligkeit innerhalb der gesetzlichen Regelung, welche die vorgehend kritisierte Einzelfallprüfung von Satzungen und Stiftungszwecken entfallen lassen und Auslegungsfehler der jeweiligen Regelung verhindern soll. Ob eine öffentliche Widmung eines Baukunstwerkes vorliegt, ist dann nicht mehr im Einzelfall zu prüfen. Eine Differenzierung zwischen öffentlich-rechtlichen und nicht-öffentlichen Museen im Regelungsvorschlag ist daher abzulehnen.

Eine Einschränkung der gesetzlichen Regelung im Hinblick auf den Anfertigungsort der Abbildung ist ebenfalls nicht angezeigt. Nach dem Ergebnis dieser Arbeit ist das Anfertigen von Abbildungen sowohl außerhalb des betroffenen Grundstücks als auch bei Betreten des Grundstücks durch einen Abbildungskünstler im Hinblick auf die Eigentumsrechte des Baukunstwerkeigentümers zulässig. Die Anfertigung von Abbildungen wird nicht von den negativen Befugnissen des Baukunstwerkeigentümers umfasst, sodass der Eigentümer aufgrund seiner Eigentumsrechte die Anfertigung von Abbildungen durch den Abbildungskünstler nicht versagen kann. Zudem erfolgt die Verwertung der Abbildungen stets außerhalb des betroffenen Grundstücks, sodass eine Differenzierung dahingehend nicht nachvollziehbar ist. Da eine Abbildung eines Baukunstwerkes durch einen Abbildungskünstler grundsätzlich eigentumsrechtlich zulässig ist, erscheint eine Differenzierung hinsichtlich des

Abbildungsortes auf der Ebene der Verwertung der Abbildung nicht sachgerecht. Mithin sind dahingehend keine Einschränkungen innerhalb der gesetzlichen Regelung vorzunehmen.

2. Objektive Erkennbarkeit und erhebliches Überwiegen der Interessen Dritter

Bei der Schaffung einer gesetzlichen Regelung ist zum Schutz des Privateigentums zu berücksichtigen, dass nicht die Eigentumsrechte generell jedes Eigentümers von der beschränkenden Regelung erfasst werden. Daher ist die gesetzliche Regelung im Hinblick auf den Schutz der Eigentümerinteressen einerseits sowie der verfassungsrechtlichen Privatnützigkeit des Eigentums andererseits zwingend zu beschränken.[1146] Wie bereits vorgehend erläutert, ist ein gesteigertes öffentliches Interesse bezüglich einer beschränkenden Regelung der Eigentümerbefugnisse anstelle bloßer Gemeinwohlgründe erforderlich.[1147] Um auf das Privateigentum des Baukunstwerkeigentümers angemessen Rücksicht zu nehmen und die Eingriffsintensität auf die Eigentumsfreiheit abzuschwächen, müssen die Interessen des Abbildungskünstlers und der Allgemeinheit bezüglich einer Eigentumsbeschränkung objektiv erkennbar sein und darüber hinaus die Interessen des Eigentümers erheblich überwiegen.[1148] Dies impliziert ein gesteigertes, öffentliches Interesse an einer Eigentumsbeschränkung und berücksichtigt gleichzeitig den Verhältnismäßigkeitsgrundsatz der Eigentumsbeschränkung.

Im Hinblick auf das Erfordernis der objektiven Erkennbarkeit ist zunächst festzuhalten, dass der Baukunstwerkeigentümer insbesondere eines Museums in objektiver Kenntnis darüber sein wird, dass die Allgemeinheit an einer Weiterbildung und an der Information über Kunst und somit am Zugang zu künstlerischen Werken interessiert ist.[1149] Schließlich besteht insbesondere bei einem Museum das primäre Interesse des Baukunstwerkeigentümers darin, Dritten den Zugang zur Kunst und kultureller Weiterbildung zu ermöglichen und zu

---

1146 Vgl. *Bergner,* Eigentumsbeschränkungen, S. 134 f.

1147 BVerfG, Beschl. v. 11.10.1988, 1 BvR 743/86 u.a., NJW 1992, 1307 (1308).

1148 Vgl. *Bergner,* Eigentumsbeschränkungen, S. 134 f.

1149 Wie innerhalb der Auslegung des objektiven Empfängerhorizontes ist nicht auf einen beliebigen Dritten abzustellen, sondern auf einen Dritten, der aus demselben Verkehrskreis wie der konkrete Eigentümer stammt und daher über dasselbe Fachwissen etc. verfügt wie der Eigentümer; vgl. hierzu auch *Bergner,* Eigentumsbeschränkungen, S. 134 f. im Hinblick auf Eigentümer im Allgemeinen.

verschaffen. Dem Baukunstwerkeigentümer ist entsprechend seiner eigenen Praxis darüber hinaus objektiv erkennbar, dass der Zugang der Allgemeinheit zum Baukunstwerk neben dem physischen Zugang auch durch den Vertrieb von Abbildungen der Kunstwerke erfolgen kann und ebenfalls erforderlich ist. Deutlicher wird dies bei Berufskünstlern sowie bei Journalisten oder Pressefotografen, die im Rahmen ihrer beruflichen Tätigkeit Abbildungen anfertigen bzw. anschließend gegenüber der Öffentlichkeit verwerten. Das Erfordernis der objektiven Erkennbarkeit ist mithin insbesondere bei Baukunstwerkeigentümern eines Museums gegeben.

Ein erhebliches Überwiegen der Interessen der Allgemeinheit bzw. des Abbildungskünstlers gegenüber den Interessen des Eigentümers wurde bereits vorgehend im Rahmen der grundrechtlichen Verhältnismäßigkeitsprüfung sowohl auf abstrakt-genereller als auch im konkreten Einzelfall dargestellt, wonach ein gesteigertes und somit ein erhebliches Interesse des Abbildungskünstlers und der Allgemeinheit hinsichtlich der Anfertigung und Verwertung der Abbildung eines Baukunstwerkes angenommen wurde. Mithin sind die Voraussetzungen der objektiven Erkennbarkeit sowie ein erhebliches Überwiegen der Interessen und Rechte des Abbildungskünstlers und der Allgemeinheit gegenüber dem Baukunstwerkeigentümer insbesondere eines Museums anzunehmen.

Dies ist bei Abbildungen von Baukunstwerken im Privateigentum anders zu bewerten und ein Privateigentümer daher von einer eigentumsbeschränkenden Regelung auszuschließen. Im Gegensatz zum Eigentümer eines Baukunstwerkes insbesondere eines Museums beabsichtigt ein privater Eigentümer grundsätzlich weder sein Bauwerk der Öffentlichkeit zu präsentieren noch es der Öffentlichkeit zugänglich zu machen. Daher fehlt es bereits an einer objektiven Erkennbarkeit für den Eigentümer, wonach die Allgemeinheit bzw. der Abbildungskünstler ein Interesse an der Verwertung bzw. Zugänglichmachung seines Eigentums haben könnte. Ein Privateigentümer begibt sich im Gegensatz zu einem Eigentümer eines Baukunstwerkes insbesondere eines Museums nicht selbstständig in den öffentlichen Bereich hinein und eröffnet der Allgemeinheit keinen öffentlichen Zugang zu seinem Eigentum. Mithin überwiegen die Interessen des Abbildungskünstlers oder der Allgemeinheit nicht denjenigen des Privateigentümers hinsichtlich einer Einschränkung der Eigentumsrechte. Folglich werden Privateigentümer unter der Voraussetzung der objektiven Erkennbarkeit und einem erheblichen Überwiegen der Interessen Dritter nicht von einer eigentumsbeschränkenden Regelung erfasst. Zugleich wird der Gefahr entgegengewirkt, dass aufgrund einer eigentumsbeschränkenden

Regelung auch das Privateigentum ohne Zustimmung des Eigentümers durch Dritte verwertet wird.

Mithin liegen die Voraussetzungen der objektiven Erkennbarkeit sowie ein erhebliches Überwiegen der Interessen der Allgemeinheit bzw. des Abbildungskünstlers gegenüber den Interessen der Eigentümer sowohl bei Baukunstwerkeigentümern insbesondere eines öffentlich-rechtlichen als auch eines nicht-öffentlichen Museums vor. Hingegen sind die Voraussetzungen bei Privateigentümern von Baukunstwerken nicht erfüllt. Somit ist die vorgeschlagene Regeleinschränkung zum Schutz der Privatnützigkeit des Eigentums sowie der Eigentümerinteressen geeignet und erforderlich.

III. Anwendungsfälle

Um die Intention und den Zweck einer Eigentumsbeschränkung im Einzelfall klarer herauszustellen und gleichzeitig einen Richtweg vorzugeben, sollte die Regelung beispielhaft konkrete Anwendungsfälle definieren, nach denen eine Beschränkung des Eigentums in der Regel in Betracht kommt. Hierdurch wird der Gefahr einer zu weitgehenden Anwendung der Norm und damit einhergehend einer zu starken Beeinträchtigung der Rechte und Interessen des Eigentümers entgegengewirkt, da Regelfälle als Maßstab bei der Auslegung von Einzelfällen herangezogen werden können. Beispielhaft aufzuführen sind daher die oben herausgearbeiteten schützenswerten Grundrechte des Abbildungskünstlers und der Allgemeinheit, mithin der Schutz künstlerischer oder beruflicher Interessen, das allgemeine Informationsbedürfnis sowie die Berichterstattung.

Zudem sollte sich die Eigentumsbeschränkung ausschließlich auf die negativen Befugnisse des Eigentümers beziehen, da im Zusammenhang mit der Anfertigung und Verwertung von Abbildungen durch einen Abbildungskünstler eine Beschränkung der negativen anstatt der positiven Eigentümerbefugnisse vorliegt.

Darüber hinaus sollte zur weiteren Rechtssicherheit durch eine klarstellende gesetzliche Regelung nicht ausschließlich auf die Verwertung von Abbildungen Bezug genommen werden, sondern zudem auch die Anfertigung von Abbildungen mit aufgeführt werden. Zwar wird die Anfertigung von Abbildungen durch den Abbildungskünstler nicht von den negativen Eigentümerbefugnissen mit umfasst, sodass sich der Eigentümer nicht aus seinen Eigentumsrechten dahingehend gegen den Abbildungskünstler zur Wehr setzen kann. Da die Herleitung zu diesem Ergebnis – wie aufgezeigt – nicht eindeutig ist und von Einzelfallkonstellationen abhängt, ist zusätzlich die

Anfertigung von Abbildungen in den Wortlaut der Regelung zur Klarstellung und zur Schaffung von Rechtssicherheit mit aufzunehmen.

Dementsprechend ist weiterhin der Wortlaut nicht auf die kommerziellen Verwertungen zu beschränken, sondern sollte auch die nicht-kommerziellen Verwertungen miterfassen. Dadurch wird ausgeschlossen, dass bei einer Regelung zu ausschließlich kommerziellen Verwertungen von Abbildungen geschlussfolgert wird, dass nicht-kommerzielle Verwertungen im Umkehrschluss nicht von der Eigentumsbeschränkung erfasst werden und durch den Eigentümer folglich untersagt werden könnten.

Eine durch Anwendungsfälle konkretisierte Regelung beseitigt Unsicherheiten der Allgemeinheit und des Eigentümers und schafft gleichzeitig Rechtssicherheit.

IV. Rechtsfolgen

Unter den soeben geprüften Bedingungen und Voraussetzungen ist eine eigentumsbeschränkende Regelung unter verfassungsrechtlichen Gesichtspunkten geboten, sodass dem Baukunstwerkeigentümer in der Rechtsfolge Handlungs-, Duldungs-, und Unterlassungspflichten aufzuerlegen sind.[1150] Die Auferlegung gewisser Handlungspflichten ist erforderlich, um dem Abbildungskünstler durch die Schaffung geeigneter Voraussetzungen die Verwertung von Abbildungen zu gestatten und gleichzeitig der Allgemeinheit den Zugang zu den Abbildungen und mithin zur Kunst zu ermöglichen.[1151] Ferner sind Unterlassungspflichten notwendig, um störende Handlungen des Eigentümers aktiv unterbinden zu können, damit die Verwertung von Abbildungen durch den Abbildungskünstler und zugleich die Zugänglichmachung der Abbildungen an die Allgemeinheit weder beeinträchtigt oder vollständig durch den Eigentümer verhindert werden kann. Weiterhin ist dem Eigentümer auch die Duldung gewisser Handlungen des Abbildungskünstlers aufzuerlegen.

1150 Vgl. so auch *Bergner*, Eigentumsbeschränkungen, S. 134.

1151 Hier könnte es bspw. erforderlich sein, dem Dritten den Zugang zum Museumsgelände oder den Innenräumen zu gewähren (ggf. auch außerhalb der Öffnungszeiten, um dritte Museumsbesucher durch die Aufnahme nicht zu stören, was aber primär bei Innenaufnahmen beweglicher Kunstwerke relevant wird) damit dieser auch Innenaufnahmen des Baukunstwerkes anfertigen kann, oder gewisse Lichtverhältnisse zu schaffen, die außerhalb des Einflussbereichs des Dritten liegen, wobei letzteres voraussichtlich ebenfalls primär bei beweglichen Kunstwerken von Relevanz sein wird.

V. Regelungsvorschlag einer legislativen Intervention

Unter der Beachtung der zuvor herausgearbeiteten Voraussetzungen ist entsprechend der Systematik des § 1004 BGB der bislang bestehende § 903 BGB in zwei Absätze zu untergliedern, sodass ein neu einzufügender zweiter Absatz eine Eigentumsbeschränkung unter bestimmten Voraussetzungen ermöglicht.[1152] Folgender Wortlaut einer eigentumsbeschränkenden Regelung soll daher vorgeschlagen werden:

> *„(2) Das Recht des Eigentümers eines Baukunstwerkes, andere von jeder Einwirkung auszuschließen, ist eingeschränkt, soweit objektiv erkennbare und gewichtige Interessen Dritter diejenigen des Eigentümers erheblich überwiegen, insbesondere wenn ein außerordentliches Verwertungsinteresse der Allgemeinheit besteht. Die Interessen des Eigentümers überwiegen in der Regel nicht erheblich, wenn der Eigentümer sein Eigentum öffentlich zugänglich macht und Dritte Abbildungen von dem Eigentum zum Zwecke ihrer künstlerischen oder beruflichen Betätigung, des allgemeinen Informationsbedürfnisses oder der Berichterstattung anfertigen oder verwerten. Der Eigentümer hat in diesem Fall zur Durchsetzung der Interessen Dritter im Sinne des Satzes 1 geeignete Handlungen vorzunehmen, zu dulden oder zu unterlassen.“*

VI. Zwischenergebnis

Um die Rechte und Interessen des Abbildungskünstlers und der Allgemeinheit im Hinblick auf die Anfertigung und Verwertung von Abbildungen von Baukunstwerken hinreichend zu schützen, ist de lege ferenda eine entsprechende Regelung in Form eines zweiten Absatzes in den § 903 BGB zu integrieren. Die verfassungsrechtlich normierte Sozialpflichtigkeit des Eigentums erfordert eine angemessene Berücksichtigung der Interessen und Rechte des Abbildungskünstlers und der Allgemeinheit, die aufgrund des grundrechtlichen Gesetzesvorbehaltes des Art. 14 Abs. 1 S. 2 GG ausschließlich durch eine gesetzliche Regelung ermöglicht wird. Auf diese Weise werden die bestehenden Unsicherheiten der Abbildungskünstler beseitigt, wonach de lege lata in der Regel die Abbildung und im Einzelfall auch die Verwertung von Abbildungen der dem Gemeingebrauch gewidmeten öffentlich-rechtlichen Museen zulässig ist. Mittels einer beschränkenden, gesetzlichen Regelung wird dahingehend Klarheit geschaffen. Zudem finden die Wertungen der urheberrechtlichen Schranken

---

1152 *Bergner*, Eigentumsbeschränkungen, S. 134, schlägt vor, § 903 um einen dritten Satz um folgende Formulierung zu erweitern: „Der Eigentümer hat Handlungen vorzunehmen, zu dulden oder zu unterlassen, soweit die objektiv erkennbaren Interessen eines Dritten daran die des Eigentümers erheblich übersteigen“.

innerhalb der erforderlichen Interessenabwägung Berücksichtigung. Insbesondere gelangen somit die Panoramafreiheit des § 59 UrhG in einer stärkeren Ausprägung genauso wie die Berichterstattung aus § 50 UrhG sowie § 57 UrhG zur Anwendung. Darüber hinaus wird auch der Grundsatz der Gemeinfreiheit indirekt berücksichtigt, da die Anfertigung von Abbildungen und im Einzelfall auch die Verwertung von Abbildungen eigentumsrechtlich zulässig ist.

§ 3 Rechtsfolgen der gesetzlichen Eigentumsbeschränkung

Eine de lege ferenda zu schaffende gesetzliche eigentumsbeschränkende Regelung ermöglicht es, die negativen Eigentümerbefugnisse bei überwiegenden Rechten und Interessen des Abbildungskünstlers bzw. der Allgemeinheit zu begrenzen. Ob diese Norm den Eigentumsinhalt mitdefiniert oder die tatsächliche Rechtsausübung beeinträchtigt und welche Auswirkungen die jeweilige Einordnung mit sich bringt, wird im Folgenden betrachtet.

I. Auswirkungen auf den Eigentumsinhalt

Infolge der Eigentumsbeschränkung könnte der Eigentumsinhalt mitdefiniert werden, wenn der Eigentümer in seinen negativen Eigentümerbefugnissen eingeschränkt und das Eigentumsrecht des § 903 S. 1 BGB von Anfang an als nicht bestehend betrachtet wird. Vorgehend wurde bereits dargestellt, dass die negativen Befugnisse des Eigentümers neben den positiven Befugnissen den Eigentumsinhalt bilden und keine ausschließlich dienende Funktion innehaben.[1153] Entscheidend ist daher, ob auch eine Beschränkung der negativen Eigentümerbefugnisse den Eigentumsinhalt des § 903 S. 1 BGB mitprägt oder ob sie lediglich die tatsächliche Rechtsausübung des Eigentümers tangiert, die ggf. nicht als Teil des Eigentumsinhalts zu betrachten ist. Daher sind vorab die Bedeutung und der Inhalt der tatsächlichen Rechtsausübung herauszuarbeiten und zu prüfen, ob diese ebenfalls als Teil des Eigentumsinhalts betrachtet wird oder diesen vielmehr unberührt lässt.

Dabei ist zunächst die Ansicht abzulehnen, wonach die tatsächliche Rechtsausübung zwar als Teil der negativen Eigentümerbefugnisse aufzufassen sei, aber gleichzeitig nicht vom Eigentumsinhalt mitumfasst werde.[1154] Da der

---

1153 Siehe oben unter 3. Kapitel § 4 II.

1154 Dafür, dass der Eigentumsinhalt und die tatsächliche Rechtsausübung voneinander unabhängig sind: *Bergner*, Eigentumsbeschränkungen, S. 41 ff., 45, der dann aber über eine bestimmte Konstruktion gesetzliche Eigentumsbeschränkungen

Eigentumsinhalt sowohl von den positiven als auch den negativen Befugnissen geprägt wird,[1155] kann die tatsächliche Rechtsausübung als vermeintlicher Teil der negativen Befugnisse nicht vom Eigentumsinhalt abgespalten werden.

Daher könnte die tatsächliche Rechtsausübung ausschließlich die tatsächliche Geltendmachung eines eigentumsrechtlichen Anspruchs bspw. aus § 1004 BGB oder § 823 BGB umfassen.

Andererseits könnte die tatsächliche Rechtsausübung als faktische Ausübung des Rechts aufgefasst werden und eine rein abstrakte Möglichkeit unabhängig von einer tatsächlichen Anspruchsgrundlage zur Geltendmachung der Ausschließungsrechte abbilden.

Sofern die tatsächliche Rechtsausübung als Teil der negativen Eigentümerbefugnisse ausgelegt würde und sie die faktische Ausübung der negativen Eigentümerbefugnisse mitumfasste, so führte ein einschränkendes Gesetz konsequent zu einer Beschränkung des Eigentumsinhalts. Gegen eine Beschränkung des Eigentumsinhaltes ist allerdings anzuführen, dass die negativen Eigentümerbefugnisse zunächst nur eine abstrakte Möglichkeit einer Rechtsausübung gewähren. Ob der Eigentümer von diesen abstrakt bestehenden Befugnissen tatsächlich Gebrauch macht, spricht schon dem Wortsinn nach für eine Trennung zwischen der tatsächlichen Rechtsausübung und den negativen Befugnissen des Eigentümers.

Die tatsächliche Rechtsausübung ist daher vielmehr im Sinne einer tatsächlichen Durchsetzbarkeit eines konkreten Rechts anstelle einer abstrakten Möglichkeit zur Geltendmachung von Ansprüchen aufzufassen. Dies spricht daher dafür, die tatsächliche Rechtsausübung als eigenständig neben den Inhalt des Eigentums tretenden Bestandteil aufzufassen, der erst mithilfe einer anspruchsbegründenden Norm realisiert werden kann.[1156] Mithin ist die tatsächliche Rechtsausübung nicht als Teil des Eigentumsinhalts anzusehen, sondern im

---

den positiven Einwirkungsrechten zuweist – dieser Konstruktion bedarf es hier nicht; anders hingegen *Boecken*, Deliktsrechtlicher Eigentumsschutz, S. 192 ff.

1155 Siehe hierzu oben unter 3. Kapitel § 4 II.

1156 Zu näheren Ausführungen dahingehend, dass die tatsächliche Rechtsausübung keinen Teil des Eigentumsinhalts bildet siehe auch *Bergner*, Eigentumsbeschränkungen, S. 39, 43 f.; ebenso Gsell/Krüger/Lorenz/Reymann/*Sponheimer*, BeckOGK BGB, § 1004 Rn. 203.1, der wohl die negativen Eigentümerbefugnisse als Teil des Eigentumsinhalts als abstrakte Möglichkeit einer tatsächlichen Rechtsausübung ansieht, sodass diese neben den positiven und negativen Eigentümerbefugnissen als eigenständiger Teil besteht und daher nicht als Teil des Eigentumsinhalts anzusehen ist – dies ergibt sich daraus, dass *Sponheimer*

Sinne einer tatsächlichen Rechtsdurchsetzung zu verstehen, die mithilfe einer anspruchsbegründenden Norm wie bspw. des § 1004 BGB oder des § 823 BGB durchgesetzt werden kann. Daher ist entscheidend, ob der herausgearbeitete Regelungsvorschlag den Eigentumsinhalt beeinflusst oder stattdessen die davon abstrakt zu betrachtende Ebene der tatsächlichen Rechtsausübung betrifft.

Für eine Beschränkung der tatsächlichen Rechtsausübung spricht ein Vergleich mit den Vorschriften des § 1004 Abs. 2 BGB sowie des § 906 Abs. 2 S. 2 BGB, nach denen der Eigentümer ebenfalls bestimmte Handlungen Dritter hinzunehmen hat. In diesen Konstellationen handelt es sich um rechtshindernde Einwendungen, die eine Duldungspflicht statuieren und daher das Eigentumsrecht inhaltlich unberührt lassen.[1157] Eine Duldungspflicht, ähnlich wie sie in den Vorschriften des § 1004 Abs. 2 BGB und des § 906 Abs. 2 BGB geregelt wird, könnte ebenfalls der vorgehend normierte gesetzliche Regelungsvorschlag statuieren, sodass die hierzu entwickelten Grundsätze entsprechend übertragen werden und mithin gegen eine Beschränkung des Eigentumsinhalts und stattdessen für eine Beschränkung der tatsächlichen Rechtsausübung sprächen.

Ein Vergleich des herausgearbeiteten Regelungsvorschlags mit der Vorschrift des § 906 Abs. 1 BGB und der dort konstituierten Duldungspflicht des Eigentümers spricht indes für eine Auswirkung auf den Eigentumsinhalt, da das Verbietungsrecht des Eigentümers gem. § 906 BGB durch gesetzliche Vorschriften, Rechtsverordnungen oder Verwaltungsvorschriften eingeschränkt wird. Entsprechend dieser Norm liegt schließlich aufgrund des begrenzten Inhalts des Eigentumsrechts keine Eigentumsbeeinträchtigung vor, da bereits der Inhalt der Eigentumsrechte von Anfang verkürzt und folglich nicht betroffen sein kann.[1158] Dies wird dadurch gestützt, dass das Eigentum inhaltlich sowohl durch die positiven als auch die negativen Befugnisse des Eigentümers geprägt wird. Sofern die negativen Befugnisse als Teil des Eigentumsinhalts durch eine

---

in der Duldungspflicht nach § 1004 Abs. 2 BGB eine *abstrakte* Eigentumsbeeinträchtigung sieht, also gerade keine *konkreten* Folgen für das Eigentum bzw. seinen Inhalt annimmt.

1157 Staudinger/*Roth*, BGB, § 906 Rn. 3; Staudinger/*Thole*, BGB, § 1004 Rn. 482; Gsell/Krüger/Lorenz/Reymann/*Spohnheimer*, BeckOGK BGB, § 1004 Rn. 203.1, wonach trotz Vorliegen einer Duldungspflicht jedenfalls eine abstrakte Eigentumsbeeinträchtigung i.S.d. § 1004 Abs. 1 BGB vorliegen solle; offen gelassen wird dies von Soergel/*Münch*, BGB, § 1004 Rn. 235 mangels Auswirkungen auf die Beweislastverteilung.

1158 Vgl. Staudinger/*Thole*, BGB, § 1004 Rn. 68.

gesetzliche Regelung beschränkt werden, so wird auch der Eigentumsinhalt des § 903 S. 1 BGB von Anfang an verkürzt, sodass nicht lediglich die tatsächliche Rechtsausübung betroffen ist. Sofern die eigentumsbeschränkende Norm einschlägig ist, wird das Eigentum daher bereits inhaltlich verkürzt und betrifft mithin nicht lediglich die tatsächliche Rechtsausübung als tatsächliche Rechtsdurchsetzung. Im Folgenden sollen daher die Konsequenzen einer den Eigentumsinhalt verkürzenden Regelung dargestellt werden.

II. Auswirkungen auf die Beweislastverteilung

Eine den Eigentumsinhalt verkürzende und mitdefinierende gesetzliche Regelung könnte sich zunächst insofern auf die Beweislastverteilung auswirken,[1159] als dass der Eigentümer aufgrund der allgemeinen Beweislastverteilung das Vorliegen etwaiger Eigentumsbeschränkungen als Teil des Eigentumsinhaltes nachzuweisen hätte. Sofern die Beschränkungen den Eigentumsinhalt mitprägen, handelte es sich bei dem Bestehen des Eigentums um eine für die Geltendmachung eigentumsrechtlicher Ansprüche erforderliche und daher für den Eigentümer günstige und mithin von ihm vorzutragende Tatsache. Andererseits könnte die Beweislast im Hinblick auf die gesetzliche Regelung weiterhin dem Abbildungskünstler obliegen. Vorab ist daher zu diskutieren, ob § 903 S. 1 BGB eigenständige Regelungen zur Beweislast enthält oder ob sich diese nach der im Einzelfall einschlägigen anspruchsbegründenden Norm richtet.[1160]

Für letzteres spricht, dass § 903 BGB keine eigene Anspruchsgrundlage darstellt und das Bestehen eines Eigentumsrechts daher innerhalb der jeweiligen Anspruchsnorm zu prüfen ist. Mithin könnten die Beweislastregelungen aus der entsprechenden Anspruchsnorm abgeleitet werden.[1161] Dafür ist die

---

1159 Soergel/*Münch*, BGB, § 1004 Rn. 235 sowie Staudinger/*Thole*, BGB, § 1004 Rn. 69 hingegen halten eine Differenzierung für unbeachtlich, ob der Eigentumsinhalt von Anfang an verkürzt ist oder der Eigentumsinhalt unberührt bleibt und stattdessen nur eine hiervon differenziert zu betrachtende tatsächliche Rechtsausübung beschränkt wird, da diese zu keiner abweichenden Beweislastverteilung führe, sodass eine Differenzierung folgenlos bliebe; diese Tendenz scheint auch *Bergner* zu haben, vgl. *Bergner*, Eigentumsbeschränkungen, S. 49 der es für unerheblich hält, ob die Zuweisung nur zunächst ungekürzt erfolgt (Außentheorie) oder aber von Anfang an ungekürzt (Immanenztheorie) erfolgt.

1160 So bspw. Soergel/*J.F. Baur*, § 903 Rn. 13, der ebenfalls eine inhaltliche Bestimmung des Eigentums mittels der Beschränkungen aufgrund Gesetzes oder Rechten Dritter annimmt, als anspruchsbegründende Norm käme z.B. § 1004 BGB in Betracht.

1161 Vgl. Soergel/*J.F. Baur*, § 903 Rn. 13 f.

Beweislastregelungen des § 1004 BGB zu betrachten, schließlich ist die vorgeschlagene Regelung ob ihrer Duldungs- und Unterlassungspflichten in ihrer Gestaltung mit den Regelungen des § 1004 BGB vergleichbar, sodass die hierzu bereits entwickelten Grundsätze und Überlegungen übertragen werden könnten. § 1004 BGB bürdet dem sich auf die Duldungs- oder Unterlassungspflichten berufenden Abbildungskünstler die Beweislast auf.[1162] Allerdings wirkt sich die Duldungs- oder Unterlassungspflicht nicht auf die Eigentumseinwirkung und somit nicht auf den Inhalt des Eigentums aus, sondern hindert die Durchsetzung des Rechtsanspruchs als tatsächliche Rechtsausübung.[1163] Dies widerspricht indes der zuvor herausgearbeiteten Systematik zu § 903 S. 1 BGB, wonach eine eigentumsbeschränkende Regelung die negativen Eigentümerbefugnisse und mithin den Eigentumsinhalt mitprägt und nicht lediglich die Durchsetzung des Rechtsanspruchs hindert. Eine zu duldende Eigentumseinwirkung besteht schließlich nicht mehr, wenn der eigentumsrechtliche Schutz des Eigentümers aufgrund einer beschränkenden Regelung bereits entfallen ist. Diese Ansicht ist somit mangels ihrer Vereinbarkeit mit dem herausgearbeiteten Verständnis zu § 903 BGB abzulehnen, sodass die Beweislastregel aus § 903 S. 1 BGB abzuleiten ist.

Konsequent könnte daher dem Eigentümer die Beweislast hinsichtlich der Eigentumsbeschränkungen aufzuerlegen sein, da die Beschränkungen den Eigentumsinhalt mitdefinieren. Konkret hätte der Eigentümer somit das Nichtvorliegen von Eigentumsbeschränkungen zu beweisen, da das Vorliegen von Beschränkungen seine Eigentumsrechte mitbestimmt und somit für die Geltendmachung seiner eigentumsrechtlichen Ansprüche nachteilig ist. Dies führt allerdings zu einer Umkehr der üblichen Beweislastverteilung, schließlich würde dem Eigentümer dadurch die Beweislast auch bezüglich der für ihn ungünstigen Eigentumsbeschränkungen auferlegt. Indes trägt grundsätzlich jede Partei die Beweislast nur hinsichtlich der für sie günstigen Tatsachen. Eine dem Eigentümer obliegende Beweislast ist zudem hinsichtlich der Eigentumsbeschränkungen bei einer praxisnahen Betrachtung nicht zielführend, da der Eigentümer im gerichtlichen Zivilprozess keinen Beweis über die für ihn ungünstigen Tatsachen anträte. Die Beweislastverteilung liefe praktisch ins

---

1162 MüKo/*Raff*, BGB, Bd. 8, § 1004 Rn. 321 ff.; Gsell/Krüger/Lorenz/Reymann/*Spohnheimer*, BeckOGK BGB, § 1004 Rn. 203.1.

1163 Hierzu näher schon oben unter 5. Kapitel § 3 I.; Gsell/Krüger/Lorenz/Reymann/*Spohnheimer*, BeckOGK BGB, § 1004 Rn. 203.1, wonach trotz Vorliegen einer Duldungspflicht jedenfalls eine abstrakte Eigentumsbeeinträchtigung i.S.d. § 1004 Abs. 1 BGB vorliegen solle.

Leere, sodass schließlich der Abbildungskünstler den Beweis für das Vorliegen von Eigentumsbeschränkungen antreten müsste.

Daher ist eine differenzierte Beweislastverteilung vorzugswürdig, wonach der Eigentümer ausschließlich die ihm grundsätzlich zustehenden Eigentümerbefugnisse unter Ausschluss der Eigentumsbeschränkungen zu beweisen hat, unabhängig davon ob sie den positiven oder negativen Eigentümerbefugnissen zuzurechnen sind.[1164] Hingegen obliegt dem Abbildungskünstler die Beweislast bezüglich der eigentumsbeschränkenden Regelungen als grundsätzlicher Bestandteil der negativen Befugnisse.[1165] Hierfür spricht das Regel-Ausnahmeverhältnis des § 903 S. 1 BGB, wonach das Eigentum hinsichtlich seiner Art und seinem Umfang vollumfassend wirkt, solange keine Beschränkungen vorgetragen werden.[1166] Der Abbildungskünstler hat dann das Nichtvorliegen negativer Befugnisse des Eigentümers aufgrund beschränkender Regelungen nachzuweisen. Dies ist konsequent und führt im Ergebnis zu einer gerechten und praxistauglichen Beweislastregelung im Sinne einer üblichen Beweislastverteilung. Mithin hat der sich auf die Eigentumsbeschränkung berufende Abbildungskünstler die Beweislast hinsichtlich sämtlicher für ihn anspruchsbegründenden Tatsachen zu tragen, sodass dem Baukunstwerkeigentümer die Beweislast hinsichtlich der Eigentumsbeschränkungen nicht obliegt, obwohl diese einen Teil des Eigentumsinhalts darstellen. Dadurch bleibt die grundsätzliche Beweislastverteilung erhalten und jede Partei hat die Beweislast bezüglich der für sie günstigen Tatsachen zu tragen. Im Ergebnis wirkt sich die Beschränkung des Eigentumsinhaltes des § 903 S. 1 BGB durch eine eigentumsbeschränkende Regelung nicht auf die übliche Beweislastverteilung aus.

III. Konkrete Ausgestaltung der Beweislastverteilung

Grundsätzlich obliegt nach den vorhergehenden Erläuterungen dem Abbildungskünstler die Beweislast hinsichtlich der Voraussetzungen einer eigentumsbeschränkenden Regelung. Er hat daher die i.S.d. § 903 Abs. 2 BGB-Entwurf

---

1164 So Gsell/Krüger/Lorenz/Reymann/*Lakkis*, BeckOGK BGB, § 903 Rn. 241 ff.

1165 Gsell/Krüger/Lorenz/Reymann/*Lakkis*, BeckOGK BGB, § 903 Rn. 241 f.

1166 Staudingers/*Althammer*, BGB, § 903 Rn. 4; Gsell/Krüger/Lorenz/Reymann/*Lakkis*, BeckOGK BGB, § 903 Rn. 120, 241, wobei der Grundsatz der Unbeschränktheit in der Praxis im Hinblick auf unbewegliche Sachen kaum zu berücksichtigen sein könne, da insbesondere bei Immobilien zahlreiche Beschränkungen und Vorgaben existieren, was zu einer Umkehr des Regel-/Ausnahmeverhältnisses im praktischen Ergebnis führe. Auf dieses Sonderproblem kann aufgrund des beschränkten Umfangs allerdings nicht weiter eingegangen werden.

erforderlichen Tatsachen dafür darzulegen, dass „gewichtige und objektiv erkennbare Interessen Dritter denjenigen des Eigentümers erheblich überwiegen“. Hier obliegt ihm die Beweislast grundsätzlich dahingehend, dass er sowohl in seinen zuvor dargestellten Grundrechten betroffen ist als auch dass die Allgemeinheit in ihrem Informationsinteresse und mithin in ihren Zugangsmöglichkeiten zur Kunst beeinträchtigt wird. Der hier vorgeschlagene § 903 Abs. 2 BGB-Entwurf enthält daher in seinem zweiten Satz eine Regelvermutung und damit eine Beweislastumkehr zugunsten des Abbildungskünstlers, die sich konkret auf die Verwertung von Abbildungen bezieht. Demnach sollen die Interessen des Eigentümers in bestimmten Konstellationen denjenigen des Dritten in der Regel nicht überwiegen, bspw. sofern die Verwertung aus künstlerischen schützenswerten Interessen oder zur Befriedigung des allgemeinen Informationsbedürfnisses erfolgt. Daher wird vermutet, dass die Interessen des Abbildungskünstlers denjenigen des Eigentümers überwiegen. Mithin obliegt es dem Eigentümer, diese Vermutung zu widerlegen und ein Überwiegen seiner Interessen gegenüber denjenigen des Abbildungskünstlers bzw. der Allgemeinheit nachzuweisen. Eine Beweislastumkehr ist gerechtfertigt, da die vorgenommene grundrechtliche Interessenabwägung ein erhebliches Überwiegen der Interessen des Abbildungskünstlers und der Allgemeinheit gegenüber denjenigen des Eigentümers aufzeigen konnte und daher mittels dieser Vermutungsregelung das besondere Schutzbedürfnis des Abbildungskünstlers sowie der Allgemeinheit zum Ausdruck gebracht wird. Dadurch wird dem Abbildungskünstler und der Allgemeinheit eine erleichterte und verstärkte Geltendmachung ihrer Rechte ermöglicht. Im Ergebnis bleibt die übliche und grundsätzlich vorherrschende Beweislastverteilung bestehen. Schließlich hat weiterhin jede Partei die für sie günstigen Tatsachen zu beweisen, die mit einer Beweiserleichterung für den Abbildungskünstler versehen wurden.

§ 4 Ergebnis

Es konnte aufgezeigt werden, dass le lege ferenda eine legislative Intervention erforderlich und mithin begründet ist. § 903 BGB ist daher um einen zweiten Absatz zu ergänzen, wonach im Einzelfall sowohl die kommerzielle als auch die nicht-kommerzielle Verwertung von Abbildungen durch Dritte ermöglicht wird und aus rein klarstellenden Gründen auch die Anfertigung von Abbildungen zulässig ist. Eine Lösung des Interessenkonfliktes zwischen den Interessen des Eigentümers und den Interessen des Abbildungskünstlers sowie der Allgemeinheit unterliegt gem. Art. 14 Abs. 2 S. 2 GG dem Auftrag des Gesetzgebers. Aufgrund des Gesetzesvorbehaltes aus Art. 14 Abs. 1 S. 2 GG kann dieser Konflikt de lege ferenda ausschließlich durch die Schaffung einer gesetzlichen Eigentumsbeschränkung gelöst werden. Nur durch eine Beschränkung der negativen Befugnisse des Baukunstwerkeigentümers werden die Interessen des Abbildungskünstlers hinsichtlich der Anfertigung und Verwertung von Abbildungen des Baukunstwerkes berücksichtigt und der Allgemeinheit ein größtmöglicher Zugang zur Kunst und die Befriedigung ihrer kulturellen Bedürfnisse ermöglicht. Dabei wurde herausgearbeitet, dass die Interessen des Abbildungskünstlers und der Allgemeinheit am Zugang zur Kunst die Interessen des Baukunstwerkeigentümers überwiegen und eine Beschränkung der Eigentumsrechte insbesondere eines öffentlich-rechtlichen und eines nichtöffentlichen Museums mithin verhältnismäßig ist. Gleichzeitig wurde gezeigt, dass einem öffentlich-rechtlichen Museum kein Grundrechtsschutz gewährt wird, da es lediglich den Grundrechten gegenüber verpflichtet, aber nicht gleichzeitig berechtigt ist und somit eine Grundrechtsfähigkeit abzusprechen ist. Gleichzeitig wird der Rechtsprechung durch die de lege ferenda zu schaffende gesetzliche Regelung die gesetzliche Befugnis und ein angemessener sowie gerechtfertigter Gestaltungsspielraum eingeräumt, sodass unter einer angemessenen Berücksichtigung der Interessen des Abbildungskünstlers und der Allgemeinheit sowie des Eigentümers eines Baukunstwerkes die Eigentümerbefugnisse durch die Rechtsprechung beschränkt werden können. Dadurch werden die bestehenden rechtlichen Unsicherheiten beseitigt und Rechtssicherheit geschaffen. Aufgrund fehlender vorgeprägter Eigentumsstrukturen werden diese nicht aufgeweicht. Stattdessen erhält die bisherige Rechtsprechungspraxis eine gesetzliche Legitimierung zur Beschränkung des Eigentumsinhaltes, indem infolge einer gesetzlichen Regelung die Wertungen der urheberrechtlichen Schranken berücksichtigt werden und zugleich der Grundsatz der Gemeinfreiheit weiterhin zur Anwendung gelangt. Zugleich enthält § 903 Abs. 2 S. 2 BGB-Entwurf aufgrund des besonderen Schutzbedürfnisses des Abbildungskünstlers sowie der Allgemeinheit im Hinblick auf ihr Informationsbedürfnis an der Kunst eine Beweiserleichterung, wonach ein Überwiegen ihrer Interessen vermutet wird. Sofern der Eigentümer somit sein Eigentum öffentlich zugänglich macht und der Abbildungskünstler Abbildungen zum Zwecke der künstlerischen oder beruflichen Betätigung, zur Befriedigung des allgemeinen Informationsinteresses oder zur Berichterstattung verwerten möchte, überwiegen seine Interessen in der Regel denjenigen des Eigentümers. Mithin obliegt es dann wiederum dem Eigentümer, Tatsachen für das Überwiegen seiner Eigentumsinteressen vorzubringen und nachzuweisen. Eine Veränderung der üblichen Beweislastverteilung bewirkt dies nicht, schließlich hat weiterhin jede Partei die für sie günstigen Tatsachen zu beweisen. Dadurch wird eine erleichterte und vermehrte Geltendmachung der Rechte des Abbildungskünstlers bzw. der Allgemeinheit ermöglicht und das grundsätzliche Überwiegen ihrer grundrechtlichen Interessen gegenüber denjenigen des Eigentümers symbolisiert. Eine Eigentumsbeschränkung hat demnach zur Folge, dass der Eigentumsinhalt dahingehend von Anfang an verkürzt ist.

Resumé und Ausblick

Gegenstand der vorliegenden Untersuchung war das Konkurrenzverhältnis zwischen dem sachenrechtlichen Eigentumsrecht gem. § 903 S. 1 BGB an Baukunstwerken und den immaterialgüterrechtlichen Urheberrechten des Abbildungskünstlers an Abbildungen dieser Baukunstwerke. Die Arbeit beschränkte sich in ihrem Kern auf Abbildungen gemeinfreier Baukunstwerke, da die Urheberrechte des Baukunstwerkurhebers häufig bereits abgelaufen sind und eine freie Nutzbarkeit von Abbildungen im Sinne des Urheberrechtsgesetzes durch den Abbildungskünstler nur bei einem gemeinfrei gewordenen Baukunstwerk möglich ist. Ausgenommen von dem Forschungsgegenstand wurden folglich das Konkurrenzverhältnis zu dem Baukunstwerkurheber, das Verhältnis zu reinen Abbildenden ohne einen urheberrechtlichen Schutz als sog. „Kopierer" eines Werkes sowie Abbildungen beweglicher Kunstwerke bspw. innerhalb der Räumlichkeiten eines Baukunstwerkes. Insbesondere wurden Baukunstwerke eines Museums betrachtet, da sich aus der Stellung eines Museums Besonderheiten bspw. innerhalb der Duldungspflichten des Baukunstwerkeigentümers ergeben. Dabei galt es zuvörderst herauszuarbeiten, ob de lege lata bereits ein hinreichend gerechter Ausgleich zwischen den Interessen und Urheberrechten des Abbildungskünstlers und den Eigentumsrechten des Baukunstwerkurhebers besteht oder ob dieser Ausgleich de lege ferenda durch eine legislative Intervention zukünftig zu schaffen ist. Die folgenden wichtigsten Ergebnisse konnten dabei herausgearbeitet werden.

Um den Begriff der Baukunstwerke in Bezug auf daran bestehende Eigentumsrechte i.S.d. § 903 S. 1 BGB greifbar zu machen, wurde eine Definition für den Begriff der Kunst im sachenrechtlichen Eigentumsrecht des § 903 S. 1 BGB herausgearbeitet. Dieser sachenrechtliche Kunstbegriff ist tendenziell eng auszulegen und soll identisch mit dem immaterialgüterrechtlichen Begriff eines urheberrechtlichen Werkes verstanden werden. Demnach sind Bauwerke als Kunstwerke zu qualifizieren, sofern sie eine persönliche Schöpfung aufweisen, wahrnehmbar sind und eine gewisse Individualität und Gestaltungshöhe aufweisen, ohne eine besonders hohe Schutzuntergrenze innerhalb der Gestaltungshöhe zu fordern. Als Baukunstwerke insbesondere eines Museums sind somit das Museumsgebäude, die zu dem Museumsgrundstück gehörenden Parkanlagen, die Gartengestaltung, Plätze und darauf befindliche Denkmäler genauso wie besonders gestaltete Fassaden, Treppenhäuser oder Decken eines Museums zu bezeichnen, sofern eine künstlerische Leistung vorliegt, die sich nach der herrschenden Auffassung der mit der Kunstanschauung Vertrauten sowie den für Kunst empfänglichen maßgeblichen Kreisen bestimmt. Dabei können öffentlich-rechtliche Museen aufgrund ihrer Rechtsform und Rechtsfähigkeit als juristische Person des öffentlichen Rechts oder des Privatrechts eigenständig Eigentum an einem Baukunstwerk erwerben, sofern sie in öffentlich-rechtlicher Trägerschaft betrieben werden und mittelbar durch den Staat oder eine Kommune verwaltet werden. Auch der Träger eines nicht-öffentlichen Museums kann bspw. als Privatperson oder privates Unternehmen Eigentum an Baukunstwerken erwerben. Sofern hingegen ein öffentlich-rechtliches Museum unmittelbar durch den Staat oder die Kommune verwaltet wird, erwirbt der hinter dem Museum stehende Staat, das Land bzw. die jeweilige Kommune das Eigentum aufgrund der unselbstständigen und nicht-rechtsfähigen Rechtsform des Museums.

Damit das Konkurrenzverhältnis zwischen den Urheberrechten des Abbildungskünstlers und den Eigentumsrechten des Baukunstwerkeigentümers zunächst dem Grunde nach begründet werden konnte, wurde sowohl ein verfassungsrechtlicher als auch ein einfachgesetzlicher, urheberrechtlicher Schutz des Abbildungskünstlers bezüglich der Anfertigung und Verwertung einer von ihm gefertigten künstlerischen Abbildung eines Baukunstwerkes herausgearbeitet. So wird der Abbildungskünstler bei der Erschaffung eines Kunstwerkes verfassungsrechtlich durch die Kunstfreiheit gem. Art. 5 Abs. 3 GG sowohl in seinem Werk- als auch in seinem Wirkbereich geschützt. Demnach wird die Anfertigung einer Abbildung als Kunstwerk und ihre öffentliche Verbreitung, Darbietung sowie die kommerzielle und nicht-kommerzielle Verwertung als essenzieller Teil der Kunstfreiheit erfasst. Gleichzeitig wird der Abbildungskünstler hinsichtlich der Anfertigung und Verwertung seiner Abbildungen urheberrechtlich geschützt, sofern er durch die Abbildung ein eigenes urheberrechtliches Werk gem. § 2 UrhG erschaffen hat. So verkörpern sowohl Fotografien als auch filmische Abbildungen von Baukunstwerken aufgrund des sich ergebenden Gestaltungsspielraums und der Möglichkeit des Ausdrucks an Individualität und Kreativität ein urheberrechtliches Werk, genauso wie das filmische Einzelbild. Auch fotografische Reproduktionsaufnahmen eines Baukunstwerkes können aufgrund ihrer Dreidimensionalität und des sich daraus ergebenden tendenziell größeren Gestaltungsspielraums als bei zweidimensionalen Vorlagen eine urheberrechtliche Werksqualität erreichen. Bei technischen Reproduktionsaufnahmen durch Scan-Aufnahmen ist dies indes mangels einer persönlichen Schöpfung und individueller Einflussmöglichkeiten des Abbildenden abzulehnen und allenfalls ein Lichtbild gem. § 72 UrhG anzunehmen. Der urheberrechtliche Schutz der Abbildung bleibt bei bereits entstandener Gemeinfreiheit des abgebildeten Baukunstwerkes bestehen. § 68 UrhG hebt bei eingetretener Gemeinfreiheit des Baukunstwerkes lediglich den Lichtbildschutz an der Abbildung auf und lässt den Schutz urheberrechtlicher Abbildungen unberührt. Auch Abbildungen in Form der Malerei, der Zeichnung oder des Nachbaus in Form von Plastiken und Skulpturen können ein urheberrechtliches Werk und mithin ein Kunstwerk verkörpern. Sofern das Baukunstwerk originalgetreu nachgebaut wird, liegt keine schöpferische Leistung des Abbildenden und somit kein urheberrechtliches Werk vor.

Um ein Konkurrenzverhältnis zwischen dem Abbildungskünstler und dem Baukunstwerkeigentümer weiterhin tatsächlich begründen zu können, wurden die Eigentumsrechte des Baukunstwerkeigentümers i.S.d. § 903 S. 1 BGB hinsichtlich der Anfertigung und Verwertung von Abbildungen des in seinem Eigentum stehenden Baukunstwerkes dogmatisch herausgearbeitet. Die kritische Untersuchung der in diesem Zusammenhang bereits ergangenen obergerichtlichen Entscheidungen brachte keine weiterführenden Erkenntnisse zur Bestimmung der Eigentumsrechte an Baukunstwerken. Der BGH prüfte bislang überwiegend eine Beeinträchtigung des Grundstückseigentums anstelle des abgebildeten und auf dem Grundstück befindlichen Baukunstwerkes, wobei sich in der Friesenhaus-Entscheidung sowie in der Schloss-Tegel-Entscheidung eine Prüfung des Eigentums an dem abgebildeten Baukunstwerk andeutete. Dennoch machte der BGH stets eine Eigentumsbeeinträchtigung von dem Betreten des Grundstücks durch den Abbildungskünstler abhängig, sodass die in dieser Arbeit bestehende Kernfrage einer Eigentumsbeeinträchtigung des abgebildeten Baukunstwerks in den Entscheidungen unbeantwortet blieb. Mithilfe einer dogmatischen Betrachtung der Eigentumseinwirkung an dem Baukunstwerk durch die Anfertigung und die Verwertung einer Abbildung anstatt durch das Betreten des Grundstücks, wurden die aus der Rechtsprechung resultierenden Unsicherheiten beseitigt, da die Verletzungshandlung klar benannt wird und innerhalb der Störereigenschaft sowie der Prüfung einer Wiederholungsgefahr einheitlich herangezogen werden kann. Wenn der Baukunstwerkeigentümer und der Grundstückseigentümer personenverschieden sind, werden durch die Anknüpfung an das Baukunstwerk inkongruente Ergebnisse vermieden. Gleichzeitig werden durch die in dieser Arbeit entwickelten Voraussetzungen einer Einwirkung eine Eigentumsbeeinträchtigung durch Drohnenaufnahmen, durch Aufnahmen beweglicher Kunstwerke oder durch Aufnahmen eines Baukunstwerkes außerhalb des betretenen Grundstücks vereinfacht geprüft und festgestellt.

Eine dogmatische Untersuchung war weiterhin erforderlich, da das Recht des Baukunstwerkeigentümers zur Anfertigung und Verwertung von Abbildungen seiner gemeinfreien Baukunstwerke nicht bereits abschließend durch die ehemals bestandenen Urheberrechte des Baukunstwerkurhebers an dem Baukunstwerk geregelt wird. Weder die Vorschrift des § 44 Abs. 1 UrhG noch der Grundsatz der Gemeinfreiheit stehen einem ausschließlichen Recht des Baukunstwerkeigentümers am äußeren Erscheinungsbild der Sache entgegen. Die urheberrechtliche Vorschrift des § 44 Abs. 1 UrhG regelt den Vorrang der Urheberrechte gegenüber den Eigentumsrechten an einem Werk ausschließlich bei noch nicht eingetretener Gemeinfreiheit. Die Vorschrift verdeutlicht zugleich einen Konflikt zwischen beiden Rechten, der ohne ein grundsätzlich denkbares ausschließliches Recht des Eigentümers am äußeren Erscheinungsbild des Werkes nicht entstünde, sodass auch dem Baukunstwerkeigentümer Rechte an dem äußeren Erscheinungsbild des Baukunstwerkes hinsichtlich seines Anblicks und Abbildes aus seinen Eigentumsrechten zustehen. Dafür sind zudem Gerechtigkeitsaspekte aufgrund finanzieller Ausgaben des Baukunstwerkeigentümers anzuführen. Eine hierdurch provozierte Aushebelung des urheberrechtlichen Grundsatzes der Gemeinfreiheit kann der Entstehung des Eigentumsrechtes des Baukunstwerkeigentümers nicht entgegengesetzt werden, da es sich hierbei dogmatisch um die Möglichkeit einer Beschränkung der Eigentumsrechte handelt und den Inhalt des Eigentums zunächst unberührt lassen muss. Um der Allgemeinheit den Zugang zu insbesondere bedeutsamer Kunst – wie hier einem Baukunstwerk im Eigentum eines Museums aber auch der Abbildung als Kunstwerk – dennoch zu ermöglichen, sind Beschränkungen der Eigentumsrechte durch Gesetze oder Rechte Dritter i.S.d. § 903 S. 1 BGB denkbar.

Weiterhin konnte herausgearbeitet werden, dass der Eigentumsinhalt des § 903 S. 1 BGB zur Sicherung eines umfassenden Eigentumsschutzes einheitlich zu bestimmen ist und entgegen vereinzelten Literaturstimmen nicht differenziert nach unterschiedlichen Anspruchsgrundlagen und Rechtsfolgen aus dem Eigentumsrecht zu betrachten ist. Eine konkrete Definition des Eigentums lässt sich im Zusammenhang mit § 903 S. 1 BGB bewusst nicht finden, damit dem Eigentümer zunächst eine Art Generalermächtigung über sein Eigentum gewährt wird. Um den Inhalt des Eigentums hinsichtlich der Anfertigung und Verwertung von Abbildungen des Baukunstwerkes dennoch konkretisieren zu können, wurde der Eigentumsinhalt in die positiven und die negativen Befugnisse des Eigentümers i.S.d. § 903 S. 1 BGB untergliedert und dogmatisch untersucht. Beide Befugnisse definieren den Eigentumsinhalt als seine wesentlichen Bestandteile und stehen zueinander in einem Abhängigkeitsverhältnis. Festgestellt werden konnte, dass die positiven Befugnisse im Gegensatz zu den negativen Befugnissen keine Eigentumseinwirkung voraussetzen. Dies lässt sich neben dem Wortlaut des § 903 S. 1 BGB und der Funktion der positiven Befugnisse als umfassendes Herrschaftsrecht auch mit der unterschiedlichen Wirkungsreichweite der Befugnisse begründen. Schließlich haben die negativen Befugnisse eine größere Wirkungsreichweite als die positiven Befugnisse, da der Eigentümer rechtliche bzw. tatsächliche Handlungen eines Dritten auf sein Eigentum im Rahmen der negativen Befugnisse ausschließen kann und dadurch den Rechts- und Interessenkreis eines Dritten berührt. Unter Zugrundelegung der tatsächlichen und rechtlichen Befugnisse des Eigentümers innerhalb seiner weit aufzufassenden positiven Befugnisse konnte schließlich herausgearbeitet werden, dass die Anfertigung von Abbildungen des Baukunstwerkes durch den Baukunstwerkeigentümer eine Benutzung des Baukunstwerkes als Teil der tatsächlichen Befugnisse des Eigentümers darstellt und die Verwertung von Abbildungen als Nutzung i.S.d. §§ 100, 99 Abs. 1 BGB als Teil der rechtlichen Befugnisse erfasst wird. Dadurch wurde begründet, dass dem Eigentümer auch das Recht am äußeren Erscheinungsbild des Baukunstwerkes hinsichtlich seines Anblicks und Abbildes zugewiesen wird. Da dem Eigentümer innerhalb seiner negativen Befugnisse die äquivalenten Rechte wie innerhalb der positiven Befugnisse zugewiesen werden, werden auch die Anfertigung und Verwertung von Abbildungen grundsätzlich von den negativen Befugnissen erfasst. Da die negativen Befugnisse zusätzlich eine Einwirkung voraussetzen, wurde dieser Begriff anhand des allgemeinen Sprachgebrauchs sowie anhand bereits bestehender Einwirkungsbegriffe im Zivilrecht und bestehender Literaturstimmen konkretisiert. Dadurch wurde ein weites, funktional-dynamisches Einwirkungsverständnis herausgearbeitet, das durch das Kriterium der Körperlichkeit seine Beschränkungen erfährt, sodass das Eigentumsrecht umfassend und insbesondere auch unter Berücksichtigung der sich immer schneller verändernden Lebensumstände und technischen Möglichkeiten geschützt wird. Die Körperlichkeit setzt in Übereinstimmung mit der Literatur eine mittelbare Fühlungnahme mit dem Eigentum voraus, die entgegen vereinzelter Literaturstimmen und Ansichten in der Rechtsprechung weder eine Substanzverletzung noch einen unmittelbaren Bezug im Sinne einer Berührung der Sache erfordert. Um dennoch einen Kontakt im Sinne der Fühlungnahme zu begründen, muss die Sache als wesensnotwendige Grundlage, wie bspw. einer Verwertung, genutzt werden und darf nicht bloß ein rein verzichtbares Akzidens verkörpern. Bei Kunstwerken besteht der wesensnotwendige Kern in ihrem besonderen ästhetischen und vermögensrechtlichen Wert, der infolge einer Nutzung bewusst abgeschöpft werden muss, um den erforderlichen Kontakt im Sinne einer mittelbaren Fühlungnahme herzustellen. Auf diese Weise lässt sich zugleich der Gedanke der urheberrechtlichen

Schranke unwesentlicher Beiwerke des § 57 UrhG berücksichtigen. Um den Einwirkungsbegriff nicht ausufern zu lassen, muss die Einwirkung in Übereinstimmung mit der Literatur und der ausländischen Rechtsprechung weiterhin das Kriterium der Wesentlichkeit erfüllen. Dies setzt voraus, dass die Nutzung den öffentlichen Bereich tangiert, einen erheblichen Zeitraum andauert und im Sinne des Rivalitätsgedankens erga-omnes sowohl die Nutzungsmöglichkeit des Eigentümers als auch der Allgemeinheit beeinträchtigt. Anschließend wurde anhand des entwickelten Einwirkungsbegriffs der Versuch unternommen, die Anfertigung und Verwertung von Abbildungen durch einen unbefugten Abbildungskünstler unter den Begriff der Einwirkung zu subsumieren. Dabei konnte festgestellt werden, dass die Anfertigung von Abbildungen keine Einwirkung auf das Baukunstwerk des Baukunstwerkeigentümers darstellt, da die Einwirkung nicht als wesentlich zu bewerten ist. Indes stellt die Verwertung von Abbildungen des Baukunstwerkes durch den Abbildungskünstler in der Regel sowohl bei einer kommerziellen als auch einer mittelbar-kommerziellen und im Einzelfall auch bei einer nicht-kommerziellen Verwertung eine Einwirkung auf das Eigentum am Baukunstwerk dar, sodass dem Eigentümer aufgrund seiner negativen Befugnisse das ausschließliche Recht zur Verwertung von Abbildungen der in seinem Eigentum stehenden Baukunstwerke zugewiesen wird.

Dadurch wurde der Konflikt zwischen den Urheberrechten des Abbildungskünstlers und den negativen Befugnissen des Baukunstwerkeigentümers verdeutlicht, da der Abbildungskünstler Abbildungen des Baukunstwerkes zwar anfertigen, aber in der Regel nicht verwerten darf. Gleichzeitig wurde herausgearbeitet, dass dieser Konflikt de lege lata bislang nicht durch Gesetze sowie Rechte Dritter gem. § 903 S. 1 BGB gelöst wird. Die negativen Befugnisse des Eigentümers werden nur bei einer Widmung des Baukunstwerkes zum öffentlich-rechtlichen Gemeingebrauch beschränkt, was überwiegend bei öffentlich-rechtlichen Museen durch die Normierung entsprechender Pflichten zur öffentlichen Zugänglichmachung des Museums angenommen werden kann, die bei nicht-öffentlichen Museen in der Regel nicht vorliegen. Im Übrigen werden die negativen Befugnisse des Baukunstwerkeigentümers bislang hinsichtlich der Verwertung von Abbildungen nicht zugunsten des Abbildungskünstlers eingeschränkt. Auch aus der Stellung eines Museums lassen sich bisher keine besonderen Regelungen zur Einschränkung der Eigentumsrechte des Museums finden. Die bisher durch die Rechtsprechung vorgenommene Anwendung urheberrechtlicher Schrankenregelungen zur Beschränkung der Eigentumsrechte ist aufgrund ihrer im Rahmen dieser Untersuchung festgestellten Verfassungswidrigkeit nicht vertretbar, da Beschränkungen des

Eigentums aufgrund des in Art. 14 Abs. 1 S. 2 GG normierten Gesetzesvorbehaltes zwingend einer gesetzlichen Grundlage bedürfen. Der urheberrechtliche Grundsatz der Gemeinfreiheit sowie die Wertungen urheberrechtlicher Schrankenregelungen müssen aufgrund des Gesetzesvorbehaltes ebenfalls bislang gänzlich unberücksichtigt bleiben – mit Ausnahme des § 57 UrhG, dessen Gedanke eines unwesentlichen Beiwerkes bereits innerhalb der Körperlichkeit der Einwirkung berücksichtigt wird.

Weiterhin konnte aufgezeigt werden, dass dieses Ergebnis nicht vertretbar ist und daher de lege ferenda der Erlass einer gesetzlichen Regelung im Sinne der Rechtssicherheit geboten ist, um die Rechte des Abbildungskünstlers und der Allgemeinheit angemessen schützen zu können. Bisher werden einerseits die Grundrechte des Abbildungskünstlers hinsichtlich der Verwertung seines Kunstwerkes gänzlich außer Acht gelassen. Andererseits werden auch die Grundrechte der Allgemeinheit am Zugang zur Kunst missachtet, da der Abbildungskünstler weder sein eigenes geschaffenes Kunstwerk noch das abgebildete Baukunstwerk durch die Verwertung der Abbildung der Allgemeinheit zugänglich machen kann. Ob der Abbildungskünstler seine Abbildungen verwerten darf, wird von einer Einzelfallbetrachtung sowie der Ausgestaltung eines Museums und deren internen Regelungen abhängig gemacht, deren Voraussetzungen dem Abbildungskünstler in der Regel unbekannt sind. Dies verdeutlicht die bisher bestehende unsichere Rechtslage, die durch eine nicht nachvollziehbare Rechtsprechung noch weiter vertieft wird. Der Grundrechtsschutz sowohl des Abbildungskünstlers als auch der Allgemeinheit wird zugleich ad absurdum geführt, wenn der Abbildungskünstler ob seiner rechtlichen Verunsicherung von einer künstlerischen Tätigkeit vollständig Abstand nimmt. Insbesondere die einem Museum obliegenden Pflichten zur Förderung und Befriedigung von Kunstinteressen der Allgemeinheit werden de lege lata innerhalb der Eigentumsrechte des Eigentümers nicht berücksichtigt, obwohl die verfassungsrechtliche Sozialpflichtigkeit des Eigentums gem. Art. 14 Abs. 2 S. 2 GG eine angemessene Berücksichtigung der Allgemeininteressen am ungehinderten Zugang zur Kunst sowie die Befriedigung kultureller Bedürfnisse erfordert. Mithin weist die bisherige Rechtslage eine Regelungslücke auf, die eine legislative Intervention begründet. Daher ist de lege ferenda eine Rechtsnorm zu schaffen, welche die jeweiligen Rechte und Pflichten im Hinblick auf die Anfertigung und Verwertung von Abbildungen eines Baukunstwerkes regelt und den Baukunstwerkeigentümer in seinen negativen Befugnissen durch die Rechtsprechung einschränken kann. Im Rahmen einer Interessenabwägung zwischen den Grundrechten des Eigentümers, insbesondere eines Museums, sowie den Grundrechten des Abbildungskünstlers und der Allgemeinheit an der Verwertung von Abbildungen eines Baukunstwerkes und dem Zugang zur Kunst konnte aufgezeigt werden, dass der Entwurf einer gesetzlichen Regelung weiterhin verfassungsrechtlich gerechtfertigt ist. Daher wurde im Rahmen dieser Untersuchung ein Regelungsvorschlag für § 903 BGB ausgearbeitet, der unter Berücksichtigung des verfassungsrechtlichen Schutzes der Eigentumsrechte des Baukunstwerkeigentümers auf den nötigsten Regelungsumfang reduziert wurde und der Rechtsprechung im Einzelfall unter Berücksichtigung der Interessen des Abbildungskünstlers, der Interessen der Allgemeinheit sowie der Interessen des Baukunstwerkeigentümers die Möglichkeit zur Beschränkung der negativen Befugnisse des Eigentümers einräumt. Die Regelung des § 903 BGB ist daher um einen zweiten Absatz zu ergänzen, der im Einzelfall die kommerzielle und die nicht-kommerzielle Verwertung von Abbildungen eines Baukunstwerkes sowie aus Klarstellungsgründen auch die Anfertigung von Abbildungen eines Baukunstwerkes durch Dritte ermöglicht. Da eine Beschränkung der negativen Befugnisse des Eigentümers nur bei gewichtigen und objektiv erkennbaren Interessen Dritter ermöglicht wird, ist der Schutz des Privateigentums weiterhin gewährleistet. Mithilfe einer Definition bestimmter Anwendungs- bzw. Regelfälle wird die Rechtslage zudem verdeutlicht. Der Regelungsvorschlag hat zur Konsequenz, dass der Eigentumsinhalt des § 903 S. 1 BGB von Anfang an verkürzt wird und somit nicht lediglich die tatsächliche Rechtsdurchsetzung betrifft. Auswirkungen auf die übliche Beweislastverteilung hat dies nicht.

Mithilfe einer gesetzlichen eigentumsbeschränkenden Regelung werden zukünftig die Grundrechte des Abbildungskünstlers bezüglich der von ihm erschaffenen künstlerischen Abbildung sowie die Grundrechte der Allgemeinheit am Zugang zur Kunst und zur Befriedigung ihrer kulturellen Bedürfnisse gewährleistet, ohne die Eigentumsrechte des Baukunstwerkeigentümers zu stark einzuschränken. Zugleich wird der Rechtsprechung somit eine gesetzliche Grundlage für ihre bisherige Rechtspraxis gewährt. Auch fließen der Grundsatz der Gemeinfreiheit sowie einzelne urheberrechtliche Schrankenregelungen wie die Panoramafreiheit und die Berichterstattung indirekt in das Eigentumsrecht mit ein und gelangen somit weiterhin zur Anwendung, ohne auf deren abstrakten Wertungen zurückgreifen zu müssen. Die Unsicherheiten infolge einer Anknüpfung an das Grundstückseigentum werden bei einer Anknüpfung an das abgebildete Baukunstwerk vermieden. Gleichzeitig wird hierdurch die Möglichkeit geboten, eine Eigentumsbeeinträchtigung bei unbeweglichen Kunstwerken auch bei beweglichen Kunstwerken einheitlich prüfen zu können. Dies zeigt, dass eine gesetzliche Regelung innerhalb des § 903 BGB zu einer gesteigerten Rechtssicherheit in der bisher bestehenden unsicheren Rechtslage beiträgt und daher im Interesse der Rechtssicherheit begründet ist.

Thesen

1. Das Vorliegen eines Baukunstwerkes bestimmt sich nach dem einfachgesetzlichen Werkbegriff aus dem Urheberrecht und nicht nach dem verfassungsrechtlichen Kunstbegriff. Sofern eine gewisse Schöpfungshöhe erreicht wird, stellen sowohl das Gebäude (insbesondere eines Museums) sowie dazugehörende Türme, Denkmäler, Plätze, Park- und Gartenanlagen und eine besonders gestaltete Fassade, Treppenhäuser oder Decken ein Baukunstwerk dar.
2. Bei öffentlich-rechtlichen Museen erwirbt die dahinterstehende juristische Person nur bei einer mittelbaren Museumsverwaltung bspw. durch eine Stiftung unmittelbares Eigentum, wohingegen das Eigentum bei einer unmittelbaren Museumsverwaltung beim Staat bzw. der Kommune liegt. Bei einem nicht-öffentlichen Museum kann mangels eines dahinterstehenden Staates stets die dahinterstehende juristische Person oder Privatperson unmittelbares Eigentum erwerben.
3. Das Eigentumsrecht an einem Baukunstwerk bezieht sich auch auf das äußere Erscheinungsbild einer Sache, was sich zum Teil aus § 44 Abs. 1 UrhG ergibt. Der Grundsatz der urheberrechtlichen Gemeinfreiheit steht dem nicht entgegen, da dieser keine Auswirkungen auf die Bestimmung der grundsätzlichen Reichweite des Eigentums hat, sondern erst innerhalb der Beschränkungsmöglichkeiten des Eigentumsinhaltes Berücksichtigung findet.
4. Der Eigentumsinhalt des § 903 S. 1 BGB wird geprägt durch die grundsätzlich weit zu verstehenden positiven und negativen Eigentümerbefugnisse. Im Gegensatz zu den positiven Befugnissen setzen die negativen Befugnisse aufgrund ihres Konfliktpotenzials mit Interessen und Rechtspositionen von Dritten eine Eigentumseinwirkung voraus. Sofern an dem Baukunstwerkeigentum mangels bereits eingetretener Gemeinfreiheit noch Urheberrechte des Baukunstwerkurhebers bestehen, prävalieren diese sowohl gegenüber den positiven als auch den negativen Befugnissen des Baukunstwerkeigentümers.
5. Der Begriff der Einwirkung ist weit, funktional-dynamisch und entsprechend der Eigentumsbeeinträchtigung des § 1004 BGB auszulegen. Eine Einwirkung setzt daher einen Körperlichkeitsbezug im Sinne einer mittelbaren Fühlungnahme voraus, die zu einer Beschränkung der ausschließlichen Sachnutzung des Eigentümers führt. Der Kontakt mit dem Eigentum im Sinne einer mittelbaren Fühlungnahme erfordert ein bewusstes Abschöpfen des in der Sache unmittelbar verkörperten ästhetischen,

vermögensrechtlichen Wertes. Dieser Kontakt muss zusätzlich zu einer erheblichen Beeinträchtigung führen, die nicht bloß zu rein privaten, nicht-öffentlichen Zwecken erfolgt, einen erheblichen Zeitraum andauert sowie eine erga-omnes-Nutzungsbeeinträchtigung darstellt, wonach nicht nur der Eigentümer, sondern jeder andere Dritte in der Nutzung des Baukunstwerkes beeinträchtigt wird.

6. Sowohl die Anfertigung als auch die Verwertung von Abbildungen eines Baukunstwerkes werden von den positiven Befugnissen des Eigentümers erfasst.
7. Die Anfertigung von Abbildungen eines Baukunstwerkes wird hingegen nicht von den negativen Befugnissen des Eigentümers erfasst, da keine wesentliche Einwirkung vorliegt. Indes können in der Regel die kommerzielle und die mittelbar-kommerzielle Verwertung sowie im Einzelfall auch die nicht-kommerzielle Verwertung von Abbildungen eine wesentliche Einwirkung darstellen. Erforderlich ist insbesondere, dass die Verwertung in den öffentlichen Bereich hineinragt und die wirtschaftlichen Verwertungsinteressen sowohl des Baukunstwerkeigentümers als auch jedes sonstigen Dritten erga-omnes beeinträchtigt werden.
8. Ein Abbildungskünstler kann folglich ohne Zustimmung des Baukunstwerkeigentümers Abbildungen des Baukunstwerkes auf zulässige Weise anfertigen. Indes kann er die Abbildungen nicht zu kommerziellen oder mittelbar-kommerziellen und im Einzelfall auch nicht zu nicht-kommerziellen Zwecken zulässigerweise verwerten. Unabhängig von den Verwertungsrechten wird die Abbildung des Abbildungskünstlers sowohl urheberrechtlich als auch grundrechtlich geschützt, sofern sie ein Kunstwerk bildet.
9. De lege lata bestehen grundsätzlich keine Beschränkungsmöglichkeiten der Eigentumsrechte durch bestehende Gesetze oder entgegenstehende Rechte Dritter, die dem Abbildungskünstler eine Verwertung seiner Abbildungen bereits ermöglichen. Eine Beschränkung der Eigentumsrechte ist de lege lata bisher ausschließlich bei einer öffentlichen Widmung öffentlich-rechtlicher Museen zum Gemeingebrauch denkbar, sofern der Zweck eines Museums auf die öffentliche Zugänglichmachung ausgerichtet ist. Der Zweck der öffentlichen Zugänglichmachung ist so weit auszulegen, dass er neben der Anfertigung auch die Verwertung von Abbildungen des Baukunstwerkes durch den Abbildungskünstler ermöglicht, um auf diese Weise der Allgemeinheit einen Zugang zur Kunst zu ermöglichen. Dies gilt unabhängig davon, ob der Baukunstwerkeigentümer bereits Abbildungen seines Baukunstwerkes an die Allgemeinheit verbreitet. Bei nicht-öffentlichen Museen wird ein entsprechender Zweck grundsätzlich nicht geregelt.

10. Die urheberrechtlichen Schrankenregelungen können entgegen der Ansicht der Rechtsprechung nicht zur Beschränkung der Eigentumsrechte des Baukunstwerkeigentümers herangezogen werden, da der verfassungsrechtliche Gesetzesvorbehalt des Art. 14 Abs. 1 S. 2 GG hierfür eine gesetzliche Grundlage vorsieht, die bislang nicht gegeben ist.
11. Das weite Verständnis des Eigentumsinhalts lässt de lege lata schützenswerte Interessen des Abbildungskünstlers als auch der Allgemeinheit am ungehinderten Zugang zur Kunst sowie hinsichtlich ihrer Befriedigung kultureller Bedürfnisse überwiegend unberücksichtigt. Die verfassungsrechtliche Sozialpflichtigkeit des Eigentums des Art. 14 Abs. 2 S. 2 GG fordert indes eine angemessene Berücksichtigung der Allgemeininteressen am ungehinderten Zugang zur Kunst sowie die Befriedigung kultureller Bedürfnisse, sodass de lege ferenda die Schaffung einer das Eigentum beschränkenden gesetzlichen Regelung im Interesse der Rechtssicherheit erforderlich ist. Daher ist § 903 BGB um einen zweiten Absatz zu ergänzen, der im Einzelfall sowohl die kommerzielle als auch die nicht-kommerzielle Verwertung von Abbildungen durch Dritte ermöglicht. Aus Klarstellungsgründen ist auch die Anfertigung von Abbildungen mit aufzunehmen.
12. Der herausgearbeitete Regelungsvorschlag ermöglicht der Rechtsprechung im Einzelfall unter Berücksichtigung der Interessen des Abbildungskünstlers, der Interessen der Allgemeinheit sowie der Interessen des Baukunstwerkeigentümers, die negativen Befugnisse des Eigentümers zu beschränken. Dadurch kann das Eigentumsrecht des Baukunstwerkeigentümers an einem der Öffentlichkeit zugänglich gemachten Baukunstwerk zugunsten des Abbildungskünstlers beschränkt werden, sofern er Abbildungen zum Zwecke der künstlerischen oder beruflichen Betätigung, zur Befriedigung des allgemeinen Informationsinteresses oder zur Berichterstattung anfertigt und verwertet.
13. Das Eigentum wird durch den Regelungsvorschlag von Anfang an inhaltlich verkürzt und wirkt sich nicht lediglich auf die tatsächliche Rechtsausübung des Eigentümers aus. Auswirkungen auf die übliche Beweislastverteilung hat dies nicht, da jede Partei weiterhin die für sie günstigen Tatsachen zu beweisen hat. Folglich hat der Abbildungskünstler die Tatsachen für das Nichtvorliegen der negativen Befugnisse des Eigentümers darzulegen. Dabei soll ihm eine Beweiserleichterung zukommen, um dem grundsätzlichen Überwiegen seiner grundrechtlichen Interessen gegenüber denjenigen des Eigentümers Rechnung zu tragen.
14. Hierdurch wird ein gerechter Ausgleich zwischen den Urheberrechten des Abbildungskünstlers und den Eigentumsrechten des

Baukunstwerkeigentümers erzielt und die Grundsätze der Gemeinfreiheit sowie der urheberrechtlichen Schrankenregelungen weiterhin berücksichtigt. Dieser Lösungsweg schafft zukünftig sowohl für den Baukunstwerkeigentümer als auch für den Abbildungskünstler eine stärkere Rechtssicherheit und bietet der Rechtsprechung eine Orientierung für rechtssichere Entscheidungen.

15. Folgender Regelungsvorschlag wird daher als Absatz 2 zu § 903 BGB unterbreitet:

> *„(2) Das Recht des Eigentümers eines Baukunstwerkes, andere von jeder Einwirkung auszuschließen, ist eingeschränkt, soweit objektiv erkennbare und gewichtige Interessen Dritter diejenigen des Eigentümers erheblich überwiegen, insbesondere wenn ein außerordentliches Verwertungsinteresse der Allgemeinheit besteht. Die Interessen des Eigentümers überwiegen in der Regel nicht erheblich, wenn der Eigentümer sein Eigentum öffentlich zugänglich macht und Dritte Abbildungen von dem Eigentum zum Zwecke ihrer künstlerischen oder beruflichen Betätigung, des allgemeinen Informationsbedürfnisses oder der Berichterstattung anfertigen oder verwerten. Der Eigentümer hat in diesem Fall zur Durchsetzung der Interessen Dritter im Sinne des Satzes 1 geeignete Handlungen vorzunehmen, zu dulden oder zu unterlassen.“*

Literaturverzeichnis

Anton, Michael, Rechtshandbuch Kulturgüterschutz und Kunstrestitutionsrecht, Bd. 2, Zivilrecht – Guter Glaube im internationalen Kunsthandel, Berlin 2010

Aucher, Josef, Das Eigentum als subjektives Recht – Zugleich ein Beitrag zur Theorie des subjektiven Rechts, Berlin 1975.

Augustin, Georg/Kregel, Wilhelm/Pikart, Heinz, Das Bürgerliche Gesetzbuch mit besonderer Berücksichtigung der Rechtsprechung des Reichsgerichts und des Bundesgerichtshofs, Kommentar Bd. III, 1. Teil, §§ 854–1011, 12. Auflage, Berlin 1979.

Bamberger, Georg/Roth, Herbert/Hau, Wolfgang, Bürgerliches Gesetzbuch Band 3 §§ 705–1017, PartGG, ProdHaftG, ErbbauRG, WEG, 4. Auflage, München 2019.

Baur, Fritz, Anmerkung zu Urteil BGH vom 20.09.1974 – I ZR 99/73 (Kammergericht), JZ 1975, 493.

Beater, Axel, Der Schutz von Eigentum und Gewerbebetrieb vor Fotografien, JZ 1998, 1101–1109.

Bechtold, Stefan, Optionsmodelle und private Rechtsetzung im Urheberrecht am Beispiel von Google Book Search, GRUR 2010, 282–289.

Berger, Christian, Aktuelle Entwicklung im Urheberrecht – Der EuGH bestimmt die Richtung, ZUM 2012, 353–361.

Bergner, Christian, Eigentumsbeschränkungen außerhalb von Gesetzen und Rechten Dritter, Baden-Baden 2013.

Bernhard, Thomas, Auslöschung – ein Zerfall, Frankfurt am Main 1988.

Binder, Anja/Messer, Heidi, Urheberrecht für Architekten und Ingenieure, 2. Auflage, München 2014.

Bisges, Marcel, Die kleine Münze im Urheberrecht, München 2014.

Bittner, Andreas R., Das Fotografieren fremder Sachen – Zivilrechtliche Ansprüche des Eigentümers?, Frankfurt am Main 1986.

Bork, Reinhard, Allgemeiner Teil des Bürgerlichen Gesetzbuchs, 4. Auflage, Tübingen 2016.

Bullinger, Winfried, Kunstwerke in Museen – die klippenreiche Bildauswertung, in: Heymanns, Carl (Hrsg.), Festschrift für Peter Raue zum 65. Geburtstag am 4. Februar 2006, Köln 2006, S. 379–400.

Bullinger, Winfried/Bretzel, Markus/Schmalfuß, Jörg, Urheberrechte in Museen und Archiven, 1. Auflage, Baden-Baden 2010.

Castendyk, Oliver, Fotorecht – Recht der Aufnahme, Gestaltung und Verwertung von Bildern, 2. Auflage, Berlin 2012.

Cronauge, Ulrich/Westermann, Georg, Kommunale Unternehmen – Eigenbetriebe – Kapitalgesellschaften – Zweckverbände, 5. Auflage, Berlin 2006.

Dahm, Katja, Der Schutz des Urhebers durch die Kunstfreiheit, Tübingen 2012.

Dehner, Walter, Nachbarrecht – Gesamtdarstellung des privaten und öffentlichen Nachbarrechts des Bundes und der Länder (mit Ausnahme des Landes Bayern), Bd. III, 7. Auflage, 81. Ergänzungslieferung, Köln 2021.

Detterbeck, Steffen, Allgemeines Verwaltungsrecht mit Verwaltungsprozessrecht, 21. Auflage, München 2023.

Dreier, Horst, Grundgesetz Kommentar Band I Präambel, Artikel 1–19, 4. Auflage, Tübingen 2023.

Dreier, Thomas, Sachfotografie, Urheberrecht und Eigentum, in: Ganea, Peter/Heath, Christopher/Schricker, Gerhard (Hrsg.), Festschrift für Adolf Dietz zum 65. Geburtstag, München 2001, S. 235–252.

Dreier, Thomas/Schulze, Gernot/Raue, Benjamin/Specht-Riemenschneider, Louisa, Urheberrechtsgesetz, Urheberrechtswahrnehmungsgesetz und Kunsturhebergesetz, 7. Auflage, München 2022.

Dreyer, Gunda/Kotthoff, Jost/Meckel, Astrid/Hentsch, Christian-Henner, Urheberrecht – Urheberrechtsgesetz, Urheberrechtswahrnehmungsgesetz, Kunsturhebergesetz, 4. Auflage, Heidelberg 2018.

Dürig, Günter/Herzog, Roman/Scholz, Rupert, Grundgesetz Kommentar, Band I, Art. 1–5, 99. Lieferung, München 2022

Dürig, Günter/Herzog, Roman/Scholz, Rupert, Grundgesetz Kommentar, Band II, Art. 6–16a, 99. Lieferung, München 2022

Dürig, Günter/Herzog, Roman/Scholz, Rupert, Grundgesetz Kommentar, Band III, Art. 17–28, 99. Lieferung, München 2022

Eberl, Wolfgang/Bruckmeier, Gerhard/Hartl, Reinhard/Hörtnagl, Robert, Kulturgüter Gesetzlicher Rahmen zum Umgang mit Denkmälern und Kunstwerken einschließlich Steuerrecht, Stuttgart 2015.

Ebling, Klaus/Schulze, Marcel, Kunstrecht, 2. Auflage, München 2012.

Ehlers, Dirk/Pünder, Hermann, Allgemeines Verwaltungsrecht, 16. Auflage, Berlin 2022.

Elmenhorst, Lucas, Keine Eigentumsverletzung trotz Verwertung ungenehmigter Filmaufnahmen, GRUR-Prax 2013, 94.

Engl, Sabine, Der Urheberrechtsschutz für Architektenleistungen, Berlin 2004.

Epping, Volker/Hillgruber, Christian, BeckOK GG, 55. Ed., München 2023.

Erdmann, Willi, Der urheberrechtliche Schutz von Lichtbildwerken und Lichtbildern, in: Büscher, Wolfgang/Erdmann, Willi/Haedicke, Maximilian/Köhler, Helmut/Loschelder, Michael (Hrsg.), Festschrift für Joachim Bornkamm zum 65. Geburtstag, München 2014, S. 761–771.

Erdmann, Willi, Die Relativität des Werkbegriffs, in: Erdmann, Willi/Leistner, Matthias/Rüffer, Wilfried/Schulte-Beckhausen, Thomas (Hrsg.), Festschrift für Michael Loschelder zum 65. Geburtstag, Köln 2010, S. 61–73.

Erman, Walter, Bürgerliches Gesetzbuch Band II: §§ 726–2385, 17. Auflage, Köln 2023

Ernst, Stefan, Anmerkung zu LG Potsdam, Urteile vom 21. November 2008 – 1 O 161/08, 175/08 und 330/08 – Stiftung Preußische Schlösser, ZUM 2009, 434–435.

Ernst, Stefan, Google StreetView: Urheber- und persönlichkeitsrechtliche Fragen zum Straßenpanorama, CR, Köln 2010, 178–184.

Euler, Ellen, Recht am Bild der eigenen Sache? – Wie frei sind gemeinfreie Kulturgüter?, AfP 2009, 459–464.

Falk, von, Anmerkung zu BGH-Urteil vom 27.04.1971 – VI ZR 171/69 „Haus auf Teneriffa", GRUR 1971, 417–419.

Fallert, Nicole, Definitionskompetenz – Wer entscheidet, was als Kunst gilt?, GRUR 2014, 719–724.

Fechner, Frank, Geistiges Eigentum und Verfassung – Schöpferische Leistungen unter dem Schutz des Grundgesetzes, Tübingen 1999.

Finger, Thorsten/Müller, Philipp, Privates Hausrecht auf öffentlichen Straßen? Möglichkeiten und Grenzen des „Straßenpachtmodells", NVwZ 2004, 953–957.

Flöter, Benedikt/Königs, Martin, Verletzung des Rechts am grundstücksinternen Bild der eigenen Sache und Übertragbarkeit der dreifachen Schadensberechnung auf deliktische Schadensersatzansprüche aus Eigentumsverletzung, ZUM 2012, 383–389.

Fromm, Friedrich-Karl/Nordemann, Wilhelm, Urheberrecht Kommentar zum Urheberrechtsgesetz, Verlagsgesetz und Urheberwahrnehmungsgesetz, 12. Auflage, Stuttgart 2018.

Fromm, Friedrich-Karl/Nordemann, Wilhelm, Urheberrecht Kommentar zum Urheberrechtsgesetz und zum Urheberrechtswahrnehmungsgesetz; mit den Texten Urheberrechtsgesetze der DDR, Österreichs und der Schweiz. 6. Auflage, Stuttgart, Berlin, Köln, Mainz, 1986.

Frotscher, Werner, Die öffentlichen Einrichtungen der Kommunen, in: Püttner, Günter (Hrsg.), Handbuch der kommunalen Wissenschaft und Praxis Bd. 3, Kommunale Aufgaben und Instrumente der Aufgabenerfüllung, 2. Auflage, Berlin 1983.

Gamm, Otto-Friedrich Freiherr von, Urheberrechtsgesetz, München 1968.

Gerauer, Alfred, Der Unterlassungsanspruch des Eigentümers bei gewerblichem Fotografieren, GRUR 1988, 672–674.

Gerstenberg, Ekkehard, Der Begriff des Kunstwerks in der bildenden Kunst – Ein Beitrag zur Abgrenzung zwischen Kunstschutz und Geschmacksmusterschutz, GRUR 1963, 245–251.

*Götting, Horst-Peter/Lauber-Rönsberg, Anne/*Nils, Rauer, BeckOK Urheberrecht, 38. Ed., München 2023.

Grosskopf, Lambert, Aktiver Schutz gegen Medien-Drohnen Was wird verletzt und wie kann es geschützt werden?, CR 2014, 759–764.

Grüneberg, Christian, Bürgerliches Gesetzbuch, 82. Auflage, München 2023.

Grüning, Christine, Die Eigentumsfreiheitsklage gegen Fotografieren und die gewerbliche Verwertung dieser Fotografien, 1980.

Gsell, Beate/Krüger, Wolfgang/Lorenz, Stephan/Reymann, Christoph, beck-online. Großkommentar BGB, München 2023.

Häret, Daniel-Philipp, Der Einfluss des Urheberrechts auf die Restaurierung von Werken der bildenden Künste, DS 2008, 169–175.

Hasselblatt, Gordian N., Münchener Anwaltshandbuch Gewerblicher Rechtsschutz, 6. Auflage, München 2022.

Heitland, Horst, Der Schutz der Fotografie im Urheberrecht Deutschlands, Frankreichs und der Vereinigten Staaten von Amerika, München 1995.

Hertin, Paul W., Die urheberrechtliche Stellung des Kameramannes, UFITA Bd. 118/1992, Bern 1992, S. 57–85.

Heß, Reinhold, Grundrechtskonkurrenzen Zugleich ein Beitrag zur Normstruktur der Freiheitsrechte, Berlin 2000.

Hesse, Hans Gerd, Urheberrecht des Architekten, BauR 1971, 209–221.

Heyers, Johannes, Photographien von Werken der bildenden Kunst – insbesondere der Baukunst – im System des Urheberrechts und des Bürgerlichen Rechts, Jura 2013, 1079–1091.

Hoffmann, Josef, Kunstfreiheit und Sacheigentum – Bemerkungen zum „Sprayer"-Beschluss des BVerfG, NJW 1985, 237–246.

Hohagen, Gisbert, Die Freiheit der Vervielfältigung zum eigenen Gebrauch, München 2004

Holzmann, Katrin Louise, Sammler und Museen Kooperationsformen der Einbindung von privaten zeitgenössischen Kunstsammlungen in die deutsche Museumslandschaft, Wiesbaden 2016.

Hösch, Ulrich, Eigentum und Freiheit – Ein Beitrag zur inhaltlichen Bestimmung der Gewährleistung des Eigentums durch Art. 14 Abs. 1 Satz 1 GG, Tübingen 2000.

Hubmann, Heinrich, Das Recht des schöpferischen Geistes – Eine philosophisch-juristische Betrachtung zur Urheberrechtsreform, Berlin 1954.

Jarass, Hans D./Pieroth, Bodo, Grundgesetz für die Bundesrepublik Deutschland Kommentar, 17. Auflage, München 2022.

Jayme, Erik, Reproduktionsrechte an Kunstwerken – Gibt es ein Recht am Bild der eigenen Sache?, Kunst & Recht Bulletin 2011, 11–27.

Jüngel, Marc/Fandrey, Alexander, If you can't kill it, bill it – Google Street-view als Sondernutzung?, NVwZ 2020, 683–685.

Katzenberger, Paul, Neue Urheberrechtsprobleme der Photographie Reproduktionsfotographie, Luftbild- und Satellitenaufnahmen, GRUR Int. 1989, 116–119.

Kirchhof, Paul, Der Gesetzgebungsauftrag zum Schutz des geistigen Eigentums gegenüber modernen Vervielfältigungstechniken, Heidelberg 1988.

Korintenberg, Werner, Gerichts- und Notarkostengesetz Kommentar, 22. Auflage, München 2022.

Kübler, Friedrich, Eigentumsschutz gegen Sachabbildung und Bildreproduktion? Bemerkungen zur „Tegel"-Entscheidung des Bundesgerichtshofes, in: Gurnsky, Wolfgang/Stürner, Rolf/Walter, Gerhard/Wolf, Manfred (Hrsg.), Festschrift für Fritz Baur, Tübingen 1981, S. 51–62.

Kutterer, Hansjörg/Pfaffenholz, Jens-André, Kinematisches terrestrisches Laserscanning, Zfv 2009, 79–87.

Lakkis, Panjotta, Was summt in der Höhe, was brummt oder gluckert in der Tiefe? – Einer totgeglaubten Vorschrift verschaffen die neuen technologischen Entwicklungen neue Relevanz –, in: Meller-Hannich, Caroline/Haertlein, Lutz/Gaul, Hans Friedhelm/Becker-Eberhard, Ekkehard (Hrsg.), Festschrift für Eberhard Schilken zum 70. Geburtstag, München 2015, S. 61–70.

Larenz, Karl/Canaris, Claus-Wilhelm, Lehrbuch des Schuldrechts – Zweiter Band Besonderer Teil 2. Halbband, 13. Auflage, München 1994.

Lassally, Oswald, Nochmals: „Rechtsschutzmöglichkeiten gegen Flugzeuglärm“, NZM 1964, 163–164.

Lehment, Cornelius, Friesenhäuser und Prominentenvillen – Eigentum, Persönlichkeitsrecht und das Fotografieren fremder Häuser, in: Jacobs, Rainer/Papier, Hans-Jürgen/Schuster, Peter-Klaus (Hrsg.), München 2006, Festschrift für Peter Raue zum 65. Geburtstag am 4. Februar 2006, München 2006, S. 515–527.

Lehment, Hendrik, Anmerkung zu BGH, Urt. v. 17.12.2010 – V ZR 45/10, GRUR 2011, 327–328.

Lehment, Hendrik, Das Fotografieren von Kunstgegenständen, Schriften zum deutschen und internationalen Persönlichkeits- und Immaterialgüterrecht, Göttingen 2008

Leisner, Walter, Eigentum, in: Isensee, Josef/Kirchhof, Paul (Hrsg.), Handbuch des Staatsrechts Band VIII Grundrechte: Wirtschaft, Verfahren, Gleichheit, Heidelberg 2010, S. 301–408.

Leisner, Walter, Urheberrechtsverwertung und Verfassungsrecht, UFITA Bd. 48 1966/III, S. 46–81.

Leistner, Matthias/Hansen, Gerd, Die Begründung des Urheberrechts im digitalen Zeitalter Versuch einer Zusammenführung von individualistischen und utilitaristischen Rechtfertigungsbemühungen, GRUR 2008, 479–490.

Loewenheim, Ulrich, Abwehranspruch gegen ästhetische Störungen, NJW 1975, 826–827.

Loewenheim, Ulrich, Anmerkung zu BGH-Urteil vom 13.10.1988 – I ZR 15/87 (OLG München), GRUR 1989, 108–110.

Loewenheim, Ulrich, Handbuch des Urheberrechts, 3. Auflage, München 2021.

Löhr, H. Dieter, Anmerkung zu Urteil BGH vom 20. September 1974 – I ZR 99/73 – Berlin, WRP 1975, 523–525.

Loschelder, Peter-Michael, Die Dauerleihgabe – Ein in der Museumspraxis gängiger, rechtlich aber unscharfer und weitgehend ungeklärter Begriff, in: Jacobs, Rainer/Loschelder, Michael (Hrsg.), Berufung als Beruf Festschrift für Sigmar-Jürgen Samwer zum 70. Geburtstag, München 2008, 153–162.

Lutzi, Tobias, Digitalisate klassischer Gemälde – zwischen Lichtbildschutz, Eigentumseingriff und Gemeinfreiheit Zugleich Besprechung von OLG Stuttgart „Reiss-Engelhorn-Museen“, GRUR 2017, 878–881.

Maaßen, Wolfgang, Panoramafreiheit in den preußischen Schlossgärten, GRUR 2010, 880–886.

Mangoldt, Hermann von/Klein, Friedrich/Starck, Christian, Kommentar zum Grundgesetz Band 1: Präambel, Artikel 1 bis 19, 7. Auflage, München 2018.

Mangoldt, Hermann von/Klein, Friedrich/Starck, Christian, Kommentar zum Grundgesetz, Band 2: Artikel 20 bis 82, 7. Auflage, München 2018.

Maunz, Theodor/Dürig, Günter, Grundgesetz Kommentar Band I Art. 1–5, 81. Ergänzungslieferung, München 2017.

Metzger, Axel, Der Einfluss des EuGH auf die gegenwärtige Entwicklung des Urheberrechts, GRUR 2012, 118–126.

Metzger, Axel, Rechtsfortbildung im Richtlinienrecht: Zur judikativen Rechtsangleichung durch den EuGH im Urheberrecht, ZEuP 2017, 836–862.

Möhring, Philip/Nicolini, Käte, Urheberrecht Kommentar, 4. Auflage, München 2018.

Mößle, Wilhelm, Handbuch des Museumsrechts 7: Öffentliches Recht, Wiesbaden 1999.

Müller-Glöge, Rudi/Preis, Ulrich/Schmidt, Ingrid, Erfurter Kommentar zum Arbeitsrecht Band 51, 23. Auflage, München 2023.

Münch, Ingo von/Kunig, Philip, Grundgesetz Kommentar Band 1: Präambel bis Art. 69, 7. Auflage, München 2021.

Müller, Friedrich, Freiheit der Kunst als Problem der Kunstrechtsdogmatik, Schriften zum Öffentlichen Recht Band 102, Berlin 1969.

Nirk, Rudolf, Zum Spannungsverhältnis zwischen Urheberrecht und Sacheigentum – Marginalien zur BGH-Entscheidung „Mauer-Bilder", in: Pfeiffer, Gerd/Kummer, Joachim/Scheuch, Silke (Hrsg.), Festschrift für Hans Erich Brandner zum 70. Geburtstag, Köln 1996, S. 417–448.

Von Noorden, Wolf Dieter, Die Freiheit der Kunst nach dem Grundgesetz und die Strafbarkeit der Verbreitung unzüchtiger Darstellungen, Köln 1969.

Nordemann, Axel/Heise, Friedrich-Nicolaus, Urheberrechtlicher Schutz für Designleistungen in Deutschland und auf europäischer Ebene, ZUM 2001, 128–147.

Nordemann, Wilhelm, Lichtbildschutz für fotografisch hergestellte Vervielfältigungen?, GRUR 1987, 15–18.

Oettinger, Klaus, Vom Sachverstand des Kunstsachverständigen, JZ 1974, 285–287.

Ohly, Ansgar, Urheberrecht im digitalen Binnenmarkt – Die Urheberrechtsnovelle 2021 im Überblick, ZUM 2021, 745–755

Oldekop, Axel, Elektronische Bildbearbeitung im Urheberrecht – Karlsruher Schriften zum Wettbewerbs- und Immaterialgüterrecht Bd. 11, Köln 2006.

Papier, Hans-Jürgen, Öffentliche Sachen, Jura 1979, 93–101.

Pfister, Bernhard, „Zweigleisige" Rechtswidrigkeitsprüfung und Eigentumsschutz, JZ 1976, 156–158.

Picker, Eduard, Der negatorische Beseitigungsanspruch, Bonn 1972

Platena, Thomas, Das Lichtbild im Urheberrecht – Gesetzliche Regelung und technische Weiterentwicklung –, Frankfurt am Main 1998.

Pleyer, Klemens, Buch-Besprechung Meier-Hayoz, Berner Kommentar – Kommentar zum Schweizerischen Privatrecht, Band IV: Das Sachenrecht, AcP 1968, 407–413.

Prengel, Timo, Bildzitate von Kunstwerken als Schranke des Urheberrechts und des Eigentums mit Bezügen zum Internationalen Privatrecht, Frankfurt am Main 2011.

Prütting, Hans/Wegen, Gerhard/Weinreich, Gerd, Bürgerliches Gesetzbuch Kommentar, 17. Auflage, Köln 2022

Raue, Peter, Vertragsgestaltungen bei unentgeltlichen Zuwendungen an Museen, in: Schack, Heimo/Schmidt, Karsten, Rechtsfragen der internationalen Museumspraxis Kunstrechtssymposium in der Bucerius Law School am 21. und 22. Oktober 2005, Köln 2006, 3–12.

Raue, Peter/Hegemann, Jan, Münchener Anwaltshandbuch Urheber- und Medienrecht, 3. Auflage, München 2023.

Rauterberg, Hanno, Wie frei ist die Kunst? Der neue Kulturkampf und die Krise des Liberalismus, Berlin 2018.

Reupert, Christine, Die Filmfreiheit Der verfassungsrechtliche Schutz des Films, NVwZ 1994, 1155–1165.

Ring, Gerhard/Grziwotz, Herbert/Keukenschrijver, Alfred, BGB Sachenrecht Band 3: §§ 854–1296, 5. Auflage, Baden-Baden 2022.

Roth, Günter H., Materiellrechtliche und prozessuale Aspekte des privatrechtlichen Umweltschutzes, NJW 1972, 921–926.

Ruhwedel, Edgar, Der praktische Fall – Bürgerliches Recht: Der verunstaltete Hahn, JuS 1975, 242–246.

Sachs, Michael, Grundgesetz Kommentar, 9. Auflage, München 2021.

Säcker, Franz Jürgen/Rixecker, Roland/Oetker, Hartmut/Limperg, Bettina, Münchener Kommentar zum Bürgerlichen Gesetzbuch Band 1 Allgemeiner Teil, §§ 1–240, AllgPersönlR, ProstG, AGG, 9. Auflage, München 2021.

Säcker, Franz Jürgen/Rixecker, Roland/Oetker, Hartmut/Limperg, Bettina, Münchener Kommentar zum Bürgerlichen Gesetzbuch Band 2 Schuldrecht Allgemeiner Teil I § 241–310, 9. Auflage, München 2022.

Säcker, Franz Jürgen/Rixecker, Roland/Oetker, Hartmut/Limperg, Bettina, Münchener Kommentar zum Bürgerlichen Gesetzbuch Band 7 Schuldrecht

Besonderer Teil IV §§ 705–853, PartGG, ProdHaftG, 8. Auflage, München 2020.

Säcker, Franz Jürgen/Rixecker, Roland/Oetker, Hartmut/Limperg, Bettina, Münchener Kommentar zum Bürgerlichen Gesetzbuch Band 8 Sachenrecht §§ 854–1296, WEG, ErbbauRG, 9. Auflage, München 2023.

Schabenberger, Andreas/Nemeczek, Heinrich, Mein Schloss, mein Garten, meine Verwertungserlöse? – Konsequenzen aus den BGH-Entscheidungen „Preußische Schlösser und Gärten", GRUR-Prax 2011, 139–143.

Schack, Haimo, Anmerkung zu BGH Urteil vom 17.12.2010 – V ZR 45/10 (OLG Brandenburg), JZ 2011, 375–376.

Schack, Haimo, Erwerb und Veräußerung von Kunstgegenständen durch Museen, in: Schack, Haimo/Schmidt, Karsten (Hrsg.), Rechtsfragen der internationalen Museumspraxis Kunstrechtssymposium in der Bucerius Law School am 21. und 22. Oktober 2005, Köln 2006, 13–28.

Schack, Haimo, Fotografieren fremder Sachen – Entscheidung der Cour de cassation –Assemblée plénière vom 7. Mai 2004, ZEuP 2006, 149–157.

Schack, Haimo, Kunst und Recht, 3. Auflage, Tübingen 2017.

Schack, Haimo, Urheber- und Urhebervertragsrecht, 10. Auflage, Tübingen 2021.

Schack, Haimo, Geistiges Eigentum contra Sacheigentum, GRUR 1983, 56–61.

Schlingloff, Jochen, „Fotografieren verboten!" Zivilrechtliche Probleme bei der Herstellung und Reproduktion von Lichtbildern ausgestellter Kunstwerke, AfP 1992, 112–116.

Schmidt, Axel, Der nachbarliche Ausgleichsanspruch, Köln 2010.

Schmieder, Hans-Heinrich, Unterlassungsanspruch bei gewerblichem Fotografieren ohne Eigentümererlaubnis, NJW 1975, 1164–1165.

Schricker, Gerhard/Loewenheim, Ulrich, Urheberrecht, UrhG, KUG, VGG 6. Auflage, München 2020.

Schulte, Martin, Staat und Stiftung – Verfassungsrechtliche Grundlagen und Grenzen des Stiftungsrechts und der Stiftungsaufsicht, Heidelberg 1989.

Schulze, Gernot, Urheber- und Leistungsschutzrechte des Kameramanns, GRUR 1994, 855–871.

Schulze, Reiner, Bürgerliches Gesetzbuch Handkommentar, 11. Auflage, Baden-Baden 2022.

Soergel, Hans-Theodor, Bürgerliches Gesetzbuch mit Einführungsgesetz und Nebengesetzen, Sachenrecht 2/1 §§ 985–1017 ErbbauVO, 13. Auflage, Stuttgart 2007.

Soergel, Hans-Theodor, Bürgerliches Gesetzbuch mit Einführungsgesetz und Nebengesetzen Band 1 Allgemeiner Teil 1 §§ 1–103, 13. Auflage, Stuttgart 2000.

Soergel, Hans-Theodor, Bürgerliches Gesetzbuch mit Einführungsgesetz und Nebengesetzen Band 14 Sachenrecht 1 §§ 854–984, 13. Auflage, Stuttgart 2002.

Solmecke, Christian/Nowak, Fabian, Zivile Drohnen – Probleme ihrer Nutzung Rechtliche Bewertung eines künftigen Milliardenmarkts, MMR 2014, 431–435.

Spindler, Gerald/Schuster, Fabian, Recht der elektronischen Medien, 4. Auflage, München 2019.

Stadler, Astrid/Klöpfer, Matthias, Drohnen über Schloss Sanssouci, JA 2017, 901–912.

Stang, Felix Laurin, Das urheberrechtliche Werk nach Ablauf der Schutzfrist – Negative Schutzrechtsüberschneidung, Remonopolisierung und der Grundsatz der Gemeinfreiheit, Tübingen 2011.

Stang, Felix Laurin, Freie Verwendung von Abbildungen gemeinfreier Werke?, ZGE 2009, 167–219.

Staudinger, Julius von, Kommentar zum Bürgerlichen Gesetzbuch mit Einführungsgesetz und Nebengesetzen, Buch 1, Allgemeiner Teil, §§ 90–124, 130–133 (Sachen und Tiere, Geschäftsfähigkeit, Willenserklärung), 2021.

Staudinger, Julius von, Kommentar zum Bürgerlichen Gesetzbuch mit Einführungsgesetz und Nebengesetzen, Buch 3, Sachenrecht §§ 903–924 (Eigentum 1 – Privates Nachbarrecht), 17. Auflage, Berlin 2020.

Staudinger, Julius von, Kommentar zum Bürgerlichen Gesetzbuch mit Einführungsgesetz und Nebengesetzen, Buch 3, Sachenrecht §§ 985–1011 (Eigentum 3 – Privates Nachbarrecht), 16. Auflage, Berlin 2013.

Staudinger, Julius von, Kommentar zum Bürgerlichen Gesetzbuch mit Einführungsgesetz und Nebengesetzen, Buch 3, Sachenrecht §§ 985–1011 (Eigentum 3 – Privates Nachbarrecht), Berlin 2019.

Steinbeck, Anja, Anmerkung zu BGH Urteil vom 19.03.2008 – I ZR 166/05 (OLG Hamm) St. Gottfried, GRUR 2008, 988–989.

Stieper, Malte, Anmerkung zu BGH, Urteil vom 17. Dezember 2010 – V ZR 45/10, ZUM 2011, 331–333.

Talke, Armin, Lichtbildschutz für digitale Bilder von zweidimensionalen Vorlagen, ZUM 2010, 846–852.

Uhlenhut, Theresa, Panoramafreiheit und Eigentumsrecht, Frankfurt am Main 2015.

Uschkereit, Tim/Zdanowiecki, Konrad, Rechtsrahmen für den Betrieb ziviler Drohnen, NJW 2016, 444–449.

Landmann, Robert von/Rohmer, Gustav, Gewerbeordnung und ergänzende Vorschriften Band I Gewerbeordnung Kommentar, 89. Ergänzungslieferung, München 2023.

Wanckel, Endress, Anmerkung zu BGH Preußische Gärten und Parkanlagen II, NJW 2013, 1812–1813.

Wanckel, Endress, Foto- und Bildrecht, 6. Auflage, München 2023

Wandtke, Arthur-Axel, Die Kommerzialisierung der Kunst und die Entwicklung des Urheberrechts im Lichte der Immaterialgüterrechtslehre von Josef Kohler, GRUR 1995, 385–392.

Wandtke, Arthur-Axel, Grundsätze der Richtlinie über das Urheberrecht im digitalen Binnenmarkt, NJW 2019, 1841–1847.

Wandtke, Arthur-Axel, Urheberrecht pro Kunstfreiheit, ZUM 1991, 484–489.

Wandtke, Arthur-Axel/Bullinger, Winfried, Praxiskommentar zum Urheberrecht, 6. Auflage, München 2022.

Wedemeyer, Ulrich, Änderung von Werken der Baukunst – zu Ansprüchen des Urhebers, in: Erdmann, Willi/Gloy, Wolfgang/Herber, Rolf, Festschrift für Henning Piper zum 65. Geburtstag, München 1996, S. 787–807.

Wellenhofer, Mariana, Sachenrecht, 37. Auflage, München 2022.

Weller, Matthias, Kunst und Eigentum: Aktuelle Konflikte, ZUM 2018, 484–494.

Wenzel, Joachim, Der Störer und seine verschuldensunabhängige Haftung im Nachbarrecht, NJW 2005, 241–247.

Wieling, Hanz Josef/Finkenauer, Thomas, Sachenrecht, 6. Auflage, Berlin 2020.

Würthwein, Susanne, Schadensersatz für Verlust der Nutzungsmöglichkeit einer Sache oder für entgangene Gebrauchsvorteile? Zur Dogmatik des Schadensersatzrechts, Tübingen 2001.

Yang, David, Bilder von Bildern: Urheberrechtliche und eigentumsrechtliche Fragen der Kunstfotografie – Anmerkung zu OLG Stuttgart v. 31.05.2017 – 4 U 204/16, ZUM 2017, 951–955.

Zech, Herbert, Die „Befugnisse des Eigentümers“ nach § 903 Satz 1 BGB – Rivalität als Kriterium für eine Begrenzung der Eigentumswirkungen, AcP 2019, 488–592.

Zech, Herbert, Information als Schutzgegenstand, Tübingen 2012.

Zentner, Laura Maria, Das Urheberrecht des Architekten bei der Werkverwirklichung, Tübingen 2011.

Zeuner, Albrecht, Störung des Verhältnisses zwischen Sache und Umwelt als Eigentumsverletzung – Gedanken über Inhalt und Grenzen von Eigentum und Eigentumsschutz, in: Jakobs, Horst Heinrich/Knobbe-Keuk, Brigitte/Picker, Eduard/Wilhelm, Jan (Hrsg.), Festschrift für Werner Flume zum 70. Geburtstag 12. September 1978 – Band I, Köln 1978, S. 775–787.

www.ingramcontent.com/pod-product-compliance
Ingram Content Group UK Ltd.
Pitfield, Milton Keynes, MK11 3LW, UK
UKHW021829290926
8980IPUK00004B/348

9 783631 924129